4th Edition

Essentials of Financial Management

Essential 재무관리

김용현 저

재무관리는 자금흐름과 관련된 모든 의사결정을 효율적으로 다루는 학문이다. 기업에 필요한 자금을 자본시장에서 조달하는 자금조달결정(financing decision)과 이렇게 조달된 자금을 투입하는 투자결정(investment decision) 및 주주들에게 지급하는 배당결정(dividend decision)에 관련된 것을 주로 배운다.

한양대학교출판부

머 리 말

이 책은 경영학 관련분야를 공부하는 학생들에게 재무관리의 이론을 보다 쉽게 전달하기 위하여 씌어졌으며, 특히 공인회계사 시험 및 각종 재무관련 시험을 처음으로 준비하는 수험생들의 요구에 맞게 저술하였다. 학생들이 재무관리를 매우 어렵고 지겨운 과목으로 생각하는 경향이 많은 것은 대부분의 기존 교과서들이 재무관리의 내용을 설명할 때 원리보다는 수리적인 면에 지나치게 치우친 까닭이라고 생각된다.

이미 재무관리에 관한 국내교재 및 외국의 유명원서도 많은데도 필자가 굳이 이 책을 낸 동기도 바로 여기에 있다. 교재가 다양할수록 독자들의 선택가능 영역이 넓어져 결국 그들의 만족도를 높일 수 있다는 것으로 출간의 변(辨)을 대신하겠다.

이 책은 재무관리의 기초, 위험과 수익률, 증권의 평가, 자본비용과 자본구조, 특수분야라는 5개의 부로 구성되어 총 16장으로 되어있다. 각 장은 기본내용을 서술하고 예제를 실은 후, 각 장의 끝에 공인회계사 1차 기출문제를 포함한 연습문제를 두어 앞의 내용을 다시 확인할 수 있도록 하였다.

1부의 재무관리의 기초부분에선 재무관리의 역할과 목표, 화폐의 시간가치, 자본예산 등을 다루었고, 2부에서는 1부의 기초지식을 이용하여 위험과 수익률간의 관계와 CAPM이라는 가격결정이론을 살펴보았다. 3부에서는 주식과 채권의 평가방법을 기술하였고, 4부에서는 기업의 자본비용과 자본구조 및 배당정책을 살펴보았다. 마지막으로 5부에서는 기업의 합병과 옵션·선물 및 국제재무관리에 관한 것을 다루었다.

시중에 나와있는 대학교재는 재무관련 시험내용이나 경향에 벗어나 있고 기존의 수험서는 너무 어렵고 분량이 방대하여, 재무관리를 처음 공부하는 수험생들에게 적합한 교재가 없다는 것을 알게 되었다. 아무쪼록 이 책이 수험생들의 시간과 노력을 절감시켜주는 좋은 입문서가 되었으면 한다. 필자 나름대로 최선을 다했어도 독자들 입장에서 보면 개선할 여지가 있을 것이다. 발전적인 조언을 주시면 감사하는 마음으로 이를 반영할 것이다. 끝으로 관심을 보이고 격려를 아끼지 않은 한양대학교 출판부의 박신흥 부장님, 한상년 과장님, 김륜경 선생님께 감사드립니다.

2012년 6월

저자 씀

차 례

제1부 재무관리의 기초

제5부 위험관리와 특수분야

부 록

제1부

재무관리의 기초

essentials of financial management

제1장

재무관리의 의의 및 목표

제 1 절 재무관리의 의의

1. 실물자산과 금융자산

기업의 활동은 재화(goods)와 용역(service)을 생산하고 판매하는 일련의 순환과정이라고 할 수 있는데, 재화와 용역을 생산하기 위하여 기업은 실물자산을 필요로 하고 있다. 실물자산(real assets)은 미래에 이익발생능력이 있는 자산을 말하는데, 그 예로써 기계설비, 공장, 건물, 재고자산 등의 유형자산(tangible assets)과 인적자원 · 기술 · 지식 · 특허권 등의 무형자산(intangible assets)이 있다.

기업이 실물자산을 구입하려면 자금이 소요되는데, 이 소요자금은 금융자산을 발행하여 조달한다. 금융자산(financial assets)은 기업이 개인으로부터 자금을 조달하기 위한 수단으로 발행하는 자산인데, 그 대표적인 예는 유가증권이라고 할 수 있다. 금융자산은 주식 · 국공채 · 회사채 등과 같이 그 자체는 이익발생능력이 없으나 실물자산이 벌어들이는 이익이나 자산에 대하여 청구권(claims)을 행사할 수 있는 자산을 말한다. 이는 경제적 생산능력에 직접적으로 공헌하지 못하지만 자금 이전의 구실을 함으로써 간접적으로 공헌하므로, 금융자산에 대한 투자는 실물자산에 대한 간접적 투자가 된다. 한 마디로, 실물자산이 부를 창출하는 자산이라면 금융자산은 부를 배분하는 자산이라고 할 수 있다.

실물자산은 재무상태표의 차변에만 나타나지만, 금융자산은 재무상태표의 차변과 대변에 모두 나타난다. 기업에 대한 투자자의 청구권은 자산(assets)이지만, 청구권을 기업은 부채(liabilities)로 발행하기 때문이다. 재무상태표의 양변을 모두 합치면 금융자산은 상계되어 사라지고, 오직 실물자산만이 경제의 부(wealth)로 남는다.

2. 재무관리

자본주의 경제체제 하에서 경제운용을 할 때 가장 중요한 것이 자본이다. 적절

그림 1-1 기업과 자본시장의 관계

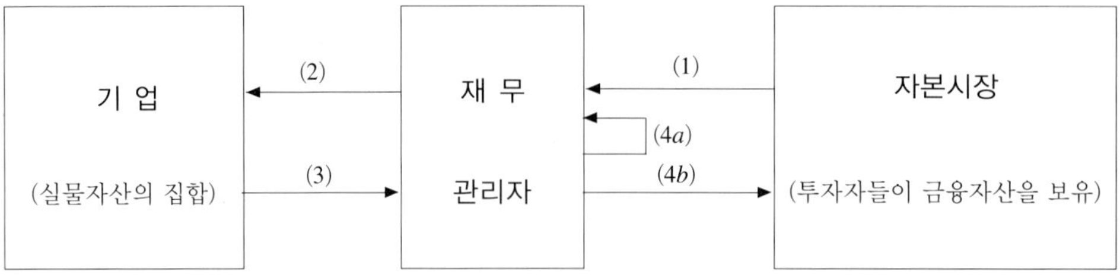

한 자본의 축적이나 흐름 없이는 기업의 활동을 포함한 모든 경제활동이 힘들기 때문이다. 이러한 점에서 비추어 볼 때 가계저축을 유도하여 기업으로 하여금 필요자본을 조달하게 할 뿐 아니라 일반가계에 부의 증식기회를 제공하는 자본시장의 존재는 필연적인 것이다.

바로 이같은 자본시장을 배경으로 기업의 자금흐름과 관련된 모든 의사결정을 보다 효율적으로 관리하기 위한 이론과 기법으로 발전된 것이 재무관리이다. 즉 재무관리(financial management)는 자금흐름과 관련된 모든 의사결정을 보다 효율적으로 다루는 학문으로, 주요 연구분야는 자금의 조달과 운용이다. 재무관리는 전통적 재무관리와 현대적 재무관리로 구분할 수 있다. 전통적 재무관리는 기업자금의 조달과 운용에 관련된 활동을 말하는 것으로, 주로 기업의 재무담당자 입장에서 보는 것이다. 이를 기업재무(corporate finance)라고 하는데, 좁은 의미의 재무관리라고 함은 이것을 가르키는 것이다.

현대적 재무관리는 기업재무 뿐만 아니라 투자론(investments theory)과 금융기관론(financial institutions theory)을 포함하는 보다 넓은 의미로 해석되는데 이를 아래와 같이 설명할 수 있다. 국내외의 재무관리교재 역시 현대적 재무관리의 입장에서 서술하고 있는 실정이므로, 본 교재도 이에 따르기로 한다.

(1) 기업재무

기업재무의 정의를 이해하기 위하여 현실세계를 〈그림 1-1〉처럼 그려보자.[1)]

---

1) Brealey, Richard and Myers, Stewart, *Principles of Corporate Finance*, McGraw-Hill, 6th edition, 2000

그림에서 화살표는 현금흐름을 표시한다.

기업재무란 기업에 필요한 자금을 자본시장에서 조달하는 자금조달결정(financing decision)과 이렇게 조달된 자금을 투입하는 투자결정(investment decision)에 관련된 계획과 집행 및 통제를 하는 활동을 말한다. 즉 기업이 자금을 조달할 때 주식발행이나 회사채발행처럼 투자자들로부터 직접적으로 자금을 조달하면 직접금융(direct financing)이라고 하고, 은행대출처럼 금융중개기관의 개입을 통하여 간접적으로 자금을 조달하면 간접금융(indirect financing) 이라고 한다. 〈그림 1-1〉에서 (1)이 이것을 나타낸다.

이렇게 조달된 자금으로 실물자산에 자금을 투입하여 수익을 발생시키는 의사결정을 투자결정이라고 한다. 투자결정은 흔히 자본예산(capital budgeting)이라고도 하는데, 이에 대한 내용으로 투자사업의 경제성을 평가하는 의사결정기법을 다룬다. 〈그림 1-1〉에서 (2)와 (3)이 이것을 나타낸다.

한편 기업은 투자에서 발생된 수익을 재투자의 재원으로 쓰기 위해 사내에 유보하거나 [〈그림 1-1〉에서 (4*a*)], 자금의 제공자인 투자자에게 분배시킬 것인가를 [〈그림 1-1〉에서 (4*b*)] 결정해야 하는데, 이것을 배당결정(dividend decision)이라고 한다.

(2) 투자론

일반적으로 투자론이란 자본시장에 있는 투자자들이 증권(주식과 채권)이라는 금융자산에 대한 자산보유과정에 대한 것을 연구하는 분야이다. 자산보유시 중요한 관심사는 가격이므로 투자론은 증권의 내재(본질)가치를 나타내는 균형가격을 연구해야 하는데, 이 내재가치를 평가하기 위하여 우리는 여러 가지 가격결정모형(pricing models)을 공부할 것이다.

기업재무는 기업의 입장에서 의사결정을 내리는 과정을 공부하는 것이라면, 투자론은 금융자산을 보유하고자 하는 투자자의 입장에서 의사결정이 이루어진다는 것이 다르다. 이러한 차이에도 불구하고, 좁은 의미의 재무관리인 기업재무와 투자론의 내용이 많이 중복된다는 비판이 많은 것이 사실인데, 이는 기업재무와 투자론 모두 자본시장의 역할을 강조한 결과일 것이다.

(3) 금융기관론

개인(가계)들은 은행 등의 금융기관을 통하여 그들의 여유자금을 투자하며, 기업들은 금융기관을 통하여 소요자금을 조달한다. 금융기관은 금융시장의 구성원으로서 개인들의 잉여자금을 기업에 공급해주는 중개기관(financial intermediaries)의 역할을 한다. 금융기관론은 이러한 금융기관의 존립이유, 금융기관의 효율적인 관리기법, 금융기관의 규제 등에 대한 내용에 대한 것을 다룬다.

3. 재무관리의 기능

재무상태표

자금운용 →	유동자산 비유동자산	부채(타인자본) 자본(자기자본)	← 자금조달
	자산총계	부채와 자본총계	

재무관리의 기능은 재무상태표를 이용하여 설명할 수 있다.

(1) 경제적인 자본조달결정(economical mix of financing)

자본조달결정(financig decision)이란 기업에 필요한 자본을 자본시장에서 어떻게 조달할 것인가에 대한 결정으로서, 재무상태표의 대변(오른쪽)에 관련된 내용이다. 자산에 대한 투자결정, 즉 투자안을 수행하기 위한 소요자본을 부채로 조달하는 것이 유리한 지 아니면 자기자본으로 조달하는 것이 유리한 지를 결정하는 것인데, 이의 결정기준은 자본비용(cost of capital)이다.

자본조달비용이 최소화되도록 자본을 조달해야 하기 때문에 타인자본으로 조달하는 것이 보다 저렴하면 타인자본의 비중을 높이고, 자기자본으로 조달하는 것이 보다 저렴하면 자기자본의 비중을 높여야 할 것이다. 자본조달비용에 관한 것은 〈제10장 자본비용〉에서 다루게 될 것이다.

기업은 자본비용을 최소화하는 동시에 기업가치를 극대화하는 자본구조를 구성해야 하는데, 이를 최적자본구조(optimal capital structure)라고 한다. 이에 대한 내용은 〈제11장 자본구조이론〉에서 공부하게 될 것이다.

(2) 최적투자결정(best mix of assets)

투자결정(investments decision)이란 이렇게 조달된 자본을 어느 자산에 얼마만큼 투자할 것인가에 대한 결정으로서, 재무상태표의 차변(왼쪽)에 관련된 내용이다. 재무상태표의 차변은 기업의 영업활동을 위하여 보유하고 있는 자산의 구성을 나타내고 있는데, 이는 곧 조달된 자금의 운용(투자)된 내용을 보여주기 때문에 기업자산에 대한 투자결정이다.

특히 기계설비, 공장, 건물, 토지 등과 같이 투자금액이 크고 투자효과가 1년 이상의 장기간에 걸쳐서 나타나는 실물자산에 대한 투자결정을 자본예산(capital budgeting)이라고 하는데, 우리는 이를 확실성하에서의 자본예산(제4장)과 불확실성하에서의 자본예산(제12장)으로 나누어 공부할 것이다.

이외에 매출채권, 재고자산 등과 같은 유동자산과 유동부채에 대한 것은 운전자본관리(working capital management)에 관한 내용이다.

(3) 배당결정(dividends decision)

배당정책이란 기업이 벌어들인 순이익을 기업의 소유주인 주주들에게 지급하는 배당과 미래의 투자용도로 사내에 적립하는 유보이익으로 나누는 의사결정을 말한다. 이는 자본조달결정과 관련되므로 배당결정을 자본조달결정의 범주에서 살펴볼 수 있겠는데, 우리는 〈제13장 배당정책〉에서 이 내용을 공부할 것이다.

(4) 재무자료분석(financial statements analysis)

재무자료분석이란 기업의 회계 및 재무자료를 수집하고 분석하여 정보이용자에게 필요한 정보를 제공하는 것을 말한다.

제 2 절 재무관리의 목표

앞에서 살펴본 재무관리의 기능 가운데 핵심은 투자결정과 자본조달결정이다. 그렇다면 이같은 결정을 수행할 때 지향하는 목표는 무엇일까? 당연히 기업의 재무의사결정은 기업의 모든 부문, 즉 회계학 · 마케팅 · 인사조직관리 · 생산관리 등과 유기적인 관계를 가지고 기업의 경영목표인 '기업가치 극대화'를 달성해야 할 것이다.

1. 이익극대화 목표

전통적으로 이익극대화(profit maximization)가 기업의 목표, 즉 재무관리의 목표로 인식되어 왔다. 이익극대화가 기업목표라는 타당성에 대해서는 논란이 많았는데, 그 문제점은 다음과 같이 요약될 수 있다.

첫째로, 이익의 개념이 모호하다. 매출총이익, 영업이익, 세전이익, 당기순이익, 주당순이익 등 기업활동에 대한 성과인 이익에는 개념과 종류가 많다. 이 때 어느 것을 목표로 하느냐에 따라 기업의 의사결정이 달라질 수 있다. 또한 이익은 감가상각방법(정액법과 정률법)이나 재고자산평가방법(선입선출법과 후입선출법)에 따라 이익의 크기도 달라지게 된다. 뿐만 아니라 회계원칙이 변경되면 이익의 크기도 달라진다.

둘째로, 이익은 화폐의 시간가치를 무시하고 있다. 회계학에서는 기업의 경영활동이 역사적원가(historical cost)에 의해서 인식되고 측정되므로 현금흐름의 시간적 가치를 무시하고 있다. 또한 이익극대화 목표에서는 서로 다른 시점에서 발생하는 이익을 동일하게 인식하고 있다.

셋째로, 이익극대화 기준에서는 미래이익의 결과만 표시될 뿐 불확실성을 무시하고 있다. 미래이익을 적절하게 평가하려면 이익의 크기뿐만 아니라 실현가능성인 위험도 고려해야 하는데, 위험을 고려하지 않은 채 단지 이익의 크기만 나타낸다.

2. 기업가치극대화 목표

(1) 기업가치의 의의

1) 현금흐름(cash flow)

재무관리에서는 순이익보다 현금흐름을 중시한다. 예컨대 재고자산을 매입하거나 부채를 상환할 때 기업에게 필요한 것은 현금이지 회계적이익이 아니다. 실제로 회계적이익은 많지만 현금이 부족하여 흑자도산하는 경우를 많이 보아왔다.

또한 물건을 팔면서 1년 후에 100만원을 받는 외상판매와 지금 당장 99만원을 받는 현금판매를 비교하여 보자. 회계적이익은 외상판매의 경우가 더 크지만 합리적인 사람이라면 누구나 현금판매가 좋다는 것을 안다. 또한 대다수 기업들이 대폭 할인하여 현금으로 판매하는 것을 많이 보아왔다.

결국 기업가치를 결정하는 것은 회계적이익이 아니라 실제로 기업에 유입되는 순현금흐름(net cash flows)이므로, 재무관리에서는 현금흐름이 가치(value)의 기준이 된다. 즉, 기업가치는 기업의 미래현금흐름의 창출능력을 말하며, 이는 증권시장에서 주가(stock price)로 나타난다.

2) 기업가치(firm value)

위의 논리에서 보듯이 기업가치(V)는 미래현금흐름을 현재가치화 한 것을 합계한 것으로 정의할 수 있다. 즉, 기업의 투자결정의 결과로 미래에 유입되는 현금흐름[$E(CF_t)$]을 그 현금흐름의 위험이 반영된 적절한 할인율 (또는 자본비용인 k_0)로 할인한 현재가치로 정의할 수 있다.

$$V = \sum_{t=1}^{\infty} \frac{E(CF_t)}{(1+k_0)^t} = f\,(\text{수익성, 위험}) \qquad (1\text{-}1)$$

따라서 분모인 자본비용을 최소화하고, 분자인 현금흐름을 최대화하면 기업가치(V)를 극대화할 수 있다. 다시 말하여 낮은 비용으로 자본을 조달(분모)하고, 투자결정을 최적으로 하여 현금흐름을 극대화(분자)하면 기업가치를 극대화시킬 수가 있는데, 이것이 곧 재무관리의 목표이다.

(2) 기업가치 · 주주의 부 · 주가의 관계

1) 기업가치의 극대화

기업가치는 기업의 총자산가치인데, 재무상태표 대변의 측면에서 보면 기업가치는 자기자본가치와 부채가치의 합계인 것을 알 수 있다.

$$V = S + B$$

단, V : 기업가치
S : 자기자본가치 (주주의 몫)
B : 타인자본가치 (채권자의 몫)

즉, 주주와 채권자를 동일하게 기업가치의 소유주로 파악하여, 주식가치와 부채(채권)가치를 합한 기업가치를 극대화하는 것이다. 여기에서는 포괄손익계산서상의 영업이익(Earnings Before Interest and Taxes, *EBIT* 혹은 Net Operating Income, *NOI*)이 분석대상인 현금흐름이 된다.

2) 주주부(자기자본가치)의 극대화

일반적으로 타인자본가치, 즉 부채의 시장가치는 전반적인 시장이자율에 따라 결정(예 1998년 2월은 月 4% 이자율)되므로 일정하다고 간주할 수 있다. 따라서 부채가치가 일정한 상태에서 기업가치를 극대화하려면, 주주부를 극대화시키면 된다. 여기에서는 주주만을 기업의 진정한 소유주로 보기 때문에 포괄손익계산서상의 당기순이익(Net Income, *NI*)이 분석대상인 현금흐름이 된다.

3) 주가의 극대화

자기자본가치는 주당 주식가격에 발행주식수를 곱한 값이므로 발행주식수가 변동이 없다면, 주가를 극대화하면 자기자본가치가 극대화가 된다.

4) 순현재가치의 극대화

〈제3장 확실성하의 자본예산〉에서 배우겠지만 순현재가치(net present value, *NPV*)는 투자로 인하여 생기는 기업가치의 증분을 말한다. 따라서 순현재가치(*NPV*)를 극대화함으로써 기업가치 극대화라는 목표를 달성할 수 있다.

3. 기업가치극대화 목표의 타당성

기업가치극대화 목표는 다음과 같은 장점이 있다.

첫째로, 기업가치는 미래현금흐름의 현재가치로 정의되므로 가치개념이 명확할 뿐만 아니라 화폐의 시간가치도 고려하고 있다.

둘째로, 미래현금흐름을 현가화하는 과정에서 할인율을 결정할 때 미래현금흐름에 대한 불확실성(실현가능성)을 고려하고 있다.

셋째로, 기업가치는 증권시장에서 주가로 나타나므로 객관적이고, 이익에 비해 조작이 매우 어렵다.

4. 기업가치극대화 목표의 문제점

기업가치극대화 목표의 문제점으로는 〈제10장 자본구조이론〉에서 배우겠지만 대리인문제(agency problem)가 있다. 소유와 경영이 분리된 주식회사에서 대리인(경영자)의 의사결정목표는 소유주(주주) 부의 극대화이다. 그러나 경영자들은 주주부를 극대화하기 보다는 자신들의 이익을 극대화하도록 의사결정을 할 수 있다. 현실적으로 다음과 같은 제도적 장치를 통하여 대리인문제를 완화시킴으로써, 경영자로 하여금 주주 부를 극대화하는 의사결정으로 유도할 수 있다.

① 경영자 감시기관의 설치 및 운용
② 경영자시장(*CEO* market)의 활성화
③ 적대적 인수 및 합병(*M&A*)을 통한 비효율적 경영자의 교체압력
④ 주식옵션 등의 경영자 보상제도
⑤ 주주이해와 상충되는 부분에 대한 경영자의 권한제한(managerial control)

연습문제

1. 다음 중 재무관리자의 의사결정기능이라고 볼 수 없는 것을 골라라.

① 자본조달결정 ② 투자결정 ③ 배당결정
④ 재무자료분석 ⑤ 이익결정

〈해설〉 재무담당자의 의사결정기능은 자본조달결정, 투자결정, 배당결정, 재무자료분석이다.

답 ⑤

2. 재무관리자의 핵심기능을 자본조달결정과 투자결정이라고 할 때, 다음 보기 중 성격이 다른 것을 골라라.

① 자본비용 ② 자본구조 ③ 자본예산
④ 배당결정 ⑤ 레버리지

〈해설〉 ①②④⑤는 자본조달결정과 관련된 분야이고, ③은 투자결정과 관련된 분야이다.

답 ③

3. 다음 중 재무관리의 목표로 타당한 것을 골라라.

a. 기업가치의 극대화	*b*. 주주부의 극대화
c. 자기자본가치의 극대화	*d*. 주가의 극대화
e. 순현재가치의 극대화	*f*. 이익의 극대화
g. 주당순이익(*EPS*)의 극대화	

① *a*, *b*, *c*, *d*, *e* ② *b*, *c*, *d*, *e*, *f* ③ *b*, *c*, *d*, *e*, *g*
④ *c*, *d*, *e*, *f* ⑤ *c*, *d*, *e*, *g*

〈해설〉 재무관리의 목표는 기업가치극대화, 주주부(자기자본가치) 극대화, 주가극대화, 순현재가치의 극대화이지 이익극대화나 주당순이익의 극대화는 아니다.

답 ①

4. 회계적 이익의 극대화는 재무관리의 목표로서 적절하지 않다. 그 이유에 대한 설명 중 옳지 않은 것은? (1997. CPA)

① 회계적 이익은 적용하는 회계방법에 따라 달라질 수 있다.

② 회계적 이익은 경영자의 이해를 반영하지 않는다.

③ 회계적 이익은 기회비용을 고려하지 않는다.

④ 회계적 이익은 미래수익의 시간성을 무시한다.

⑤ 회계적 이익은 미래수익의 불확실성을 고려하지 않는다.

〈해설〉 경영자의 보상$=f(NI$ 등)

답 ②

5. 기업가치의 극대화가 재무관리의 목표로서 타당하다. 그 이유에 대한 설명이라고 볼 수 없는 것을 골라라.

① 기업가치는 미래 순현금흐름의 현재가치의 합으로 정의되어 가치개념이 명확하다.

② 기업가치는 모든 이해관계자들이 관심을 갖는 이익을 고려하고 있다.

③ 기업가치를 계산할 때 화폐의 시간가치를 고려하고 있다.

④ 미래 순현금흐름을 현가화할 때 사용하는 할인율에 미래현금흐름에 대한 불확실성을 고려한다.

⑤ 기업가치는 증권시장에서 주가로 나타나므로 객관적이다.

답 ②

6. 소유와 경영의 분리된 주식회사에서 경영자의 목표는 기업가치극대화이다. 여기에서 기업가치극대화 목표가 갖는 문제점을 골라라.

① 법인세의 존재 ② 배당의 지급 ③ 자본조달의 어려움

④ 대리인문제의 존재 ⑤ 투자안 선택의 어려움

답 ④

7. 재무관리의 개념에 대한 다음 설명 중 맞지 않은 것을 골라라.

① 자본조달결정은 기업에 필요한 자본을 어떻게 조달할 것인가에 관한 결정으로, 대차대조표의 대변에 관련된 내용이다.

② 투자결정은 조달된 자본을 어느 자산에 얼마만큼 투자할 것인가에 대한 결정으로, 대차대조표의 차변에 관련된 내용이다.

③ 기업가치는 모든 기업관계자들의 이해를 적절하게 반영한다.

④ 배당결정은 기업이 벌어들인 순이익을 배당과 유보이익으로 나누는 결정을 말한다.

⑤ 기업가치를 결정하는 것은 회계적이익이 아니라 순현금흐름이다.

〈해설〉 소유와 경영이 분리된 상태에서는 대리인문제가 발생하여 주주 · 채권자 · 경영자간의 이해관계가 상충될 수 있다.

답 ③

Essentials of Financial Management

제2장

화폐의 시간가치

제 1 절 유동성선호와 시장이자율

1. 유동성선호

일반적으로 기업의 투자는 현재시점에서 이루어지지만 그 성과는 미래에 실현되므로, 투자안을 평가할 때는 동일시점의 가치로 환산하여 비교해야 할 것이다. 따라서 화폐의 시간가치는 재무의사결정에 있어서 매우 중요한 개념이다.

화폐의 가치가 시간에 따라 달라지는데 이것을 화폐의 시간가치(time value of money)라고 한다. 화폐의 시간가치가 존재하는 것은 사람들이 동일한 금액일지라도 미래의 현금보다 현재의 현금을 더 선호하는 경향이 있기 때문인데, 그 이유로 다음의 4가지를 들 수 있다.

① 생명의 유한성 : 사람의 생명은 유한하기 때문에 동일금액일 경우 미래현금흐름보다 현재의 현금흐름을 선호한다.

② 인플레이션의 가능성 : 인플레이션이 발생하면 구매력이 떨어지기 때문에 현재의 현금흐름을 선호한다.

③ 투자기회의 존재 : 수익성 있는 투자기회가 존재하면 현재 보유한 현금으로 즉시 투자하여 수익을 획득할 수 있다.

④ 미래불확실성(위험)에 대한 대비 : 미래현금흐름은 예측치인데 비해 현재의 현금흐름은 확실하다.

2. 시장이자율

시장이 균형인 상태에서의 이자율을 시장이자율(market interest rate)이라고 하는데, 이것은 화폐의 시간가치를 나타내는 기준으로 이용된다. 시장이자율은 자본시장의 기회비용으로서, 자본제공자들의 유동성포기에 따른 시차보상과 위험의 수반에 따르는 위험보상을 포함하는 개념이다.

제 2 절 미래가치와 현재가치

1. 단일현금흐름의 미래가치와 현재가치

(1) 미래가치

미래가치(future value, FV)란 현재의 일정금액을 미래 특정시점의 화폐가치로 환산한 것으로, 현재의 일정금액과 동일한 가치를 갖는 미래의 금액을 말한다. 매기 적용되는 이자율이 r로 일정하다면, 현재시점의 일정금액(present value, PV)에 대한 n기간 후의 미래가치(FV_n)는 다음과 같다. 미래가치를 구하는 과정을 복리계산(compounding)[1] 과정이라고 한다.

1기간 후의 미래가치인 FV_1은 다음과 같다.

$$FV_1 = \text{원금} + \text{이자} = PV + PV \cdot r = PV(1+r)$$

2기간 후의 미래가치인 FV_2는 다음과 같다.

$$FV_2 = FV_1 + FV_1 \cdot r = FV_1(1+r) = PV(1+r)^2$$

따라서 n기간 후의 미래가치인 FV_n은 다음과 같다.

$$FV_n = PV(1+r)^n \tag{2-1}$$

식 (2-1)에서 $(1+r)^n$은 n기간 말에서의 1원의 미래가치를 의미하는 값으로 복리이자요소(compound value interest factor, $CVIF$) 혹은 미래가치이자요소(future value interest factor, $FVIF$)라고 한다.

---

1) 이자의 계산방법에는 단리(simple interest)와 복리(compound interest)가 있다. 단리는 원금에 대한 이자만 계산되나, 복리는 원금 뿐만 아니라 이자에 대한 이자도 계산된다. 일반적으로 재무관리에서는 단리방법은 사용되지 않으므로, 특별한 언급이 없는 한 복리방법이라고 가정하라. 단리방법을 이용하여 미래가치를 구하는 식은 $FV_n = PV(1+r \cdot n)$이다.

예제 ② - 1 단일현금흐름의 미래가치

현재 10,000원을 연간 10%의 이자율로 예금할 경우 5년 후의 가치를 구하라.

$FV_5 = PV(1+r)^5 = 10{,}000(1+0.1)^5 = 16{,}105.1$원

(2) 현재가치

현재가치(present value, PV)란 미래의 일정금액을 현재시점의 화폐가치로 환산한 것으로, 미래의 일정금액과 동일한 가치를 갖는 현재의 금액을 말한다. 매기 적용되는 이자율이 r로 일정하다면, n기간 후의 미래가치(FV_n)에 대한 현재가치(PV)는 다음과 같다.

현재가치를 구하는 과정을 할인계산(discounting)과정이라고 한다.

$$PV = \frac{FV_n}{(1+r)^n} \qquad (2-2)$$

식 (2-2)에서 $\frac{1}{(1+r)^n} = (1+r)^{-n}$은 n기간 말에서의 1원의 현재가치를 의미하는 값으로 현가이자요소(present value interest factor, $PVIF$)라고 한다.

예제 ② - 2 단일현금흐름의 현재가치

연간 이자율(할인율)이 10%라고 할 때 5년 후의 10,000원에 대한 현재가치를 구하라.

$PV = \frac{FV_5}{(1+r)^5} = \frac{10{,}000}{(1+0.1)^5} = 6{,}209.21$원

위에서 보듯이 미래가치를 구하는 복리계산과정과 현재가치를 구하는 할인계산과정은 서로 반대되는 개념이며, 현가이자요소는 복리이자요소의 역수이다.

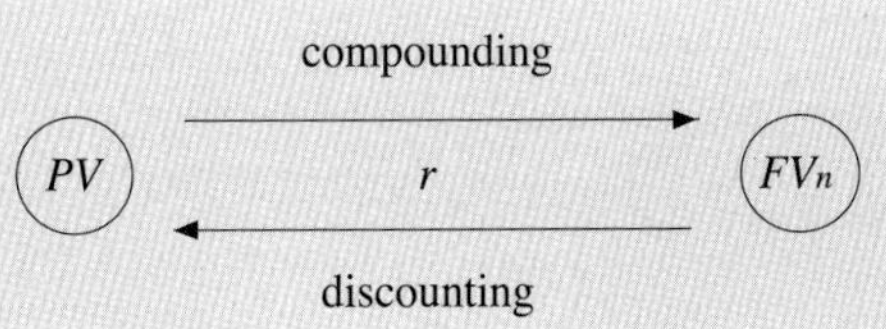

$$PVIF = \frac{1}{CVIF}$$

2. 연금의 미래가치와 현재가치

연금(annuity, A)이란 일정기간에 걸쳐서 매기간 발생하는 일정금액을 말한다. 연금의 경우 등비수열의 합을 구하는 과정과 동일하기 때문에 이를 이용하여 연금의 미래가치와 현재가치를 구할 수 있다.

(1) 연금의 미래가치

연금의 현금흐름을 시간선(time line)에 표시하면 다음과 같다.

0	1	2	3	…	$n-1$	n
	A	A	A	…	A	A

n기간 말에서의 연금의 미래가치인 FV_n(연금)은 다음과 같다.

$$FV_n(\text{연금}) = A(1+r)^{n-1} + A(1+r)^{n-2} + \cdots + A(1+r) + A$$

이 식의 양변에 $(1+r)$을 곱하면 다음과 같다.

$$(1+r)FV_n(\text{연금}) = A(1+r)^{n} + A(1+r)^{n-1} + \cdots + A(1+r)^{2} + A(1+r)$$

아래 식에서 위 식을 차감하면 다음 식을 얻을 수 있다.

$$rFV_n(\text{연금}) = A(1+r)^{n} - A = A[(1+r)^{n} - 1]$$

이를 FV_n(연금)에 대하여 정리하면 연금의 미래가치에 대한 식이 된다.

$$FV_n(\text{연금}) = A\left[\frac{(1+r)^{n}-1}{r}\right] \qquad (2\text{-}3)$$

식 (2-3)에서 $\left[\frac{(1+r)^{n}-1}{r}\right]$은 매기간마다 1원씩 받는 연금의 n기간 말에서의 미래가치를 의미하는 값으로 연금의 복리이자요소(compound value interest factor for an annuity, $CVIFA$)라고 한다.

예제 ②-3 연금의 미래가치

향후 5년간 매년 말에 10,000원을 연간 10%의 이자율로 예금할 경우 5년 후의 가치를 구하라.

$$FV_5(\text{연금})=A\left[\frac{(1+r)^5-1}{r}\right]=10{,}000\left[\frac{(1+0.1)^5-1}{0.1}\right]=61{,}051\text{원}$$

(2) 연금의 현재가치

0	1	2	3	…	$n-1$	n
	A	A	A	…	A	A

연금의 현재가치인 PV(연금)은 다음과 같다.

$$PV(\text{연금})=\frac{A}{1+r}+\frac{A}{(1+r)^2}+\cdots+\frac{A}{(1+r)^{n-1}}+\frac{A}{(1+r)^n}$$

이 식의 양변에 $(1+r)$을 곱하면 다음과 같다.

$$(1+r)PV(\text{연금})=A+\frac{A}{(1+r)}+\cdots+\frac{A}{(1+r)^{n-2}}+\frac{A}{(1+r)^{n-1}}$$

아래 식에서 위 식을 차감하면 다음 식을 얻을 수 있다.

$$rPV(\text{연금})=A-\frac{A}{(1+r)^n}=A\left[1-\frac{1}{(1+r)^n}\right]=A\left[\frac{(1+r)^n-1}{(1+r)^n}\right]$$

이를 PV(연금)에 대하여 정리하면 연금의 현재가치에 대한 식이 된다.

$$PV(\text{연금})=A\left[\frac{(1+r)^n-1}{r(1+r)^n}\right] \text{ 혹은 } PV(\text{연금})=\frac{FV_n(\text{연금})}{(1+r)^n} \qquad (2-4)$$

식 (2-4)에서 $\left[\frac{(1+r)^n-1}{r(1+r)^n}\right]$은 매기간마다 1원씩 받는 연금의 현재가치를 의미하는 값으로 연금의 현가이자요소(present value interest factor for an annuity, *PVIFA*)라고 한다.

예제 ②－4 연금의 현재가치

연간 이자율(할인율)이 10%라고 할때 향후 5년간 매년 말에 10,000원씩을 지급받게 될 현금흐름의 현재가치를 구하라.

$$PV(\text{연금})=A\left[\frac{(1+r)^5-1}{r(1+r)^5}\right]=10{,}000\left[\frac{(1+0.1)^5-1}{(0.1)(1+0.1)^5}\right]=37{,}908\text{원}$$

3. 영구연금의 현재가치

영구연금(perpetuity)이란 매기간 동일한 금액이 영구적으로 발생하는 경우를 말한다.

영구연금의 현금흐름을 시간선에 표시하면 다음과 같다.

0	1	2	⋯	$n-1$	n	⋯	∞
	A	A	⋯	A	A	⋯	A

영구연금의 현재가치는 다음과 같다.

$$PV(\text{영구연금}) = \frac{A}{1+r} + \frac{A}{(1+r)^2} + \frac{A}{(1+r)^3} + \cdots$$

$$= \frac{A}{1+r}\left[1 + \frac{1}{1+r} + \frac{1}{(1+r)^2} + \cdots\right]$$

이는 초항이 $\frac{A}{1+r}$이고 공비가 $\frac{1}{1+r}$인 무한등비수열의 합[2)]과 같으므로, 영구연금의 현재가치는 다음과 같이 구할 수 있다.

$$PV(\text{영구연금}) = \frac{\frac{A}{1+r}}{1-\frac{1}{1+r}} = \frac{A}{r} \text{ 혹은}$$

앞의 $PV(\text{연금}) = A\left[\frac{(1+r)^n - 1}{r(1+r)^n}\right] = A\left[\frac{1-\frac{1}{(1+r)^n}}{r}\right]$에서

$n \rightarrow \infty$이면 $PV(\text{영구연금})$이 된다.

$$PV(\text{영구연금}) = \frac{A}{r} \tag{2-5}$$

---

2) 초항이 a이고 공비가 r인 무한등비수열의 합(Sum, S)은 다음과 같이 구한다.

$$S = \frac{a}{1-r}$$

예제 ② – 5 영구연금의 현재가치

1년말부터 영구적으로 10,000원씩 지급받게 될 현금흐름의 현재가치를 구하라. 단, 연간이자율(할인율)은 10%이다.

$$PV(\text{영구연금}) = \frac{A}{r} = \frac{10{,}000}{0.1} = 100{,}000\text{원}$$

4. 일정비율로 성장하는 연금

(1) 미래가치

매 기간말에 일정률 g씩 성장하는 연금의 현금흐름을 시간선에 표시하면 다음과 같다.

0	1	2	3	…	$n-1$	n
	A	$A(1+g)$	$A(1+g)^2$	…	$A(1+g)^{n-2}$	$A(1+g)^{n-1}$

n기간 말에서의 연금의 미래가치인 FV_n(연금)은 다음과 같다.

$$\begin{aligned} FV_n(\text{연금}) &= A(1+r)^{n-1} + A(1+g)(1+r)^{n-2} + A(1+g)^2(1+r)^{n-3} + \cdots \\ &\quad + A(1+g)^{n-2}(1+r) + A(1+g)^{n-1} \\ &= A(1+r)^{n-1}[1 + (1+g)^1(1+r)^{-1} + (1+g)^2(1+r)^{-2} + \cdots] \end{aligned}$$

이는 초항이 $A(1+r)^{n-1}$이고 공비가 $\frac{1+g}{1+r}$인 유한등비수열의 합[3]과 같으므로, 연금의 미래가치는 다음과 같이 구할 수 있다.

$$FV_n(\text{연금}) = \frac{A(1+r)^{n-1}\left[1-\left(\frac{1+g}{1+r}\right)^n\right]}{1-\left(\frac{1+g}{1+r}\right)} = \frac{A(1+r)^n\left[1-\left(\frac{1+g}{1+r}\right)^n\right]}{r-g}$$

---

3) 초항이 a이고 공비가 r이며 기간이 n인 유한등비수열의 합(Sum, S)은 다음과 같이 구한다.

$$S = \frac{a(1-r^n)}{1-r}$$

$$FV_n(\text{연금}) = \frac{A[(1+r)^n - (1+g)^n]}{r-g} \quad (\text{단, } r>g) \qquad (2\text{-}6)$$

예제 ②-6 일정비율로 성장하는 연금의 미래가치

1년말부터 5번 지급되는 연금이 있다. 1년말에 10,000원이 지급되는데 이 연금은 매년 5%씩 성장한다고 하자. 연간 이자율이 10%라고 할 때, 이러한 현금흐름의 5년 후의 가치를 구하라.

$$FV_5(\text{연금}) = \frac{A[(1+r)^5 - (1+g)^5]}{r-g} = \frac{10{,}000[(1+0.1)^5-(1+0.05)^5]}{0.1-0.05} = 66{,}846\text{원}$$

(2) 현재가치

0	1	2	3	⋯	$n-1$	n
	A	$A(1+g)$	$A(1+g)^2$	⋯	$A(1+g)^{n-2}$	$A(1+g)^{n-1}$

이러한 현금흐름을 갖는 연금의 현재가치는 다음과 같다.

$$PV(\text{연금}) = \frac{A}{1+r} + \frac{A(1+g)}{(1+r)^2} + \frac{A(1+g)^2}{(1+r)^3} + \cdots + \frac{A(1+g)^{n-2}}{(1+r)^{n-1}} + \frac{A(1+g)^{n-1}}{(1+r)^n}$$

$$= \frac{A}{1+r}\left[1 + \left(\frac{1+g}{1+r}\right) + \left(\frac{1+g}{1+r}\right)^2 + \cdots \right]$$

이는 초항이 $\frac{A}{1+r}$이고 공비가 $\frac{1+g}{1+r}$인 유한등비수열의 합과 같으므로, 연금의 현재가치는 다음과 같이 구할 수 있다.

$$PV(\text{연금}) = \frac{\frac{A}{1+r}\left[1-\left(\frac{1+g}{1+r}\right)^n\right]}{1-\left(\frac{1+g}{1+r}\right)} = \frac{A\left[1-\left(\frac{1+g}{1+r}\right)^n\right]}{r-g} \qquad (2\text{-}7)$$

$$PV(\text{영구연금}) = \frac{A}{r-g} \quad (\text{단, } r>g)(\text{for } n \to \infty) \qquad (2\text{-}8)$$

예제 ② - 7 일정비율로 성장하는 연금 및 영구연금의 현재가치

1년말부터 5번 지급되는 연금이 있다. 1년말에 10,000원이 지급되는데 이 연금은 매년 5%씩 성장하고, 연간 이자율(할인율)이 10%이다.

(1) 이 연금의 현재가치를 구하라.

(2) 이 연금이 영구히 지급된다고 할 때, 이 연금의 현재가치를 구하라.

(1) $PV(\text{연금}) = \dfrac{A\left[1-\left(\dfrac{1+g}{1+r}\right)^5\right]}{r-g} = \dfrac{10{,}000\left[1-\left(\dfrac{1+0.05}{1+0.1}\right)^5\right]}{0.1-0.05} = 41{,}506\text{원}$

(2) $PV(\text{영구연금}) = \dfrac{A}{r-g} = \dfrac{10{,}000}{0.1-0.05} = 200{,}000\text{원}$

5. 불규칙한 현금흐름

시점별로 불규칙하게 발생하는 현금흐름의 미래가치와 현재가치를 계산하는 일반적인 공식은 유도할 수 없다. 이 때에는 각 시점에 발생하는 현금흐름을 개별적으로 복리계산과정 또는 할인계산과정을 거쳐 이들을 모두 합산하는 방법밖에 없다.

제 3 절 이자지급횟수의 변경과 복리계산

1. 이자지급횟수

지금까지는 이자가 단위기간 동안 한 번만 지급된다고 가정하였다. 즉 일반적으로 이자율은 1년 단위로 계산하므로 이자도 1년에 한 번만 발생한다고 가정하여 복리계산을 하였다. 그러나 1년에 이자를 두 번 이상 지급되면 어떻게 될까? 이제부터 이자가 단위기간 동안 여러 번 지급된다고 가정하여 복리계산을 어떻게 조정해야 하는가를 다음과 같은 예제를 통하여 생각해 보자.

예제 ②-8 이자지급횟수와 실효이자율

현재 원금 10,000원에 대한 연이자율은 10%이다. 이자계산횟수(m)가 연 1회, 2회, 4회인 경우 1년 후의 가치와 실효이자율은 각각 얼마인가?

오늘 10,000원을 연 10%로 예금시

① 이자지급기간이 1년인 경우($m=1$)

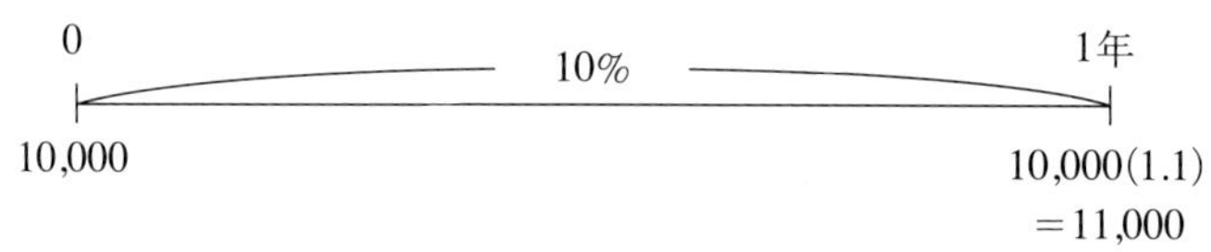

② 이자지급기간이 6개월인 경우($m=2$)

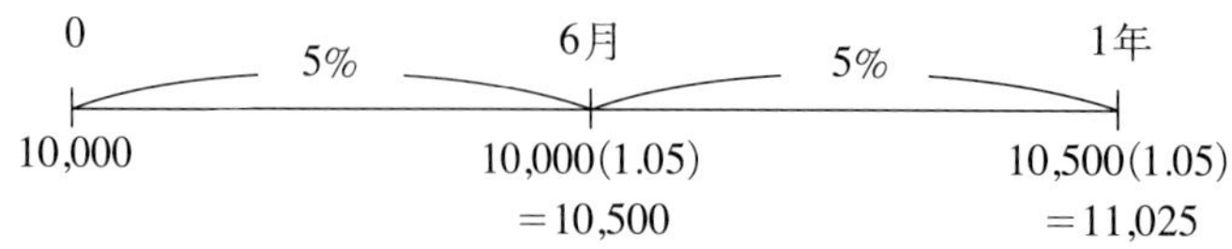

이 경우는 연간 10.25% $\left(\frac{11{,}025-10{,}000}{10{,}000}\times 100\%\right)$로 1회 복리계산 결과와 동일하다.

즉, 1년에 5% 표시이자율로 이자를 2번 계산한 결과는 1년에 10.25% 실효이자율로 이자를 1번 계산한 결과와 동일하다.

③ 이자지급기간이 3개월인 경우($m=4$)

0	3月	6月	9月	1年
	2.5%	2.5%	2.5%	2.5%
10,000	10,000(1.025) = 10,250	10,250(1.025) = 10,506	10,506(1.025) = 10,768	10,768(1.025) = 11,038

이 경우는 연간 10.38% $\left(\frac{11{,}038-10{,}000}{10{,}000}\times 100\%\right)$로 1회 복리계산 결과와 동일하다.
즉, 1년에 2.5% 표시이자율로 이자를 4번 계산한 결과는 1년에 10.38% 실효이자율로 이자를 1번 계산한 결과와 동일하다.

이와 같이 단위기간 동안 이자지급횟수(m)가 늘어날수록 미래에 받는 이자와 실질적인 이자율은 커진다. 이자지급횟수가 늘어난다는 것은 이자에 대한 이자가 발생되는 기회가 그만큼 많아진다는 것을 의미하기 때문이다.

이자지급횟수를 고려하지 않은 연간 이자율(10%)을 연간 표시이자율(stated annual interest rates, r)이라고 하고, 이자지급횟수를 고려한 실질적인 연간 이자율(10.25%와 10.38%)을 연간 실효이자율(effective annual interest rate, r_e)이라고 한다.

연간 이자율이 r이라면 1년에 이자를 m번 계산하면 $\left(\frac{1}{m}\right)$년에 한 번씩 이자가 계산되므로 한 번 이자를 계산할 때 적용되는 이자율은 $\left(\frac{r}{m}\right)$이 된다. 따라서, n년 동안의 총이자지급횟수는 $m \cdot n$번이 된다.

표시이자율(r)과 실효이자율(r_e)의 관계는 다음과 같이 ① 1년 후 미래가치 혹은 ② n년 후 미래가치로 파악할 수 있다.

$FV_1=PV(1+r)^1$에서 연간 m회 복리계산시

$$FV_1=PV\left(1+\frac{r}{m}\right)^{1\cdot m}=PV(1+r_e)^1 \quad \cdots\cdots \text{①식 혹은}$$

$FV_n=PV(1+r)^n$에서 연간 m회 복리계산시

$$FV_n=PV\left(1+\frac{r}{m}\right)^{n\cdot m}=PV(1+r_e)^n \quad \cdots\cdots \text{②식}$$

①식이나 ②식에서 $\left(1+\frac{r}{m}\right)^m=1+r_e$에서

$$r_e = \left(1+\frac{r}{m}\right)^m - 1 \qquad (2-9)$$

식 (2-9)를 이용하여 <예제 2-8>의 연간 실효이자율을 구하면 다음과 같다.

① $m=1,\ r_e = \left(1+\frac{r}{m}\right)^m - 1 = \left(1+\frac{0.1}{1}\right)^1 - 1 = 10\%$

② $m=2,\ r_e = \left(1+\frac{r}{m}\right)^m - 1 = \left(1+\frac{0.1}{2}\right)^2 - 1 = 10.25\%$

③ $m=4,\ r_e = \left(1+\frac{r}{m}\right)^m - 1 = \left(1+\frac{0.1}{4}\right)^4 - 1 = 10.38\%$

또한 연간 실효이자율을 다음과 같이 구할 수 있다.

$$1+r_A = (1+r_{SA})^2 = (1+r_Q)^4 = (1+r_M)^{12} \qquad (2-10)$$

A : *Annual*(연간) SA : *Semi-Annual*(반년간)

Q : *Quarterly*(계간) M : *Monthly*(월간)

식 (2-10)을 이용하여 <예제 2-8>의 연간 실효이자율을 다음과 같이 구할 수 있다.

② $m=2,\ 1+r_A = (1+r_{SA})^2 = \left(1+\frac{0.1}{2}\right)^2 = 1.1025 \quad \therefore\ 10.25\%$

③ $m=4,\ 1+r_A = (1+r_Q)^4 = \left(1+\frac{0.1}{4}\right)^4 = 1.1038 \quad \therefore\ 10.38\%$

2. 연속복리계산

단위기간 동안 이자지급횟수 m이 무한히 큰 경우 (즉, 이자지급기간이 무한히 짧아 매순간 이자에 대한 이자가 지급)를 연속복리계산(continuous compounding)이라고 하는데, 이와 상대적인 개념으로 이자지급횟수가 유한한 경우를 이산복리계산(discrete compounding)이라고 한다. 연속복리계산 경우의 미래가치와 현재가치를 생각해 보자.

이자지급횟수 m가 무한히 큰 경우

$$FV_n = \lim_{m\to\infty}\left[PV\left(1+\frac{r}{m}\right)^{n\cdot m}\right] = PV\lim_{m\to\infty}\left(1+\frac{r}{m}\right)^{n\cdot m}$$

$\frac{m}{r}=x$라면 $\frac{r}{m}=\frac{1}{x}$이고, $m=x\cdot r$에서 $m\to\infty$이면 $x\to\infty$이다.

$$FV_n = PV\left[\lim_{x\to\infty}\left[\left(1+\frac{1}{x}\right)^x\right]\right]^{nr} = PVe^{rn} \qquad (2-11)$$

$e = 2.7183\cdots$(by definition)

식 (2-11)에서 $\lim_{x\to\infty}\left(1+\frac{1}{x}\right)^x$는 지수함수(exponential function, e)이다.

3. 이산복리이자율과 연속복리이자율의 관계

동일한 원금을 일정기간 후에서 미래가치를 같게 만드는 이산(discrete)복리이자율(r_d)과 연속(continuous)복리이자율(r_c)의 관계는 다음과 같다.

연속복리 : $FV_n = PV \cdot e^{r_c n}$

이산복리 : $FV_n = PV(1+r_d)^n$

$$r_c = ln(1+r_d) \text{ 혹은 } e^{r_c} = 1+r_d \qquad (2-12)$$

동일한 조건하에서는 이산복리이자율(r_d)이 연속복리이자율(r_c)보다 항상 크다. 예를 들어, 이산복리이자율이 10%라면 연속복리이자율은 $ln(1+0.1) = 0.0953 = 9.53\%$가 된다. 이는 연 1회 이산복리로 연 10%의 이자를 지급하는 은행예금이나 연속복리로 연 9.53%의 이자를 지급하는 은행예금은 동일한 효과를 가져온다는 것을 의미한다.

이상의 논의를 〈표 2-1〉와 〈그림 2-1〉로 표현하였다.

〈표 2-1〉 복리계산횟수에 따르는 미래가치와 현재가치

이자지급횟수	미래가치(FV_n)	현재가치(PV)	실효이자율(r_e)
연 1회	$FV_n = PV(1+r)^n$	$PV = \frac{FV_n}{(1+r)^n}$	$r_e = r$
연 m회	$FV_n = PV\left(1+\frac{r}{m}\right)^{m\cdot n}$ $= PV(1+r_e)^n$	$PV = \frac{FV_n}{\left(1+\frac{r}{m}\right)^{m\cdot n}}$ $= \frac{FV_n}{(1+r_e)^n}$	$r_e = \left(1+\frac{r}{m}\right)^m - 1$
연속이자	$FV_n = PV \cdot e^{rn} = PV(1+r_e)^n$	$PV = \frac{FV_n}{e^{rn}} = \frac{FV_n}{(1+r_e)^n}$	$r_e = e^r - 1$

그림 2-1 복리계산횟수에 따르는 미래가치와 현재가치

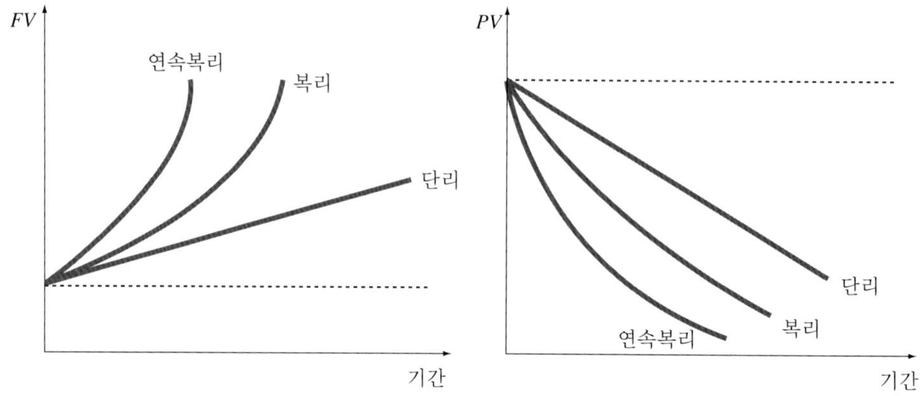

연습문제

1. 투자자들이 미래의 현금보다 현재의 현금을 선호하는 이유로 볼 수 없는 것을 골라라.

① 생명의 유한성 ② 인플레이션의 가능성 ③ 투자기회의 존재
④ 미래의 불확실성 ⑤ 이자수익의 확보

답 ⑤

2. 시장이자율에 관련된 다음 설명 중 틀린 것을 골라라.

① 시장이 균형인 상태에서의 이자율이다.
② 화폐의 시간가치를 나타내는 기준이 된다.
③ 자본시장에서 기회비용 성격이다.
④ 투자안의 미래현금흐름의 현가와 현재 투자액을 일치시켜 주는 개념이다.
⑤ 유동성포기에 따른 시차보상과 위험의 수반에 따르는 위험보상을 포함하는 개념이다.

〈해설〉 ④는 투자안의 내부수익률(Internal Rate of Return, *IRR*)이다.

답 ④

3. 화폐의 시간가치에 대한 다음 설명 중 옳지 않은 것을 골라라.

① 현가이자요소(*PVIF*)는 복리이자요소(*CVIF*)의 역수이다.
② 동일한 조건하에서는 이산복리이자율(r_d)이 연속복리이자율(r_c)보다 항상 작다.
③ 단리는 원금에 대한 이자만 계산될 뿐 이자에 대한 이자는 계산되지 않는다.
④ 복리는 원금에 대한 이자도 계산되고 이자에 대한 이자 역시 계산된다.
⑤ 복리에 의한 미래가치는 단리에 의한 미래가치보다 작을 수는 없다.

〈해설〉 동일한 조건하에서는 이산복리이자율(r_d)이 연속복리이자율(r_c)보다 항상 크다.

답 ②

4. 투자자 영웅은 5년째 말($t=5$)부터 매년 1억원의 연금을 영구히 지급받게 되었다. 매년의 연간이자율이 10%라고 할 때, 이 연금의 현가를 구하라.

① 6.33억원 ② 6.83억원 ③ 7.33억원
④ 7.83억원 ⑤ 10억원

〈해설〉

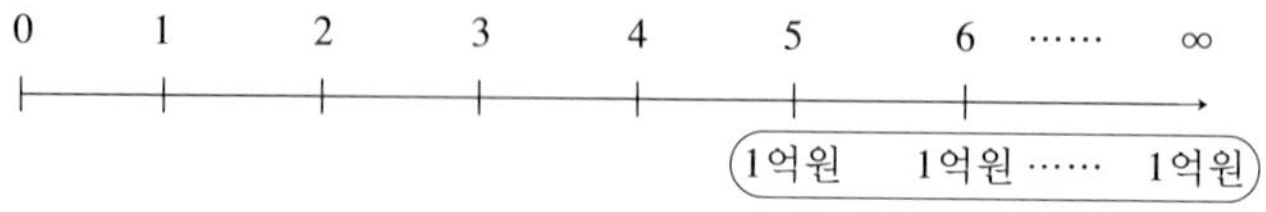

PV_4(영구연금) $= \dfrac{A}{r} = \dfrac{1억원}{0.1} = 10억원$

따라서, PV_0(영구연금) $= \dfrac{10억원}{(1+0.1)^4} = 6.83억원$

답 ②

5. 현재의 100만원이 두 배가 되는 시점을 구하라. 단, 매년의 연간이자율은 10%로 일정하다.(ln1.1 = 0.0953이고 ln2 = 0.6931이다)

① 4.27년 ② 5.27년 ③ 6.27년
④ 7.27년 ⑤ 8.27년

〈해설〉 현재가치(PV)가 100만원이므로 미래가치(FV_n)는 200만원이 될 것이다. 따라서 100만원 $(1+0.1)^n$ = 200만원이므로 $(1.1)^n = 2$이다. 양변에 ln을 취하면 $nln1.1 = ln2$이므로 $n = 7.27$년이다.

답 ④

6. 어느 은행이 10년 동안 고객이 매년말에 10,000원씩 적금을 부으면, 그 이듬해 말부터 고객에게 영구히 10,000원씩 지급하는 금융상품을 개발하였다. 매년 이자율이 일정하다고 할 때, 이 상품에 적용되는 이자율을 구하라.(단, $2^{\frac{1}{10}} = 1.0718$이다)

① 5.18% ② 6.18% ③ 7.18%
④ 8.18% ⑤ 9.18%

〈해설〉

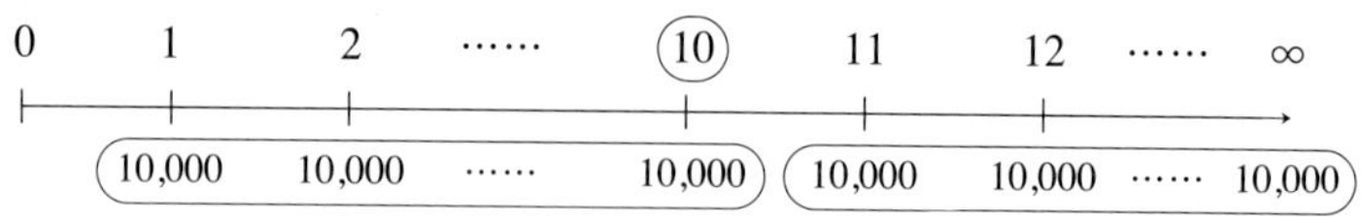

두 현금흐름을 시점 10으로 맞추면 된다.

ⓐ FV_{10}(연금) $= A\left[\dfrac{(1+r)^n - 1}{r}\right] = 10{,}000\left[\dfrac{(1+r)^{10} - 1}{r}\right]$

ⓑ PV_{10}(영구연금) $= \dfrac{A}{r} = \dfrac{10{,}000}{r}$

ⓐ = ⓑ에서 $(1+r)^{10} = 2$이므로 $1 + r = 2^{\frac{1}{10}}$ $\therefore r = 2^{\frac{1}{10}} - 1 = 7.18\%$

답 ③

7. 현재 10,000원을 연간 이자율 10%로 연 2회 복리계산할 때, 연간 실효이자율과 3년말의 미래가치를 각각 구하라.

	연간 실효이자율	3년말의 미래가치
①	10.25%	13,400원
②	10.25%	13,448원
③	10.38%	13,400원
④	10.38%	13,448원
⑤	10.38%	13,482원

〈해설〉 실효이자율은 다음과 같이 구한다.

$r_e=\left(1+\frac{r}{m}\right)^m-1=\left(1+\frac{0.1}{2}\right)^2-1=10.25\%$ 혹은

$1+r_A=(1+r_{SA})^2=(1+0.05)^2=1.1025$에서 10.25%

3년말의 미래가치(FV_3)는 다음과 같이 구한다.

$FV_n=PV\left(1+\frac{r}{m}\right)^{m\cdot n}$에서 $FV_3=10{,}000\left(1+\frac{0.1}{2}\right)^{3\cdot 2}=13{,}400$원 혹은

$FV_n=PV(1+r_e)^n$에서 $FV_3=10{,}000(1+0.1025)^3=13{,}400$원

답 ①

8. 연간 표시이자율이 10%라고 할 때 다음 문장 중 틀린 것을 골라라.(단, $e^{0.1}=$ 1.1052이고 $e^{(0.1)(2)}=1.2214$이다)

① 연1회 복리계산을 하면 현재 10,000원은 2년말에 약 12,100원이 된다.

② 연2회 복리계산을 하면 현재 10,000원은 2년말에 약 12,155원이 된다.

③ 연4회 복리계산을 하면 현재 10,000원은 2년말에 약 12,184원이 된다.

④ 연속복리계산을 하면 현재 10,000원은 2년말에 약 12,414원이 된다.

⑤ 연12회 복리계산을 하는 경우의 연간 유효이자율은 약 10.47%이다.

〈해설〉 ① $FV_n=PV\left(1+\frac{r}{m}\right)^{m\cdot n}$에서 $FV_2=10{,}000\left(1+\frac{0.1}{1}\right)^{1\cdot 2}=12{,}100$원

② $FV_n=PV\left(1+\frac{r}{m}\right)^{m\cdot n}$에서 $FV_2=10{,}000\left(1+\frac{0.1}{2}\right)^{2\cdot 2}=12{,}155$원

③ $FV_n=PV\left(1+\frac{r}{m}\right)^{m\cdot n}$에서 $FV_2=10{,}000\left(1+\frac{0.1}{4}\right)^{4\cdot 2}=12{,}184$원

④ $FV_n=PV\cdot e^{rn}$에서 $FV_2=10{,}000\cdot e^{(0.1)(2)}=12{,}214$원

⑤ $r_e=\left(1+\frac{r}{m}\right)^m-1=\left(1+\frac{0.1}{12}\right)^{12}-1=10.47\%$ 혹은

$1+r_A=(1+r_M)^{12}=(1+0.0083)^{12}=1.1047$에서 10.47%

답 ④

9. 다음 세 가지 경품의 현재가치를 할인율 10%를 적용하여 계산하였더니 모두 100원으로 동일하게 나타났다. 변수 *W*, *X*, *Y*에 관한 다음 관계식 중 옳지 않은 것은?

(2006. CPA)

> 경품 1 : 현재부터 *W*원을 매년 영구히 받는다.
> 경품 2 : 1년 후에 상금 *X*원을 받는다.
> 경품 3 : 1년 후에 상금 *Y*원, 2년 후에 상금 *X*원을 받는다.

① $100 < X + Y$ ② $X > Y$ ③ $W < 10$
④ $Y < 10$ ⑤ $Y > W$

〈해설〉 경품 1 : $W + \frac{W}{0.1} = 100$ $\therefore W = 9.09$

경품 2 : $\frac{X}{1.1} = 100$ $\therefore X = 110$

경품 3 : $\frac{Y}{1.1} + \frac{X}{1.1^2} = 100$ $\therefore Y = 10$

답 ④

10. 알파주식회사의 *CFO*가 기업가치를 극대화하기 위해 취한 다음의 행동 중 가장 적절하지 않은 것은?

(2007. CPA)

3년	현가계수	연금의 현가계수
6%	0.8396	2.6730

① 여유현금 9.5억원으로 만기 1년, 액면가 10억원인 국가발행 무이표채를 구입하는 대신 연금리 6%에 반기마다 이자를 지급하는 예금에 1년간 예치했다.

② 물품구입대금 9.5억원을 당장 지급하는 대신 향후 3년간 연간 6%의 이자를 지급하는 예금에 예치하고 1년 후부터 3년간 매년 3.5억원씩 지급하기로 했다.

③ 무상증자를 통해 주식거래의 유동성을 증가시켜 자본비용을 감소시켰다.

④ 인플레이션이 높아지는 상황에서 재고자산에 대한 회계방식을 선입선출법(*FIFO*)에서 후입선출법(*LIFO*)으로 변경했다.

⑤ (주)서울의 경영진과 경영권다툼을 하던 (주)부산의 그린메일(green mail) 제의를 받아 들여 (주)부산이 보유하고 있는 주식을 시가보다 20% 높은 가격에 인수했다.

〈해설〉 ① 무이표채의 연간 수익률 : $9.5억원 = \frac{10억원}{(1+r)^1}$ 이므로 $r = 5.26\%$

예금의 연간 실효이자율: $r_e = \left(1 + \frac{r}{m}\right)^m - 1 = \left(1 + \frac{0.06}{2}\right)^2 - 1 = 6.09\%$

∴ 연간 실효수익률이 높은 것에 투자하는 방안이 기업가치 극대화에 기여

② 현재 지급시 지급액의 현가=9.5억원

3년간 3.5억원씩 지급시 지급액의 현가=3.5억원×연금현가계수(3년,6%)

=3.5억원×2.673=9.36억원

∴ 3년간 3.5억원씩 지급하는 방안이 기업가치 극대화에 기여

③ 유동성 위험이 감소되어 주주의 요구수익률 (자기자본비용)이 하락하면 기업가치가 상승

④ 법인세효과가 없는 상황에서 단순한 회계변경은 기업가치와 무관하지만, 인플레이션이 상승하는 기간에 후입선출법으로 변경하면 법인세 이연효과가 발생하여 기업가치 상승

⑤ 그린메일 제의에 응하여 주식을 시장가격보다 높게 사면 주식인수 후 기업가치 하락

답 ⑤

11. 동일한 횟수의 연금을 기초에 받는 경우(선불연금: annuity due)와 기말에 받는 경우(일반연금: ordinary annuity)에 대한 설명으로 가장 적절한 것은?(단, 이자율은 0보다 크고 일정하며, 복리계산은 연 단위로 이루어진다고 가정한다.)

(2010. CPA)

① 현재가치와 미래가치 모두 선불연금은 일반연금에 (1+이자율)을 곱해서 얻을 수 있다.

② 현재가치와 미래가치 모두 일반연금은 선불연금에 (1+이자율)을 곱해서 얻을 수 있다.

③ 현재가치의 경우 선불연금은 일반연금에 (1+이자율)을 곱해서, 미래가치의 경우 일반연금은 선불연금에 (1+이자율)을 곱해서 얻을 수 있다.

④ 현재가치의 경우 일반연금은 선불연금에 (1+이자율)을 곱해서, 미래가치의 경우 선불연금은 일반연금에 (1+이자율)을 곱해서 얻을 수 있다.

⑤ 현재가치와 미래가치 계산에 있어 선불연금과 일반연금 중 어느 연금이 클 것인가는 이자율에 따라 달라진다.

〈해설〉 화폐의 시간가치에 의하여 금액과 횟수가 동일하다면 선불연금(기초연금)의 가치=일반연금(기말연금)의 가치× (1+이자율)의 관계가 성립한다.

답 ①

제3장

소비와 투자결정 및 피셔의 분리정리

제 1 절 소비에 대한 효용

1. 효용과 무차별곡선

(1) 효 용

효용(utility)이란 소비함으로써 얻게 되는 주관적인 만족도를 말한다. 일반적으로 효용에 대해서는 다음의 두 가지를 가정한다.

① 부나 소비가 증가할수록 효용은 증가한다. 이를 불포화만족 (nonsatiation 혹은 prefer more to less)의 가정이라고 한다. 이는 소비 한 단위의 증가에 따른 효용의 증가, 즉 소비의 한계효용(marginal utility, *MU*)은 항상 영(0)보다 크다는 것이다. 효용함수를 부나 소비에 대해 1차 미분한 값은 모든 부의 수준에서 0보다 크다는 것인데, 이를 기호로 나타내면 다음과 같다.

$$MU\left(=\frac{\partial U}{\partial C}\right)>0$$

② 부나 소비가 증가할수록, 부나 소비의 한 단위 증가에 따르는 효용의 증가분(한계효용)은 감소한다. 이를 한계효용체감(decreasing marginal utility)의 법칙이라고 한다. 효용함수를 부나 소비에 대해 2차 미분한 값은 0보다 작다는 것인데, 이를 기호로 나타내면 다음과 같다.

$$\frac{\partial MU}{\partial C}\left(=\frac{\partial^2 U}{\partial C^2}\right)<0$$

(2) 무차별곡선

무차별곡선(indifference curve, *IC*)이란 동일한 효용을 주는 현재소비와 미래소비의 조합을 연결한 선을 말한다. 기본적으로 무차별곡선은 다음과 같은 성질을 가진다.

그림 3-1 효용함수와 무차별곡선

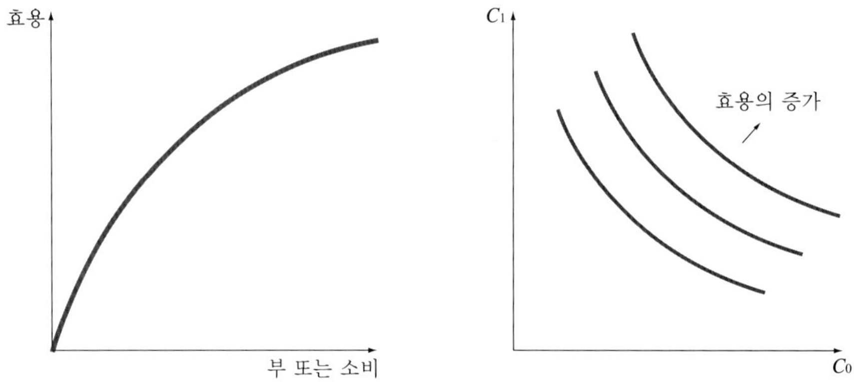

(a) 효용함수　　　(b) 무차별곡선

① 원점에 대해 볼록한(convex) 형태를 가진다.

② 원점에서 우상향할수록 높은 효용수준을 나타낸다.

③ 동일인의 무차별곡선은 교차하지 않는다.

효용함수와 무차별곡선을 〈그림 3-1〉에 표현하였다.

2. 한계대체율

무차별곡선상의 임의의 점에서의 기울기를 한계대체율(marginal rate of substitution, *MRS*)이라고 한다. 한계대체율은 현재소비를 1단위 증가(감소)할 때 미래소비를 얼마나 감소(증가)시켜야 하는 가의 비율로, 현재소비와 미래소비에 대한 소비자의 주관적 시차선호도를 나타낸다. *MRS*가 클수록 현재소비를 증가시키기 위하여 미래소비를 많이 포기한다는 뜻으로 현재소비에 대한 선호도가 크다는 의미가 된다. 현재소비와 미래소비에 대한 효용함수를 $U(C_0, C_1)$라고 하

---

1) 동일한 무차별곡선 상에 있으려면 효용의 증감이 없어야 하므로($dU=0$), dC_0만큼 현재소비를 증가시키면 dC_1만큼 미래소비를 감소시켜야 한다. 즉,

$dU=\frac{\partial U}{\partial C_0}dC_0+\frac{\partial U}{\partial C_1}dC_1=0$에서 $\frac{dC_1}{dC_0}=-\frac{\partial U/\partial C_0}{\partial U/\partial C_1}$ 혹은 $\frac{\Delta C_1}{\Delta C_0}=-\frac{\partial U/\partial C_0}{\partial U/\partial C_1}$

면 *MRS*는 다음과 같이 표현된다.[1)]

$$MRS = \frac{dC_1}{dC_0} = -\frac{MU_{C0}}{MU_{C1}} = -\frac{\partial U / \partial C_0}{\partial U / \partial C_1} \tag{3-1}$$

한계대체율은 〈그림 3-2(a)〉와 같이 현재소비가 많아질수록 감소하는 양상을 보이는데, 이를 한계대체율 체감(diminishing marginal rate of substitution)의 법칙이라고 한다. 이 현상은 현재소비가 증가함에 따라 현재소비에 대한 한계효용이 체감하기 때문에 나타난다.

한편 동일한 무차별곡선에 있더라도 소비자에 따라 *MRS*는 달라진다. 〈그림 3-2(b)〉에서 보는 바와 같이 무차별곡선의 기울기인 *MRS*는 을보다 갑이 더 크다. 소비자 을보다 갑은 동일한 양의 현재소비를 증가시키기 위하여 포기하고자 하는 미래소비의 양이 더 크므로, 갑은 현재소비를 선호하는 소비자이다. 반대의 논리로 소비자 을은 미래소비를 더 선호하는 소비자임을 알 수 있다.

그림 3-2 한계대체율(MRS)

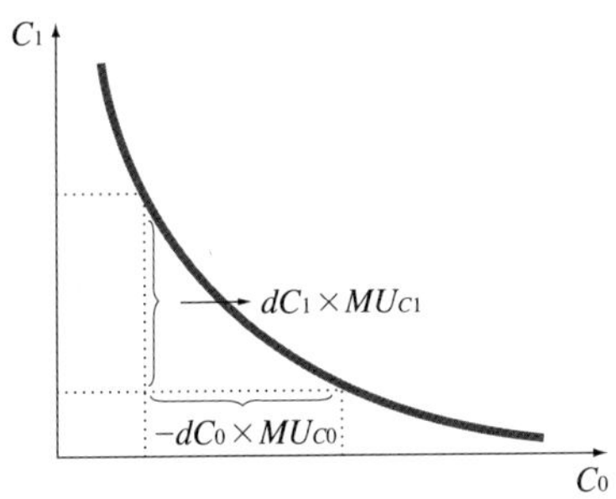

(a) 한계대체율

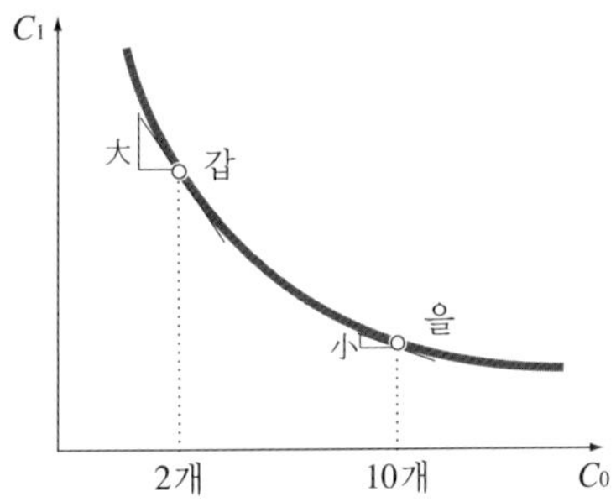

(b) 소비자의 특성과 *MRS*

제 2 절 소비와 투자의 기초개념

1. 소비와 투자의 의의

소비와 투자결정은 일정한 소득을 현재와 미래에 걸쳐 적절하게 나누어 소비·투자하는 의사결정문제인데, 이같은 의사결정의 목표는 소비를 통해 얻는 만족도를 가장 크게하는 것이다. 단순화를 위해 다음과 같이 가정하여 분석하여 보자.

① 단일기간(singie peried) : 현재와 1기 후의 두 시점만 고려한다.

② 확실성(certainty) : 미래소득 및 투자수익은 현재시점에서 확실히 알 수 있다.

③ 완전자본시장(perfect capital market) : 세금이나 거래비용 등의 제도적 장애요인이 없으며, 누구나 동일한 이자율로 얼마든지 차입이나 대출이 가능하다.

2. 자본(금융)시장의 존재

(1) 자본(금융)시장의 의의

자본시장은 현재의 화폐와 미래의 화폐가 이자율이라는 일정한 대가로 교환할 수 있는 시장을 말한다. 자본시장이 없다면 차입이나 대출 등을 통한 소비의 시간적 이전이 불가능하므로 현재소득은 현재시점에, 미래소득은 미래시점에 소비해야 할 것이다. 그러나 자본시장이 존재함으로써 현재소득을 저축하여 미래소비로 쓰거나, 미래수입을 담보로 하여 현재소비로 쓸 수 있는, 소위 소비의 시간적 이전이 가능하게 되므로 효용을 증가시킬 수 있다.

(2) 자본(금융)시장선, 시장기회선, 이자율선

① 현재의 화폐와 미래의 화폐가 교환되는 관계를 나타내는 선을 자본(금융)시장

그림 3-3 자본시장선

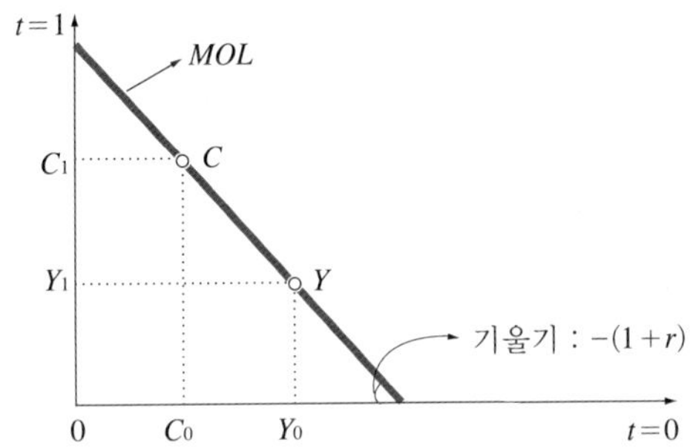

선이라고 한다. 즉, 주어진 소득을 자본시장을 통하여 차입 또는 대출하여 각자의 욕구대로 소비할 때 가능한 현재소비와 미래소비의 조합을 말한다.

② 현재의 화폐 1단위를 소비하는 대신 대출하여 얻을 수 있는 미래의 화폐가치를 나타내므로 이를 이자율선이라고도 한다.

③ 대출과 차입을 통한 소비의 총현가는 소득의 총현가를 넘지 못하는 한도내에서 최대로 소비할 수 있다는 점에서 시장기회선(market opportunity line, *MOL*)이라고도 한다. 시장기회선의 기울기는 시장이자율(r)에 따라 달라지는데, 이를 〈그림 3-3〉에 도시하였다.

단일기간에 걸친 전체소비는 전체소득의 범위를 초과할 수 없으나, 효용의 불포화만족의 가정에 의해 소비자들은 가능한 한 많은 소비를 원하므로 결국 소비의 총현가가 소득의 총현가와 일치하는 수준까지 소비하게 될 것이다.

$$Y_0 + \frac{Y_1}{1+r} = C_0 + \frac{C_1}{1+r} \qquad (3\text{-}2)$$

단, r : 이자율 Y : 소득 C : 소비

예제 ③ – 1 자본시장선

1. 아래 그림에서 현재시점의 AA'는 미래시점에는 얼마가 되는가? 단, 시장이자율 r은 주어져 있다고 가정하라.

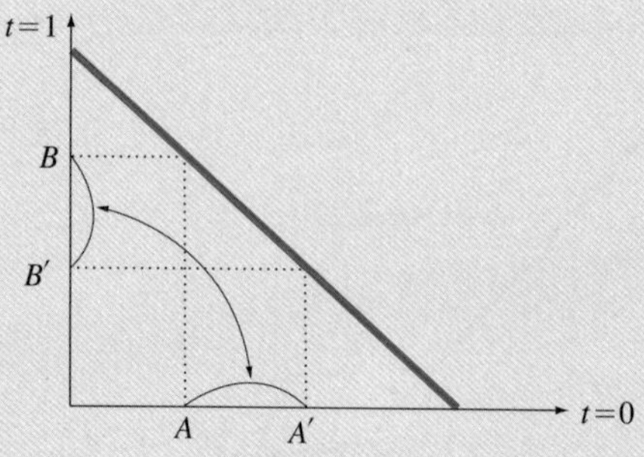

2. 자본시장에 있는 투자자들의 현재소비량은 OB, 미래소비량은 OF로 주어져 있다고 하자. 그런데, 투자자 갑은 현재소비를 더 선호하여 현재소비를 OC, 미래소비를 OE로 하고 싶어한다. (OB, OF)를 (OC, OE)로 변하는 과정을 설명하라.

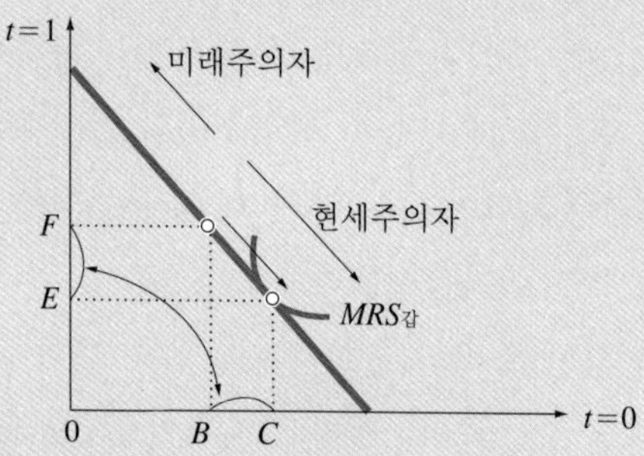

3. 현재소비량과 미래소비량은 OB와 OF로 주어져 있다고 하자. 그런데, 투자자 을은 미래소비를 더 선호하여 현재소비를 OA, 미래소비를 OG로 하고 싶어한다. (OB, OF)를 (OA, OG)로 변하는 과정을 설명하라.

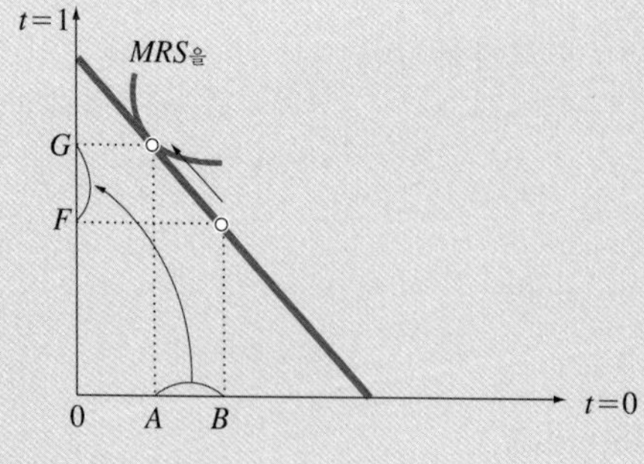

1. 제2장의 화폐의 시간가치에 의하여 $FV=PV(1+r)$이 되므로, $AA'(1+r)=BB'$ 가 된다. 따라서 현재의 AA'는 미래의 BB' 이다. 역으로 $PV=\dfrac{FV}{1+r}$이 되므로 $AA'=\dfrac{BB'}{1+r}$ 가 된다. 따라서 미래의 BB'는 현재의 AA' 이다.

2. 현재소비는 *OB*이고 미래소비는 *OF*로 주어져 있는데, 투자자 갑은 현재소비를 *OC*로 늘리기를 원하므로 *BC*(=*OC*−*OB*)만큼 자본시장에서 차입하면 된다. 현재의 *BC*는 미래의 *EF*이므로, 미래소비는 *EF*만큼 감소할 것이다. 따라서 현재시점의 소비=*OB*+차입한 *BC*=*OC*로 될 것이고, 미래시점의 소비=*OF*−희생된 *EF*=*OE*로 될 것이다.

3. 현재소비는 *OB*이고 미래소비는 *OF*로 주어져 있는데, 투자자 을은 현재소비를 *OA*로 줄이기를 원하므로 *AB*(=*OB*−*OA*)만큼 자본시장에 대출(예금)하면 된다. 현재의 *AB*는 미래의 *FG*이므로, 미래소비는 *FG*만큼 증가할 것이다. 따라서 현재시점의 소비=*OB*−대출한 *AB*=*OA*로 될 것이고, 미래시점의 소비=*OF*+회수한 *FG*=*OG*로 될 것이다.

3. 생산(투자)기회의 존재

(1) 생산(투자)기회의 의의

생산기회란 실물자산에 투자하여 수익을 얻을 수 있는 기회를 말한다. 생산기회가 존재하면 소비자들은 현재소득을 생산기회에 투자하여 투자수익을 획득할 수 있다. 결국 미래의 부가 증대되므로, 효용이 증가된다.

(2) 생산(투자)기회선

현재시점에서의 투자액과 그 투자로 인해 얻게 될 미래의 투자수익간의 관계를 나타낸 선을 생산기회선(production opportunity line, *POL*) 혹은 투자기회선(investment opportunity line)이라고 한다. 이를 이해하기 위하여 현재 1,000만원을 보유하고 있는 소비자에게 다음의 4가지 투자기회가 주어졌다고 가정하자.

투자기회	투자액	총투자수익	총투자수익률
A	100	200	200%
B	200	300	150%
C	500	600	120%
D	200	210	105%

이 소비자는 투자수익률이 높은 투자기회부터 투자할 것이므로 $A \to B \to C \to D$의 순으로 투자할 것이다. 이를 도시하면 〈그림 3-4(a)〉와 같다. 생산기회선이 원점에 대해 오목한(concave) 것은 자본의 한계수익률이 체감(diminishing marginal return of capital)하기 때문이다. 투자기회가 매우 많다면, 생산기회선의 모양은 〈그림 3-4(b)〉가 된다.

(3) 한계변환율

생산(투자)기회선상의 임의의 점에서의 접선의 기울기를 한계변환율(marginal rate of transformation, *MRT*)이라고 한다. *MRT*는 실물투자를 위해 투입된 현재 소득 1단위가 미래소득으로 변환되는 비율을 나타낸다. 즉, *MRT*는 현재소득 1단위를 소비하는 대신 생산기회에 투자했을 때 얻게 될 미래의 투자수익으로 −(1+한계투자수익률)을 의미한다.

예를 들어 *MRT*가 −1.5라면 현재 소득 1단위를 생산활동에 투자했을 때 미래에 1.5단위를 얻을 수 있으며, 이 때의 한계투자수익률이 50%이라는 것이다.

생산기회는 일반적으로 생산함수로 주어진다. 현재시점의 투자액(P_0)과 이에 대한 미래의 투자수익(P_1)을 나타내는 생산함수가 주어질 경우, 한계변환율(*MRT*)은 다음과 같이 생산함수의 P_1을 P_0에 대해 1차 미분하여 구한다.

$$MRT = \frac{dP_1}{dP_0} = -\frac{MP_0}{MP_1} = -\frac{\partial f/\partial P_0}{\partial f/\partial P_1} \qquad (3\text{-}3)$$

그림 3-4 생산기회선

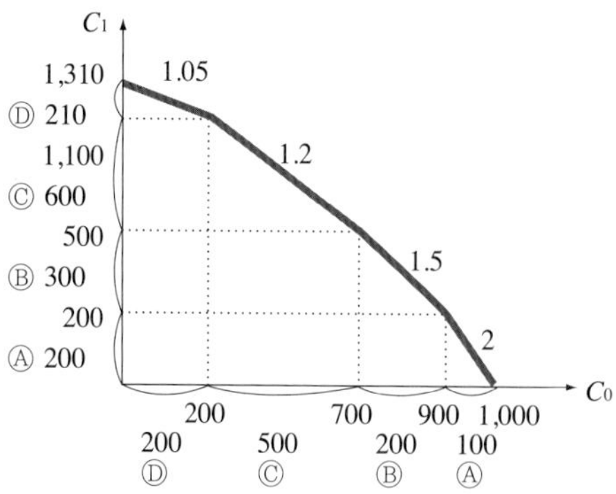

(a) 생산기회선(이산적인 경우)

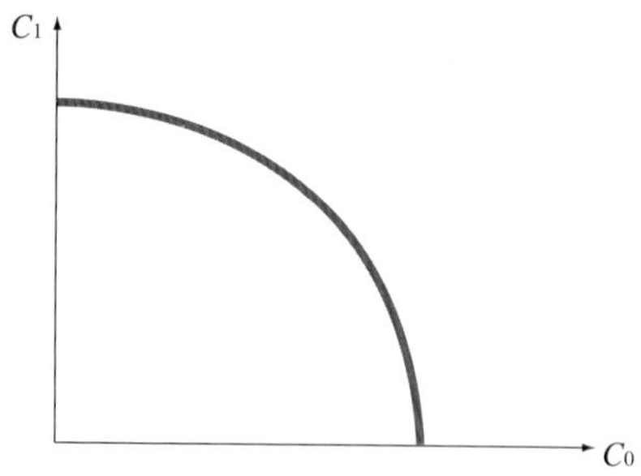

(b) 생산기회선(연속적인 경우)

예제 ③ – 2 한계변환율

다음과 같이 표현되는 생산기회선이 있다고 하자. 이 생산기회선의 한계변환율(MRT)을 구하라.

$$P_1 = 100 - 0.01P_0^2$$

MRT를 구하는 방법은 다음의 두 가지가 있다.

(1) $P_1 = f(P_0)$의 형태인 $P_1 = 100 - 0.01P_0^2$를 이용하려면 생산함수의 P_1을 P_0에 대하여 1차 미분하여 구한다.

$$MRT = \frac{dP_1}{dP_0} = \frac{d(100-0.01P_0^2)}{dP_0} = -0.02P_0$$

(2) $f(P_0,\ P_1) = 0$의 형태인 $P_1 - 100 + 0.01P_0^2 = 0$을 이용하려면 식 (3-3)을 이용한다.

$$MRT = -\frac{\partial f/\partial P_0}{\partial f/\partial P_1} = -\frac{0.02P_0}{1} = -0.02P_0$$

(4) 생산(투자)기회선이 존재시 최적소비 · 투자결정

1) 생산기회가 존재하면 현재소득의 일부를 생산기회에 투자하여, 미래시점에서 투자수익만큼 소비를 증가시킬 수 있다. 그러나 생산기회만 있고 자본시장이 없다면 차입이나 대출을 통한 소비의 시간적 이전이 불가능하므로 투자가 이루어지는 점에서 소비를 해야할 것이다. 따라서 생산기회선이 곧 소비가능선이 되고, 최적소비점이나 최적투자점은 생산기회선상의 모든 점들 중에서 소비자의 무차별곡선과 만나는 점이 된다.

예제 ③ – 3 생산기회만 존재할 때의 최적소비 · 투자결정

현재소득이 OY_0라고 할 때, 아래 그림에서 최적소비점과 최적투자점을 설명하라.

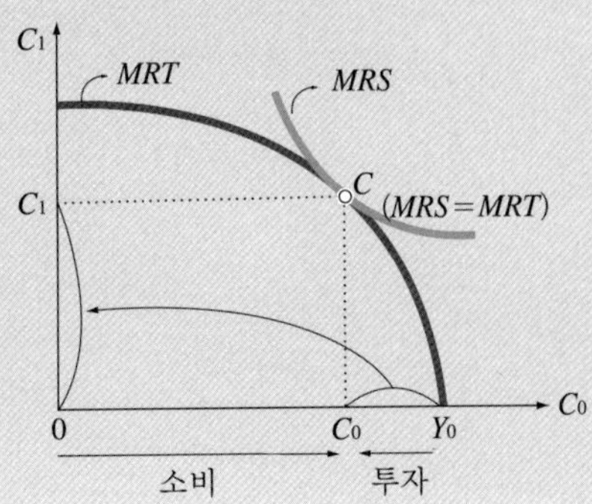

생산기회선의 기울기(MRT)와 무차별곡선의 기울기(MRS)의 접점인 C가 투자자의 효용을 극대화시키는 점이다. 현재소득 OY_0중에서 현재투자액은 Y_0C_0이고 현재소비는 OC_0이다. 한편 현재투자액 Y_0C_0는 미래에는 OC_1의 투자수익이 되므로 곧 이만큼이 미래소비가 된다.

2) 생산(투자)기회만 존재하는 경우, 최적소비점과 최적투자점은 투자자의 소비에 대한 시간적 선호에 따라 달라진다.

예제 ③ – 4 시간적 선호에 따르는 최적소비 · 투자결정

현재소득이 OY_0로 주어져 있을 때, 투자자 A와 B의 최적소비점과 최적투자점을 설명하라.

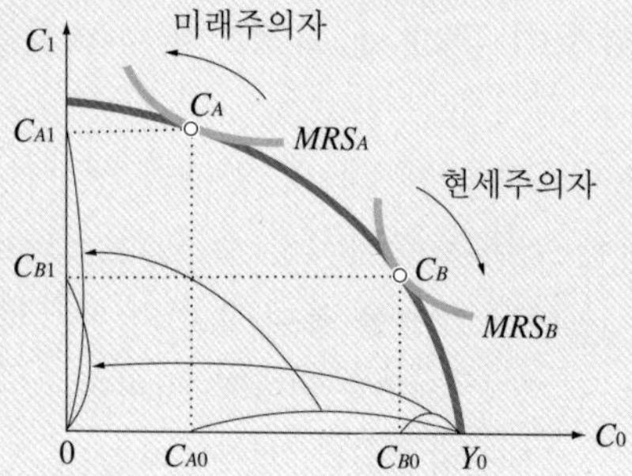

① 투자자 A : 현재소비액은 OC_{A0}이고 현재 투자액은 Y_0C_{A0}이다. 현재투자액 Y_0C_{A0}는 미래에 OC_{A1}이 되므로 이것이 곧 미래소비액이 된다.

② 투자자 B : 현재소비액은 OC_{B0}이고 현재 투자액은 Y_0C_{B0}이다. 현재투자액 Y_0C_{B0}는 미래에 OC_{B1}이 되므로 이것이 곧 미래소비액이 된다.

따라서 투자자 A는 미래소비를 선호하고, 투자자 B는 현재소비를 선호한다는 것을 알 수 있다.

제 3 절 최적소비와 투자결정

앞에서 설명한 무차별곡선, 자본시장선, 생산기회선을 바탕으로 소비자의 최적소비 · 투자결정과정을 공부하기로 한다. 이해를 돕고자 다음의 4가지 경우로 나누어 설명하였다.

① 자본(금융)시장과 생산(투자)기회가 모두 존재하지 않는 경우
② 자본(금융)시장만 존재하는 경우
③ 생산(투자)기회만 존재하는 경우
④ 자본(금융)시장과 생산(투자)기회가 모두 존재하는 경우

1. 자본시장과 생산기회가 모두 존재하지 않는 경우

자본시장과 생산기회가 존재하지 않을 뿐만 아니라 현재소득을 보관(저장)도 불가능하다면, 소비자의 주관적 시차선호도와 관계없이 주어진 소득점에서 소비해야만 할 것이다. 그러나 보관이 가능하다면 현재의 보관액만큼 미래로 이전이 가능하다. 이 경우 현재보관액은 미래에도 현재와 동일한 금액이 되므로, 이자율이 0일 때의 시장기회선(즉, 기울기가 −1인 시장기회선)이 소비가능선이 될 것이다. 이를 다음과 같은 수식으로 표현할 수 있다.

$$MRS = -(1+r)\text{과 } C_0 + \frac{C_1}{1+r} = Y_0 + \frac{Y_1}{1+r}\text{에서 } r=0\text{이므로}$$

$$C_0 + C_1 = Y_0 + Y_1 \quad (\text{단, } C_0 \leq Y_0)$$

$$Max\ U(C_0,\ C_1)$$

① $MRS = \frac{MU_{C0}}{MU_{C1}} = 1$

② $C_0 + C_1 = Y_0 + Y_1$

예제 ③ - 5 자본시장과 생산기회 모두 존재하지 않는 경우

투자자 갑의 현재소득은 100원이며, 그의 현재소비(C_0)와 미래소비(C_1)로 결정되는 효용함수는 $U(C_0, C_1) = C_0 \cdot C_1$이라고 하자.
자본시장과 생산기회가 존재하지 않지만 보관이 가능하다고 할 때, 효용극대화를 위한 의사결정을 설명하고 이 때의 효용수준을 구하라.

조건 ①에 의하여 $MRS = \frac{MU_{C0}}{MU_{C1}} = \frac{C_1}{C_0} = 1 \quad \therefore C_1 = C_0$

조건 ②에 의하여 $C_0 + C_1 = Y_0 + Y_1$에서 $C_0 + C_0 = 100 + 0$

$\therefore C_0 = 50$ & $C_1 = 50$이며, 이 때의 효용수준은 다음과 같다.

$U(50, 50) = 50 \times 50 = 2{,}500$

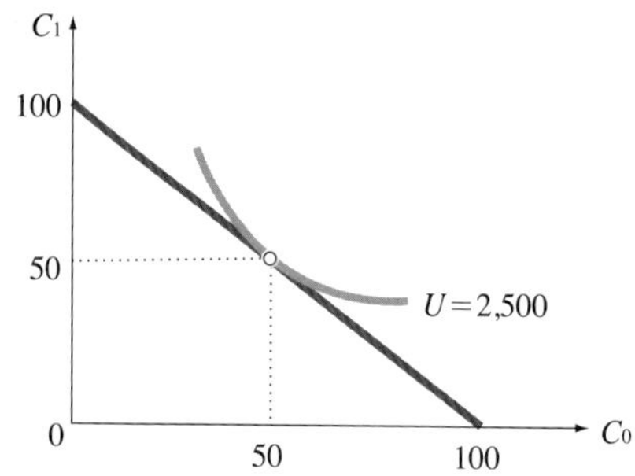

2. 자본시장만 존재하는 경우

자본시장이 존재하면 소비자들은 차입이나 대출 등의 소비의 시간적 이전을 통하여 시장기회선의 임의의 점에서 소비가 가능하다. 따라서 이 경우 시장기회선상의 점들 가운데 효용을 극대화할 수 있는 소비점이 최적소비점이다. 이를 다음과 같은 수식으로 표현할 수 있다.

$$Max\ U(C_0, C_1)$$

$$① \ MRS = \frac{MU_{C0}}{MU_{C1}} = 1 + r$$

$$② \ C_0 + \frac{C_1}{1+r} = Y_0 + \frac{Y_1}{1+r}$$

조건 ①은 무차별곡선의 기울기와 시장기회선의 기울기가 만나는 점이 곧 최적소비점이라는 것이며, 조건 ②는 그 점이 시장기회선상에 있다는 것이다.

예제 ③ - 6 자본시장만 존재하는 경우

〈예제 3-5〉에서 시장이자율이 10%인 자본시장을 이용할 수 있다고 할 때, 효용극대화를 위한 의사결정을 설명하고 이 때의 효용수준을 구하라.

조건 ①의 $MRS = 1 + r$에 의하여 $\frac{C_1}{C_0} = 1 + 0.1 \quad \therefore C_1 = 1.1C_0$

조건 ②의 $C_0 + \frac{C_1}{1+r} = Y_0 + \frac{Y_1}{1+r}$에 의하여, $C_0 + \frac{1.1C_0}{1.1} = 100 + 0$

$\therefore C_0 = 50$ & $C_1 = 55$이며, 이 때의 효용수준을 다음과 같다.

$U(50, 55) = 50 \times 55 = 2{,}750$

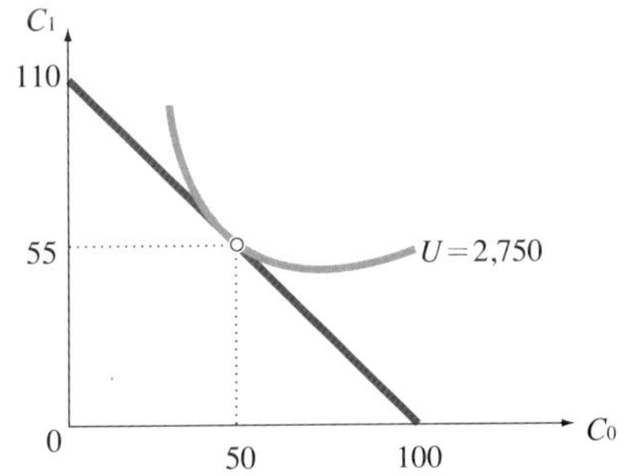

3. 생산기회만 존재하는 경우

생산기회가 존재하면 소비자들은 현재소득을 생산기회에 투자할 수 있으나, 자본시장이 없으므로 소비의 시간적 이전이 불가능하다. 따라서 투자가 이루어지는 점에서 소비를 해야 하므로 생산기회선이 곧 소비가능선이 되며, 최적소비점(최적투자점)은 생산기회선상의 모든 점들 중에서 소비자의 무차별곡선과 만나는 점이 된다(즉, $P_0 = C_0$, $P_1 = C_1$). 이를 다음과 같은 수식으로 표현할 수 있다.

$$Max\ U(C_0,\ C_1)=U(P_0,\ P_1)$$

① $MRS=MRT$

② $f(P_0,\ P_1)=f(C_0,\ C_1)=0$

조건 ①은 무차별곡선의 기울기와 생산기회선의 기울기가 만나는 점이 곧 최적소비(투자)점이라는 것이며, 조건 ②는 그 점이 생산기회선상에 있다는 것이다.

예제 ③ – 7 생산기회만 존재하는 경우

다음과 같이 표현되는 생산기회선이 있다고 하자.

$$P_1=100-0.01P_0^2$$

투자자 갑이 자본시장은 이용할 수 없지만 위와 같은 생산기회는 이용할 수 있다고 하자. 효용극대화를 위한 의사결정을 설명하고 이 때의 효용수준을 구하라.

조건 ①의 $MRS=MRT$에서 $\dfrac{C_1}{C_0}=0.02P_0$

이때는 $P_0=C_0$가 성립하므로 $\dfrac{P_1}{P_0}=0.02P_0 \quad \therefore\ P_1=0.02P_0^2$

조건 ②는 $P_1=100-0.01P_0^2$인데, 이를 위 식과 함께 풀면 P_0와 P_1을 구할 수 있다.

$\therefore\ P_0(=C_0)=57.73 \quad P_1(=C_1)=66.66$

즉, 현재소득 100원 중 57.73원을 현재 소비하고 나머지인 42.27(=100−57.73)만큼 생산기회에 투자하여, 미래에 66.66원을 얻는다. 이 때의 효용수준은 다음과 같다.

$U(57.73, 66.66)=57.73\times 66.66=3,848$

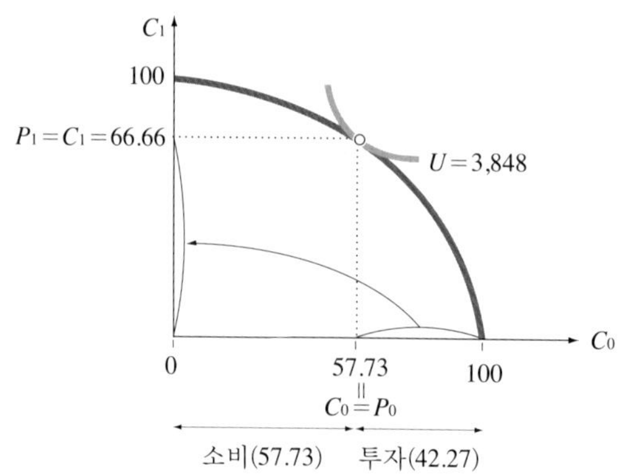

4. 자본시장과 생산기회가 모두 존재하는 경우

(1) 자본시장선과 생산기회선의 비교

우리는 앞에서 자본시장이 존재함으로 소비의 시간적 이전을 통하여 각자의 욕구(효용)를 증대할 수 있고, 생산기회가 존재함으로 투자를 통하여 부를 증대시키므로 효용을 증가할 수 있음을 보았다. 따라서 자본시장선과 생산기회선이 존재하면 ① 우선 생산기회선을 이용하여 부를 극대화하는 투자결정을 먼저 한 후 ② 극대화된 부를 바탕으로 자본시장선을 이용(시간적 이전)하여 효용을 극대화하는 소비결정을 나중에 한다.

이를 살피기 위하여 현재소득을 생산기회에 투자할 수 있고 자본시장에 예금할 수 있다고 가정하고, 이 두 가지 기회중 어느 것이 유리한 지 살펴보자.

현재소득이 OY_0인 상태에서 투자를 Y_0B_0만큼 투자하면 미래소득이 OB_1이 될 것이다. B_0C_0구간에서는 생산기회선의 기울기가 시장기회선의 기울기보다 크다. 생산기회선상의 한계수익률이 시장기회선상의 한계수익률보다 크다는 것은, 현재 1단위를 실물투자한 경우의 미래투자수익이 현재 1단위를 은행에 예금한 경우의 미래원리금보다 크다는 의미이다. 이는 B_0C_0구간에서는 자본시장선을 이용하는 경우보다 실물투자선을 이용하는 것이 바람직하다는 것을 보여준다.

그림 3-5 자본시장과 생산기회가 모두 존재하는 경우의 의사결정

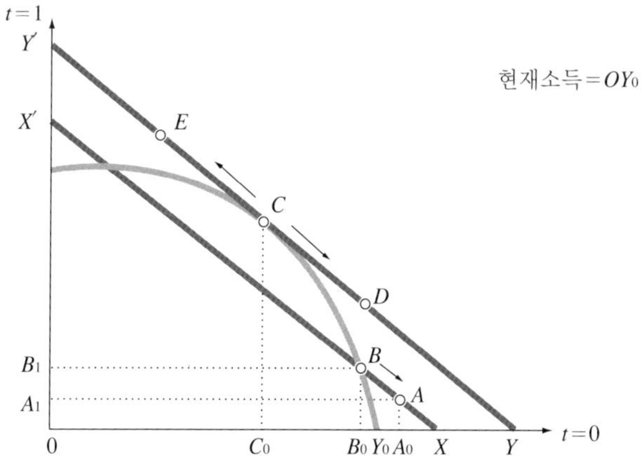

예금은 일정한 이자율에 따라 일정한 수익을 제공하지만, 실물투자의 경우 한계투자수익률 체감의 법칙에 의해 어느 수준을 넘어서면 예금이자율보다 낮게 된다. 이 때는 실물투자선을 이용하는 것보다 시장기회선을 이용하는 것이 바람직하다는 것을 의미한다. 생산기회선의 기울기가 시장기회선의 기울기보다 낮은 경우가 OC_0구간이다.

이는 자본시장선과 생산기회선이 존재하면 구간에 따라서 실물투자선과 자본시장선을 이용하는 우위가 달라진다는 것을 보여준다. 즉, Y_0C_0구간에서는 생산기회선을 이용하고, OC_0구간에서는 자본시장선을 이용하는 것이 좋다는 것이다. 따라서, 최적실물투자액은 생산기회선의 기울기 MRT가 자본시장선의 기울기인 $-(1+r)$과 일치하는 수준임을 알 수 있다. 실물투자를 최적으로 하여 부를 증가시킨 다음, 증가된 부를 바탕으로 자본시장선을 이용(시간적 이전)하여 소비를 결정하면 소비자의 효용수준이 증가하게 된다.

이제 〈그림 3-5〉의 B점을 설명하여 보자. 현재소득 OY_0중 현재 소비액은 OB_0이고 현재 투자액은 Y_0B_0이다. 미래의 투자회수액은 OB_1이 된다. B에서 자본시장선을 이용하여 A점으로 옮기려면 미래의 소비가능액 OB_1 중 A_1B_1만큼 차입하면 되는데, 이의 현재가치는 A_0B_0가 된다. 따라서 현재소비 OB_0+차입한 $A_0B_0=OA_0$만큼 현재의 소비를 할 수 있고, 이 때의 효용수준은 XX' 이다.

그러나, B점에서 자본시장선을 이용하지 않고 생산기회선의 기울기인 MRT와 자본시장선의 기울기인 $-(1+r)$가 만나는 점(C점)까지 실물기회에 투자할 수 있는데, 이 C점이 곧 최적투자점이다. 이제 증가된 부를 바탕으로 자본시장선을 이용하여 차입(D점)이나 대출(E점)을 할 수 있다. C점, D점, E점은 A점이나 B점에 비해 효용수준이 더 높은 YY' 이다. 지금까지 설명한 것을 아래에 요약하였다.

1단계 : 투자기회선을 먼저 이용(C선택) ⇒ 부(수익)의 극대화
위의 C는 누구에게나 객관적인 단일최적투자점이다.
$MRT=-(1+r)$

2단계 : 자본시장선을 이용하여 소비를 주관적으로 선택(D, E)
⇒효용의 극대화(각자의 시간적 선호를 만족시킴으로써)
$MRS=-(1+r)$

∴ 1단계와 2단계에서 $MRS=MRT=-(1+r)$이 성립한다.

(2) 최적의사결정

자본시장선과 생산기회선이 모두 존재하는 경우 최적의사결정은 다음과 같다.

1) 최적투자결정(1단계)

최적투자후의 부를 최대화시켜야 하므로, 다음의 관계를 만족시키면 된다.

$$Max\ P_0 + \frac{P_1}{1+r}$$

① $MRT = -(1+r)$

② $f(P_0,\ P_1) = 0$

2) 최적소비결정(2단계)

최적소비점은 최적투자점을 통과하는 시장기회선상의 점들중에서 효용을 극대화시키는 점이므로, 다음의 관계를 만족시키면 된다.

$$Max\ U(C_0,\ C_1)$$

① $MRS = -(1+r)$

② $C_0 + \frac{C_1}{1+r} = P_0 + \frac{P_1}{1+r}$

그림 3-6 NPV와의 연계성

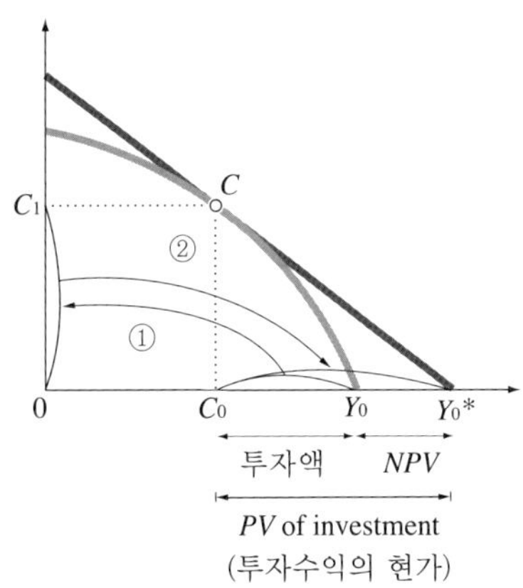

(3) *NPV*와의 연계성

지금까지 설명한 것을 순현재가치(net present value, *NPV*)와 연관시켜 보자.

최적투자점은 생산기회선의 기울기와 자본시장선의 기울기가 일치하는 점이라고 하였는데, 이 점에 투자할 경우의 순현재가치(*NPV*)는 〈그림 3-6〉에서 $Y_0^* - Y_0$이다.

현재소득 OY_0중 누구나 $Y_0 - C_0$만큼 투자한다. 이 투자액은 미래에 OC_1 만큼의 투자수익이 된다. 이 미래수익 OC_1을 현재가치로 환산하면 $Y_0^* - C_0$가 된다. NPV＝현금유입의 현가－현금유출의 현가$=(Y_0^* - C_0) - (Y_0 - C_0) = Y_0^* - Y_0$가 된다. 이 그림에서 Y_0는 투자 전의 부, Y_0^*은 투자후의 부를 각각 현재시점으로 표현한 것이다.

예제 ③－8 자본시장선과 생산기회선이 모두 존재하는 경우

투자자 갑의 현재소득은 100원이며 효용함수는 $U(C_0, C_1) = C_0 \cdot C_1$이다. 그는 시장 이자율이 10%인 자본시장을 이용할 수 있고 $P_1 = 100 - 0.01P_0^2$인 생산기회선도 이용할 수 있다고 하자.

1. 최적투자결정을 설명하라.
2. 최적 투자결정을 수행한 후 효용을 극대화시키는 최적소비결정을 설명하고 이때의 효용수준을 구하라.
3. 이 실물투자안에 대한 순현재가치(*NPV*)과 내부수익률(*IRR*)을 구하라.
4. 위의 결과를 그림으로 그려라.

1\. 1)의 조건 ①인 $MRT = 1 + r$에 의하여 $0.02P_0 = 1.1 \quad \therefore P_0 = 55$

1)의 조건 ②인 $f(P_0, P_1) = 0$에 의하여 $P_1 = 100 - 0.01(55)^2 = 69.75$

2\. 2)의 조건 ①인 $MRS = 1 + r$에 의하여 $\dfrac{C_1}{C_0} = 1.1 \quad \therefore C_1 = 1.1C_0$

투자안 수행후 소득흐름은 (100, 0)에서 (55, 69.75)로 바뀌었다. 즉 (Y_0, Y_1)에서 (P_0, P_1)으로 변하였다. 따라서,

2)의 조건 ②인 $C_0 + \dfrac{C_1}{1+r} = P_0 + \dfrac{P_1}{1+r}$에 의하여

$$C_0+\frac{1.1C_0}{1.1}=55+\frac{69.75}{1.1} \qquad \therefore\ C_0=59.2 \quad C_1=65.13$$

이때의 효용수준은 다음과 같다.

$U(59.2, 65.13)=59.2\times65.13=3{,}856$

즉 현재소득 100원을 생산기회에 45원만큼 투자하고 남은 자금 55원에 4.2원만큼 차입하여 현재 59.2원만큼 소비한다. 미래에는 투자수익 69.75원에서 원리금 4.62(=4.2×1.1)원 만큼 상환한 나머지를 소비한다.

현재($t=0$)	미래($t=1$)	
투자 45	투자수익	69.75
소비 59.2 ┌ 55 (투자하고 남은 자금) └ 4.2 (차입)	상환	−) 4.62
	소비	65.13

3. 현재소득 100중 45를 투자하면 현재소득은 55, 미래소득은 69.75이므로 현재가치의 합계는 다음과 같다.

$$PV=55+\frac{69.75}{1+0.1}=118.41$$

한편, NPV=투자수익의 현가(PV of investment)−투자원금

$$=\frac{69.75}{1+0.1}-45=18.41\text{이다.}$$

내부수익률(IRR) $=\dfrac{69.75-45}{45}=55\%$

4.

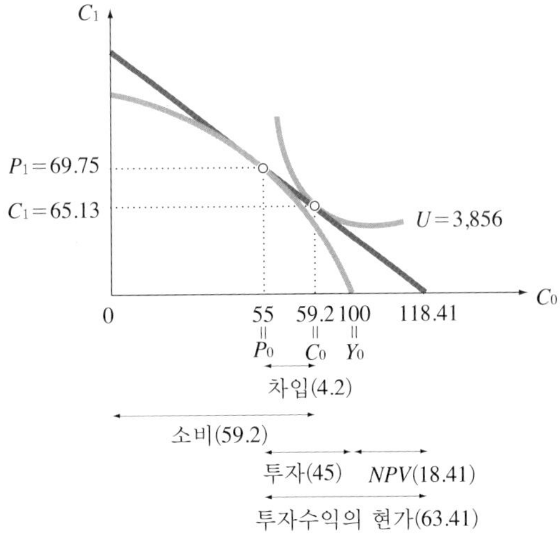

제 4 절 피셔의 분리정리

1. 경제적 의의

앞에서 보았듯이 실물기회선과 자본시장선이 동시에 존재하는 경우 최적투자수준은 소비자들의 주관적인 소비결정(효용곡선)과 무관하게 객관적인 시장이자율과 비교하여 이루어진다. 또한, 소비수준은 이같은 투자수준에 의하여 결정된 소득을 전제로 시장기회선에서 각 소비자들의 주관적인 효용곡선에 따라 이루어진다. 피셔의 분리정리(Fisher' s separation theorem)란 이처럼 최적투자결정(1단계)과 최적소비결정(2단계)로 분리되어 이루어진다는 것을 말한다.

피셔의 분리정리는 소유와 경영이 분리된 주식회사에 대하여 다음의 두 가지를 시사하고 있다. 첫째로, 최적투자점은 생산기회선의 기울기인 *MRT*가 자본시장선의 기울기인 $-(1+r)$과 일치하는 점에서 이루어진다. 이는 투자로 인한 *NPV*를 극대화시키는 투자점이므로, *NPV*만 극대화시키면 최적투자를 했다는 의미가 된다.

둘째로, 경영자는 수많은 주주들의 소비에 대한 효용구조(주관적 시차선호)와

그림 3-7 거래비용과 피셔의 분리정리

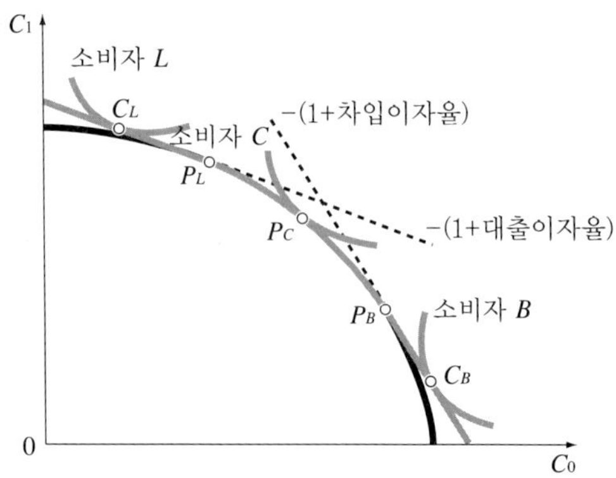

상관없이 *NPV*를 극대화시키는 투자안을 선택하여 기업가치만 극대화(주주부의 극대화)시키면 된다는 것이다. 그러면 주주들은 극대화된 자신들의 부를 바탕으로 자본시장선을 이용하여 각자의 주관적인 효용구조에 맞도록 소비결정을 함으로써 효용을 극대화한다. 따라서 경영자는 주주들의 소비에 대한 효용구조에 상관없이 투자만 최적으로 하면 그의 임무는 끝난다.(경영자는 1단계만 잘하면 된다.)

피셔의 분리정리는 주주들이 투자(생산)결정을 경영자에게 위임하여도 그들의 효용극대화는 영향을 받지 않기 때문에 소유와 경영의 분리가 가능하다는 것이다.

2. 거래비용의 존재

자금의 차입과 대출과정에서 발생하는 거래비용으로 인하여 차입이자율이 대출이자율 보다 큰 경우를 생각해 보자. 〈그림 3-7〉에서 보듯이 차입이자율에 근거한 자본시장선은 기울기가 가파르고, 대출이자율에 근거한 자본시장선은 기울기가 완만하다. 이 경우 차입형 소비자의 최적투자점은 P_B이고, 대출형 소비자의 최적투자점은 P_L이다. 결국 소비자의 주관적인 효용구조에 따라 최적투자점이 달라지게 되므로(객관적인 단일투자점이 아니라 각 투자자에 따른 여러 투자점이 발생하므로), 피셔의 분리정리는 성립하지 않게 된다.

3. 시장이자율의 변화

시장이자율(r)이 변하면 자본시장선의 기울기가 변한다. 균형점은 $MRT = MRS = -(1+r)$이므로 r이 변화하면 최적투자점 및 최적소비점이 변하게 된다.

(1) 시장이자율이 하락하는 경우

시장이자율이 하락하면 자본시장선의 기울기가 *MOL*에서 *MOL*′로 완만해지며, 최적투자점과 기업가치 및 차입자 · 대출자의 효용은 다음과 같이 변하게 된다.

① 최적투자 : Y_0P_0에서 Y_0P_0'로 변하므로 P_0P_0'만큼 증가한다.

② 기업가치 : 기업가치의 증분인 NPV가 $Y_0Y_0^*$에서 $Y_0Y_0^{*\prime}$로 변하므로 $Y_0^{*\prime}Y_0^*$ 만큼 증가한다.

③ 차입자의 효용 : U_B에서 U_B'로 증가한다.

④ 대출자의 효용 : OC_0구간에서는 U_L에서 U_L'로 감소한다. 그러나 C_0P_0구간에 있던 대출자는 U에서 U'로 증가하는데, 대출형 소비형태가 차입형 소비형태로 바뀌게 된다.

(2) 시장이자율이 상승하는 경우

시장이자율이 상승하면 하락하는 경우와는 반대로 자본시장선의 기울기가 MOL'에서 MOL로 가파르게 변하게 된다. 따라서, 최적투자액은 감소하고, 기업가치는 감소한다. 대출자의 효용은 증가하지만 차입자의 효용은 구간에 따라 증가할 수도 있고 감소할 수도 있다. 이를 다음과 같이 요약할 수 있다.

시장이자율	투자금액	부(기업가치)	효 용	
			차입자	대출자
하락하면 상승하면	증 가 감 소	증 가 감 소	증 가 감소 또는 증가	감소 또는 증가 증 가

그림 3-8 이자율하락과 최적소비 · 투자결정

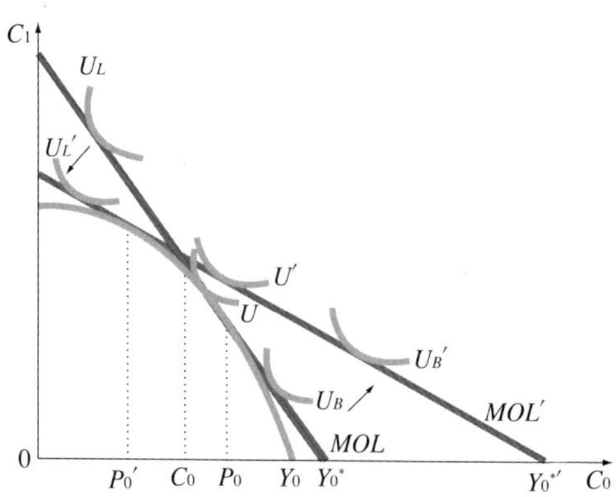

연습문제

1. 다음 설명 중 맞지 않은 것을 골라라.

① 피셔의 분리정리에 의하면 최적투자점은 소비자들의 주관적인 효용곡선과 무관하게 객관적인 시장이자율에 의해 이루어진다.

② ①의 최적투자점은 생산기회선의 기울기와 자본시장선의 기울기가 일치하는 점이다.

③ 피셔의 분리정리는 소유와 경영을 분리할 수 있다는 근거를 제공한다.

④ 생산기회와 자본시장이 존재하면, 생산기회만 존재하는 경우보다 소비자의 효용이 크다.

⑤ 소비자의 효용은 자본시장이 존재하는 경우가 저장만 가능한 경우보다 작다.

〈해설〉 ⑤ 자본시장이 존재하면 자본시장이 없을 때나 저장만 가능한 경우보다 효용이 작을 수 없다.

답 ⑤

2. 피셔의 분리정리를 올바르게 표현한 것을 골라라.

	1단계	2단계
①	최적투자결정	최적소비결정
②	최적투자결정	*NPV*극대화
③	*NPV*극대화	최적투자결정
④	효용극대화	효용극대화
⑤	최적소비결정	효용극대화

〈해설〉 1단계 : 최적투자결정, *NPV*극대화, 부의 극대화, $MRT = -(1+r)$인 객관적인 한 점
2단계 : 최적소비결정, 효용극대화, 차입이나 대출, $MRS = -(1+r)$인 주관적인 어느 점

답 ①

3. 소비와 투자에 대한 다음 설명 중 틀린 것은?

① *MRS*가 가파를수록 현재소비에 대한 선호도가 크다.

② 시장이자율이 변화해도 최적투자점은 변하지 않는다.

③ 시장이자율이 변화하면 최적소비점은 변한다.

④ 생산기회만 존재하면 소비자에 따라 최적투자점이 달라질 수 있다.

⑤ 생산기회와 자본시장이 함께 존재하면, 자본시장만 존재하거나 생산기회만 존재하는 경우보다 소비자의 효용이 크다.

〈해설〉 ②③ 최적투자점은 $MRT=-(1+r)$, 최적소비점은 $MRS=-(1+r)$에서 각각 결정되므로, 시장이자율에 따라 최적투자결정과 최적소비결정은 달라진다.

④ 생산(투자)기회만 존재시, 최적투자점과 최적소비점은 각자의 시간적선호에 따라 달라진다.

답 ②

4. 아래의 그림은 완전자본시장과 단일기간의 가정하에서 개인의 최적 소비 · 투자결정이 어떻게 이루어지고 있는가를 나타낸다. 이 개인의 소득흐름은 $t=0$에서 40원, $t=1$에서 0원이라고 가정한다. 이 그림에서 최적생산점에서의 투자수익의 현가는 얼마인가? (1989. CPA)

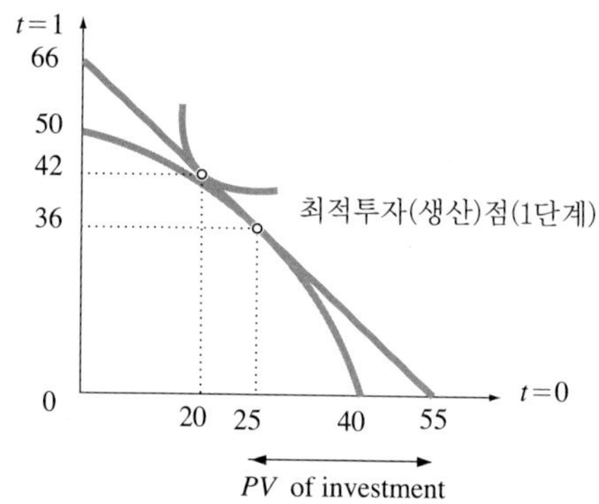

① 15원 ② 20원 ③ 35원
④ 30원 ⑤ 40원

〈해설〉 PV of investment $=55-25=30$

답 ④

5. 피셔의 분리정리(Fisher's separation theorem)에 대한 설명으로 적절하지 못한 것은? (1991. CPA)

① 피셔의 분리정리란 완전자본시장과 생산시장이 주어지는 경우, 최적 생산을 위한 결정은 각 개인의 소비에 관한 주관적 시차선호와는 관계없이 순현가의 극대화라는 객관적 시장기준에 의하여 결정된다는 정리를 말한다.

② 피셔의 분리정리에서 최적 생산결정과 최적 소비결정은 별개로서, 최적 생산결정은 개인의 시차선호에 따른 소비결정과는 무관하게 이루어진다는 것이다.

③ 소비자는 먼저 자기의 소비에 관한 시차선호에 의하여 최적 소비점을 결정하여 소비하며, 기업은 잔여자금으로 기업가치를 극대화할 수 있는 실물투자점을 결정하여 실물투자를 하게 된다.

④ 경영자들은 주주의 소비에 대한 시차선호에 관계없이 최적 실물투자점을 결정함으로써 순현가를 극대화할 수 있고, 순현가를 극대화시키는 방향으로 투자결정을 하면 경영자는 주주들의 이익을 위해 최대한 노력한 결과가 될 것이다.

⑤ 실물투자 및 소비의 균형점에서는 한계대체율, 한계변환율, 그리고 자본시장선의 기울기가 일치한다.

〈해설〉 ④ 경영자는 1단계만 잘하면 된다.

⑤ $MRS = MRT = -(1+r)$

답 ③

6. 다음과 같은 생산가능곡선 및 금융시장이 주어진 경우의 설명으로 적절한 것은? (1992. CPA)

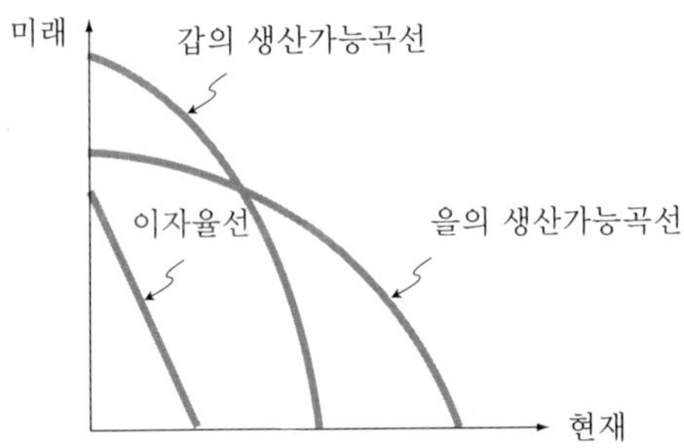

① 갑의 현재부는 을의 현재부보다 크다.

② 실물투자를 한 후 갑의 부는 을의 부보다 크다.

③ 실물투자액은 갑이 더 많다.

④ 갑의 실물투자에 대한 *NPV*는 음수이다.

⑤ 실물투자 후 갑과 을의 효용수준은 무차별하다.

〈해설〉 두 투자자의 최적 생산과정을 도시하면 다음과 같다.

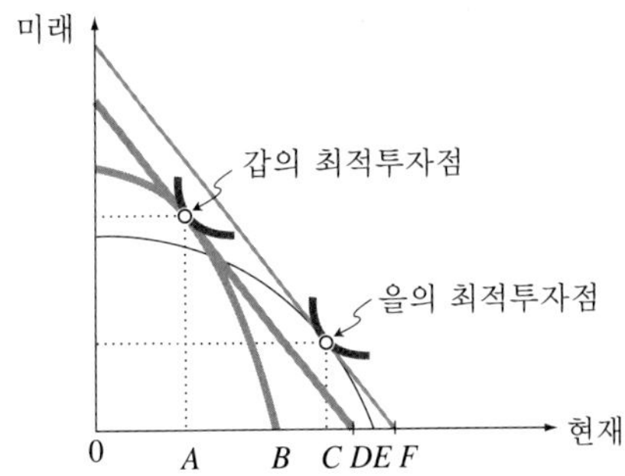

① 갑 $= B <$ 을 $= E$

② 갑 $= D <$ 을 $= F$

③ 갑 $= B - A >$ 을 $= E - C$

④ 갑의 $NPV = D - B > 0$ (을의 $NPV = F - E > 0$)

답 ③

7. 피셔의 분리정리가 성립하는 상황에서 두 의사결정자 갑, 을에 대한 설명으로 옳지 않은 것은? (1996. CPA)

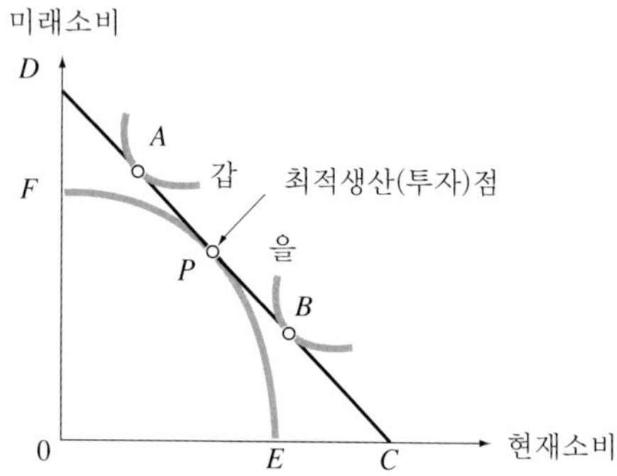

① 시간선호가 다른 두 의사결정자 갑, 을의 최적 생산결정은 생산기회곡선 EF와 자본시장선 DC가 접하는 P점에서 이루어진다.

② 시장이자율은 CD선의 기울기의 절대값에서 1을 차감하여 구한다.

③ 을이 갑에 비해 특정소비점에서 상대적으로 시차선호가 더 크므로 현재소비를 더 선호하는 편이다.

④ 균형소비점에서 +값으로 표시된 현재소비와 미래소비간의 한계대체율은 현재소비를 상대적으로 더 선호하는 을의 경우와 덜 선호하는 갑의 경우가 동일하다.

⑤ P점에서의 생산결정은 투자에 따른 순현가를 극대화시키므로 평균투자수익률을 극대화하는 생산결정이다.

〈해설〉 ④ $MRS = -(1+r)$로 누구나 같다.

⑤ 평균투자수익률이 아니라 부이다.

답 ⑤

8. 아래 그림은 생산기회선과 자본시장이 모두 존재하는 상태에서 갑의 소비와 투자 결정과정을 그린 것이다. 갑의 현재 부가 Y_0라고 할 때, 다음 설명 중 옳지 않은 것은?

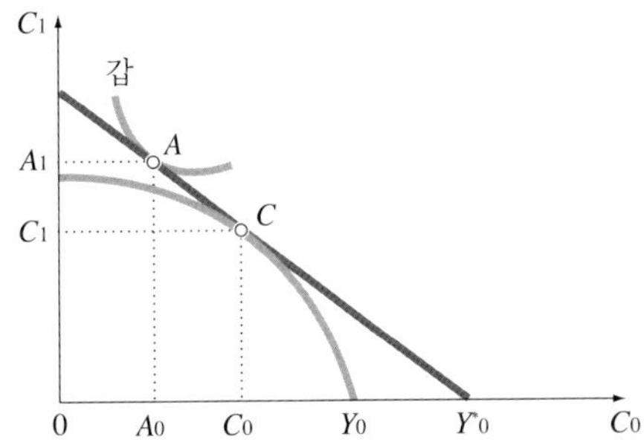

① 갑의 현재 최적투자액은 Y_0-C_0이고, 최적소비액은 OA_0이다.

② 최적투자를 하면 미래의 투자수익은 OC_1이고, 이를 현가화시키면 $Y^*_0-C_0$이다.

③ 갑의 최적투자에 대한 NPV는 $Y^*_0-Y_0$이다.

④ 갑의 현재 대출액은 Y_0-A_0이고, 미래소비액은 OA_1이다.

⑤ 최적투자 및 소비의 균형점에서는 한계변환율, 한계대체율, 자본시장선의 기울기가 일치한다.

〈해설〉 ④ 갑의 현재 대출액은 C_0-A_0이다.

〈현재〉	〈미래〉
투자 : Y_0-C_0 대출 : C_0-A_0 소비 : OA_0 ――――― Y_0	수입 : OC_1 회수 : OA_1-OC_1 ∴ 소비 $=OA_1$

⑤ $MRT=MRS=-(1+r)$

답 ④

9. 아래 그림은 생산기회선과 자본시장이 모두 존재하는 상태에서 을의 소비와 투자결정과정을 그린 것이다. 을의 현재 부가 Y_0라고 할 때, 다음 설명 중 옳지 않은 것은?

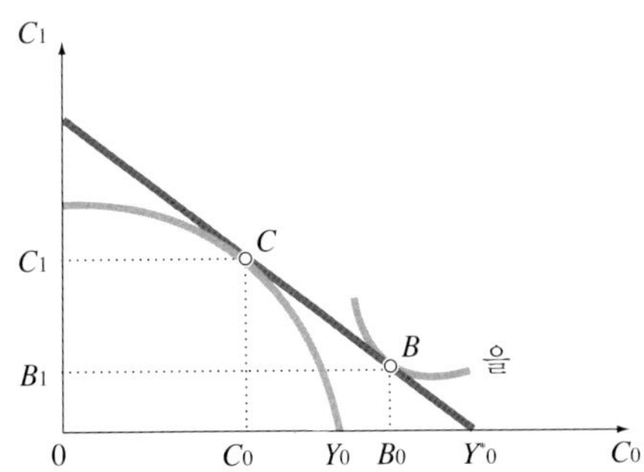

① 을의 현재 최적투자액은 Y_0-C_0이고, 최적소비액은 OB_0이다.

② 을의 최적투자에 대한 *NPV*는 $Y^*_0-Y_0$이다.

③ 을은 차입형으로, 현재 자본시장에서 B_0-C_0만큼 차입한다.

④ 을은 미래소비를 C_1-B_1만큼 감소시킨다.

⑤ 자본시장이 존재하지 않을 경우 최적생산 · 소비점은 *C*점이다.

〈해설〉

〈현재〉	〈미래〉
투자 : Y_0-C_0	수입 : OC_1
차입 : B_0-C_0	상환 : C_1-B_1
소비 : OB_0	∴ 소비 $=OB_1$
Y_0	

⑤ 생산(투자)기회만 존재하는 경우, 최적생산 · 소비점은 투자자에 따라 달라진다.

답 ⑤

10. 소비와 투자에 대한 다음 설명 중 틀린 것은?

① 생산기회만 존재하면 소비자에 따라 최적투자(소비)점이 달라질 수 있다.

② 시장이자율이 하락하면 최적투자액은 증가하고, 차입자의 효용은 감소한다.

③ 자본시장선과 생산기회선이 모두 존재하고 차입이자율과 대출이자율이 동일한 경우, 최적투자점은 소비자의 효용구조와 무관하게 객관적으로 결정된다.

④ 차입이자율이 대출이자율보다 큰 경우, 피셔의 분리정리는 성립되지 않는다.

⑤ 차입이자율이 대출이자율보다 큰 경우, 생산기회선상에서 대출자의 최적투자점보다 차입자의 최적투자점이 우측에 존재한다.

〈해설〉 ① 생산(투자)기회만 존재시, 최적투자점과 최적소비점은 각자의 시간적 선호에 따라 달라질 수 있다.

② 시장이자율이 하락하면 최적투자액이 증가하고, 차입자의 효용이 증가한다.

④ 소비자의 차입이자율이 대출이자율보다 크면, 소비자 각각의 효용구조에 따라 최적투자점이 달라질 수 있다.

⑤ 아래 그림에서 보듯이 *P*(대출자) < *P*(차입자)

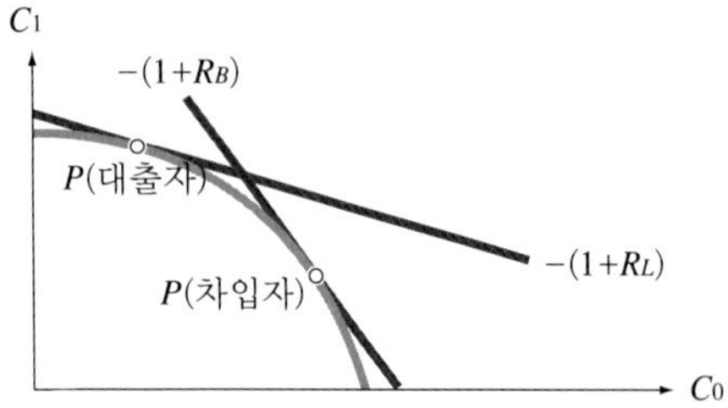

답 ②

11. 현재 1,000원을 보유 중인 투자자 갑은 다음과 같은 투자기회가 주어져있다. 시장 이자율이 10%라고 할 때 다음 중 틀린 문장을 골라라.

투자안	투자액	총투자수익	순투자수익률
A	200	250	25%
B	300	360	20%
C	100	115	15%
D	400	420	5%

① 투자수익을 극대화하려면 투자안 *A, B, C*에 투자해야 한다.

② 최적투자액은 600원이며 이로 인한 미래의 투자수익은 725원이다.

③ 최적투자후 갑의 현재 부는 1,059.1원이고, *NPV*는 59.1원이다.

④ 최적투자점에서의 내부수익률(*IRR*)은 20.83%이다.

⑤ 갑의 최적소비점은 (400원, 725원)이다.

〈해설〉 갑의 생산기회선과 최적투자결정을 도시하면 다음과 같다.

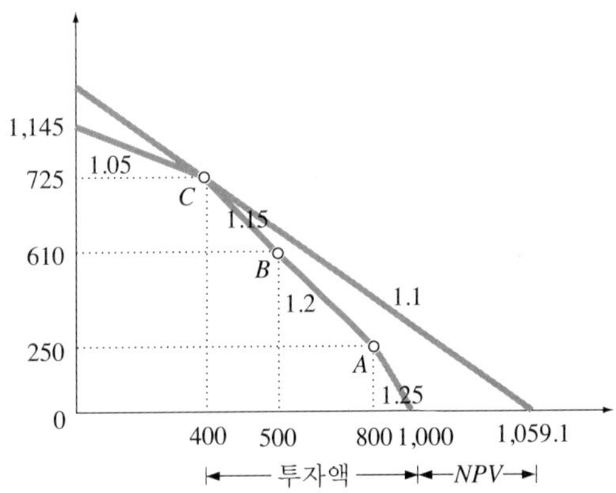

① 투자수익을 극대화하려면 투자수익률이 시장이자율보다 높은 투자안에 투자해야 하며, 투자결정은 $MRT=-(1+r)$에서 이루어지므로 최적투자점은 *C*점이다.

② 그림에서 보는 바와 같이 최적투자액은 600원이며, 미래의 투자수익은 725원이다.

③ 현재 소득 1,000원 중 600원을 투자하면 현재 소득은 400원, 미래소득은 725원이므로 현재소득의 합계는 다음과 같이 1,059.1원이다.

$$PV=400+\frac{725}{1+0.1}=1{,}059.1\text{원}$$

한편, $NPV=\frac{725}{1+0.1}-600=59.1$원 혹은 $NPV=1{,}059.1-1{,}000=59.1$원

④ $IRR=\frac{725-600}{600}=20.83\%$

⑤ 갑의 효용함수가 주어져 있지 않으므로 최적소비점은 알 수 없다. (400,725)는 갑의 최적소비점이 아니라 최적투자점이다.

답 ⑤

제4장

확실성하의 자본예산

제 1 절 자본예산의 기초개념

1. 자본예산의 개요

자본예산(capital budgeting)이란 투자효과로 인한 현금흐름이 1년 이상의 장기간에 걸쳐 나타나는 실물자산(기계설비, 건물, 토지 등)의 취득과 관련된 투자결정을 말한다. 자본예산은 일반적으로 ① 투자안의 개발 ② 투자안의 현금흐름 추정 ③ 투자안의 선택 또는 기각의 결정 ④ 투자안의 사후관리라는 4단계로 구성되는데, 재무관리에서는 이 중 2단계와 3단계를 중요시 한다. 즉, 자본예산이란 각 투자안에 대하여 증분현금흐름(incremental cash flow)을 추정하여 투자안의 경제성을 평가하는 것이다. 증분현금흐름을 추정한다는 것은 식 (1-1)에서 분자를 추정한다는 것이다.

2. 투자의 분류

투자는 투자안의 상호관계에 따라 다음과 같이 분류할 수 있다.

① **독립적 투자안**(independent projects) : 한 투자안의 현금흐름이 다른 투자안의 현금흐름에 영향을 미치지 못하는 경우를 말한다. 이 때는 투자안들이 많을지라도 별개의 투자안들을 여러 번 평가하는 경우와 동일하기 때문에, 각 투자안별로 채택 또는 기각여부만 평가한다.

② **상호배타적 투자안**(mutually exclusive projects) : 투자안이 여러 개 있을 때 어느 투자안이 채택되면 다른 나머지 투자안들을 모두 기각해야 하는 경우를 말한다. 이 때는 여러 투자안 중 가장 좋은 것 하나만 채택하고 나머지는 기각해야 한다.

또한 투자는 투자목적에 따라 다음과 같이 분류할 수 있다.

① **대체투자**(replacement projects) : 기존의 설비를 신규설비로 대체하는 투자를 말한다.

② **확장투자**(new expansion projects) : 신제품 · 신규시장을 개척하기 위한 투자 등을 말한다.

제 2 절 현금흐름의 추정

1. 현금흐름의 개념

(1) 현금흐름의 정의

현금흐름(cash flows)이란 투자로 인한 현금유입(cash inflows)에서 투자액인 현금유출(cash outflows)을 차감한 순현금흐름(net cash flows)을 말한다.

(순)현금흐름 = 현금유입 − 현금유출

(2) 현금흐름과 회계적이익

〈제1장 재무관리의 의의 및 목표〉에서 살펴보았듯이 투자안 (또는 자산)의 가치는 미래현금흐름의 현재가치로 정의되므로, 투자안을 평가할 때는 회계상의 이익이 아니라 현금흐름을 기준으로 삼아야 한다. 예컨대 회계적이익은 여러 집단들의 이해관계의 산물인 회계원칙(generally accepted accounting principles, *GAAP*)에 의해 계산된 성과측정치이다. 또한 흑자도산한 기업을 주위에서 많이 보아왔는데, 회계적이익이 진정한 투자안의 가치를 측정하는 것이라면 이러한 현상은 없어야 할 것이다.

뿐만 아니라 회계적이익은 동일한 성과임에도 불구하고 *GAAP*에서 인정하는 각기 다른 감가상각방법(정액법과 정률법)이나 재고자산평가방법(선입선출법과 후입선출법)의 적용에 따라 이익의 크기도 달라진다.

기업이 투자안을 수행할 때 필요한 것은 현금이지 손익계산서상의 이익이 아니다. 따라서 재무관리에서는 투자안을 평가할 때, 회계적이익이 아니라 현금흐름을 분석대상으로 삼는 것이다.

2. 현금흐름추정의 적용

(1) 무부채기업과 부채기업의 현금흐름

위의 논의를 다음과 같은 예를 이용하여 살펴보자. 투자한 결과 미래(1~n)의 현금흐름이 다음과 같다고 가정하는데, Δ는 증분기준을 나타낸 것이다. 동일한 투자안에 대하여 투자안에 필요한 투자소요자금을 전액 자기자본으로 자본조달한 기업을 무부채기업(U), 투자소요자금의 일부를 부채로 조달하여 부채를 사용한 기업을 부채기업(L)이라고 하자. 여기에서 영업이익 20은 이자비용과 법인세 납부전의 이익이기 때문에 *EBIT*(earnings before interest and taxes) 혹은 *NOI*(net operating income)라고 한다.

예	무부채기업(U)	부채사용기업(L)
매출액의 증분(ΔR)	100	100
영업비용의 증분(ΔC)	50	50
감가상각비의 증분(ΔD)	30	30
영업이익의 증분($\Delta EBIT$, ΔNOI)	20	20
이자비용의 증분(ΔI)	–	4
세전이익의 증분(ΔEBT)	20	16
법인세(세율 T=0.5)	10	8
순이익의 증분(ΔNI, ΔEAT)	10	8

ΔC는 감가상각비가 포함되지 않은 영업비용

무부채기업(U)의 현금흐름(ΔCF)=매출액의 증분−영업비용의 증분−법인세=100−50−10=40이고, 부채사용기업(L)의 현금흐름(ΔCF)=매출액의 증분−영업비용의 증분−법인세=100−50−8=42이다. 즉 동일한 투자안에 투자하더라도 부채사용하는 기업의 현금흐름이 부채를 사용하지 않는 무부채기업의 현금흐름보다 법인세차이인 2만큼 크다. 부채를 사용하여 이자를 지급하는 L기업은 지급이자에 대해서는 법인세를 내지 않으므로 이만큼(이자비용×세율=4×0.5=2) 절세효과가 발생하게 되는데, 이를 이자비용의 감세효과라고 한다.

동일한 성과임에도 불구하고 *GAAP*에서 인정하는 각기 다른 감가상각방법이나 재고자산평가방법의 적용에 따라 이익의 크기도 달라지는 것 같이, 동일한 투자안이라도 부채사용여부에 따라 현금흐름의 크기가 달라진다면 현금흐름 역시 회계적이익같이 모호해 질뿐더러 일관성이 없어질 것이다. 일반적으로 자본예산에

서의 현금흐름은 부채를 사용하더라도 전액 자기자본(무부채)으로 투자한다고 전제한다. 즉 위 투자안의 현금흐름은 부채사용여부와 무관하게 40으로 전제한다.

그렇다면 부채를 사용한 투자안의 현금흐름은 명백히 42인데, 무부채로 조달한 경우의 현금흐름 40과의 차이인 2(이자비용의 감세효과)는 어떻게 된 것인가? 본 장의 도입부에서 언급했듯이 자본예산에서 현금흐름을 추정한다는 것은 식 (1-1)의 분자만 고려한다고 하였다. 이자비용의 감세효과는 식 (1-1)의 분모에서 고려할 것인데, 우리는 이를 〈제10장 자본비용〉에서 공부할 것이다. 따라서 부채를 사용한 경우 현금흐름 42 중 40은 분자인 현금흐름에서 고려하고 2는 분모인 할인율에서 고려한다고 생각하면 된다.

(2) (영업)현금흐름

영업현금흐름은 기업의 정상적인 영업활동에서 발생하는 현금흐름으로 기업의 자본조달형태와 무관한 현금흐름이다. 자본예산에서의 현금흐름 역시 부채를 사용하여 자본을 조달하였더라도 전액 자기자본(무부채)으로 투자한다고 전제한다고 하였으므로, 자본조달형태에 영향을 받지 않는 현금흐름이다. 따라서 현금흐름은 자기자본만으로 조달한 경우를 가정하였으므로 영업현금흐름과 같다. 다시 말하여 현금흐름은 영업활동으로 인한 현금흐름만 측정하므로, 자본조달방법과 무관하게 측정한다는 것을 명심해야 한다.

한편, 영업현금흐름 = 영업이익 × (1 − 법인세율) + 현금유출이 없는 비용 − 현금유입이 없는 수익으로 계산된다. 여기에서 현금유입이 없는 수익(단기매매증권평가이익, 외화환산이익)은 많지 않으므로 일반적으로 무시하고, 현금유출이 없는 비용의 대표적 항목은 감가상각비이므로 영업현금흐름 = 영업이익 × $(1-T)$ + 감가상각비로 표시할 수 있다.[1)]

$$\Delta CF = \Delta EBIT(1-T) + \Delta D = \Delta NOI(1-T) + \Delta D \qquad (4\text{-}1)$$

이 예의 현금흐름을 식 (4-1)을 이용하여 구하면 다음과 같다.

현금흐름(ΔCF) $= \Delta NOI(1-T) + \Delta D = 20(1-0.5) + 30 = 40$

---

1) 감가상각비를 배제한다면 (영업)현금흐름은 세후영업이익과 같다. 이는 식 (4-1)에서 $\Delta D=0$으로 놓으면 $\Delta CF = \Delta NOI(1-T)$로 확인이 가능하다.

(3) 현금흐름공식의 유도

자본예산의 현금흐름(ΔCF)을 회계적이익(ΔNI)과 비교하며 유도해 보자.

회계적이익(ΔNI) $=(\Delta R-\Delta C-\Delta D)(1-T)=(\Delta R-\Delta C)(1-T)+\Delta D\cdot T-\Delta D$

$=(100-50)(1-0.5)+(30)(0.5)-30=10$

현금흐름(ΔCF) = 현금유입 − 현금유출

= 매출액의 증분 − 영업비용의 증분 − 법인세

$=\Delta R-\Delta C-(\Delta R-\Delta C-\Delta D)T=(\Delta R-\Delta C)(1-T)+\Delta D\cdot T$

$=(100-50)(1-0.5)+(30)(0.5)=40$

따라서 $\Delta CF=\Delta NI+\Delta D$임을 알 수 있는데, $40=10+30$으로 확인할 수 있다.

$$\Delta CF_{1\sim n}=(\Delta R-\Delta C)(1-T)+\Delta D\cdot T \tag{4-2}$$

$$\Delta CF_{1\sim n}=\Delta NI_{1\sim n}+\Delta D_{1\sim n} \tag{4-3}$$

(4) 현금흐름추정의 기본원칙

현금흐름추정시 다음과 같은 기본원칙을 지켜야 한다.

첫째로, 감가상각비(ΔD)는 현금유출로 처리하지 않는다. 앞에서 살펴보았듯이 현금유출이 없는 비용의 대표적 항목은 감가상각비이다. 포괄손익계산서상에서는 비용항목이지만 현금흐름을 구할 때는 현금유출로 처리해서는 안된다.

둘째로, 감가상각비(ΔD)는 현금유출로 처리해서는 안되나, 회계상 비용으로 처리되어 과세소득을 감소시키므로 법인세를 감소시킨다. 따라서 감가상각비의 감세효과 $+\Delta D\cdot T$만큼 현금유입으로 처리해야 한다. 식 (4-2)에서 이 효과를 $+\Delta D\cdot T$로 반영하였다.

예	A 안	B 안
수익	20,000	20,000
비용	5,000	10,000 (감가상각비 $\Delta D=5{,}000$ 가산)
이익	15,000	10,000
법인세(50%)	7,500	5,000

A안에 비해 B안이 $\Delta DT=(5{,}000)(0.5)=2{,}500$만큼 감세효과를 본다.

셋째로, 이자비용(ΔI)과 배당금은 현금유출로 처리하지 않는다. 투자안에 대하여 현금흐름을 추정하다는 것은 식 (1-1)에서 분자를 추정한다는 것이고, 이자비용과 그에 따른 감세효과 및 배당금은 식 (1-1)의 분모에서 고려한다.[2] 자본예산은 일반적으로 기업의 자본비용으로 할인할 것을 전제로 하기 때문에 지금 분자에서 고려하면 이중계산한 결과가 된다.

넷째로, 매몰비용은 현금유출이 아니다. 매몰비용(매몰원가, sunk cost)이란 과거 의사결정에 의해 이미 발생한 비용을 말하므로, 자본예산의 의사결정시점인 현재에 아무런 영향을 미치지 못한다. 예를 들어, ① 신제품 대량생산에 필요한 기계도입시 이미 발생한 제품개발비용, 시장조사비 혹은 ② 구자산의 취득원가를 고려하면 안된다. (단 대체투자의 경우 구자산의 장부가치는 고려해야 한다)

다섯째로, 기회비용과 부수효과는 고려한다.

① **기회비용**(opportunity cost)이란 특정자원을 현재 용도 이외의 다른 용도로 사용할 경우 얻을 수 있는 최대금액으로 정의되는데, 자본예산에서는 이를 투자안의 현금유출로 처리한다. 예를 들어 임대가능한 사무실을 임대하는 대신 다른 용도로 사용할 경우 포기해야 하는 임대수입은 신규투자안의 현금유출로 처리해야 한다.

② **부수효과**(side effects)란 새로운 투자로 인하여 기존 투자안의 현금흐름이 증가되거나 감소하는 경우을 말한다. 예를 들어 황설탕을 생산하고 있는 기업이 커피를 생산한다면 기존 투자안의 현금흐름이 증가될 것이므로 그만큼 현금유입으로 처리해야 하고, 백설탕을 생산하면 기존 투자안의 현금흐름이 감소(erosion)될 것이므로 그만큼 현금유출로 처리해야 한다.

마지막으로, 법인세는 현금유출로 처리해야 한다. 법인세는 명백한 현금유출이므로, 납세후 기준으로 현금흐름을 측정해야 할 것이다.

---

2) 〈제10장〉에서 배우겠지만 기업의 자본비용(할인율, k_0)은 $k_e\left(\frac{S}{S+B}\right)+k_d(1-T)\left(\frac{B}{S+B}\right)$로 정의된다. 여기에서 k_e는 자기자본비용(배당금비용), $k_d(1-T)$는 타인자본(이자)비용 및 그 절세효과를 나타낸다.

제 3 절 현금흐름의 실제추정

지금까지의 논의를 바탕으로 투자안의 기간별 현금흐름을 투자시점, 투자기간 중, 투자종료시점으로 나누어 분석하기로 한다.

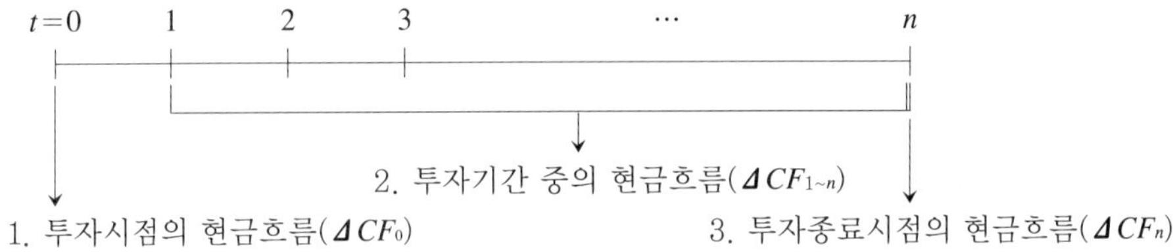

1. 투자시점의 현금흐름

$$\Delta CF_0 = -\Delta I_0 + ITC + [S_0 - (S_0 - B_0)T] - \Delta WC_0$$

(1) 투자원금지출 ($-\Delta I_0$)

자산의 취득원가 뿐만 아니라 자산취득에 필요한 부대경비(운반비, 설치비, 시운전비, 기회비용 등)를 현금유출로 처리해야 한다. 여기에서 I는 investment outlay를 나타내며, Δ는 수선비를 처리할 때 쓰인다. 즉 대체투자의 경우 새 기계는 수선비가 없는데, 구 기계는 수선비가 있는 경우 이를 증분으로 측정한다.

(2) 투자세액공제 (ITC)

투자세액공제(investment tax credit, *ITC*)란 정부가 기업의 설비투자를 장려하기 위하여 투자금액의 일정부분을 세액에서 직접 공제해 주는 제도를 말한다. 투자세액공제에 따르는 금액을 현금유입으로 처리해야 한다.

(3) 구자산의 처분가액과 장부가액 $[S_0-(S_0-B_0)T]$

대체투자의 경우 새 기계를 구입하면 구 기계를 반드시 처분하게 되므로, 구 기계 처분에 따르는 현금흐름을 고려해야 한다. 구자산의 처분가액과 장부가액이 다를 때 (=고정자산 처분손익이 있고), 처분손익의 법인세효과를 고려해야 할 것이다. 여기에서 S_0는 구자산의 처분가액(selling value), B_0는 구자산의 장부가액(book value)을 나타낸다.

예 법인세가 50%인 기업에서 구자산의 장부가액이 3,000인데 처분가액이 2,000과 4,000일 때, 각각의 현금흐름을 살펴보자.

	$S_0=2{,}000$	$S_0=4{,}000$
$B_0=3{,}000$ $(T=0.5)$	현금유입 = +2,000 처분손실 = 1,000 세금효과 = 1,000×0.5 = +500 ∴ 2,000+500 = 2,500	현금유입 = +4,000 처분이익 = 1,000 세금효과 = 1,000×0.5 = −500 ∴ 4,000−500 = 3,500
$\Delta CF=S_0-(S_0-B_0)T$	$\Delta CF=2{,}000-(2{,}000-3{,}000)(0.5)$ $=2{,}500$	$\Delta CF=4{,}000-(4{,}000-3{,}000)(0.5)$ $=3{,}500$

(4) 운전자본 $(-\Delta WC_0)$

영업활동을 위하여 신기계를 취득하는 경우 운전자본(working capital)[3]에 대한 투자가 추가적으로 이루어지는 것이 일반적이다. 즉, 신기계를 도입하여 제품을 생산할 경우 재고자산 등을 추가적으로 사야 하는데, 이는 현금유출을 야기하므로 이를 고려해야 한다. 운전자본문제는 다음의 두 가지 유형으로 대별된다.

① 운전자본(재고자산) 증가로 인한 추가소요자금을 투자시점의 현금유출로 처리$(-\Delta WC_0)$하고, 투자종료시점에서 모두 회수되는 것으로 가정하여 현금유입으로 처리$(+\Delta WC_n)$한다.

---

3) 일반적으로 운전자본이란 유동자산에서 유동부채를 차감한 순운전자본(net working capital)을 의미한다. 운전자본이 증가하면 유동부채로 조달한 금액보다 유동자산에 대한 투자액이 더 많으므로 현금유출을 뜻하며, 이와는 반대로 운전자본이 감소하면 유동부채로 조달한 금액이 유동자산에 대한 투자액보다 더 많으므로 현금유입을 뜻한다.

예 지금($t=0$) 운전자본이 1,000만큼 소요예정이고 투자안의 연수가 5년이라면

$t=0$	1	2	3	4	5
−1,000					+1,000

② 매년 운전자본잔액이 주어진 경우, 매년 현금유입과 유출개념으로 바꾸어 다시 계산하여야 한다.

예	1	2	3	4	5
재고자산잔액	1,000	1,300 재고자산을 300만큼 더 구입	1,700 재고자산을 400 더 구입	1,500 재고자산이 200팔림	0 재고자산이 1,500다 팔림
ΔWC	−1,000 1,000만큼 자금소요	−300 300만큼 자금소요	−400 400만큼 자금소요	200 200만큼 자금유입	1,500 1,500만큼 자금유입

예제 ④ − 1 투자시점의 현금흐름

(주)서울은 현재 사용중인 기계를 새 기계로 대체하려고 한다. 현재 사용중인 기계는 5년 전에 1,000,000원 주고 구입한 것이다. 구입당시 이 기계의 내용연수는 10년이고 잔존가치는 200,000원으로 추정하였으며 정액법으로 감가상각해 왔는데, 이 기계는 현재 500,000원에 매각할 수 있다.
한편 신 기계에 대한 정보는 다음과 같다. 구입가격은 2,000,000원인데 운반비와 설치비용이 200,000이 더 소요될 것이다. 신기계의 내용연수는 5년이고 잔존가치는 700,000원이며 정액법으로 감가상각할 것이다. 신기계는 400,000원의 투자세액공제의 혜택을 받으며, 투자시점에서 1,000,000원의 추가적인 운전자본이 소요될 것이다. (주)서울의 한계법인세율이 40%이라고 할 때, 투자시점의 현금흐름을 추정하라.

구기계 : $B_n(\text{구})=200{,}000 \quad D(\text{구})=\left(\dfrac{1{,}000{,}000-200{,}000}{10}\right)=80{,}000$

$B_0=1{,}000{,}000-80{,}000\times 5=600{,}000 \quad S_0=500{,}000$

신기계 : $I_0=2{,}000{,}000+200{,}000=2{,}200{,}000 \quad ITC=400{,}000 \quad \Delta WC_0=1{,}000{,}000$

$B_n(\text{신})=700{,}000 \quad D(\text{신})=\left(\dfrac{2{,}200{,}000-700{,}000}{5}\right)=300{,}000 \quad T=0.4$

따라서 $\Delta CF_0=-\Delta I_0+ITC+[S_0-(S_0-B_0)T]-\Delta WC_0$

$=-2{,}200{,}000+400{,}000+[500{,}000-(500{,}000-600{,}000)(0.4)]-1{,}000{,}000$

$=-2{,}260{,}000$원

2. 투자기간중의 현금흐름

이는 투자가 완료되어 영업활동이 이루어지는 기간의 현금흐름을 측정하는 것으로, 이에 대한 내용은 앞에서 설명하였다.

$$\Delta CF_{1\sim n} = (\Delta R - \Delta C)(1-T) + \Delta D \cdot T$$

예제 ④ - 2 투자기간중의 현금흐름

〈예제 4-1〉에서 신기계로 구기계를 대체하면 연간 매출액이 1,800,000원 증가하고 영업비용이 600,000원 증가한다고 하자. 투자기간중의 현금흐름을 추정하라.

$\Delta R = 1{,}800{,}000$ $\Delta C = 600{,}000$ $\Delta D = D(\text{신}) - D(\text{구}) = 300{,}000 - 80{,}000 = 220{,}000$

따라서 $\Delta CF_{1\sim n} = (\Delta R - \Delta C)(1-T) + \Delta D \cdot T$

$= (1{,}800{,}000 - 600{,}000)(1-0.4) + (220{,}000)(0.4) = 808{,}000$원

3. 투자종료시점의 현금흐름

$$\Delta CF_n = [\Delta S_n - (\Delta S_n - \Delta B_n)T] + \Delta WC_n$$

(1) 신 · 구자산의 처분가액과 잔존가치 $[\Delta S_n - (\Delta S_n - \Delta B_n)T]$

투자종료시점에서는 기계를 처분하게 되므로 이에 따르는 현금흐름을 증분기준(Δ)으로 고려해야 한다. 신 · 구자산의 처분가액과 잔존가치가 일치하지 않을 때는 고정자산처분손익이 발생하므로 이에 따르는 세금효과를 반영해야 한다.

여기에서 ΔS_n는 n시점(투자종료시점)에서의 신 · 구자산의 처분가액의 증분, ΔB_n는 신 · 구자산의 장부가액(잔존가치)의 증분을 나타낸다. 이는 다음의 표로 나타내면 이해하기가 쉽다. 단, 문제에서 처분가액의 언급이 없으면 처분가액은 잔존가치와 동일하다고 간주한다.

	구자산	신자산	증분(=신-구)
잔존가치(B_n)			ΔB_n
처분가액(S_n)			ΔS_n

(2) 운전자본 (+ ΔWC_n)

일반적으로 투자종료시점에서 운전자본이 모두 회수되는 것으로 가정한다.

예제 ④ - 3 투자종료시점의 현금흐름

〈예제 4-1〉과 〈예제 4-2〉의 문제가 계속 적용된다고 하자. 5년 후의 구기계와 신기계의 처분가치가 160,000원과 550,000원이라고 할때, 투자종료시점의 현금흐름을 구하라.

S_n(구)$=160{,}000$ S_n(신)$=550{,}000$이고 예제 4-1에서 B_n(구)$=200{,}000$ B_n(신)$=700{,}000$이었다.

	구자산	신자산	증분(=신-구)
잔존가치(B_n)	200,000	700,000	$\Delta B_n=500{,}000$
처분가액(S_n)	160,000	550,000	$\Delta S_n=390{,}000$

따라서 $\Delta CF_n=[\Delta S_n-(\Delta S_n-\Delta B_n)T]+\Delta WC_n=[390{,}000-(390{,}000-500{,}000)(0.4)]+1{,}000{,}000=1{,}434{,}000$

〈예제 4-1, 2, 3〉의 현금흐름을 정리하면 다음의 표와 같다.

	0	1	2	3	4	5
ΔCF_0	−2,260,000					
$\Delta CF_{1\sim n}$		808,000	808,000	808,000	808,000	808,000
ΔCF_n						1,434,000
ΔCF	−2,260,000	808,000	808,000	808,000	808,000	2,242,000

제 4 절 투자안의 경제성분석

투자안에 대하여 증분현금흐름(incremental cash flow)을 추정한 후 이를 바탕으로 투자안을 채택할 것인가 기각할 것인가를 평가해야 하는데, 이것을 투자안의 경제성분석이라고 한다. 투자안의 경제성평가 방법에는 회수기간법, 회계적이익률법(평균이익률법), 순현재가치법, 내부수익률법, 수익성지수법의 5가지가 있다. 이 중 회수기간법과 회계적이익률법은 화폐의 시간가치를 고려하지 않는다고 해서 전통적 분석기법이라고도 하고, 순현재가치법과 내부수익률법 및 수익성지수법은 화폐의 시간가치를 고려하므로 할인현금흐름법이라고 한다.

- 경제성분석
  - 전통적분석기법 (=비할인현금흐름법)
    - 회수기간법(*PB*)
    - 회계적이익률법(*ARR*)
  - 할인현금흐름법
    - 순현재가치법(*NPV*)
    - 내부수익률법(*IRR*)
    - 수익성지수법(*PI*)

이상적인 평가방법이 되기 위한 조건은 다음의 4가지가 있는데, 이들 조건을 모두 충족하는 기법은 순현재가치법(*NPV*) 뿐이다.

① 투자안 내용연수동안의 모든 현금이 고려되어야 한다.

② 적절한 할인율을 사용하여 화폐의 시간가치를 반영하여야 한다.

③ 가치의 가산원칙이 성립하여야 한다.

④ 기업가치를 극대화할 수 있는 투자안을 선택할 수 있어야 한다.

1. 회수기간법

(1) 정 의

회수기간(payback period, *PB*)이란 투자안의 소요자금을 회수하는데 걸리는 기간으로써, 보통 연단위로 표시한다.

$$\text{회수기간}(PB) = \frac{\text{회수안 된 금액(unrecovered cost)}}{\text{현금유입액(cash inflow during the year)}}$$

(2) 의사결정기준

기업에서 미리 정한 목표회수기간과 투자안의 회수기간을 비교한다. 투자안의 회수기간이 목표회수기간보다 짧으면 투자가치가 있다고 판단한다(The shorter, the better).

① 독립적 투자안 : 투자안의 회수기간이 기업의 목표회수기간보다 짧은 투자안은 채택하고, 긴 투자안은 기각한다.

② 상호배타적 투자안 : 투자안의 회수기간이 목표회수기간보다 짧은 투자안 중 가장 짧은 투자안만 채택하고 나머지는 전부 기각한다.

(3) 장 점

① 현금흐름을 분석대상으로 한다.

② 내용이 간단하여 이해가 쉽고, 적은 시간과 비용으로 투자안을 평가할 수 있다.

③ 회수기간이 짧으면 현금이 빨리 회수되므로, 기업의 유동성이 풍부해진다. 회수기간이 짧을수록 안전한 (위험이 적은) 투자안이라고 판단할 수 있기 때문에, 회수기간은 해당투자안의 위험지표(risk indicator)로 사용될 수 있다.

(4) 단 점

① 기업내부에서 정한 목표회수기간의 설정이 임의적이므로, 평가결과가 객관적이지 못하다.

② 회수기간내의 현금흐름만 고려하기 때문에, 회수기간 이후의 현금흐름을 반영하지 못하고 있다.

③ 회수기간내의 현금흐름을 고려할 때도 화폐의 시간가치를 반영하지 못하고 있다.

(5) 할인회수기간법

할인회수기간(discounted payback period, *DPB*)이란 미래의 현금유입을 기업의 자본비용으로 할인하여 현재가치화 하여, 투자안의 소요자금을 회수하는데 걸리는 기간을 계산하는 방법이다. *DPB*는 미래현금흐름을 할인하므로 *PB*보다 길다(즉, $DPB > PB$).

이는 회수기간법의 화폐의 시간가치 무시라는 단점을 보완하기 위해 나온 지표이지만, 회수기간 이후의 현금흐름을 반영하지 못하고 있고 목표회수기간이 주관적이라는 단점이 여전히 존재하므로 합리적인 평가방법이라고 할 수 없다.

예제 ④ – 4 회수기간법과 할인회수기간법

투자안 *A*와 *B*의 현금흐름이 다음과 같고 자본비용이 10%라고 하자. 두 투자안의 회수기간과 할인회수기간을 구하고, 선택될 투자안을 밝혀라.

연 도	투자안 *A*	투자안 *B*
0	−1,000	−1,000
1	500	100
2	400	300
3	300	400
4	100	600

(1) 회수기간법(*PB*)

$$PB_A = 2 + \frac{100}{300} = 2.33\text{년}$$

$$PB_B = 3 + \frac{200}{600} = 3.33\text{년}$$

① 독립적인 투자안의 경우

회사의 목표회수기간이 4년이라면 *A*와 *B* 모두 채택될 것이고, 목표회수기간이 3년이라면 *A*만 채택될 것이다.

② 상호배타적인 투자안의 경우

*A*만 채택될 것이다.

(2) 할인회수기간법(*DPB*)

연 도	투자안 *A*	투자안 *B*
0	−1,000	−1,000
1	455 (=500/1.1)	91 (=100/1.1)
2	331 (=400/1.1^2)	248 (=300/1.1^2)
3	225 (=300/1.1^3)	301 (=400/1.1^3)
4	68 (=100/1.1^4)	410 (=600/1.1^4)

$$DPB_A = 2 + \frac{214}{225} = 2.95\text{년}$$

$$DPB_B = 3 + \frac{360}{410} = 3.88\text{년}$$

① 독립적인 투자안의 경우

회사의 목표회수기간이 4년이라면 *A*와 *B*모두 채택될 것이고, 목표회수기간이 3년이라면 *A*만 채택될 것이다.

② 상호배타적인 투자안의 경우

*A*만 채택될 것이다.

(1)과 (2)에서 보듯이 할인회수기간이 회수기간보다 길다는 것을 알 수 있다.

2. 회계적이익률법 = 평균이익률법

(1) 정 의

회계적이익률(accounting rate of return, *ARR*)이란 투자안의 연평균순이익을 연평균투자액으로 나눈 것인데, 평균이익률법이라고도 한다.

$$\text{회계적이익률}(ARR) = \frac{\text{연평균순이익}}{\text{연평균투자액}}$$

연평균순이익은 투자안의 내용연수 동안의 세후 순이익을 모두 합하여 내용연수로 나눈 것이며, 연평균투자액은 $\frac{\text{투자원금} + \text{잔존가치}}{2}$ 이다.

(2) 의사결정기준

기업에서 미리 정한 목표 회계적이익률과 투자안의 회계적이익률을 비교한다. 투자안의 회계적이익률이 목표 회계적이익률보다 높으면 투자가치가 있다고 판단한다.

① **독립적 투자안** : 투자안의 회계적이익률이 기업의 목표 회계적이익률보다 높은 투자안을 채택하고, 낮은 투자안을 기각한다.

② **상호배타적 투자안** : 투자안의 회계적이익률이 목표 회계적이익률보다 높은 투자안 중 가장 높은 투자안만 채택하고 나머지는 전부 기각한다.

(3) 장 점

① 내용이 간단하여 이해가 쉽다.

② 자본예산때 작성되는 추정재무제표 자료를 그대로 사용할 수 있다.

(4) 단 점

① 현금흐름이 아니라 회계적 이익을 분석대상으로 하고 있다.

② 화폐의 시간가치를 무시하고 있다.

③ 목표 회계적이익률의 설정이 임의적이므로 평가결과가 객관적이지 못하다.

예제 ④ – 5 평균이익률법

투자안 A와 B의 현금흐름이 다음과 같고, 투자원금은 내용연수동안 정액법으로 완전상각된다고 가정한다. 두 투자안의 평균이익률을 구하라.

연 도	투자안 A	투자안 B
0	−1,000	−1,000
1	500	100
2	400	300
3	300	400
4	100	600

회계적이익률을 계산하려면 현금흐름을 순이익으로 전환해야 하는데, 이는 식 (4-3)인 $\Delta NI_{1\sim n} = \Delta CF_{1\sim n} - \Delta D_{1\sim n}$을 이용하여 구할 수 있다. 연간 감가상각비$(\Delta D) = (1{,}000-0)/4 = 250$이므로 두 투자안의 연도별 순이익은 다음과 같다.

연 도	투자안 A	투자안 B
1	250 (=500−250)	−150 (=100−250)
2	150 (=400−250)	50 (=300−250)
3	50 (=300−250)	150 (=400−250)
4	−150 (=100−250)	350 (=600−250)

$$ARR_A = \frac{\text{연평균순이익}}{\text{연평균투자액}} = \frac{(250+150+50-150)/4}{(1{,}000+0)/2} = 15\%$$

$$ARR_B = \frac{\text{연평균순이익}}{\text{연평균투자액}} = \frac{(-150+50+150+350)/4}{(1{,}000+0)/2} = 20\%$$

① 독립적인 투자안의 경우

회사의 목표 회계적이익률이 12%이라면 A와 B 모두 채택될 것이고, 목표 회계적이익률이 18%라면 B만 채택될 것이다.

② 상호배타적인 투자안의 경우

B만 채택될 것이다.

3. 순현재가치법

(1) 정 의

순현재가치, 순현가(net present value, NPV)는 투자의 결과 발생하는 현금유입의 현가에서 현금유출의 현가를 차감한 값이다.

순현재가치(NPV)=현금유입의 현가−현금유출의 현가

$$= \frac{C_1}{(1+r)} + \frac{C_2}{(1+r)^2} + \cdots\cdots + \frac{C_n}{(1+r)^n} - C_0$$

$$= \sum_{t=1}^{n} \frac{C_t}{(1+r)^t} - C_0 \qquad (4-4)$$

단, C_t=미래시점의 현금유입
C_0=현금유출(투자원금)
r=투자안의 자본비용(할인율)

(2) 의사결정기준

*NPV*는 투자로 인한 기업가치의 증분이므로, *NPV*가 0보다 크면 투자가치가 있다고 평가한다.

① 독립적 투자안 : *NPV*가 0보다 큰 투자안을 채택하고, 낮은 투자안을 기각한다.

② 상호배타적 투자안 : *NPV*가 0보다 큰 투자안 중 가장 높은 투자안만 채택하고 나머지는 전부 기각한다.

(3) 장 점

① 내용연수 동안의 모든 현금흐름을 고려한다.

② 미래의 현금흐름을 적절한 할인율로 할인하기 때문에 화폐의 시간가치를 고려한다.

③ 모든 현금흐름을 현재시점의 화폐액으로 평가하므로 가치의 가산원칙이 성립한다.

④ *NPV*는 기업가치의 증분이므로, *NPV*만 극대화하도록 투자를 하면 기업가치가 극대화된다.

(4) 단 점

단순히 화폐액의 증분으로 평가하기 때문에, 투자규모가 다른 투자안의 경우

에는 투자액의 효율성을 고려하지 못하고 있다. 예컨대 투자안의 NPV=100만원이라고 하자. 투자액이 100만원이라면 매우 좋은 투자안인데, 투자액이 1억원이라면 그렇지 못할 것이다.

예제 ④ – 6 순현재가치법

투자안 A와 B의 현금흐름이 다음과 같고 자본비용이 10%라고 하자. 두 투자안의 순현재가치를 구하라.

연 도	투자안 A	투자안 B
0	−1,000	−1,000
1	500	100
2	400	300
3	300	400
4	100	600

$$NPV_A=\frac{500}{(1+0.1)}+\frac{400}{(1+0.1)^2}+\frac{300}{(1+0.1)^3}+\frac{100}{(1+0.1)^4}-1{,}000=78.82$$

$$NPV_B=\frac{100}{(1+0.1)}+\frac{300}{(1+0.1)^2}+\frac{400}{(1+0.1)^3}+\frac{600}{(1+0.1)^4}-1{,}000=49.18$$

① 독립적인 투자안의 경우

A와 B의 NPV가 양이므로, A와 B 모두 채택될 것이다.

② 상호배타적인 투자안의 경우

A의 NPV가 B보다 더 크므로 A가 채택될 것이다.

4. 내부수익률법

(1) 정 의

내부수익률(internal rate of return, IRR)이란 투자의 결과 발생하는 현금유입의 현가와 현금유출의 현가를 일치시키는 할인율이다. 이 때 투자안의 NPV는 0이 되므로, 내부수익률은 *NPV*를 0으로 하는 할인율이다.

$$\text{내부수익률}(IRR) : \sum_{t=1}^{n} \frac{C_t}{(1+IRR)^t} - C_0 = 0 \qquad (4-5)$$

$$\text{혹은} \quad \sum_{t=1}^{n} \frac{C_t}{(1+IRR)^t} = C_0$$

내부수익률은 투자안의 소요자금(C_0)과 이로 인한 미래의 현금유입(C_t)간의 관계를 나타내는 것인데, 이는 특정투자안에 국한된 연평균수익률로서 *IRR*계산시 자본비용이 필요없다는 사실에 유의해야 한다(단, 투자안평가시에는 *IRR*과 비교하기 위해 자본비용이 필요하다). *IRR*은 투자안마다 각기 다른 값을 가지며, 특정투자안에만 적용되는 수익률이므로 내부수익률이라고 하는 것이다.

(2) 의사결정기준

기업은 자본제공자(주주와 채권자)로 부터 자본을 제공받은 대신 그 대가(배당과 이자)를 지불해야 하는데 이를 자본비용(cost of capital)이라고 한다. 한편 *IRR*은 투자안이 벌어들이는 연평균수익률을 의미하므로, 벌어들이는 수익률이 지불해야 하는 자본비용보다 큰 투자안이 바람직할 것이다. 따라서 *IRR*이 자본비용보다 크면 투자가치가 있다고 평가한다.

① 독립적 투자안 : *IRR*이 자본비용(r)보다 큰 투자안은 채택하고, 낮은 투자안은 기각한다.

② 상호배타적 투자안 : *IRR*이 자본비용(r)보다 큰 투자안 중 가장 높은 투자안만 채택하고 나머지는 전부 기각한다.

(3) 장 점

① 내용연수 동안의 모든 현금흐름을 고려한다.

② 미래의 현금흐름을 할인하기 때문에 화폐의 시간가치를 고려한다.

③ *IRR*은 자본조달시 자본비용의 손익분기점 기준으로 이용될 수 있다. 예컨대

어느 투자안의 *IRR*이 10%라면 자본조달시 부담하는 최대자본비용이 10%를 초과해서는 안된다라는 것을 알려준다.

(4) 단 점

① 내부수익률을 시행착오법(trial and error method)으로 계산해야 하므로 계산이 어렵다. 그러나 최근에는 재무용계산기가 나와서 이를 해결할 수 있다.

② 경우에 따라 *IRR*이 존재하지 않거나 복수의 *IRR*이 존재할 수 있다.

③ *IRR* 계산시 자본비용을 고려하지 않기 때문에, *IRR*이 높은 투자안을 채택한다고 해서 반드시 기업가치가 극대화되지는 않는다.

④ *IRR*은 비율개념이므로 가치가산의 원리가 성립하지 않는다.

예제 ④ – 7 내부수익률법

투자안 *A*와 *B*의 현금흐름이 다음과 같고 자본비용이 10%라고 하자. 두 투자안의 내부수익률을 구하라.

연 도	투자안 *A*	투자안 *B*
0	−1,000	−1,000
1	500	100
2	400	300
3	300	400
4	100	600

$$\frac{500}{(1+IRR)}+\frac{400}{(1+IRR)^2}+\frac{300}{(1+IRR)^3}+\frac{100}{(1+IRR)^4}-1{,}000=0 \quad \therefore\ IRR_A=14.5\%$$

$$\frac{100}{(1+IRR)}+\frac{300}{(1+IRR)^2}+\frac{400}{(1+IRR)^3}+\frac{600}{(1+IRR)^4}-1{,}000=0 \quad \therefore\ IRR_B=11.8\%$$

① 독립적인 투자안의 경우

*A*와 *B*의 *IRR*이 자본비용 10% 보다 크므로, *A*와 *B* 모두 채택될 것이다.

② 상호배타적인 투자안의 경우

*A*의 *IRR*이 더 크므로 *A*가 채택될 것이다.

5. 수익성지수법

(1) 정 의

수익성지수(profitability index, *PI*)는 투자의 결과 발생하는 현금유입의 현가를 현금유출의 현가로 나눈 값이다.

수익성지수(*PI*) = 현금유입의 현가 ÷ 현금유출의 현가

$$= \frac{\sum_{t=1}^{n} \frac{C_t}{(1+r)^t}}{C_0} \quad (4-6)$$

(2) 의사결정기준

*PI*가 1보다 크면 현금유입의 현가가 현금유출의 현가보다 크다. 따라서, *PI*가 1보다 크면 투자가치가 있다고 평가한다.

① 독립적 투자안 : *PI*가 1보다 큰 투자안은 채택하고, 낮은 투자안은 기각한다.

② 상호배타적 투자안 : *PI*가 1보다 큰 투자안 중 가장 높은 투자안만 채택하고 나머지는 전부 기각한다.

(3) 장 점

① 내용연수 동안의 모든 현금흐름을 고려한다.

② 미래의 현금흐름을 적절한 할인율로 할인하기 때문에 화폐의 시간가치를 고려한다.

③ 가중평균 수익성지수(*WAPI*)로 개선하여 투자자금이 제한될 때 유용한 평가기준으로 사용할 수 있다.[4)]

---

4) 이에 대한 자세한 내용은 제6절을 참조하라.

(4) 단 점

① *PI*가 높은 투자안을 채택한다고 해서 반드시 기업가치가 극대화되지는 않는다.[4)]

② *PI*는 비율개념이므로 가치가산의 원리가 성립하지 않는다.[4)]

예제 ④ - 8 수익성지수법

투자안 *A*와 *B*의 현금흐름이 다음과 같고 자본비용이 10%라고 하자. 두 투자안의 수익성지수를 구하라.

연 도	투자안 *A*	투자안 *B*
0	−1,000	−1,000
1	500	100
2	400	300
3	300	400
4	100	600

$$PI_A = \frac{\frac{500}{(1+0.1)} + \frac{400}{(1+0.1)^2} + \frac{300}{(1+0.1)^3} + \frac{100}{(1+0.1)^4}}{1,000} = 1.078(=1.078/1)$$

$$PI_B = \frac{\frac{100}{(1+0.1)} + \frac{300}{(1+0.1)^2} + \frac{400}{(1+0.1)^3} + \frac{600}{(1+0.1)^4}}{1,000} = 1.049(=1.049/1)$$

① 독립적인 투자안의 경우

*A*와 *B*의 *PI*가 1보다 크므로, *A*와 *B* 모두 채택될 것이다.

② 상호배타적인 투자안의 경우

*A*의 *PI*가 더 크므로 *A*가 채택될 것이다.

제 5 절 *NPV*법과 *IRR*법의 비교

1. 의 의

(1) 순현가법과 내부수익률법

*NPV*법과 *IRR*법 및 *PI*법은 화폐의 시간가치를 고려하므로 회수기간법과 평균이익률법에 비하여 우수한 방법임을 알았다. 우수한 세 가지 방법이 언제나 동일한 평가결과를 가져온다면 이 방법중 어느 하나만 이용하여 투자안을 평가하면 되겠지만, 서로 상반되는 결과를 가져온다면 어느 방법을 이용해야 할까? 결론부터 말하면 *NPV*법이 가장 우수한 방법이다. 우선 *NPV*법과 *IRR*법을 비교한 다음, 다음 절에서 *NPV*법과 *PI*법을 비교하기로 하자.

(2) 순현가곡선

*NPV*를 나타내는 식 (4-4)에서 보듯이 자본비용(할인율, r)과 *NPV*는 역관계가 있음을 알 수 있는데, 이를 다음과 같은 예를 이용하여 설명하기로 한다.

예 투자안 *A*의 현금흐름이 다음과 같고 자본비용이 10%라고 하자.

연 도	투자안 *A*
0	−1,000
1	500
2	400
3	300
4	100

$NPV = \frac{500}{1+r} + \frac{400}{(1+r)^2} + \frac{300}{(1+r)^3} + \frac{100}{(1+r)^4} - 1{,}000$을 이용하여 얻은 결과에 대하여 *NPV*와 자본비용(할인율)의 평면에 그린 것을 순현가곡선 혹은 순현가 프로파일(*NPV* profile) 이라고 한다.

그림 4-1 순현가곡선

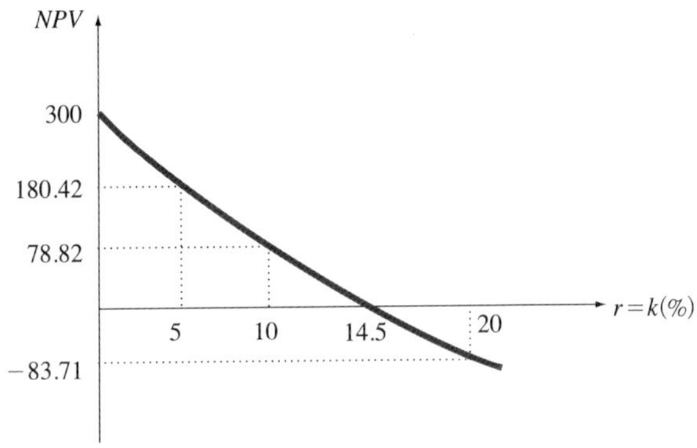

〈그림 4-1〉을 통하여 다음과 같은 사실을 얻을 수 있다.

첫째로, 이미 언급하였듯이 *NPV*와 자본비용과는 역의 관계이다.

둘째로, 자본비용 변화에 따르는 *NPV*값의 민감도(반응도, 기울기, 변화도)임을 알 수 있다. 예컨대 이 곡선의 기울기가 가파를수록 자본비용 변화에 대하여 투자안의 *NPV*가 더욱 크게 변함을 보여준다.

2. 독립적인 투자안에 대한 평가결과

여러 개의 독립적인 투자안 혹은 단일투자안을 평가하는 경우, *NPV*법과 *IRR*법에 의한 평가결과는 항상 같다.[5] 이를 ⓔ의 순현가곡선을 이용하여 살펴보자.

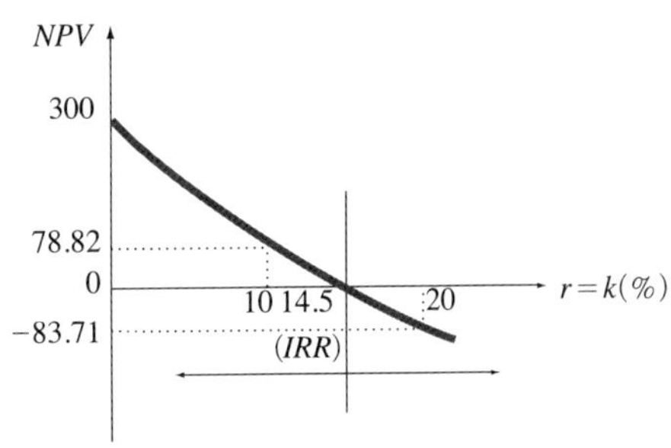

	$r < 14.5\%$	$r > 14.5\%$
NPV	$NPV > 0$ → 채택 (예 $NPV_{10\%} = 78.82$)	$NPV < 0$ → 기각 (예 $NPV_{20\%} = -83.71$)
IRR	$IRR > r$ → 채택 (14.5%) (10%) (내부수익률이 자본비용보다 클때)	$IRR < r$ → 기각 (14.5%) (20%) (내부수익률이 자본비용보다 작을때)

자본비용(r)이 내부수익률(IRR)인 14.5%보다 작으면 NPV기준과 IRR기준 모두 투자안을 채택하고, 14.5%보다 크면 두 기준 모두 투자안을 기각한다는 것을 알 수 있다. 이 결과를 〈그림 4-2〉와 같이 나타낼 수 있다.

3. 상호배타적인 투자안에 대한 평가결과

상호배타적인 복수의 투자안을 평가할 때, 다음과 같은 경우 NPV법과 IRR법에 의한 평가결과가 다를 수 있다.

그림 4-2 독립적인 투자안의 순현가곡선

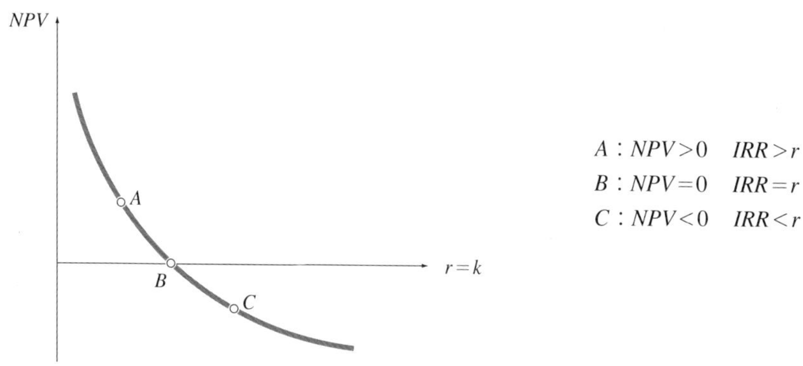

5) 복수의 투자안이 독립적이라는 것은 투자안 사이에 아무런 관련성이 없다는 것이다. 따라서 복수의 독립적인 투자안들을 평가한다는 것은 단일투자안을 여러 번 평가하는 것과 같은 의미를 갖는다.

(1) 투자규모가 다를 때

1) 평가결과의 상반여부

다음 표와 같이 투자규모(C_0)가 현저히 다른 상호배타적인 투자안을 평가할 때 NPV법은 투자안 B를 채택하고, IRR법은 투자안 A를 채택하므로 두 방법의 평가결과가 상반된다.

투자안	C_0	C_1	$NPV(r=10\%)$	IRR
A	−100	150	36.4	50%
B	−1,000	1,200	90.9	20%

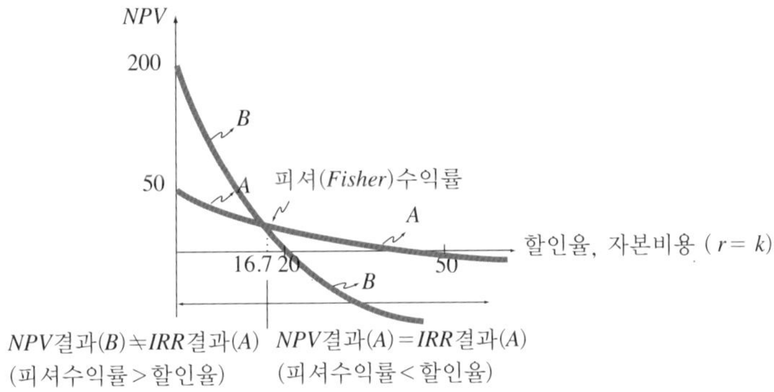

그림에서 보듯이 투자규모가 큰 투자안 B의 민감도가 크다는 것을 알 수 있다. 또한 두 투자안의 NPV가 일치하는 점이 있는데, 이 때의 할인율을 피셔수익률이라고 한다.[6] 자본비용이 피셔수익률보다 작은 영역에서는 두 방법의 평가결과가 상반되나, 자본비용이 피셔수익률보다 큰 영역에서는 두 방법의 평가결과가 일치하는 것을 알 수 있다.

2) 평가결과가 다른 이유

위에서 보는 바와 같이 투자안 B는 1,000원을 투자하였고 투자안 A는 100원만

---

6) 두 투자안의 NPV를 일치시키는 할인율을 피셔수익률(Fisher' s rate of return) 혹은 교차율(crossover rate)이라고 하는데, 이는 다음과 같이 구한다.

$$\frac{150}{1+r}-100=\frac{1,200}{1+r}-1,000 \text{ 혹은 } \frac{1,050}{1+r}-900=0 \quad \therefore r=16.7\%$$

투자하였으므로 두 투자안의 투자규모 차이는 900원이다. *NPV*법과 *IRR*법은 투자규모의 차이(유휴자금, 900원)에 대한 묵시적인 재투자수익률에 대한 가정이 다르다.

① *NPV*법 : 투자안 *A*가 900원을 투자하지 않은 것으로 가정하고 있으므로 옳은 가정이다. 투자를 하지 않았으므로 기업가치의 증분인 *NPV*=0로 가정하고 있다는 것이다. 이는 설령 투자했더라도 *NPV*=0인 투자안 (따라서, 투자안의 들어오는 수익률이 나가는 자본비용과 같음)에 투자한 것으로 가정한 것과 같다. 즉, 유휴자금 900원을 투자안의 재투자수익률(+10%)=자본비용(−10%)인 투자안에 재투자했다고 가정한다.

② *IRR*법 : 유휴자금 900원 역시 투자안 *A*의 내부수익률인 50%에 재투자했다고 가정한다.(사실은 10%에 재투자하였음)

(2) 투자수명(투자안의 내용연수)이 다를 때

1) 평가결과의 상반여부

다음 표와 같이 투자수명(*n*)이 현저히 다른 상호배타적인 투자안을 평가할 때 *NPV*법은 투자안 *D*를 채택하고, *IRR*법은 투자안 *C*를 채택하므로 두 방법의 평가결과가 상반된다.

투자안	C_0	C_1	C_2	C_3	$NPV(r=10\%)$	IRR
C	−1,000	1,250			136	25%
D	−1,000	0	0	1,728	298	20%

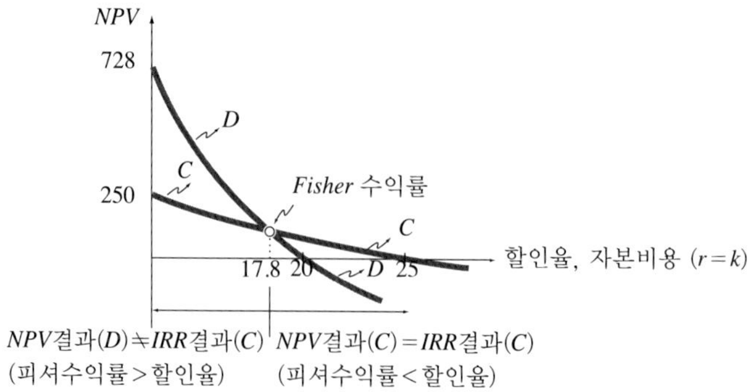

그림에서 보듯이 투자안의 내용연수가 큰 투자안 *D*의 민감도가 크다는 것을 알 수 있다. 이 경우 역시 자본비용이 피셔수익률보다 작은 영역에서는 두 방법의 평가결과가 상반되나, 큰 영역에서는 일치하는 것을 알 수 있다.

2) 평가결과가 다른 이유

*NPV*법과 *IRR*법은 투자수명의 차이인 2년 동안에 대한 묵시적인 재투자수익률에 대한 가정이 다르다.

① *NPV*법 : 투자안 *C*는 투자수명차이인 2년 동안 투자수익률(+10%)이 자본비용(−10%)과 동일한 투자안에 재투자했다고 가정한다.

② *IRR*법 : 2년 동안 투자안 *C*의 내부수익률인 25%에 재투자했다고 가정한다.(사실은 10%에 재투자하였음)

(3) 현금유입의 양상이 다를 때

1) 평가결과의 상반여부

다음 표와 같이 투자안의 현금유입양상이 현저히 다른 상호배타적인 투자안을 평가할 때 *NPV*법은 투자안 *F*를 채택하고, *IRR*법은 투자안 *E*를 채택하므로 두 방법의 평가결과가 상반된다.

투자안	C_0	C_1	C_2	C_3	$NPV(r=10\%)$	*IRR*
E	−1,000	1,000	100	100	67	16%
F	−1,000	100	100	1,200	75	13%

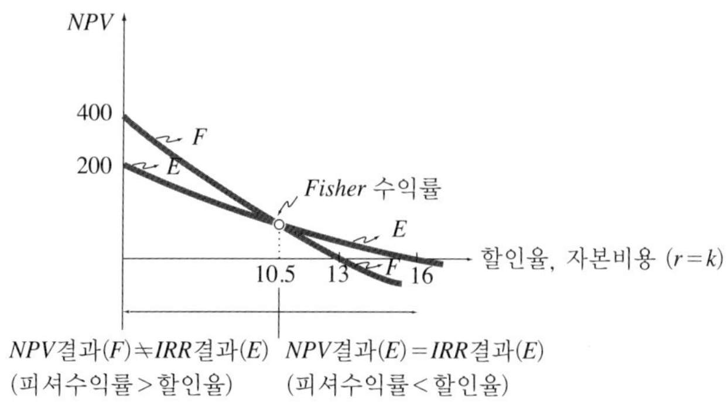

그림에서 보듯이 투자후기에 현금유입이 많은 투자안 *F*의 민감도가 크다는 것을 알 수 있다. 이 경우 역시 자본비용이 피셔수익률보다 작은 영역에서는 두 방법의 평가결과가 상반되나, 큰 영역에서는 일치하는 것을 알 수 있다.

2) 평가결과가 다른 이유

*NPV*법과 *IRR*법은 투자수명동안 유입된 현금에 대한 묵시적인 재투자수익률에 대한 가정이 다르다.

① *NPV*법 : 투자수명동안 유입된 현금을 투자기간말까지 재투자수익률(+10%)이 자본비용(−10%)인 투자안에 재투자했다고 가정한다.

② *IRR*법 : 투자수명동안 유입된 현금을 투자기간말까지 각 투자안의 내부수익률인 16%나 13%로 재투자했다고 가정한다(사실은 10%로 재투자하였음).

그런데 (1)(2)(3)에서 보듯이, 일반적으로 *IRR*법의 재투자수익률인 내부수익률이 *NPV*법의 재투자수익률인 자본비용보다 크기 때문에 *IRR*법은 초기의 현금유입을 상대적으로 높이 평가하고, *NPV*법은 후기의 현금유입을 상대적으로 높이 평가하게 된다.

지금까지 설명한 내용을 다음과 같이 요약하였다.

〈요약〉 일반적으로 *NPV*결과=*IRR*결과 : Fisher 수익률이 존재하지 않음.
그러나, 위 (1)(2)(3)의 경우 Fisher 수익률이 존재할 수 있다.
이때는 Fisher 수익률>자본비용(할인율)때만 *NPV*결과≒*IRR*결과

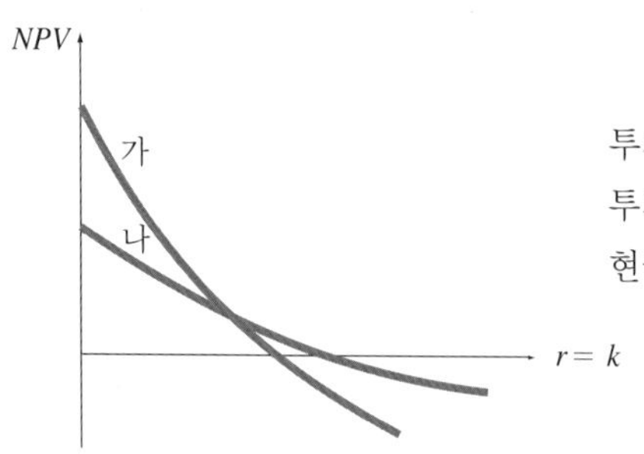

	투자안 가	투자안 나
투자규모	大	小
투자수명	장기	단기
현금유입	후기	초기

4. 재투자수익률에 대한 가정

위에서 보는 바와 같이 상호배타적인 두 투자안의 특성이 다른 경우, *NPV*법과 *IRR*법의 평가결과가 상이한 결정적인 원인은 미래가치로 환산시 재투자수익률에 대한 가정이 다르기 때문이다. 이것을 *NPV*법과 *IRR*법으로 구분하여 살펴보자.

(1) *NPV*법

$$NPV = \frac{C_1}{1+r} + \frac{C_2}{(1+r)^2} + \cdots + \frac{C_n}{(1+r)^n} - C_0$$

양변에 $(1+r)^n$을 곱하면 다음과 같다.

$$NPV(1+r)^n + C_0(1+r)^n = C_1(1+r)^{n-1} + C_2(1+r)^{n-2} + \cdots + C_n$$

이 식은 투자안으로 부터 실현되는 C_1, C_2, …, C_n이 매년 자본비용인 r로 재투자된 결과, n년 후 미래가치의 합계가 $NPV(1+r)^n + C_0(1+r)^n$이라는 의미이다.

그런데 $C_0(1+r)^n$은 소요자본 C_0의 자본제공자 (자기자본제공자에게는 배당, 타인자본제공자에게는 이자)에게 지급해야 할 자본원리금의 미래가치이다. 따라서 $NPV(1+r)^n$은 조달자본의 원리금을 상환한 투자안의 미래가치로써, 기업가치의 증분을 나타낸다.

$$NPV(1+r)^n = [C_1(1+r)^{n-1} + C_2(1+r)^{n-2} + \cdots + C_n] - C_0(1+r)^n$$

즉, 투자안으로부터 발생하는 현금흐름을 자본비용인 r로 재투자한 경우의 미래가치로 기업가치의 증분이 $NPV(1+r)^n$임을 나타낸다.[현재가치로서의 기업가치 증분=*NPV*]

(2) *IRR*법

$$\frac{C_1}{1+IRR} + \frac{C_2}{(1+IRR)^2} + \cdots + \frac{C_n}{(1+IRR)^n} - C_0 = 0$$

양변에 $(1+IRR)^n$을 곱하면 다음과 같다.

$$C_0(1+IRR)^n = C_1(1+IRR)^{n-1} + C_2(1+IRR)^{n-2} + \cdots + C_n$$

이 식 역시 투자안으로 부터 실현되는 C_1, C_2, …, C_n이 매년 투자안자체의 수익률인 *IRR*로 재투자된 결과, n년 후 미래가치의 합계가 $C_0(1+IRR)^n$ 이라는 의미이다.

즉, 투자안으로부터 발생하는 현금흐름을 투자안 자체의 수익률인 *IRR*로 재투자한 경우의 미래가치라는 것을 나타낸다.

(3) 재투자수익율에 관한 가정은 *NPV*가 논리적으로 타당하다.

1) *NPV*법

투자안으로 부터의 현금유입인 C_1, $C_2, \cdots$, C_n을 투자기간동안 자본비용인 r로 재투자한다고 가정한다. 그런데, 자본비용은 자본시장에서 해당 투자안에 대해 투자자들의 수급의 균형점에서 결정되는 한계비용개념이다. 한계비용개념이므로 진정 자본비용은 매기간 같지 않을 것인데, *NPV*법은 자본비용이 매기간 변해도 이를 수용할 수 있다. 그러나 문제에서는 매기간 같다고 가정하는 것이 일반적이다.

2) *IRR*법

투자안으로 부터 현금유입인 C_1, $C_2, \cdots$, C_n을 투자기간동안 투자안 자체의 수익률인 *IRR*로 재투자한다고 가정한다. 그런데, *IRR*은 투자기간중 예상되는 현금흐름을 토대로 계산된 투자안의 평균수익률 개념이다. 이는 현재 시점에서 정해지는 투자안 자체의 수익률이므로 매년 변해도 조정안된다. 따라서 *IRR*법은 현재와 같은 내부수익률을 가지는 투자기회가 미래에도 계속 존재한다고 가정한 것과 같다(연평균투자수익률로 매년 똑같다고 가정하므로 너무 낙관적인 견해이다).

5. NPV법이 우수한 이유

*NPV*법과 *IRR*법의 평가결과가 상반될 때는 *NPV*법에 의한 평가결과를 따라야 하는데, 그 이유는 다음과 같다.

첫째로, 재투자수익률에 대한 가정이 *NPV*법이 타당하다.

둘째로, 매기간 자본비용(할인율)이 변하면 *NPV*법은 수용한다.

셋째로, 경우에 따라 *IRR*이 존재하지 않거나 복수의 *IRR*이 존재할 수 있다. 투자회수기간 동안 현금흐름의 방향이 일정하면 *IRR*이 한 개만 존재하지만, 현금흐름의 방향이 바뀔 때마다 *IRR*이 그만큼 더 존재한다.

예제 ④ – 9 복수의 IRR

다음 투자안의 자본비용이 10%라고 가정하고 *IRR*를 구하라.

C_0	C_1	C_2
−16	+100	−100

$\frac{100}{(1+IRR)}-\frac{100}{(1+IRR)^2}-16=0$에서 양변에 $(1+IRR)^2$를 곱하면

$100(1+IRR)-100-16(1+IRR)^2=0$이다. 이를 정리하여 풀면 $IRR=0.25$ 혹은 4이다.

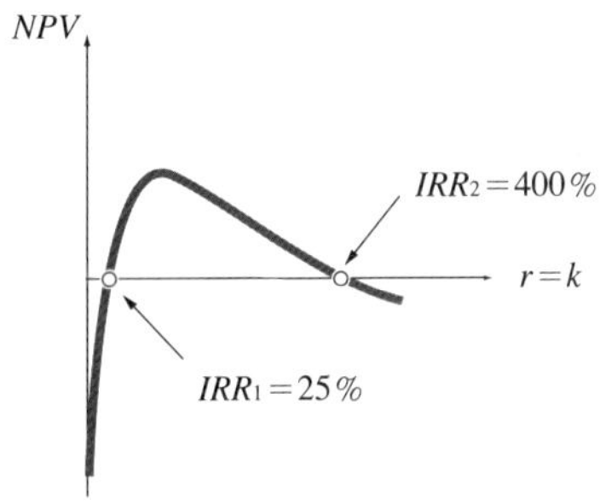

넷째로, 가치의 가산원리는 *NPV*법만 성립하고, *IRR*법은 성립하지 않는다. 따라서 *IRR*법은 선택가능한 각 투자조합에 내부수익률을 매번 새롭게 계산해야 한다는 번거로움이 따른다.

$$NPV_{A+B}=NPV_A+NPV_B$$

예제 ④ – 10 가치의 가산원리

다음 두 투자안의 자본비용이 10%라고 가정하고, 가치의 가산원리가 성립하는지 *NPV*법과 *IRR*법에서 살펴라.

	C_0	C_1	C_2
투자안 *A*	−100	0	550
투자안 *B*	−100	450	0

(1) *NPV*

$$NPV_A = \frac{0}{1+0.1} + \frac{550}{(1+0.1)^2} - 100 = 354$$

$$NPV_B = \frac{450}{1+0.1} + \frac{0}{(1+0.1)^2} - 100 = 309$$

$$NPV_{A+B} = \frac{450}{1+0.1} + \frac{550}{(1+0.1)^2} - 200 = 663$$

$NPV_{A+B} = NPV_A + NPV_B$이므로, *NPV*법은 가치의 가산원리가 성립한다.

(2) *IRR*

$$A : \frac{0}{1+IRR} + \frac{550}{(1+IRR)^2} - 100 = 0 \qquad \therefore\ IRR_A = 135\%$$

$$B : \frac{450}{1+IRR} + \frac{0}{(1+IRR)^2} - 100 = 0 \qquad \therefore\ IRR_B = 350\%$$

$$A+B : \frac{450}{1+IRR} + \frac{550}{(1+IRR)^2} - 200 = 0 \qquad \therefore\ IRR_{A+B} = 213\%$$

$IRR_{A+B} \neq IRR_A + IRR_B$이므로, *IRR*법은 가치의 가산원리가 성립하지 않는다.

6. IRR법의 개선

(1) 수정*IRR*법(*MIRR*법)

1) 의 의

*NPV*법과 *IRR*법이 상반된 평가결과를 보이는 결정적 원인은 현금유입에 대한 재투자수익률의 가정이 다르기 때문이라고 하였다. *IRR*법은 내부수익률로 재투자를 가정하고 있으므로, 타당한 *NPV*법과 동일하게 자본비용을 재투자수익률로 사용한다면 *IRR*법의 문제점이 해결될 것이다.

투자안의 재투자수익률로 자본비용을 사용하여 내부수익률을 구한 것이 수정*IRR*법(modified *IRR*, *MIRR*)이라고 하는데, 이를 식으로 표현하면 다음과 같다.

$$MIRR : \frac{\Sigma C_t(1+r)^{n-t}}{(1+MIRR)^n} - C_0 = 0$$

$$\text{혹은 } MIRR : \frac{\Sigma C_t(1+r)^{n-t}}{(1+MIRR)^n} = \frac{FV_n(\text{유입})}{(1+MIRR)^n} = C_0(\text{유출}) \qquad (4-7)$$

2) MIRR의 유용성과 한계점

*MIRR*법은 복수의 *IRR*이 나오는 문제점을 해결한다. 또한 *MIRR*법은 투자규모가 동일하거나 비슷한 경우에만 *NPV*법의 평가결과와 일치한다. 그러나 투자규모가 현저히 다른 경우에는 *MIRR*법도 상반된 평가결과를 보이는데, 이는 다음에 설명할 증분*IRR*법 및 증분*NPV*법을 이용하여 해결할 수 있다.

3) 증분NPV법과 증분IRR법

증분*NPV*법과 증분*IRR*법은 두 투자안의 기간별 현금흐름차이 (증분현금흐름)를 이용하여 산출한 *NPV*와 *IRR*를 말한다. 증분현금흐름을 구할 때는 ① 투자규모가 상이하면 투자규모가 큰 투자안에서 작은 투자안의 현금흐름을 차감하고, ② 투자규모가 동일하면 초기의 현금유입이 적은 투자안에서 큰 투자안의 현금유입을 차감하여 구하는 것이 좋다.

증분현금흐름을 구할 때 투자안 *B*에서 *A*를 차감했다면 투자안 *B*가 *A*를 대체한 경우와 동일하다고 생각하면 된다. 따라서, 이 때는 *B*를 기준으로 판단하여야 한다.

(2) 증분*IRR*법(*IIRR*법)

증분*IRR* (incremental *IRR*, *IIRR*)은 다음과 같이 구한다.

$$IIRR : \sum_{t=1}^{n} \frac{\Delta C_t}{(1+IIRR)^t} - \Delta C_0 = 0$$

$$\text{혹은 } IIRR : \sum_{t=1}^{n} \frac{\Delta C_t}{(1+IIRR)^t} = \Delta C_0 \qquad (4-8)$$

*IIRR*은 앞에서 나왔던 피셔수익률과 같은 값이다. 증분현금흐름을 구할 때 투자안 *B*에서 *A*를 차감했다면, *IIRR*이 자본비용(r)보다 크면 투자안 *B*를 채택한다. 반대로 *IIRR*이 자본비용(r)보다 작으면 투자안 *A*를 채택한다. *IIRR* 평가결과와 *NPV*평가결과는 항상 같다.

예제 ④ - 11 MIRR법과 IIRR법

상호배타적인 두 투자안이 있다. 자본비용이 10%라고 가정하고, *MIRR*과 *IIRR*을 구하라.

	C_0	C_1	C_2
A	−100	60	70
B	−1,100	600	700

① 각각의 *NPV*는 다음과 같다.

$NPV_A = 12.39$이고 $NPV_B = 23.96$이므로 *NPV*법은 *B*를 채택한다.

② 각각의 *IRR*은 다음과 같다.

$IRR_A = 19\%$이고 $IRR_B = 12\%$이므로 *IRR*법은 *A*를 채택한다.

③ 각각의 *MIRR*은 다음과 같이 구한다.

*A*의 $FV_n = 60(1.1) + 70 = 136$이므로

$$\frac{136}{(1+MIRR)^2} = 100 \qquad \therefore\ MIRR_A = 16\%$$

*B*의 $FV_n = 600(1.1) + 700 = 1{,}360$이므로

$$\frac{1{,}360}{(1+MIRR)^2} = 1{,}100 \qquad \therefore\ MIRR_B = 11\%$$

따라서 *MIRR*법은 *A*를 채택하여 여전히 *NPV*법과 상반된 결과를 보인다.

④ *IIRR*은 다음과 같이 증분현금흐름을 구하여 산출한다.

B−*A*	−1,000	540	630

$$\frac{540}{(1+IIRR)} + \frac{630}{(1+IIRR)^2} = 1{,}000 \qquad \therefore\ IIRR = 11\%$$

*IIRR*은 자본비용 10%보다 큰 값이므로 *B*를 선택한다. 이 결과는 *NPV*법의 평가결과와 일치하는 것이다.

(3) 증분NPV법

NPV는 가치의 가산원리가 성립하므로 다음의 관계가 성립한다.

$$\text{증분}NPV = NPV(B-A) = NPV(B) - NPV(A)$$

증분현금흐름을 투자안 B에서 투자안 A를 차감했다면 B를 기준으로 판단해야 한다. 증분NPV가 0보다 크면 투자안 B를 채택하고, 반대로 증분NPV가 0보다 작으면 투자안 A를 채택한다.

〈예제 4-11〉을 계속 이용하기로 하자. 증분NPV 역시 증분현금흐름을 구하여 산출한다.

$B-A$	$-1{,}000$	540	630

$$\text{증분}NPV = \frac{540}{(1+0.1)} + \frac{630}{(1+0.1)^2} - 1{,}000 = 11.57 > 0$$이므로 B를 선택한다.

증분NPV법과 증분IRR법의 평가결과가 같은데, 이는 NPV법의 결과와도 역시 일치한다.

제 6 절 *NPV*법과 *PI*법의 비교

1. 의 의

제4절에서 보았듯이 수익성지수(profitability index, *PI*)법은 미래 현금유입을 자본비용으로 할인한 현가를 현금유출의 현가로 나눈 것으로, 투자금액당 투자수익의 현가를 나타내 주는 값이다. 이를 *NPV*법과 비교하면 다음과 같다.

$$PI=\frac{\sum_{t=1}^{n}\frac{C_t}{(1+r)^t}}{C_0} \qquad \therefore \sum_{t=1}^{n}\frac{C_t}{(1+r)^t}=C_0\cdot PI \qquad (4-9)$$

$$NPV=\sum_{t=1}^{n}\frac{C_t}{(1+r)^t}-C_0=C_0\cdot PI-C_0=C_0(PI-1) \qquad (4-10)$$

혹은 $PI=1+\frac{NPV}{C_0}$

2. 독립적인 투자안에 대한 평가결과

식 (4-10)에서 보듯이 $NPV=0$ 이면 $PI=1$ 이므로, *NPV*법과 *PI*법에 의한 채택이나 기각 결정은 항상 일치한다.

$PI>1$이면 $NPV>0$이므로 투자안을 채택한다.
$PI<1$이면 $NPV<0$이므로 투자안을 기각한다.

3. 상호배타적인 투자안에 대한 평가결과

상호배타적인 복수의 투자안을 평가할 때는 투자규모가 동일한 경우와 상이한 경우에 따라 *NPV*법과 *PI*법에 의한 평가결과가 같을 수도 있고 다를 수도 있다.

(1) 투자규모가 같을 때

상호배타적인 투자안이더라도 투자규모가 동일하면 *NPV*법과 *PI*법에 의한 평가결과가 항상 일치한다. 예컨대 식 (4-10)에서 투자규모(C_0)가 동일한 경우 *PI*가 크면 *NPV*도 크므로, 투자수명이나 현금유입의 양상이 다르더라도 *NPV*법과 *PI*법의 평가결과는 일치한다.

(2) 투자규모가 다를 때

1) 평가결과의 상반여부

다음 표와 같이 투자규모가 상이한 상호배타적인 투자안을 평가할 때는 *NPV*법과 *PI*법의 평가결과는 다를 수 있다. 자본비용이 10%라고 할 때, *NPV*법은 투자규모가 큰 투자안 *B*를 선택하는데 *PI*법은 투자규모가 작은 투자안 *A*를 선택한다.

	C_0	C_1	C_2	$NPV(r=10\%)$	PI
A	−1,000	1,000	800	570.25	1.57
B	−2,000	2,000	1,000	644.63	1.32

2) 평가결과가 다른 이유

위에서 보는 바와 같이 투자안 *B*는 2,000원을 투자하였고 투자안 *A*는 1,000원만 투자하였으므로 두 투자안의 투자규모 차이는 1,000원이다. *NPV*법과 *PI*법은 투자규모의 차이(유휴자금 1,000원)에 대한 묵시적인 재투자수익률에 대한 가정이 다르다.

① *NPV*법 : 투자안 *A*가 1,000원을 투자하지 않은 것으로 가정하고 있으므로 옳은 가정이다. 투자를 하지 않았으므로 기업가치의 증분인 $NPV=0$ 혹은 $PI=1$

로 가정하고 있다는 것이다. 이는 유휴자금 1,000원을 설령 투자했더라도 *NPV*=0인 혹은 *PI*=1인 투자안에 투자한 것으로 가정한다.

② *PI*법 : 유휴자금 1,000원 역시 투자안 *A*의 *PI*인 1.57로 재투자했다고 가정한다(사실은 *PI*=1인 투자안에 투자하였음).

4. PI법을 개선한 WAPI(가중평균수익성지수)

*NPV*법과 *PI*법이 상반된 평가결과를 보이는 것은 유휴자금에 대한 재투자수익률의 가정이 다르기 때문이라고 하였다. *PI*법은 현재의 *PI*로 재투자한다고 가정하고 있으므로, *NPV*법과 동일하게 *PI*=1로 재투자한다고 가정하면 *PI*법의 문제점이 해결될 것이다. 이렇게 재투자수익률의 가정을 개선한 것을 가중평균수익성지수(weighted average profitability index, *WAPI*)이라고 하는데, 이를 식으로 표현하면 다음과 같다. *NPV* 평가결과와 *WAPI* 평가결과는 항상 같다.

$$WAPI = \sum_{i=1}^{n} \frac{\text{투자안 } i\text{의 투자액}}{\text{총투자액}} \times PI_i \tag{4-11}$$

앞의 예에 대한 *WAPI*는 식 (4-11)을 이용하여 다음과 구할 수 있다.

$$WAPI_A = \left(\frac{1,000}{2,000} \times 1.57\right) + \left(\frac{1,000}{2,000} \times 1\right) = 1.285$$

$$WAPI_B = \frac{2,000}{2,000} \times 1.32 = 1.32$$

따라서 *NPV*법의 평가결과와 동일하게 *WAPI*법도 *B*를 채택한다.

제5절부터 지금까지 설명한 내용을 다음 표에 요약하였다. 이 표에서 O는 *NPV*의 평가결과와 같고 X는 그렇지 못하다는 것을 의미한다.

*NPV*를 기준	*IRR*	*MIRR*	*IIRR*	*PI*	*WAPI*
특징 : *r*	*IRR*	*r*	투자규모차이고려	*r*	투자규모차이고려
(1) 독립적	O	O	O	O	O
(2) 상호배타적					
① 투자규모차이	X	X	O	X	O
② 투자수명차이	X	O	O	O	O
③ 현금유입양상	X	O	O	O	O

제 7 절 자본예산의 특수한 경우

1. 자본할당

(1) 의 의

투자자금의 제한이 없는 경우, *NPV*가 0보다 큰 모든 투자안에 투자함으로써 기업가치를 극대화 할 수 있다. 그러나 현실적으로는 투자자금에 제한이 있으므로 *NPV*가 0보다 큰 투자안에 모두 투자할 수 없다. 이 경우 기업가치를 극대화하기 위하여 제한된 자본을 투자안에 적절하게 배분하여 전체적인 *NPV*가 극대화되도록 의사결정을 해야 하는데, 이를 자본할당 혹은 자본배분(capital rationing, capital allocation)이라고 한다.

자본할당문제는 제한된 자본과 투자안들의 관계를 고려하여 가능한 투자조합을 구성한 다음, *NPV*법이나 *WAPI*법에 의하여 최적투자조합을 찾는 것이다. 이 두 방법은 평가결과가 항상 같으나, *NPV*법이 가치의 가산원리가 성립하기 때문에 간편해서 더 많이 이용된다고 할 수 있다.

(2) 적 용

자본할당의 적용을 다음의 예제로 살펴보기로 한다.

예제 ④ - 12 자본할당

다음과 같은 투자안이 있는데, 투자자본은 4,000으로 제한되어 있다고 하자. 다음 각 물음에 답하라.

투자안	현금유출의 현가	현금유입의 현가
A	2,000	3,000
B	1,000	1,600
C	1,000	1,400
D	2,000	2,200
E	2,000	1,800

(1) 각 투자안의 *NPV*와 *PI*를 구하고, 각 투자안이 상호독립적이라고 할 때 선택해야 할 개별투자안을 찾아라.

(2) 투자안 *B*는 *E*에 종속되어 있고, 투자안 *C*와 *D*는 상호배타적이라고 할 때 최적 투자조합을 *NPV*법과 *WAPI*법에 의하여 구하라.

(1) *NPV*를 계산하여 *NPV*가 큰 것 순서로 선택하면 된다.

투자안	투자자금	*NPV*	*PI*
A	2,000	1,000	1.5
B	1,000	600	1.6
C	1,000	400	1.4
D	2,000	200	1.1
E	2,000	−200	0.9

이 때 선택해야할 투자안들은 *A, B, C* 이다.

(2) *B*와 *E*는 종속적이므로 하나의 투자안으로 처리해야 하고, *C*와 *D*는 상호배타적이므로 *C*가 고려되면 *D*는 고려하지 말아야 하고 *D*가 고려되면 *C*는 고려하지 말아야 한다. 이때는 가능한 경우가 $B+E$, A, C, D, $B+E+A$, $B+E+C$, $B+E+D$, $A+C$, $A+D$라는 9가지 이나 $B+E+A$와 $B+E+D$는 투자소요자금이 5,000이다. 즉 이들은 제약조건인 4,000을 초과하므로 고려대상에서 제외하여야 한다.

*NPV*법은 가치의 가산원리가 성립하므로 조합별로 가산하면 되나, *WAPI*법은 식 (4-11)을 사용하여 계산하여야 한다. *NPV*법과 *WAPI*법 모두 투자안 $(A+C)$를 선택하여, 두 방법의 평가결과는 항상 같다는 것을 확인할 수 있다.

투자안	투자자금	*NPV*	*WAPI*
B+E	3,000	400	1.1①
A	2,000	1,000	1.25②
C	1,000	400	1.1③
D	2,000	200	1.05④
B+E+C	4,000	800	1.2⑤
A+C	3,000	1,400	1.35⑥
A+D	4,000	1,200	1.3⑦

① $(1{,}000/4{,}000)(1.6)+(2{,}000/4{,}000)(0.9)+(1{,}000/4{,}000)(1)=1.1$

② $(2{,}000/4{,}000)(1.5)+(2{,}000/4{,}000)(1)=1.25$

③ $(1{,}000/4{,}000)(1.4)+(3{,}000/4{,}000)(1)=1.1$

④ $(2{,}000/4{,}000)(1.1)+(2{,}000/4{,}000)(1)=1.05$

⑤ $(1{,}000/4{,}000)(1.6)+(2{,}000/4{,}000)(0.9)+(1{,}000/4{,}000)(1.4)=1.2$

⑥ (2,000/4,000)(1.5) + (1,000/4,000)(1.4) + (1,000/4,000)(1) = 1.35
⑦ (2,000/4,000)(1.5) + (2,000/4,000)(1.1) = 1.3

---

2. 투자수명이 다른 투자안의 평가

투자수명(투자안의 내용연수)이 다른 상호배타적 투자안을 평가할 때에는 투자수명이 종료된 후의 재투자기회에 대한 가정에 따라 다음과 같이 구분된다.

(1) 반복투자가 불가능한 경우

투자안이 종료된 후 그와 동일한 투자안에 반복하여 투자할 수 없다는 것은, 한 번 투자하면 그 투자안과 같은 투자기회가 사라지는 것과 같다. 투자를 하지 못하므로 투자효과인 *NPV*가 0일 것이다. 따라서, 이때는 반복투자시의 재투자수익률(*IRR*)이 자본비용(r)인 것으로 가정하는 것과 같다.

이같이 반복투자가 불가능한 투자안의 *NPV*는 그 투자안을 한 번 투자하는 경우의 *NPV*와 같으므로, 투자수명이 다른 것을 고려하지 않은 단순한 *NPV*법에 의하여 평가해야 한다.

(2) 반복투자가 가능한 경우

투자안이 종료된 후 그와 동일한 투자안에 반복하여 투자할 수 있다는 것은 한 번 투자한 후에도 그 투자안과 같은 투자기회가 계속 존재한다는 것과 같다. 따라서, 이때 반복투자를 한다면 그 투자안과 동일한 *NPV*를 계속 얻을 수 있을 것이다. 이같은 경우 단순한 *NPV*법으로 평가해서는 안되고 투자수명의 차이를 고려하여 평가해야 하는데, 다음의 세 가지 방법이 주로 사용된다.

1) 최소공배수법

각 투자안에 대해 최소공배수가 되는 시점까지 반복투자한 다음, *NPV*의 총현가가 큰 투자안을 선택하는 방법이다.

2) $NPV(n, \infty)$법

각 투자안의 투자수명이 n년이고 단순한 순현가가 NPV인 투자안을 무한히 반복투자한 다음, NPV의 총현가가 큰 투자안을 선택하는 방법이다.

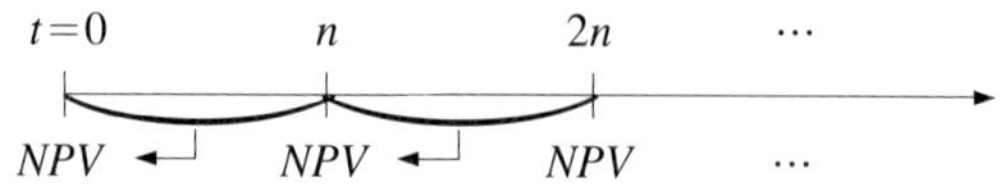

$$NPV(n,\ \infty) = NPV + \frac{NPV}{(1+r)^n} + \frac{NPV}{(1+r)^{2n}} + \cdots$$

$$= NPV\left[1 + \frac{1}{(1+r)^n} + \frac{1}{(1+r)^{2n}} + \cdots\right]$$

$$= \frac{\text{초항}}{1-\text{공비}} = \frac{NPV}{1-\frac{1}{(1+r)^n}} = NPV\left[\frac{(1+r)^n}{(1+r)^n - 1}\right]$$

$$NPV(n,\ \infty) = NPV\left[\frac{(1+r)^n}{(1+r)^n - 1}\right]$$

3) AEV법

연간균등가치법(annual equivalent value, AEV)(equivalent annual annuity, EAA)은 매년 일정한 현금흐름이 영구히 발생한다고 가정시, 그 현가가 $NPV(n, \infty)$와 같아지는 현금흐름을 말한다. 이는 $NPV(n, \infty)$와 다음과 같은 관계가 성립한다.

$$\frac{AEV}{r} = NPV(n, \infty) \text{ 혹은 } AEV = r \cdot NPV(n, \infty)$$

최소공배수법과 $NPV(n, \infty)$법 및 AEV법의 평가결과는 항상 같다.

예제 ④ – 13 투자수명이 다른 투자안의 평가

다음과 같은 현금흐름을 갖는 상호배타적인 투자안이 있다. 자본비용이 10%라고 가정하고 다음 물음에 답하라.

	C_0	C_1	C_2	C_3
A	−1,000	700	700	
B	−1,000	500	500	500

(1) 두 투자안 모두 투자수명이 종료된 후 재투자가 가능하고 그 수익률이 할인율(자본비용)과 동일하다고 할 때 선택할 투자안을 밝혀라.

(2) 두 투자안이 모두 반복투자가 가능하다고 할 때 선택할 투자안을 밝혀라.

(1) 재투자수익률이 자본비용(할인율)과 같다면, 재투자의 NPV가 0이다. 따라서 재투자수익률이 자본비용과 같다면 투자수명이 다른 것을 고려하지 않고 단순한 NPV가 큰 것을 고르면 된다.

$$NPV_A = \frac{700}{1.1} + \frac{700}{(1.1)^2} - 1,000 = 214.87$$

$$NPV_B = \frac{500}{1.1} + \frac{500}{(1.1)^2} + \frac{500}{(1.1)^3} - 1,000 = 243.42$$

따라서 B를 선택하여야 한다.

(2) ① 최소공배수법 → 6년

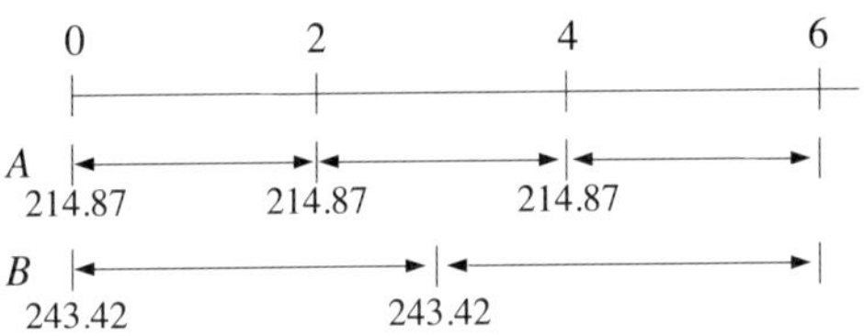

$$NPV_A = 214.87 + \frac{214.87}{(1.1)^2} + \frac{214.87}{(1.1)^4} = 539.2$$

$$NPV_B = 243.42 + \frac{243.42}{(1.1)^3} = 426.23$$

따라서 A를 선택하여야 한다.

② $NPV(n, \infty)$법

$$NPV_A(2, \infty) = 214.87\left[\frac{(1.1)^2}{(1.1)^2 - 1}\right] = 1,238.06$$

$$NPV_B(3, \infty) = 243.42\left[\frac{(1.1)^3}{(1.1)^3 - 1}\right] = 978.83$$

따라서 A를 선택하여야 한다.

③ *AEV*법

$AEV_A = (0.1)(1{,}238.06) = 123.81$

$AEV_B = (0.1)(978.83) = 97.88$

따라서 *A*를 선택하여야 한다.

여기에서 보듯이 최소공배수법과 $NPV(n, \infty)$법 및 *AEV*법의 평가결과는 항상 같다.

---

3. 인플레이션

(1) 인플레이션의 도입

자본예산은 투자효과가 장기간에 걸쳐 발생하므로 투자안의 내용연수동안 인플레이션이 예상되면 이를 현금흐름과 할인율에 일관성있게 반영해야 할 것이다. 먼저 인플레이션의 효과를 생각하여 보자.

은행의 정기예금이자율이 연 10%라고 하면, 연초에 10,000원을 예금하면 연말에 11,000원이 될 것이다. 따라서 연초에는 개당 100원하는 지우개를 100개 살 수 있고 연말에는 동일한 가격의 지우개를 110개 살 수 있을 것이다. 이때 연간 인플레이션율이 6%였다면 연말의 지우개 가격은 106원으로 상승하므로, 연말의 11,000원으로는 103.8개(=11,000원/106원)를 살 수 있다. 이 경우의 정기예금이자율 10%를 명목이자율(nominal interest rate, *N*)이라고 하고 인플레이션(*I*)을 고려하여 산출된 3.8%를 실질이자율(real interest rate, *R*)이라고 한다. 이 관계를 다음과 같이 표현하였다.

연초 10,000 (@100, 100개) —— 명목이자율(*N*)=10% ——→ 연말 11,000 (110개)

—— 인플레이션(*I*)=6%라면, 즉, 실질이자율(*R*)=3.8% ——→ @106이므로 103.8개$\left(=\dfrac{11{,}000}{@106}\right)$

$$\left(=\frac{103.8-100}{100}\times 100\%\right)$$

명목이자율(N)과 실질이자율(R) 및 인플레이션율(I)의 관계는 다음과 같은데, 이를 피셔효과(Fisher effect)라고 한다.

$$(1+N)=(1+R)(1+I) \text{ 혹은 간단히 } N=R+I$$

(2) 명목현금흐름과 실질현금흐름

명목현금흐름이란 인플레이션이 반영된 현금흐름으로 미래에 실제로 발생할 것으로 예상되는 현금흐름을 말한다. 이에 비하여 실질현금흐름이란 현재시점의 구매력으로 평가한 현금흐름으로, 명목현금흐름에서 인플레이션 요소를 제거한 현금흐름을 말한다. 따라서 두 현금흐름은 다음과 같은 관계가 성립한다.

$$\text{실질}CF_t=\frac{\text{명목}CF_t}{(1+I)^t} \quad \text{혹은} \quad \text{명목}CF_t=\text{실질}CF_t(1+I)^t$$

단, CF_t = 현금흐름　　　I = 인플레이션

(3) 투자안평가

인플레이션을 고려하여 투자안을 평가할 때는 분자인 현금흐름과 분모인 할인율에 인플레이션을 일관성있게 반영해야 한다. 즉, 명목CF는 명목할인율(N), 실질CF는 실질할인율(R)로 할인하면 된다.

$$\sum_{t=1}^{n}\frac{\text{명목}CF_t}{(1+N)^t}=\sum_{t=1}^{n}\frac{\text{명목}CF_t}{(1+R)^t(1+I)^t}=\sum_{t=1}^{n}\frac{\text{실질}CF_t(1+I)^t}{(1+R)^t(1+I)^t}=\sum_{t=1}^{n}\frac{\text{실질}CF_t}{(1+R)^t}$$

그런데, 감가상각비(ΔD)는 미래 각 연도에 비용처리되어 감세효과를 받으므로 명목현금흐름으로 처리해야 한다.

예제 ④ – 14 인플레이션을 고려한 투자안 평가

(주)서울은 기계를 1,000,000원 주고 구입할 것을 검토중이다. 이 기계는 정액법으로 처리하는데, 내용연수는 3년이고 잔존가치는 3년말 기준으로 100,000원이 될 것으로 추정된다. 매출액과 영업비용 증분의 차이($\Delta R-\Delta C$)는 1년말에 500,000원이며 이의 매년 성장율은 8%로 예상된다. 실질이자율은 6%이고 인플레이션율은 5%이며 법인세율은 40%로 가정하라.

(1) 명목현금흐름을 추정하여 의사결정을 하라.

(2) 실질현금흐름을 추정하여 의사결정을 하고, (1)의 결과와 비교하라.

$I_0 = C_0 = 1{,}000{,}000$ $n = 3$ 잔존가치 $= 100{,}000$ $\Delta D = \dfrac{1{,}000{,}000 - 100{,}000}{3} = 300{,}000$

$T = 0.4$ $R = 0.06$ $I = 0.05$ $(1+N) = (1+R)(1+I)$에서 $N = 0.113$

	구자산	신자산	증분(=신-구)
잔존가치(B_n)	0	100,000	$\Delta B_n = 100{,}000$
처분가액(S_n)	0	100,000	$\Delta S_n = 100{,}000$

$$\Delta CF_3 = [\Delta S_3 - (\Delta S_3 - \Delta B_3)T] = 100{,}000 - (100{,}000 - 100{,}000)(0.4) = 100{,}000$$

(1) 명목현금흐름법

	1	2	3
$\Delta CF_{1\sim3} = \begin{cases}(\Delta R - \Delta C)\\ \Delta D\end{cases}$	500,000 300,000	540,000 (500,000 × 1.08) 300,000	583,200 ($500{,}000 \times 1.08^2$) 300,000
$\Delta CF_3 = \Delta S_n - (\Delta S_n - \Delta B_n)T$			100,000
$\Delta CF_{1\sim3} = (\Delta R - \Delta C)(1-T) + \Delta D \cdot T$	500,000(1−0.4)+ 300,000(0.4) =420,000	540,000(1−0.4)+ 300,000(0.4) =444,000	583,200(1−0.4)+ 300,000(0.4) +100,000=569,920

$$NPV = \frac{420{,}000}{1.113} + \frac{444{,}000}{1.113^2} + \frac{569{,}920}{1.113^3} - 1{,}000{,}000 = 149{,}138$$

(2) 실질현금흐름법

	1	2	3
$\Delta CF_{1\sim3} \begin{cases}(\Delta R - \Delta C)\\ \Delta D\end{cases}$	476,190 (500,000 ÷ 1.05) 285,714 (300,000 ÷ 1.05)	489,796 ($540{,}000 \div 1.05^2$) 272,109 ($300{,}000 \div 1.05^2$)	503,790 ($583{,}200 \div 1.05^3$) 259,151 ($300{,}000 \div 1.05^3$)
$\Delta CF_3 = \Delta S_n - (\Delta S_n - \Delta B_n)T$			86,384 ($100{,}000 \div 1.05^3$)
$\Delta CF_{1\sim3} = (\Delta R - \Delta C)(1-T) + \Delta D \cdot T$	476,190(1−0.4)+ 285,714(0.4) =400,000	489,796(1−0.4)+ 272,109(0.4) =402,721	503,790(1−0.4)+ 259,151(0.4) +86,384=492,318

$$NPV = \frac{400{,}000}{1.06} + \frac{402{,}721}{1.06^2} + \frac{492{,}318}{1.06^3} - 1{,}000{,}000 = 149{,}138$$

연습문제

1. 자본예산시 현금흐름을 측정할 때 고려사항으로 틀린 것은?

① 감가상각비를 현금유출로 처리하면 안된다.

② 배당금이나 이자비용 등의 금융비용은 현금유출로 처리하면 안된다.

③ 납세후 기준으로 현금흐름을 증분으로 측정한다.

④ 인플레이션을 일관성있게 반영해야 한다.

⑤ 잠식비용(erosion cost)과 매몰비용(sunk cost)은 현금유출로 처리해야 한다.

〈해설〉 ⑤ 매몰비용은 현금유출로 보지 않는다.

답 ⑤

2. 자본예산시 현금흐름을 분석할 때의 고려사항으로 적절하지 않은 것은?
(1993. CPA수정)

① 잠식비용(erosion cost)는 현금흐름 추정시 고려하여야 한다.

② 증분개념을 이용하여 현금흐름을 추정하여야 한다.

③ 기회비용은 현금흐름 추정시 고려하여야 한다.

④ 감가상각비는 현금유출 추정시 고려할 필요가 없다.

⑤ 이자비용은 현금흐름 추정시 고려하여야 한다.

답 ⑤

3. 자본예산시 현금흐름에 영향을 미치지 않은 것은?

① 자산취득에 따르는 운반비와 설치비

② 투자세액공제

③ 이자비용의 절세효과

④ 감가상각비의 절세효과

⑤ 고정자산 처분손익에 대한 세금효과

답 ③

4. (주)서울은 신제품을 대량생산하는 기계도입을 고려 중이다. 이 기계는 유상증자 및 차입한 자금으로 조달할 계획이다. 이에 관련된 현금흐름과 무관한 것은?

a. 재고자산의 증가	*b*. 신제품의 개발비용
c. 구제품의 매출액 감소	*d*. 신제품의 시장조사비용
e. 임대가능한 장소에 기계설치	*f*. 증가되는 주주배당금
g. 인플레이션	*h*. 증가되는 이자비용

① *a*, *c*, *d*, *e*　② *a*, *c*, *e*, *g*　③ *b*, *d*, *f*, *h*

④ *c*, *e*, *g*, *h*　⑤ *a*, *f*, *g*, *h*

〈해설〉 *b*와 *d*는 매몰비용, *f*와 *h*는 금융비용
*a*는 운전자본, *c*는 부수효과, *e*는 기회비용

답 ③

5. (주)서울은 백설탕을 생산하는 기업인데, 황설탕을 생산할 것을 고려 중이다. 이에 관련된 현금흐름 추정시 고려해야 할 것은?

> *a*. 3년전에 1억원을 들여 마련한 장소에서 황설탕을 생산할 계획이다.
> *b*. 황설탕을 생산하면 백설탕의 순현금흐름이 연간 3천만원 감소할 것이다.
> *c*. 황설탕을 생산하지 않는다면 (주)서울은 그 장소를 연간 천만원받고 임대수입을 올릴 수 있다.
> *d*. 황설탕을 생산하는 기계를 도입하면 이자지급액이 연간 2천만원 늘어날 것이다.
> *e*. 황설탕을 생산하면 법인세액이 연간 2천5백만원 증가할 것이다.

① *a*, *c*, *d*　② *a*, *c*, *e*　③ *b*, *c*, *d*

④ *b*, *c*, *e*　⑤ *c*, *d*, *e*

〈해설〉 *a*는 매몰비용, *b*는 부수효과, *c*는 기회비용, *d*는 금융비용, *e*는 법인세

답 ④

6. 회수기간법에 대한 설명으로 옳지 않은 것은?

① 회수기간을 계산하기 쉽다.

② 회수기간이 짧으면 현금이 풍부해지므로, 기업의 유동성이 좋아 질 것이다.

③ 화폐의 시간적 가치를 무시하고 있다.

④ 목표회수기간의 설정이 자의적이다.

⑤ 회수기간 이후에 발생하는 현금흐름을 고려한다는 장점이 있다.

〈해설〉 회수기간법의 장점은 ①②, 단점은 ③④⑤.

답 ⑤

7. 매년 현금유입이 일정하고 투자수명이 길어질수록 회수기간의 역수는 무엇에 접근하는가?

① 회수기간−1년　　② 회수기간+1년　　③ 회계적이익률

④ *NPV*　　⑤ *IRR*

〈해설〉 매년 일정한 현금유입을 *CF*, 현금유출을 C_0라고 한다면 *IRR*은 다음과 같다.

$$C_0=\frac{CF}{1+IRR}+\frac{CF}{(1+IRR)^2}+\frac{CF}{(1+IRR)^3}+\cdots\cdots+\frac{CF}{(1+IRR)^n}$$

위 식의 양변에 $(1+IRR)$을 곱하면

$$C_0(1+IRR)=CF+\frac{CF}{(1+IRR)}+\frac{CF}{(1+IRR)^2}+\cdots\cdots+\frac{CF}{(1+IRR)^{n-1}}$$

아래 식에서 위의 식을 차감하면

$C_0\times IRR=CF-\frac{CF}{(1+IRR)^n}$에서 $n\to\infty$ 이면 $C_0\times IRR=CF$ $\quad\therefore\ IRR=\frac{CF}{C_0}$

회수기간은 $\frac{C_0}{CF}$이므로 회수기간의 역수는 *IRR*과 같다.

답 ⑤

8. *IRR*에 대한 다음 설명 중 옳은 것은?

a. 현금유입의 현가와 현금유출의 현가를 일치시켜 주는 할인율
b. *NPV*=0이 되게 하는 할인율
c. *PI*=1이 되게 하는 할인율
d. *WAPI*=0이 되게 하는 할인율

① *a*　　② *a*, *b*　　③ *a*, *b*, *c*

④ *b*, *c*　　⑤ *b*, *c*, *d*

답 ③

※ 다음 자료를 참조하여 문제 9~10번에 답하라. (단위 : 원)

부	$t=0$	$t=1$	$t=2$
투자안 *A*	−10,000	12,000	0
투자안 *B*	−10,000	6,545.5	6,545.5
투자안 *C*	−10,000	0	14,400

투자안 A, B, C의 IRR은 20%로 모두 같다.

9. $t=1$의 현금유입을 IRR인 20%로 재투자한다면, $t=2$에 받을 수 있는 현금유입을 투자안별로 옳게 계산한 것은?

	A	B	C
①	14,400	14,400	14,400
②	14,400	14,400	12,000
③	14,400	12,000	12,000
④	12,000	12,000	14,400
⑤	12,000	14,400	14,400

〈해설〉 투자안 A : $12{,}000(1+0.2)+0=14{,}400$

투자안 B : $6{,}545.5(1+0.2)+6{,}545.5=14{,}400$

투자안 C : $0(1+0.2)+14{,}400=14{,}400$

답 ①

10. 투자안의 할인율(자본비용)이 15%라면 어느 투자안이 가장 우월한가?

① a ② b ③ c

④ b와 c ⑤ 알 수 없다.

〈해설〉 $NPV_A=\dfrac{12{,}000}{1+0.15}-10{,}000=434.78$

$$NPV_B=\frac{6{,}545.5}{1+0.15}+\frac{6{,}545.5}{(1+0.15)^2}-10{,}000=641.08$$

$$NPV_C=\frac{14{,}400}{(1+0.15)^2}-10{,}000=888.47$$

이와 같이 내부수익률이 자본비용보다 큰 경우 IRR이 같더라도, 후기의 현금유입을 가진 투자안의 NPV가 더 높다. 즉, NPV법은 IRR법에 비해 후기의 현금유입을 상대적으로 더 높이 평가한다.

답 ③

11. M사는 임대건물의 신축과 주차장의 신축이라는 두 가지의 투자안을 고려하고 있다. 임대건물의 신축안은 초기투자액이 18억원이며, 1년 후에 24억원으로 매각할 수 있다고 한다. 주차장의 신축안은 단위당 1백만원을 초기투자하면 1년 후부터 (단위당) 매년 1백만원의 현금유입이 영구히 발생된다고 한다. 주차장의 신축단위에는 제한이 없고, 신축규모에 대하여 수익률이 일정하다고 가정한다. 할인율을 동일하게 연 20%로 적용할 경우, 양 투자안의 순현가(NPV)가 같아지기 위해서는 주차장을 몇 단위 신축해야 하는가? (2000. CPA)

① 10 ② 20 ③ 30

④ 40 ⑤ 50

〈해설〉 ① 임대건물 : $NPV_1 = \frac{24억}{1+0.2} - 18억 = 2억$

② 주차장 : $NPV_2 = \left(\frac{1백만원}{0.2}\right)(x) - (1백만원)(x) = (4백만원)(x)$

$NPV_1 = NPV_2$ 하면 $x = 50$

답 ⑤

12. 내부수익률법과 순현가법의 가장 근본적인 차이점은? (1996. CPA)

① 화폐의 시간가치를 고려하느냐의 문제
② 현금흐름을 중심으로 하느냐의 문제
③ 재투자수익률을 무엇으로 하느냐의 문제
④ 회계적 이익을 고려하느냐의 문제
⑤ 회수기간을 고려하느냐의 문제

〈해설〉 ⑤ *IRR*법과 *NPV*법 모두 회수기간과 무관하다.

답 ③

13. 순현가법과 내부수익률법에 관한 설명으로 바르지 못한 것은? (1993. CPA)

① 두 방법 모두 현금흐름 할인모형이다.
② 순현가법에서는 자본비용으로 재투자됨을 가정하고, 내부수익률법에서는 내부수익률로 재투자됨을 가정한다.
③ 단일투자안일 경우 항상 동일한 결론을 가져다 준다.
④ 순현가법이 내부수익률법보다 우수한 방법이다.
⑤ 복수의 배타적인 투자안일 경우 항상 상반된 결과를 가져다 준다.

답 ⑤

14. 두 투자안 *A*와 *B*의 최초투자액은 5억원으로 동일하다. 할인하기 이전의 현금유입을 합계한 값은 *A*가 12억원, *B*가 10억원이다. 두 투자안의 현금흐름을 12%의 할인율로 할인한 결과 두 투자안의 *NPV*가 동일하였다. 할인율이 달라질 경우 어떤 투자안의 *NPV*가 할인율의 변화에 대하여 더 민감하게 변할 것인가? 그 이유는? (1995. CPA)

① *A*투자안－현금흐름이 더 불확실하기 때문에
② *B*투자안－현금흐름이 더 불확실하기 때문에
③ *A*투자안－*NPV*스케줄의 기울기가 가파르기 때문에
④ *B*투자안－*NPV*스케줄의 기울기가 가파르기 때문에
⑤ 모른다－투자기간을 모르기 때문에

〈해설〉

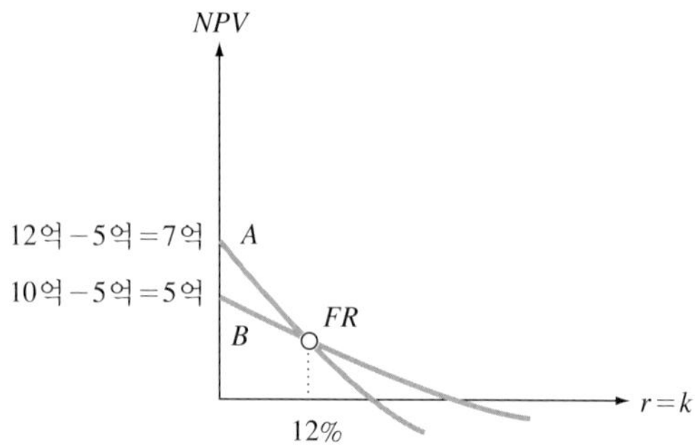

답 ③

15. 순현가법과 내부수익률법에 관한 다음 설명 중 틀린 것은? (1998. CPA)

① 순현가법은 투자로부터 발생되는 현금흐름을 시장이자율로 재투자할 수 있다고 가정한다.

② 내부수익률법은 투자로부터 발생되는 현금흐름을 내부수익률로 재투자할 수 있다고 가정한다.

③ 두 투자기법 모두 가치의 가산원칙을 만족시킨다.

④ 두 투자기법 모두 화폐의 시간가치를 반영한다.

⑤ 두 투자기법이 경우에 따라서는 서로 다른 투자결정을 내린다.

답 ③

16. 아래 표와 같은 결과를 가지는 두 투자안에 동시에 투자할 때, *NPV*와 *IRR* 및 *PI*는?

	NPV	*IRR*	*PI*
투자안 *A*	300	15%	25%
투자안 *B*	400	20%	30%

	NPV	*IRR*	*PI*
①	350	계산불능	5%
②	350	17.5%	20%
③	계산불능	17.5%	27.5%
④	700	18%	27.5%
⑤	700	계산불능	계산불능

〈해설〉 *NPV*는 가산원리가 성립하지만, *IRR*과 *PI*는 성립하지 않는다.

답 ⑤

17. 다음 설명 중 틀린 것은?

① *IRR*은 특정 투자안의 수익률을 의미하며, 채권의 만기수익률과 동일한 개념이다.

② *IRR*은 연평균수익률 개념으로 단기이자율과 장기이자율이 같다고 가정한다.

③ *NPV*가 0보다 크면 내부수익률이 자본비용보다 크다.

④ 상호배타적인 투자안들에서는 항상 피셔수익률이 존재한다.

⑤ 상호독립적인 투자안들에서의 평가결과는 *NPV*법, *IRR*법, *PI*법 모두 동일하다.

〈해설〉 상호배타적인 경우 투자규모 · 투자수명 · 현금유입의 양상이 다를 때 피셔수익률이 존재할 수 있다.

답 ④

18. 상호배타적인 아래의 세 투자안에 대한 설명 중 틀린 것은?

	투자규모	투자수명
투자안 *A*	200	2년
투자안 *B*	800	2년
투자안 *C*	800	4년

① *A*와 *B*를 비교시, *NPV*평가결과와 *IRR* 또는 *PI*평가결과는 다를 수 있다.

② *A*와 *B*를 비교시, *NPV*평가결과와 *IIRR* 및 *WAPI*평가결과는 항상 같다.

③ *B*와 *C*를 비교시, *NPV*평가결과와 *IRR*평가결과는 다를 수 있다.

④ *B*와 *C*를 비교시, *NPV*평가결과와 *PI*평가결과는 다를 수 있다.

⑤ *B*와 *C*를 비교시, *NPV*평가결과와 최소공배수법의 평가결과는 다를 수 있다.

〈해설〉 ① *NPV*평가결과와 *IRR* 및 *PI*평가결과가 상반될 수 있는 경우 : 투자규모차이

③ *NPV*평가결과와 *IRR*평가결과가 상반될 수 있는 경우 : 투자규모차이, 투자수명차이, 현금유입양상

⑤ *NPV*평가결과와 최소공배수법, $NPV(n, \infty)$법, *AEV*법의 평가결과가 상반될 수 있는 경우 : 투자수명차이

답 ④

19. 지금(연초) 10,000원을 정기예금에 투자한 결과 연말에 11,000원을 받는다고 하자. 연말의 실질현금흐름과 이를 현재 시점으로 환산한 것을 각각 골라라. 단, 연간 기대 인플에이션율은 5%이다.

① 11,000원과 10,500원 ② 11,000원과 10,000원 ③ 10,476원과 10,500원

④ 10,476원과 10,000원 ⑤ 10,000원과 9,500원

〈해설〉 연말의 실질 $CF_t = \frac{\text{명목 } CF_t}{(1+I)^t} = \frac{11{,}000\text{원}}{1.05} = 10{,}476\text{원}$

$1+N=(1+R)(1+I)$에서 $R = \frac{1+N}{1+I} - 1 = \frac{1.1}{1.05} - 1 = 0.0476$

$\text{현재가치} = \frac{\text{명목 } CF_t}{(1+N)^t} = \frac{11{,}000\text{원}}{1.1} = 10{,}000\text{원}$ 혹은

$\text{현재가치} = \frac{\text{실질 } CF_t}{(1+R)^t} = \frac{10{,}476\text{원}}{1.0476} = 10{,}000\text{원}$

답 ④

20. 기업의 투자안에 대한 경제적 타당성을 분석하는 방법에 대한 설명으로 옳지 않은 것은? (1989. CPA)

① 순현가법은 투자의 한계수익률을 고려한 분석기법이고, 내부수익률법은 투자의 평균수익률을 고려한 분석기법이다.

② 순현가법은 주주들의 부를 극대화시키려는 기업의 목표와 일치하는 기법인데 반하여 내부수익률법은 그렇지 못하다.

③ 순현가법은 가치가법성의 원칙(value additivity principle)을 충족시키는데 반하여 내부수익률법은 그렇지 못하다.

④ 복수투자안의 경우라도 상호독립적인 경우에는 순현가법과 내부수익률법(내부수익률의 해가 존재할 경우)에 의한 채택/기각 결정이 언제나 일치한다.

⑤ 내용년수가 상이한 두 투자안 *A*와 *B*가 상호배타적이며 반복적 성격을 갖는 투자일 경우, *A*투자안의 순현가가 *B*투자안의 순현가보다 크면 언제나 *A*투자안이 채택되어야 한다.

〈해설〉 내용연수가 다른 경우 최소공배수법, $NPV(n, \infty)$법, 연간균등가치법을 이용하여 평가해야 한다.

답 ⑤

21. (주)서울은 다음 6개의 서로 독립적인 투자안을 고려하고 있다. 각 투자안에 대해 부분적인 투자는 불가능하다(예를 들면, 투자안 A의 경우 최초투자비용 4억원을 100% 투자하든지 아니면 포기하든지 선택해야 한다). 현재 이 회사의 투자가능한 금액은 12억원으로 제한되어 있다. 다음 중 (주)서울의 기업가치를 가장 극대화시킬 수 있는 투자조합은 어느 것인가? (1999. CPA)

투자안	최초투자비용	수익성지수(Profitability Index)
A	4억원	1.40
B	5억원	1.20
C	3억원	1.40

D	6억원	1.15
E	4억원	1.23
F	6억원	1.10

① A, F ② B, F ③ D, F

④ A, B, C ⑤ A, C, E

〈해설〉 (1) $NPV = C_0(PI-1)$을 이용한다.

$NPV_A = 4(1.4) - 4 = 1.6$

$NPV_B = 5(1.2) - 5 = 1$

$NPV_C = 3(1.4) - 3 = 1.2$

$NPV_D = 6(1.15) - 6 = 0.9$

$NPV_E = 4(1.23) - 4 = 0.92$

$NPV_F = 6(1.1) - 6 = 0.6$

$NPV_{A+F} = NPV_A + NPV_F = 2.2$

$NPV_{A+F} = NPV_A + NPV_F = 2.2$

$NPV_{B+F} = NPV_B + NPV_F = 1.6$

$NPV_{D+F} = NPV_D + NPV_F = 1.5$

$NPV_{A+B+C} = NPV_A + NPV_B + NPV_C = 3.8$

$NPV_{A+C+E} = NPV_A + NPV_C + NPV_E = 3.72$

(2) 가중평균수익성지수($WAPI$)

$$WAPI_{A+F} = \frac{4}{12}(1.4) + \frac{6}{12}(1.1) + \frac{2}{12}(1.0) \cong 1.18$$

$$WAPI_{B+F} = \frac{5}{12}(1.2) + \frac{6}{12}(1.1) + \frac{1}{12}(1.0) \cong 1.13$$

$$WAPI_{D+F} = \frac{6}{12}(1.15) + \frac{6}{12}(1.1) = 1.125$$

$$WAPI_{A+B+C} = \frac{4}{12}(1.4) + \frac{5}{12}(1.2) + \frac{3}{12}(1.4) \cong 1.32$$

$$WAPI_{A+C+E} = \frac{4}{12}(1.4) + \frac{3}{12}(1.4) + \frac{4}{12}(1.23) + \frac{1}{12}(1.0) \cong 1.31$$

답 ④

22. (주)서울이 매우 높은 투자가치를 가진 신규투자안의 경제성을 평가한 결과 오류를 범하여 NPV가 0보다 작은 결과를 얻었다. 어떤 오류를 범하였을까?

① 연구개발비를 현금유출로 처리하였다.

② 명목현금흐름을 실질할인율로 할인하였다.

③ 자기자본비용과 타인자본비용을 낮게 추정하였다.

④ 투자종료시점의 처분가치를 높게 추정하였다.

⑤ 재고자산 증가분을 간과하였다.

〈해설〉 이러한 오류 : 흔히 현금유입의 과소추정, 현금유출의 과대추정, 자본비용의 과대추정 등이다.

① 매몰비용으로 현금유출로 처리해서는 안된다. 따라서 현금유출의 과대추정

② 명목현금이므로 명목할인율로 할인해야 한다. 따라서, 자본비용(할인율)의 과소추정

③ 자본비용(할인율)의 과소추정

④ 현금유입의 과대추정

⑤ 운전자본(재고자산)에 대한 투자금액을 현금유출로 처리해야 한다. 따라서, 현금유출의 과소추정

답 ①

23. 자본예산에서 현금흐름의 추정시 현금유출로 처리해야 하는 것은?

① 투자세액공제

② 감가상각비의 절세효과

③ 투자시점에서 구자산 처분손실에 대한 세금효과

④ 투자종료시점의 운전자본의 회수

⑤ 투자시점에서 구자산 처분이익에 대한 세금효과

〈해설〉 $\Delta CF_0 = -\Delta I_0 + ITC + [S_0 - (S_0 - B_0)T] - \Delta WC_0$

$\Delta CF_{1-n} = (\Delta R - \Delta C)(1-T) + \Delta D \cdot T$

$\Delta CF_n = [\Delta S_n - (\Delta S_n - \Delta B_n)T] + \Delta WC_n$를 참조한다. 즉,

(1) 현금유입으로 처리 : 투자세액공제, 구자산의 처분가치, 구자산 처분손실에 대한 세금효과, 감가상각비의 절세효과, 투자종료시점의 운전자본의 회수 등

(2) 현금유출로 처리 : 투자원금의 지출, 구자산 처분이익에 대한 세금효과, 영업이익에 대한 세금효과, 투자시점의 운전자본에 대한 지출 등

답 ⑤

24. 상호배타적인 투자안 *A*와 *B*에 대한 다음 설명 중 틀린 것은?

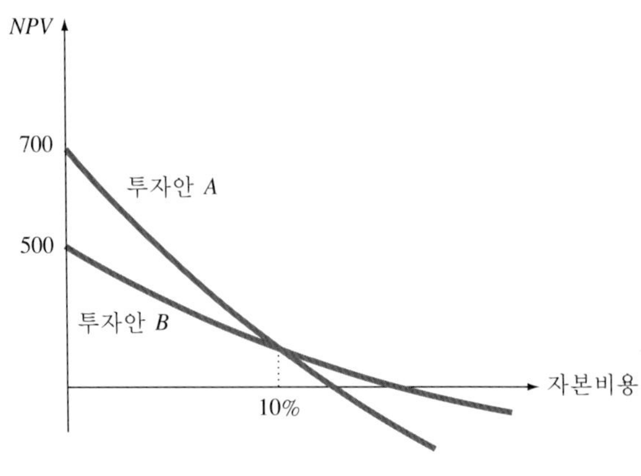

① 증분기준의 내부수익률 (Incremental *IRR*)은 10%인데, 이는 피셔수익률과 같은 개념이다.

② 두 투자안의 자본비용이 8%라면 *A*를 선택해야 하고,12%라면 *B*를 선택해야 한다.

③ 두 투자안의 자본비용이 7%라면 *NPV*법과 *IRR*법에 의한 평가결과가 같다.

④ 두 투자안의 투자규모가 500으로 동일하다면, 할인하기 이전의 현금유입을 합계한 값은 *A*가 1,200이고 *B*가 1,000이다.

⑤ 다른 조건이 같다면, *A*의 투자수명이 *B*보다 길다.

〈해설〉 ① 두 투자안의 *NPV*를 일치시키는 할인율이 피셔수익률인데, 이는 증분 *IRR*과 같다.

③ 피셔수익률의 왼쪽 영역에서는 *NPV*법과 *IRR*법에 의한 평가결과가 다르다.

⑤ 기울기가 가파른 투자안 (그림에서 투자안 *A*)은 기울기가 완만한 투자안 (그림에서 투자안 *B*)에 비하여, 투자규모가 크고 투자수명이 길며 후기에 현금유입이 많다.

답 ③

25. 다음 문장 중 틀린 것을 골라라.

① 투자규모가 다르더라도, 상호배타적인 투자안을 평가할 경우 *NPV*법, 수정*IRR*(*MIRR*)법, *PI*법의 평가결과는 항상 같다.

② *IRR*법은 *NPV*법에 비해, 투자안의 내부수익률이 자본비용보다 높은 경우 초기 현금흐름을 더 높이 평가한다.

③ *NPV*법과 *WAPI*법은 유휴자금에 대하여 자본비용과 동일한 투자수익률($NPV=0$ 또는 $PI=1$)을 가진 투자안에 재투자한 것으로 가정하고 있다.

④ 현금유입의 유형에 상관없이 *NPV*법은 항상 하나의 값이지만, *IRR*법은 복수의 값으로 나타날 수 있다.

⑤ 독립적인 투자안을 평가할 때는 *NPV*법, *IRR*법, 수정*IRR*법, *PI*법의 평가결과가 항상 일치한다.

〈해설〉 ① 투자수명이 다르거나 현금유입의 양상이 다른 상호배타적인 투자안이더라도, 투자규모가 동일하다면 *NPV*법, 수정*IRR*법, *PI*법의 평가결과는 항상 일치한다.

답 ①

26. 수정*IRR*법 (*modified IRR*)에 대한 다음 설명 중 옳은 것을 골라라.

> *a*. 투자안의 재투자수익률이 자본비용이다.
> *b*. 복수의 *IRR*이 나오는 문제점을 해결하였다.
> *c*. 독립적인 투자안들을 평가할 때는 그 결과가 *NPV*법과 항상 같다.
> *d*. 상호배타적인 투자안들을 평가할 때는 그 결과가 *NPV*법과 항상 같다.
> *e*. 상호배타적인 투자안들을 평가할 때는 투자안들의 투자규모가 동일하거나 비슷한 경우에만 그 결과가 *NPV*법과 같다.

① *a*, *b*, *c* ② *a*, *b*, *c*, *e* ③ *a*, *c*, *e*
④ *b*, *c* ⑤ *b*, *c*, *e*

답 ②

27. 수정*IRR*법 (*modified IRR*)에 대한 다음 설명 중 옳은 것을 골라라.

> *a*. 투자안의 재투자수익률이 자본비용이다.
> *b*. 복수의 *IRR*이 나오는 문제점을 해결하였다.
> *c*. *IRR*이 자본비용(r)보다 크면 수정*IRR*값은 *IRR*값보다 작다.
> *d*. *IRR*이 자본비용(r)보다 작으면 수정*IRR*값은 *IRR*값보다 크다.
> *e*. *IRR*이 자본비용(r)과 같으면 수정*IRR*값은 *IRR*값과 같다.

① *a* ② *a*, *b* ③ *a*, *b*, *c*
④ *a*, *b*, *c*, *d*, *e* ⑤ *c*, *d*, *e*

답 ④

28. 다음 설명 중 옳은 것을 골라라.

① 투자규모가 비슷할 때 *MIRR*값은 *IRR*값과 일치한다.
② 투자안 *A*의 *IRR*이 투자안 *B*의 *IRR*보다 크면, *A*의 *NPV*는 *B*의 *NPV*보다 크다.
③ 일반적인 현금흐름일 때는 *IRR*이 자본비용(r)보다 크면 *NPV*가 양(+)의 값을 가진다.
④ 다른 조건이 같다면 자본비용(r)이 작아질수록 투자안의 *IRR*는 커진다.
⑤ *MIRR*값은 자본비용(r)의 변화에 영향을 받지 않는다.

〈해설〉 ② *IRR*값의 대소와 *NPV*값의 대소는 서로 무관하다.
④ 자본비용(r)이 작아질수록 투자안의 *NPV*는 커진다.
⑤ *MIRR*은 현금유입을 자본비용(r)으로 재투자하므로, 자본비용의 영향을 받는다.

답 ③

29. 양(+)의 NPV값을 가지는 두 투자안 A와 B의 IRR은 각각 30%와 20%이라고 하자. 다음 중 옳은 문장을 골라라.

> a. 투자안 A의 회수기간은 투자안 B보다 항상 짧다.
> b. 투자안 A의 할인회수기간은 투자안 B보다 항상 짧다.
> c. 투자안 A의 NPV는 투자안 B보다 항상 크다.
> d. 두 투자안의 자본비용이 같다면, 투자안 A의 NPV는 투자안 B보다 크다.

① a ② b ③ c
④ d ⑤ 정답없음

답 ⑤

30. 다음 설명 중 옳은 것을 골라라.

① 자본비용이 변화하면 NPV값과 IRR값에 영향을 미친다.
② 투자안의 현금유입을 자본비용으로 재투자하여 합산한 것을 다시 IRR값으로 나누어, 이를 현금유출과 일치시킨 값이 MIRR값이다.
③ IRR이 양(+)의 값을 가져도 NPV는 음(−)의 값을 가질 수 있다.
④ NPV법과 IRR법은 현금유입을 자본비용(r)으로 재투자한다고 가정하나, MIRR법은 MIRR로 재투자한다고 가정한다.
⑤ NPV법은 IRR값이 2개인 경우 영향을 받지 않으나, 3개 이상인 경우 영향을 받는다.

〈해설〉 ① 자본비용이 변화하면 NPV값에는 영향을 미치나 IRR값에는 영향을 미치지 않는다.
② 투자안의 현금유입을 자본비용으로 재투자하여 합산한 것을 현금유출과 일치시킨 값이 MIRR값이다.
⑤ NPV법은 복수의 IRR문제점과 무관하다.

답 ③

31. 양(+)의 NPV값을 가지는 두 투자안 A와 B의 IRR은 각각 20%와 15%이다. 자본비용(r)이 10%일 때 투자안 B의 NPV가 더 높았다고 할 때, 다음 중 옳은 문장을 골라라.

> a. 피셔수익률(교차율)은 10%보다 작다.
> b. 투자수명과 현금유입의 양상이 같다면, 투자안 B의 투자규모가 더 크다.
> c. 투자규모와 투자수명이 같다면, 투자안 A의 회수기간이 더 짧다.
> d. 투자규모와 현금유입의 양상이 같다면, 투자안 A의 투자수명이 더 짧다.

① a, b ② b, c ③ b, d,
④ b, c, d ⑤ 정답없음

〈해설〉 a. 피셔수익률(교차율)은 10%와 15%사이에 존재하므로 10%보다 크다.
b. 투자안 B의 기울기가 가파르므로 투자안 B는 A에 비해, ① 투자규모가 크거나 ② 투자수명이 길거나 ③ 현금유입이 후기에 집중되는 양상을 가진다.
c. IRR법과 NPV법 모두 (할인)회수기간과 무관하다.

답 ③

32. 증분현금흐름을 고려해 투자의사결정을 해야 하는 다음의 상황에서 가장 적절하지 못한 주장은? (2004. CPA)

① 은행이 부실기업에 대한 추가 자금지원 여부를 검토할 때, 추가로 지원할 자금과 함께 이미 부실처리된 대출금에 대해서도 원리금을 회수할 수 있는지 고려해야 한다.
② 100억원에 구입한 토지에 30억원을 들인 주차장 시설을 철거하고 상가건물을 신축할지 여부를 검토할 때, 장부가치인 120억원이 아니라 토지와 주차장시설을 매각하면 받을 수 있는 150억원(세후기준)을 비용으로 고려해야 한다.
③ 제주도의 한 호텔이 인근 골프장 인수여부를 검토할 때, 골프장 예약이 수월해짐에 따라 증가하는 투숙객으로부터 예상되는 수입과 호텔예약이 수월해짐에 따라 증가하는 골프장 이용액으로부터 예상되는 수입도 고려해야 한다.
④ 신제품발매 여부를 검토할 때, 원자재 추가구입에 따른 외상매입금의 증가와 재고자산 및 보관창고 비용의 증가 그리고 현금보유액의 증가도 고려해야 한다.
⑤ 공장직원을 해외로 교육연수 보낼지 여부를 검토할 때, 항공료와 등록금은 물론 해당 직원의 업무를 맡은 신규채용 임시직원에게 지급할 급여도 함께 고려해야 한다.

〈해설〉 ① 이미 부실처리된 대출금은 매몰원가이므로 고려하면 안된다.
② 상가건물을 신축하면 토지와 주차장시설의 매각을 포기하는 것이므로 매각액인 150억원을 기회비용(현금유출)으로 처리해야 한다.
③⑤ 부수효과로 처리해야 한다.
④ 신제품으로 인한 순운전자본의 증감을 고려해야 한다.

답 ①

33. (주)한국은 현재 사용 중인 기계를 교체하는 것을 고려하고 있다. 기계를 교체되는 경우 연간 50억원의 비용을 절감할 것으로 예상된다. 신기계의 구입비용은 총 200억원이고 내용연수는 5년이며, 정액법의 감가상각으로 5년 후 잔존가치는 없을 것

으로 예상된다. 한편, 현재 사용 중인 기계는 전액 감가상각되었고 시장가치는 없다. 또한 신기계를 가동하기 위하여 순운전자본이 10억원 가량 추가로 필요하다. 법인세율이 20%이고, 이 투자안에 대한 할인율이 15%일 때 이 투자안의 순현가를 구하라. (2005. CPA)

5년	현가계수	연금의 현가계수
15%	0.4972	3.3522

① 66억원 ② 49억원 ③ −44억원
④ −49억원 ⑤ −66억원

〈해설〉 신기계 : $I_0=200$ $\Delta WC_0=10$ $\Delta C=-50$ B_n(신)$=0$ D(신)$=\dfrac{200-0}{5}=40$

구기계 : B_n(구)$=0$ D(구)$=0$ $B_0=0$ $S_0=0$ $\Delta D=D$(신)$-D$(구)$=40$

$$\Delta CF_0=-\Delta I_0+ITC+[S_0-(S_0-B_0)T]-\Delta WC_0=-200+0+0-10=-210$$

$$\Delta CF_{1\sim5}=(\Delta R-\Delta C)(1-T)+D\cdot T=(0+50)(1-0.2)+40(0.2)=48$$

$$\Delta CF_5=[\Delta S_n-(\Delta S_n-\Delta B_n)T]+\Delta WC_n=0+10=10$$

0	1	2	3	4	5	$r=15\%$
−210	48	48	48	48	48+10	

$NPV=-210+48\times3.3522+10\times0.4972=-44$억원

답 ③

34. 하나기업은 5년 전에 기계를 4,000만원에 구입하였다. 구입당시 이 기계를 8년 동안 사용하며, 8년 후 잔존가치는 없을 것으로 예상하였다. 하나기업은 이 기계를 현재 2,000만원에 매각할 예정이다. 자산처분 시점(t=0)에서의 현금흐름으로 적절한 금액은? 감가상각비는 정액법을 사용하며 법인세율은 30%이다. (2006. CPA)

① 2,000만원 ② 2,150만원 ③ 1,500만원
④ 1,850만원 ⑤ 1,650만원

〈해설〉

−5	0	3
−4,000	$S_0=2{,}000$	$B_n=0$

$D=\dfrac{4{,}000-0}{8}=500$ $B_0=4{,}000-500\times5=1{,}500$ $T=0.3$

(구)자산처분에 따른 현금흐름$=[S_0-(S_0-B_0)T]=[2{,}000-(2{,}000-1{,}500)(0.3)]$
$=1{,}850$만원

답 ④

35. 자본예산에서 순현가법과 내부수익률법의 평가결과가 다른 경우, 순현가법을 따르는 것이 바람직하다고 한다. 다음 중 순현가법의 우위를 설명하는 이유로 옳지 않은 것은? (2004. CPA)

① 순현가법에서는 할인율로 재투자한다고 가정하고 있으나, 내부수익률법에서는 내부수익률로 재투자한다고 가정하고 있다.

② 내부수익률법에 의할 경우, 내부수익률이 존재하지 않거나 내부수익률이 복수로 존재할 수 있다.

③ 할인율이 매기 변동하는 경우, 내부수익률법에 이를 반영하는 것은 곤란하지만, 순현가법에서는 비교적 용이하게 이를 반영할 수 있다.

④ 여러 개의 투자안을 결합하는 분석을 실시하는 경우, 순현가법은 개별투자안의 순현가를 독립적으로 구하여 합산하면 되지만, 내부수익률법은 개별투자안의 내부수익률을 독립적으로 구하여 합산할 수 없다.

⑤ 투자규모가 다른 투자안을 비교하는 경우, 순현가는 각 투자안의 투자규모에 대비한 상대적 성과에 대한 정보를 제공하지만, 내부수익률은 절대적 성과에 대한 정보만 제공한다.

〈해설〉 ⑤ 순현가법은 투자안을 절대적 성과인 화폐액으로 평가하지만, 내부수익률법은 상대적 성과인 비율로 평가한다.

답 ⑤

36. 자본예산의 투자안 경제성 평가방법에 대한 다음의 설명 중 가장 옳지 않은 것은? (2005. CPA)

① 할인회수기간은 회수기간보다 길다.

② 내부수익률(*IRR*)법의 재투자수익률에 대한 가정을 자본비용으로 수정한 수정내부수익률(*MIRR*)법에서는 2개 이상의 *IRR*이 나오지 않는다.

③ 내부수익률(*IRR*)이 자본비용보다 큰 경우, *IRR*값은 *MIRR*값보다 큰 값을 가진다.

④ 현금유입의 양상이 다르거나 투자수명이 다른 상호배타적인 두 개의 투자안은 투자규모가 동일하다면, *MIRR*법과 수익성지수(*PI*)법의 평가결과는 *NPV*법의 평가결과와 같다.

⑤ 순현가(*NPV*)법은 재투자수익률로 자본비용을 가정하고, 가치의 가산원리가 성립하며, 투자액의 효율성을 고려한 방법이다.

〈해설〉 ③ [예제 4-11]에서 보듯이 *IRR*이 자본비용보다 크면(작으면) *MIRR*값은 *IRR*값보다 작다(크다).

⑤ 순현가법은 투자안을 절대적 성과(화폐액의 증분)로 평가하므로, 투자규모가 다른 투

자안의 경우에는 투자액의 효율성 (상대적 성과: *IRR*, *PI*)을 고려하지 못한다.

답 ⑤

37. (주)성우의 *CFO*는 현재 100억원을 투자해야 하는 3년 수명의 상호배타적인 투자안 *A*와 *B*를 고려하고 있다. 두 투자안은 잔존가치 없이 3년간 정액법으로 감가상각되며, 3년간 당기순이익은 투자안의 현금흐름과 같다. 두 개의 투자안 모두 자본비용은 20%이다. 투자의사결정과 관련된 다음의 내용 중 가장 옳지 않은 것은? (2007, CPA)

투자안	현금흐름			*IRR*	*NPV*
	1년 후	2년 후	3년 후		
A	+40억원	+60억원	+90억원	34.4%	27.1억원
B	+60억원	+60억원	+60억원	36.3%	26.4억원

① 회수기간법에 의하면 *A*의 회수기간이 2년으로 *B*의 회수기간 1.67년보다 더 길므로 *B*를 선택한다.

② 평균회계이익률(*AAR*)법에 의하면 *A*의 *AAR*이 126.67%로 *B*의 *AAR* 120%보다 더 크므로 *A*를 선택한다.

③ 내부수익률(*IRR*)법에 의하면 *A*의 *IRR*이 *B*의 *IRR*보다 더 작으므로 *B*를 선택한다.

④ 수익률지수(*PI*)법에 의하면 *A*의 *PI*인 1.27이 *B*의 *PI*인 1.26보다 크므로 *A*를 선택한다.

⑤ 증분내부수익률(*IIRR*)법에 의하면 *A*의 현금흐름에서 *B*의 현금흐름을 차감한 현금흐름의 *IRR*인 1.9%가 영(zero)보다 크므로 *A*를 선택한다.

〈해설〉

	투자안 *A*	투자안 *B*	평가
①	2년	1.67년$\left(=1+\frac{40}{60}\right)$	*B*선택
②	$\frac{(40+60+90)/3}{(100+0)/2}=126.67\%$	$\frac{(60+60+30)/3}{(100+0)/2}=120\%$	*A*선택
③	34.4%	36.3%	*B*선택
④	$1+\frac{27.1}{100}=1.271$	$1+\frac{26.4}{100}=1.264$	*A*선택

⑤ *IIRR*은 다음과 같이 (*A*−*B*)의 증분현금흐름으로 구한다.

$t=0$	$t=1$	$t=2$	$t=3$
0	−20	0	30

$-\frac{20}{1+IIRR}+\frac{30}{(1+IIRR)^3}=0$에서 $IIRR=22.47\%>$ 자본비용 20%이므로 *A*선택

답 ⑤

38. (주)감마기업은 다음 네 개의 투자안을 검토하고 있다. 투자기간은 모두 1기간이며, 각 투자안에 적용되는 가중평균자본비용은 10%로 동일하다. 다음 설명 중 적절하지 않은 것은? (2008. CPA)

투자안	투자액($t=0$)	수익성지수(PI)
A	1억	1.2
B	1억	1.5
C	2억	1.5
D	3억	1.4

① 순현가(NPV)가 가장 큰 투자안은 D이다.

② 투자안 B와 C의 내부수익률(IRR)은 동일하다.

③ 투자안이 모두 상호배타적일 경우, 순현가법과 내부수익률법으로 평가한 결과는 상이하다.

④ 투자안이 모두 독립적이며 투자할 수 있는 총금액이 2억원으로 제약될 경우, 투자안 A와 B에 투자하여 기업가치를 극대화시킬 수 있다.

⑤ 투자안이 모두 독립적이며 투자할 수 있는 총금액이 3억원으로 제약될 경우, 투자안 B와 C에 투자하여 기업가치를 극대화시킬 수 있다.

〈해설〉

투자안	투자액(C_0)	PI	$NPV=C_0(PI-1)$	PV(유입)	FV_1(유입)	IRR
A	1억	1.2	0.2억	1.2억	1.32억	32%
B	1억	1.5	0.5억	1.5억	1.65억	65%
C	2억	1.5	1억	3억	3.3억	65%
D	3억	1.4	1.2억	4.2억	4.62억	54%

④ 투자안 A와 B에 투자할 경우 $NPV=0.7$억원 < 투자안 C에 투자할 경우 $NPV=1$억원

답 ④

39. (주)한국은 100억원을 투자하여 전자사업부를 신설하려고 하는데 향후 순현금흐름은 다음과 같이 예상된다. 순현금흐름의 성장률은 $t=1\sim4$ 시점까지는 높게 형성되다가, $t=5$ 시점 이후부터는 4%로 일정할 것으로 예상된다. 할인율은 고성장기간 동안 20%, 일정성장기간 동안 10%라고 할 때, 이 투자안의 순현재가치(NPV)는? (2009. CPA)

t	1	2	3	4	5
순현금흐름(억원)	10	16	20	30	16

① −6.30억원　② 26.13억원　③ 74.09억원
④ 80.41억원　⑤ 84.13억원

〈해설〉 $r=20\%$　$r_2=10\%$　$g=4\%$

$$NPV=\frac{C_1}{1+r}+\frac{C_2}{(1+r)^2}+\frac{C_3}{(1+r)^3}+\frac{C_4+TV_4}{(1+r)^4}-C_0$$

$$TV_4=\frac{C_5}{r_2-g}=\frac{16}{0.1-0.04}=266.67\text{억원}$$

$$NPV=\frac{10}{1.2}+\frac{16}{1.2^2}+\frac{20}{1.2^3}+\frac{(30+266.67)}{1.2^4}-100=74.09\text{억원}$$

답 ③

40. (주)대한은 새로운 투자안을 순현재가치법으로 평가하여 사업의 시행여부를 결정하고자 한다. 상각대상 고정자산에 대한 총투자액은 15,000백만원으로 사업시작 시점에서 모두 투자되며 사업기간은 10년이다. 고정자산은 10년에 걸쳐서 정액법으로 감가상각되며 투자종료시점에서의 잔존가치 및 매각가치는 없다. (주)대한은 매년 동일한 수량을 판매한다. 제품의 단위당 판매가격은 100백만원, 제품 단위당 변동비는 40백만원, 감가상각비를 제외한 연간 총고정비용은 2,500백만원이다. 법인세율은 35%이며 할인율은 8%이다. 연간 예상제품판매수가 150개일 경우 이 투자안의 순현재가치(NPV)에 가장 가까운 것은 다음 중 어느 것인가?(단, 연 8%의 할인율에서 10년 만기 일반연금의 현가요소는 6.71이다.) (2010. CPA)

① 15,669백만원　② 16,873백만원　③ 17,267백만원
④ 18,447백만원　⑤ 19,524백만원

〈해설〉 $I_0=15{,}000$　$\Delta WC_0=0$　$B_n(\text{신})=0$　$\Delta D=(15{,}000-0)/10=1{,}500$

$\Delta R-\Delta C=(100-40)\times 150\text{개}-2{,}500=6{,}500$

$\Delta CF_0=-\Delta I_0+ITC+[S_0-(S_0-B_0)T]-\Delta WC_0=-15{,}000+0+0-0=-15{,}000$

$\Delta CF_{1\sim5}=(\Delta R-\Delta C)(1-T)+\Delta D\cdot T=(6{,}500)(1-0.35)+1{,}500(0.35)=4{,}750$

$\Delta CF_5=[\Delta S_n-(\Delta S_n-\Delta B_n)T]+\Delta WC_n=0+0=0$

$NPV=-15{,}000+4{,}750\times 6.71=16{,}872.5\text{백만원}$

답 ②

41. (주)대한은 초기자금이 663,000원 소요되는 3년 연한의 시설장비 투자안을 고려중이다. 이 투자안은 투자기간 동안 매년 매출을 285,000원 증가시킨다. 시설장비는 잔존가치를 0원으로 하여 투자기간 동안 정액법으로 감가상각된다. 한편 시설장비

는 투자기간 종료시점에서 장부가치와 상이하게 50,000원에 처분될 것으로 추정된다. 이 투자안은 초기자금 지출과 함께 25,000원의 순운전자본을 소요한다. 순운전자본은 투자기간 종료후 전액회수된다. 법인세는 30%, 요구수익률은 10%이다. 이 투자안의 순현가(*NPV*)와 가장 가까운 것은? (단, 감가상각비를 제외한 영업비용은 변동이 없다). (2011. CPA)

① 18,084원 ② 19,414원 ③ 20,455원
④ 21,695원 ⑤ 22,754원

〈해설〉 구기계 없음. 신기계 : $I_0=663{,}000$ $n=3$ $R=285{,}000$ $D=(663{,}000-0)/3=221{,}000$

$B_n=0$ $S_n=50{,}000$ $WC_0=25{,}000$ $T=0.3$ $r=0.1$

$\Delta CF_0=-\Delta I_0+ITC+[S_0-(S_0-B_0)T]-\Delta WC_0=-663{,}000+0+0-25{,}000=-688{,}000$

$\Delta CF_{1\sim3}=(\Delta R-\Delta C)(1-T)+D\cdot T=(285{,}000-0)(1-0.3)+(221{,}000)(0.3)=265{,}800$

$\Delta CF_3=[\Delta S_n-(\Delta S_n-\Delta B_n)T]+\Delta WC_n=[50{,}000-(50{,}0000-0)(0.3)]+25{,}000=60{,}000$

0	1	2	3	$r=10\%$
−688,000	265,800	265,80048	265,800+60,000	

$$NPV=\frac{265{,}800}{1.1}+\frac{265{,}800}{1.1^2}+\frac{325{,}800}{1.1^3}-688{,}000=18{,}084\text{원}$$

답 ①

42. (주)민국은 신형기계를 도입하기로 하고 A형 기계와 B형 기계 두 기종을 검토 중이다. A형 기계의 구입원가는 10억원이고 매년 1억원의 유지비가 소요되면 수명은 2년이다. 한편 B형 기계의 구입원가는 14억원이고 매년 7천만원의 유지비가 소요되면 수명은 3년이다. 매년 두 기계로부터 얻는 미래 현금유입이 동일하며 일단 특정기계를 선택하면 그 기계로 영구히 교체해서 사용해야 한다. 현금흐름이 실질현금흐름이고, 실질할인율이 12%일 때 가장 적절하지 않은 것은? (2012. CPA)

① *A*형 기계의 총비용의 현가는 근사치로 11.69억원이다.
② *B*형 기계의 총비용의 현가는 근사치로 15.68억원이다.
③ *A*형 기계의 등가연금비용(equivalent annual cost)은 근사치로 6.92억원이다.
④ *B*형 기계의 등가연금비용용(equivalent annual cost)은 근사치로 5.53억원이다.
⑤ *A*형 기계의 등가연금비용용(equivalent annual cost)은 *B*형 기계의 등가연금비용용(equivalent annual cost) 보다 크다.

〈해설〉 기계장비의 내용연수가 다르므로 '연평균비용'의 개념인 등가연금비용(equivalent annual cost, *EAC*)으로 비교해야 한다. *EAC*는 총비용의 현가를 연금의 현가이자요소(PVIFA)로 나눈 값이다.

기계 *A* 총비용의 현가: $10억+\frac{1억}{1.12}+\frac{1억}{1.12^2}=11.69억원$

기계 *B* 총비용의 현가: $14억+\frac{0.7억}{1.12}+\frac{0.7억}{1.12^2}+\frac{0.7억}{1.12^3}=15.68억원$

기계 *A*의 등가연금비용: $11.69\div(\frac{1}{1.12}+\frac{1}{1.12^2})=6.92억원$

혹은 $11.69\div PVIFA(2년,\ 12\%)=11.69\div 1.69=6.92억원$

기계 *B*의 등가연금비용: $15.68\div(\frac{1}{1.12}+\frac{1}{1.12^2}+\frac{1}{1.12^3})=6.53억원$

혹은 $15.68\div PVIFA(3년,\ 12\%)=15.68\div 2.40=6.53억원$

답 ④

43. 자본예산에 관한 설명으로 가장 적절하지 않은 것은? (2012. CPA)

① 상호배타적인 투자안의 경우 투자규모 또는 현금흐름의 형태가 크게 다를 때, 순현재가치법과 내부수익률법이 서로 다른 결론을 제시할 수 있다.

② 투자규모, 투자수명, 현금흐름의 양상이 서로 다른 상호배타적인 투자안을 내부수익률법으로 평가하는 경우, 반드시 두 투자안의 *NPV* 곡선이 교차하는지 여부를 검토해야 한다.

③ 두 개의 *NPV*곡선이 교차하는 지점의 할인율을 *Fisher* 수익률이라고 한다.

④ 투자안의 경제성을 분석할 때 감가상각 방법에 따라서 투자안의 현금흐름이 달라져서 투자안 평가에 영향을 미칠 수 있다.

⑤ 투자에 필요한 자금조달에 제약이 있는 경우 이 제약조건하에서 최적의 투자조합을 선택하는 의사결정을 자본할당이라 하는데, 이 경우 수익성지수법을 사용하면 항상 최적의 투자안조합을 결정할 수 있다.

〈해설〉 순현재가치법(*NPV*)이나 가중평균수익성지수법(*WAPI*)을 사용해야 한다.

답 ⑤

제2부

위험과 수익률

제5장

불확실성하의 자산선택이론

제 1 절 기초개념

1. 개 요

지금까지는 미래의 확실성을 가정하여 자산선택과정을 설명하였다. 확실성상태는 미래의 수익률을 현재시점에서 정확히 예측할 수 있다고 가정하는 것과 같은데, 이같은 가정은 기업이나 투자자가 활동하고 있는 현실세계에서는 있을 수 없는 일이다. 현실세계는 위험상태 혹은 불확실성상태를 말한다.

한편, 확률(probability)이란 특정 상황의 발생가능성을 숫자화한 것이고, 확률변수(random variable)는 그 값이 불확실한 변수를 가르키며, 확률분포(probability distribution)란 확률변수가 취할 수 있는 값들과 이에 대응하는 각각의 확률을 적은 것이라고 정의할 수 있다.

우선 위험상태는 미래 발생가능한 상황에 대한 확률분포가 객관적으로 알려져 있는 상황을 말한다. 객관적확률은 동전던지기에서 앞면이 나올 확률이 1/2 또는 주사위를 던져서 숫자 3이 나올 확률이 1/6 등, 수학적으로나 이론적으로 계산되어 누구나 인정할 수 있는 확률을 말한다. 불확실성상태는 미래 발생가능한 상황에 대한 객관적인 확률분포를 알 수 없는 상황을 말한다. 이때는 미래발생 확률을 주관적으로 추정해야 하는데, 이 확률은 객관적으로 증명이 불가능한 것이다.

경영학에서 위험과 불확실성의 구분은 없어지고 있다. 예컨대 투자결정시 객관적인 자료를 구하기가 매우 힘들며, 설령 구한다고 하더라도 급변하는 현대적 환경에서는 과거의 객관적인 확률의 효력이 상실되는 경우가 많을 것이다. 따라서 경영학에서는 위험과 불확실성은 같은 의미로 사용되므로, 여기에서도 두 용어를 섞어쓰기로 한다.

불확실성하에서는 미래의 성과를 현재에 알 수 없으며 다만 예측(기대)만 할 뿐이다. 미래성과는 상황에 따라 달라지므로, 미래에 실현된 성과는 기대치와 다를 가능성이 얼마든지 존재하는데 재무관리에서는 이를 위험이라고 한다. 즉, 위험이란 한마디로 미래성과(미래수익률, 미래현금흐름, 미래의 부)가 실현되지 않을 가능성 (변동가능성)으로 정의된다. 위험을 측정할 때 미래의 실제치가 기대치와 얼마나 다르게 나타나는 가(편차)에 대한 크기를 숫자로 표시해 주어야 할 것이다. 재무관리에서는 미래성과에 대한 확률분포의 분산도(dispersion)를 나타내주는 위험의 측정치로 분산(variance)이나 표준편차(standard deviation)를 이용한다.

2. 개별자산의 수익률과 위험

(1) 과거자료(historical data)를 사용하는 경우

이는 과거의 사후적(ex-post) 실제자료로 부터 수익률과 위험을 측정하는 경우이다. 아래는 X와 Y기업의 수익률자료를 표본으로 수집한 것이라고 하자.

	R_X	R_Y
1991	15%	18%
1992	4	−3
1993	−9	−10
1994	8	12
1995	9	5

1) 평균수익률

평균수익률(average rate of return)은 과거 그 자산의 평균적 수익률로서, 과거수익률을 모두 합하여 과거 기간의 수로 나눈 값이다.

$$\overline{R_i} = \sum_{t=1}^{n} \frac{R_{it}}{n}$$

$$\overline{R_X} = \Sigma \frac{R_X}{n} = \Sigma \frac{15+4-9+8+9}{5} = 5.4\%$$

$$\overline{R_Y} = \Sigma \frac{R_Y}{n} = \frac{18-3-10+12+5}{5} = 4.4\%$$

2) 분 산

자산의 위험(risk)은 분산 또는 표준편차로 측정하는데, 분산(variance)은 과거의 실제수익률과 평균수익률과의 차이(편차)를 제곱하여 과거 기간의 수로 나눈 값이다.[1] 표준편차(standard deviation)는 분산의 제곱근이다.

$$\sigma_i^2 = Var(R_i) = \frac{\Sigma(R_i - \overline{R_i})^2}{n-1} \qquad \begin{cases} \text{모집단} : n \\ \text{표 본} : n-1 \end{cases}$$

$$\sigma_X^2 = Var(R_X) = \frac{\Sigma(R_X - \overline{R_X})^2}{n-1}$$

$$= \frac{(15-5.4)^2 + (4-5.4)^2 + (-9-5.4)^2 + (8-5.4)^2 + (9-5.4)^2}{5-1}$$

$$= 80.3(\%^2) \text{ 혹은 } 0.00803$$

$$\sigma_X = \sqrt{\sigma_X^2} = \sqrt{80.3} = 8.96\% \text{ 혹은 } 0.0896$$

$$\sigma_Y^2 = Var(R_Y) = \frac{\Sigma(R_Y - \overline{R_Y})^2}{n-1}$$

$$= \frac{(18-4.4)^2 + (-3-4.4)^2 + (-10-4.4)^2 + (12-4.4)^2 + (5-4.4)^2}{5-1}$$

$$= 126.3(\%^2) \text{ 혹은 } 0.01263$$

$$\sigma_Y = \sqrt{\sigma_Y^2} = \sqrt{126.3} = 11.24\% \text{ 혹은 } 0.1124$$

(2) 미래확률자료(expectational data)를 사용하는 경우

이는 미래의 사전적(ex-ante) 확률분포로 부터 수익률과 위험을 측정하는 경우이다.

내년 경기 예상	P_i	R_i
호 경 기	0.2	30%
현상유지	0.4	20
불 경 기	0.4	10

---

[1] 과거자료가 모집단(population)이면 n으로 나누어 분산을 구하고, 표본(sample)이라면 $n-1$로 나누어 분산을 구한다. 공분산을 구할 때도 마찬가지인데, 이는 자유도(degree of freedom) 때문이다. 자유도란 독립적인 변수의 총수 혹은 자유롭게 취할 수 있는 변수의 총수인데, 표본의 분산을 구할 때는 표본의 평균수익률을 사용하므로 n이 아니라 $n-1$로 나눈다.

1) 기대수익률

기대수익률(expected rate of return)은 수익률의 확률분포에 대한 기대값으로, 미래수익률에 그 수익률의 발생확률을 곱하여 모두 합산한 값이다. 표준편차(standard deviation)는 분산의 제곱근이다.

$$E(R_i) = \sum_{i=1}^{n} P_i \cdot R_i$$

$E(R_i) = 0.2(30\%) + 0.4(20\%) + 0.4(10\%) = 18\%$

2) 분 산

분산(variance)은 미래에 실현될 수익률과 기대수익률과의 차이(편차)를 제곱하여 확률을 곱한 다음 이를 모두 합산한 값이다.

$$\sigma_i^2 = Var(R_i) = \sum [R_i - E(R_i)]^2 \cdot P_i = E(R_i^2) - [E(R_i)]^2$$

① $\sigma_i^2 = (30-18)^2(0.2) + (20-18)^2(0.4) + (10-18)^2(0.4) = 56(\%^2)$

$\therefore \ \sigma_i = \sqrt{56} = 7.48\%$

② $E(R_i^2) = \sum_{i=1}^{n} P_i \cdot R_i^2 = 0.2(30\%)^2 + 0.4(20\%)^2 + 0.4(10\%)^2 = 380(\%^2)$

$\therefore \ \sigma_i^2 = 380 - (18)^2 = 56(\%^2) \qquad \therefore \ \sigma_i = \sqrt{56} = 7.48\%$

제 2 절 평균-분산기준

1. 평균-분산기준의 도입

(1) 평균-분산기준의 개념

불확실성하에서는 기대수익(률)과 위험을 고려한 기대효용극대화기준이 합리적인 자산선택기준일 것이다. 그러나 기대효용을 구하기 위해서는 자산의 미래수익(률)에 대한 전체확률분포 뿐만 아니라 투자자의 효용함수가 구체적으로 제시되어야 하는데, 이는 현실적으로 매우 어려운 일이다. 또한 기대효용이론은 효용이라는 추상적인 개념을 사용하므로 실무에 적용하기가 매우 어렵다.

이러한 어려움을 극복하면서 기대효용극대화기준에 의한 자산선택결과와 동일한 결과를 갖는 투자기준이 필요하였는데, 이것이 바로 평균-분산기준이다. 평균-분산기준은 용어 그대로 자산의 미래수익(률) 확률분포에 대한 평균(기대)값과 분산값으로 자산을 선택하는 기준이다.

(2) 평균-분산기준의 전제

평균-분산기준이란 확률분포의 수익성(평균수익률이나 기대수익률)과 위험(분산이나 표준편차)의 두 요인으로 자산을 선택하는 기준인데, 이 기준을 적용하기 위해서는 자산의 확률분포가 정규분포이거나 투자자들의 효용함수가 2차함수라는 전제가 필요하다. 이렇다면 기대효용극대화기준을 평균-분산기준으로 단순화시킬 수 있다.

1) 정규분포

① 특 성

정규분포함수는 아래와 같이 표시된다.

$$f(x)=\frac{1}{\sigma\sqrt{2\pi}}\,e^{-\frac{1}{2}\left(\frac{x-\mu}{\sigma}\right)^2} \qquad -\infty \le x \le \infty$$

여기에서 평균(μ)과 분산(표준편차, σ)를 알면 확률분포의 특성을 파악할 수 있다.

② 문제점

정규분포의 범위는 $-\infty \sim +\infty$인데 반해, 주주들의 실제수익률의 범위는 -100%(투자원본상실)$\sim +\infty$이다.

2) 2차효용함수

① 특 성

$U(W)=a+bW+cW^2$ (단, $b>0$ & $c<0$)

한계효용이 0보다 커야 하므로 $U'(W)=b+2cW>0$

따라서 $W<-\frac{b}{2c}$로 제한되어야 한다.

위험회피형을 가정하므로 $U''(W)=2c<0$이어야 한다.

이제 기대효용을 구해보자.

$$E[U(W)]=\Sigma P\cdot U(W)=\Sigma P(a+bW+cW^2)$$

$$=a\Sigma P+b\Sigma P\cdot W+c\Sigma P\cdot W^2=a+bE(W)+cE(W^2)$$

한편, $\sigma^2(W)=E(W^2)-[E(W)]^2$이므로

$E[U(W)]=a+bE(W)+c[E(W)]^2+c\cdot\sigma^2(W)$이다.

그러므로 2차효용함수라면 기대값$[E(W)]$과 분산$[\sigma^2(W)]$만 알면 투자자의 기대효용을 파악할 수 있다. 투자자의 효용함수가 2차식으로 표현된다면 1차 미분값은 효용의 불포화만족에 의해 0보다 커야 하고, 2차 미분값은 한계효용체감의 법칙에 의해 0보다 작아야 한다.

따라서, 투자자의 기대효용을 평균과 분산으로 각각 편미분하면 다음과 같다.

$$\frac{\partial E[U(W)]}{\partial E(W)}=b+2cE(W)>0$$

$$\frac{\partial E[U(W)]}{\partial \sigma^2(W)}=c<0$$

위에서 보듯이 기대효용은 평균의 증가함수이고 분산의 감소함수이므로, 평균-분산의 지배원리가 성립한다.

② 문제점

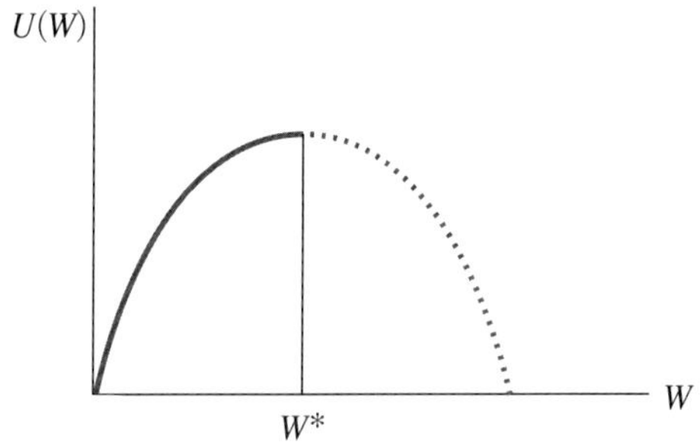

부가 일정수준(W^*)을 초과하면, 부의 효용이 감소하므로 효용의 불포화만족에 위배된다.

2. 지배원리와 효율적자산

위험회피형(합리적, 이성적) 투자자는 기대수익이 같다면 위험이 작은 자산을 선택하고, 위험이 같다면 기대수익이 큰 자산을 선택하는데 이같은 투자원리를 지배원리(dominance principle)라고 한다. 즉 동일 기대수익에서 위험이 작은 자산과 동일 위험에서 기대수익이 큰 자산만이 선택되므로, 이들 자산이 다른 자산들을 지배(압도)한다는 의미이다.

현재 자본시장에 다음과 같은 5개의 자산이 있다고 하자.

자 산	A	B	C	D	E
기대수익률(%)	8	15	20	8	15
표준편차(%)	10	17	25	17	25

위 자산들은 기대수익률과 표준편차의 평면에 표시하면 〈그림 5-1〉과 같다.

자산 A와 B는 각각 D와 E에 비해 기대수익률은 같지만 위험이 작으므로 (A, B)가 (D, E)를 지배한다. 또한 자산 B와 C는 각각 D와 E에 비해 위험은 같지만 기대수익이 크므로 (B, C)가 (D, E)를 지배한다. 그런데 자산 A, B, C간에는 지배원리가 성립하지 않는데, 이와 같이 지배원리에 의해 우열을 가릴 수 없는 자산들을 효율적자산(efficient assets) 이라고 한다.

그림 5-1 지배원리와 효율적자산

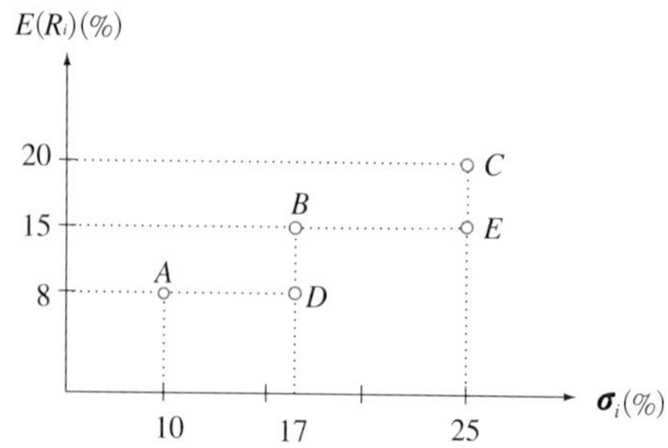

3. 평균-분산 무차별곡선

평균-분산 무차별곡선은 동일한 기대효용을 주는 기대수익(률)과 위험(표준편차 σ)의 조합을 말한다. 위험회피형 투자자는 기대수익(률)이 증가하면 효용이 커지고 위험이 증가하면 효용이 작아진다.

위험회피형이라고 모든 투자자들이 똑같은 무차별곡선을 갖는 것은 아니다. 위험회피형이더라도 위험증가에 따라 보상을 원하는 정도에 서로 차이가 있을 수 있으므로, 개인마다 평균-분산 무차별곡선의 기울기는 각기 다르다. 위험회

그림 5-2 평균-분산 무차별곡선의 기울기

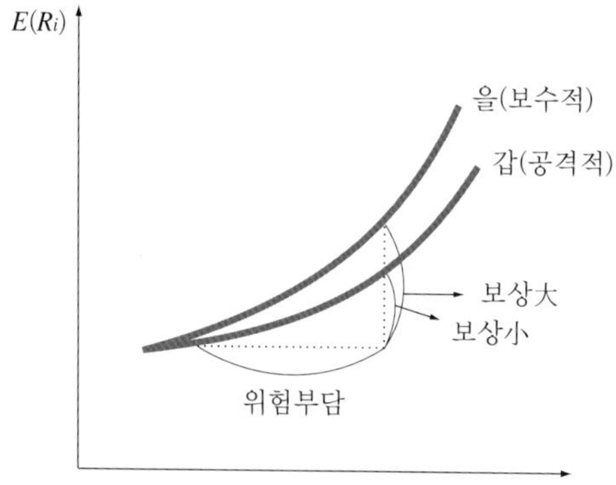

피정도가 매우 강한 보수적인(defensive) 투자자 을은 위험회피정도가 상대적으로 약한 공격적인(aggressive) 투자자 갑보다 보상을 많이 원하므로, 기울기가 더 가파르다. 이를 표현하면 〈그림 5-2〉와 같다.

4. 개별자산의 최적선택

지배원리에 의한 자산선택은 위험회피형이라면 누구나(객관적으로) 동일하게 *A*, *B*, *C*를 선택한다. 그렇다면 이 세 자산중 누가 *A*를 선택하고 누가 *B*를 선택하며 누가 *C*를 선택할까? 위험회피형의 무차별곡선은 좌상방으로 갈수록 효용이 증가하므로 〈그림 5-3〉에서 위험회피도가 강한 (무차별곡선의 기울기가 가파른) 투자자 을이 자산 *A*를 최적자산으로 선택하고, 위험회피도가 약한 (무차별곡선의 기울기가 완만한) 투자자 갑이 자산 *C*를 최적자산으로 선택하며, 위험회피도가 중간인 (무차별곡선의 기울기가 중간인) 투자자는 자산 *B*를 최적자산으로 선택하게 된다.

위에서 보듯이 평균-분산기준에 의한 개별자산의 선택과정은 다음의 2단계로 구성됨을 알 수 있다. 1단계에서는 객관적인 지배원리에 의해 효율적자산(*A*, *B*, *C*)을 우선 선택하고, 2단계에서 각자의 주관적인 무차별곡선에 맞게 개별자산을 선택하는 것이다.

그림 5-3 개별자산의 최적 선택

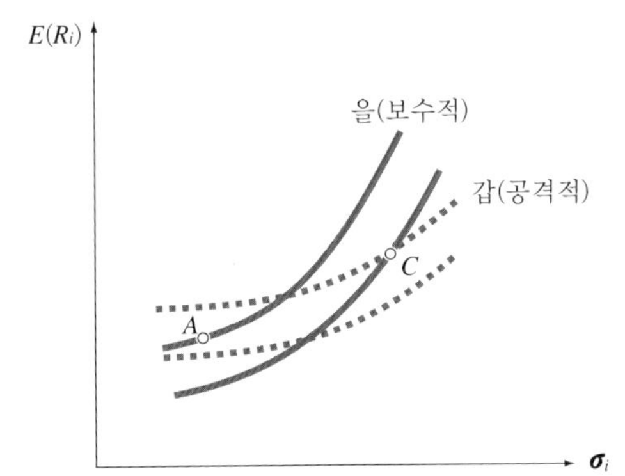

연습문제

1. 평균-분산기준에 대한 설명으로 틀린 것은?

① 미래수익률의 확률분포가 정규분포이고, 투자자들의 효용함수가 2차함수라고 전제한다.

② 동일위험에서 기대수익이 큰 자산, 동일 기대수익에서 위험이 낮은 자산을 선택하는 투자원리를 지배원리라고 한다.

③ 지배원리에 의해 우열을 가릴 수 없는 자산을 효율적 자산이라고 한다.

④ 위험회피형 투자자들에게 동일한 효용을 주는 기대수익과 분산의 조합을 평균-분산 무차별곡선이라고 한다.

⑤ 평균-분산 기준에 의하여 개별자산은 1단계인 지배원리에 의해 객관적으로, 2단계인 투자자의 무차별곡선에 의해 주관적으로 선택한다.

〈해설〉 ① 미래수익률의 확률분포가 정규분포이거나, 투자자들의 효용함수가 2차함수라고 전제한다.

답 ①

2. 다음 자산 중 효율적자산이 아닌 것은?

자 산	A	B	C	D	E
기대수익률	9%	5%	15%	12%	20%
표 준 편 차	21%	7%	36%	15%	42%

① A　　② B　　③ C
④ D　　⑤ E

〈해설〉 지배원리에 의해 우열을 가릴 수 없는 자산을 효율적자산이라고 한다. 자산 A는 D에 비해 기대수익률이 작고 위험이 크므로, 효율적자산이 아니다.

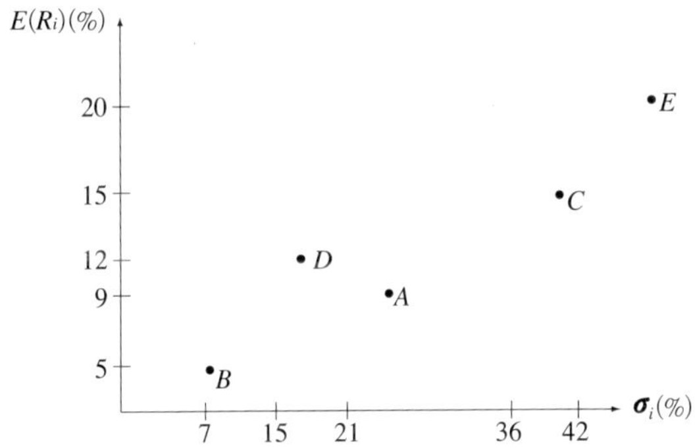

답 ①

제6장

포트폴리오 이론

제 1 절 포트폴리오의 개념

1. 포트폴리오의 의의

제5장 2절에서는 평균-분산기준하에서 하나의 개별자산에 대한 최적선택과정을 살펴보았다. 그러나 일반적으로 투자자는 한 개의 자산이 아니라 여러 개의 자산을 소유하고 있다. 이와 같이 둘 이상의 자산에 투자하는 경우를 분산투자라고 하는데, 분산투자할 경우 투자대상인 자산의 조합(combination of assets)을 포트폴리오(portfolio)라고 한다.

포트폴리오를 구성하는 목적은 기대수익률을 희생시키지 않으면서 위험을 감소시키는 것인데, 이를 포트폴리오 효과(portfolio effect) 혹은 분산투자효과(diversification effect) 혹은 위험감소효과라고 한다. 본장에서는 평균-분산기준하에서 포트폴리오의 최적선택과정을 설명하기로 한다.

2. 포트폴리오 이론의 가정

포트폴리오이론은 마코위츠(Markowitz)에 의해 제시되었는데, 그는 다음과 같은 가정하에 포트폴리오이론을 전개하였다.[1] 마코위츠의 포트폴리오이론은 나중에 샤프(Sharpe), 린트너(Linter), 모신(Mossin) 등에 의해 자본자산가격결정모형(*CAPM*)으로 발전되었다.

① 투자자들은 기대효용를 극대화하고자 하는 위험회피형 투자자이다.

② 투자자들은 평균-분산기준에 따라 자산을 선택한다. 이 가정은 사실상 자산의 확률분포가 정규분포인 것으로 가정하거나 투자자들의 효용함수가 2차함수로 가정하는 것과 같다.

③ 투자자들은 자산의 기대수익률, 분산, 공분산에 대하여 동일한 예측

---

1) Markowitz, Harry, "Portfolio Selection", *Journal of Finance*, March 1952, p. 77~91.

(homogeneous expectation)을 한다. 이는 모든 투자자들이 자산수익률의 확률분포를 미리 알고 있으며, 그 확률분포에 대한 예측은 누구나 같다는 것이다.

④ 투자자들의 투자기간은 단일기간으로 누구나 동일하다.

3. 기대값, 공분산, 분산의 특성

포트폴리오의 기대수익률과 위험을 계산할 때 기대값과 공분산 및 분산의 특성이 유용하게 쓰인다. a, b는 상수이고 X, Y, Z는 확률변수라고 가정하자.

(1) 기대값의 특성

① $E(a)=a$
② $E(aX)=aE(X)$
③ $E(X+b)=E(X)+b$
④ $E(X+Y)=E(X)+E(Y)$

(2) 공분산의 특성

① $Cov(a, X)=0$
② $Cov(aX, Y)=aCov(X, Y)$
③ $Cov(aX, bY)=abCov(X, Y)$
④ $Cov(X, Y+Z)=Cov(X, Y)+Cov(X, Z)$

(3) 분산의 특성

① $Var(a)=\sigma^2(a)=0$
② $Var(aX)=a^2Var(X)=a^2\sigma^2(X)$
③ $Var(X+b)=Var(X)=\sigma^2(X)$
④ $Var(aX+b)=a^2Var(X)+Var(b)=a^2Var(X)=a^2\sigma^2(X)$
⑤ $Var(aX+bY)=\sigma^2(aX+bY)=a^2\sigma^2(X)+b^2\sigma^2(Y)+2abCov(X, Y)$

제 2 절 포트폴리오의 기대수익률과 위험

포트폴리오의 기대수익률과 위험을 측정하기 위해서는 먼저 개별자산의 기대수익률과 위험을 산출해야 한다. 이해를 돕기 위해 우선 두 개의 자산으로 구성된 포트폴리오를 먼저 살펴본 후 그 이상인 경우로 확장시켜보자. 한 개의 자산이 아니라 여러 개의 자산을 보유할 때는 결합확률분포에 의해 분석해야 하는데, 결합확률분포(joint probability distribution)란 두 개 이상의 확률변수가 관련된 확률분포를 말한다.

재무관리에서 별도 언급이 없으면 위험자산은 주식을 가리킨다. 현실적으로 주식은 대표적인 위험자산이고, 자본(증권)시장에서 활발하게 거래되고 있어 누구에게나 친숙하기 때문이다.

1. 두 주식으로 구성된 포트폴리오

(1) 포트폴리오의 기대수익률

포트폴리오의 기대수익률은 두 개별주식의 기대수익률을 각각의 투자가중치에 의해서 가중평균한 값이다. 투자가중치의 합은 항상 1이다.

$$E(R_P) = W_1E(R_1) + W_2E(R_2) \qquad (6-1)$$

단, $W_1 + W_2 = 1$

예제 ⑥ - 1 포트폴리오 기대수익률

두 주식 1과 2가 있는데 그 수익률의 확률분포가 다음과 같으며, 100만원을 보유한 투자자 갑이 두 주식에 각각 50%씩 투자하였다고 하자.

상황	확률(P_i)	주식 1의 수익률(R_1)	주식 2의 수익률(R_2)
불황	0.3	−10%	40%
보통	0.5	10	8
호황	0.2	20	−30

(1) 두 주식의 기대수익률과 수익률의 표준편차를 구하라.

(2) 갑이 구성한 포트폴리오의 기대수익률을 구하라.

(1) $E(R_1)=\Sigma P_1\cdot R_1=(0.3)(-10)+(0.5)(10)+(0.2)(20)=6\%$

$\sigma_1^2=Var(R_1)=\Sigma[R_1-E(R_1)]^2\cdot P_1=(-10-6)^2(0.3)+(10-6)^2(0.5)+(20-6)^2(0.2)$

$=124(\%^2)=0.0124$

$\sigma_1=\sqrt{\sigma_1^2}=11.14\%=0.1114$

$E(R_2)=\Sigma P_2\cdot R_2=(0.3)(40)+(0.5)(8)+(0.2)(-30)=10\%$

$\sigma_2^2=Var(R_2)=\Sigma[R_2-E(R_2)]^2\cdot P_2=(40-10)^2(0.3)+(8-10)^2(0.5)+(-30-10)^2(0.2)$

$=592(\%^2)=0.0592$

$\sigma_2=\sqrt{\sigma_2^2}=24.33\%=0.2433$

(2) $E(R_P)=W_1\cdot E(R_1)+W_2\cdot E(R_2)=(0.5)(6)+(0.5)(10)=8\%$

(2) 포트폴리오의 위험

포트폴리오의 위험을 이해하기 위해서는 공분산과 상관계수의 개념을 먼저 알아야 한다.

1) 공분산

공분산(covariance)은 평균적으로 볼 때 두 개별주식의 수익률이 평균(기대)수익률을 중심으로 같은 방향 혹은 역방향으로 움직이는 것을 보여주는 통계치이다. 이는 두 주식 수익률편차의 곱에 결합확률을 곱하여 모두 합산한 값이다.

$$Cov(R_i,\ R_j) = \boldsymbol{\sigma}_{ij} = \Sigma[R_i - E(R_i)][R_j - E(R_j)]P_{ij} = E(R_i\ R_j) - E(R_i)E(R_j) \qquad (6-2)$$

단, P_{ij} = 결합확률, 교차확률(joint probability)

공분산의 값이 (+)이면 평균적으로 볼 때 두 개별주식 수익률이 평균(기대)수익률을 중심으로 같은 방향으로 움직인다는 것을 알려주고, 역으로 (-)이면 두 개별주식 수익률이 평균(기대)수익률을 중심으로 역방향으로 움직인다는 것을 알려준다.

〈예제 6-1〉에서 공분산을 구해보면 다음과 같다.

$$\begin{aligned} Cov(R_1,\ R_2) = \boldsymbol{\sigma}_{12} &= \Sigma[R_1 - E(R_1)][R_2 - E(R_2)] \cdot P_{12} \\ &= (-10-6)(40-10)(0.3) + (10-6)(8-10)(0.5) + (20-6)(-30-10)(0.2) \\ &= -260(\%^2) \end{aligned}$$

혹은 $Cov(R_1,\ R_2) = E(R_1 \cdot R_2) - E(R_1)E(R_2) = [(0.3)(-10)(40) + (0.5)(10)(8) + (0.2)(20)(-30)] - (6)(10) = -260(\%^2)$

2) 상관계수

위의 공분산은 방향만 알려줄 뿐 크기의 의미를 알려주지 못한다. 즉, $\boldsymbol{\sigma}_{12} = -260(\%^2)$라는 것은 (-)이므로 1과 2주식이 서로 역방향으로 움직인다는 것만 보여주지, 수치의 의미 등 그 이상의 의미는 알려주지 못한다. 그래서 공분산을 표준화시켜(각 개별주식의 표준편차로 나누어) 크기까지 보여주는 것이 상관계수(correlation coefficient)이다.

$$-1 \leq \boldsymbol{\rho}_{ij} = \frac{\boldsymbol{\sigma}_{ij}}{\boldsymbol{\sigma}_i \boldsymbol{\sigma}_j} \leq +1 \qquad (6-3)$$

〈예제 6-1〉에서 상관계수를 구해보면 다음과 같다.

$$\boldsymbol{\rho}_{12} = \frac{\boldsymbol{\sigma}_{12}}{\boldsymbol{\sigma}_1 \boldsymbol{\sigma}_2} = \frac{-260}{(11.14)(24.33)} = -0.96$$

상관계수는 두 개별주식 수익률간의 상관관계(즉, 선형관계)의 정도를 나타내는 척도로 -1에서 +1사이의 값을 갖는다. 즉 두 변수가 직선관계를 가질 때 절대값이 1이 되도록하여, 1에서 멀수록 직선관계에서 이탈할 수 있도록 만든 측정치가 상관계수이다. 이 값은 개별주식의 표준편차는 0보다 크므로 상관계수의 부호는 공분산의 부호에 좌우된다. 두 주식의 수익률이 같은 방향으로 움직이면

正(+)의 상관이라고 하고, 역방향으로 움직이면 負(-)의 상관이라고 하며, 아무런 상관관계가 없이 움직이면 무상관이라고 한다.

상관관계의 정도는 상관계수의 값이 +1이나 -1에 근접할수록 증가하고 0일 때 가장 낮다. 그러므로 상관계수가 +1이면 완전 정의 상관관계에 있다고 하고, -1이면 완전 부의 상관관계에 있다고 한다. 상관계수의 값을 〈그림 6-1〉에 도시하였다.

3) 포트폴리오의 위험(분산)

포트폴리오의 위험(분산)은 다음과 같다.

$$\sigma_P^2 = W_1^2\sigma_1^2 + W_2^2\sigma_2^2 + 2W_1W_2\sigma_{12} = W_1^2\sigma_1^2 + W_2^2\sigma_2^2 + 2W_1W_2\rho_{12}\sigma_1\sigma_2 \quad (6-4)$$

〈예제 6-1〉에서 같이 구성한 포트폴리오의 분산과 표준편차를 구해보면 다음과 같다.

그림 6-1 상관계수

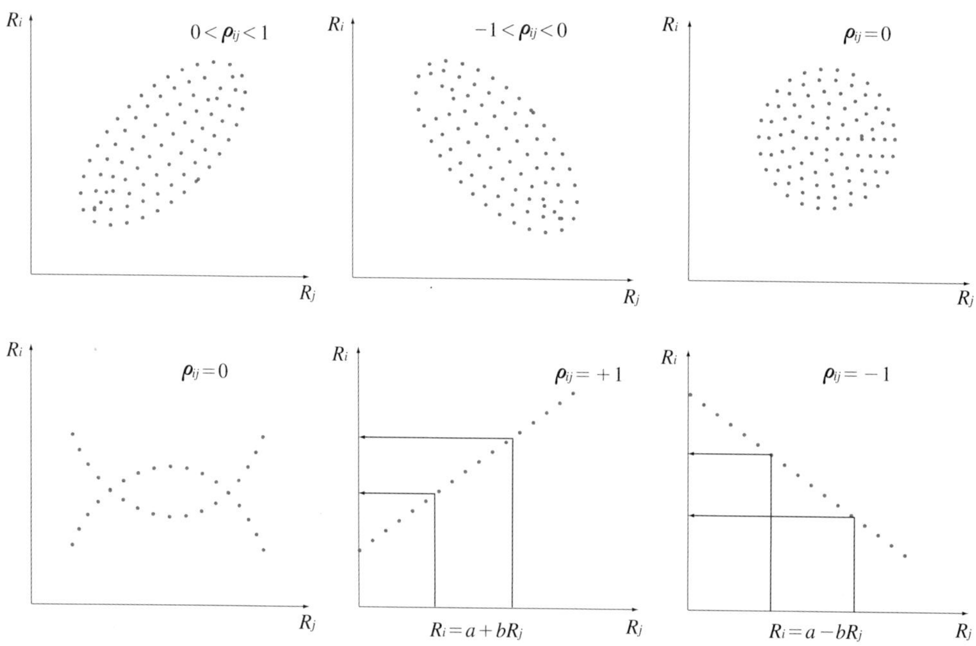

〈참고〉 상관관계는 선형(직선)관계의 정도를 측정하는 개념이다. 따라서 ρ_{ij}=0이라는 것은 직선관계가 아니라는 것이지, 다른 관계(예로써, 곡선관계)도 존재하지 않는다라는 것은 아니다.

$$\sigma_P^2 = W_1^2\sigma_1^2 + W_2^2\sigma_2^2 + 2W_1W_2\sigma_{12} = (0.5)^2(124) + (0.5)^2(592) + 2(0.5)(0.5)(-260)$$

$$= 49(\%^2) = 0.0049$$

$$\sigma_P = \sqrt{\sigma_P^2} = 7\% = 0.07$$

2. n개 주식으로 구성된 포트폴리오

(1) 포트폴리오의 기대수익률

포트폴리오의 기대수익률은 각 n개 주식의 기대수익률을 각각의 투자가중치에 의해서 가중평균한 값이다. 투자가중치의 합은 항상 1이다.

$$E(R_P) = W_1E(R_1) + W_2E(R_2) + \cdots\cdots + W_nE(R_n) = \Sigma W_iE(R_i) \qquad (6-5)$$

단, $\Sigma W_i = 1$

(2) 포트폴리오의 위험(분산)

포트폴리오의 위험(분산)은 다음과 같다.

$$\sigma_P^2 = \sum_{i=1}^{n} W_i^2\sigma_i^2 + \sum_{i=1}^{n}\sum_{\substack{j=1 \\ (i \neq j)}}^{n} W_iW_j\sigma_{ij}$$

$$= \sum_{i=1}^{n}\sum_{j=1}^{n} W_iW_j\sigma_{ij} \qquad (6-6)$$

3. 포트폴리오 위험의 도해

(1) 주식이 2개일 때

	주식 1	주식 2
주식 1	$W_1W_1\sigma_{11} = W_1^2\sigma_1^2$	$W_1W_2\sigma_{12}$
주식 2	$W_1W_2\sigma_{12}$	$W_2W_2\sigma_{22} = W_2^2\sigma_2^2$

분산의 갯수 $= n = 2$개
공분산의 갯수 $= n^2 - n = 4 - 2 = 2$개

주식 2개로 구성된 포트폴리오의 위험(σ_p^2)은 다음과 같다.

$$\sigma_p^2 = W_1^2\sigma_1^2 + W_2^2\sigma_2^2 + 2W_1W_2\sigma_{12}$$

$$n = 2,\ (a+b)^2 = a^2 + b^2 + 2ab$$

(2) 주식이 3개일 때

	주식 1	주식 2	주식 3
주식 1	$W_1W_1\sigma_{11} = W_1^2\sigma_1^2$	$W_1W_2\sigma_{12}$	$W_1W_3\sigma_{13}$
주식 2	$W_1W_2\sigma_{12}$	$W_2W_2\sigma_{22} = W_2^2\sigma_2^2$	$W_2W_3\sigma_{23}$
주식 3	$W_1W_3\sigma_{13}$	$W_2W_3\sigma_{23}$	$W_3W_3\sigma_{33} = W_3^2\sigma_3^2$

분산의 갯수 $= n = 3$개
공분산의 갯수 $= n^2 - n = 3^2 - 3 = 6$개

주식 3개로 구성된 포트폴리오의 위험(σ_P^2)은 다음과 같다.

$$\sigma_P^2 = W_1^2\sigma_1^2 + W_2^2\sigma_2^2 + W_3^2\sigma_3^2 + 2(W_1W_2\sigma_{12} + W_2W_3\sigma_{23} + W_1W_3\sigma_{13})$$

$$n = 3,\ (a+b+c)^2 = a^2 + b^2 + c^2 + 2(ab + bc + ca)$$

(3) 주식이 n개일 때

$$\sigma_P^2 = \sum_{i=1}^{n} W_i^2 \sigma_i^2 + \sum_{i=1}^{n} \sum_{\substack{j=1 \\ (i \neq j)}}^{n} W_i W_j \sigma_{ij}$$ 분산의 개수 $= n$개

혹은 공분산의 갯수 $= n^2 - n = n(n-1)$개

$$\sigma_P^2 = \sum_{i=1}^{n} \sum_{j=1}^{n} W_i W_j \sigma_{ij}$$

분산은 자신과의 공분산(즉, 분산은 특수한 형태의 공분산)이다.

$$\begin{cases} \sigma_{ij} = \Sigma [R_i - E(R_i)][R_j - E(R_j)] \cdot P_{ij} \\ \sigma_i^2 = \Sigma [R_i - E(R_i)][R_i - E(R_i)] \cdot P_{ii} \end{cases}$$

(1), (2), (3)에서 보듯이 포트폴리오의 구성종목수(n)이 증가할수록 개별주식 수익률의 분산보다 주식수익률간의 공분산이 포트폴리오 위험(σ_P^2)에 미치는 영향이 커진다는 것을 알 수 있다.

종목수	2	3	…	10	…	100
분산항목수(비율)	2(50%)	3(33.3%)	…	10(10%)	…	100(1%)
공분산항목수(비율)	2(50%)	6(66.7%)	…	90(90%)	…	9,900(99%)
계(비율)	4(100%)	9(100%)	…	100(100%)	…	10,000(100%)

제 3 절 포트폴리오의 위험감소효과

투자자가 포트폴리오를 구성하는 목적은 기대수익률을 희생시키지 않으면서 위험을 감소시키려는 것인데, 이를 포트폴리오효과 혹은 분산투자효과 혹은 위험감소효과라라고 하였다. 이 효과는 포트폴리오를 구성하는 주식의 수와 포트폴리오를 구성하는 개별주식간의 상관관계에 따라 달라진다.

1. 구성종목수와 위험감소효과

(1) 구성종목수의 영향

포트폴리오를 구성하는 주식수가 증가할수록 포트폴리오의 위험은 감소한다. 이를 살펴보기 위하여 n개 주식에 투자비율이 $\frac{1}{n}$로 균등하게 투자하는 동일가중(equally weighted) 투자된 포트폴리오를 생각해 보자. 이 때 각 주식에의 투자비율은 $W_i = W_j = \frac{1}{n}$이므로 포트폴리오 위험은 다음과 같다.

$$\begin{aligned}\sigma_P^2 &= \sum_{i=1}^{n} W_i^2\sigma_i^2 + \sum_{i=1}^{n}\sum_{j=1}^{n} W_iW_j\sigma_{ij} \\ &= \sum_{i=1}^{n}\left(\frac{1}{n}\right)^2\sigma_i^2 + \sum_{i=1}^{n}\sum_{j=1}^{n}\left(\frac{1}{n}\right)\left(\frac{1}{n}\right)\sigma_{ij} \\ &= \left(\frac{1}{n}\right)\left[\sum_{i=1}^{n}\frac{\sigma_i^2}{n}\right] + \frac{n-1}{n}\left[\sum_{i=1}^{n}\sum_{j=1}^{n}\frac{\sigma_{ij}}{n(n-1)}\right]\end{aligned}$$

$$\therefore\ \sigma_P^2 = \frac{1}{n}\,\overline{\sigma_i^2} + \left(\frac{n-1}{n}\right)\overline{\sigma_{ij}} = \frac{1}{n}\,\overline{\sigma_i^2} + \left(1-\frac{1}{n}\right)\overline{\sigma_{ij}} \qquad (6\text{-}7)$$

여기에서 $\overline{\sigma_i^2}$는 시장을 구성하는 모든 주식들의 분산의 평균을 나타내고, $\overline{\sigma_{ij}}$는 시장을 구성하는 모든 주식들의 공분산의 평균을 나타낸다. 구성종목수(n)이 무한히 증가한다면 포트폴리오 위험(σ_P^2)은 $\overline{\sigma_{ij}}$로 수렴한다는 것을 볼 수 있다. 즉,

이 때는 포트폴리오 위험은 각 주식의 위험인 분산이 아니라 주식 상호간의 위험인 공분산에 접근하면서 감소한다는 것을 알 수 있다.

그런데 적절히 분산된 포트폴리오가 반드시 동일가중치로 투자된 포트폴리오만을 의미하는 것은 아니다. 예컨대 100개 주식으로 구성되는 포트폴리오에서 첫 번째 주식의 투자가중치를 W, 두 번째 주식의 투자가중치를 $2W$, 마지막 주식의 투자가중치를 $100W$라고 하자. 모든 주식에의 투자가중치의 합은 1 또는 100%여야 하므로 다음이 성립한다.

$W+2W+\cdots\cdots+100W=1$에서 $5{,}050W=1$ $\therefore W=0.02\%$이므로 극단적으로 높은 가중치인 $100W$라고 하더라도 2%에 불과하다. 따라서 동일가중치로 투자된 포트폴리오가 아니더라도 구성종목수가 충분하면 적절히 분산된 포트폴리오라는 것을 알 수 있다.

(2) 체계적위험과 비체계적위험

위에서 보듯이 구성주식수가 매우 많더라도 포트폴리오 위험을 공분산의 평균 이하로 감소시킬 수가 없다. 이처럼 분산투자를 하여도 제거할 수 없는 위험을 체계적위험(systematic risk) 혹은 분산(제거)불능한 위험(non-diversifiable risk) 혹은 시장위험(market risk)라고 한다. 이것은 시장을 구성하는 모든 주식에 공통적으로 영향을 주는 위험인데, 그 예로써 이자율변동, 인플레이션, 경기변동 등을 들 수 있다.

한편 분산투자를 하여 제거할 수 있는 위험을 비체계적위험(unsystematic risk) 혹은 분산(제거)가능한 위험(diversifiable risk) 혹은 기업고유위험(firm specific risk) 이라고 한다. 이는 개별기업에 국한되어 발생되는 위험으로 특정기업의 종업원의 파업, 소송, 판매부진, 유능한 사장의 죽음 등이 예가 되겠다. 비체계적위험, 즉 특정기업의 판매부진에 따른 위험은 다른 기업의 판매성장으로 상쇄될 수가 있다. 따라서 구성종목수가 증가함에 따라 포트폴리오 위험이 감소하는 것은 비체계적위험이 감소하기 때문이다.

포트폴리오 위험을 체계적위험과 비체계적위험으로 구분하여 도시한 것이 〈그림 6-2〉이다.

그림 6-2 구성종목수와 포트폴리오 위험

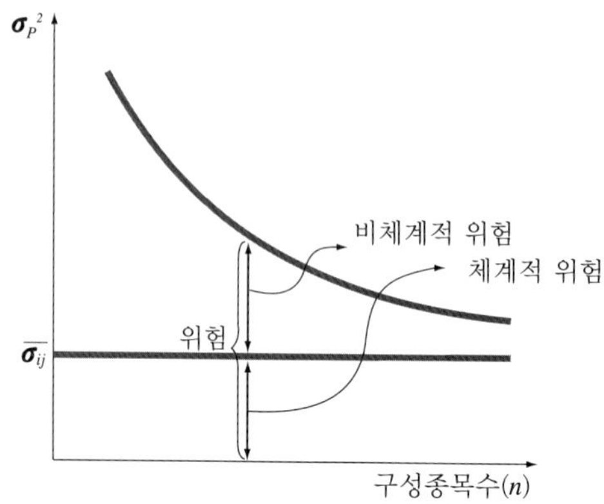

예제 6-2 구성종목수와 위험감소효과

증권시장의 모든 주식들의 분산의 평균이 24%이다. 두 주식에 50%씩 투자한 포트폴리오의 분산이 14%라고 할 때 다음 각 물음에 답하라.

(1) 모든 주식들의 수익률간의 공분산의 평균을 구하라.
(2) 10개의 주식에 동일가중으로 투자한 포트폴리오의 분산값을 구하라.
(3) 완전분산투자된 포트폴리오의 분산값을 구하라.

(1) $\sigma_P^2 = \frac{1}{n}\overline{\sigma_i^2} + \left(\frac{n-1}{n}\right)\overline{\sigma_{ij}}$ 에서 n에 2을 대입하면 된다.

$$14 = \frac{1}{2}(24) + \left(\frac{2-1}{2}\right)\overline{\sigma_{ij}} \qquad \therefore\ \overline{\sigma_{ij}} = 4\%$$

(2) $\sigma_P^2 = \frac{1}{n}\overline{\sigma_i^2} + \left(\frac{n-1}{n}\right)\overline{\sigma_{ij}}$ 에서 n에 10을 대입하면 된다.

$$\sigma_P^2 = \frac{1}{10}(24) + \left(\frac{10-1}{10}\right)(4) = 6\%$$

(3) $\sigma_P^2 = \frac{1}{n}\overline{\sigma_i^2} + \left(\frac{n-1}{n}\right)\overline{\sigma_{ij}}$ 에서 $n \to \infty$이면 $\frac{1}{n} \to 0$가 된다.

$$\sigma_P^2 = \overline{\sigma_{ij}} = 4\%$$

2. 상관계수와 위험감소효과

포트폴리오를 구성하는 주식수익률간의 상관계수가 감소할수록 포트폴리오의 위험은 감소한다. 이를 살펴보기 위하여 두 주식으로 구성된 포트폴리오를 가정하는데, 각 주식의 기대수익률과 위험(표준편차)이 주어져있다고 하자. 상관계수는 -1에서 +1사이의 값을 가지는데 이해의 편의를 위하여 $\rho_{12}=+1,\ 0,\ -1$인 경우를 살펴보자. 구성주식수가 2개일 때는 다음의 관계가 성립한다는 것을 배웠다.

$$E(R_P)=W_1E(R_1)+W_2E(R_2) \quad (6-8)$$

$$\sigma_P=\sqrt{W_1^2\sigma_1^2+W_2^2\sigma_2^2+2W_1W_2\rho_{12}\sigma_1\sigma_2} \quad (6-9)$$

(1) $\rho_{12}=+1$인 경우

$\rho_{12}=+1$이면 식 (6-8)과 식 (6-9)는 다음과 같이 된다.

$$E(R_P)=W_1E(R_1)+W_2E(R_2)$$

$$\sigma_P=\sqrt{W_1^2\sigma_1^2+W_2^2\sigma_2^2+2W_1W_2\sigma_1\sigma_2}=\sqrt{(W_1\sigma_1+W_2\sigma_2)^2}=W_1\sigma_1+W_2\sigma_2$$

$\rho_{12}=+1$인 경우 $E(R_P)$와 σ_P의 관계는 직선 1개로 나타난다.

(2) $\rho_{12}=0$인 경우

$\rho_{12}=0$이면 식 (6-8)과 식 (6-9)는 다음과 같이 된다.

$$E(R_P)=W_1E(R_1)+W_2E(R_2)$$

$$\sigma_P=\sqrt{W_1^2\sigma_1^2+W_2^2\sigma_2^2}$$

$\rho_{12}=0$인 경우 $E(R_P)$와 σ_P의 관계는 곡선으로 나타난다.

(3) $\rho_{12}=-1$인 경우

$\rho_{12}=-1$이면 식 (6-8)과 식 (6-9)는 다음과 같이 된다.

$$E(R_P)=W_1E(R_1)+W_2E(R_2)$$

$$\sigma_P=\sqrt{W_1^2\sigma_1^2+W_2^2\sigma_2^2-2W_1W_2\sigma_1\sigma_2}=\sqrt{(W_1\sigma_1-W_2\sigma_2)^2}=|W_1\sigma_1-W_2\sigma_2|$$

즉, $\begin{cases} \sigma_P = W_1\sigma_1 - W_2\sigma_2 & if \ W_1\sigma_1 \geq W_2\sigma_2 \\ \sigma_P = -W_1\sigma_1 + W_2\sigma_2 & if \ W_1\sigma_1 < W_2\sigma_2 \end{cases}$

$\rho_{12} = -1$인 경우 $E(R_P)$와 σ_P의 관계는 직선 2개로 나타난다.

또한 $\rho = -1$일 때 투자가중치를 적절하게 조정하면 무위험 포트폴리오를 구성할 수 있는데, 무위험 포트폴리오를 만드는 투자가중치 W_1과 W_2는 다음과 같이 구할 수 있다.

$\sigma_P = |W_1\sigma_1 - W_2\sigma_2| = |W_1\sigma_1 - (1-W_1)\sigma_2| = 0$에서 $\begin{cases} W_1 = \dfrac{\sigma_2}{\sigma_1+\sigma_2} \\ W_2 = 1 - W_1 = \dfrac{\sigma_1}{\sigma_1+\sigma_2} \end{cases}$

이를 다음과 같이 요약할 수 있다.

$$E(R_P) = W_1E(R_1) + W_2E(R_2) \qquad for \ ①, ②, ③$$

$$① \ \rho = +1 : \sigma_P = W_1\sigma_1 + W_2\sigma_2 \tag{6-10}$$

$$② \ \rho = 0 : \sigma_P = \sqrt{W_1^2\sigma_1^2 + W_2^2\sigma_2^2} \tag{6-11}$$

$$③ \ \rho = -1 : \sigma_P = |W_1\sigma_1 - W_2\sigma_2| \tag{6-12}$$

예제 ⑥ – 3 상관계수에 따른 포트폴리오의 위험

다음과 같은 정보를 가진 두 주식으로 구성된 포트폴리오가 있다.

주 식	기대수익률 $E(R_i)$	표준편차 σ_i	투자가중치 W_i
1	30%	20%	0.5
2	10%	6%	0.5

$\rho_{12} = +1, 0, -1$인 경우에 걸쳐 포트폴리오의 기대수익률과 표준편차를 구하라.

(1) $\rho_{12} = +1$인 경우

① $E(R_P) = W_1E(R_1) + W_2E(R_2) = (0.5)(30) + (0.5)(10) = 20\%$

여기에서 보듯이 포트폴리오의 기대수익률은 개별주식의 수익률을 투자가중치로 가중평균한 것이지 감소한 것이 아니다는 것을 확인할 수 있다.

② $\sigma_P = W_1\sigma_1 + W_2\sigma_2 = (0.5)(20) + (0.5)(6) = 13\%$

여기에서 보듯이 $\rho = +1$이면 포트폴리오 수익률의 표준편차(σ_P)는 개별주식 수익률의 표준편차를 투자가중치로 가중평균한 값이 된다. 즉 $\rho = +1$이면 개별주식의 위험을 가중평균한 것이지 감소된 것이 아니므로, 이 때는 포트폴리오의 목적인 위험감소효과를 얻을 수 없다.

(2) $\rho_{12}=0$인 경우

① $E(R_P)=W_1E(R_1)+W_2E(R_2)=(0.5)(30)+(0.5)(10)=20\%$

② $\sigma_P=\sqrt{W_1^2\sigma_1^2+W_2^2\sigma_2^2}=\sqrt{(0.5)^2(20)^2+(0.5)^2(6)^2}=10.4\%$

여기에서 보듯이 $\rho=+1$보다 작으면 포트폴리오 수익률의 표준편차(σ_P)는 감소되었다. 이를 분산투자이득(benefits of diversification)이라고 하는데, 이는 상관계수가 +1이 아니기 때문에 얻어진 위험감소효과를 말한다. 따라서 분산투자이득은 $\rho=+1$때의 σ_P에서 ρ가 +1이 아닐 때의 σ_P를 차감한 값이다.

분산투자의 이득 = ρ가 1일때의 위험 - 주어진 ρ때의 위험

이때의 분산투자이득 = 13 − 10.4 = 2.6%

(3) $\rho_{12}=-1$인 경우

① $E(R_P)=W_1E(R_1)+W_2E(R_2)=(0.5)(30)+(0.5)(10)=20\%$

② $\sigma_P=|W_1\sigma_1-W_2\sigma_2|=(0.5)(20)-(0.5)(6)=7\%$

이때의 분산투자이득 = 13 − 7 = 6%이다.

또한 무위험 포트폴리오를 만드는 투자가중치 W_1과 W_2는 다음과 같이 구할 수 있다.

$W_1=\dfrac{\sigma_2}{\sigma_1+\sigma_2}=\dfrac{6}{20+6}=0.2308$ (23.08%) 그리고 $W_2=1-W_1=\dfrac{\sigma_1}{\sigma_1+\sigma_2}=\dfrac{20}{20+6}$

$=0.7692(76.92\%)$

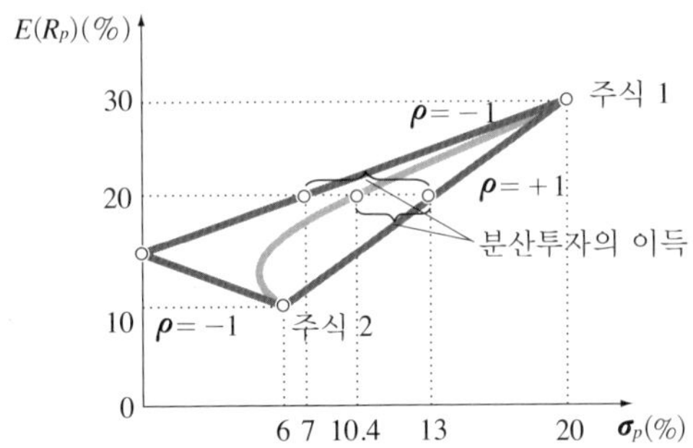

$E(R_p)$와 σ_p는 W_i에 의해 결정된다.

3. 최소분산포트폴리오

최소분산포트폴리오(minimum variance portfolio, *MVP*)란 주어진 상관계수하에

서 두 개별주식으로 구성된 포트폴리오 중 위험이 가장 작은 포트폴리오를 말한다. 상관계수가 주어진 상태에서 포트폴리오 위험(σ_P)은 개별주식에 대한 투자가중치에 따라 변화하게 된다. 따라서, *MVP*를 구하라는 문제는 σ_P를 최소화하는 각 주식에 대한 투자가중치를 구하라는 것이다. 최소분산포트폴리오가 되기 위한 개별주식 1에 대한 투자가중치(W_1)를 다음과 같은 예를 통하여 구해보자.

예 $n=2$, $\sigma_P^2 = W_1^2\sigma_1^2 + W_2^2\sigma_2^2 + 2W_1W_2\sigma_{12}$
$= W_1^2\sigma_1^2 + (1-W_1)^2\sigma_2^2 + 2W_1(1-W_1)\sigma_{12}$

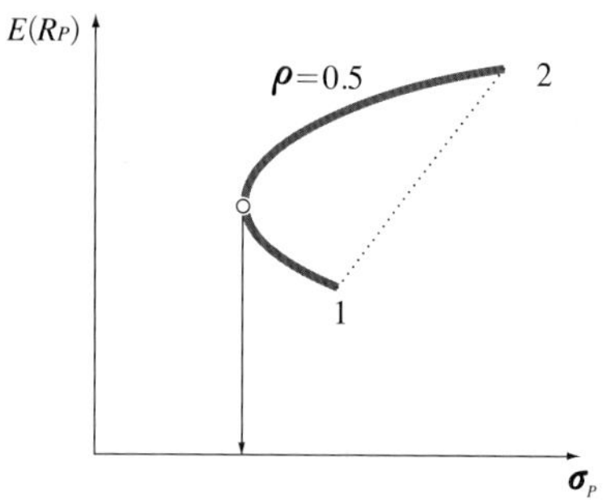

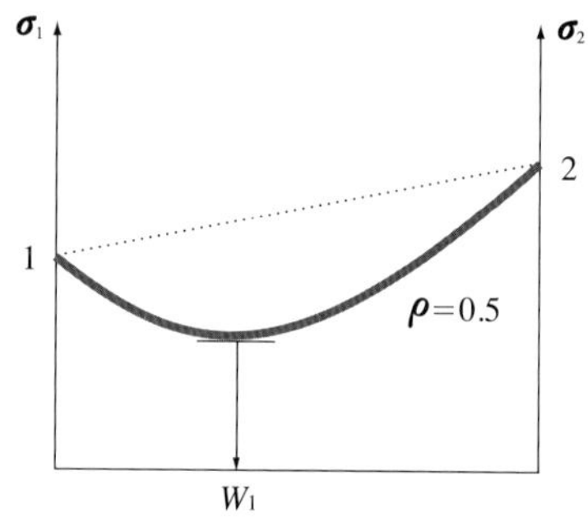

$\dfrac{d\sigma_p^2}{dW_1}=0$로 하는 W_1 즉, W_1에 대해 1차 미분하면 된다.

$$\frac{d\sigma_p^2}{dW_1}=2W_1\sigma_1^2+2(1-W_1)(-1)\sigma_2^2+2\sigma_{12}-4W_1\sigma_{12}=0$$

$$\therefore\ W_1=\frac{\sigma_2^2-\sigma_{12}}{\sigma_1^2+\sigma_2^2-2\sigma_{12}}=\frac{\sigma_2^2-\rho_{12}\sigma_1\sigma_2}{\sigma_1^2+\sigma_2^2-2\rho_{12}\sigma_1\sigma_2},\qquad W_2=1-W_1 \tag{6-13}$$

예제 ⑥ – 4 상관계수에 따르는 포트폴리오의 기대수익률과 위험

〈예제 6-3〉의 자료를 참조하여 다음 물음에 답하라.

(1) $\rho_{12}=0.1$인 경우 최소분산포트폴리오가 되기 위한 각 주식의 투자가중치를 구하고, 최소분산포트폴리오의 기대수익률과 표준편차를 구하라.

(2) 각 개별주식에 대한 투자가중치가 아래와 같이 주어졌을 때 각 포트폴리오의 기대수익률과 표준편차를 ① $\rho_{12}=+1$ ② $\rho_{12}=0$ ③ $\rho_{12}=-1$일 때 각각 구하라.

포트폴리오	ⓐ	ⓑ	ⓒ	ⓓ	ⓔ	ⓕ
W_1	1	0.8	0.6	0.4	0.2	0
W_2	0	0.2	0.4	0.6	0.8	1

(3) ① $\rho_{12} = +1$ ② $\rho_{12} = 0$ ③ $\rho_{12} = -1$일 때 최소분산포트폴리오(*MVP*)가 되기 위한 두 주식의 투자가중치를 각각 구하고, 이때의 기대수익률과 표준편차를 구하라.

(4) (2)와 (3)의 결과를 도시하라.

(1) $\rho_{12} = 0.1$이므로 $\sigma_{12} = \rho_{12}\sigma_1\sigma_2 = (0.1)(20)(6) = 12$

$$W_1 = \frac{\sigma_2^2 - \sigma_{12}}{\sigma_1^2 + \sigma_2^2 - 2\sigma_{12}} = \frac{6^2 - 12}{20^2 + 6^2 - 2(12)} = 0.058\ (5.8\%)$$

$W_2 = 1 - W_1 = 0.942\ (94.2\%)$

따라서, 보유자금의 5.8%를 주식 1에 투자하고 94.2%를 주식 2에 투자한다. 이때의 포트폴리오의 기대수익률과 표준편차는 다음과 같다.

$E(R_P) = W_1E(R_1) + W_2E(R_2) = (0.058)(30) + (0.942)(10) = 11.16\%$

$$\sigma_P = \sqrt{W_1^2\sigma_1^2 + W_2^2\sigma_2^2 + 2W_1W_2\sigma_{12}}$$
$$= \sqrt{(0.058)^2(20)^2 + (0.942)^2(6)^2 + 2(0.058)(0.942)(12)} = \sqrt{34.602} = 5.88\%$$

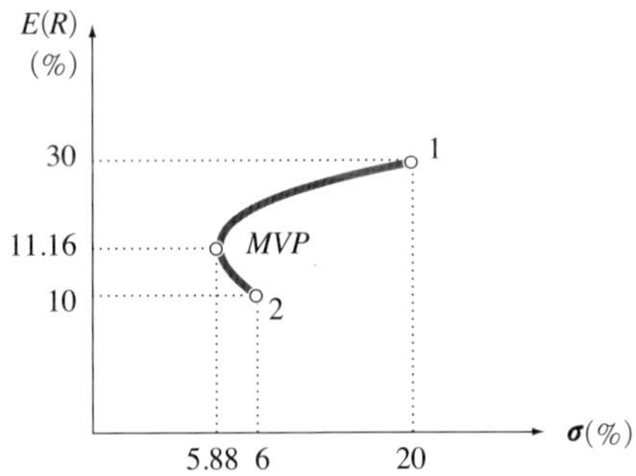

(2) $E(R_P) = W_1E(R_1) + W_2E(R_2) = (W_1)(30) + (W_2)(10)$ ······························ ①식

$$\sigma_P = \sqrt{W_1^2\sigma_1^2 + W_2^2\sigma_2^2 + 2W_1W_2\rho_{12}\sigma_1\sigma_2}$$
$$= \sqrt{(W_1)^2(20)^2 + (W_2)^2(6)^2 + 2(W_1)(W_2)(\rho_{12})(20)(6)}$$ ··························· ②식

①식과 ②식에 주어진 상관계수와 투자가중치를 대입하면, 각 포트폴리오의 기대수익률과 표준편차를 다음와 같이 구할 수 있다.

포트폴리오			$\rho_{12} = +1$		$\rho_{12} = 0$		$\rho_{12} = -1$	
	W_1	W_2	$E(R_p)$	σ_p	$E(R_p)$	σ_p	$E(R_p)$	σ_p
ⓐ	1	0	30	20	30	20	30	20
ⓑ	0.8	0.2	26	17.2	26	16.04	26	14.8
ⓒ	0.6	0.4	22	14.4	22	12.24	22	9.6
ⓓ	0.4	0.6	18	11.6	18	8.77	18	4.4
ⓔ	0.2	0.8	14	8.8	14	6.25	14	0.8
ⓕ	0	1	10	6	10	6	10	6

(3) 최소분산포트폴리오(MVP)가 되기 위한 주식 1에 대한 투자가중치는

$$W_1 = \frac{\sigma_2^2 - \rho_{12}\sigma_1\sigma_2}{\sigma_1^2 + \sigma_2^2 - 2\rho_{12}\sigma_1\sigma_2} = \frac{6^2 - \rho_{12}(20)(6)}{20^2 + 6^2 - 2\rho_{12}(20)(6)}$$ 에

각각의 상관계수를 대입하면 얻을 수 있고, 이 투자가중치를 위의 ①식과 ②식에 대입하여 포트폴리오의 기대수익률과 표준편차를 구한다. 예컨대 $\rho = +1$인 경우를 구해보자.

$$W_1 = \frac{6^2 - (1)(20)(6)}{20^2 + 6^2 - 2(1)(20)(6)} = -0.4286 \ \& \ W_2 = 1 - W_1 = 1.4286$$

$$E(R_P) = W_1E(R_1) + W_2E(R_2) = (-0.4286)(30) + (1.4286)(10) = 1.43\%$$

$$\sigma_P = \sqrt{W_1^2\sigma_1^2 + W_2^2\sigma_2^2 + 2W_1W_2\rho_{12}\sigma_1\sigma_2}$$

$$= \sqrt{(-0.4286)^2(20)^2 + (1.4286)^2(6)^2 + 2(-0.4286)(1.4286)(1)(20)(6)} = 0\%$$

	$\rho_{12} = +1$*	$\rho_{12} = 0$	$\rho_{12} = -1$**
W_1	−0.4286	0.0826	0.2308
W_2	1.4286	0.9174	0.7692
$E(R_P)$	1.43%	11.65%	14.62%
σ_P	0%	5.75%	0%

*보론에서 자세히 보겠지만, $W_1 = -0.4286$ & $W_2 = 1.4286$ 이라는 것은 보유하고 있는 투자자금의 42.86%만큼 주식 1을 공매하여 생긴 자금(공매자금)과 자신의 투자자금 100%를 합하여 주식 2에 투자한다는 말이다. 공매가 불가능하다면 주식 2에 100% 투자하는 것이 최소분산포트폴리오이다. 그러나 $\rho = +1$이더라도 공매가 가능하다면 위험이 0인 무위험포트폴리오($\sigma_P = 0$)를 구성할 수 있다.

** $\rho = -1$이면 공매가능 여부와 상관없이 무조건 위험이 0인 무위험포트폴리오($\sigma_P = 0$)를 구성할 수 있다.

(4)

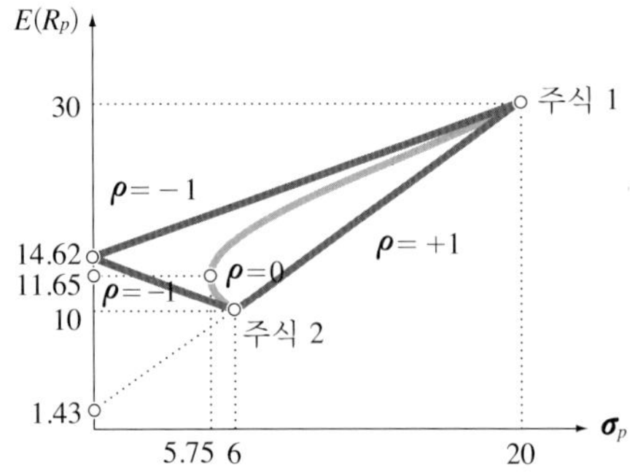

제 4 절 효율적투자선과 최적포트폴리오

1. 투자기회집합

제2절과 제3절에서는 두 주식으로 구성된 포트폴리오의 기대수익률과 위험간의 관계를 살펴보았다. 그러나 이러한 관계는 세 개 이상의 주식으로 구성된 포트폴리오의 경우에도 그대로 적용할 수 있다. 현실적으로 상관계수가 −1이거나 +1인 경우는 없으므로 이를 상기하면서, 〈그림 6-3〉에서 세 주식 *A*, *B*, *C*로 포트폴리오를 구성하는 것을 살펴보자. 주식 *A*와 *B*로 포트폴리오를 구성하면 투자가중치에 따라 *ADB*상에 수많은 포트폴리오를 구성할 수 있으며, 주식 *B*와 *C*로 포트폴리오를 구성하면 투자가중치에 따라 *BEC*상에 수많은 포트폴리오를 구성할 수 있다. 또한 포트폴리오 *D*와 *E*로 다시 포트폴리오를 구성하면 *DFE*상의 포트폴리오를 구성할 수 있을 것이다. 이러한 논리로 포트폴리오를 구성하면 *AFC* 범위안의 어느 점에서도 포트폴리오를 구성할 수 있다.

그림 6-3 세 주식으로 구성된 포트폴리오

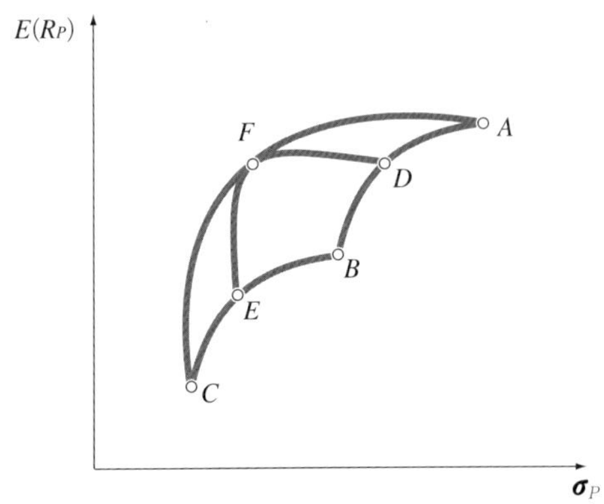

2. 최적포트폴리오

(1) 효율적투자선의 도출

1) 투자기회집합

위의 논리에 따라 시장에 존재하는 모든 개별주식과 이들로 부터 구성가능한 포트폴리오들의 기대수익률과 위험을 측정하여 이를 도시화한 것이 〈그림 6-4〉이다. 그림에서 파란색으로 표시된 부분이 투자가능한 모든 대상을 나타내는 부분이며 이를 투자기회집합(investment opportunity set)이라고 한다. 물론 투자기회집합의 경계선은 *XYZ*일 것이다.

2) 최소분산선

투자기회집합내의 수많은 투자기회중 각 기대수익률 수준에서 위험(분산, 표준편차)이 가장 작은 포트폴리오의 집합을 최소분산선(minimum variance set)이라고 한다. 〈그림 6-4〉에서 *XYZ*가 최소분산선이며, 이 중에서도 위험이 가장 작은 포트폴리오 *Y*를 최소분산포트폴리오(global minimum variance portfolio, *GMVP*)라고 한다.

그림 6-4 투자기회집합

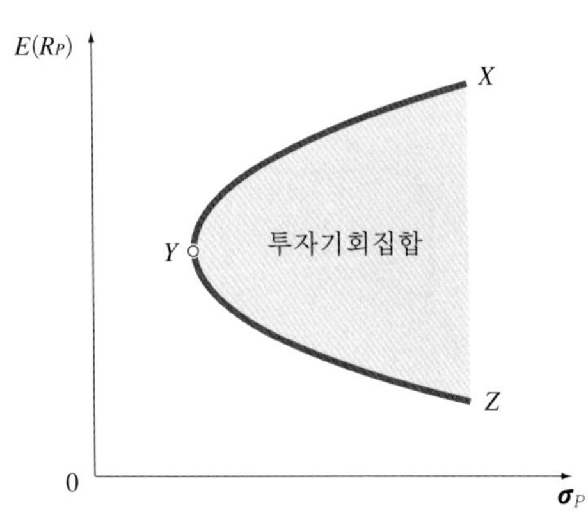

3) 효율적투자선

최소분산선 중에서 *YZ*상의 포트폴리오들은 *XY*상의 포트폴리오보다 동일 위험 하에서 기대수익률이 작기 때문에 *XY*상의 포트폴리오에 의하여 지배당한다. 따라서 위험회피형 투자자들은 최소분산선 중 *XY*상의 포트폴리오를 선택하지, *YZ* 상의 포트폴리오를 선택하지 않을 것이다. 〈그림 6-4〉에서 위험자산(주식)으로만 이루어진 포트폴리오 가운데 최소분산포트폴리오(*GMVP*) *Y*상단에 있는 포트폴리오를 효율적투자선이라고 한다. *XY*상에 있는 포트폴리오는 빗금친 모든 다른 포트폴리오들을 평균-분산기준에 의해 지배하므로, 이를 효율적 포트폴리오(efficient portfolio) 혹은 효율적투자선(efficient frontier) 이라고 한다.

효율적투자선은 마코위츠가 처음 제시하였기 때문에 마코위츠의 효율적투자선이라고도 한다. 다시 말하여 투자기회집합에 대하여 지배원리를 만족시키는 포트폴리오의 집합을 효율적투자선이라고 한다.

(2) 최적포트폴리오의 선택

포트폴리오이론은 투자자들의 동질적기대를 가정하므로 수많은 투자자들은 동일한 1개의 효율적투자선 *XY*를 가진다. 위험회피형 투자자들은 효율적투자선에 있는 수많은 포트폴리오중에서 자신의 기대효용를 극대화하는 어느 한 점인 포

그림 6-5 최적포트폴리오의 선택

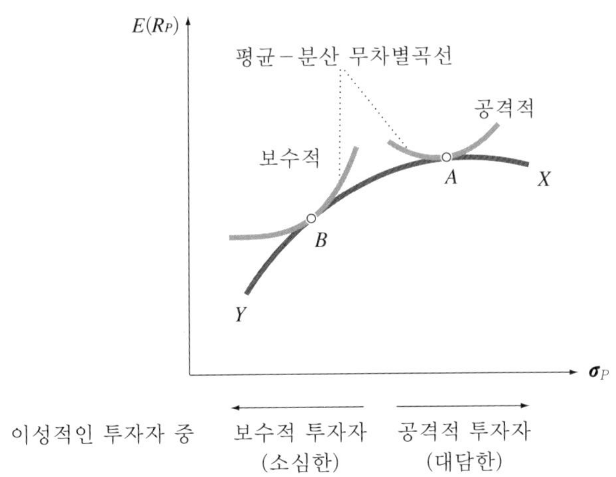

트폴리오를 선택하게 되는데 이를 최적포트폴리오(optimum portfolio)라고 한다.

평균-분산기준에서 위험회피형의 무차별곡선은 좌상방으로 갈수록 효용이 증가하므로, 합리적인 투자자들은 효율적투자선과 자신의 무차별곡선이 만나는 접점에 투자함으로써 기대효용을 극대화할 수 있을 것이다. 예컨대 〈그림 6-5〉에서 위험회피정도가 상대적으로 큰 투자자는 위험이 작은(따라서, 기대수익률도 작은) 포트폴리오 *B*를 선택함으로써 자신의 기대효용을 극대화할 수 있으며, 위험회피정도가 상대적으로 작은 투자자는 위험이 큰(따라서, 기대수익률도 큰) 포트폴리오 *A*를 선택함으로써 자신의 기대효용을 극대화할 수 있다.

예제 ⑥ - 5 포트폴리오의 기대수익률과 위험(I)

(주)서울과 (주)부산의 주식수익률에 대한 정보가 다음과 같고, 두 주식수익률의 상관계수가 -1이라고 하자.

	서울(1)	부산(2)
기대수익률 $E(R_i)$	18%	10%
표준편차 σ_i	12%	8%

(1) 두 주식으로 구성되는 포트폴리오의 기대수익률과 위험(표준편차)의 관계를 나타내는 식을 구하고, 이를 그림으로 도시하라.

(2) 두 주식으로 구성되는 포트폴리오 중 위험이 가장 작은 포트폴리오(MVP)를 구성하기 위한 각 주식에의 투자가중치를 구하라.

(1) $E(R_P)=W_1E(R_1)+W_2E(R_2)=W_1E(R_1)+(1-W_1)E(R_2)$

$=18W_1+10(1-W_1)=10+8W_1$ ……… ① 식

$\sigma_P=|W_1\sigma_1-W_2\sigma_2|$ $\quad(\because \rho=-1)$

$=|W_1\sigma_1-(1-W_1)\sigma_2|=|12W_1-8(1-W_1)|=|20W_1-8|$

$=\begin{cases} 20W_1-8 \ \ if\ W_1>0.4 \\ -20W_1+8 \ \ if\ W_1<0.4 \end{cases}$ ……… ② 식

②식을 ①식에 대입하여 정리하면

(i) $if\ \ W_1>0.4,\ E(R_P)=10+8\left[\frac{1}{20}(\sigma_P+8)\right]=0.4\sigma_P+13.2$

(ⅱ) *if* $W_1 < 0.4$, $E(R_P) = 10 + 8\left[\frac{1}{20}(-\sigma_P + 8)\right] = -0.4\sigma_P + 13.2$

(ⅰ)과 (ⅱ)는 절편이 같고 기울기가 반대인 직선이다.

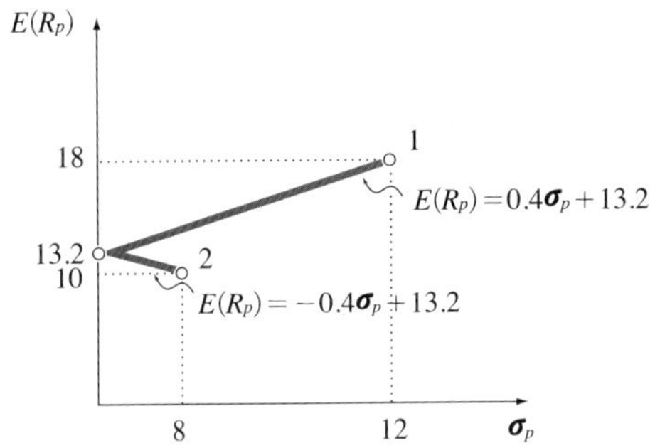

(2) ① 위험이 가장 작은 포트폴리오(*MVP*)는 $\rho = -1$때는 $\sigma_P = 0$인 점이므로

$\sigma_P = |20W_1 - 8| = 0$

$\therefore W_1 = 0.4 \quad \& \quad W_2 = 1 - 0.4 = 0.6 \quad (\because W_1 + W_2 = 1)$

따라서, 주식 1에 투자원금의 40%, 주식 2에 60%를 투자한다.

② *MVP*식을 이용해도 된다. $\sigma_{12} = \rho_{12}\sigma_1\sigma_2 = (-1)(12)(8) = -96$

$$W_1 = \frac{\sigma_2^2 - \sigma_{12}}{\sigma_1^2 + \sigma_2^2 - 2\sigma_{12}} = \frac{(8)^2 - (-96)}{(12)^2 + (8)^2 - 2(-96)} = 0.4$$

③ $\rho = -1$때는 $W_1 = \frac{\sigma_2}{\sigma_1 + \sigma_2}$를 이용해도 된다.

$$W_1 = \frac{8}{12+8} = 0.4$$

예제 ⑥ - 6 포트폴리오의 기대수익률과 위험(II)

(주)서울과 (주)부산의 주식수익률에 대한 정보가 다음과 같고, 두 주식수익률의 상관계수가 +1이라고 하자.

	서울(*X*)	부산(*Y*)
기대수익률 $E(R_i)$	15%	10%
표준편차 σ_i	30%	6%

(1) 백만원을 보유하고 있는 투자자가 두 주식으로 구성되는 포트폴리오 중 위험이 가장 작은 포트폴리오(*MVP*)를 구성하기 위한 각 주식에의 투자가중치를 다음 각 경우에 대하여 구하라. 또한 이를 그림으로 도시하라.

1) 공매를 할 수 없는 경우 ($W_X \geq 0$ & $W_Y \geq 0$)

2) 공매를 할 수 있는 경우 ($W_X \geq 0$ & $W_Y \geq 0$ 없이 $W_X + W_Y = 1$)

(2) 투자자 갑의 효용함수가 $U(R_P) = E(R_P) - 0.01\sigma_P^2$인데, 위와 같은 투자기회를 가진다고 하자.

1) 갑의 최적포트폴리오를 구하라.

2) 이 경우 갑의 효용수준을 구하라.

(1) 1) $E(R_P) = W_X E(R_X) + W_Y E(R_Y) = W_X E(R_X) + (1-W_X)E(R_Y) = 15W_X + 10(1-W_X)$

$= 5W_X + 10$ ··· ① 식

$\sigma_P = \sqrt{[W_X\sigma_X + W_Y\sigma_Y]^2} = \sqrt{[W_X\sigma_X + (1-W_X)\sigma_Y]^2} = \sqrt{[(30)W_X + (6)(1-W_X)]^2}$

$= \sqrt{(24W_X + 6)^2}$

$= 24W_X + 6$ ($\because W_X \geq 0$) ·· ② 식

②식을 ①식에 대입하여 정리하면

$$E(R_P) = 5\left(\frac{\sigma_P - 6}{24}\right) + 10 = 0.208\sigma_P + 8.75$$

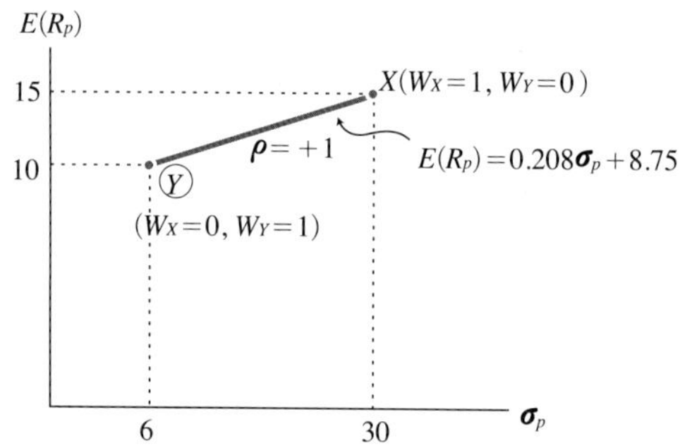

이때는 투자기회가 XY선상에 있으므로 보유자금 백만원을 모두 Y에 투자한다.

2) $\sigma_P = \sqrt{(24W_X + 6)^2} = |\ 24W_X + 6\ |$ ($\because W_X \geq 0$라는 제약조건이 없음)

따라서 $\begin{cases} \sigma_P = 24W_X + 6 \ \ if \ \ W_X > -0.25 \\ \sigma_P = -24W_X - 6 \ \ if \ \ W_X < -0.25 \end{cases}$ ······································· ③ 식

③식을 ①식에 대입하여 정리하면

(i) $if\ W_X > -0.25,\ E(R_P) = 5\left(\frac{\sigma_P - 6}{24}\right) + 10 = 0.208\sigma_P + 8.75$

(ii) $if\ W_X < -0.25,\ E(R_P) = 5\left(\frac{-\sigma_P - 6}{24}\right) + 10 = -0.208\sigma_P + 8.75$

(i)과 (ii)는 절편이 같고 기울기가 반대인 직선이다.

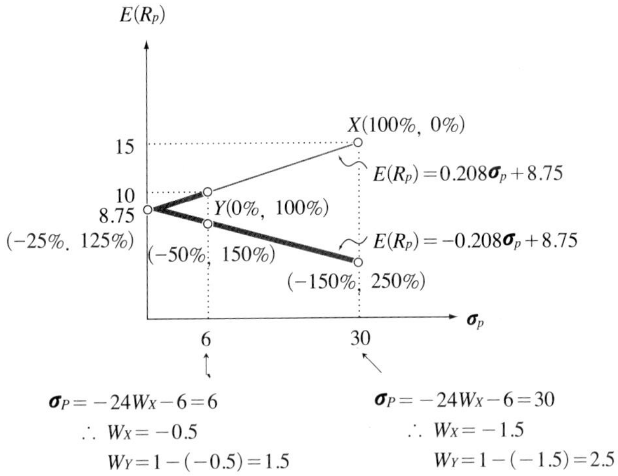

① 위험이 가장 작은 포트폴리오(MVP)는 $\sigma_P=0$인 점이므로

$\sigma_P=\mid 24W_X+6 \mid=0$

$\therefore\ W_X=-0.25\ \ \&\ \ W_Y=1-W_X=1.25\quad (\because\ W_X+W_Y=1)$

즉, 보유자금의 25%만큼 주식 X를 빌려서 판 자금(공매자금)+원래의 보유자금 (100%) → 주식 Y에 투자한다(1,000,000원×125%=1,250,000원)

이때의 기대수익률은 $E(R_P)=W_XE(R_X)+W_YE(R_Y)=-0.25(15)+1.25(10)=8.75\%$

② MVP식을 이용해도 된다. $\sigma_{XY}=\rho_{XY}\sigma_X\sigma_Y=(1)(30)(6)=180$

$$W_X=\frac{\sigma^2_Y-\sigma_{XY}}{\sigma^2_X+\sigma^2_Y-2\sigma_{XY}}=\frac{(6)^2-(180)}{(30)^2+(6)^2-2(180)}=-0.25$$

$\rho=-1$때 : 직선 2개 → 무위험포트폴리오 구성이 가능(공매가능, 불가능에 상관없이) (예제 6-5)

$\rho=+1$때 공매불가능하면 (보통 경우) → 직선 1개(예제 6-6의 1)

공매가능하면 직선 2개 → 무위험 포트폴리오 구성이 가능($\rho=-1$ 같이) (예제 6-6의 2)

(2) 1) 갑의 투자기회집합과 효용함수를 고려하면 아래와 같이 C가 최적포트폴리오임을 알 수 있다.

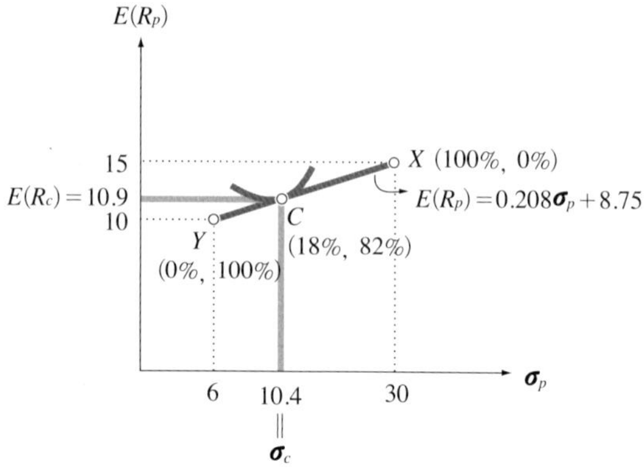

갑의 투자기회집합(투자기회선)은 $E(R_P)=0.208\sigma_P+8.75$이므로 $MRT=0.208$이고, 갑의 효용함수는 $E(R_P)=0.01\sigma^2_P+U(R_P)$이므로 $MRS=\dfrac{dE(R_P)}{d\sigma_P}=0.02\sigma_P$이다. 갑의 최적투자점에서는 투자기회선의 기울기와 무차별곡선의 기울기가 일치해야 하므로, $0.208=0.02\sigma_c$에서 $\sigma_c=10.4\%$

이때의 기대수익률은 $E(R_c)=0.208\sigma_c+8.75=0.208(10.4)+8.75=10.9\%$

따라서 갑의 최적포트폴리오는 기대수익률이 10.9%이고 표준편차가 10.4%인 포트폴리오이며, 이를 구성하기 위한 각 주식에 대한 투자비율은 다음과 같다.

$E(R_c)=W_X E(R_X)+(1-W_X)E(R_Y)=W_X(15)+(1-W_X)(10)=10.9$

$\therefore\ W_X=0.18\ \&\ W_Y=(1-W_X)=0.82$

따라서 주식 X에 18만원(=백만원×18%), 주식 Y에 82만원(=백만원×82%)만큼 투자한다.

2) 최적포트폴리오 C를 선택한 경우, 갑의 효용수준은 다음과 같다.
$U(R_c)=E(R_c)-0.01\sigma^2_c=10.9-(0.01)(10.4)^2=9.82$ (util)

보 론 공매가 가능할 때 포트폴리오의 기대수익률과 위험

제3절에서 상관계수에 따르는 포트폴리오의 기대수익률과 위험과의 관계를 살펴보았다. 이제 공매가 가능하다고 가정하여 이들의 관계를 살펴보자.

(1) $\rho_{12}=+1$인 경우 $E(R_P)$와 σ_P의 관계는 직선으로 나타나는데, 실선은 공매없이 두 주식에 100%에서 0% 사이의 투자가중치로 투자할때 가능한 포트폴리오이고, 점선은 두 주식중 어느 한 주식을 공매하여 다른 주식에 100% 이상 투자시 가능한 포트폴리오이다.

$\rho_{12}=+1$이더라도 공매가 가능하면 무위험포트폴리오($\sigma_P=0$)를 구성할 수 있는데, 주식 1의 투자가중치는 다음과 같이 구할 수 있다. $\rho=1$일 때 $\sigma_P=W_1\sigma_1+W_2\sigma_2$ 이므로 $\sigma_P=W_1\sigma_1+(1-W_1)\sigma_2=0$ $\therefore$ $W_1=\dfrac{\sigma_2}{\sigma_2-\sigma_1}$ & $W_2=1-W_1=\dfrac{-\sigma_1}{\sigma_2-\sigma_1}$ 이다. 〈예제 6-4〉의 (3)에서 $W_1=\dfrac{\sigma_2}{\sigma_2-\sigma_1}=\dfrac{6}{6-20}=-0.4286$임을 확인할 수 있다.

(2) $\rho_{12}=0$인 경우 $E(R_P)$와 σ_P의 관계는 곡선으로 나타나는데, 이 경우에도 실선은 공매없이 두 주식에 투자시 가능한 포트폴리오이고, 점선은 공매가 가능할 때의 포트폴리오이다. 곡선의 모양은 상관계수(ρ)가 +1이나 -1에 가까울수록 직선에 가까운 곡선의 형태를 가진다. $\rho_{12}=0$인 경우는 공매가 가능하더라도 무위험포트폴리오($\sigma_P=0$)를 구성할 수는 없다.

(3) $\rho_{12}=-1$인 경우 $E(R_P)$와 σ_P의 관계는 직선으로 나타나는데, 역시 이 경우에도 실선은 공매없이 두 주식에 투자시 가능한 포트폴리오이고, 점선은 공매가 가능할 때의 포트폴리오이다. $\rho_{12}=-1$인 경우는 공매가능여부와 상관없이 무조건 무위험포트폴리오($\sigma_P=0$)를 구성할 수 있다. 이때의 $W_1=\dfrac{\sigma_2}{\sigma_1+\sigma_2}$ & $W_2=1-W_1=\dfrac{\sigma_1}{\sigma_1+\sigma_2}$이다.

이들의 관계를 도시한 것은 〈그림 6-6〉이다.

그림 6-6 공매가 가능할 때 포트폴리오의 위험

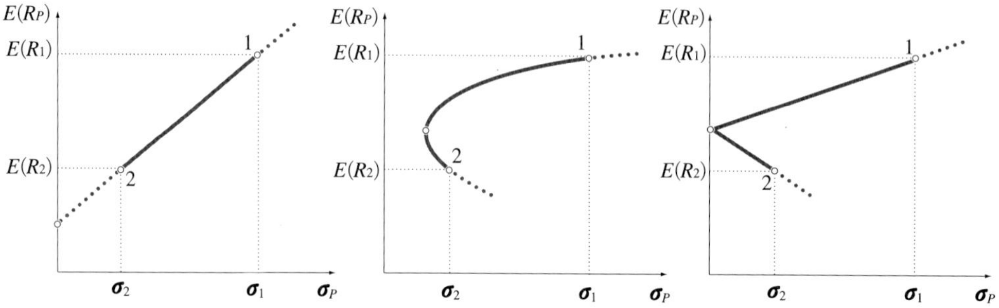

(a) ρ_{12} = +1인 경우 (b) ρ_{12} = 0인 경우 (c) ρ_{12} = −1인 경우

연습문제

1. 두 주식으로 구성된 포트폴리오에 대한 설명으로 틀린 것은?

① 포트폴리오의 기대수익은 상관관계와 무관하다.

② 상관계수가 +1이면 위험감소효과가 없다.

③ 상관계수가 +1이 아니기만 한다면 위험감소효과가 있다.

④ 상관계수가 −1이면 위험감소효과가 최대로 된다.

⑤ 상관계수가 −1이더라도 위험을 완전히 제거할 수 없다.

〈해설〉 ⑤ 일반적으로 상관계수가 −1일 때만 무위험 포트폴리오를 구성할 수 있다.

답 ⑤

2. 다음은 두 자산으로 이루어진 포트폴리오의 기대수익률과 위험을 상관계수에 따라 그래프로 표시한 것이다. 잘못 표시된 것은? (1994, CPA)

①

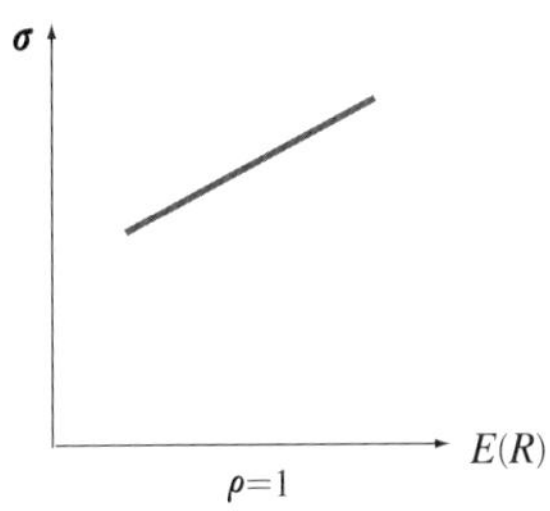

②

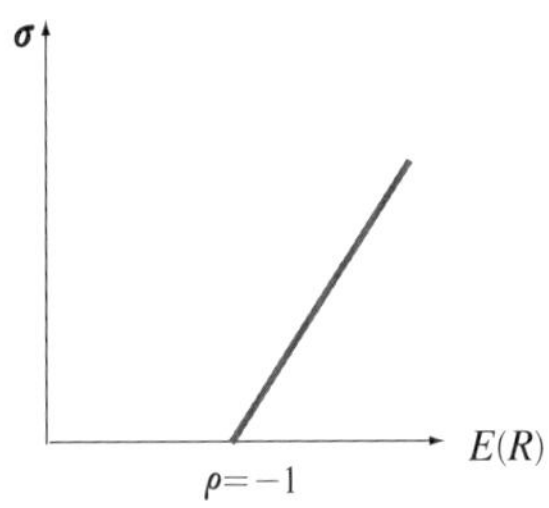

③

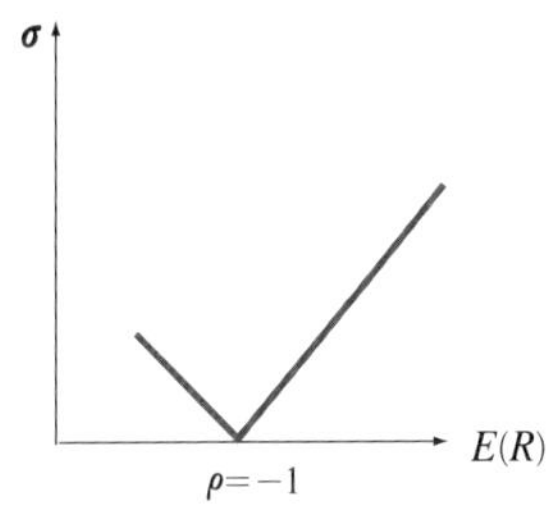

④

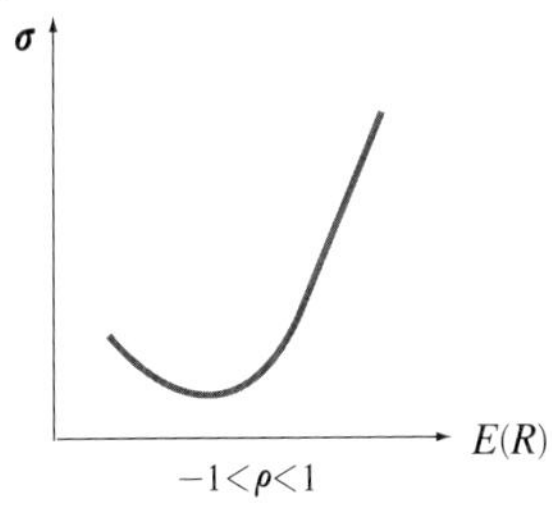

⑤

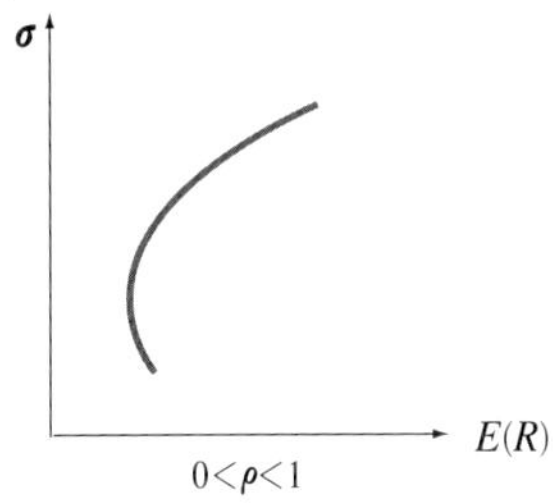

〈해설〉 이 문제는 일반적인 표기방법과는 달리 횡축이 $E(R)$이고 종축이 σ로 표시되어 있다.

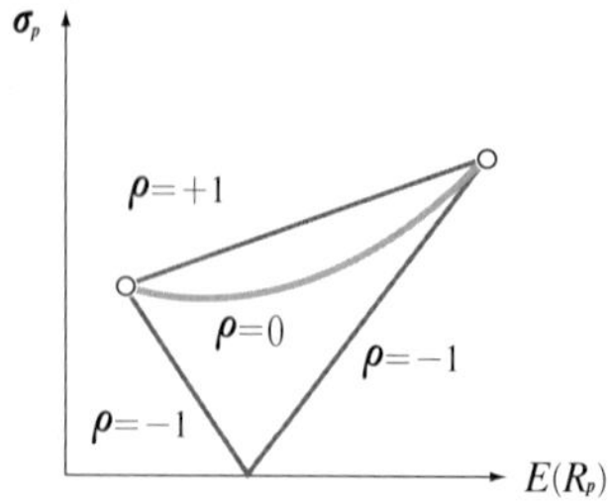

답 ⑤

3. 포트폴리오를 구성하는 주식의 수가 많아질수록 포트폴리오의 위험이 감소되는 이유로 옳은 것은?

① 많은 주식으로 구성된 수익률의 분포 양상이 서로 다르기 때문이다.
② 많은 주식의 위험이 모두 낮기 때문이다.
③ 주식이 많으면 수익률이 높은 주식이 많기 때문이다.
④ 주식이 많으면 기대수익률이 일정할 것으로 예측되기 때문이다.
⑤ 주식이 많으면 위험이 일정할 것으로 예측되기 때문이다.

〈해설〉 포트폴리오에 포함되는 자산의 수익률이 동일하지 않기만 하면 (즉, 상관계수가 +1이 아니기만 하면) 포트폴리오를 구성하여 위험을 감소시킬 수 있다.

답 ①

4. 포트폴리오의 분산투자 효과에 대한 설명 중 타당한 것은? (1997. CPA)

① 완전한 분산투자는 모든 위험을 제거한다.
② 양(+)의 상관계수를 가지는 주식들 사이에는 분산투자효과가 없다.
③ 포트폴리오에 포함된 주식의 종류가 많을수록 총위험은 줄어든다.
④ 15~20종류의 주식을 구입하기 전에는 분산투자효과가 없다.
⑤ 분산투자로 포트폴리오의 기대수익률은 줄어든다.

〈해설〉 ① 구성종목수가 매우 많더라도 체계적 위험은 존재한다.
② 상관계수가 +1이 아니기만 하면 양(+)이더라도 분산투자효과가 있다.
④ 종목이 2개 이상이면 분산투자효과가 있다.
⑤ 분산투자와 기대수익률은 무관하다.

답 ③

5. 각 자산에 동일가중(equally weighted)으로 투자한 포트폴리오를 가정하고, *X*와 *Y* 및 *Z*에 알맞는 답을 골라라.

구성종목수(n)	1	2	4	30	∞
분 산(σ_P^2)(%)	X	20	15	Y	Z

	X	Y	Z
①	10	10.667	30
②	10.667	10	30
③	10.667	30	10
④	30	10	10.667
⑤	30	10.667	10

〈해설〉 $\sigma_P^2 = \left(\frac{1}{n}\right)\overline{\sigma_i^2} + \left(\frac{n-1}{n}\right)\overline{\sigma_{ij}}$

$n=2 : 20 = \left(\frac{1}{2}\right)\overline{\sigma_i^2} + \left(\frac{1}{2}\right)\overline{\sigma_{ij}}$

$n=4 : 15 = \left(\frac{1}{4}\right)\overline{\sigma_i^2} + \left(\frac{3}{4}\right)\overline{\sigma_{ij}} \quad \therefore \overline{\sigma_i^2} = 30,\ \overline{\sigma_{ij}} = 10$

$\therefore \sigma_P^2 = \left(\frac{1}{n}\right)(30) + \left(\frac{n-1}{n}\right)(10)$

$n=1 : \sigma_P^2 = 30$

$n=30 : \sigma_P^2 = \left(\frac{1}{30}\right)(30) + \left(\frac{29}{30}\right)(10) = 10.667$

$n=\infty : \sigma_P^2 = 10$

답 ⑤

6. 동일가중으로 2개의 주식에 투자한 포트폴리오의 위험(분산)이 40이고, 3개의 주식에 투자한 포트폴리오의 위험(분산)은 35이다. 동일가중으로 10개의 주식에 투자한 포트폴리오의 비체계적위험을 구하라. (단위 : %)

① 3　② 25　③ 28　④ 35　⑤ 40

〈해설〉 $\sigma_P^2 = \left(\frac{1}{n}\right)\overline{\sigma_i^2} + \left(\frac{n-1}{n}\right)\overline{\sigma_{ij}}$

$n=2 : 40 = \left(\frac{1}{2}\right)\overline{\sigma_i^2} + \left(\frac{1}{2}\right)\overline{\sigma_{ij}}$

$n=3 : 35 = \left(\frac{1}{3}\right)\overline{\sigma_i^2} + \left(\frac{2}{3}\right)\overline{\sigma_{ij}} \quad \therefore \overline{\sigma_i^2} = 55,\ \overline{\sigma_{ij}} = 25$

$\therefore \sigma_P^2 = \left(\frac{1}{n}\right)(55) + \left(\frac{n-1}{n}\right)(25)$

$n=10 : \sigma_P^2 = \left(\frac{1}{10}\right)(55) + \left(\frac{9}{10}\right)(25) = 28$ (총위험)

$\therefore$ 비체계적위험 $= \sigma_P^2 - \overline{\sigma_{ij}} = 28 - 25 = 3$

답 ①

7. 현재 1,000,000원을 보유하고 있는 투자자 갑은 다음의 정보를 가진 두 주식을 이용하여 최소분산포트폴리오(*MVP*)를 구성하려고 한다. *MVP*를 구성한 경우, 투자자 갑의 기대수입금액은 약 얼마인가?

주식	기대수익률	표준편차	상관계수
1	30%	35%	0.5
2	18%	20%	

① 171,560원 ② 186,480원 ③ 197,760원
④ 219,460원 ⑤ 233,860원

〈해설〉 $\rho_{12}=0.5$ 이므로 $\sigma_{12}=\rho_{12}\sigma_1\sigma_2=(0.5)(35)(20)=350$

$$W_1=\frac{\sigma_2^2-\sigma_{12}}{\sigma_1^2+\sigma_2^2-2\sigma_{12}}=\frac{20^2-350}{35^2+20^2-(2)(350)}=0.054(5.4\%)\ \&\ W_2=0.946(94.6\%)$$

기대수익률 $E(R_P)=W_1E(R_1)+W_2E(R_2)=(0.054)(30\%)+(0.946)(18\%)=18.648\%$

따라서, 기대수입금액 $=1{,}000{,}000$원 $\times 18.648\%=186{,}480$원

답 ②

※ 다음 자료를 참조하여 문제 8~11번을 답하시오.

	기대수익률	표준편차
주식 1	8%	10%
주식 2	4%	6%

$\rho=0.5$

8. 두 주식으로 포트폴리오를 구성하여 6%의 기대수익률을 얻고자 할 때, 포트폴리오의 위험(표준편차)은 얼마인가?

① 3% ② 5% ③ 7%
④ 9% ⑤ 11%

〈해설〉 $E(R_P)=W_1E(R_1)+W_2E(R_2)=W_1E(R_1)+(1-W_1)E(R_2)$에서

$6=8W_1+4(1-W_1)$ $\therefore\ W_1=0.5\ \&\ W_2=0.5$

$\rho_{12}=0.5$이므로 $\sigma_{12}=\rho_{12}\sigma_1\sigma_2=(0.5)(10)(6)=30$

$$\sigma_P=\sqrt{W_1^2\sigma_1^2+W_2^2\sigma_2^2+2W_1W_2\sigma_{12}}$$

$$=\sqrt{(0.5)^2(10)^2+(0.5)^2(6)^2+2(0.5)(0.5)(30)}=7\%$$

답 ③

9. 두 주식으로 구성하여 위험이 가장 작은 포트폴리오를 구성하는 주식 1에 대한 투자비율(W_1)은 얼마인가?

① 5.4% ② 7.9% ③ 11.8%
④ 15.3% ⑤ 18.1%

〈해설〉 $W_1 = \dfrac{\sigma_2^2 - \sigma_{12}}{\sigma_1^2 + \sigma_2^2 - 2\sigma_{12}} = \dfrac{6^2 - 30}{10^2 + 6^2 - (2)(30)} = 0.079(7.9\%)$

답 ②

10. 위험이 가장 작은 포트폴리오를 구성할 때의 기대수익률과 위험(표준편차)은 각각 얼마인가?

① 4.32% 5.96% ② 4.32% 8.98%
③ 10.4% 12.1% ④ 10.4% 16.5%
⑤ 10.4% 18.2%

〈해설〉 $E(R_P) = W_1E(R_1) + W_2E(R_2) = (0.079)(8\%) + (0.921)(4\%) = 4.32\%$

$\sigma_P = \sqrt{W_1^2\sigma_1^2 + W_2^2\sigma_2^2 + 2W_1W_2\sigma_{12}}$

$= \sqrt{(0.079)^2(10)^2 + (0.921)^2(6)^2 + 2(0.079)(0.921)(30)} = 5.96\%$

답 ①

11. 다음 중 효율적투자선상에 있는 포트폴리오를 골라라.

a. 주식 1에 70%, 주식 2에 30% 투자한 포트폴리오
b. 주식 1에 30%, 주식 2에 70% 투자한 포트폴리오
c. 주식 1에 8%, 주식 2에 92% 투자한 포트폴리오
d. 주식 1에 2%, 주식 2에 98% 투자한 포트폴리오

① *a* ② *a, b* ③ *a, b, c*
④ *a, c, d* ⑤ 알 수 없음

〈해설〉

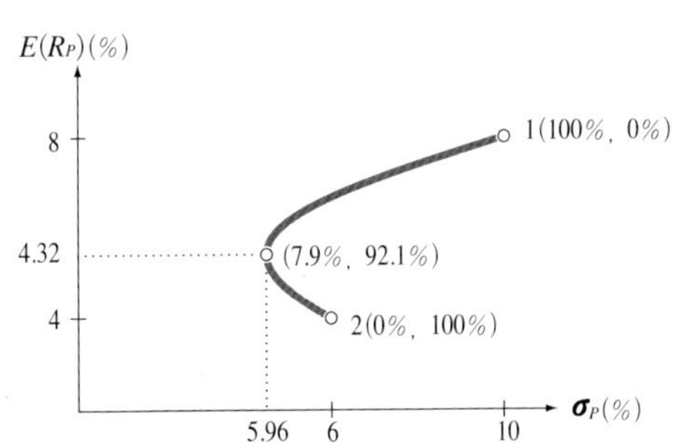

답 ③

※ 다음 자료를 참조하여 문제 12~13번을 답하시오.

	기대수익률	표준편차	상관계수
주식 1	16%	26%	−1
주식 2	14%	24%	

12. 무위험 포트폴리오를 구성하는 주식 1에 대한 투자비율을 구하라.

① 36% ② 48% ③ 50% ④ 52% ⑤ 64%

〈해설〉 $\rho=-1$때 $\sigma_P=|W_1\sigma_1-W_2\sigma_2|$ 이므로 $\sigma_P=|W_1\sigma_1-(1-W_1)\sigma_2|=0$

$$\therefore\ W_1=\frac{\sigma_2}{\sigma_1+\sigma_2}=\frac{24}{26+24}=0.48=48\%\ \&\ W_2=1-0.48=0.52=52\%$$

답 ②

13. 다음 중 효율적투자선상에 있는 포트폴리오를 골라라.

a. 주식 1에 35%, 주식 2에 65% 투자한 포트폴리오
b. 주식 1에 45%, 주식 2에 55% 투자한 포트폴리오
c. 주식 1에 55%, 주식 2에 45% 투자한 포트폴리오
d. 주식 1에 65%, 주식 2에 35% 투자한 포트폴리오
e. 주식 1에 75%, 주식 2에 25% 투자한 포트폴리오

① *a, b* ② *a, b, c* ③ *b, c, d*
④ *c, d, e* ⑤ 알 수 없음

〈해설〉

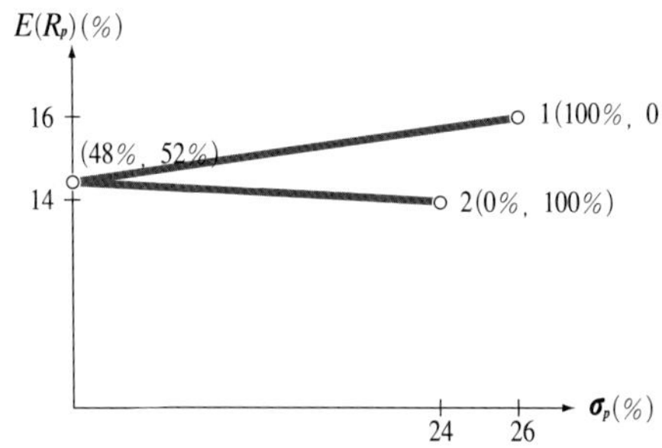

답 ④

14. 두 주식 1과 2가 완전 정의 상관계수($\rho_{12}=1$) 인데 공매가 가능할 때, 무위험 포트폴리오를 구성하는 주식 1에 대한 투자비율(W_1)은?

① $\dfrac{\sigma_2}{\sigma_1+\sigma_2}$ ② $\dfrac{\sigma_1}{\sigma_1+\sigma_2}$ ③ $\dfrac{\sigma_2}{\sigma_2-\sigma_1}$

④ $\frac{\sigma_1}{\sigma_2 - \sigma_1}$ ⑤ $\frac{\sigma_1}{\sigma_1 - \sigma_2}$

〈해설〉 $\rho=1$때 $\sigma_P = |W_1\sigma_1 + W_2\sigma_2|$ 이므로 $\sigma_P = |W_1\sigma_1 + (1-W_1)\sigma_2| = 0$

$$\therefore W_1 = \frac{\sigma_2}{\sigma_2 - \sigma_1} \ \& \ W_2 = 1 - W_1 = \frac{-\sigma_1}{\sigma_2 - \sigma_1}$$

답 ③

15. 다음 설명 중 틀린 것은?

① 위험이 작은 자산들끼리 구성된 포트폴리오의 위험은 위험이 큰 자산들끼리 구성된 포트폴리오의 위험보다 항상 작다.

② 두 주식의 상관계수가 −1일 때 분산투자효과는 극대화가 된다.

③ 두 주식의 상관계수가 0이더라도 분산투자효과가 존재한다.

④ 포트폴리오를 구성하는 주식의 종류가 많을수록, 개별자산간의 공분산이 포트폴리오의 위험에 많은 영향을 준다.

⑤ 현실적으로 상관계수가 1이거나 −1인 두 자산은 존재하지 않는다.

〈해설〉 개별주식의 위험이 큰 자산들끼리 포트폴리오를 구성하더라도 상관계수가 음(−)인 자산들끼리 포트폴리오를 구성한다면, 개별자산의 위험이 작지만 상관계수가 양(+)인 자산들끼리 구성한 포트폴리오의 위험보다 얼마든지 작아질 수 있다.

답 ①

16. 다음 설명 중 틀린 것은?

① 상관계수가 작아질수록 포트폴리오 위험은 감소하는데, $\rho = +1$일 때의 직선보다 우측에 존재한다.

② 포트폴리오의 기대수익률은 각 주식의 기대수익률을 투자가중치로 가중평균한 값이다.

③ 포트폴리오의 위험은 각 주식의 투자가중치, 표준편차, 상관계수에 의해 결정된다.

④ 두 주식간의 상관계수가 −1이면, 포트폴리오의 기대수익률과 표준편차간의 관계는 직선 2개로 나타낸다.

⑤ 주 주식간의 상관계수가 +1이면, 포트폴리오의 기대수익률과 표준편차간의 관계는 공매가 허용되지 않으면 직선 1개로 나타나지만 공매가 허용되면 직선 2개로 나타낸다.

〈해설〉 $\rho = +1$일 때의 직선보다 좌측에 존재한다.

답 ①

17. 상관계수가 −0.5인 주식 1과 2로 포트폴리오를 구성한다고 할 때, 다음 문장 중 옳은 것을 골라라.

① 포트폴리오의 기대수익률은 0이 된다.

② 포트폴리오의 표준편차를 0으로 할 수 있다.

③ 두 주식에의 투자가중치를 동일하게 해야 위험감소효과가 극대화 된다.

④ 개별주식의 표준편차가 큰 것에 많이 투자해야 한다.

⑤ 위험감소효과가 있다.

〈해설〉 ④ 개별주식의 표준편차가 작은 것에 많이 투자해야 한다.
⑤ 상관계수가 +1이 아니므로 위험감소효과가 있다.

답 ⑤

18. 주식 1과 2 수익률간의 상관계수가 0일 때, 다음 문장 중 틀린 것은?

① 1과 2의 수익률은 독립적으로 움직인다.

② 1과 2의 수익률의 공분산도 0 이다.

③ 1과 2에 대한 투자비율을 적절히 조합하면 무위험 포트폴리오를 구성할 수 있다.

④ 1과 2에 대한 투자비율을 적절히 조합하면 최소분산 포트폴리오를 구성할 수 있다.

⑤ 1과 2에 대한 투자비율을 적절히 조합하면 포트폴리오의 위험을 감소시킬 수 있다.

〈해설〉 일반적으로(공매가 없다면) 상관계수가 −1일 때만 무위험 포트폴리오를 구성할 수 있으며, 그 외에는 포트폴리오 위험을 최소로 하는 최소분산 포트폴리오만 구성할 수 있다.

답 ③.

19. 포트폴리오의 위험에 대한 설명 중 옳은 것은?

① 포트폴리오의 위험은 구성종목의 숫자에 의해서만 영향을 받는다.

② 포트폴리오를 구성하는 주식들간의 상관계수가 낮을수록 포트폴리오 위험이 커진다.

③ 포트폴리오를 구성하는 주식들간의 상관계수가 0이면 포트폴리오 위험이 0가 된다.

④ 구성종목수가 매우 많다면, 포트폴리오의 위험은 전체주식의 분산의 평균치로 수렴한다.

⑤ 두 주식간의 상관계수가 +1이면, 포트폴리오의 위험은 두 주식의 위험을 투자비율에 따라 가중평균한 값이다.

〈해설〉 ①② 포트폴리오 위험은 구성종목수 뿐만 아니라 상관관계에 따라 좌우되는데, 상관계수가 낮을수록 포트폴리오 위험이 감소된다.
③ 일반적으로(공매없음) 상관계수가 −1일 때만 무위험 포트폴리오를 구성할 수 있다.

④ 구성종목수가 매우 많다면, 포트폴리오 위험은 전체주식의 공분산의 평균치(σ_{ij})로 수렴한다.

⑤ 상관계수가 +1이면 포트폴리오의 위험감소효과는 없고 단지 두 개별주식의 위험을 가중평균한 값이다.

답 ⑤

20. 주식 X의 기대수익률은 10%이고 표준편차는 20%이며, X와 Y의 수익률은 $R_Y = 5 + 0.2R_X$의 관계로 표시할 수 있다고 할 때, 다음 중 틀린 문장을 골라라.

① 주식 Y의 기대수익률은 7%이다.

② 주식 Y의 분산은 16%이다.

③ 주식 X와 Y의 공분산은 80%이고, 상관계수는 +1이다.

④ 공매가 불가능할 경우, 무위험포트폴리오를 구성할 수 없다.

⑤ 공매가 가능할 경우, 주식 X에 125% & 주식 Y에 −25%를 각각 투자하면 무위험 포트폴리오를 구성할 수 있다.

〈해설〉 ① $E(R_Y) = E(5 + 0.2R_X) = 5 + 0.2E(R_X) = 5 + (0.2)(10\%) = 7\%$

② $\sigma_Y^2 = \sigma^2(5 + 0.2R_X) = (0.2)^2\sigma_X^2 = (0.2)^2(20)^2 = 16\%$ $\quad \therefore\ \sigma_Y = 4\%$

③ $\sigma_{XY} = Cov(R_X,\ R_Y) = Cov(R_X,\ 5 + 0.2R_X) = (0.2)\sigma_X^2 = (0.2)(20)^2 = 80\%$

$\rho_{XY} = \dfrac{\sigma_{XY}}{\sigma_X \sigma_Y} = \dfrac{80}{(20)(4)} = +1$ 혹은 직선(선형)관계이므로 +1이다.

⑤ $\rho = +1$일 때 무위험 포트폴리오를 만드는 투자비율 $W_X = \dfrac{\sigma_Y}{\sigma_Y - \sigma_X} = \dfrac{4}{4-20} = -25\%$

$W_Y = 1 - W_X = 1 - (-0.25) = 1.25 = 125\%$

답 ⑤

21. 아래 그림은 두 주식 1과 2로 구성된 포트폴리오 A, B, C를 각 상관계수와 투자가중치에 따라 도시한 것이다. 공매가 불가능하다고 할 때, 다음 설명 중 틀린 것을 골라라.

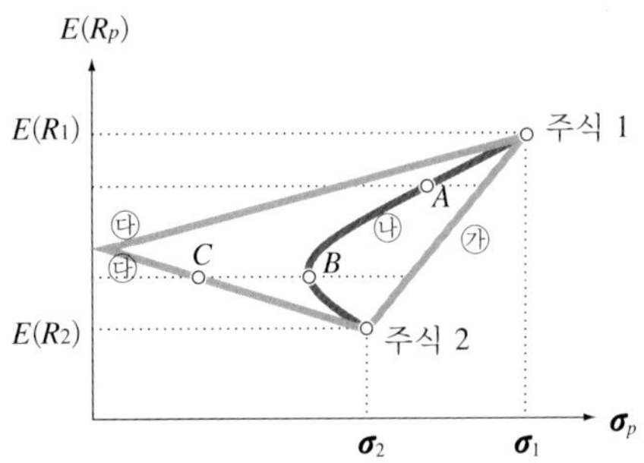

① 위험중립형 투자자는 상관계수에 상관없이 주식 1에 100% 투자할 것이다.

② B는 A보다 주식 2의 투자가중치가 크다.

③ 위험회피형 투자자 중 위험회피정도가 클수록 B보다 A를 선호할 것이다.

④ 분산투자의 이득은 ㉮에서 ㉰로 갈수록 증가한다.

⑤ B와 C는 주식 1과 2에 대한 투자가중치가 동일하다.

〈해설〉 ① 위험중립형 투자자는 위험과 상관없이 기대수익(률)이 큰 것을 선택한다.

② $1 \rightarrow A \rightarrow B \rightarrow 2$로 갈수록 주식 1의 투자가중치는 감소하고, 주식 2의 투자가중치는 증가한다.

③ 위험회피도가 강할수록 위험이 적은 포트폴리오를 선택하므로 A보다 B를 선호한다.

④ 상관계수의 크기 : ㉮ > ㉯ > ㉰이므로 맞는 문장이다.

⑤ 포트폴리오의 기대수익률은 상관계수의 크기와 상관없이 $E(R_p) = W_1E(R_1) + W_2E(R_2)$를 이용하여 구한다. 여기에서 $E(R_p)$가 같다면 당연히 W_1과 W_2는 같아진다.

답 ③

22. 다음은 A, B 두 주식에 대한 기대수익률, 수익률의 표준편차, 수익률의 공분산이다. 총 1억원의 투자자금으로 이 주식들을 활용하여 1, 2, 3 세 가지의 포트폴리오를 구성하였다면 위험회피형 투자자의 투자행태에 대한 설명으로 적절한 것은?

(2005. CPA)

$E(R_A) = 8\%$ $E(R_B) = 10\%$ $\sigma_A = 10\%$ $\sigma_B = 15\%$ $\sigma_{AB} = -0.006$

포트폴리오	주식 A	주식 B
1	1억원	–
2	5천만원	5천만원
3	–	1억원

① 포트폴리오 1은 적절한 투자안이 될 수 있다.

② 포트폴리오 2는 적절한 투자안이 될 수 있다.

③ 지배원리에 의하면 포트폴리오 3은 포트폴리오 2보다 효율적인 투자안이므로 2를 지배한다.

④ 위험회피도가 낮은 투자자는 포트폴리오 3에 비하여 포트폴리오 1을 선택할 가능성이 높다.

⑤ 위험회피도가 높은 투자자는 포트폴리오 2에 비하여 포트폴리오 3을 선택할 가능성이 높다.

〈해설〉

포트폴리오	기대수익률(%)	표준편차(%)
1	8	10
2	9	7
3	10	15

①②③ 지배원리에 의하여 포트폴리오 1 < 포트폴리오 2이므로 1은 적절한 투자안이 될 수 없다. 그러나 포트폴리오 2와 3 간에는 지배원리가 성립하지 않으므로, 포트폴리오 2는 적절한 투자안이 될 수 있다.

④ 포트폴리오 1과 3 간에는 지배원리가 성립하지 않으므로, 위험회피도가 낮은 (공격적인) 투자자는 상대적으로 위험인 표준편차가 높고 기대수익률이 높은 3을 선택할 가능성이 높다.

⑤ 포트폴리오 2와 3 간에는 지배원리가 성립하지 않으므로, 위험회피도가 높은 (방어적인) 투자자는 상대적으로 위험인 표준편차가 낮고 기대수익률이 낮은 2를 선택할 가능성이 높다.

답 ②

23. 아래의 2자산으로 포트폴리오를 구성하고자 한다. 옳은 기술만을 모두 모은 것은? 단, $\sigma_1 < \sigma_2$, $W_1 + W_2 = 1$, $W_1 \geq 0$, $W_2 \geq 0$이다. (2006. CPA)

> *a*. 상관계수가 −1일 경우 무위험 포트폴리오를 만들기 위한 구성비율은 $\sigma_1 = \dfrac{\sigma_1}{\sigma_1 + \sigma_2}$이고 $\sigma_2 = \dfrac{\sigma_2}{\sigma_1 + \sigma_2}$이다.
>
> *b*. 만약 $\sigma_1 = 0$이고, $W_1 = W_2 = 0.5$이면 포트폴리오의 표준편차는 $0.5\sigma_2$이다.
>
> *c*. 상관계수가 양수이면 포트폴리오의 표준편차는 항상 σ_1보다 크거나 같다.

① *a* ② *b* ③ *a*, *b* ④ *b*, *c* ⑤ *a*, *b*, *c*

〈해설〉 *b*. $\sigma_P^2 = W_1^2\sigma_1^2 + W_2^2\sigma_2^2 + 2W_1W_2\rho_{12}\sigma_1\sigma_2$

$= (0.5)^2(0)^2 + (0.5)^2\sigma_2^2 + 2(0.5)(0.5)\rho_{12}(0)\sigma_2 = (0.5)^2\sigma_2^2 \quad \therefore \sigma_P = (0.5)\sigma_2$

c. 포트폴리오 구성으로 인한 분산투자효과로 $\sigma_P < \sigma_1$이 얼마든지 가능하다.

답 ②

제7장

자본자산가격결정모형(*CAPM*)

제 1 절 자본자산가격결정모형의 개념

1. *CAPM*의 의의

(1) 균형이론

자본시장이 균형상태라는 것은 다음의 두 가지 개념을 뜻한다.

첫째로, 자본시장에서 거래되는 모든 자산에 대한 수요와 공급이 일치하여 초과수요나 초과공급이 없는 상태를 말한다.

둘째로, 추가적인 자금투자가 없고 추가적인 위험부담없이 얻는 이익을 차익(arbitrage)이라고 하는데, 이러한 차익이 없는 상태를 말한다.

첫 번째 개념은 두 번째 개념의 특수한 경우로, 후자는 전자를 포함한다고 할 수 있다. *CAPM*은 첫 번째 개념, 차익거래가격결정모형(*APM*)과 옵션가격결정모형(*OPM*)은 두 번째 개념에 근거하여 도출된다.

자본시장의 균형이론이란 자본시장의 균형상태에서 **자산의 가격결정과정**을 설명하는 이론을 말한다. 자산의 가치는 그 자산의 미래현금흐름을 위험이 반영된 적절한 할인율로 할인한 현재가치이므로, 자산의 균형가격은 미래현금흐름을 적절한 할인율(균형수익율)로 나눈 값이다. 따라서 자본시장의 균형이론은 자본시장이 균형인 상태에서 자산의 기대수익율과 위험사이의 관계를 설명하는 이론이라고 할 수 있다.

(2) CAPM의 정의

자본자산가격결정모형(*CAPM*)이란 마코위츠의 포트폴리오 이론을 근거로 정립된 평균-분산기준에 의하여 기대효용을 극대화하는 방향으로 투자결정시, 자본시장이 균형인 상태에서 자산의 기대수익률과 위험간의 균형관계를 설명하는 이론이다. 이 이론은 샤프(Sharpe), 린트너(Lintner), 모신(Mossin) 등에 의해 개발되었다.1)

2. CAPM의 가정

*CAPM*은 마코위츠의 포트폴리오 이론에서 발전된 모형이므로 그의 네 가지 가정을 필요로 하는데, 〈제6장 포트폴리오이론〉에서 언급한 가정을 다시 반복하였다.

① 투자자들은 기대효용를 극대화하고자 하는 위험회피형 투자자이다.

② 투자자들은 평균-분산기준에 따라 자산을 선택한다. 이 가정은 사실상 자산의 확률분포가 정규분포 [그림 (*a*)]인 것으로 가정하거나 투자자들의 효용함수가 2차함수로 가정하는 것과 같다. 정규분포에서는 분포의 특성이 평균-분산 이외에는 모든 면에서 동일한 분포이므로, 정규분포의 가정을 따르면 수익율분포의 기대수익률과 분산의 기준만으로 포트폴리오를 선택할 수 있다. 물론 실제수익률의 확률분포는 투자원금이 잠식되더라도 최소수익률은 −100%이지만 최대수익률은 얼마든지 큰 값이 가능하므로 오른쪽으로 꼬리가 긴 분포[그림 (*b*)]일 수 있다.

③ 투자자들은 자산의 기대수익률, 분산, 공분산에 대하여 동일한 예측

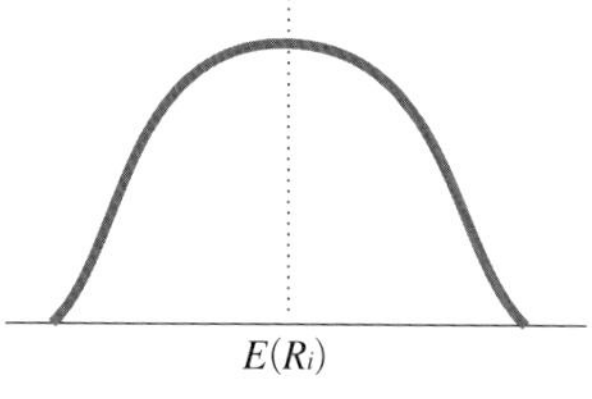

[그림 (*a*)]

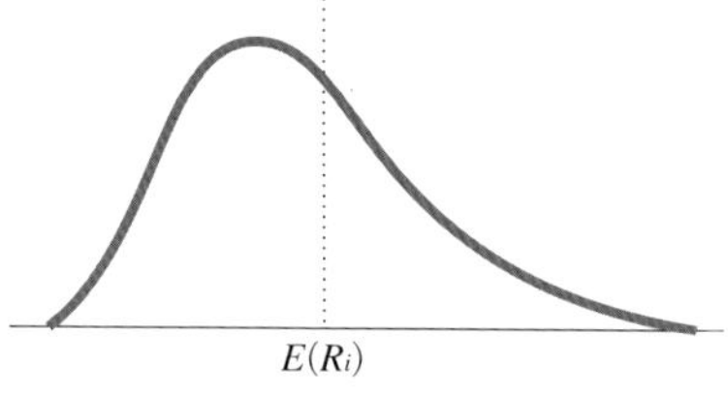

[그림 (*b*)]

1) Sharpe, William, "Capital Assets Prices : A Theory of Market Equilibrium under conditions of Risk", *Journal of Finance*, September 1964, p.425~442. Lintner, John, "The Valuation of Risk Assets and the selection of Risk, Investments in stock Portfolios and capital Budgets," *Review of Economics and statistics*, February 1965, p.13~37. Mossin, J. "Equilibrium in a capital Asset Market," *Econometrica*, October 1966, p.768~783.

(homogeneous expectation)을 한다. 이는 모든 투자자들이 자산수익률의 확률분포를 미리 알고 있으며 그 확률분포에 대한 예측은 누구나 같으므로, 모든 투자자들에게 동일한 투자기회집합, 최소분산선, 효율적투자선이 주어져 있다는 것을 의미한다.

④ 투자자들의 투자기간은 단일기간으로 누구나 동일하다. 이는 단일기간 이후에 벌어질 사건에 대해서는 무시하고, 오직 미시안적 투자시계를 가지고 투자계획을 세운다는 것을 의미한다.

*CAPM*에서는 위의 네 가지 가정외에 다음의 두 가지 가정이 추가된다.

⑤ 자본시장에는 무위험자산이 존재하며, 모든 투자자들은 동일한 무위험이자율로 아무런 제한없이 대출이나 차입이 가능하다.

⑥ 자본시장은 완전시장이다. 예컨대 세금이나 거래비용 같은 제도적 장애요인이 없고, 대가없이 정보획득이 가능하며, 자산은 무한히 분할가능하다.

가정 ⑤와 ⑥으로 인하여 자본시장이 수요와 공급이 일치하는 균형상태에 있다고 하는 것이다. 위의 가정들은 매우 비현실적이지만 자산의 기대수익률과 위험간의 균형관계를 설명하기 위하여 필요한 가정들이다.

제 2 절 자본시장선(*CML*)

1. 무위험자산(R_f)의 도입

자본시장에 위험자산(주식) 뿐만 아니라 무위험자산이 존재하고, 투자자들이 무한정으로 동일한 무위험이자율로 대출이나 차입이 가능하다고 할 때 효율적투자선의 형태와 최적 포트폴리오 선택의 변화양상을 살펴보기로 하자. 무위험자산을 투자대상으로 포함시켜 지배원리를 만족시키는 효율적투자선을 생각할 수 있겠는데, 이것이 곧이어 설명할 자본시장선이다.

(1) 무위험자산

무위험자산(risk−free asset, R_f)이란 미래의 현금흐름에 불확실성이 없는, 즉 확실한 투자수익이 가능한 자산을 말한다. 미래수익률의 변동가능성이 없는 $\sigma=0$인 자산을 말하는데, 정기예금이나 국공채 등이 대표적인 무위험자산이다. 쉽게 이야기 하여, 무위험자산은 변수가 아니라 상수라고 생각하면 된다.

(2) 위험자산과 무위험자산으로 구성된 포트폴리오

마코위츠는 투자대상을 위험자산으로 제한하였으나, 투자자들이 포트폴리오를 구성할 때 무위험자산을 얼마든지 포함시킬 수 있다. 위험자산과 무위험자산으로 구성된 새로운 포트폴리오를 생각해 보자. 〈그림 7−1〉에서 무위험자산 R_f에 W만큼 투자하고 위험자산만으로 구성된 포트폴리오 P_1에 $1-W$만큼 투자한 새로운 포트폴리오를 P라고 하면, 이 포트폴리오의 기대수익률과 표준편차는 다음과 같다.

$$E(R_P)=WE(R_f)+(1-W)E(R_{P1})$$

$$\sigma_P=\sqrt{W^2\sigma^2_{Rf}+(1-W)^2\sigma^2_{P1}+2W(1-W)\sigma_{Rf,P1}}$$

그림 7-1 위험자산과 무위험자산으로 구성된 포트폴리오

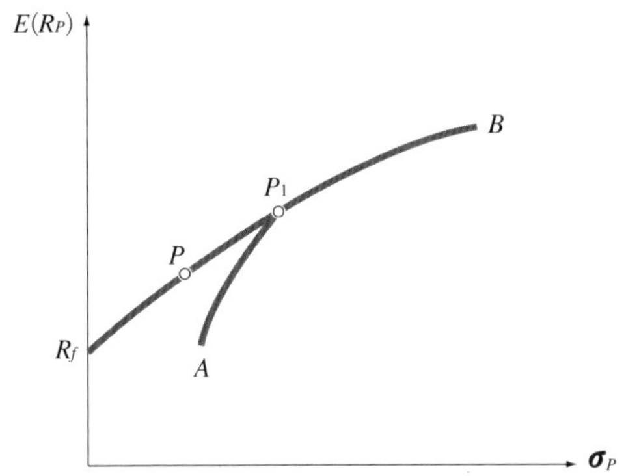

여기에서 제6장 1절에서 배운 기대값과 분산 및 공분산의 특성을 이용하면, $E(R_f)=R_f$이고 $\sigma_{R_f}=0$이며 $\sigma_{R_f,P1}=Cov(R_f, R_{P1})=0$이므로 다음과 같이 표현할 수 있다.

$$E(R_P)=WR_f+(1-W)E(R_{P1})$$
$$\sigma_P=(1-W)\sigma_{P1}$$

이 새로운 포트폴리오는 직선 R_fP_1상에 있고, 직선상의 어느 점에 놓여있는 가는 W와 $1-W$(무위험자산과 위험자산에의 투자가중치)에 달려 있다. 그림에서 보듯이 위험자산과 무위험자산으로 구성된 포트폴리오는 기대수익률과 표준편차의 관계가 직선으로 나타난다.

2. 자본시장선의 의의

(1) 자본시장선의 도출

투자대상을 위험자산으로 국한한 마코위츠의 포트폴리오이론에서는 효율적투자선이 곡선의 형태였다. 그러나 투자대상을 위험자산 뿐만 아니라 무위험자산

그림 7-2 자본시장선의 도출

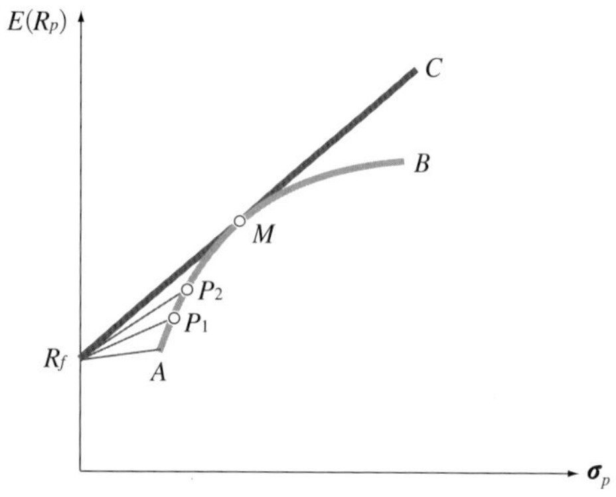

으로 확장시켜 새롭게 탄생한 포트폴리오들은 마코위츠의 효율적투자선상에 있는 모든 포트폴리오들을 지배한다. 이 새로운 효율적투자선을 자본시장선(capital market line, *CML*)이라고 하는데, 자본시장선을 한 마디로 정의하면 무위험자산이 존재시 효율적투자선(efficient frontier) 이다. *CML*은 다음과 같은 원리에 의해 도출된다.

〈그림 7-2〉에서 무위험자산(R_f)과 위험자산 P_1으로 구성한 포트폴리오들은 투자가중치에 따라 직선 R_fP_1상의 어느 한 점에 있고, 무위험자산(R_f)과 위험자산 P_2로 구성한 포트폴리오들은 투자가중치에 따라 직선 R_fP_2상의 어느 한 점에 있다. 그런데 R_fP_2상의 포트폴리오들은 모든 위험수준에서 R_fP_1상의 포트폴리오들보다 기대수익률이 더 크기 때문에, R_fP_2상의 포트폴리오들은 R_fP_1상의 포트폴리오들을 지배한다. 같은 논리로 무위험자산(R_f)과 위험자산 M으로 구성한 포트폴리오들은 투자가중치에 따라 직선 R_fM상의 어느 한 점에 있는데, R_fM상의 포트폴리오들은 모든 위험수준에서 R_fP_2상의 포트폴리오들보다 기대수익률이 더 크기 때문에, R_fM상의 포트폴리오들은 R_fP_2상의 포트폴리오들을 지배한다.

이와 같이 지배원리를 적용하면 무위험자산(R_f)과 위험자산 M으로 구성한 포트폴리오들의 집합인 직선 R_fM상에 있는 포트폴리오들만이 효율적 포트폴리오가 되므로, R_fM이 새로운 효율적투자선이 된다. 자신의 전재산을 오직 무위험자산에 투자하는 극단적인 위험회피형을 제외하고는 모든 투자자들은 위험자산으로는 M이 최선이라고 합의하고 있으므로, 모든 투자자들은 투자자금의 일부 혹

그림 7-3 자본시장선의 의미

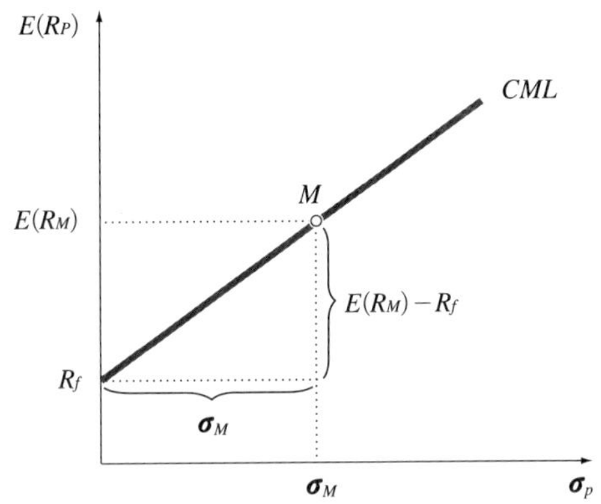

은 전부를 M에 투자할 것이다.

한마디로 요약하여, 무위험자산이 도입되면 효율적투자선은 마코위츠의 AB라는 곡선에서 R_fMC라는 직선으로 옮겨진다. 이 R_fMC의 직선을 자본시장선(CML)이라고 하는데, CML을 수식으로 표현하면 다음과 같다.

$$CML : E(R_P)=R_f+\left[\frac{E(R_M)-R_f}{\sigma_M}\right]\sigma_P \tag{7-1}$$

CML상에 있는 모든 포트폴리오 P는 효율적 포트폴리오(효율적 투자선상에 있는 포트폴리오)이며, 이 포트폴리오들은 시장포트폴리오 M과 완전 정(+)의 상관관계에 있다.

(2) 자본시장선의 의미

① 〈그림 7-3〉에서 보듯이 CML의 기울기인 $\frac{E(R_M)-R_f}{\sigma_M}$은 위험증가에 따르는 보상율(위험단위당 가격)인데 이는 추가적인 위험 1단위에 대한 자본시장에서의 보상액(risk premium, RP)의 성격이고, σ_P는 위험의 양을 나타낸다. 여기에서 위험 1단위당 보상가격(시장가격)은 시장에서 결정되는 상수이다. 따라서, CML의 의미는 다음과 같다.

CML : 효율적 포트폴리오의 균형기대수익률 $= R_f + RP$
$= R_f +$ (위험단위당 가격)(위험의 양)

② CML의 위험의 척도는 총위험을 나타내는 표준편차이다.

③ CML의 기울기인 $\frac{E(R_M)-R_f}{\sigma_M}$은 총위험의 양($\sigma_P$)과 상관없이 항상 일정한 값을 가진다.

④ CML상의 포트폴리오들은 효율적인 포트폴리오라고 하였다. 따라서 CML의 평가대상은 효율적 포트폴리오에 국한된다. 제5절에서 설명하겠지만, CML은 비효율적인 포트폴리오나 개별주식의 기대수익률과 위험간의 관계는 설명하지 못한다.

⑤ CML은 효율적 포트폴리오의 기대수익률과 총위험과의 관계를 설명하는 사전적(ex-ante)모형일 뿐, 실현된 사후(ex-post) 수익률에 대해서는 아무런 설명을 하지 못한다.

(3) 대출포트폴리오와 차입포트폴리오

〈그림 7-4〉에서 R_fM상의 포트폴리오들은 투자자금의 일부를 무위험자산(R_f)에 투자하고 나머지를 위험자산(M)에 투자하는데, 이러한 포트폴리오를 대출포트폴리오(lending portfolio)라고 한다. 무위험자산에 투자한다는 것은 곧 정기예

그림 7-4 대출포트폴리오와 차입포트폴리오

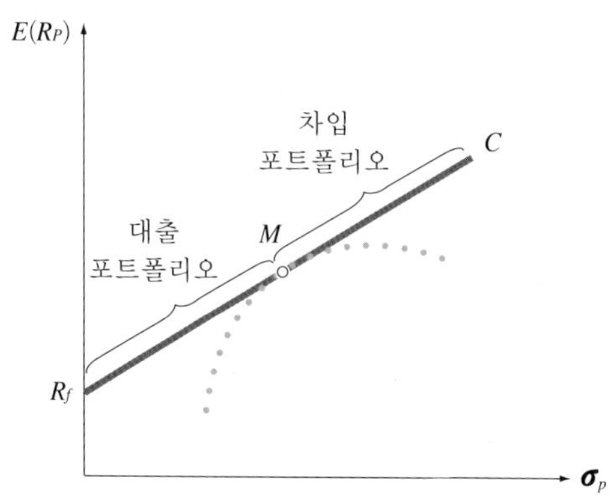

금이나 국공채를 매입한다는 것인데, 이 매입을 통하여 금융시장에 투자자금이 흘러 들어갈 것이다. 이는 자금을 금융시장에 대여 혹은 대출하는 성격이므로 대출포트폴리오라고 한다.

한편, MC상의 포트폴리오들은 투자자금 전부를 위험자산(M)에 투자할 뿐만 아니라, 무위험이자율로 투자자금을 빌려 위험자산(M)에 더 투자하는데, 이러한 포트폴리오를 차입포트폴리오(borrowing portfolio)라고 한다.

무위험자산(R_f)과 위험자산(M)으로 구성된 포트폴리오의 기대수익률과 표준편차는 다음과 같이 구한다.

$$E(R_P) = WE(R_f) + (1-W)E(R_M)$$

$$\sigma_P = \sqrt{W^2\sigma^2_{Rf} + (1-W)^2\sigma^2_M + 2W(1-W)\sigma_{Rf,M}}$$

$$E(R_P) = WR_f + (1-W)E(R_M) \qquad (7-2)$$

$$\sigma_P = (1-W)\sigma_M \qquad (7-3)$$

예제 ⑦ - 1 자본시장선(CML)의 의미

무위험이자율(R_f)이 10%이고, 위험자산 포트폴리오의 기대수익률 $E(R_M)$이 14%이며 이의 표준편차 σ_M이 12%라고 하자. 무위험자산과 위험자산에의 투자가중치인 W와 $1-W$가 각각 ① (100%, 0%) ② (50%, 50%) ③ (0%, 100%) ④ (−50%, 150%)일 경우 포트폴리오의 기대수익률과 표준편차를 구하고, 이를 도시하라.

$R_f = 10$, $E(R_M) = 14$, $\sigma_M = 12$이므로 식 (7-2)와 (7-3)에 각각 투자가중치를 대입하여 포트폴리오의 기대수익률과 표준편차를 구한다.

① $W = 1$ & $1-W = 0$ 이므로

$E(R_P) = WR_f + (1-W)E(R_M) = (1)(10) + (0)(14) = 10\%$

$\sigma_P = (1-W)\sigma_M = (0)(12) = 0\%$

② $W = 0.5$ & $1-W = 0.5$ 이므로

$E(R_P) = WR_f + (1-W)E(R_M) = (0.5)(10) + (0.5)(14) = 12\%$

$\sigma_P = (1-W)\sigma_M = (0.5)(12) = 6\%$

③ $W = 0$ & $1-W = 1$ 이므로

$E(R_P) = WR_f + (1-W)E(R_M) = (0)(10) + (1)(14) = 14\%$

$\sigma_P = (1-W)\sigma_M = (1)(12) = 12\%$

④ $W=-0.5$ & $1-W=1.5$ 이므로

$E(R_P)=WR_f+(1-W)E(R_M)=(-0.5)(10)+(1.5)(14)=16\%$

$\sigma_P=(1-W)\sigma_M=(1.5)(12)=18\%$

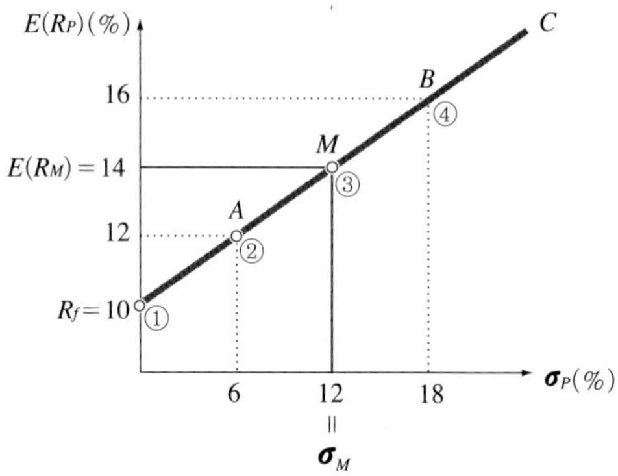

이 그림에서 CML의 기울기인 $\dfrac{E(R_M)-R_f}{\sigma_M}=\dfrac{14-10}{12}=0.333$의 의미는 포트폴리오 위험($\sigma_P$)이 1단위 증가함에 따라 0.333만큼 추가적인 보상을 요구한다는 것이다. 예로써, ②점의 $E(R_P)=10+0.333(6)=12\%$이고, ③점의 $E(R_P)=10+0.333(12)=14\%$임을 알 수 있다.

제 3 절 시장포트폴리오

1. 시장포트폴리오의 개념

〈그림 7-2〉에서 *CML*과 마코위츠의 효율적투자선의 접점인 포트폴리오 *M*을 시장포트폴리오(market portfolio)라고 하는데, 이것은 다음과 같은 의미를 가진다.

① 시장포트폴리오는 무위험자산이 존재시 위험자산 중 최적포트폴리오이다. 그 이유는 자본시장선의 기울기 $\frac{E(R_M)-R_f}{\sigma_M}$은 무위험자산과 *M*을 결합하여 얻을 수 있는 위험(표준편차) 1단위당 프레미엄을 의미하는데, 이 기울기값이 마코위츠의 효율적투자선에 존재하는 어떤 포트폴리오의 값보다 크기 때문이다. 따라서 모든 투자자는 위험자산의 투자대상으로 *M*만 선택하여 그들의 포트폴리오를 구성한다.

② 시장포트폴리오는 자본시장에서 존재하는 모든 위험자산으로 구성된다. 시장포트폴리오 *M*에 포함되지 않은 위험자산은 아무도 투자하지 않게 되므로 시장에 존재할 수 없게 된다. 즉, *M*에 포함되는 위험자산만이 시장에 존재하는데, 이는 바꾸어 말해 *M*은 자본시장에 존재하는 모든 위험자산을 포함한다는 것이다. 이것은 시장포트폴리오가 완전분산투자된 포트폴리오 (따라서 체계적위험만 존재함) 라는 것을 의미한다.

③ 모든 위험자산으로 구성된 진정한 시장포트폴리오는 현실적으로 불가능하다. 왜냐하면 모든 위험자산(all the risky assets)이란 주식 뿐만 아니라, 채권, 부동산, 기업, 인적자원 등 시장에 존재하는 모든 금융자산과 실물자산을 포함하는 개념이기 때문이다. 그러나 위험자산으로 주식만 생각한다면 시장포트폴리오는 모든 주식(all the stocks)으로 구성된 포트폴리오일 것이다. 일반적으로 시장포트폴리오의 대용치(proxy)로서 시가총액으로 계산한 종합주가지수를 사용한다.

④ 모든 투자자들이 위험자산으로는 M만을 선택하므로 자본시장의 모든 위험자산들이 M에 포함된다. 모든 위험자산에 대한 수급이 일치하는 균형상태에서는 개별주식 i가 시장포트폴리오 M에 차지하는 구성비율(W_i)은 시장전체주식의 시장가치(시가총액)에 대한 개별주식의 시장가치(시가총액)의 비율이다.

$$W_i = \frac{\text{개별주식 } i\text{의 시장가치}}{\text{시장전체 주식의 시장가치}} = \frac{P_i Q_i}{\sum_{i=1}^{n} P_i Q_i} \qquad (7-4)$$

단, P_i : 주식 i의 시장가격
Q_i : 주식 i의 발행주식수
n : 주식시장의 전체종목수

이 때, 투자자들은 위험자산에 대한 투자금액을 W_i의 비율대로 각 자산에 투자하면 시장포트폴리오와 동일한 수익률을 얻을 수 있다. 그러므로 개별투자자가 시장포트폴리오를 선택하면, 위험자산에 투자하는 각 투자자들의 투자자금에 따라 위험자산 포트폴리오의 시장가치는 다르겠지만, 투자자들이 선택하는 위험자산 포트폴리오의 구성비율은 누구나 동일하다. 그 이유는 모든 투자자들은 개별주식 i에 대한 투자금액의 비율이 W_i가 되도록 포트폴리오를 구성하는데, 이는 곧 시장포트폴리오의 구성비율과 같기 때문이다.

예제 7 – 2 시장포트폴리오의 구성

주식시장에는 다음과 같은 세 주식과 무위험자산이 있는데, 모든 투자자는 아무런 제한없이 무위험이자율로 대출이나 차입이 가능하다고 하자. 다음 자료를 참조하여 각 물음에 답하라.

	주당 시장가격	발행주식수
주식 1	15,000원	2,000주
주식 2	20,000원	2,500주
주식 3	10,000원	2,000주

(1) 시장포트폴리오의 구성비율(W_i)을 구하라.

(2) 투자자인 동연은 현재 천만원을 보유 중인데 위험자산인 주식에 보유자금의 절반인 5백만원만 투자하고자 한다. 동연이 *CAPM*의 논리에 따라 위험자산의 최적포트폴리오를 선택한다면, 각 주식을 몇 주씩 매입해야 하는가?

(3) 투자자인 정연은 현재 천만원을 보유 중인데, 무위험이자율에 2백만원을 차입하여 위험자산에 더 투자하고자 한다. 정연이 CAPM의 논리에 따라 위험자산의 최적 포트폴리오를 선택한다면, 각 주식을 몇 주씩 매입해야 하는가?

(1) 시장포트폴리오는 위험자산(주식)만으로 구성되며, 개별주식의 구성비율(W_i)은 시장 전체주식의 총시장가치에 대한 개별주식의 총시장가치의 비율이다. 즉, $W_i = \frac{P_i \cdot Q_i}{\sum_{i=1}^{3} P_i \cdot Q_i}$로 표현된다.

$P_1 \cdot Q_1 = (15{,}000)(2{,}000) = 30{,}000{,}000$(3천만원)

$P_2 \cdot Q_2 = (20{,}000)(2{,}500) = 50{,}000{,}000$(5천만원)

$P_3 \cdot Q_3 = (10{,}000)(2{,}000) = 20{,}000{,}000$(2천만원)

$\sum_{i=1}^{3} P_i \cdot Q_i = 100{,}000{,}000$(1억원)

따라서, $W_1 = \frac{3\text{천만원}}{1\text{억원}} = 0.3$

$W_2 = \frac{5\text{천만원}}{1\text{억원}} = 0.5$

$W_3 = \frac{2\text{천만원}}{1\text{억원}} = 0.2$이다.

(2) CAPM의 논리에 의하면 모든 투자자는 위험자산의 최적 포트폴리오로 시장 포트폴리오만을 선택한다. 따라서 동연은 위험자산에의 투자금액중 30%는 주식 1에, 50%는 주식 2에, 20%는 주식 3에 투자해야 하는데 이 때 매입해야 할 각 주식수는 다음과 같다.

	투자금액	매입주식수
주식 1	5백만원×0.3=1.5백만원	1.5백만원/15,000원=100주
주식 2	5백만원×0.5=2.5백만원	2.5백만원/20,000원=125주
주식 3	5백만원×0.2=1백만원	1백만원/10,000원=100주

(3) CAPM의 논리에 의하면 모든 투자자는 위험자산의 최적 포트폴리오로 시장 포트폴리오만을 선택한다. 따라서 정연은 위험자산에의 투자금액중 30%는 주식 1에, 50%는 주식 2에 20%는 주식 3에 투자해야 하는데, 이 때 투자금액은 천만원+2백만원인 1.2천만원이며 매입해야 할 각 주식수는 다음과 같다.

	투자금액	매입주식수
주식 1	1.2천만원×0.3=3.6백만원	3.6백만원/15,000원=240주
주식 2	1.2천만원×0.5=6백만원	6백만원/20,000원=300주
주식 3	1.2천만원×0.2=2.4백만원	2.4백만원/10,000원=240주

2. 시장포트폴리오 위험

시장포트폴리오는 시장에 존재하는 모든 위험자산을 시장가치의 비율대로 구성한 완전분산투자된 포트폴리오이므로 모든 개별자산은 시장포트폴리오의 일부로서만 의미를 갖게 된다. 시장포트폴리오는 완전분산투자된 포트폴리오이므로 체계적위험만 존재한다. 투자자 누구나 위험자산으로는 시장포트폴리오에 투자하므로 투자자는 체계적위험에만 관심을 가질 것이므로, 개별주식의 위험 중에서 투자자들에게 의미를 갖는 부분은 시장포트폴리오 위험중 개별주식이 차지(공헌, 기여)하는 체계적위험 부분이다.

이제 시장포트폴리오 위험(σ_M^2)에서 각 개별주식이 기여하는 정도를 다음과 같이 살펴보자.

〈표 7-1〉 시장포트폴리오위험에서 차지하는 개별주식의 기여도

	1	2	3	…	n	
1	$(W_1)W_1\sigma_{11}$	$(W_1)W_2\sigma_{12}$	$(W_1)W_3\sigma_{13}$	…	$(W_1)W_n\sigma_{1n}$	$(W_1)\sum_{i=1}^{n} W_i\sigma_{1i}=(W_1)\sigma_{1M}$
2	$W_2W_1\sigma_{21}$	$W_2W_2\sigma_{22}$	$W_2W_3\sigma_{23}$	…	$W_2W_n\sigma_{2n}$	$W_2\sum_{i=1}^{n} W_i\sigma_{2i}=W_2\sigma_{2M}$
3	$W_3W_1\sigma_{31}$	$W_3W_2\sigma_{32}$	$W_3W_3\sigma_{33}$	…	$W_3W_n\sigma_{3n}$	$W_3\sum_{i=1}^{n} W_i\sigma_{3i}=W_3\sigma_{3M}$
⋮	⋮	⋮	⋮	…	⋮	⋮
n	$W_nW_1\sigma_{n1}$	$W_nW_2\sigma_{n2}$	$W_nW_3\sigma_{n3}$	…	$W_nW_n\sigma_{nn}$	$W_n\sum_{i=1}^{n} W_i\sigma_{ni}=W_n\sigma_{nM}$

총위험 $=\sum_{i=1}^{n}\sum_{j=1}^{n} W_iW_j\sigma_{ij}=\sigma_M^2$

체계적 위험
(완전분산된 위험)

개별주식 1이 시장포트폴리오 위험에 미치는 영향, 즉 기여도는 다음과 같다.

$$\text{주식 1의 기여도}=W_1W_1\sigma_{11}+W_1W_2\sigma_{12}+W_1W_3\sigma_{13}+\cdots\cdots+W_1W_n\sigma_{1n}$$
$$=W_1(W_1\sigma_{11}+W_2\sigma_{12}+W_3\sigma_{13}+\cdots\cdots+W_n\sigma_{1n})$$
$$=W_1\sigma_{1M}$$ [2)]

따라서 개별주식 1이 시장포트폴리오에 기여하는 정도는 주식 1의 구성비율(W_1)에 주식 1의 수익률과 시장포트폴리오 수익률과의 공분산(σ_{1M})을 곱한 것이다. 이것은 개별주식을 보유함으로써 부담하는 체계적위험을 절대적인 크기인 기여도(공헌도)로 나타낸 것이고, 이 값을 시장포트폴리오 수익률의 분산으로 나누어 시장포트폴리오 위험에서 차지하는 상대적 비율로 나타낸 것이 기여비율(공헌비율)이다.

시장포트폴리오 위험에 주식 1의 기여비율$=\dfrac{W_1\sigma_{1M}}{\sigma_M^2}$이고

시장포트폴리오 위험에 주식 2의 기여비율$=\dfrac{W_2\sigma_{2M}}{\sigma_M^2}$이며

따라서 시장포트폴리오 위험에 주식 i의 기여비율$=\dfrac{W_i\sigma_{iM}}{\sigma_M^2}$이다.

$$\text{시장포트폴리오 위험에서 개별주식 } i\text{의 기여도} = W_i\sigma_{iM} \qquad (7\text{-}5)$$

$$\text{시장포트폴리오 위험에서 개별주식 } i\text{의 기여비율} = \frac{W_i\sigma_{iM}}{\sigma_M^2} \qquad (7\text{-}6)$$

그런데 여기에서 W_i는 시장가치로 계산한 개별주식 i의 시장포트폴리오 구성비율로서, 개별주식의 위험과는 관계가 없기 때문에 체계적위험을 측정할 때는 이 효과를 배제한다. 따라서 개별주식의 체계적위험을 나타내는 적절한 지표(척도)는 식 (7-7)로 표현할 수 있는데, 이를 베타(β_i)라고 한다.

$$\text{개별주식의 베타}(\beta_i) = \frac{\sigma_{iM}}{\sigma_M^2} = \frac{Cov(R_i, R_M)}{Var(R_M)} \qquad (7\text{-}7)$$

불확실한 투자환경에서 투자자들은 위험자산에 투자할 때 기대수익(율) 뿐만 아니라 위험도 고려하는데, 위험자산(주식)의 총위험 중 체계적위험인 시장과의 공분산(σ_{iM})만을 적절한 위험의 측정치로 생각한다는 것을 알 수 있다. 시장과 상

---

2) $\sigma_{1M} = Cov(R_1,\ R_M) = Cov(R_1,\ W_1R_1 + W_2R_2 + \cdots\cdots + W_nR_n)$
$= Cov(R_1,\ W_1R_1) + Cov(R_1,\ W_2R_2) + \cdots\cdots + Cov(R_1,\ W_nR_n)$
$= W_1Cov(R_1,\ R_1) + W_2Cov(R_1,\ R_2) + \cdots\cdots + W_nCov(R_1,\ R_n)$
$= W_1\sigma_{11} + W_2\sigma_{12} + \cdots\cdots + W_n\sigma_{1n} = \sum_{i=1}^{n} W_i\sigma_{1i}$

관관계가 높은 주식(시장움직임에 민감한 주식)은 시장과의 공분산이 크므로 위험이 높은 주식이라고 할 수 있으며, 반대로 시장과 상관관계가 낮은 주식(시장움직임에 둔감한 주식)은 시장과의 공분산이 작으므로 위험이 낮은 주식이라고 할 수 있다.

제2절에서 자본시장선(*CML*)은 무위험자산(R_f)과 시장포트폴리오(*M*)로만 구성된 효율적 포트폴리오(예로써, 지수펀드)의 기대수익률과 위험과의 관계만 설명한다고 하였다. 따라서 *CML*은 비체계적위험이 포함된 개별주식의 기대수익률과 위험과의 관계를 설명하지 못한다. 이로 인해 새로운 모형이 출현하게 되었는데 이것이 바로 제5절에서 설명할 증권시장선(security market line, *SML*) 이다.

예제 ⑦ – 3 포트폴리오 위험과 개별주식의 기여도

다음 세 주식에 각각 50%, 30%, 20% 투자한 포트폴리오 *P*를 가정하자.

주 식	표준편차	상관계수		
		1	2	3
1	14%	1.0	0.2	0.3
2	16	0.2	1.0	0.4
3	20	0.3	0.4	1.0

(1) 이 포트폴리오 수익률의 분산(σ_P^2)을 구하라.

(2) 각 주식과 포트폴리오 수익률간의 공분산(σ_{iP})을 구하라.

(3) 포트폴리오 위험에 대한 각 주식의 기여도를 구하라.

(4) 포트폴리오 위험에 대한 각 주식의 기여비율을 구하라.

(1) $\sigma_{12} = \rho_{12}\sigma_1\sigma_2 = (0.2)(14)(16) = 44.8$

$\sigma_{23} = \rho_{23}\sigma_2\sigma_3 = (0.4)(16)(20) = 128$

$\sigma_{13} = \rho_{13}\sigma_1\sigma_3 = (0.3)(14)(20) = 84$

$$\sigma_p^2 = W_1^2\sigma_1^2 + W_2^2\sigma_2^2 + W_3^2\sigma_3^2 + 2W_1W_2\sigma_{12} + 2W_2W_3\sigma_{23} + 2W_1W_3\sigma_{13}$$
$$= (0.5)^2(14)^2 + (0.3)^2(16)^2 + (0.2)^2(20)^2 + 2(0.5)(0.3)(44.8) + 2(0.3)(0.2)(128) + 2(0.5)(0.2)(84) = 133.64$$

(2) $\sigma_{1P} = \sum W_i\sigma_{1i} = W_1\sigma_{11} + W_2\sigma_{12} + W_3\sigma_{13} = (0.5)(14)^2 + (0.3)(44.8) + (0.2)(84) = 128.24$

$\sigma_{2P} = \sum W_i\sigma_{2i} = W_1\sigma_{21} + W_2\sigma_{22} + W_3\sigma_{23} = (0.5)(44.8) + (0.3)(16)^2 + (0.2)(128) = 124.8$

$$\sigma_{3P} = \sum W_i\sigma_{3i} = W_1\sigma_{31} + W_2\sigma_{32} + W_3\sigma_{33} = (0.5)(84) + (0.3)(128) + (0.2)(20)^2 = 160.4$$

(3) 주식 1의 기여도 $= W_1W_1\sigma_{11} + W_1W_2\sigma_{12} + W_1W_3\sigma_{13}$

$$= (0.5)(0.5)(14)^2 + (0.5)(0.3)(44.8) + (0.5)(0.2)(84) = 64.12$$

혹은 $W_1\sigma_{1P} = (0.5)(128.24) = 64.12$

주식 2의 기여도 $= W_2W_1\sigma_{21} + W_2W_2\sigma_{22} + W_2W_3\sigma_{23}$

$$= (0.3)(0.5)(44.8) + (0.3)(0.3)(16)^2 + (0.3)(0.2)(128) = 37.44$$

혹은 $W_2\sigma_{2P} = (0.3)(124.8) = 37.44$

주식 3의 기여도 $= W_3W_1\sigma_{31} + W_3W_2\sigma_{32} + W_3W_3\sigma_{33}$

$$= (0.2)(0.5)(84) + (0.2)(0.3)(128) + (0.2)(0.2)(20)^2 = 32.08$$

혹은 $W_3\sigma_{3P} = (0.2)(160.4) = 32.08$

(4) 주식 1의 기여비율 $= \dfrac{W_1\sigma_{1P}}{\sigma_P^2} = \dfrac{64.12}{133.64} = 0.4798$ (47.98%)

주식 2의 기여비율 $= \dfrac{W_2\sigma_{2P}}{\sigma_P^2} = \dfrac{37.44}{133.64} = 0.2802$ (28.02%)

주식 3의 기여비율 $= \dfrac{W_3\sigma_{3P}}{\sigma_P^2} = \dfrac{32.08}{133.64} = 0.2400$ (24%)

3. 베타의 실무적 측정

(1) 개별자산의 베타

기본적으로 *CAPM*은 그 가정 ③번과 ④번에 의해 투자 1기간 후의 미래수익률 분포로 부터 도출되는 사전적인(ex-ante) 모형이므로, 베타계수 역시 개별자산과 시장포트폴리오의 미래수익률에 대한 확률분포로 부터 추정되어야 한다. 이와 같이 미래의 확률자료를 이용하여 추정된 베타를 사전적 베타라고 한다.

그러나 미래의 수익률분포를 정확하게 예측한다는 것은 현실적으로 매우 어렵다. 따라서 과거 수익률자료가 미래 수익률을 예측하는데 도움을 준다는 가정하에, 과거 수익률자료로 부터 베타를 측정하는데 이를 사후적(ex-post) 베타라고 한다.

사후적 베타는 과거 시계열자료를 이용하는데, 개별자산수익률(R_{it})을 시장포트폴리오(종합주가지수)수익률(R_{Mt})에 대하여 회귀분석을 시행했을 때의 회귀계수로 추정한다. 사후적베타는 제4절에서 나오는 시장모형(market model)으로 추정한다. 즉 $R_{it}=\alpha_i+\beta_i \cdot R_{Mt}+\varepsilon_{it}$를 이용하는데 α_i와 β_i를 최소자승법(ordinary least squares, *OLS*)으로 추정한다.

(2) 포트폴리오 베타

포트폴리오의 베타(β_P)는 포트폴리오를 구성하는 개별주식의 베타를 투자가중치로 가중평균하여 구하는데[3], 이를 베타의 가산원리라고 한다.

$$\beta_P=W_1\beta_1+W_2\beta_2+\cdots\cdots+W_n\beta_n=\sum_{i=1}^{n}W_i\beta_i \tag{7-8}$$

또한 시장포트폴리오의 베타는 1이라는 것을 다음과 같이 쉽게 유도할 수 있다.

$\beta_i=\dfrac{\sigma_{iM}}{\sigma_M^2}$이므로 시장포트폴리오 베타인 $\beta_M=\dfrac{\sigma_{MM}}{\sigma_M^2}=\dfrac{\sigma_M^2}{\sigma_M^2}=1$

4. 최적포트폴리오와 토빈의 분리정리

(1) 최적포트폴리오

투자자들의 동질적기대를 가정하므로 무위험자산이 존재한다면 효율적투자선인 *CML*은 누구에게나 동일한 형태로 1개만 주어지며, 투자자들은 자신의 기대효용을 극대화하는 방향으로 *CML*상의 어느 한 점인 포트폴리오를 최적포트폴리오로 선택할 것이다.

*CML*에는 무위험자산(R_f)과 위험자산만으로는 시장포트폴리오(M)만 존재하므로, *CML*상의 모든 점들은 R_f와 M에 대한 투자가중치만 다른 수많은 포트폴리오로 구성되어 있다. 따라서 개별투자자가 *CML*상의 어느 한 점을 최적포트폴리오로 선택한다는 것은 자신의 주관적인 위험회피정도에 따라 무위험자산과 시장포

---

3) $\beta_P=\dfrac{Cov(R_P,\ R_M)}{\sigma_M^2}=\dfrac{Cov(W_1R_1+W_2R_2+\cdots+W_nR_n,\ R_M)}{\sigma_M^2}=\dfrac{W_1\sigma_{1M}+W_2\sigma_{2M}+\cdots+W_n\sigma_{nM}}{\sigma_M^2}$

$=W_1\dfrac{\sigma_{1M}}{\sigma_M^2}+W_2\dfrac{\sigma_{2M}}{\sigma_M^2}+\cdots+W_n\dfrac{\sigma_{nM}}{\sigma_M^2}=W_1\beta_1+W_2\beta_2+\cdots+W_n\beta_n=\Sigma W_i\beta_i$

트폴리오에 대한 투자가중치를 결정한다는 의미이다. 예컨대 〈그림 7-5〉에서 위험회피정도가 상대적으로 강한 투자자 *A*는 무위험자산에 많이 투자하고자 하므로 대출포트폴리오 구간을 최적포트폴리오로 선택할 것이고, 위험회피정도가 상대적으로 약한 투자자 *B*는 위험자산인 시장포트폴리오에 많이 투자하고자 하므로 차입포트폴리오 구간을 최적포트폴리오로 선택할 것이다.

(2) 토빈의 분리정리

위에서 살펴보았듯이 개별투자자들의 최적포트폴리오 선택은 다음과 같은 두 단계로 이루어진다.

첫 번째 단계로 위험자산으로는 시장포트폴리오 *M*만을 선택한다. 예컨대 시장포트폴리오는 지배원리에 의하여 수많은 위험자산 중 가장 우월한 것이다. 따라서 모든 투자자는 위험자산만으로는 시장포트폴리오만을 선택하므로, 1단계는 개별투자자들의 위험회피정도와 무관하게 객관적으로 정해진다.[4)]

그림 7-5 최적포트폴리오의 선택

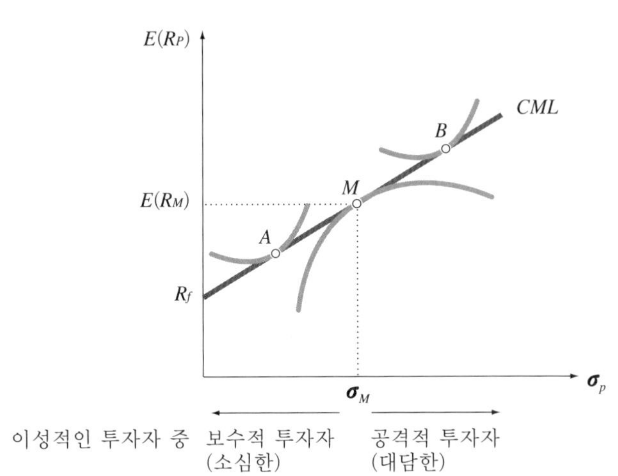

4) In a *CML* world, you don' t have to worry about what to invest in because all investors will invest the same R_f and *M*.

두 번째 단계로 개별투자자들은 무위험자산과 위험자산인 시장포트폴리오의 투자가중치로 자신들의 최적포트폴리오를 선택한다. 투자자 각자의 위험회피정도에 따라 투자가중치를 조정하여 대출포트폴리오 혹은 차입포트폴리오를 선택한다. 이는 개별투자자들의 위험회피정도에 따라 달라지므로 주관적으로 정해진다.

이와 같이 투자자들의 최적선택과정이 두 단계로 분리되는 것을 토빈의 분리정리(Tobin' s separation theorem) 혹은 2자산분리(two-fund separation) 혹은 포트폴리오 분리(portfolio separation)라고 한다. 토빈의 분리정리는 경영자가 수많은 주주들의 위험회피정도와 상관없이 자본시장에서 위험자산에 대한 최적결정을 할 수 있다는 의미를 가진다고 하여, 소유와 경영의 분리에 대한 근거를 제공해준다.

제 4 절 시장모형

1. 마코위츠의 완전공분산모형의 문제점

마코위츠의 모형은 선택가능한 무수한 포트폴리오들의 기대수익률과 위험을 측정하여 지배원리가 성립하지 않는 포트폴리오들의 집합인 효율적 포트폴리오 집합을 도출하는 기법이다. 따라서 마코위츠모형은 포트폴리오들의 기대수익률과 분산 및 공분산을 모두 정확히 측정할 수 있다는 것을 전제하고 있다. 그러나 포트폴리오의 수익률의 분산-공분산 행렬은 주식의 미래수익률의 확률분포에 의해서 측정되는 것이 아니라 과거 일정기간동안의 실제수익률 자료에 의해서 추정되는 것이 현실적이다.

또한 마코위츠모형은 분산-공분산 행렬을 이용하여 포트폴리오 수익률의 위험을 계산하기 때문에 완전공분산모형(full covariance model)이라고 하는데, 이를 위한 투입정보량이 너무나 방대하다. 이와 같은 문제점을 해결하기 위해 샤프(Sharpe)에 의해 개발된 모형을 단일지수(단일지표)모형 또는 시장모형이라고 한다.[5)]

2. 시장모형의 개념

(1) 시장모형의 정의

단일지수모형은 모든 주식수익률에 공통적으로 영향을 미치는 하나의 공통요인이 존재하는데 그것이 바로 시장지수(시장포트폴리오)라는 것이다. 정도의 차이는 다소 있지만 시장포트폴리오의 변동에 의해 모든 개별주식의 수익률이 변

---

5) 본절의 「4. 마코윗츠의 완전공분산모형과 샤프의 시장모형의 비교」를 참조하라.

동한다는 것이다. 즉 하나의 공통요인만을 고려한다는 의미에서 단일지수(지표)모형(single index model, *SIM*) 혹은 단일요인모형(single factor model)으로 부르고, 그 공통요인이 시장포트폴리오 수익률이라고 하여 시장모형(market model)이라고 부른다.

(2) 시장모형의 가정

시장모형은 공통요인이 시장포트폴리오 수익률이라고 가정한 모형으로, 개별주식의 수익률(가격)변동이 두 가지 원천에 의해 좌우된다고 전제한다. 첫 번째는 시장전체 공통요인의 변동과 관련된 부분이고, 두 번째는 시장전체와 상관없이 개별기업 고유요인에 국한되어 발생되는 부분이다.

> 개별주식 수익률(가격) 변동=시장전체(공통요인)와 관련된 수익률 변동+개별기업의 고유요인에 국한된 수익률 변동

$$R_i = \alpha_i + \beta_i \cdot R_M + \varepsilon_i \tag{7-9}$$

위에서 보듯이 시장모형은 개별주식의 수익률(R_i)을 시장수익률(R_M)과 선형관계로 나타낸 것인데, 이것은 시장수익률을 독립(설명)변수로 하고 개별주식 수익률을 종속변수로 하는 단순회귀식과 동일하다. α_i는 시장모형의 절편으로 시장수익률이 0일 때 주식 i의 평균적 수익률을 나타내며, β_i는 시장모형의 기울기로 시장수익률의 변동에 대한 개별주식 수익률의 평균적인 민감도(반응도, sensitivity)를 나타낸다. ε_i는 주식 i의 수익률 중 시장수익률로 설명되지 않은 부분으로 잔차항(오차항, error terms) 이라고 한다.

〈그림 7-6〉에서 주식 i의 수익률 R_i^* 가운데 $\alpha_i + \beta_i \cdot R_M^*$은 시장수익률과 관련되어 발생한 수익률변동 부분(체계적위험에 해당)이고, 나머지 ε_i는 시장수익률 변동과 무관한 주식 i의 고유요인에 의한 수익률변동 부분(비체계적위험에 해당)이다.

시장모형은 다음과 같은 세 가지 가정을 한다.

① $E(\varepsilon_i)=0$: 개별기업에 국한되어 발생하는 수익률변동은 특정시점에서 0보다

그림 7-6 시장모형

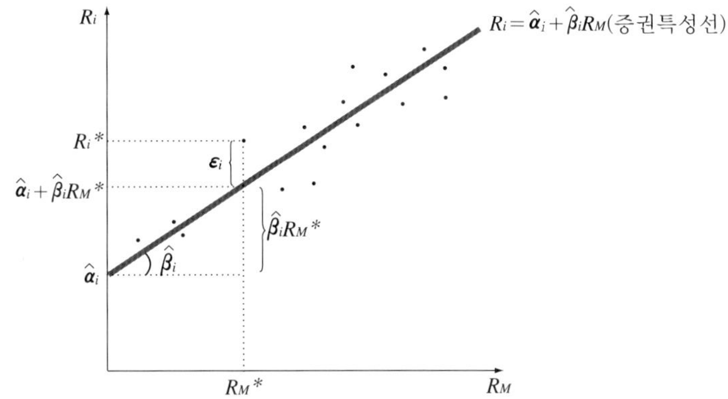

크거나 작을 수 있지만 평균적으로 0이다.

② $Cov(\varepsilon_i,\ R_M)=0$: 개별기업에 국한되어 발생하는 수익률변동과 시장전체의 수익률변동은 무관하다.

③ $Cov(\varepsilon_i,\ \varepsilon_j)=0$: 개별기업에 국한되어 발생하는 수익률변동은 서로 무관하다. 예로써 삼성전자의 파업과 포스코의 파업은 무관하다는 것이다. 이는 개별주식들의 수익률에 공통적으로 영향을 미치는 요인은 시장수익률 뿐이라는 것이다.

(3) 증권특성선

증권특성선(security characteristic line, *SCL*)은 시장모형에서 α_i와 β_i를 추정하여 얻은 개별주식수익률(R_i)과 시장수익률(R_M)간의 선형식을 말한다. 증권특성선이라고 부르는 이유는 이렇게 추정한 $\hat{\alpha}_i$ 와 $\hat{\beta}_i$ 가 개별주식의 수익률변동에 대한 특성을 보여주기 때문이다.

$$R_{it} = \hat{\alpha}_i + \hat{\beta}_i \cdot R_{Mt} \qquad (7\text{-}10)$$

1) 베타계수의 의미

식 (7-10)에서 $\hat{\alpha}_i$ 와 $\hat{\beta}_i$ 는 통계기법인 최소자승법(ordinary least squares, *OLS*)에

의하여 추정한다. 증권특성선의 기울기인 $\hat{\beta}_i$ 는 시장수익률의 변동에 대한 개별주식 수익률의 평균적인 민감도(반응도)를 나타내므로, 베타계수가 큰 주식일수록 시장수익률의 변동에 대하여 민감하게 반응한다. 즉 베타계수$(\beta_i)>1$인 주식의 수익률변동은 시장수익률 변동보다 크게 나타나므로 이러한 자산을 공격적 자산(aggressive asset)이라고 하고, 베타계수$(\beta_i)<1$인 주식의 수익률변동은 시장수익률 변동보다 작게 나타나므로 이러한 자산을 방어적 자산(defensive asset)이라고 한다.

2) 결정계수

결정계수(coefficient of determination, R^2)는 ① 증권특성선의 설명력을 나타내는 계수로서, ② 독립(설명)변수인 R_M의 변동이 종속변수인 R_i의 변동을 설명하는 정도를 나타낸다. 결정계수는 ③ 독립(설명)변수와 종속변수간의 상관계수를 제곱한 값인데, 이는 ④ 증권특성선에서 총위험 중에서 체계적위험이 차지하는 비율과 동일하다.[6)]

$$\text{결정계수}(R^2)=\frac{\text{체계적 위험}}{\text{총위험}}=(\rho_{iM})^2 \qquad (7\text{-}11)$$

예컨대 시장수익률과 개별주식 수익률간의 상관계수가 0.7이라면, $R^2=(\rho_{iM})^2=(0.7)^2=0.49$이므로 시장수익률 변동으로 개별주식의 수익률변동을 49% 정도 설명할 수 있다는 의미이다. 증권특성선의 설명력을 도시화 한 것이 〈그림 7-7〉이다.

6) $\beta_i^2\sigma_M^2=\left(\frac{\sigma_{iM}}{\sigma_M^2}\right)^2\sigma_M^2=\frac{\sigma_{iM}^2}{\sigma_M^2}=\frac{\sigma_{iM}^2}{\sigma_M^2}\times\frac{\sigma_i^2}{\sigma_i^2}=\left(\frac{\sigma_{iM}}{\sigma_i\sigma_M}\right)^2\sigma_i^2=\rho_{iM}^2\sigma_i^2$이므로

$$\frac{\text{체계적위험}}{\text{총위험}}=\frac{\beta_i^2\sigma_M^2}{\sigma_i^2}=\frac{\rho_{iM}^2\sigma_i^2}{\sigma_i^2}=\rho_{iM}^2=R^2$$

그림 7-7 증권특성선

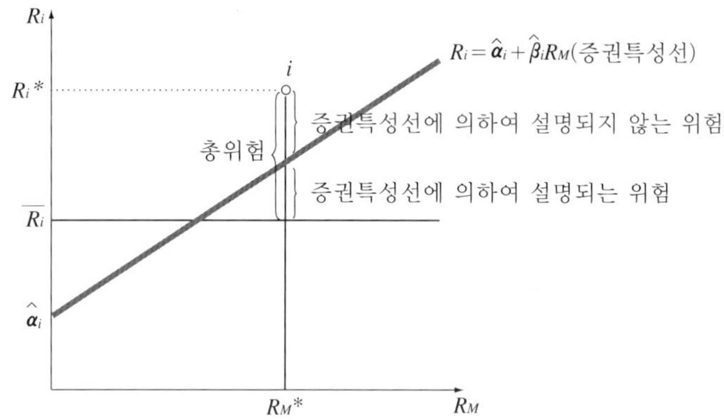

3. 시장모형에 의한 기대수익률과 위험

1) 개별주식의 기대수익률과 위험

시장모형에 의한 개별주식의 기대수익률 $E(R_i)$와 분산 σ_i^2 및 공분산 σ_{ij}은 다음과 같다.

$$R_i = \alpha_i + \beta_i \cdot R_M + \varepsilon_i$$

① 기대수익률

$$E(R_i) = E(\alpha_i + \beta_i \cdot R_M + \varepsilon_i) = E(\alpha_i) + E(\beta_i \cdot R_M) + E(\varepsilon_i) = \alpha_i + \beta_i E(R_M)$$

$$E(R_i) = \alpha_i + \beta_i E(R_M) \qquad (7-12)$$

② 분 산

$$Var(R_i) = Var(\alpha_i + \beta_i R_M + \varepsilon_i) = Var(\alpha_i) + Var(\beta_i R_M) + Var(\varepsilon_i)$$
$$+ 2Cov(\alpha_i,\ \beta_i R_M) + 2Cov(\alpha_i,\ \varepsilon_i) + 2Cov(\beta_i R_M,\ \varepsilon_i)$$
$$= Var(\beta_i R_M) + Var(\varepsilon_i)$$

$$\underbrace{\sigma_i^2}_{\text{총위험}} = \underbrace{\beta_i^2 \sigma_M^2}_{\text{체계적 위험}} + \underbrace{\sigma_{\varepsilon_i}^2}_{\text{비체계적 위험(잔차분산)}} \qquad (7-13)$$

여기에서 $\beta_i^2\sigma_M^2$은 공통요인인 시장수익률 변동으로 인하여 발생하는 위험부분으로 체계적위험을 나타내고, $\sigma_{\varepsilon i}^2$은 시장수익률 변동과 무관하게 개별주식에 국한되어 발생하는 위험부분으로 비체계적위험을 나타낸다. $\beta_i^2\sigma_M^2$에서 σ_M^2은 모든 주식에 동일하게 적용되므로 개별주식의 체계적위험은 전적으로 베타계수인 β_i에 달려있다. 따라서 β_i만으로 체계적위험의 정도를 알 수 있으므로 일반적으로 β_i를 체계적위험의 지표(척도)로 사용한다.

③ 공분산

$$\begin{aligned}Cov(R_i,\ R_j) &= Cov(\alpha_i+\beta_i R_M+\varepsilon_i,\ \alpha_j+\beta_j R_M+\varepsilon_j)\\ &= Cov(\alpha_i,\ \alpha_j)+Cov(\alpha_i,\ \beta_j R_M)+Cov(\alpha_i,\ \varepsilon_j)\\ &\quad +Cov(\beta_i R_M,\ \alpha_j)+Cov(\beta_i R_M,\ \beta_j R_M)+Cov(\beta_i R_M,\ \varepsilon_j)\\ &\quad +Cov(\varepsilon_i,\ \alpha_j)+Cov(\varepsilon_i,\ \beta_j R_M)+Cov(\varepsilon_i,\ \varepsilon_j)\end{aligned}$$

여기에서 α_i, α_j는 상수이고 시장모형의 가정 ②, ③에 의해서

$$Cov(R_i,\ R_j)=Cov(\beta_i R_M,\ \beta_j R_M)=\beta_i\beta_j\ Cov(R_M,\ R_M)$$

$$\sigma_{ij}=\beta_i\beta_j\sigma_M^2 \tag{7-14}$$

2) 포트폴리오의 기대수익률과 위험

시장모형에 의한 포트폴리오의 기대수익률 $E(R_p)$와 분산 σ_p^2은 다음과 같다.

$$\begin{aligned}R_P &= \sum_{i=1}^{n} W_i R_i = \sum_{i=1}^{n} W_i(\alpha_i+\beta_i R_M+\varepsilon_i)\\ &= \sum_{i=1}^{n} W_i\alpha_i + \sum_{i=1}^{n} W_i\beta_i R_M + \sum_{i=1}^{n} W_i\varepsilon_i = \alpha_P+\beta_P R_M+\varepsilon_P\end{aligned}$$

① 기대수익률

$$E(R_P)=E(\alpha_P+\beta_P R_M+\varepsilon_P)=E(\alpha_P)+E(\beta_P R_M)+E(\varepsilon_P)=\alpha_P+\beta_P E(R_M)$$

$$E(R_P)=\alpha_P+\beta_P E(R_M) \tag{7-15}$$

② 분 산

$$Var(R_P)=Var(\alpha_P+\beta_P R_M+\varepsilon_P)=Var(\beta_P R_M)+Var(\varepsilon_P)$$

여기에서 $Var(\varepsilon_P)=Var(\sum_{i=1}^{n} W_i\varepsilon_i)=Var(W_1\varepsilon_1+W_2\varepsilon_2+\ \cdots\ +W_n\varepsilon_n)$

$$= \sum_{i=1}^{n} W_i^2 Var(\varepsilon_i) + \sum_{i=1}^{n} \sum_{\substack{j=1 \\ (i \neq j)}}^{n} W_i W_j \, Cov(\varepsilon_i, \varepsilon_j)$$

포트폴리오의 비체계적 위험 $\sigma_{\varepsilon_P}^2 = \sum W_i^2 \sigma_{\varepsilon_i}^2 + \sum\sum W_i W_j \sigma_{\varepsilon_i, \varepsilon_j}$

포트폴리오 총위험 (σ_P^2)에 대한 시장모형과 마코위츠모형의 식은 다음과 같다.

〈시장모형〉 포트폴리오의 총위험 $\sigma_P^2 = \beta_P^2 \sigma_M^2 + \sum W_i^2 \sigma_{\varepsilon_i}^2 + \sum\sum W_i W_j \sigma_{\varepsilon_i, \varepsilon_j}$

〈마코위츠모형〉 포트폴리오의 총위험 $\sigma_P^2 = \sum W_i^2 \sigma_i^2 + \sum\sum W_i W_j \sigma_{ij}$

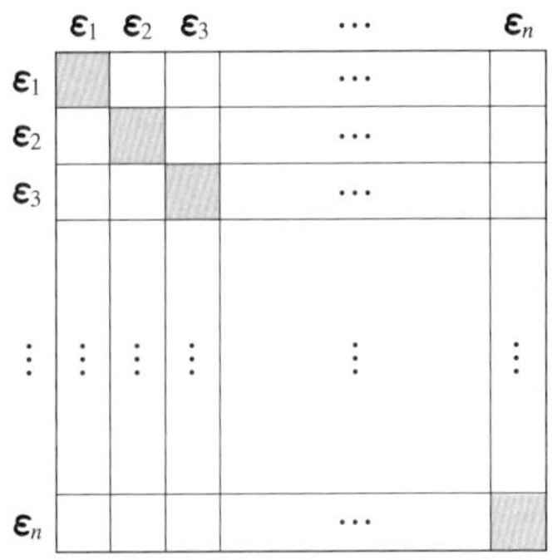

$$\sigma_P^2 = \beta_P^2 \sigma_M^2 + \sigma_{\varepsilon_P}^2 = \beta_P^2 \sigma_M^2 + \sum_{i=1}^{n} W_i^2 \sigma_{\varepsilon_i}^2 \qquad (7\text{-}16)$$

3) 포트폴리오의 분산효과

포트폴리오의 분산효과를 살펴보기 위하여 n개 주식에 투자비율이 $\frac{1}{n}$씩 균등하게 투자하는 동일가중(equally weighted) 투자된 포트폴리오를 생각해 보자. 이때 각 주식에의 투자비율은 $W_i = \frac{1}{n}$이므로, 포트폴리오 위험은 다음과 같다.

$$\sigma_P^2 = \beta_P^2 \sigma_M^2 + \sum_{i=1}^{n} W_i^2 \sigma_{\varepsilon_i}^2 = \beta_P^2 \sigma_M^2 + \sum_{i=1}^{n} \left(\frac{1}{n}\right)^2 \sigma_{\varepsilon_i}^2$$

$$= \beta_P^2 \sigma_M^2 + \frac{1}{n} \left(\sum_{i=1}^{n} \frac{\sigma_{\varepsilon_i}^2}{n} \right) = \beta_P^2 \sigma_M^2 + \left(\frac{1}{n}\right) \overline{\sigma_{\varepsilon_i}^2}$$

↳ 개별주식의 잔차분산의 평균

$n \rightarrow \infty$, $\sigma_P^2 = \beta_P^2 \sigma_M^2$ 혹은 $\sigma_P = \beta_P \sigma_M$

4. 마코위츠의 완전공분산모형과 샤프의 시장모형의 비교

		완전공분산모형	시장모형
개별자산	기대수익률	$E(R_i) = \sum P_i \cdot R_i$	$E(R_i) = \boldsymbol{\alpha}_i + \beta_i E(R_M)$
	분산	$\boldsymbol{\sigma}_i^2 = \sum [R_i - E(R_i)]^2 \cdot P_i$	$\boldsymbol{\sigma}_i^2 = \beta_i^2 \boldsymbol{\sigma}_M^2 + \boldsymbol{\sigma}_{\boldsymbol{\varepsilon} i}^2$
	공분산	$\boldsymbol{\sigma}_{ij} = \sum \sum [R_i - E(R_i)][R_j - E(R_j)] \cdot P_{ij}$ $= \boldsymbol{\rho}_{ij} \boldsymbol{\sigma}_i \boldsymbol{\sigma}_j$	$\boldsymbol{\sigma}_{ij} = \beta_i \beta_j \boldsymbol{\sigma}_M^2$
포트폴리오	기대수익률	$E(R_P) = \sum W_i E(R_i)$	$E(R_P) = \boldsymbol{\alpha}_P + \beta_P E(R_M)$
	분산	$\boldsymbol{\sigma}_P^2 = \sum \sum W_i W_j \boldsymbol{\sigma}_{ij}$	$\boldsymbol{\sigma}_P^2 = \beta_P^2 \boldsymbol{\sigma}_M^2 + \boldsymbol{\sigma}_{\boldsymbol{\varepsilon}_P}^2$
	분산효과	$\boldsymbol{\sigma}_P^2 = \frac{1}{n}\overline{\boldsymbol{\sigma}_i^2} + \left(1 - \frac{1}{n}\right)\overline{\boldsymbol{\sigma}_{ij}}$ $n \to \infty$면, $\boldsymbol{\sigma}_P^2 = \overline{\boldsymbol{\sigma}_{ij}}$	$\boldsymbol{\sigma}_P^2 = \beta_P^2 \boldsymbol{\sigma}_M^2 + \left(\frac{1}{n}\right)\overline{\boldsymbol{\sigma}_{\boldsymbol{\varepsilon}_i}^2}$ $n \to \infty$면, $\boldsymbol{\sigma}_P^2 = \beta_P^2 \boldsymbol{\sigma}_M^2$
	정보량	$\boldsymbol{\sigma}_i^2$: n개 $\boldsymbol{\sigma}_{ij} = \frac{n(n-1)}{2}$개 $E(R_i)$: n개 $\Rightarrow \frac{n^2+3n}{2}$개 (예 100개 주식 : 5,150개의 정보량)	$\boldsymbol{\alpha}_i$, β_i, $\boldsymbol{\sigma}_{\boldsymbol{\varepsilon}_i}^2$: 각 n개씩 $E(R_M)$: 1개 $\boldsymbol{\sigma}_M^2$: 1개 $\Rightarrow 3n+2$개 (예 100개 주식 : 302개의 정보량)

(1) 시장모형의 유용성과 한계점

마코위츠의 완전공분산 모형은 개별주식만의 공분산에 대해 일체의 가정을 하지 않고 전부 구하기 때문에 정확한 방법이지만 효율적 투자선을 계산하는데 따른 정보량이 너무 많아 상당한 경제적, 시간적 비용이 소모된다. 따라서 마코윗츠의 효율적 투자선을 경제적으로 유도하기 위해 개발된 시장모형은 현실적 유용성이 높다는 이점을 가진다. 그러나, $Cov(\boldsymbol{\varepsilon}_i, \boldsymbol{\varepsilon}_j) = 0$이라는 가정이 성립하지 못한다면 정확성이 떨어진다는 한계점을 지니고 있다.

완전공분산모형은 개별주식 수익률간의 공분산에 대하여 0이라고 가정하지 않고 이를 전부 구하기 때문에, 두 결과가 다를 경우 ① 완전공분산모형에 의한 $\boldsymbol{\sigma}_p^2$ 값이 시장모형에 의한 $\boldsymbol{\sigma}_p^2$ 값보다 항상 크며 ② 완전공분산모형에 의한 $\boldsymbol{\sigma}_p^2$ 값이 정확한 값이라는 것을 알 수 있다.

예제 ⑦ – 4 완전공분산모형과 시장모형

다음 자료를 참조하여 물음에 답하라.

주 식	주식 i와 시장수익률간의 상관계수(ρ_{iM})	주식 i의 표준편차(σ_i)
A	0.7	0.2
B	0.3	0.4

시장수익률의 표준편차(σ_M)는 0.25이고 ρ_{AB}는 0.5이다.

(1) β_A와 β_B를 구하라.

(2) 마코위츠의 완전공분산모형을 이용하여 두 주식 수익률간의 공분산(σ_{AB})을 구하라.

(3) 샤프의 시장모형을 이용하여 두 주식 수익률간의 공분산(σ_{AB})을 구하라.

(4) 주식 A와 B에 1 : 1로 투자한 포트폴리오 위험을 완전공분산모형에 의하여 구하라.

(5) 주식 A와 B에 1 : 1로 투자한 포트폴리오 위험을 시장모형에 의하여 구하라.

(1) $\beta_i = \dfrac{\sigma_{iM}}{\sigma_M^2} = \dfrac{\rho_{iM}\sigma_i\sigma_M}{\sigma_M^2} = \dfrac{\rho_{iM}\sigma_i}{\sigma_M}$ 에서

$$\beta_A = \frac{\rho_{AM}\sigma_A}{\sigma_M} = \frac{(0.7)(0.2)}{0.25} = 0.56$$

$$\beta_B = \frac{\rho_{BM}\sigma_B}{\sigma_M} = \frac{(0.3)(0.4)}{0.25} = 0.48$$

(2) $\sigma_{AB} = \rho_{AB}\sigma_A\sigma_B = (0.5)(0.2)(0.4) = 0.04$

(3) $\sigma_{AB} = \beta_A\beta_B\sigma_M^2 = (0.56)(0.48)(0.25)^2 = 0.0168$

(4) $\sigma_P^2 = W_1^2\sigma_1^2 + W_2^2\sigma_2^2 + 2W_1W_2\sigma_{12}$를 이용한다.

$$= (0.5)^2(0.2)^2 + (0.5)^2(0.4)^2 + 2(0.5)(0.5)(0.04) = 0.07$$

(5) $\sigma_P^2 = \beta_P^2\sigma_M^2 + \sigma_{\varepsilon P}^2$를 이용한다.

$\beta_P = \Sigma W_i\beta_i = W_A\beta_A + W_B\beta_B = (0.5)(0.56) + (0.5)(0.48) = 0.52$

$\sigma_{\varepsilon P}^2 = \Sigma W_i^2\ \sigma_{\varepsilon i}^2 = W_A^2\sigma_{\varepsilon A}^2 + W_B^2\sigma_{\varepsilon B}^2$이므로

$\sigma_A^2 = \beta_A^2\sigma_M^2 + \sigma_{\varepsilon A}^2$에서 $(0.2)^2 = (0.56)^2(0.25)^2 + \sigma_{\varepsilon A}^2 \quad \therefore\ \sigma_{\varepsilon A}^2 = 0.0204$

$\sigma_B^2 = \beta_B^2\sigma_M^2 + \sigma_{\varepsilon B}^2$에서 $(0.4)^2 = (0.48)^2(0.25)^2 + \sigma_{\varepsilon B}^2 \quad \therefore\ \sigma_{\varepsilon B}^2 = 0.1456$

$\therefore\ \sigma_{\varepsilon P}^2 = W_A^2\sigma_{\varepsilon A}^2 + W_B^2\sigma_{\varepsilon B}^2 = (0.5)^2(0.0204) + (0.5)^2(0.1456) = 0.0415$

따라서 $\sigma_P^2 = (0.52)^2(0.25)^2 + 0.0415 = 0.0584$

제 5 절 증권시장선(*SML*)

자본시장선(*CML*)은 자본시장이 균형인 상태에서 효율적 포트폴리오의 기대수익률과 위험과의 관계만 설명할 뿐, 비효율적 포트폴리오나 개별주식의 기대수익률과 위험과의 관계는 설명하지 못한다. 효율적 포트폴리오 뿐만 아니라 비효율적 포트폴리오 및 개별주식 등 모든 자산의 기대수익률과 위험간의 관계를 설명하는 모형이 증권시장선(security market line, *SML*) 이다. 이러한 의미에서 *CAPM*은 넓은 의미로 자본시장선과 증권시장선을 포함하지만, 일반적으로는 증권시장선을 가리킨다.

CML : ① 효율적(완전분산된) 포트폴리오의 균형기대수익률과 총위험

SML :
- ① 효율적(완전분산된) 포트폴리오
- ② 비효율적(완전분산 안된) 포트폴리오
- ③ 개별자산

의 균형기대수익률과 체계적 위험

1. 증권시장선의 도출

(1) 개별자산의 적절한 위험척도

투자자들은 위험자산의 투자대상으로 누구나 시장포트폴리오를 선택한다. 시장포트폴리오는 완전분산투자인 상태이므로 비체계적위험이 제거된 포트폴리오이다. 이 때 투자자가 부담하여야 하는 위험은 총위험이 아니라 분산투자를 하여도 제거가 불가능한 체계적위험이다. 이번에는 개별자산에 투자하는 경우를 생각해 보자. 얼핏보면 개별자산에 투자하므로 총위험이 적절한 위험척도라고 생각할 수 있으나 이 역시 체계적위험만 고려해야 한다.

예컨대 모든 투자자들은 위험자산만으로는 시장포트폴리오를 선택하므로, 투

자자가 관심을 가지는 개별자산의 위험은 위험자산을 시장포트폴리오에 포함시켰을 때 미치는 영향이다. 즉 투자자들은 어느 위험자산을 독립적으로 보유하는 것이 아니라 시장포트폴리오를 구성하는 종목의 하나로 보유하기 때문에, 적절한 개별자산의 위험의 척도는 그 자산 자체의 총위험이 아니라 그 자산이 시장포트폴리오 위험에 미치는 정도로 파악해야 할 것이다. 이 영향은 식 (7-5)와 (7-6)으로 측정한다고 우리는 이미 배웠다.

개별주식 i가 시장포트폴리오 위험에 미치는 기여도 $= W_i\sigma_{iM}$

개별주식 i가 시장포트폴리오 위험에 미치는 기여비율 $= \dfrac{W_i\sigma_{iM}}{\sigma_M^2} = W_i\beta_i$

(2) 증권시장선의 도출

식 (7-1)에서 효율적 포트폴리오에 대한 기대수익률과 위험(총위험인 표준편차)의 관계를 설명하는 직선을 자본시장선(*CML*)이라고 하였다.

$$CML : E(R_P) = R_f + \left[\frac{E(R_M) - R_f}{\sigma_M}\right]\sigma_P$$

여기에서 효율적 포트폴리오는 비체계적위험이 제거되었으므로 적절한 위험의 측정치로 표준편차(총위험이지만 이 경우는 체계적위험만 존재)를 사용하였다. 그러나 비체계적위험도 포함하는 비효율적 포트폴리오나 개별주식의 경우 적절한 위험의 척도는 총위험이 아니라 시장포트폴리오 위험에 미치는 정도인 체계적위험이다. 이 경우 총위험(σ_P^2)은 체계적위험($\beta_P^2\sigma_M^2$)과 비체계적위험($\sigma_{\epsilon_P}^2$)의 합이므로, 식 (7-1)의 총위험(σ_P)대신에 체계적위험($\beta_P\sigma_M$)을 대입하면 비효율적 포트폴리오나 개별자산의 위험을 적절하게 측정한 것이 된다.

$E(R_P) = R_f + \left[\dfrac{E(R_M) - R_f}{\sigma_M}\right]\beta_P\sigma_M = R_f + [E(R_M) - R_f]\,\beta_P$ 이므로

$$E(R_P) = R_f + [E(R_M) - R_f]\,\beta_P \qquad \text{(for ①, ②)}$$

$$E(R_i) = R_f + [E(R_M) - R_f]\,\beta_i \qquad \text{(for ③)} \qquad (7\text{-}17)$$

식 (7-17)을 증권시장선(security market line, *SML*)이라고 하는데, 이 식에서 보듯이 위험의 양을 베타(β_i)로 측정하는 경우 위험단위당 가격은 $[E(R_M) - R_f]$가 된다.

2. 증권시장선의 의미

① *SML*은 자본시장이 균형인 상태에서 모든 위험자산의 기대(균형)수익률과 체계적위험(베타)는 직선관계임을 보여준다. 여기에서 체계적위험 1단위당 보상가격(시장가격)은 시장에서 결정되는 상수이다. 따라서 *SML*의 의미는 다음과 같다.

$$SML: \text{모든 위험자산의 균형기대수익률} = R_f + RP = R_f + [E(R_M) - R_f]\beta_i$$
$$= R_f + (\text{체계적위험의 단위당 가격})(\text{체계적위험의 양})$$

② *SML*의 위험의 척도는 체계적위험을 나타내는 베타계수이다.
③ *SML*에 의한 균형기대수익률은 베타계수에 의해서만 결정된다.
④ *SML*의 기울기인 $[E(R_M) - R_f]$는 시장 위험프레미엄(market risk premium)으로, 체계적위험의 양(β_i)과 상관없이 항상 일정한 값을 가진다.
⑤ *SML*의 평가대상은 효율적 포트폴리오 뿐만 아니라 비효율적인 포트폴리오나 개별주식 등 모든 위험자산의 기대수익률과 위험간의 관계를 설명한다.
⑥ *SML*은 모든 자산의 기대수익률과 위험과의 관계를 설명하는 사전적 모형일 뿐, 실현된 수익률에 대해서는 아무런 설명을 하지 못한다.

3. 자본시장선과 증권시장선의 비교

(1) 자본시장선과 증권시장선을 비교한 표

자본시장선(*CML*)과 증권시장선(*SML*)은 모두 자본시장이 균형인 상태에서 기대수익률과 위험간의 선형(직선)관계를 나타내지만 다음과 같은 차이가 있다. *CML*은 효율적 포트폴리오만을 평가대상으로 하며, 기대수익률과 총위험(표준편차)간의 선형관계를 나타낸다. 이에 비해 *SML*은 효율적 포트폴리오 뿐만 아니라 비효율적 포트폴리오 및 개별자산을 포함한 모든 자산을 평가대상으로 하여, 기대수익률과 체계적위험(베타)간의 선형관계를 나타낸다. 이를 다음의 표로 요약하였다.

	CML	SML
직 선 식	$E(R_P) = R_f + \left[\frac{E(R_M) - R_f}{\sigma_M}\right]\sigma_P$	$E(R_i) = R_f + [E(R_M) - R_f]\beta_i$
설 명	기대수익률과 총위험(표준편차)간의 직선관계	기대수익률과 체계적위험(베타계수)간의 직선관계
대 상	$E(R_P)$이므로 ① 효율적 포트폴리오	$E(R_i)$이므로 모든 위험자산 즉, ① 효율적 포트폴리오 ② 비효율적 포트폴리오 ③ 개별자산

(2) 자본시장선과 증권시장선을 비교한 그림

〈그림 7-8〉에서 자산 A와 B는 균형(기대)수익률이 동일하므로 SML에 따르면 베타가 동일한 자산이다. 두 자산은 베타(체계적위험)가 동일하므로 SML선상에서는 한 점에 있을 것이다. 하지만 두 자산의 총위험(표준편차)는 다르기 때문에 CML선상에서는 다른 점에 있다. 두 자산 중 자산 A는 CML상에 있으므로 총위험중 체계적위험만 남은 포트폴리오이다. 따라서 자산 A의 총위험(표준편차 σ_A)은 체계적위험($\beta_A\sigma_M$)과 일치한다.

그림 7-8 자본시장선(CML)과 증권시장선(SML)의 비교

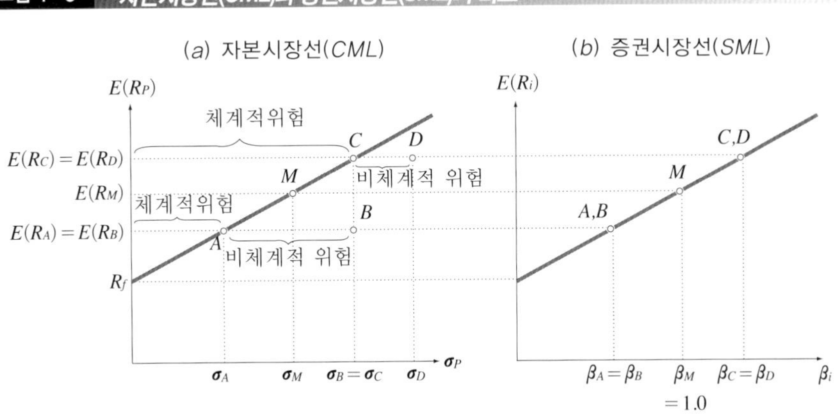

그러나 자산 B는 CML아래에 있으므로 비체계적위험이 존재하는 비효율적인 자산이다. 자산 A와 B는 베타가 동일하므로($\beta_A=\beta_B$) 체계적위험 역시 동일하며 ($\beta_A\sigma_M=\beta_B\sigma_M$) 그 값은 σ_A이다. 그러므로 자산 B의 총위험인 표준편차중에서 $\sigma_B-\sigma_A$만큼이 비체계적위험이다. 역시 자산 C와 D에도 이러한 논리가 성립된다.

(3) 자본시장선과 증권시장선이 일치하는 경우

CML과 SML은 이같은 차이가 있지만 SML은 CML로 부터 도출된 것이므로 CML과 SML은 별개가 아니라 밀접한 관계가 있다. 즉 CML의 평가대상은 자산이 ① 효율적 포트폴리오인 경우이고, SML은 자산이 ① 효율적 포트폴리오 ② 비효율적 포트폴리오 ③ 개별자산이기 때문에, CML은 SML을 효율적 포트폴리오로 제한한 경우라고 할 수 있다. 따라서 SML의 평가대상을 효율적 포트폴리오로 제한하면 SML이 CML과 일치하게 될 것이다.

$$
\begin{aligned}
E(R_i) &= R_f+[E(R_M)-R_f]\beta_i = R_f+[E(R_M)-R_f]\frac{\sigma_{iM}}{\sigma_M^2} \\
&= R_f+[E(R_M)-R_f]\frac{\rho_{iM}\sigma_i\sigma_M}{\sigma_M^2} = R_f+\left[\frac{E(R_M)-R_f}{\sigma_M}\right]\rho_{iM}\sigma_i
\end{aligned}
$$

이 때 위험자산 i가 CML상의 효율적 포트폴리오라면 위 식을 다음과 같이 표현할 수 있는데, 여기에서 $\rho_{PM}=+1$이므로[7] CML식으로 되는 것이다.

$$
E(R_P)=R_f+\left[\frac{E(R_M)-R_f}{\sigma_M}\right]\rho_{PM}\sigma_P=R_f+\left[\frac{E(R_M)-R_f}{\sigma_M}\right]\sigma_P\equiv CML
$$

---

7) 포트폴리오 P가 무위험자산에 W, 시장포트폴리오에 $(1-W)$로 투자하여 CML상에 있다면 $Cov(R_P, R_M)=Cov[WR_f+(1-W)R_M, R_M]=W\cdot Cov(R_f, R_M)+(1-W)\cdot Cov(R_M, R_M)=(1-W)\sigma_M^2$이고, CML상에 있는 포트폴리오의 σ_P는 식 (6-3)에 의하여 $(1-W)\sigma_M$이므로

$$
\rho_{PM}=\frac{Cov(R_P, R_M)}{\sigma_P\sigma_M}=\frac{(1-W)\sigma_M^2}{[(1-W)\sigma_M](\sigma_M)}=1
$$

예제 ⑦ - 5 자본시장선(*CML*)과 증권시장선(*SML*)의 비교

자본시장이 균형인 상태에서 세 포트폴리오 *A*, *B*, *C*의 기대수익률과 수익률의 표준편차는 다음 표와 같다. 시장포트폴리오의 기대수익률은 14%, 그의 표준편차는 10%이며, 무위험이자율은 10%이라고 할 때 다음 각 물음에 답하라.

포트폴리오	균형수익률 $E(R_P)$	표준편차(σ_P)
A	16%	20%
B	16	17
C	12	17

(1) 각 포트폴리오의 체계적위험의 지표인 베타를 구하라.

(2) 이의 결과를 *CML*과 *SML*상에 표시하라.

(3) 분산투자를 충분히 할 수 있다고 가정하고, 다음 물음에 답하라.

① 포트폴리오 *B*와 *C*의 총위험이 같으면 균형상태에서 요구하는 수익률이 같아야 하는가?

② 포트폴리오 *A*의 총위험이 *B*보다 크므로 *A*의 요구수익률이 *B*보다 커야 하는가?

(1) $E(R_i)=R_f+[E(R_M)-R_f]\beta_i=10+(14-10)\beta_i=10+4\beta_i$에서

포트폴리오 *A* : $16=10+4\beta_A \ \therefore\ \beta_A=1.5$

포트폴리오 *B* : $16=10+4\beta_B \ \therefore\ \beta_B=1.5$

포트폴리오 *C* : $12=10+4\beta_C \ \therefore\ \beta_C=0.5$

(2)

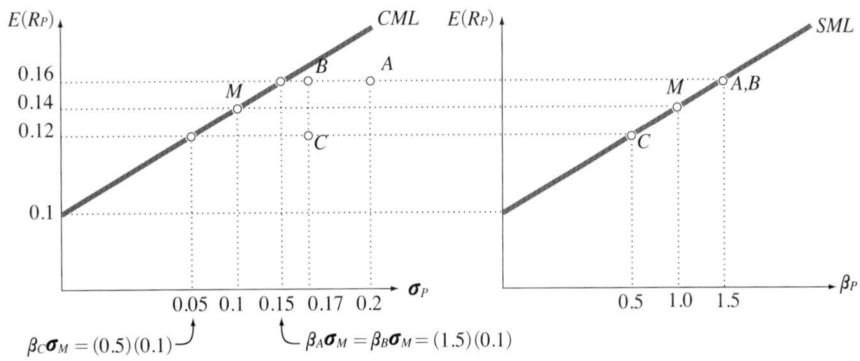

(3) ① 분산투자가 충분히 이루어지면 비체계적위험은 제거할 수 있으므로, 체계적위험만이 균형상태에서 요구하는 수익률을 결정하는 요인이 된다. 포트폴리오 *B*와 *C*는 총위험(표준편차)이 같지만, *B*의 체계적위험(베타)이 *C*보다 크므로 *B*의 요구수익률이 더 크다.

② 포트폴리오 A의 총위험(표준편차)이 B보다 더 크지만, A의 체계적위험(베타)이 B와 동일하므로 두 포트폴리오의 요구수익률이 같다.

4. 증권시장선(SML)의 이용

*CAPM*은 재무관리에서 가장 중요한 개념 중의 하나로써, *CAPM*인 증권시장선은 재무관리 전반에 걸쳐서 이용되고 있다.

(1) 투자자들의 투자의사결정

1) 주식의 균형가격 산출시 할인율

주식의 가치는 주식을 소유했을 때 얻을 수 있는 미래의 현금흐름을 적절한 할인율로 할인한 현재가치인데, 이 적절한 할인율을 *SML*에 의하여 구할 수 있다.

예제 ⑦ - 6 주식의 균형가격

시장의 무위험이자율이 10%이고 시장포트폴리오의 기대수익률이 15%, 이의 분산이 0.8이다. (주)서울이라는 주식의 베타가 2이고, 기말에 2,000원의 배당금과 22,000원이라는 주가가 예상된다고 하자. 이 때 증권시장선에 의한 이 주식의 균형가격을 구하라.

$$E(R_i) = R_f + [E(R_M) - R_f]\ \beta_i = 0.1 + (0.15 - 0.1)(2) = 0.2$$

$$P_0 = \frac{D_1 + P_1}{1 + E(R_i)} = \frac{2{,}000 + 22{,}000}{1 + 0.2} = 20{,}000\text{원}$$

2) 주식의 적정 · 과대 · 과소평가

주식의 균형가격은 체계적위험을 나타내는 베타를 *SML*에 대입한 할인율로 미래현금흐름을 할인한 현재가치라고 하였다. 그러므로 어느 주식을 특정가격으로 매입했을 때 예상되는 기대수익률이 *SML*상의 균형수익률과 같다면 그 특정가격을 균형가격이라고 한다. 따라서 자본시장이 균형상태라면 모든 주식의 기대수익률은 *SML*상에 있어야 한다 (즉 균형상태라면 기대수익률=균형수익률). 이 경우 그 주식은 적정하게 평가(properly priced)된 상태라로 한다.

그러나 자본시장이 일시적으로 불균형상태에 있다면 기대수익률이 *SML*상에 있지 않을 수 있다. 예컨대 〈그림 7-9〉에서 주식 U_1과 같이 *SML*위에 있는 주식은 체계적위험(β_U) 수준에서 적절한 기대수익률인 $E(R_U)$보다 높은 기대수익률인 $E(R_{U1})$를 제공하는 상태인데 이를 과소평가(underpriced)된 상태라고 한다. 이성적인 투자자라면 누구나 이와 같은 주식을 보유하려고 할 것이다. 따라서 이 주식은 수요증가로 인해 가격은 상승하고 기대수익률이 하락하여[8], 결국 기대수익률이 *SML*상의 *U*에 이르면 초과수요가 없는 균형상태를 이루게 될 것이다.

역으로 〈그림 7-9〉에서 주식 O_1과 같이 *SML*아래에 있는 주식은 체계적위험(β_O) 수준에서 적절한 기대수익률인 $E(R_O)$보다 낮은 기대수익률인 $E(R_{O1})$를 제공하는 상태인데 이를 과대평가(overpriced)된 상태라고 한다. 이성적인 투자자라면 누구나 이와 같은 주식을 매도하려고 할 것이다. 따라서 이 주식은 공급증가로 인해 가격은 하락하고 기대수익률이 상승하여, 결국 기대수익률이 *SML*상의 *O*에 이르면 초과공급이 없는 균형상태를 이루게 될 것이다.

이를 요약하면 다음과 같다.

① 자본시장이 균형(무차익) 상태에 있다면
기대수익률=균형(요구)수익률 : 적정하게 평가된 상태
② 자본시장이 불균형(차익가능) 상태에 있다면
기대수익률>균형(요구) 수익률 : 과소평가된 상태 → 투자해야 한다(채택)
기대수익률<균형(요구)수익률 : 과대평가된 상태 → 투자하면 안된다(기각)

또한, 기대수익률과 균형(요구)수익률은 다음과 같이 구한다.

〈비교〉
- 기대수익률
  - ① $E(R_i) = \sum P_i \cdot R_i$
  - ② P_0, P_1, D_1 주어지면→ $E(R_i) = \dfrac{D_1 + (P_1 - P_0)}{P_0}$
  - ③ 문제에서 주어진다.
- 균형(요구)수익률 ← *SML*로 구한다. $E(R_i) = R_f + [E(R_M) - R_f]\beta_i$

---

8) 주식의 기대수익률은 다음과 같다.

$$기대수익률 = \frac{기말의\ 기대배당금 + (기말의\ 주식가격 - 주식매입가격)}{주식매입가격}$$

기대수익률과 매입가격은 역의 관계를 가지므로, 매입가격이 높으면 기대수익률이 낮아진다.

그림 7-9 증권시장선과 균형수익률

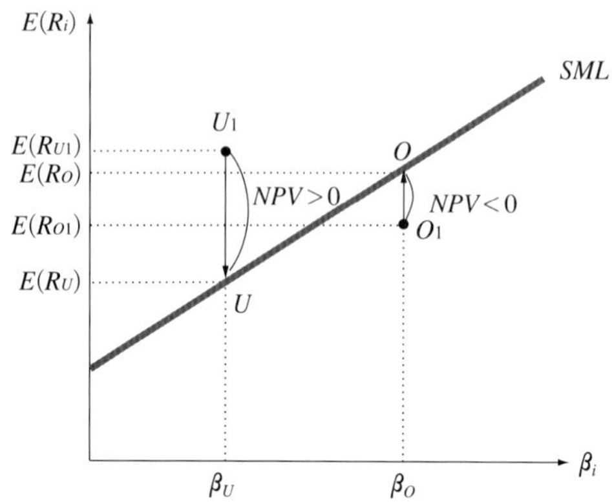

예제 ⑦ – 7 적정 · 과대 · 과소평가의 판단

(주)서울의 현재 주가는 10,000원인데 올해말 500원의 주당배당금과 12,000원의 시세가 기대된다. 이 주식의 베타는 1.5이고, 무위험이자율은 10%이며 시장포트폴리오의 기대수익률은 14%이다.

(1) 이 주식의 ① 기대수익률 ② 균형수익률 ③ 균형가격을 구하라.
(2) 이 주식의 적정 · 과대 · 과소평가 여부를 ① 수익률과 ② 가격으로 판단하고 ③ 주가가 어떻게 변할 것인지 설명하라.
(3) 자본예산기법인 ① *IRR*법과 *NPV*법에 연관시키고 ② *NPV*를 산출하라.

(1) ① $E(R_i)=\dfrac{D_1+(P_1-P_0)}{P_0}=\dfrac{500+(12{,}000-10{,}000)}{10{,}000}=25\%$

② $E(R_i)=R_f+[E(R_M)-R_f]\beta_i=10+(14-10)(1.5)=16\%$

③ $P_0=\dfrac{D_1+P_1}{1+E(R_i)}=\dfrac{500+12{,}000}{1+0.16}=10{,}776$원

(2) ① 기대수익률(25%)>균형(요구)수익률(16%)이므로, 현재 이 주식은 9%만큼 과소평가되었다. 따라서 이 주식에 투자해야 한다.

② 균형가격(10,776원)>현재가격(10,000원)이므로, 현재 이 주식은 776원만큼 과소평가되었다. 따라서 이 주식에 투자해야 한다.

③ 이성적인 투자자라면 누구나 이 주식을 매입하려고 하므로, 가격이 10,776원까지 상승하게 된다. 이 결과 기대수익률인 25%가 균형수준인 16%로 하락하게 되어

초과수요가 없는 균형에 이르게 된다.

이를 도시하면 다음과 같다.

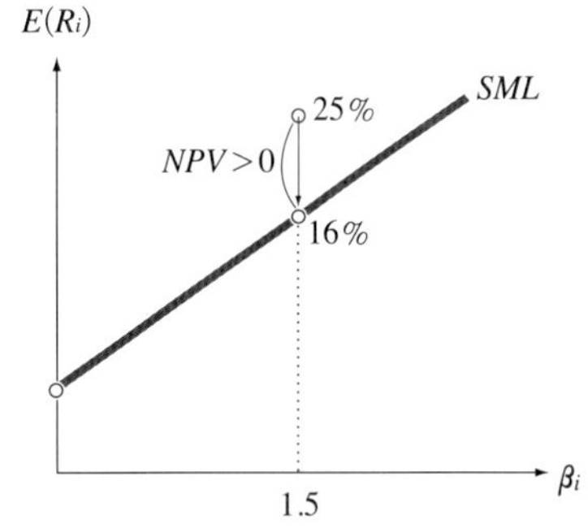

(3) ① *IRR*법에서는 $IRR > r$일 때 투자하는데, 기대수익률 25%는 *IRR*에 해당하고 균형수익률 16%는 r(자본비용)에 해당한다.

② NPV=투자수익의 현가−투자원금=10,776원−10,000원=776원

혹은 $NPV = \frac{10{,}000\text{원} \times 9\%}{1+0.16} = 776\text{원}$

---

3) 투자성과분석

개별주식이나 포트폴리오에 대한 투자성과분석은 투자수익률 뿐만 아니라 그 자산운용에서 부담했던 위험도 적절히 감안되어야 한다. *CAPM*은 원래 사전적인 모형이지만, 실현된 과거수익률 자료를 이용하는 사후적 모형으로 투자성과를 측정할 수 있다. 투자성과는 부담했던 위험1단위당 프레미엄으로 측정할 수 있는데, 위험의 성격을 어떻게 정의하느냐에 따라 자본시장선을 이용할 수도 있고 증권시장선을 이용할 수도 있다.

3-1) 자본시장선을 이용하는 방법 : 샤프지수

샤프는 자본시장선(*CML*)에서 제시되는 균형관계가 사후적으로도 성립한다고 가정하여, 총위험 1단위당 실현된 초과수익률인 상대적크기(비율)로써 포트폴리오의 투자성과를 측정하였다.

$$\overline{R_P} = \overline{R_f} + \left(\frac{\overline{R_M} - \overline{R_f}}{\sigma_M}\right)\sigma_P$$

단, $\overline{R_P}$: 포트폴리오 P의 실현된 수익률의 평균치

$\overline{R_f}$: 무위험이자율의 평균치

$$RVAR = \frac{\overline{R_P} - \overline{R_f}}{\sigma_P} = \frac{\overline{R_M} - \overline{R_f}}{\sigma_M}$$

위 식의 좌변을 샤프지수(Sharpe' s measure) 혹은 투자보수 대 변동성비율(reward to variability ratio, *RVAR*)이라고 하는데, 이는 포트폴리오의 총위험 1단위당 포트폴리오의 초과수익률 (무위험이자율을 초과하여 실현된 수익률)이다. 특정 포트폴리오(P)의 *RVAR*이 위 식의 우변(시장포트폴리오의 위험 1단위당 초과수익률)보다 크면 이 포트폴리오의 투자성과는 우수하다고 할 수 있다.

3-2) 증권시장선을 이용하는 방법

① 트레이너 지수

트레이너는 위험의 측정치로 분산불가능한 체계적위험이 적절하다고 보았다. 그는 증권시장선(*SML*)에서 제시되는 균형관계가 사후적으로도 성립한다고 가정하여, 체계적위험 1단위당 실현된 초과수익률인 상대적크기(비율)로써 포트폴리오의 투자성과를 측정하였다.

$$\overline{R_P} = \overline{R_f} + (\overline{R_M} - \overline{R_f})\ \beta_P$$

$$RVOL = \frac{\overline{R_P} - \overline{R_f}}{\beta_P} = \frac{\overline{R_M} - \overline{R_f}}{\beta_M}$$

위 식의 좌변을 트레이너지수(Treynor' s measure) 혹은 투자보수 대 체계적위험비율(reward to volatility ratio, *RVOL*)이라고 하는데, 이는 포트폴리오의 체계적위험 1 단위당 포트폴리오의 초과수익률이다. 특정 포트폴리오(P)의 *RVOL*이 위 식의 우변(시장포트폴리오의 체계적위험 1단위당 초과수익률)보다 크면 이 포트폴리오의 투자성과는 우수하다고 할 수 있다.

② 젠센지수

젠센(Jensen)도 트레이너처럼 체계적위험을 기준으로 하는 증권시장선을 이용하였는데, 실제로 실현된 포트폴리오의 수익률($\overline{R_P}$)과 체계적위험에 기초한 균형수익률($\overline{R_P^*}$)과의 차이로 포트폴리오의 투자성과를 측정하였다. 이 차이를 알파(α_P) 혹은 젠센지수라고 부른다.

$$\alpha_P = \overline{R_P} - \overline{R_P}^* = \overline{R_P} - [\overline{R_f} + (\overline{R_M} - \overline{R_f})\ \beta_P] = [\overline{R_P} - \overline{R_f}] - (\overline{R_M} - \overline{R_f})\beta_P$$

특정 포트폴리오(P)의 젠센지수(α_P)가 0보다 클수록 이 포트폴리오의 투자성과는 우수하다고 할 수 있다.

③ 평가비율

초과수익의 가능성이 높을 것으로 예상되는 소수의 주식에 집중투자하게 되면 비체계적위험의 비중이 매우 높아진다. 평가비율(appraisal ratio)은 초과수익률(α_P)을 비체계적위험인 잔차표준편차($\sigma_{\varepsilon P}$)로 나눈 비율이다.

$$\text{평가비율} = \frac{\alpha_P}{\sigma_{\varepsilon P}}$$

평가비율이 높을수록 비체계적위험을 부담하는 것에 대한 초과수익의 정도가 높다는 것을 알려준다.

예제 ⑦ – 8 투자성과분석

과거 1년간 운용한 포트폴리오 1과 2 및 시장포트폴리오에 대한 자료가 다음과 같다.

	포트폴리오 1	포트폴리오 2	시장포트폴리오
초과수익률 $\overline{R_P} - \overline{R_f}$	3.7	8.8	1.5
표준편차 σ_P	7.4	15.2	9.2
베타 β_P	0.8	1.6	1
잔차표준편차 $\sigma_{\varepsilon P}$	2.0	8.2	0

(1) 포트폴리오 1과 2 및 시장포트폴리오에 대한 샤프지수를 구하라.

(2) 포트폴리오 1과 2 및 시장포트폴리오에 대한 트레이너지수를 구하라.

(3) 포트폴리오 1과 2 대한 젠센지수를 구하라.

(4) 포트폴리오 1과 2 대한 평가비율을 구하라.

(1) 샤프지수 $= \dfrac{\overline{R_P} - \overline{R_f}}{\sigma_P}$ 이므로

포트폴리오 1 : 3.7/7.4 = 0.5

포트폴리오 2 : 8.8/15.2=0.58

시장포트폴리오 : 1.5/9.2=0.16

(2) 트레이너지수$=\dfrac{\overline{R_P}-\overline{R_f}}{\beta_P}$이므로

포트폴리오 1 : 3.7/0.8=4.625

포트폴리오 2 : 8.8/1.6=5.5

시장포트폴리오 : 1.5/1=1.5

(3) $\alpha_P=[\overline{R_P}-\overline{R_f}]-(\overline{R_M}-\overline{R_f})\ \beta_P$이므로

포트폴리오 1 : 3.7−(1.5)(0.8)=2.5

포트폴리오 2 : 8.8−(1.5)(1.6)=6.4

(4) 평가비율$=\dfrac{\alpha_P}{\sigma_{\varepsilon P}}$이므로

포트폴리오 1 : 2.5/2.0=1.25

포트폴리오 2 : 6.4/8.2=0.78

---

(2) 기업의 재무의사결정

1) 자본비용의 산출

증권시장선에 주식베타를 대입하여 얻은 균형수익률은 주주들이 그 주식의 위험에 상응하여 요구하는 수익률이며, 기업의 입장에서는 부담해야할 자기자본비용에 해당한다. 이렇게 구한 자기자본비용과 타인자본비용을 자본의 비중에 따라 구한 것이 총자본조달에 따르는 가중평균자본비용(weighted average cost of capital, *WACC*)이라고 하는데, 이를 줄여서 자본비용이라고 한다. 우리는 이 내용을 〈제10장 자본비용〉에서 배울 것이다.

2) 자본예산(투자안의 가치평가)

투자안의 경제성을 평가할 때 *NPV*법이 가장 많이 이용된다. *NPV*법은 투자안의 미래현금흐름에 대한 위험을 분모인 할인율에 반영한다. 이를 위험조정할인율법(risk adjusted discount rate method) 이라고 하는데, 이를 구할 때 증권시장선을 이용할 수 있다. 〈제12장 불확실성하의 자본예산〉에서 이에 대한 내용을 설명할 것이다.

연습문제

1. 자본자산가격결정모형(*CAPM*)의 가정이 아닌 것은?

① 모든 투자자들은 주식의 기대수익률과 공분산행렬에 대해 동질적 기대치를 가진다.

② 모든 투자자들은 동일하게 다기간의 투자기간을 가진다.

③ 무위험자산이 존재하고, 모든 투자자들은 동일한 무위험이자율로 차입이나 대출이 가능하다.

④ 세금이나 거래비용 등의 제도적 장애요인이 없는 자본시장을 가정한다.

⑤ 투자자들은 기대효용을 극대화하고자 하는 위험회피형 투자자이며, 평균-분산기준에 의해 자산을 선택한다.

〈해설〉 *CAPM*은 단일기간(single period)의 투자기간을 가정한다.

답 ②

2. 위험자산과 무위험자산을 결합시 시장포트폴리오가 위험자산 가운데 최적포트폴리오인 까닭은?

① 시장포트폴리오를 선택하면 기대가치극대화기준을 충족시킬 수 있기 때문이다.

② 시장포트폴리오가 체계적위험만 있기 때문이다.

③ 시장포트폴리오가 총위험이 가장 작기 때문이다.

④ 기대수익률과 위험간에는 직선관계가 성립하기 때문이다.

⑤ 시장포트폴리오와 결합시 지배원리에 의하여 위험 1단위당 프레미엄이 가장 크기 때문이다.

〈해설〉 시장포트폴리오가 위험자산 중 최적 포트폴리오인 것은 무위험자산과 결합시 위험 1단위당 프레미엄이 가장 크기 때문이다. 왜냐하면 동일위험에서 기대수익이 높거나 동일기대수익에서 위험이 낮으므로, 지배원리에 의해 위험자산 등 시장포트폴리오가 여타 모든 위험자산보다 우월하기 때문이다.

답 ⑤

3. 어떤 포트폴리오 P에 포함된 자산 *A*가 그 포트폴리오의 위험도에 공헌하는 정도를 바르게 나타낸 것은? 단, W_A는 *P*에 투자된 자산 *A*의 투자비율, σ^2_P은 *P*의 수익률의 분산, σ_{AP}는 자산 *A*의 수익률과 *P*의 수익률간의 공분산을 나타낸다.

(1989. CPA)

① $\dfrac{\sigma_{AP}}{\sigma_P}$　② σ_{AP}　③ σ_A^2

④ $W_A \cdot \sigma_A^2$　⑤ $W_A \cdot \dfrac{\sigma_{AP}}{\sigma_P^2}$

〈해설〉 시장포트폴리오 위험(σ_M^2)에서 개별주식 i의 기여비율은 $W_i \cdot \dfrac{\sigma_{iM}}{\sigma_M^2}$ 임을 상기하면 된다.

답 ⑤

4. 주식 1, 2, 3에 각각 20%, 30%, 50%를 투자한 포트폴리오와 각 주식수익률간의 공분산이 $\sigma_{1P}=50$, $\sigma_{2P}=100$, $\sigma_{3P}=150$ 이라면, 주식 1이 포트폴리오의 위험에 몇 %나 기여하는가?

① 8.7%　② 13.21%　③ 26.1%

④ 50%　⑤ 65.2%

〈해설〉 $\sigma_P^2 = W_1 \cdot \sigma_{1p} + W_2 \cdot \sigma_{2p} + W_3 \cdot \sigma_{3p} = (0.2)(50) + (0.3)(100) + (0.5)(150) = 115$

포트폴리오 위험에 대한 주식 1의 기여(공헌)비율 $= W_1 \cdot \dfrac{\sigma_{1p}}{\sigma_P^2} = (0.2) \cdot \dfrac{50}{115} = 0.087$

답 ①

5. 시장모형에 대한 설명이다. 다음 문장 중 틀린 것은?

① 개별주식의 수익률을 시장수익률과의 선형식으로 표현한 모형이다.

② 개별주식의 수익률은 시장전체의 수익률에 따라 관련되는 부분과 개별기업의 고유요인에 국한된 부분으로 구성된다.

③ α_i는 시장포트폴리오 1단위 위험에 대한 개별주식의 평균적 수익률을 나타낸다.

④ β_i는 시장수익률 변동에 대한 개별주식 수익률변동의 평균적인 민감도를 나타낸다.

⑤ 개별기업에 국한된 요인들은 서로 무관하다고 가정한다.

〈해설〉 α_i는 시장수익률이 0일 때 개별주식의 평균적 수익률을 말한다.

답 ③

6. 비체계적위험에 대한 설명으로 틀린 것은?

① 특정기업에 국한되어 발생한 위험이다.

② 분산투자하여 제거가 가능한 위험이다.

③ 고유위험 혹은 분산가능한 위험 혹은 제거가능한 위험이라고도 한다.

④ 시장모형에서는 잔차분산으로 측정한다.

⑤ 구성종목수가 증가해도 제거되지 않는 위험이다.

〈해설〉 ⑤는 체계적위험 혹은 분산불가능한 위험 혹은 제거불가능한 위험이다.

답 ⑤

7. 베타를 체계적위험의 척도로 사용할 수 있는 근거는?

① 시장수익률의 분산은 모든 주식에 동일한 영향을 미치지만, 베타계수는 주식마다 다르기 때문이다.

② 베타는 오직 개별기업에 국한된 요인에 의해서 발생하는 것이기 때문이다.

③ 베타에 따라 비체계적 위험이 달라지기 때문이다.

④ 베타를 이용하여 총위험을 측정할 수 있기 때문이다.

⑤ 총위험에서 비체계적 위험을 차감한 값이 베타계수이기 때문이다.

〈해설〉 ① 개별주식의 체계적위험은 베타의 제곱에 시장수익률의 분산을 곱하여 계산한다 (즉, $\beta_i^2\sigma_M^2$). 이 때 시장수익률의 분산은 모든 주식에 같은 영향을 미치므로 개별주식의 체계적위험은 베타에 따라 달라지게 된다. 따라서, 베타를 체계적위험의 척도로 사용할 수 있다.

⑤ 총위험에서 비체계적 위험을 차감한 값은 체계적위험이다.

답 ①

8. 다음 중 성질이 다른 것은?

① $\frac{\text{체계적위험}}{\text{총위험}}$ ② $\frac{\sigma_i^2}{\sigma_M^2}$ ③ R_M이 R_i를 설명하는 정도

④ R^2(결정계수) ⑤ ρ_{iM}^2

〈해설〉 ①③④⑤ 모두 증권특성선의 설명력 또는 결정계수를 의미하는데, $\frac{\text{체계적위험}}{\text{총위험}} = \frac{\beta_i^2\sigma_M^2}{\sigma_i^2} = \frac{\rho_{iM}^2\sigma_i^2}{\sigma_i^2} = \rho_{iM}^2$으로 표시할 수 있다.

답 ②

9. 증권시장선(*SML*)에 대한 설명 중 틀린 것은?

① 주식의 기대수익률과 베타계수간의 선형관계를 보여준다.

② 증권시장선은 체계적위험에 대해서만 보상한다는 것을 보여준다.

③ 증권시장선의 기울기는 체계적위험 1단위에 대한 보상율로, 베타계수의 크기에 상관없이 일정한 값을 가진다.

④ 증권시장선을 이용하여 비효율적 포트폴리오의 균형수익률을 얻을 수 없다.

⑤ 자본시장선상에 있는 포트폴리오들은, 표준편차를 자본시장선(*CML*)에 대입한 기대수익률과 베타를 증권시장선(*SML*)에 대입한 기대수익률이 일치한다.

〈해설〉 ④ 증권시장선을 이용하면 모든 경우 (효율적 포트폴리오, 비효율적 포트폴리오, 개별자산)의 균형수익률을 얻을 수 있다.

답 ④

10. 다음 설명 중 옳은 것은?

① 포트폴리오 수익률은 각 개별주식 수익률보다 항상 더 크게 변동한다.

② 베타가 0인 자산은 기대수익률도 역시 0이다.

③ 분산투자로 모든 위험을 제거할 수 있다.

④ *CAPM*에 의하면 모든 주식은 균형상태에서 *SML*에 위치한다.

⑤ 시장포트폴리오의 베타는 경우에 따라 1이 아닐 수도 있다.

〈해설〉 ① 포트폴리오 수익률은 각 개별주식 수익률보다 항상 더 작거나($\rho < +1$인 경우) 같게($\rho = +1$인 경우) 변동한다.

② $E(R_i) = R_f + [E(R_M) - R_f] \cdot \beta_i$에서, 베타가 0이면 그 자산의 기대수익률은 무위험수익률(R_f)이다.

③ 분산투자로 비체계적위험만 제거할 수 있다.

④ *SML*은 모든 경우에 걸쳐 균형가격을 결정하는 모형이다.

⑤ $\beta_i = \frac{\sigma_{iM}}{\sigma_M^2}$에서 $\beta_M = \frac{\sigma_{MM}}{\sigma_M^2} = \frac{\sigma_M^2}{\sigma_M^2} = 1$

답 ④

11. 개별주식의 위험을 포트폴리오의 위험을 구성하는 일부분으로 가정할 때, 위험의 척도로 가장 옳은 것은?

① 개별주식 수익률의 표준편차

② 개별주식 수익률과 포트폴리오 수익률과의 공분산

③ 개별주식 수익률의 기대수익률

④ 포트폴리오의 분산

⑤ 포트폴리오의 기대수익률

답 ②

12. 시장 포트폴리오에 대한 다음 설명 중 틀린 것은?

① 모든 위험자산을 포함하는 완전분산투자된 포트폴리오이다.

② 체계적위험만 존재한다.

③ 시장포트폴리오의 특성을 잘 표현하는 대체물은 종합주가지수이다.

④ 균형상태에서 투자자들은 시장을 구성하는 각 자산에 금액을 동일하게 투자한다.

⑤ 균형상태에서 투자자들은 시장전체주식의 시가총액에 대한 개별자산의 시가총액의 비율대로 투자한다.

〈해설〉 균형상태에서 투자자들은 위험자산의 투자대상으로 시장포트폴리오만을 선택하는데, 이때 시장포트폴리오를 구성하는 각 자산에 투자금액을 동일하게 투자(equally weighted)하는 것이 아니라, 시장전체주식의 시가총액에 대한 개별자산의 시가총액의 비율대로 투자 $\left(W_i = \frac{P_i \cdot Q_i}{\Sigma P_i \cdot Q_i}\right)$한다. 따라서, ④가 틀리고 ⑤가 맞다.

답 ④

※ 자본시장선(CML)상의 다음과 같은 두 포트폴리오 A와 B가 있다고 가정하고, 문제 13~14번을 답하시오

13. 무위험이자율을 구하라.

포트폴리오	기대수익률[$E(R_i)$]	표준편차(σ_i)
A	12%	10%
B	19%	20%

① 4% ② 5% ③ 6%

④ 7% ⑤ 8%

〈해설〉 포트폴리오 A와 B는 자본시장선상에 있으므로 다음이 성립한다.

$$\frac{E(R_A)-R_f}{\sigma_A} = \frac{E(R_B)-R_f}{\sigma_B} \text{에서 } \frac{12-R_f}{10} = \frac{19-R_f}{20} \qquad \therefore R_f = 5\%$$

그러므로 CML은 $E(R_p) = 0.05 + 0.7\sigma_p$이다.

답 ②

14. 투자자 동연의 무차별곡선이 $E(R_P) = 0.099 + 2.5\sigma_P^2$이라고 가정하고, 최적포트폴리오의 기대수익률을 구하라.

① 14.8% ② 20.5% ③ 25.8%
④ 29.2% ⑤ 32.1%

〈해설〉 동연의 무차별곡선과 자본시장선이 만나는 점이 곧 최적 포트폴리오이다.

무차별곡선의 기울기$(MRS)=\frac{dE(R_p)}{d\sigma_p}=5\sigma_p$

자본시장선의 기울기$=\frac{12-5}{10}=\frac{19-5}{20}=0.7$

$5\sigma_p=0.7$이므로 $\sigma_p=0.14$ $\therefore E(R_p)=0.099+2.5(0.14)^2=0.148$

답 ①

15. 균형상태에서 무위험이자율이 8%이고, 시장포트폴리오의 기대수익률과 표준편차는 각각 18%와 14%라고 할 때, 기대수익률이 16%인 효율적 포트폴리오의 수익률과 시장포트폴리오 수익률간의 상관계수는 얼마인가?

① −1 ② −0.5 ③ 0
④ 0.5 ⑤ 1

〈해설〉 무위험자산이 존재시 효율적 포트폴리오와 시장포트폴리오간의 상관계수는 항상 1($\rho_{PM}=1$)이다. 왜냐하면 효율적 포트폴리오는 항상 *CML*이라는 직선상에 있으므로 $\rho_{ij}=1$이기 때문이다.

답 ⑤

16. 균형상태에서 무위험이자율이 8%이고, 시장 포트폴리오의 기대수익률과 표준편차가 각각 18%와 14%라고 할 때, 무위험자산과 시장포트폴리오로 구성된 포트폴리오 P의 표준편차가 7%라면, 이 포트폴리오의 베타는 얼마인가?

① 0.2 ② 0.5 ③ 0.7
④ 0.84 ⑤ 1

〈해설〉 $R_f=8\%$ $E(R_M)=18\%$ $\sigma_M=14\%$ $\sigma_P=7\%$

$\sigma_P=(1-W)\sigma_M$에서 $7=(1-W)(14)$ $\therefore 1-W=0.5$

$\beta_P=W\cdot\beta_{Rf}+(1-W)\cdot\beta_M=W\cdot 0+(1-W)\cdot 1=1-W=0.5$

답 ②

17. 자본시장선(*CML*)에 있는 포트폴리오 *P*에 대한 설명으로 틀린 것은?

① 포트폴리오 *P*는 무위험자산과 시장포트폴리오로 구성되며, 이 두 자산에 대한 투자가중치만 다르다.
② 포트폴리오 *P*는 체계적위험만 존재한다.

③ 시장포트폴리오와의 상관계수(ρ_{PM})는 항상 1이다.

④ 포트폴리오 P의 베타(β_P)는 0이다.

⑤ 포트폴리오 P의 베타(β_P)는 시장포트폴리오에 대한 투자가중치이다.

〈해설〉 자본시장선에 있는 모든 포트폴리오는 무위험자산과 시장포트폴리오만으로 구성되며, 이 포트폴리오의 베타는 시장포트폴리오에의 투자비율이다. 왜냐하면, $\beta_P = W \cdot \beta_{Rf} + (1-W) \cdot \beta_M = W \cdot 0 + (1-W) \cdot 1 = 1-W$이기 때문이다. 따라서, 이 포트폴리오의 베타는 시장포트폴리오에 대한 투자가중치에 좌우된다. 즉, ④가 틀리고 ⑤가 맞다.

답 ④

18. 무위험자산과 시장포트폴리오만으로 구성된 포트폴리오 *P*에 대한 다음 설명 중 틀린 것은? 단 무위험자산과 시장포트폴리오에 대한 투자가중치는 각각 W와 1−W라고 가정하라.

① $\beta_P = 1 - W$　② $\sigma_P = (1-W)\sigma_M$　③ $\sigma_{PM} = (1-W)\sigma_M^2$

④ $\rho_{PM} = 1$　⑤ $\sigma^2_{\varepsilon P} = 1$

〈해설〉 무위험자산과 시장포트폴리오로 구성된 자본시장선상의 포트폴리오는 다음과 같은 특성을 가진다.

① $E(R_P) = W \cdot R_f + (1-W) \cdot E(R_M)$

$\beta_P = W \cdot \beta_{Rf} + (1-W) \cdot \beta_M = W \cdot 0 + (1-W) \cdot 1 = 1 - W$

② $\sigma_p = (1-W)\sigma_M$

③ $\sigma_{PM} = Cov(R_P,\ R_M) = Cov[W \cdot R_f + (1-W) \cdot R_M,\ R_M] = (1-W)\sigma_M^2$

④ $\rho_{PM} = 1$

⑤ 비체계적위험인 잔차분산 $\sigma^2 \varepsilon_P = 0$

답 ⑤

19. 토빈의 분리정리에 대한 다음 설명 중 옳은 것은?

① 무위험자산과 시장포트폴리오에 대한 투자가중치는 객관적으로 정해진다.

② 위험자산의 최적 포트폴리오는 위험에 대한 투자자들의 회피도에 따라 다르다.

③ 무위험자산과 시장포트폴리오에의 투자가중치는 누구나 동일하지만, 위험자산에의 투자비율은 투자자의 위험회피정도에 따라 달라진다.

④ 위험회피도가 심할수록 시장포트폴리오에 대한 투자가중치가 감소한다.

⑤ 위의 ①②③④가 모두 맞다.

〈해설〉 토빈의 분리정리에 의하면 ⓐ 위험자산의 투자대상은 오로지 시장포트폴리오 *M*만을 선택하고 균형상태에서는 위험자산의 구성비율은 누구나 동일하지만 $\left(W_i = \dfrac{P_i \cdot Q_i}{\Sigma P_i \cdot Q_i}\text{로써}\right)$,

ⓑ 최적선택(무위험자산과 시장포트폴리오간의 가중치)은 투자자의 위험에 대한 회피정도에 따라 달라진다 (위험회피도가 강하면 대출포트폴리오 구간을 선택하고, 위험회피도가 약하면 차입포트폴리오 구간을 선택함으로써).

답 ④

20. 다음 설명 중 틀린 것은?

① 체계적위험은 모든 자산에 공통적으로 영향을 주는 요인이다.
② 체계적위험은 시장포트폴리오에 대한 개별자산의 민감도(반응도)로써 측정된다.
③ 체계적위험은 분산투자를 해도 제거할 수 없는 위험이다.
④ 분산투자시 투자자들이 부담해야 할 위험은 구성자산들의 분산이다.
⑤ 체계적위험의 예로써 *GDP*, 경기변동, 인플레이션 등을 들 수 있다.

〈해설〉 분산투자하면 비체계적위험을 제거할 수 있으므로, 투자자들이 부담해야 할 위험은 총위험인 분산이 아니라 체계적위험이다.

답 ④

21. 포트폴리오의 위험을 계산할 때 마코위츠의 완전공분산 모형의 결과는 시장모형의 계산결과와 다를 수 있다. 맞는 문장을 골라라.

① 시장모형은 개별주식과 시장포트폴리오간의 공분산을 0이라고 가정한다.
② 시장모형에서는 개별자산 잔차항간의 공분산이 0이라고 가정한다.
③ 시장모형에서는 개별자산의 (총)위험을 체계적위험이라고 가정한다.
④ 시장모형에서는 개별자산의 (총)위험을 비체계적위험이라고 가정한다.
⑤ 시장모형에서는 개별자산의 (총)위험을 무시한다.

〈해설〉 시장모형에서는 개별자산 잔차항간의 공분산인 $Cov(\boldsymbol{\varepsilon}_i, \boldsymbol{\varepsilon}_j)=0$이라고 가정하는 반면, 마코위츠의 완전공분산 모형은 이러한 가정이 없다. 따라서 $Cov(\boldsymbol{\varepsilon}_i, \boldsymbol{\varepsilon}_j)$의 값이 0이 아니라 양(+)의 값을 가진다면 마코위츠의 완전공분산 모형에 비하여, 시장모형의 공분산값이 상대적으로 작아져서 포트폴리오의 위험이 작은 값을 보일 수 있다.

답 ②

22. 마코윗츠의 완전공분산 모형에서 100개의 주식으로 구성된 포트폴리오의 기대수익률과 위험을 계산하기 위해, 필요한 기대수익률과 위험의 각 정보량은?

① 100개 100개
② 100개 302개
③ 100개 5,050개
④ 100개 4,950개
⑤ 100개 4,550개

〈해설〉 $E(R_P)$ → 기대수익률인 $E(R_i)$: n개 = 100개

σ_P^2 → 분산 : n개 = 100개 + 공분산 : $\frac{n(n-1)}{2}$개 = $\frac{100(100-1)}{2}$개 = 4,950개 ∴ 5,050개

답 ③

※ 다음의 자료를 참조하여 문제 23~25번에 답하라. (1998. CPA 2차 수정)

시장수익률의 분산이 0.02이고, 시장모형이 성립한다고 가정한다.

주 식	베타계수	표준편차
A	0.8	0.15
B	1.2	0.20

23. 주식 B의 비체계적위험을 구하라.

① 0.0015 ② 0.0097 ③ 0.0112

④ 0.0192 ⑤ 0.0209

〈해설〉 $\sigma_B^2 = \beta_B^2\ \sigma_M^2 + \sigma^2\varepsilon_B$에서 $(0.2)^2 = (1.2)^2\ (0.02) + \sigma^2\varepsilon_B$ ∴ $\sigma^2\varepsilon_B = 0.0112$

참고로 주식 *A*의 비체계적위험을 구하면 다음과 같다.

$\sigma_A^2 = \beta_A^2\ \sigma_M^2 + \sigma^2\varepsilon_A$에서 $(0.15)^2 = (0.8)^2(0.02) + \sigma^2\varepsilon_A$ ∴ $\sigma^2\varepsilon_A = 0.0097$

답 ③

24. 두 주식간의 공분산을 구하라.

① 0.0015 ② 0.0097 ③ 0.0112

④ 0.0192 ⑤ 0.0209

〈해설〉 시장모형에서의 공분산 $\sigma_{AB} = \beta_A\beta_B\sigma_M^2 = (0.8)(1.2)(0.02) = 0.0192$

답 ④

25. 주식 *A*에 30%, 주식 *B*에 70%를 투자한 포트폴리오의 위험(분산)은?

① 0.0052 ② 0.01944 ③ 0.02969

④ 0.04537 ⑤ 0.05636

〈해설〉 $\sigma_P^2 = \beta_P^2\ \sigma_M^2 + \sigma^2\varepsilon_P$에서

$\beta_P = W_A\beta_A + W_B\beta_B = (0.3)(0.8) + (0.7)(1.2) = 1.08$

$\sigma^2\varepsilon_P = \Sigma W_i^2\sigma^2\varepsilon_i = (0.3)^2(0.0097) + (0.7)^2(0.0112) = 0.006361$

$\sigma_P^2 = \beta_P^2\ \sigma_M^2 + \sigma^2\varepsilon_P = (1.08)^2(0.02) + 0.00636 = 0.029689$

답 ③

26. 주식 1의 베타는 1이고, 주식 2의 베타는 0.5이며, 균형상태하의 기대수익률은 각각 20%와 15%이다. 이 때 시장포트폴리오의 기대수익률과 무위험이자율을 각각 구하라.

① 10%, 20%　　② 10%, 15%　　③ 20%, 10%

④ 20%, 15%　　⑤ 25%, 15%

〈해설〉 $E(R_i) = R_f + [E(R_M) - R_f] \cdot \beta_i$에서

주식 1 : $20 = R_f + [E(R_M) - R_f](1)$ ………… ①식

주식 2 : $15 = R_f + [E(R_M) - R_f](0.5)$ ………… ②식

①식과 ②식을 연립하여 풀면 $E(R_M) = 20\%$, $R_f = 10\%$

답 ③

27. 다음의 자료를 참조로 한 설명 중 옳지 않은 것은? (1991. CPA)

무위험이자율=0.05	
시장의 기대수익률=0.15	시장수익률의 표준편차=0.05
주식 *A*의 베타계수=2	주식 *A*의 수익률의 표준편차=0.125

① 주식 *A*의 *CML*상의 요구수익률과 *SML*상의 요구수익률이 서로 다른데, 이는 *A*주식이 비효율적인 증권임을 나타낸다.

② 주식 *A*의 잔차분산은 양(+)의 값을 지닌다.

③ 만약 주식 *A*의 베타계수는 2로 유지된 상태에서 잔차분산만 감소한다면 균형하에서 주식 *A*의 기대수익률은 증가한다.

④ 주식 *A*의 수익률과 시장수익률과의 상관계수는 1보다 작다.

⑤ 주식 *A*의 수익률과 시장수익률과의 회귀식에 의한 결정계수는 1보다 작다.

〈해설〉 ① $CML : E(R_A) = 0.05 + \left[\dfrac{0.15 - 0.05}{0.05}\right](0.125) = 0.3$

$SML : E(R_A) = 0.05 + (0.15 - 0.05)(2) = 0.25$

*CML*선상에 있는 것은 효율적인 경우이다.

② $\sigma_A^2 = \beta_A^2 \sigma_M^2 + \sigma_{\varepsilon A}^2$에서 $(0.125)^2 = (2)^2(0.05)^2 + \sigma_{\varepsilon A}^2$　　$\therefore \sigma_{\varepsilon A}^2 = 0.005625 > 0$

$\sigma_i^2 = \beta_i^2 \sigma_M^2 + \sigma_{\varepsilon i}^2$ → if 효율적, $\sigma_{\varepsilon i}^2 = 0$
　　　　　　　　　↘ if 비효율적, $\sigma_{\varepsilon i}^2 = +$

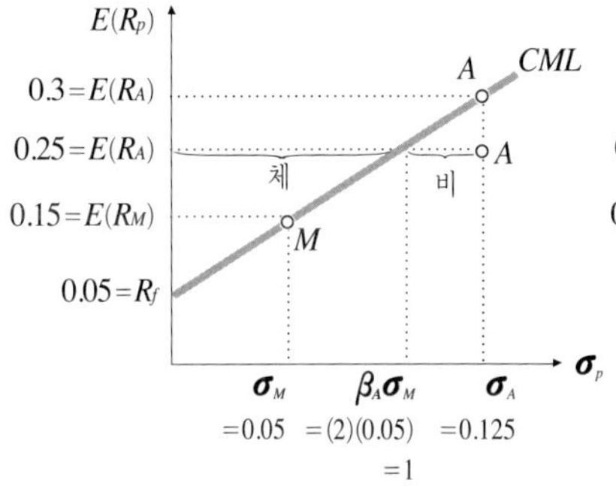

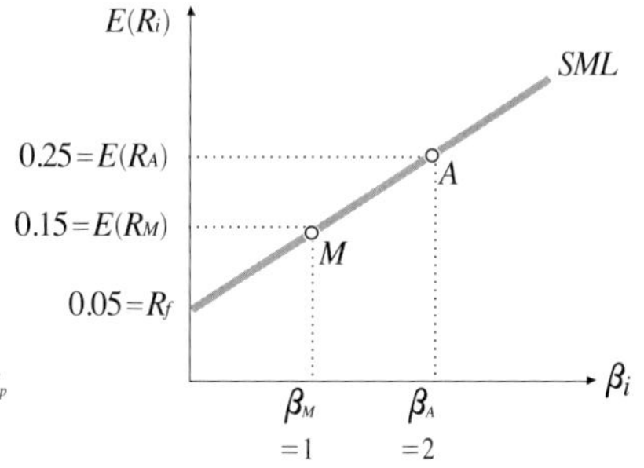

③ 균형상태에서의 가격(균형수익률)은 베타계수에 의해서만 결정된다. 그러므로, 잔차 분산이 감소하더라도 베타계수가 일정하면 기대수익률도 변함이 없다.

④ $\beta_i = \dfrac{\rho_{iM}\,\sigma_i\,\sigma_M}{\sigma_M^2} = \dfrac{\rho_{iM}\,\sigma_i}{\sigma_M}$ $\quad\therefore\ \rho_{iM} = \beta_i\left(\dfrac{\sigma_M}{\sigma_i}\right) = 2\left(\dfrac{0.05}{0.125}\right) = 0.8 < 1$

⑤ $R^2 = (\rho_{iM})^2 = (0.8)^2 = 0.64 < 1$

답 ③

28. 다음 그림에 대한 설명 중 옳은 것은? (1991. CPA)

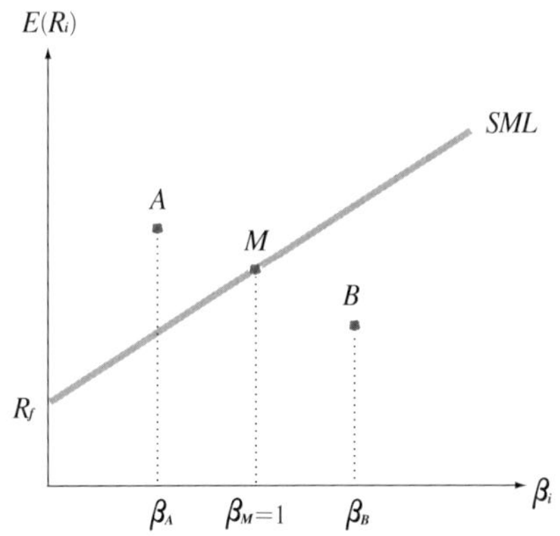

① A자산은 과대평가되어 있고, B자산은 과소평가되어 있다.

② A자산의 수요는 감소하고, B자산의 수요는 증가한다.

③ A자산의 기대수익률은 상승하고, B자산의 기대수익률은 하락한다.

④ A자산을 공매하여 B자산에 투자하면 초과이익을 남길 수 있고, SML상에서 차익거래가 종료되어 균형을 이룬다.

⑤ A자산의 베타계수는 반드시 1보다 작다.

〈해설〉 ① A자산은 과소평가, B자산은 과대평가 되어 있으므로

④ B자산을 공매하여 A자산에 투자하면 차익을 얻을 수 있기 때문에

② B자산의 수요는 감소하고, A자산의 수요는 증가한다.

③ 따라서 A자산의 가격은 상승(기대수익률은 하락)하고, B자산의 가격은 하락(기대수익률은 상승)하여 *SML*선상에서 균형을 이룬다.

답 ⑤

29. 자본시장선(*CML*)과 증권시장선(*SML*)에 대한 설명 중 틀린 것은? (1994. CPA)

① *CML*과 *SML*은 증권의 위험과 기대수익률간의 관계를 나타내는 식이다.

② *CML*과 *SML*은 모든 증권에 적용되는데, 그 차이는 단지 *CML*에서는 위험이 표준편차로, *SML*에서는 위험이 베타계수로 측정된다는 점이다.

③ 균형하에서 모든 증권의 위험과 기대수익률의 관계가 *CML*상에 위치하는 것은 아니다.

④ *CML*의 기울기는 효율적 포트폴리오의 위험 1단위에 대한 보상을 나타낸다.

⑤ 균형하에서 모든 증권의 위험과 기대수익률은 *SML*상에 위치한다.

〈해설〉 *CML*은 효율적인 포트폴리오에만 적용되지만, *SML*은 모든 경우(효율적 포트폴리오, 비효율적 포트폴리오, 개별증권)에 적용된다.

답 ②

30. 다음 그림에서 투자자 1과 2의 포트폴리오 선택에 관한 설명으로 옳지 않은 것은? (1994. CPA)

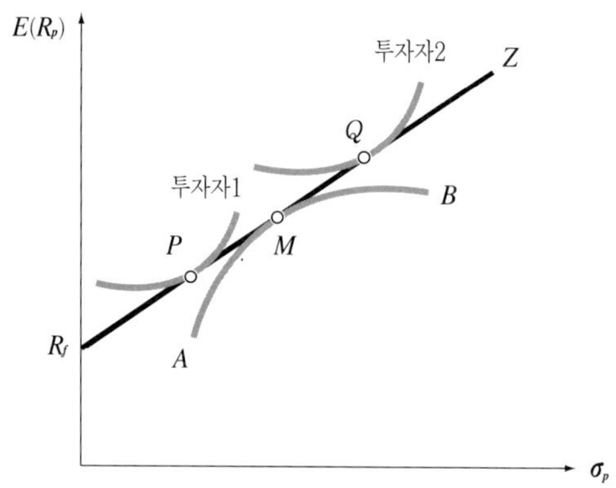

① 두 투자자 모두 위험회피형이다.

② 이를 자본시장선(*CML*)이라 한다.

③ 효율적 투자선은 *AMB*이다.

④ 투자자 2가 투자자 1보다 덜 위험회피적이다.

⑤ *P*, *Q*의 포트폴리오는 전체 위험자산에 투자한 금액 중 개별 위험자산이 차지하는 투자비율이 동일하다.

〈해설〉 ③ 무위험자산이 존재하므로 효율적투자선은 직선 R_fMZ이다.

⑤ 토빈의 분리정리에 의하면 위험자산의 최적포트폴리오 (위험자산의 투자비율)은 누구나 동일하지만 ($W_i = P_iQ_i / \Sigma P_iQ_i$로써), 최적선택 (무위험자산과 위험포트폴리오간의 가중치)은 투자자의 위험회피정도에 따라 달라진다. (위험회피도가 강하면 R_fM구간, 약하면 MZ구간을 선택함으로써)

답 ③

31. 아래와 같은 투자환경의 변화가 동시에 발생했을 때 *SML*은 어떤 변화를 보이겠는가? (1995. CPA)

> (1) 물가가 하락한다.
> (2) 투자자들이 더 위험회피적이 된다.

① *SML*의 기울기는 커지고 위로 이동한다.
② *SML*의 기울기는 작아지고 아래로 이동한다.
③ *SML*의 기울기는 커지고 아래로 이동한다.
④ *SML*의 기울기는 작아지고 위로 이동한다.
⑤ *SML*의 기울기는 달라지지 않고 아래로 이동한다.

〈해설〉 물가가 하락하면 투자자들이 요구하는 명목수익률이 하락하여, *SML*이 아래로 수평이동한다. 투자자들의 위험회피도가 증가하면 위험증가에 따르는 보상율이 커지므로 *SML*의 기울기가 커진다.

답 ③

32. 10개의 주식에 천만원씩 1억원을 투자한 포트폴리오가 있다. 현재 이 포트폴리오의 베타계수는 1.64이다. 베타계수의 2.0인 *A* 주식을 매각하고 새로운 *N* 주식을 매입하였더니 포트폴리오의 베타계수는 1.5가 되었다. 새로 매입한 *N* 주식의 베타계수는 얼마인가? (1995. CPA)

① 0.6 ② 0.04 ③ 0.7
④ 0.8 ⑤ 0.9

〈해설〉 $\beta_P = 1.64 = 0.1\beta_A + 0.9\beta_R = 0.1(2) + 0.9\beta_R \quad \therefore \beta_R = 1.6$

$\beta_P = 1.5 = 0.1\beta_N + 0.9\beta_R = 0.1\beta_N + 0.9(1.6)$에서 $\beta_N = 0.6$

답 ①

33. CAPM이 성립한다고 할 때 다음 설명 중 옳지 않은 것은? (1996. CPA)

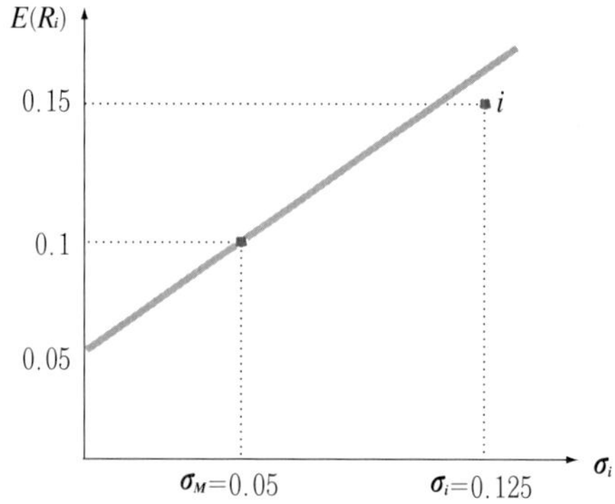

① 주식 i의 체계적 위험에 대한 보상은 10%이다.

② 주식 i의 수익률과 시장포트폴리오 수익률과의 상관계수는 0.8이다.

③ 주식 i는 가치가 적정하게 평가되어 있다.

④ 시장모형의 가정이 성립한다면 주식 i의 증권특성선의 결정계수는 0.64이다.

⑤ 주식 i의 베타계수는 3이다.

〈해설〉 ⑤ $E(R_i)=0.15=0.05+(0.1-0.05)\beta_i$에서 $\beta_i=2$

① $RP=[E(R_M)-R_f]\cdot\beta_i=(0.1-0.05)(2)=0.1$

② $\beta_i=\dfrac{\rho_{iM}\sigma_i}{\sigma_M}$ $\quad\therefore\ \rho_{iM}=\beta_i\left(\dfrac{\sigma_M}{\sigma_i}\right)=2\left(\dfrac{0.05}{0.125}\right)=0.8$

④ $R^2=(\rho_{iM})^2=(0.8)^2=0.64$

③ $\beta_i=2$이므로 $E(R_i)=0.05+(0.1-0.05)(2)=0.15$

답 ⑤

34. 시장포트폴리오의 기대수익률은 연 20%이고 무위험이자율은 연 10%이다. 당신은 시장포트폴리오에 부의 25%를, $\beta=2$인 자산에 나머지 75%를 투자했다. CAPM이 옳다면 당신의 포트폴리오의 연평균 기대수익률은 얼마인가? (1998. CPA)

① 20% ② 22.5% ③ 25%

④ 27.5% ⑤ 30%

〈해설〉 $\beta_P=W_i\beta_i+W_M\beta_M=W_i\beta_i+(1-W_i)\beta_M=(0.75)(2)+(0.25)(1)=1.75$

$E(R_P)=R_f+[E(R_M)-R_f]\beta_P=0.1+[0.2-0.1](1.75)=0.275$

답 ④

35. 시장모형이 성립한다고 가정하자. 주식 $A(\beta_A=1.4)$와 $B(\beta_B=0.6)$에 투자액의 3/4과 1/4을 각각 투자한 포트폴리오 수익률의 표준편차가 0.04이다. 시장포트폴리오 수

익률의 표준편차는 0.02로 알려져 있다. 이 포트폴리오의 총위험에 대한 체계적 위험의 비율은? (2000. CPA)

① 32% ② 34% ③ 36%

④ 38% ⑤ 40%

〈해설〉 σ_P^2(총위험)$=\beta_P^2\sigma_M^2$(체계적 위험)$+\sigma_{\epsilon P}^2$(비체계적 위험)을 이용한다.

$\sigma_P^2=(0.04)^2=0.0016$

$\beta_P=\sum W_i\,\beta_i=W_A\beta_A+W_B\beta_B=(0.75)(1.4)+(0.25)(0.6)=1.2$

$\beta_P^2\sigma_M^2=(1.2)^2(0.02)^2=0.000576$

$\therefore\ \dfrac{\beta_P^2\sigma_M^2}{\sigma_P^2}=\dfrac{0.000576}{0.0016}=0.36=36\%$

답 ③

36. 자본시장선(*CML*)과 증권시장선(*SML*)과의 관계에 대한 서술 중 옳지 않은 것은? (2002. CPA)

① 동일한 베타를 가지는 자산이면 *SML*선상에서 동일한 위치에 놓인다.

② *CML*과 *SML*은 기대수익률과 총위험간의 선형관계를 설명한다는 점에서 공통점을 가지고 있다.

③ 비체계적위험을 가진 포트폴리오는 *CML*선상에 놓이지 않는다.

④ 어떤 자산과 시장포트폴리오간의 상관계수가 1이면 *CML*과 *SML*은 동일한 표현식이 된다.

⑤ *SML*선상에 있는 자산이라고 하여 모두 *CML*선상에 위치하지는 않는다.

〈해설〉 ② *CML*은 기대수익률과 총위험간의 선형관계를 설명하지만, *SML*은 기대수익률과 체계적위험간의 선형관계를 설명한다는 점에서 차이점이 있다.

답 ②

37. 시장포트폴리오의 기대수익률과 표준편차는 각각 18%와 22%이고, 무위험이자율은 10%이다. 베타가 2와 0.5인 주식 1과 2에 각각 40 : 60으로 투자한 포트폴리오 *P*의 수익율이 20%로 기대된다. *CAPM*이 성립한다고 가정할 때, 다음 문장 중 옳은 것은?

① 현재 포트폴리오 *P*가 1.2%만큼 과대평가되었다.

② 현재 포트폴리오 *P*가 1.2%만큼 과소평가되었다.

③ 현재 포트폴리오 *P*가 3.2%만큼 과대평가되었다.

④ 현재 포트폴리오 P가 3.2%만큼 과소평가되었다.

⑤ 포트폴리오 P에 투자하지 말아야 한다.

〈해설〉 $E(R_M)=18\%$ $\sigma_M=22\%$ $R_f=10\%$

$\beta_1=2$ $W_1=0.4$ $\beta_2=0.2$ $W_2=0.6$이므로 $\beta_p=0.4(2)+0.6(0.5)=1.1$

기대수익률 : $E(R_p)=20\%$

균형(요구)수익률[by SML] : $E(R_p)=R_f+[E(R_M)-R_f]\cdot\beta_p=10+(18-10)(1.1)=18.8\%$

∴ 기대수익률(20%)〉요구수익률(18.8%)이므로 현재 포트폴리오 P가 1.2%만큼 과소평가 되었다. 따라서, 포트폴리오 P에 투자해야 한다.

답 ②

38. 무위험이자율이 6%이고 시장포트폴리오의 기대수익률이 15%이다. 베타가 1.2인 주식의 현재가격이 25,000원인데, 기말에 1,000원의 배당과 30,000원의 시세가 기대된다. 다음 문장중 옳은 것은?

① 현재 이 주식은 7.2%만큼 과대평가되었다.

② 현재 이 주식은 1,541원 만큼 과대평가되었다.

③ 이 주식의 기대수익률은 16.8%이고, 균형가격은 25,000원이다.

④ 이 주식의 기대수익률은 24%이고, 균형가격은 26,541원이다.

⑤ 이 주식에 투자하지 말아야 한다.

〈해설〉 (1) 기대수익률 : $E(R_i)=\dfrac{D_1+(P_1-P_0)}{P_0}=\dfrac{1{,}000+(30{,}000-25{,}000)}{25}=24\%$

균형(요구)수익률[by SML] : $E(R_i)=R_f+[E(R_M)-R_f]\cdot\beta_i=6+(15-6)(1.2)=16.8\%$

∴ 기대수익률(24%) > 요구수익률(16.8%)이므로, 현재 이 주식은 7.2%만큼 과소평가 되었다. 따라서, 이 주식에 투자해야 한다.

(2) 균형가격 $=\dfrac{D_1+P_1}{1+E(R_i)}=\dfrac{1{,}000+30{,}000}{1+0.168}=26{,}541$원 > 현재가격 $=25{,}000$원

∴ 균형가격(26,541원) > 현재가격(25,000원)이므로, 현재 이 주식은 1,541원 만큼 과소평가되었다. 따라서, 이 주식에 투자해야 한다.

(3) $NPV=26{,}541$원 $-25{,}000$원 $=1{,}541$원 혹은

$NPV=\dfrac{25{,}000\times 7.2\%}{1+0.168}=1{,}541$원

답 ④

39. 균형상태하에서, 베타가 0.7인 어느 주식의 현재가격이 50,000원인데, 기말에 1,000원의 배당과 55,000원의 시세가 기대된다. 무위험이자율이 8%이고 시장포트폴리오의 기대수익률이 15%이다. 다른 조건은 동일하고 시장수익률과의 공분산만 2배로 증가한다면, 이 주식의 가격은 얼마가 되겠는가?

① 44,344원 ② 47,538원 ③ 50,000원
④ 53,645원 ⑤ 57,880원

〈해설〉 시장과의 공분산이 2배로 증가하면 베타도 2배로 증가하여 1.4가 된다 $\left(\because \beta_i = \frac{\sigma_{iM}}{\sigma_M^2}\right)$.
다른 조건은 변함없고 베타만 증가하였으므로, 이 주식의 가격은 하락할 것이다.

$E(R_i) = R_f + [E(R_M) - R_f] \cdot \beta_i = 8 + (15-8)(1.4) = 17.8\%$

$P_0 = \frac{1,000 + 55,000}{1 + 0.178} = 47,538$원

답 ②

40. 균형상태하에서 무위험자산에 50%, 주식 1과 2에 나머지 50%를 투자하였다.

주 식	기대수익률(%)	베 타	투자가중치
1	22	1.2	0.2
2	18	0.8	0.3

이 때 무위험자산의 일부를 처분하고 그 자금으로 시장포트폴리오에 투자하여 20 %의 기대수익률을 얻고자 한다. 시장포트폴리오에 대한 투자가중치를 구하라.

① 29% ② 34% ③ 38%
④ 44% ⑤ 52%

〈해설〉 균형상태이므로 SML을 이용하여 $E(R_M)$과 R_f를 구한다.

주식 1 : $E(R_i) = 22 = R_f + [E(R_M) - R_f] \cdot \beta_i = R_f + [E(R_M) - R_f](1.2) = -0.2R_f + 1.2E(R_M)$

주식 2 : $E(R_i) = 18 = R_f + [E(R_M) - R_f] \cdot \beta_i = R_f + [E(R_M) - R_f](0.8) = 0.2R_f + 0.8E(R_M)$

$\therefore R_f = 10\% \ \& \ E(R_M) = 20\%$

따라서, 현재 포트폴리오에서 무위험자산을 W만큼 처분하여 시장포트폴리오에 투자한 새로운 포트폴리오의 기대수익률은 다음과 같다.

$E(R_P) = (0.2)(22) + (0.3)(18) + (0.5 - W)(10) + W(20) = 20 \quad \therefore W = 0.52$

답 ⑤

41. 무위험이자율이 8%이고 시장포트폴리오의 기대수익률이 15%, 표준편차가 10%이다. 다음 자산중 CML상에 위치하지 않은 포트폴리오를 골라라. (1989. CPA 2차 수정)

포트폴리오	기대수익률	표준편차
1	22%	20%
2	18.4%	16%
3	17.8%	14%

① 1 ② 2 ③ 3 ④ 1, 2 ⑤ 1,3

〈해설〉 $E(R_P)=R_f+\left[\frac{E(R_M)-R_f}{\sigma_M}\right]\sigma_p=8+\left[\frac{15-8}{10}\right]\sigma_p=8+0.7\sigma_p$를 이용한다.

1 : $E(R_1)=8+0.7\ (20)=22\%$

2 : $E(R_2)=8+0.7\ (16)=19.2\%\ \neq 18.4\%$

3 : $E(R_3)=8+0.7\ (14)=17.8\%$

답 ②

42. 주식 i의 베타계수는 1이나 비체계적인 위험을 가지고 있다고 가정하자. SML이 성립한다면 주식 i의 균형수익률은 얼마가 되어야 하는가?

① 무위험이자율
② 시장포트폴리오의 기대수익률과 무위험이자율의 사이에 있는 값
③ 시장포트폴리오의 기대수익률과 무위험이자율과의 차이에 해당하는 값
④ 시장포트폴리오의 기대수익률과 무위험이자율과의 차이에 베타계수를 더한 값
⑤ 시장포트폴리오의 기대수익률

〈해설〉 증권시장선(SML)은 $E(R_i)=R_f+[E(R_M)-R_f]\cdot\beta_i$이므로 $\beta_i=1$을 대입하면 균형상태에서 기대수익률 $E(R_i)$는 $E(R_M)$과 같으므로, 시장포트폴리오의 기대수익률이 된다.

답 ⑤

43. 다음 설명 중 틀린 것은?

① 포트폴리오 구성시 중요하게 고려해야 할 위험은 공분산이다.
② 베타가 0보다 큰 자산의 수익률은 시장수익률보다 더 크게 변동한다.
③ SML에 의하면 개별자산의 균형수익률은 베타에 비례한다.
④ 무위험자산의 베타는 0이다.
⑤ 효율적 포트폴리오일 때에는 CML과 SML의 결과가 일치한다.

〈해설〉 베타가 1보다 크면 자산의 수익률은 시장수익률보다 더 크게 변동하는데, 이 자산을 공격적인 자산(aggressive assets)이라고 한다.

답 ②

44. SML과 CML에 대한 다음 설명 중 틀린 것은?

① 표준편차가 같지 않더라도 체계적위험이 같으면 균형가격이 같다.
② 비효율적 포트폴리오나 개별주식은 CML의 아래에 위치한다.
③ 충분히 분산투자를 했다면 총위험과 체계적위험이 같게 되므로, 자산의 균형수익률을 CML로 평가할 수 있다.
④ 시장포트폴리오와의 공분산이 크면 체계적위험이 작아지게 된다.
⑤ 자본시장이 균형일 때 CML이 효율적투자선이다.

〈해설〉 ④ 시장포트폴리오와의 공분산이 크면 체계적위험이 커진다.

⑤ 무위험자산이 존재하면 효율적투자선은 *CML*이 된다.

답 ④

45. 무위험이자율이 8%이고, 시장포트폴리오의 기대수익률이 15%, 표준편차가 10%라고 할 때 다음 중 과소평가된 주식은? (1989. CPA 2차 수정)

주 식	기대수익률(%)	표준편차(%)	ρ_{iM}
1	11.2	20	0.1
2	12.1	16	0.2
3	10.3	15	0.3
4	10.5	14	0.4

① 1 ② 2 ③ 3 ④ 1, 2 ⑤ 3, 4

〈해설〉 (1) 각 주식의 베타계수를 구한다.

$\beta_i = \dfrac{\sigma_{iM}}{\sigma_M^2} = \dfrac{\rho_{iM}\sigma_i\sigma_M}{\sigma_M^2} = \dfrac{\rho_{iM}\sigma_i}{\sigma_M}$ 에서

$\beta_1 = \dfrac{(0.1)(20)}{(10)} = 0.20$ $\beta_2 = \dfrac{(0.2)(16)}{(10)} = 0.32$

$\beta_3 = \dfrac{(0.3)(15)}{(10)} = 0.45$ $\beta_4 = \dfrac{(0.4)(14)}{(10)} = 0.56$

(2) 균형수익률(by *SML*)과 기대수익률를 비교하여 과소·과대평가여부를 조사한다.

주식 1의 균형수익률 $= 8 + (15-8)(0.20) = 9.4 <$ 기대수익률 $= 11.2$ ∴과소평가

주식 2의 균형수익률 $= 8 + (15-8)(0.32) = 10.24 <$ 기대수익률 $= 12.1$ ∴과소평가

주식 3의 균형수익률 $= 8 + (15-8)(0.45) = 11.15 >$ 기대수익률 $= 10.3$ ∴과대평가

주식 4의 균형수익률 $= 8 + (15-8)(0.56) = 11.92 >$ 기대수익률 $= 10.5$ ∴과대평가

답 ④

46. 다음 그림에서 *M*은 시장포트폴리오를 의미하며, 자산 A의 기대수익률은 18%이다. *CAPM*이 성립한다고 가정하고, 자산 *B*의 베타인 β_B를 구하라.

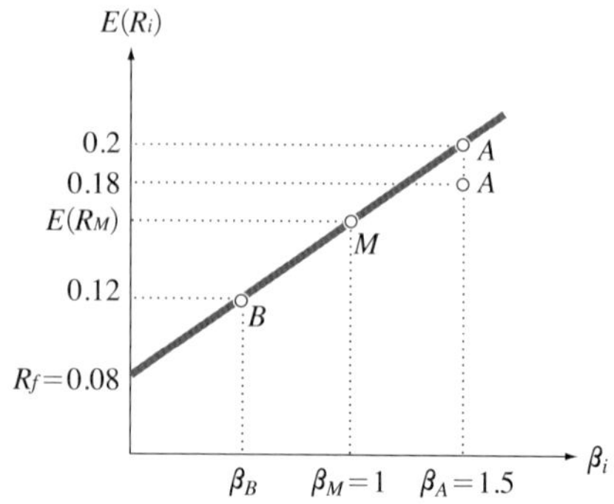

① 0.3 ② 0.4 ③ 0.5 ④ 0.6 ⑤ 0.7

〈해설〉 *SML*에 의하면 베타가 1.5인 자산의 균형수익률이 20%이므로, $0.2=0.08+[E(R_M)-0.08](1.5)$에서 $E(R_M)=0.16$이다. 한편, 자산 *B*는 균형상태에 있으므로 $0.12=0.08+[0.16-0.08]\beta_B$에서 $\beta_B=0.5$

답 ③

47. 다음 그림에서 *M*은 시장포트폴리오를 의미하고, 자산 *i*의 균형수익률은 20%이며, 잔차표준편차는 0.2이다. CAPM과 시장모형이 성립할 때, 다음 문장 중 틀린 것을 골라라.

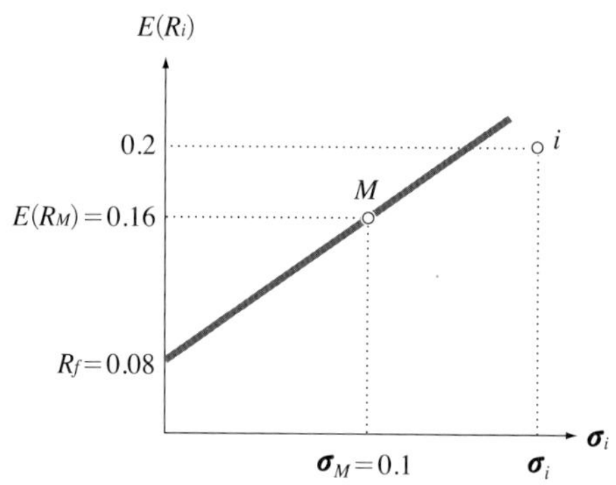

① 자산 *i*의 베타계수는 1.5이다.

② 자산 *i*의 체계적 위험은 0.0225이다.

③ 자산 *i*의 총위험은 0.0625이다.

④ 자산 *i*는 과대평가된 상태이다.

⑤ 자산 *i*는 수익률과 시장포트폴리오 수익률간의 상관계수는 0.6이다.

〈해설〉 ① $E(R_i)=0.2=0.08+(0.16-0.08)\beta_i$에서 $\beta_i=1.5$

② 체계적 위험은 $\beta_i^2\sigma_M^2=(1.5)^2(0.1)^2=0.0225$

③ 총위험은 $\sigma_i^2=\beta_i^2\sigma_M^2+\sigma_{\epsilon_i}^2=0.0225+0.04=0.0625$

④ $\beta_i=1.5$이므로 $E(R_i)=0.08+(0.16-0.08)(1.5)=0.2$이다. 따라서 자산 i는 적정하게 평가된 상태이다. 과대 · 과소 · 적정평가는 β_i를 이용하지 σ_i를 이용해서는 안된다라는 것을 유의하기 바란다.

⑤ $\beta_i=\dfrac{\rho_{iM}\sigma_i}{\sigma_M}$ $\quad\therefore\ \rho_{iM}=\dfrac{\beta_i\sigma_M}{\sigma_i}=\dfrac{(1.5)(0.1)}{\sqrt{0.0625}}=0.6$

답 ④

48. 자본시장선(CML)상에서 시장 포트폴리오를 포함하여 오른쪽에 위치한 포트폴리오에 대한 설명 중 옳은 것을 골라라.

a. 무위험자산에만 투자하는 포트폴리오
b. 무위험이자율로 보유자금의 일부를 빌려주고, 나머지 자금을 위험자산에 투자하는 포트폴리오
c. 위험자산에만 투자하는 포트폴리오
d. 무위험이자율로 투자자금의 일부를 빌려와, 이를 보유자금과 합쳐 위험자산에 투자하는 포트폴리오
e. 현실적으로 이러한 포트폴리오를 구성할 수 없다.

① *a, b* ② *b, c* ③ *c, d*
④ *c, d, e* ⑤ *e*

〈해설〉 *a, b* : 대출(iending) 포트폴리오에 대한 설명이다.
c, d : 차입(borrowing) 포트폴리오에 대한 설명이다.

답 ③

49. 토빈의 분리정리에 대한 옳은 설명을 골라라.

① 위험자산 포트폴리오에 대한 결정은 객관적이고, 최적 포트폴리오에 대한 결정은 주관적이다.
② 위험자산 포트폴리오에 대한 결정은 주관적이고, 최적 포트폴리오에 대한 결정은 객관적이다.
③ 효율적투자선은 주관적이고, 최적 포트폴리오에 대한 결정은 객관적이다.
④ 효율적투자선은 주관적이고, 최적 포트폴리오에 대한 결정도 주관적이다.
⑤ 위험회피형은 객관적으로 투자하고, 위험선호형은 주관적으로 투자한다.

답 ①

50. 시장 포트폴리오에 대한 설명 중 틀린 것으로 골라라.

① 모든 위험자산을 포함하는 포트폴리오이다.

② 효율적투자선상에 있는 포트폴리오이다.

③ 시장 포트폴리오에 포함된 주식들은 그들의 시장가치의 비율로 구성된다.

④ 투자자들의 투자자금에 따라 이 포트폴리오의 시장가치는 다르지만, 위험자산 포트폴리오의 구성비율은 누구나 동일하다.

⑤ 자본시장선(*CML*)과 투자자들의 무차별곡선과의 접점이다.

답 ⑤

※ 다음의 자료를 참조하여 문제 51~53번에 답하라.

무위험자산의 수익률이 8%이고, 시장 포트폴리오의 기대수익률과 표준편차가 각각 16%와 18%이다. 투자자 갑은 이 두 자산으로 구성된 포트폴리오 P에 보유자금인 1,000,000원을 투자하려고 한다.

51. 포트폴리오 P의 기대수익률을 12%로 하기 위한 각 자산의 투자가중치를 구하라.

	무위험자산(%)	시장 포트폴리오(%)
①	75	25
②	55.55	44.45
③	50	50
④	44.45	55.55
⑤	25	75

〈해설〉 $R_f = 8\%$ $E(R_M) = 16\%$ $\sigma_M = 18\%$ $E(R_P) = 12\%$

$E(R_P) = W \cdot R_f + (1-W) \cdot E(R_M)$에서 $12 = (W)(8) + (1-W)(16)$ $\therefore W = 0.5 = 50\%$

답 ③

52. 포트폴리오 *P*의 표준편차를 10%로 하기 위한 각 자산의 투자가중치를 구하라.

	무위험자산(%)	시장 포트폴리오(%)
①	75	25
②	55.55	44.45
③	50	50
④	44.45	55.55
⑤	25	75

〈해설〉 $\sigma_P=(1-W)\sigma_M$에서 $10=(1-W)(18)$ $\quad\therefore 1-W=0.5555=55.55\%$

답 ④

53. 포트폴리오 *P*의 기대수입금액이 1,500,000원이 되기 위한 각 자산의 투자금액을 구하라.

① 무위험자산에 보유자금 1,000,000원을 전부 투자한다.

② 무위험자산에 750,000원, 시장 포트폴리오에 250,000원을 투자한다.

③ 무위험자산에 250,000원, 시장 포트폴리오에 750,000원을 투자한다.

④ 시장 포트폴리오에 보유자금 1,000,000원을 전부 투자한다.

⑤ 무위험이자율로 4,250,000원을 차입하여 보유자금 1,000,000원을 합한 5,250,000원을 시장 포트폴리오에 투자한다.

〈해설〉 보유자금이 1,000,000원이므로 포트폴리오 *P*의 기대수익률은 (1,500,000−1,000,000)/1,000,000=50%이다. $E(R_P)=W\cdot R_f+(1-W)\cdot E(R_M)$에서 $50\%=(W)(8\%)+(1-W)(16\%)$ $\quad\therefore W=-4.25=-425\%$이고 $1-W=5.25=525\%$이다. 따라서 무위험수익률로 차입한 4.25(1,000,000)=4,250,000원과 보유자금 1,000,000원을 합한 5,250,000원을 시장 포트폴리오에 투자하면 된다.

답 ⑤

54. 무위험자산의 수익률이 10%이고 자본시장에 다음과 같은 네 개의 위험자산이 있는데, 무위험자산과 위험자산으로 최적 포트폴리오를 구성하려고 한다. 위험회피형 투자자라면 최적 포트폴리오를 어떻게 구성하겠는가?

자 산	기대수익률	분 산
A	0.18	0.04
B	0.24	0.08
C	0.28	0.16
D	0.38	0.16

① *A* ② *B* ③ *C*

④ *D* ⑤ 효용함수가 주어져 있지 않으므로 알 수 없다.

〈해설〉 무위험자산이 존재시 위험자산 가운데 최적 포트폴리오는 무위험자산과 위험자산을 결합했을 때 위험 1단위당 프레미엄인 $[E(R_P)-R_f]/\sigma_P$이 가장 큰 포트폴리오이다.

A : $[0.18-0.1]/0.2=0.4$

B : $[0.24-0.1]/0.28=0.5$

C : $[0.28-0.1]/0.4=0.45$

D : [0.38 − 0.1]/0.4 = 0.7

답 ④

※ 다음의 자료를 참조하여 문제 55~57번에 답하라.

투자자 갑은 무위험자산과 주식 A와 B로 구성된 포트폴리오 P_1을 이용하여 새로운 포트폴리오 P를 구성하려고 한다. 투자자 갑의 보유자금은 1,000,000원이고, 무위험자산의 수익률은 8%이며, 포트폴리오 P_1에 대한 정보는 다음과 같다.

	기대수익률	표준편차	투자가중치
주식 A	18%	20%	0.6
주식 B	16%	14%	0.4

55. 새로운 포트폴리오 P의 기대수익률을 12%로 하기 위한 각 자산의 투자가중치를 구하라.

	무위험자산	주식 A	주식 B
①	0.174	0.261	0.565
②	0.261	0.174	0.565
③	0.261	0.565	0.174
④	0.565	0.174	0.261
⑤	0.565	0.261	0.174

〈해설〉 포트폴리오 P_1의 기대수익률인 $E(R_{P1}) = (0.6)(18) + (0.4)(16) = 17.2\%$이다. 따라서 $E(R_P) = W \cdot R_f + (1 - W) \cdot E(R_{P1})$에서 $12 = (W)(8) + (1 - W)(17.2)$ ∴ W(무위험자산의 투자가중치) = 0.565이므로 주식 A와 B로 이루어진 포트폴리오 P_1에 대한 투자가중치는 0.435이다. 그러므로, 주식 A에 대한 투자가중치 = (0.6)(0.435) = 0.261이고 주식 B에 대한 투자가중치 = (0.4)(0.435) = 0.174이다.

답 ⑤

56. 투자자 갑이 보유자금의 30%를 무위험자산에 투자하고 나머지 70%를 주식 A와 B에 투자했다고 하자. 이 때 주식 A와 B에 대한 투자금액을 각각 구하라.

① 28만원, 42만원 ② 42만원, 28만원 ③ 30만원, 70만원
④ 70만원, 30만원 ⑤ 30만원, 100만원

〈해설〉 주식에 대한 투자금액은 (1,000,000원)(0.7) = 700,000원이므로, 주식 A에 대한 투자금액 = (700,000원)(0.6) = 420,000원이고 주식 B에 대한 투자금액 = (700,000원)(0.4) = 280,000원

이다.

답 ②

57. 새로운 포트폴리오 P의 기대수입금액이 1,140,000원이 되기 위한 각 자산의 투자금액을 구하라.

	무위험자산	주식 A	주식 B
①	260,900원	347,800원	391,300원
②	260,900원	446,082원	347,800원
③	347,800원	260,900원	391,300원
④	347,800원	391,300원	260,900원
⑤	391,300원	396,492원	260,900원

〈해설〉 보유자금이 1,000,000원이므로 새로운 포트폴리오 P의 기대수익률은 (1,140,000 − 1,000,000)/1,000,000 = 14%이다. 따라서 $E(R_P) = W \cdot R_f + (1-W) \cdot E(R_{P1})$에서 $14 = (W)(8) + (1-W)(17.2)$ $\quad\therefore$ W(무위험자산의 투자가중치) = 0.3478 = 34.78%이므로 주식 A와 B로 이루어진 포트폴리오 P_1에 대한 투자가중치는 0.6522 = 65.22%이다. 그러므로, 주식 A에 대한 투자가중치 = (0.6)(0.6522) = 0.3913이고 주식 B에 대한 투자가중치 = (0.4)(0.6522) = 0.2609이다.

이를 투자금액으로 환산하면 각각 다음과 같다. 무위험자산 = (1,000,000원)(0.3478) = 347,800원, 주식 A = (1,000,000원)(0.3913) = 391,300원, 주식 B = (1,000,000원)(0.2609) = 260,900원이다.

답 ④

58. CAPM이 성립한다고 할 때, 다음 중 맞는 것을 골라라.

a. 주식베타가 2배 증가하면 균형수익률이 2배로 하락할 것이다.
b. 주식베타가 2배 증가하면 균형수익률이 2배로 증가할 것이다.
c. 실질이자율이 2% 증가하면 균형수익률이 1.5% 증가할 것이다.
d. 실질이자율이 2% 증가하면 균형수익률이 1% 하락할 것이다.
e. 시장 위험프레미엄이 2% 증가하면 균형수익률이 2% 증가할 것이다.

① *a*, *d* ② *b* ③ *b*, *c*, *e*
④ *e* ⑤ 정답 없음

답 ⑤

59. 다음 중 옳은 문장을 골라라.

① 두 주식수익률의 상관계수가 +1이라면, 두 주식의 분산값은 같다.

② 두 주식수익률의 상관계수가 +1이라면, 이 두 주식에 50%씩 투자한 포트폴리오의 분산값은 각 주식의 분산값의 평균보다 작다.

③ 주식베타값이 음(−)이라면, 이 주식은 음(−)의 균형수익률을 가진다는 것을 의미한다.

④ *CAPM*에 의하면 주식의 표준편차가 크면 이 주식의 균형수익률이 크다.

⑤ ①②③④는 전부 틀린 문장이다.

〈해설〉 ② 두 주식수익률의 상관계수가 +1이라면, 이 두 주식에 50%씩 투자한 포트폴리오의 분산값은 각 주식의 분산값의 평균이다. 즉, $\sigma_P = W_1\sigma_1 + W_2\sigma_2 = 0.5\sigma_1 + 0.5\sigma_2 = \frac{\sigma_1 + \sigma_2}{2}$

④ 주식의 베타가 크면 균형수익률이 크다.

답 ⑤

60. 다음 중 옳은 문장을 골라라.

a. 포트폴리오의 구성종목수가 매우 많아지면, 포트폴리오의 모든 위험이 제거된다.
b. 포트폴리오의 구성종목수가 매우 많아지면, 포트폴리오 위험은 체계적위험에 좌우된다.
c. 베타가 1보다 큰 수많은 주식으로 포트폴리오를 구성한다면 이 포트폴리오에서 체계적위험이 차지하는 비중은, 베타가 0.7인 개별주식의 체계적위험이 차지하는 비중보다 더 많다.
d. 분산투자시 투자자들이 부담해야 할 위험은 구성주식들의 분산값이다.

① *a, b, c* ② *a, b, d* ③ *b, c*
④ *b, c, d* ⑤ *c, d*

〈해설〉 *d*. 분산투자시 투자자들이 부담해야 할 위험은 구성주식들의 공분산값이다.

답 ③

61. 세 주식으로 포트폴리오를 구성했다고 할 때, 다음 설명 중 틀린 것을 골라라.

a.포트폴리오의 기대수익률은 세 주식의 각 기대수익률을 투자가중치로 가중평균한 값이다.
b. 포트폴리오의 위험은 세 주식의 각 위험을 투자가중치로 가중평균한 값보다 작다.
c. 포트폴리오의 베타는 세 주식의 베타를 투자가중치로 가중평균한 값보다 작다.

① *a* ② *b* ③ *c*

④ a, b ⑤ 정답 없음

〈해설〉 c. 포트폴리오의 베타는 세 주식의 베타를 투자가중치로 가중평균한 값이다($\beta_P = \Sigma W_i \beta_i$)

답 ③

62. 투자자 갑은 표준편차가 10%로 동일한 100개 주식에 금액을 균등하게 투자한 포트폴리오를 보유하고 있는데 그 포트폴리오 베타계수는 1.1이다. 투자자 을은 갑과 동일한 금액을 표준편차가 10%이고 베타계수가 1.5인 주식 하나에 집중투자하였다. 다음 설명 중 맞는 것을 골라라.

① 갑의 자산은 을의 자산보다 총위험과 체계적위험이 차지하는 비중이 작다.
② 갑의 자산은 베타계수가 낮으므로 을의 자산에 비해 균형수익률이 더 낮다.
③ 갑의 자산은 분산투자를 하기 위하여 경제적 · 시간적비용을 소모하였으므로, 을의 자산보다 균형수익률이 더 높다.
④ 갑의 자산은 분산투자의 종목이 매우 많으므로 기대수익률과 균형수익률이 일치한다.
⑤ 을의 자산은 집중투자하였으므로 과대평가된 자산이다.

〈해설〉 ① 갑의 자산은 을의 자산에 비해 총위험이 훨씬 작으나 거의 체계적위험으로 구성되어 있다.

답 ②

63. 자산 A와 B에 대하여 다음과 같은 과거 수익률자료가 있다고 하자. A와 B의 사후적(ex-post)베타를 가장 잘 표현한 것은?

연 도	시장수익률	자산 A	자산 B
1	+0.05	−0.04	+0.1
2	−0.07	+0.05	+0.1
3	+0.02	−0.03	+0.1
4	−0.03	+0.01	+0.1
5	+0.06	−0.02	+0.1

① $\beta_A > 0,\ \beta_B > 0$ ② $\beta_A < 0,\ \beta_B = 0$ ③ $\beta_A < 0,\ \beta_B = 1$
④ $\beta_A > 1,\ \beta_B = -1$ ⑤ $\beta_A > 0,\ \beta_B = 1$

답 ②

64. 다음은 자본시장선(*CML*)에 대한 설명이다. 맞는 것을 골라라.

a. 균형상태에서 존재하는 유일한 효율적투자선으로, CML선상의 모든 포트폴리오는 무위험자산과 시장포트폴리오로 이루어진다. *b*. 자본시장선의 기울기는 $\frac{E(R_M)-R_f}{\beta_M}$ 이다. *c*. CML선상의 포트폴리오 중 σ_M 오른쪽에 있는 것은 비효율적인 포트폴리오이다. *d*. CML선상의 포트폴리오 중 σ_M 왼쪽에 있는 것은 비효율적인 포트폴리오이다.

① *a* ② *a*, *c* ③ *a*, *d* ④ *c* ⑤ *d*

〈해설〉 *c*,*d* *CML*선 아래에 있는 포트폴리오가 비효율적인 포트폴리오이다.

답 ①

65. 자본자산가격결정모형(*CAPM*)에 대한 설명 중 옳은 것을 골라라.

a. 다른 것은 동일하고 무위험자산의 수익률(R_f)자료로 1년짜리 국공채수익률보다 1개월짜리 국공채수익률을 사용한다면, 증권시장선(*SML*)은 아래로 이동하고 기울기는 커지게 된다. *b*. 무위험수익률은 일정하고 투자자들이 더 위험회피적이 된다면, 사후적 베타계수가 1보다 큰 주식의 균형수익률은 상승하고 베타계수가 1보다 작은 주식의 균형수익률은 하락하며 베타계수가 1인 주식의 균형수익률은 일정할 것이다. *c*. *CAMP*를 이용하여 주식의 균형수익률을 구하려면 장기국공채보다 단기국공채를 이용하는 것이 바람직하다.

① *a* ② *a*, *b* ③ *a*, *c* ④ *b*, *c* ⑤ *a*, *b*, *c*

〈해설〉 *c*. 기간 매칭으로 보아 단기보다 장기가 바람직하다.

답 ①

66. 주식 A의 균형수익률은 12%이고 주식 B의 균형수익률은 16%이다. 무위험이자율은 6%이고 시장포트폴리오의 기대수익률은 14%이다. A의 투자규모가 B의 3배라고 가정할 때, A와 B로 구성된 포트폴리오의 베타계수를 구하라.

① 0.875 ② 1 ③ 1.125 ④ 1.35 ⑤ 1.535

〈해설〉 $E(R_A)=R_f+[E(R_M)-R_f]\cdot\beta_A$에서 $12=6+(14-6)(\beta_A)$ $\therefore\ \beta_A=0.75$

$E(R_B)=R_f+[E(R_M)-R_f]\cdot\beta_B$에서 $16=6+(14-6)(\beta_B)$ $\therefore\ \beta_B=1.25$

$\beta_P=W_A\beta_A+W_B\beta_B=(0.75)(0.75)+(0.25)(1.25)=0.875$

답 ①

67. 다른 것은 동일하고 시장포트폴리오의 기대수익률이 상승했다고 했을 때, *CAPM*에 대한 다음 설명 중 맞는 것을 골라라.

① 베타계수가 1보다 작은 주식의 균형수익률은 하락한다.
② 베타계수가 1인 주식의 균형수익률은 변함없다.
③ 시장위험프레미엄은 변함없다.
④ 시장포트폴리오의 기대수익률이 상승한 정도만큼 모든 주식의 균형수익률이 상승한다.
⑤ *CAPM*의 기울기는 커진다.

〈해설〉 ③ 시장위험프레미엄(market risk premium)은 $E(R_M)-R_f$이므로, $E(R_M)$이 상승하면 시장위험프레미엄 역시 상승하여, *SML*의 기울기는 커진다.

답 ⑤

68. (주)서울의 베타는 1.2이고 균형수익률은 17%이며 시장포트폴리오의 기대수익률이 15%이다. 기대인플레이션율이 2%만큼 상승하고 베타가 현재 상태에서 50% 증가한다면, (주)서울의 균형수익률은 얼마가 될까?

① 13.2% ② 15.7% ③ 17.6% ④ 19.2% ⑤ 21.4%

〈해설〉 $E(R_i)=R_f+[E(R_M)-R_f]\cdot\beta_i$에서 $17=R_f+(15-R_f)(1.2)$ ∴ 현재 $R_f=5\%$
새로운 $R_f=5+2=7\%$이고 새로운 $\beta_i=(1.2)(1.5)=1.8$
$E(R_i)=7+(15-7)(1.8)=21.4\%$

답 ⑤

69. 주식 A의 베타는 0.6이고 주식 B의 베타는 1.2라고 할 때, 다음 설명 중 맞는 것을 골라라.

a. 주식 A는 방어적 자산이고, 주식 B는 공격적 자산이다.
b. 주식 B의 균형수익률이 주식 A보다 높다.
c. 주식 B의 균형수익률이 주식 A의 2배이다.
d. 주식 A와 B에 대한 투자비율이 50%씩 균등하게 투자한 포트폴리오의 베타계수는 0.9보다 작다.

① *a* ② *a*, *b* ③ *a*, *c* ④ *b*, *d* ⑤ *c*, *d*

〈해설〉 *d*. 포트폴리오의 베타계수인 $\beta_P=W_A\beta_A+W_B\beta_B=(0.5)(0.6)+(0.5)(1.2)=0.9$

답 ②

70. 무위험이자율이 10%이고 시장 포트폴리오의 기대수익률이 16%라고 하자. 베타가 0.6인 주식 A와 베타가 1.2인 주식 B에 각각 보유자금의 60%와 40%를 투자한 포트폴리오를 가정할 때, 다음 설명 중 옳은 것을 골라라.

> *a*. 이 포트폴리오의 균형수익률은 13.2%이다.
> *b*. 다른 것은 동일하고 시장 포트폴리오의 기대수익률이 1% 상승하면, 이 포트폴리오의 균형수익률은 1% 이상 상승한다.
> *c*. 다른 것은 동일하고 무위험이자율이 1% 상승하면, 이 포트폴리오의 균형수익률은 1% 이상 상승한다.
> *d*. 이 포트폴리오의 수익률을 적정하게 평가한 기대수익률은 15.04%가 된다.

① *a* ② *a*, *b* ③ *a*, *c* ④ *b*, *c* ⑤ *d*

〈해설〉 *a*. 포트폴리오의 베타계수인 $\beta_P = W_A\beta_A + W_B\beta_B = (0.6)(0.6) + (0.4)(1.2) = 0.84$

이 포트폴리오의 균형수익률인 $E(R_P) = R_f + [E(R_M) - R_f] \cdot \beta_P = 10 + (16-10)(0.84) = 15.04\%$

b. $E(R_M)$이 16%에서 17%로 상승하면, $E(R_P) = 10 + (17-10)(0.84) = 15.88\%$이므로 0.84% $(=15.88-15.04)$ 상승한다. 혹은 $(1)(0.84) = 0.84\%$ 상승한다.

c. $R_f = 10\%$에서 11%로 상승하면 $E(R_P) = 11 + (16-11)(0.84) = 15.2\%$이므로 0.16%$(=15.2-15.04)$ 상승한다.

d. 적정하게 평가했다면 기대수익률은 균형수익률과 동일한 15.04%이다.

답 ⑤

71. (주)서울의 재무담당자 영웅은 여러 주식에 1억원을 투자한 포트폴리오를 보유하고 있는데, 이 포트폴리오의 베타계수는 1.2이다. 이제 영웅은 5천만원을 새로운 주식들에 투자하려고 하는데, 투자 후 포트폴리오의 기대수익률을 17%로 하고자 한다. 무위험이자율이 10%이고 시장 포트폴리오의 기대수익률이 15%일 때, 새로운 주식들의 평균베타는 약 얼마인가?

① 1.0 ② 1.2 ③ 1.4 ④ 1.6 ⑤ 1.8

〈해설〉 투자후 포트폴리오의 기대수익률 : $E(R_P) = R_f + [E(R_M) - R_f] \cdot \beta_P$에서 $17 = 10 + (15-10)(\beta_P)$ $\quad \therefore \beta_P = 1.4$

한편, β_P는 포트폴리오를 구성하는 개별주식의 베타를 투자비율로 가중평균한 값이므로

$$1.4 = \frac{(100{,}000{,}000)(1.2) + (50{,}000{,}000)(\beta_N)}{150{,}000{,}000} \qquad \therefore \beta_N = 1.8$$

답 ⑤

72. 투자자 갑은 주식 A에 보유자금의 60%, 주식 B에 40%를 투자한 포트폴리오를 가지고 있다. 무위험이자율이 6%이고 시장 포트폴리오의 기대수익률은 14%이며 주식 A의 베타는 1.2이다. 이 포트폴리오의 균형수익률이 16%일 때, 주식 B의 베타를 구하라.

① 0.757 ② 0.923 ③ 1 ④ 1.325 ⑤ 1.525

〈해설〉 $E(R_P)=R_f+[E(R_M)-R_f]\cdot\beta_P$에서 $16=6+(14-6)(\beta_P)$ $\therefore\ \beta_P=1.25$

$\beta_P=W_A\beta_A+W_B\beta_B$에서 $1.25=(0.6)(1.2)+(0.4)(\beta_B)$ $\therefore\ \beta_B=1.325$

답 ④

73. 무위험이자율이 10%이라고 하자. (주)서울의 재무담당자 영웅은 다음과 같이 주식 A, B, C로 구성된 포트폴리오를 보유하고 있는데, 이 포트폴리오의 균형수익률은 13.66%라고 한다. 이제 영웅은 주식 A를 매각한 자금으로 주식 C를 매입하려고 한다. 포트폴리오의 새로운 균형수익률을 구하라.

주 식	투자금액	베타계수
A	2백만원	0.8
B	3백만원	1.2
C	5백만원	1.4

① 10.08% ② 12.28% ③ 14.02% ④ 16.05% ⑤ 18.22%

〈해설〉 현재 포트폴리오의 베타계수 : $\beta_P=W_A\beta_A+W_B\beta_B+W_C\beta_C$

$=(0.2)(0.8)+(0.3)(1.2)+(0.5)(1.4)=1.22$

현재 포트폴리오의 균형수익률 : $E(R_P)=13.66=10+[E(R_M)-10](1.22)$ $\therefore\ E(R_M)=13\%$

새로운 포트폴리오의 베타계수 : $\beta_P=W_B\beta_B+W_C\beta_C=(0.3)(1.2)+(0.7)(1.4)=1.34$

새로운 포트폴리오의 균형수익률 : $E(R_P)=10+(13-10)(1.34)=14.02\%$

답 ③

74. 다음 설명 중 옳은 것을 골라라.

a. 증권특성선은 증권시장선이라고도 한다.
b. 증권특성선은 개별주식 수익률을 시장수익률에 대하여 회귀분석하여 얻은 회귀식이다.
c. 증권특성선의 기울기는 개별주식의 표준편차이다.
d. 증권특성선과 개별주식의 수익률사이의 거리로 체계적위험을 측정한다.

① *a*, *b* ② *a*, *c* ③ *b* ④ *b*, *c* ⑤ *b*, *d*

〈해설〉 *c*. 증권특성선의 기울기는 개별주식의 베타이다.
d. 체계적 위험이 아니라 비체계적 위험이다.

답 ③

75. 다음은 CAPM을 이용한 젠센의 알파(α)에 대한 설명이다. 틀린 것을 골라라.

① 주식이 적정하게 평가되어 있으면, 그 주식의 알파는 0이다.
② 알파가 양(+)의 값을 가지면 과소평가된 상태이므로 그 주식에 투자해야 한다.
③ 알파가 음(−)의 값을 가지면 과대평가된 상태이므로 그 주식에 투자하면 안된다.
④ 자본시장이 균형상태에 있다면 모든 주식의 알파는 0이어서 증권시장선(*SML*)상에 있다.
⑤ 자본시장이 균형상태에 있다면 모든 주식의 알파는 0이어서 자본시장선(*CML*)상에 있다.

답 ⑤

76. 제로베타를 가지는 주식의 균형수익률을 구하라.

① 무위험이자율
② 시장 포트폴리오의 기대수익률
③ 시장 포트폴리오의 기대수익률과 무위험이자율과의 차이에 해당하는 값
④ 영(0)
⑤ 베타가 제로이므로 균형수익률을 구할 수 없다.

〈해설〉 $E(R_i)=R_f+[E(R_M)-R_f]\cdot\beta_i=R_f+[E(R_M)-R_f](0)=R_f$

답 ①

77. 시장모형이 성립한다고 할 때, 주식 *i*와 *j*간의 공분산을 측정하려는데 필요한 정보는 다음 중 무엇인가?

a. 주식 *i*의 베타계수	*b*. 주식 *j*의 베타계수
c. 시장 포트폴리오의 기대수익률	*d*. 시장 포트폴리오의 분산
e. 무위험이자율	

① *a*, *b* ② *a*, *b*, *c* ③ *a*, *b*, *d*
④ *b*, *c*, *e* ⑤ 위 정보로는 구할 수 없다.

〈해설〉 시장모형에 의한 공분산은 $\sigma_{ij}=\beta_i\beta_j\sigma_M^2$으로 구한다.

답 ③

78. 시장모형이 성립한다고 가정하자. 주식 i의 알파는 0이고 시장지수의 수익률은 12%이며 무위험이자율이 6%이라고 하자. 이 주식의 수익률이 18%이고 주식수익률에 미치는 고유요인은 무시할 때, 베타계수를 구하라.

① 0.75 ② 1 ③ 1.25 ④ 1.5 ⑤ 1.75

〈해설〉 $R_i = \alpha_i + \beta_i R_M + \varepsilon_i$에서 $18 = 0 + \beta_i(12) + 0$이므로 $\beta_i = 1.5$

답 ④

79. 시장모형이 성립하는 상황에서 균등하게 투자한 동일가중 포트폴리오를 가정하자. 구성종목수가 매우 많은 이 포트폴리오의 표준편차가 0.15이고 시장 포트폴리오의 표준편차가 0.12일 때, 이 포트폴리오의 베타계수를 구하라.

① 0.75 ② 1 ③ 1.25 ④ 1.5 ⑤ 1.75

〈해설〉 구성종목수가 매우 많다면, $\sigma_P^2 = \beta_P^2 \sigma_M^2$에서 $(0.15)^2 = \beta_P^2 (0.12)^2$ $\quad\therefore \beta_P = 1.25$

답 ③

※ 다음의 자료를 참조하여 문제 83~84번을 답하시오. 시장수익률의 표준편차(σ_M)는 0.25이다.

주 식	주식 A	주식 B
증권특성선	$R_A = 0.04 + 0.5R_M$	$R_B = 0.05 + 1.3R_M$
잔차표준편차	0.2	0.1

80. 다음 설명 중 틀린 것을 골라라.

① 주식 A의 체계적위험은 0.015625이고, 주식 B의 체계적위험은 0.105625다.
② 주식 A의 총위험은 0.055625이고, 주식 B의 총위험은 0.115625이다.
③ 주식 A의 결정계수값은 0.2809이고, 주식 B의 결정계수값은 0.9135이다.
④ 분산투자목적으로 더 유용한 것은 A이다.
⑤ 시장모형을 이용하여 주식 A를 회귀분석한 시기의 무위험이자율은 4%이고, 주식 B를 회귀분석한 시기의 무위험이자율은 5%이다.

〈해설〉 ① A의 체계적위험 $= \beta_A^2 \sigma_M^2 = (0.5)^2(0.25)^2 = 0.015625$이고, B의 체계적위험 $= \beta_B^2 \sigma_M^2 = (1.3)^2(0.25)^2 = 0.105625$이다.

② A의 비체계적위험 = 잔차분산($\sigma^2 \varepsilon_A$) $= (0.2)^2 = 0.04$이므로 A의 총위험(분산)은 0.055625이고, B의 비체계적위험 = 잔차분산($\sigma^2 \varepsilon_B$) $= (0.1)^2 = 0.01$이므로 B의 총위험(분산)은 0.115625이다.

③ 증권특성선의 설명력을 나타내는 결정계수값(R^2)은 다음과 같이 구한다.

$$A의\ R^2 = \frac{체계적위험}{총위험} = \frac{\beta_A^2 \sigma_M^2}{\sigma_A^2} = \frac{0.015625}{0.055625} = 0.2809 = 28.09\%$$

$$B의\ R^2 = \frac{체계적위험}{총위험} = \frac{\beta_B^2 \sigma_M^2}{\sigma_B^2} = \frac{0.105625}{0.115625} = 0.9135 = 91.35\%$$

④ 시장수익률과의 상관계수(ρ_{iM})가 작을수록 분산투자에 유용하다.

A의 상관계수(ρ_{AM}) $= \sqrt{0.2809} = 0.53$

B의 상관계수(ρ_{BM}) $= \sqrt{0.9135} = 0.9558$

⑤ 증권특성선에서의 α값은 무위험이자율이 아니라, 시장수익률이 0일 때 각 주식의 수익률이 평균적으로 α값을 가진다는 의미이다.

답 ⑤

81. 다음 문장 중 틀린 것을 골라라.

① 주식 A는 방어적 자산이고, 주식 B는 공격적 자산이다.

② 주식 A의 β값이 0.5라는 것은 시장수익률이 1단위 변화할 때, 이 주식의 수익률은 0.5단위 변화한다는 의미이다.

③ 주식 A와 B의 공분산값은 0.040625이다.

④ 주식 A의 표준편차는 0.2358이고, B의 표준편차는 0.34이다.

⑤ 증권특성선은 자본시장이 균형상태라면 한 개만 존재하지만, 불균형상태에서는 여러 개가 존재할 수 있다.

〈해설〉 ① A의 베타는 1보다 작으므로 방어적 자산이고, B의 베타는 1보다 크므로 공격적 자산이다.

③ $\sigma_{AB} = \beta_A \beta_B \sigma_M^2 = (0.5)(1.3)(0.25)^2 = 0.040625$

④ A의 표준편차는 $\sqrt{0.055625} = 0.2358$이고, B의 표준편차는 $\sqrt{0.115625} = 0.34$

⑤ 증권특성선은 각 증권의 수익률과 시장수익률간의 관계를 회귀분석하여 얻은 직선이다. 따라서 각 증권의 갯수만큼 존재한다.

답 ⑤

82. 시장가치 1억원 규모의 펀드 A를 운용하고 있는 펀드매니저는 펀드의 위험을 표준편차로 추정하려 한다. 과거 5년간 펀드 A와 KOSPI의 월간수익률 평균은 각각 1.8%, 1.4%였다. KOSPI 수익률 표준편차는 1.6%, 펀드 A 수익률과 KOSPI 수익률의 상관계수는 0.835로 나타났다. 펀드 A와 KOSPI 월간 수익률을 이용한 회귀분석 결과는

다음과 같다. 이 때 펀드 A의 표준편차는 얼마인가? (2003. CPA)

	계 수	표준오차	t 통계량	P-값
상 수	−0.178	0.635	−0.281	0.779
KOSPI	1.670	0.098	16.901	5.62E−32

① 2.8% ② 3.2% ③ 3.6% ④ 3.9% ⑤ 4.2%

〈해설〉 $\overline{R_A}=1.8\%$ $\overline{R_M}=1.4\%$ $\sigma_M=1.6\%$ $\rho_{AM}=0.835$

증권특성선의 결과인 표에서 $\beta_A=1.67$를 찾는다.

이는 $R_i=\hat{\alpha}_i+\hat{\beta}_iR_M$에서 $\hat{\alpha}_i=-0.178$, $\hat{\beta}_i=1.67$인 것이다.

$$\beta_A=\frac{\sigma_{AM}}{\sigma_M^2}=\frac{\rho_{AM}\sigma_A\sigma_M}{\sigma_M^2}=\frac{\rho_{AM}\sigma_A}{\sigma_M}\text{이므로}$$

$$\sigma_A=\frac{\beta_A\sigma_M}{\rho_{AM}}=\frac{(1.67)(1.6\%)}{0.835}=3.2\%$$

답 ②

83. 투자자 갑이 구성한 포트폴리오는 다음과 같고, 시장포트폴리오의 수익률은 무위험이자율보다 5% 더 높다고 하자. CAPM이 성립할 때, 무위험이자율에 비교한 갑의 초과수익률을 구하라.

주 식	주 가	주식수	베 타
A	70,000원	100주	1.2
B	100,000원	100주	0.9
C	20,000원	100주	1.4
D	10,000원	100주	1.0

① 2.3% ② 3.5% ③ 5.3% ④ 6.2% ⑤ 9.8%

〈해설〉

주 식	투자금액	W_i	β_i	$W_i\beta_i$
A	7,000,000원	0.35	1.2	0.42
B	10,000,000원	0.5	0.9	0.45
C	2,000,000원	0.1	1.4	0.14
D	1,000,000원	0.05	1.0	0.05
	20,000,000원			1.06($=\beta_p$)

$E(R_p)=R_f+[E(R_M)-R_f]\cdot\beta_p$에서 $E(R_p)-R_f=[(R_f+5\%)-R_f]\cdot\beta_p=5\%(1.06)=5.3\%$

답 ③

84. 아래 표의 3가지 펀드만 판매되고 있고 위험은 수익률의 표준편차로 나타난다고 하자. 위험수준 25%를 추구하는 투자자에게 총투자액 1억원을 "안정주식형"에 3천만원, "성장주식형"에 5천만원, "국채투자형"에 2천만원씩 투자하는 최적 포트폴리오를 추천하고 있다. 위험수준 15%를 추구하는 투자자가 총투자액 8천만원으로 최적 포트폴리오를 구성한다면 "안정주식형"에 투자해야 하는 금액은 얼마인가? (2004. CPA)

펀드명칭	기대수익률 (%)	위험(%)
안정주식형	10	20
성장주식형	20	40
국채투자형	5	0

① 1,152만원　② 1,440만원　③ 1,800만원
④ 2,400만원　⑤ 3,840만원

〈해설〉 (1) 위험수준 25%를 추구하는 투자자

최적 포트폴리오: 위험자산(안정에 30%+성장에 50%) 포트폴리오에 80%, 무위험자산(국채)에 20%로 구성

$\boldsymbol{\sigma}$(최적 포트폴리오)$=25\%=0.8\times\boldsymbol{\sigma}$(위험자산 포트폴리오)$+0.8\times0$

$\therefore$ $\boldsymbol{\sigma}$(위험자산 포트폴리오)$=31.25\%$

(2) 위험수준 15%를 추구하는 투자자

$\boldsymbol{\sigma}$(최적 포트폴리오)$=15\%=W\times31.25\%+(1-W)\times0$

$\therefore$ W(위험자산 포트폴리오 투자가중치)$=0.48$인데, 위험자산(안정에 30%+성장에 50%) 포트폴리오에 80%를 유지해야 하므로 결국 안정형에 $0.48\times(30\%\div80\%)=0.18$ 나머지인 0.3만큼 성장형에 투자해야 한다.

따라서, 최적 포트폴리오: 위험자산(안정에 18%+성장에 30%) 포트폴리오에 48%, 무위험자산(국채)에 52%로 구성되는데, 총 투자액 8천만원으로 환산하면 안정에 1,440만원+성장에 2,400만원+국채에 4,160만원에 투자한 것이다.

답 ②

85. 다음의 위험(risk)에 관한 여러 설명 중 옳은 것은? (2004. CPA)

① 총위험이 큰 주식의 기대수익률은 총위험이 낮은 주식의 기대수익률보다 항상 크다.

② 증권시장선(*SML*)보다 위쪽에 위치하는 주식의 기대수익률은 과대평가되어 있으므로 매각하는 것이 바람직하다.

③ 시장 포트폴리오의 베타는 항상 1로서 비체계적위험은 모두 제거되어 있다.

④ 상관관계가 +1인 두 주식으로 포트폴리오를 구성하는 경우에도 미미하지만 분산

투자의 효과를 볼 수 있다.

⑤ 베타로 추정한 주식의 위험과 표준편차로 추정한 주식의 위험 사이에는 일정한 관계가 있다.

〈해설〉 ① 총위험이 크다고 해서 기대수익률이 높은 것은 아니다. 자산의 기대수익률은 총위험(σ)이 아닌 체계적위험(β)에 의해 결정된다는 것을 유의하기 바란다.

⑤ 총위험(σ)과 체계적위험(β) 사이에는 일정한 관계가 존재하지 않는다.

답 ③

86. 무위험이자율은 3%, 시장 포트폴리오의 기대수익률은 13%이다. 아래 두 자산가격의 균형/저평가/고평가 여부에 대하여 가장 적절한 것은? (2005. CPA)

자산	β계수	기대수익률(%)
A	0.5	9
B	1.5	17

① 두 자산의 가격은 모두 균형상태 이다.

② 두 자산의 가격은 모두 저평가되어 있다.

③ 두 자산의 가격은 모두 고평가되어 있다.

④ 자산 A는 저평가되어 있고, 자산 B는 고평가되어 있다.

⑤ 자산 A는 고평가되어 있고, 자산 B는 저평가되어 있다.

〈해설〉

	기대수익률		균형수익률	평가
A	9%	>	$3+(13-3)(0.5)=8\%$	저평가
B	17%	<	$3+(13-3)(1.5)=18\%$	고평가

답 ④

87. CAPM에 대한 다음의 설명 중 가장 올바른 것은? (2005. CPA)

① SML에서 다른 조건은 동일하고 시장 포트폴리오의 기대수익률이 커진다면 β가 1보다 매우 큰 주식의 균형수익률은 상승하지만, β가 0보다 크지만 1보다 매우 작은 주식의 균형수익률은 하락한다.

② CML에서 무위험자산과 시장 포트폴리오에 대한 투자가중치는 객관적이지만, 시장 포트폴리오에 대한 투자비율은 주관적이다.

③ SML의 기울기는 β값에 상관없이 항상 일정한 값을 가진다.

④ CML상에 있는 포트폴리오는 효율적이므로 베타는 0이다.

⑤ CML상에 있는 포트폴리오와 시장 포트폴리오의 상관계수는 0이다.

〈해설〉 ① *SML*에서 시장 포트폴리오의 기대수익률이 커지면 $\beta>0$인 모든 주식의 균형수익률은 상승한다.

③ *SML*의 기울기인 $[E(R_M)-R_f]$는 체계적위험의 양(β_i)과 상관없이 항상 일정한 값을 가진다.

답 ③

88. *CAPM*에 대한 설명으로 틀린 것은? (2006. CPA)

① 시장 위험프리미엄(market risk premium)은 항상 0보다 커야 한다.

② 시장 포트폴리오와 무위험자산간의 상관계수는 정확히 0이다.

③ *SML*에 위치한다고 해서 반드시 *CML*에 위치하는 것은 아니다.

④ 위험자산의 실제수익률은 무위험자산의 수익률보다 항상 높아야 한다.

⑤ 개별자산의 진정한 위험은 총위험의 크기가 아니라, 체계적위험의 크기만으로 평가되어야 한다.

〈해설〉 ① *CAPM*은 위험회피형 투자자를 가정하므로 시장 위험프레미엄인 $[E(R_M)-R_f]$는 항상 0보다 커야 한다.

④ 위험자산의 사후적 실제수익률은 무위험자산의 수익률보다 낮을 수 있다.

⑤ 자산의 기대수익률은 총위험(σ)이 아닌 체계적위험(β)에 의해 결정된다는 것을 기억하기 바란다.

답 ④

89. 다음 중 *CAPM*이 성립하는 시장에서 존재할 수 없는 경우는? (2006. CPA)

① *A*주식 : 기대수익률 = 8%, 표준편차 = 20%
*B*주식 : 기대수익률 = 20%, 표준편차 = 18%

② *A*주식 : 기대수익률 = 18%, 베타 = 1.0
*B*주식 : 기대수익률 = 22%, 베타 = 1.5

③ *A*주식 : 기대수익률 = 13%, 표준편차 = 20%
*B*주식 : 기대수익률 = 20%, 표준편차 = 40%

④ *A*주식 : 기대수익률 = 14.6%, 베타 = 1.2
시장 포트폴리오의 기대수익률 = 13%, 무위험이자율 = 5%

⑤ *A*주식 : 기대수익률 = 20%, 표준편차 = 30%
시장 포트폴리오 : 기대수익률 = 12%, 표준편차 = 16%
무위험이자율 = 4%

〈해설〉 ①②③ *CAPM*에서는 균형상태에서 자산의 기대수익률이 체계적위험과 비례하지만, 표준편차(σ)와는 무관하다.

④ $E(R_A)=R_f+[E(R_M)-R_f]\ \beta_A=5+(13-5)(1.2)=14.6\%$

⑤ 위험자산과 무위험자산을 결합시 시장 포트폴리오가 위험자산 중 최적 포트폴리오인 까닭은 이 경우가 지배원리에 의하여 위험 1단위당 프리미엄 (기울기)이 가장 크기 때문이다.
즉, 개별자산의 기울기 $\left(\frac{E(R_i)-R_f}{\sigma_i}\right)$가 CML의 기울기 $\left(\frac{E(R_M)-R_f}{\sigma_M}\right)$ 보다 클 수 없다.
따라서, 개별자산은 CML의 위쪽에 위치할 수 없다.

답 ⑤

90. 시장모형이 성립한다고 가정한다. 몇 개의 주식으로 이루어진 특정 포트폴리오는 시장 포트폴리오와 0.8의 상관계수를 갖는다. 이 포트폴리오의 총위험 중 비체계적위험의 비율을 구하시오. (2007. CPA)

① 80% ② 64% ③ 36% ④ 20% ⑤ 16%

〈해설〉 결정계수$(R^2)=\rho^2=(0.8)^2=0.64$
$$\frac{\text{비체계적위험}}{\text{총위험}}=1-R^2=1-0.64=0.36$$

답 ③

91. 증권시장선(SML)과 자본시장선(CML)에 대한 다음의 설명 중 옳은 항목만을 모두 모은 것은? (2010. CPA)

> a. SML은 초과이익이 발생한다는 가격결정모형으로부터 도출된다.
> b. 인플레이션율이 상승하는 경우 SML의 절편이 상승한다.
> c. 개별증권의 수익률과 시장수익률간의 상관계수가 1인 경우 SML은 CML과 일치하게 된다.
> d. CML을 이용하여 비효율적 개별자산의 균형수익률을 구할 수 있다.
> e. 수동적(passive) 투자포트폴리오를 구성하기 위해서 CML을 이용할 수 있다.

① a, d ② b, e ③ a, b, c
④ a, c, e ⑤ b, c, e

〈해설〉 a. SML(CAPM)은 균형(무차익)상태를 가정하는 모형이다.
e. 수동적 투자포트폴리오란 무위험자산과 시장포트폴리오로 구성되는 포트폴리오이므로, 이러한 포트폴리오를 구성하기 위해서 CML을 이용할 수 있다.

답 ⑤

92. CAPM이 성립한다는 가정 하에서 다음 중 가장 적절하지 않은 것은? (단, R_f는 무위험이자율이고 M은 시장포트폴리오이며 시장은 균형에 있다고 가정한다.)
(2010. CPA)

① 모든 주식의 $\frac{E(R_i)-R_f}{\sigma_{iM}}$이 일정하다.

② 시장포트폴리오는 어떤 비효율적 포트폴리오보다 큰 변동보상률(reward to variability ratio)을 갖는다.

③ 개별 주식 i가 시장포트폴리오의 위험에 공헌하는 정도를 상대적인 비율로 전환하면 $\frac{W_i\sigma_{iM}}{\sigma_M^2}$이다 (여기서 W_i는 i주식이 시장포트폴리오에서 차지하는 비중임).

④ 1년 후부터 매년 300원의 일정한 배당금을 영원히 지급할 것으로 예상되는 주식의 체계적 위험이 2배가 되면 주가는 40% 하락한다. (단, 위험이 증가하기 전 주식의 가격은 3,000원이고 무위험이자율은 4%이다.)

⑤ 무위험이자율보다 낮은 기대수익률을 제공하는 위험자산이 존재한다.

〈해설〉 ① $CAPM$이 성립하면 모든 주식의 체계적 위험 1단위당 위험프리미엄은 시장포트폴리오의 체계적 위험 1단위당 위험프리미엄과 동일해야 한다.

$$\frac{E(R_i)-R_f}{\beta_i}=\cdots=\frac{E(R_M)-R_f}{\beta_M} \qquad \therefore \frac{E(R_i)-R_f}{\sigma_{iM}}=\cdots=\frac{E(R_M)-R_f}{\sigma_{MM}}$$

④ 〈위험 증가 전〉 $3{,}000=300/k_e^{전}$

$k_e^{전}=0.1=0.04+[E(R_M)-R_f]\ \beta_i \qquad \therefore\ [E(R_M)-R_f]\ \beta_i=0.06$

〈위험 증가 후〉 $k_e^{후}=0.1=0.04+[E(R_M)-R_f]\beta_i\times2=0.04+0.06\times2=0.16$

이 때의 주가$=300\ /\ 0.16=1{,}875$

$\therefore$ 주가하락률$=\frac{3{,}000-1{,}875}{3{,}000}=37.5\%$

⑤ 이론상 부(−)의 체계적 위험($\beta_i<0$)을 갖는 위험자산은 무위험이자율보다 기대수익률이 낮다.

답 ④

93. (주)대한과 (주)민국은 새로운 투자안에 대해 고려하고 있다. (주) 대한과 (주)민국이 선택해야 할 투자안을 올바르게 구성한 것은? (단, $CAPM$이 성립한다고 가정한다.)

(2010. CPA)

- (주)대한의 주식 베타는 1이고, 기업의 평균자본비용은 6%이다.
- (주)대한에는 2개의 사업부서 AM과 PM이 있으며 AM은 기업평균보다 위험도가 높은 투자안을, PM은 낮은 투자안을 수행한다.
- (주)민국의 주식 베타는 2이고, 기업의 평균자본비용은 10%이다.
- (주)민국에는 2개의 사업부서 하계와 동계가 있으며 하계는 기업평균보다 위험도가 높은 투자안을, 동계는 낮은 투자안을 수행한다.
- (주)대한과 (주)민국은 베타가 1.5로 측정된 신규사업 A와 B에 대한 시행여부를 고려하고 있다. (주)대한은 AM사업부가, (주)민국은 동계사업부가 이 투자안을 수행할 계획이다.
- (주)대한과 (주)민국은 모두 완전 자기자본조달 기업이며, 신규사업에 대한 자본조달은 기존 자본구조를 따른다.
- 신규사업 A의 내부수익률은 9%이고, B의 내부수익률은 7%이다.

	(주)대한	(주)민국
①	A, B	A
②	A, B	없음
③	A	A
④	A	없음
⑤	없음	없음

〈해설〉 ⓐ SML : $E(R_i)=R_f+[E(R_M)-R_f]\ \beta_i$

(주)대한의 자본비용 $=6\%=R_f+[E(R_M)-R_f]\ (1)$

(주)민국의 자본비용 $=10\%=R_f+[E(R_M)-R_f]\ (2)$

$\therefore\ R_f=0.02,\ E(R_M)=0.06$

ⓑ 신규투자안에 적용될 할인율은 신규투자안의 영업위험과 재무위험이 반영된 자본비용이다. 무부채이므로, $k_0=k_e=0.02+(0.06-0.02)\ (1.5)=0.08$

ⓒ (주)대한과 (주)민국 모두 기존사업(부)와 무관하게 신규투자안의 내부수익률이 자본비용(8%)보다 커야 투자안을 실행할 것이므로 모두 신규사업 A만 실행한다.

답 ③

94. 다음 표는 지난 36개월간 월별 시장초과수익률에 대한 (주)한국의 월별 주식초과수익률의 회귀분석 결과이다.

	계수	표준오차	t통계량	p-값
Y절편	0.0047	0.0044	1.0790	0.2882
X_1	0.8362	0.1996	4.1892	0.0002

주) X_1 변수는 시장초과수익률을 나타낸다.

이 기간 중 (주)한국의 월별 주식수익률의 평균은 1.65%, 표준편차는 2.55%였고, 월별 시장수익률의 평균은 1.40%, 표준편차는 1.77%였다. 또한 무위험자산 수익률은 연 1.20%였고 36개월간 변동이 없었다. 주어진 정보를 이용하여 샤프지수(Sharpe measure), 트레이너지수(Treynor measure), 젠슨의 알파(Jensen's alpha)를 올바르게 계산한 것은? (2010. CPA)

	샤프지수	트레이너지수(%)	젠슨의 알파(%)
①	0.18	1.96	1.20
②	0.61	1.85	0.47
③	0.61	1.96	0.47
④	0.65	1.85	0.47
⑤	0.65	1.96	1.20

〈해설〉 (1) 샤프지수 : $\frac{\overline{R}_{한국}-\overline{R}_f}{\sigma_{한국}}=\frac{1.65\%-0.1\%}{2.55\%}=0.61$

(2) 트레이너지수 : $\frac{\overline{R}_{한국}-\overline{R}_f}{\beta_{한국}}=\frac{1.65\%-0.1\%}{0.8362}=1.85\%$

(3) 젠센의 알파 : $(\overline{R}_{한국}-\overline{R}_f)-(\overline{R}_M-\overline{R}_f)\times\beta_{한국}=(1.65\%-0.1\%)-(1.4\%-0.1\%)\times0.8362=0.47\%$

답 ②

95. (주)대한은 투자자금 1,000,000원으로 베타가 1.5인 위험자산 포트폴리오를 구성하려고 하다. 무위험자산수익률은 5.0%이다. 자산 C의 기대수익률과 가장 가까운 것은? (2011. CPA)

투자자산	베타	기대수익률(%)	투자금액(원)
자산 A	1.0	13.0	280,000
자산 B	2.0	21.0	240,000
자산 C	?	?	?
포트폴리오	1.5	?	1,000,000

① 16.90% ② 17.33% ③ 17.54% ④ 17.76% ⑤ 18.03%

〈해설〉 $E(R_i)=R_f+[E(R_M)-R_f]\cdot\beta_i$이므로 $13=5+[E(R_M)-5](1)$ $\therefore E(R_M)=13\%$

$\beta_p=W_A\beta_A+W_B\beta_B+W_C\beta_C$이므로 $1.5=(0.28)(1)+(0.24)(2)+(0.48)(\beta_C)$ $\therefore \beta_C=1.54$

$E(R_c)=R_f+[E(R_M)-R_f]\ \beta_C=5+(13-5)(1.54)=17.32\%$

답 ②

96. (주)대한은 총 5억원의 기금 3개 (A, B, C)에 투자하고 있다. 무위험자산수익률은 5%이며, 내년도 시장수익률의 추정 확률분포는 다음과 같다. 주어진 자료에 근거하여 추정된 증권시장선(SML)으로부터 산출한 기금의 기대수익률로 가장 적절한 것은? (2011. CPA)

투자자산	투자금액	베타계수
A	1.4억원	0.5
B	2.0억원	1.6
C	1.6억원	2.0

확률	시장수익률
0.2	9%
0.6	12%
0.2	15%

① 12.95% ② 13.52% ③ 13.95% ④ 14.52% ⑤ 14.94%

〈해설〉 $E(R_M)=(0.2)(9\%)+(0.6)(12\%)+(0.2)(15\%)=15\%$

$\beta_p=W_A\beta_A+W_B\beta_B+W_C\beta_C=(0.28)(0.5)+(0.4)(1.6)+(0.32)(2)=1.42$

$E(R_P)=R_f+[[E(R_M)-R_f]\ \beta_P=5+(12-5)(1.42)=14.94\%$

답 ⑤

97. 자본시장에서 CAPM이 성립힌다고 가정한다. 무위험자산의 수익률은 연 5%, 시장포트폴리오의 기대수익률은 연 15%, 이의 표준편차는 5%, 주식 A의 베타계수는 2, 연수익률의 표준편차는 12.5%이다. 이들 자료에 근거하여 CML과 SML을 도출할 때, 다음 설명 중 적절하지 않은 항목만으로 구성된 것은? (2011. CPA)

> *a*. *CML*과 *SML*은 기대수익률과 총위험의 상충관계(trade-off)를 공통적으로 설명한다.
> *b*. 주식 *A*의 베타계수가 2로 일정할 때, 잔차분산이 감소하면 균형하에서 주식 *A*의 기대수익률은 감소한다.
> *c*. 주식 *A*의 수익률과 시장포트폴리오의 수익률간의 상관계수가 1이므로 *SML*은 *CML*과 일치한다.
> *d*. *CML*상의 시장포트폴리오는 어떤 비효율적 포트폴리오보다 위험보상비율(reward to variability ratio)이 크다.
> *e*. *SML*을 이용하여 비효율적 개별자산의 균형수익률을 구할 수 있다.

① *a, b, c* ② *a, b, d* ③ *a, c, e*
④ *b, c, e* ⑤ *b, d, e*

〈해설〉 *c*. $\sigma_M=5\%$ $\beta_A=2$ $\sigma_A=12.5\%$

$$\beta_A=\frac{\rho_{AM}\sigma_A}{\sigma_M} \text{ 이므로 } 2=\frac{(\rho_{AM})(12.5\%)}{5\%} \quad \therefore \rho_{AM}=0.8$$

답 ①

98. 펀드 A를 운용하고 있는 펀드매니저는 펀드의 위험을 표준편차로 추정하고, 월간 수익률자료를 이용해 분석한다. 과거 5년간 펀드 A와 KOSPI(주가지수)의 평균수익률은 각각 3%, 2%이다. 또한 KOSPI 수익률의 표준편차는 3%, 펀드 A 수익률과 KOSPI 수익률의 상관계수는 0.8이다. 펀드 A 수익률을 종속변수로, KOSPI 수익률을 독립변수로 한 단순회귀분석의 결과는 다음과 같다. 펀드 A의 표준편차로 가장 적절한 것은? (2011. CPA)

	추정계수	표준오차	*t* 통계량	*p* 값
상수	0.15	0.50	0.26	0.75
KOSPI 수익률	1.60	0.08	15.4	0.0001

① 5.2%　② 5.8%　③ 6.0%　④ 7.5%　⑤ 8.0%

〈해설〉 $R_A=3\%$ $R_M=2\%$ $\sigma_M=3\%$ $\rho_{AM}=0.8$

증권특성선의 결과인 표에서 $\beta_A=1.6$을 찾는다.

$\beta_A=\frac{\rho_{AM}\sigma_A}{\sigma_M}$이므로 $1.6=\frac{(0.8)(\sigma_A)}{3\%}$ $\therefore \sigma_A=6\%$

답 ③

99. 주식시장이 주식 A와 주식 B만으로 이루어져 있다고 가정한다. 주식 A 45%와 주식 B 55%로 구성된 시장포트폴리오의 샤프비율(Sharpe ratio)이 0.2라고 할 때, 무위험이자율값으로 가장 가까운 것은? (2012. CPA)

주식시장		
	주식 A의 수익률	주식 B의 수익률
평균	6.50	8.50%
분산	0.10	0.15
공분산	0.06	

① 1.39%　② 1.43%　③ 1.47%　④ 1.51%　⑤ 1.55%

〈해설〉 $R_P=(0.45)(0.065)+(0.55)(0.085)=0.076$

$\sigma_P=\sqrt{(0.45)^2(0.1)+(0.55)^2(0.15)+2(0.45)(0.55)(0.06)}=0.3088$

샤프지수$(0.2)=\frac{R_P-R_f}{\sigma_P}=\frac{0.076-R_f}{0.3088}$ $\therefore R_f=0.0143$

답 ②

제3부

자본시장과 증권의 평가

제8장

주식의 평가

제 1 절 주식의 개념

증권시장에서 거래되는 대표적인 증권은 주식과 채권인데, 채권은 〈제9장 채권의 평가〉에서 설명하기로 하고 여기에서는 주식을 공부하기로 한다. 주식은 보통주와 우선주로 구분되나, 흔히 주식이라고 하면 보통주를 의미한다.

1. 보통주

(1) 보통주의 의의

보통주(common stock)는 주식회사가 출자에 대한 증거로 주주에게 발행하는 증권으로써, 보통주주의 납입자본(paid-in capital)과 축적된 유보이익(retained earnings)이 기업의 소유주지분(owner' s equity)을 구성하고 있다.

(2) 보통주의 특징

먼저 투자자인 주주입장에서 살펴보자. 보통주의 소유자인 주주는 곧 기업의 소유주이므로 경영참가권과 이익배분의 권리가 있으나, 실제로 많은 주주들은 배당(dividend)과 시세차익(자본이득)(capital gain)에만 관심을 보이고 있다.

주주는 기업의 소유주로서 경영에 대한 위험을 부담해야 한다. 예컨대 기업해산시에 주주는 채권자와 우선주주가 청구권을 행사하고 남은 잔여적재산에 대해서만 청구권을 행사할 수 있다. 물론 주주의 책임은 납입한 자본금으로 한정되므로 유한책임(limited liability)만 부담한다.

이제 기업입장에서 살펴보자. 보통주에 의해 조달된 자본은 만기가 없으므로 기업의 영구자본이 된다. 이익이 적을 때는 배당을 지급하지 않더라도 채무불이행 위험이 없으므로 이로 인한 파산위험은 없다. 그러나 보통주비용은 타인자본비용이나 우선주비용에 비하여 지불해야 하는 비용이 높다는 단점이 있다.

2. 증자와 권리락주가

증자(增資)란 자본금을 증가시키는 것을 말하는데 유상증자와 무상증자가 있다. 유상증자는 주주들이 출자를 함으로써 자본금과 발행주식수가 증가되는 것이고, 무상증자는 자본금과 발행주식수가 증가되지만 실질적인 현금유입(주금의 납입)이 없는 것을 말한다.

(1) 유상증자

1) 유상증자의 영향

기업이 유상증자를 실시하는 경우, 새로 발행되는 주식(신주)은 자금유입 뿐만 아니라 소유지분율의 변화를 가져오게 된다. 따라서 신주를 발행하는 경우 기존주주의 지배권과 재산권을 보호하기 위하여 기존주주에게 지분비율로 신주인수권(pre-emptive right)을 우선적으로 부여한다.

유상증자를 전액 기존주주에게 부여하는 경우 신주발행가격은 주주의 부와 무관하다. 신주발행후 발행주식수와 주당평균가격에만 영향을 줄 뿐, 주주의 부인 자기자본가치에는 영향을 미치지 못한다.

2) 권리락주가

신주를 인수할 수 있는 권리가 있는 주식의 가격을 권리부주가(rights-on price), 신주인수권이 상실된 주식의 가격을 권리락주가(ex-rights price)라고 하므로 신주인수권의 가치는 권리부주가와 권리락주가의 차이일 것이다. 이제 권리락주가의 산정을 〈예제 8-1〉로 살펴보자.

예제 ⑧ - 1 유상증자

(주)서울은 현재 시장가격이 20,000원인 주식 1,000주를 발행한 상태이다. 신규자본 8백만원을 조달하기 위하여 신주를 16,000원으로 발행하려고 한다. 다음 물음에 답하라.

(1) 신주발행수를 구하라.

(2) 신주를 전부 기존주주에게 배정한다고 할 때, 신주 1주를 인수받기 위한 구주의 수를 구하라.
(3) 증자비율을 구하라.
(4) 권리락주가를 구하라.
(5) 신주인수권의 가치를 구하라.

(1) 신주발행수 $= \dfrac{8{,}000{,}000\text{원}}{16{,}000\text{원}} = 500$주

(2) 기존주식수는 1,000주이고 발행되는 신주의 수는 500주이므로, 신주 1주 구입에 필요한 구주의 수는 2주$\left(= \dfrac{\text{구주발행수}}{\text{신주발행수}} = \dfrac{1{,}000\text{주}}{500\text{주}}\right)$이다.

(3) 증자비율이란 증자시 기존주식 1주당 발행되는 신주의 수이므로 $\dfrac{500\text{주}}{1{,}000\text{주}} = 0.5$

(4)

	주가(P)	주식수(Q)	시장가치(PQ)
신주발행전(0)	20,000원 (권리부주가)(P_0)	1,000주(Q_0)	20,000,000원(P_0Q_0)
신주발행(1)	16,000원 (신주발행가)(P_1)	500주(Q_1)	8,000,000원(P_1Q_1)
신주발행후(2)	(권리락주가)(P_2)	1,500주(Q_2)	28,000,000원(P_2Q_2)

권리락주가 $= \dfrac{28{,}000{,}000\text{원}}{1{,}500\text{주}} = 18{,}667$원

혹은 $P_0Q_0 + P_1Q_1 = P_2Q_2$에서

(20,000원)(1,000주) + (16,000원)(500주) = (P_2원)(1,500주) $\therefore P_2 = 18{,}667$원

(5) 신주인수권의 가치 = 권리부주가 − 권리락주가 = 20,000원 − 18,667원 = 1,333원

이상의 논의를 공식으로 표현하면 다음과 같다.

$$\text{신주발행수}(Q_1) = \frac{\text{유상증자액(신규자금)}}{\text{신주발행가}(P_1)}$$

$$\text{신주 1주를 인수받기 위한 구주의 수}(N) = \frac{Q_0}{Q_1} \ \& \ \text{증자비율} = \frac{1}{N}$$

$$\text{신주인수권가치}(R) = \frac{P_0 - P_1}{N+1} = \frac{P_2 - P_1}{N} \ \text{혹은} \ R = P_0 - P_2$$

P_0 : 권리부주가 P_2 : 권리락주가

위의 공식을 〈예제 8-1〉에 이용하면 다음과 같다.

$$Q_1 = \frac{8,000,000\text{원}}{16,000\text{원}} = 500\text{주이므로}$$

$$N = \frac{Q_0}{Q_1} = \frac{1,000\text{주}}{500\text{주}} = 2\text{이고 증자비율} = \frac{1}{N} = \frac{1}{2} = 0.5\text{이다.}$$

$$R = \frac{P_0 - P_1}{N+1} = \frac{20,000 - 16,000}{2+1} = 1,333\text{원}$$

$$P_2 = P_0 - R = 20,000 - 1,333 = 18,667\text{원}$$

(2) 무상증자

기업의 자기자본총계는 납입자본 · 이익잉여금 · 기타자본요소(자본잉여금)로 구성되어 있는데, 무상증자는 기타자본요소를 자본금으로 전입하고 기존주주에게 무상으로 주식을 발행하는 것이다. 따라서 재무상태표에서 기타자본요소가 감소하고 자본금이 증가하지만, 자기자본총계나 기업가치는 변동이 없고 발행주식수만 늘어난다. 그러므로 무상증자는 실질적인 기업가치의 변화가 없고, 회계상의 자본계정만 변하기 때문에 주주의 부도 변동이 없다.

3. 우선주

우선주(preferred stock)는 보통주와 회사채의 성격이 혼합된 증권이라고 볼 수 있다. 예컨대 우선주는 자기자본을 구성하고 있으며 배당을 지급하지 않아도 채무불이행 위험이 없으며, 기업해산시에는 채권자가 청구권을 행사하고 남은 잔여적재산에 대해서만 청구권을 행사할 수 있다는 점에서 보통주와 유사한다.

반면에 미리 정해진 배당률에 액면가를 곱하여 배당금이 지급되고 이익배당과 잔여재산 청구권이 보통주에 비해 우선한다는 점이 회사채의 성격과 유사하다. 따라서 우선주의 위험은 보통주보다는 작지만 회사채보다 크므로, 우선주비용은 보통주보다 낮고 회사채보다 높다.

제 2 절 배당평가모형

1. 배당평가모형의 개념

모든 자산의 현재가격은 자산을 보유함으로써 얻게 되는 미래의 현금흐름을 적절한 할인율로 할인한 현재가치이다. 주식을 보유하여 얻게 되는 미래현금은 보유기간동안의 배당금과 처분시점에서의 처분가격(시세)이다. 투자자가 주식을 1년만 보유하고 연말에 처분한다고 하면, 이 때의 주식가치 P_0는 다음과 같다.

$$P_0 = \frac{D_1 + P_1}{1+r}$$

단, D_1 : 1년말의 주당배당금
P_1 : 1년말의 주식가격
r : 주식의 위험이 반영된 할인율 (주주의 요구수익률)

만약 이 투자자가 주식을 2년간 보유하고 2년말에 처분한다면, 이 때의 주식가치는 다음과 같다.

$$P_0 = \frac{D_1}{1+r} + \frac{D_2 + P_2}{(1+r)^2}$$

만일 이 투자자가 주식을 n년간 보유하고 n년말에 처분한다면, 이 때의 주식가치는 다음과 같다.

$$P_0 = \frac{D_1}{1+r} + \frac{D_2}{(1+r)^2} + \frac{D_3}{(1+r)^3} + \cdots\cdots\cdots + \frac{D_n + P_n}{(1+r)^n} = \sum_{t=1}^{n} \frac{D_t}{(1+r)^t} + \frac{P_n}{(1+r)^n}$$

여기에서 P_n을 터미널가치(terminal value, TV)라고 한다.

주식은 만기가 없는 영구자본이기에, $n \to \infty$이므로 무한시점에서의 주가(P_n)의 현재가치는 0에 수렴한다.

$$P_0 = \frac{D_1}{1+r} + \frac{D_2}{(1+r)^2} + \frac{D_3}{(1+r)^3} + \cdots\cdots\cdots = \sum_{t=1}^{\infty} \frac{D_t}{(1+r)^t} \qquad (8\text{-}1)$$

따라서 현재의 주가는 주식의 매각여부와는 무관하게 그 주식을 보유함으로써 얻게 되는 미래의 배당금을 적절한 할인율로 할인한 현재가치임을 알 수 있다. 이러한 주가결정모형을 배당평가모형 혹은 배당할인모형(dividend discount model, *DDM*)이라고 한다.

2. 배당평가모형의 이용

식 (8-1)의 분자인 주당배당금은 미래의 현금흐름이므로 정확히 예측하기가 매우 어렵다. 일반적으로 재무관리에서는 배당금의 현금흐름형태를 다음과 같이 세 가지로 구분하여 분석한다.

(1) 제로성장모형

제로성장모형(zero growth model)은 미래의 주당배당금이 성장없이 매년 일정하다고 가정하는 모형이다. 여기에서는 $D_1 = D_2 = D_3 = \cdots = D_\infty$이므로

$$P_0 = \frac{D_1}{1+r} + \frac{D_2}{(1+r)^2} + \frac{D_3}{(1+r)^3} + \cdots\cdots\cdots = \frac{D_1}{1+r} + \frac{D_1}{(1+r)^2} + \frac{D_1}{(1+r)^3} + \cdots\cdots\cdots$$

에서 초항은 $\frac{D_1}{1+r}$이고 공비는 $\frac{1}{1+r}$이므로 $P_0 = \frac{D_1}{r}$이 된다.

〈제13장 배당정책〉에서 배우겠지만 배당결정은 기업의 이익(E) 또는 주당순이익(EPS)을 ① 배당(D) 또는 주당배당금(DPS) 혹은 ② 기업성장을 위한 재투자(유보)자금으로 적절히 배분하는 결정을 말한다. 그런데 제로성장은 재투자를 위해 유보를 한 푼도 하지 않는다는 것이므로 당연히 기업의 성장이 제로이다. 즉 제로성장기업은 이익(E) = 배당(D) 혹은 주당순이익(EPS) = 주당배당금(DPS)이다.

재무관리에서는 일반적으로 (별도의 언급이 없으면) 기업성장율, 주가성장율, 매출액성장율, 이익성장율, 배당성장율이 같다고 가정한다.

$$P_0 = \frac{EPS_1}{r} = \frac{D_1(=DPS_1)}{r} \text{ 혹은} \qquad (8\text{-}2)$$

$$r=\frac{EPS_1}{P_0}(PER\text{의 역수})=\frac{D_1(=DPS_1)}{P_0}(\text{배당수익률}) \tag{8-3}$$

예제 ⑧ – 2 제로성장모형

(주)서울의 주식수익률에 대한 할인율(주식요구수익률)이 10%이고, 매년말 주당배당금이 1,000원이라고 할 때 이 주식의 현재가격을 구하라.

$$P_0=\frac{D_1}{r}=\frac{1,000}{0.1}=10,000\text{원}$$

(2) 일정(항상)성장모형

1) 고든의 모형

일정(항상)성장모형(constant growth model)은 미래의 주당배당금이 매년 일정하게 성장한다고 가정하는 모형이다. 1년말의 주당배당금이 D_1이고 매년의 배당성장율이 g라고 하면 $D_2=D_1(1+g)$, $D_3=D_2(1+g)=D_1(1+g)^2$, …, $D_n=D_{n-1}(1+g)=D_1(1+g)^{n-1}$이다.

$$P_0=\frac{D_1}{1+r}+\frac{D_1(1+g)}{(1+r)^2}+\frac{D_1(1+g)^2}{(1+r)^3}+\cdots\cdots\cdots$$

에서 초항은 $\frac{D_1}{1+r}$이고 공비는 $\frac{1+g}{1+r}$이므로 $P_0=\frac{D_1}{r-g}$이 된다.

이 항상성장모형을 고든(Gordon)이 처음 제시하였다고 하여 고든의 모형이라고도 하고, 성장율이 1개로 일정하므로 1단계(single-stage)모형이라고도 한다.

$$P_0=\frac{D_1(=DPS_1)}{r-g}(\text{단, } r>g) \tag{8-4}$$

$$r=\frac{D_1(=DPS_1)}{P_0}+g \tag{8-5}$$

2) 성장률(g)

금년의 순이익(E_0)이 100억원인 기업이 이익의 일부를 60억원만큼 유보하여 재투자하고 나머지 40억원을 배당하는 경우를 생각해보자. 유보율(=유보이익/순이익)을 b라고 하면 $b=\frac{60억}{100억}=0.6$이고, 배당성향(=총배당액/순이익)을 $1-b$라고 하면 $1-b=\frac{40억}{100억}=0.4$이다. 이 경우 내년의 순이익=금년 이익+(유보이익×유보이익의 재투자수익률)이 될 것이므로 이를 기호로 표현하면 다음과 같다.

$$E_1=E_0+(b\cdot E_0\cdot k)=E_0(1+b\cdot k)$$

유보이익의 재투자수익률을 정확히 알 수 없으므로, 과거기간에 걸친 그 기업의 자기자본이익률(Return on Equity, ROE)로 대신한다. 따라서, $E_1=E_0(1+b\cdot ROE)$가 된다. 한편, $E_1=E_0(1+g)$로 표현가능하므로 이 두 식에서 다음과 같은 관계가 성립한다.

$$g=b\cdot ROE \text{ (성장률=유보율×}ROE\text{)} \tag{8-6}$$

이 경우 $DPS_1=EPS_1(1-b)$이므로 식 (8-4)는 다음과 같이 변환될 수 있다.

$$P_0=\frac{D_1(=DPS_1)}{r-g}=\frac{EPS_1(1-b)}{r-g} \tag{8-7}$$

예제 ⑧ – 3 일정성장모형

(주)서울의 주식수익률에 대한 할인율(주식요구수익률)이 10%이고, 금년말 주당배당금이 1,000원으로 예상된다.

(1) 배당성장률이 ① 5% ② 8% 일 때 이 주식의 현재가격을 구하라.

(2) 금년말 주당순이익이 1,600원이고 주당배당금이 1,000원으로 예상된다. 이러한 배당성향은 향후 계속될 것이며, 유보이익의 재투자수익률이 12%라고 할 때 이 주식의 현재가격을 구하라.

(1) ① $P_0=\frac{D_1}{r-g}=\frac{1{,}000}{0.1-0.05}=20{,}000$원

② $P_0=\frac{D_1}{r-g}=\frac{1{,}000}{0.1-0.08}=50{,}000$원

이같이 배당성장률 (따라서 기업성장률)이 커질수록, 주가는 상승한다.

(2) $EPS_1=1{,}600 \quad D_1(=DPS_1)=1{,}000 \quad 1-b=\frac{1{,}000}{1{,}600}=0.625 \ (b=0.375)$

$r=10\%$ $ROE=12\%$ $g=b \cdot ROE=(0.375)(12\%)=4.5\%$

$$P_0=\frac{D_1}{r-g}=\frac{1{,}000}{0.1-0.045}=18{,}182\text{원}$$

(3) 불규칙성장모형

기간에 따라 성장률이 불규칙하게 되면 일정한 수식을 유도하기 어렵기 때문에, 각 상황에 맞게 현재가치를 계산하여 합산하는 수 밖에 없을 것이다. 주로 2단계와 3단계 모형이 있다.

예제 ⑧ - 4 불규칙성장모형

(주)서울의 주식수익률에 대한 할인율(주식요구수익률)이 10%이고, 금년말 주당배당금이 1,000원으로 예상된다.
배당성장률은 그 후 2년간은 20%, 그 다음 1년간은 14%, 그 이후에는 6%로 예상된다. 이 주식의 현재가격을 구하라.

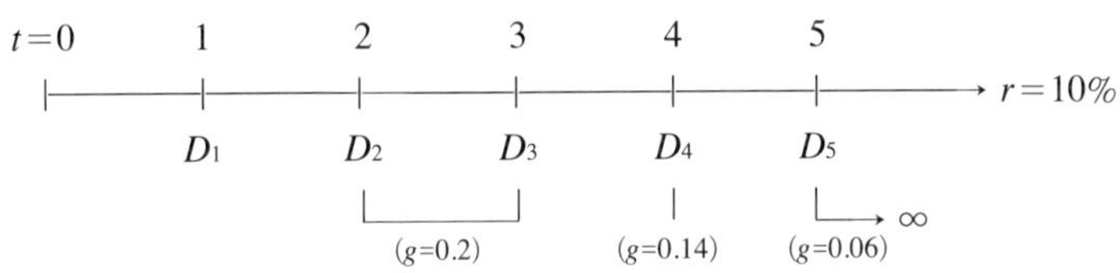

$$P_0=\frac{D_1}{1+r}+\frac{D_2}{(1+r)^2}+\frac{D_3}{(1+r)^3}+\frac{D_4+P_4}{(1+r)^4}$$

$D_1=1{,}000$

$D_2=D_1(1+g)=1{,}000(1+0.2)=1{,}200$

$D_3=D_2(1+g)=1{,}200(1+0.2)=1{,}440$ 혹은 $D_3=D_1(1+g)^2=1{,}000(1+0.2)^2=1{,}440$

$D_4=D_3(1+g)=1{,}440(1+0.14)=1{,}642$

$D_5=D_4(1+g)=1{,}642(1+0.06)=1{,}740$

$$P_4=\frac{D_5}{r-g}=\frac{1{,}740}{0.1-0.06}=43{,}500\text{원}$$

$$P_0=\frac{1{,}000}{1+0.1}+\frac{1{,}200}{(1+0.1)^2}+\frac{1{,}440}{(1+0.1)^3}+\frac{1{,}642+43{,}500}{(1+0.1)^4}$$

$=909+992+1{,}082+30{,}833=33{,}816$원

(4) H모형

H모형은 처음의 높은 성장률이 특정기간에 걸쳐 선형으로 점차 감소한 후, 마침내 일정하게 성장한다고 가정하는 모형이다. 아래 그림을 이용하여 이 모형의 원리를 다음의 수식으로 표현할 수 있다.

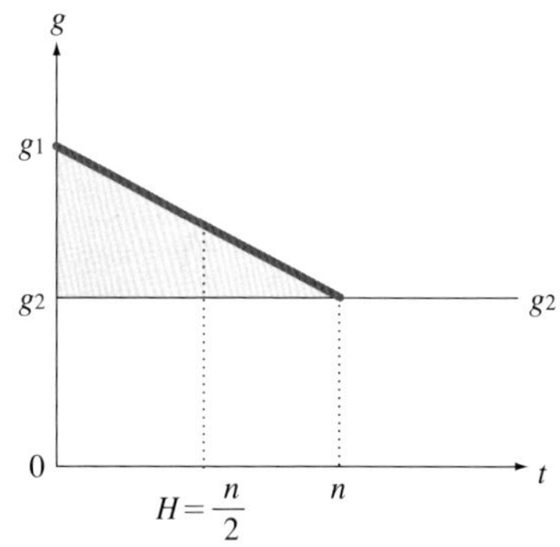

$$P_0=\frac{D_0[(1+g_2)+H(g_1-g_2)]}{r-g_2}=\frac{D_0(1+g_2)}{r-g_2}+\frac{D_0\cdot H(g_1-g_2)}{r-g_2}\quad (H=n/2)$$

여기에서 n은 고성장기간을 나타내므로 H는 고성장기간의 중간지점(Half-life)이며 g_1은 고성장률, g_2는 일정성장률을 나타낸다. 첫 번째 항은 일정성장모형의 식이며, 두 번째 항은 고성장으로 인해 추가적으로 얻은 가치를 수식으로 표현한 것이다.

예제 ⑧ - 5 H모형

(주)서울은 올해초 2,000원의 주당배당금을 지급하였다. 현재 20%의 높은 성장률은 선형으로 향후 8년에 걸쳐 (t=1~8) 감소하다가, 그 이후에는 6%로 일정하게 성장할 것으로 예상된다. 주식요구수익률이 14%라고 할 때, 이 주식의 현재 가격을 구하라.

$D_0=2{,}000 \quad g_1=20\% \quad g_2=6\% \quad H=8/2=4$

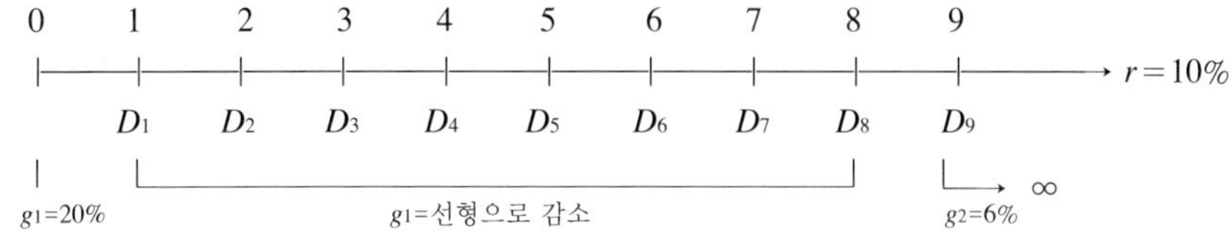

$$P_0=\frac{D_0[(1+g_2)+H(g_1-g_2)]}{r-g_2}=\frac{2{,}000[(1+0.06)+4(0.2-0.06)]}{0.14-0.06}=40{,}500\text{원}$$

예제 ⑧ - 6 H모형과 불규칙성장모형

(주)서울은 올해초 1,000원의 주당배당금을 지급하였다. 향후 3년간 ($t=1\sim3$) 20%의 높은 성장률을 유지한 후, 선형으로 향후 6년에 걸쳐 ($t=4\sim9$) 감소하다가, 그 이후에는 6%로 일정하게 성장할 것으로 예상된다. 주식요구수익률이 14%라고 할 때, 이 주식의 현재 가격을 구하라.

$D_0=1{,}000 \quad g_1=20\% \quad g_2=6\% \quad H=6/2=3$

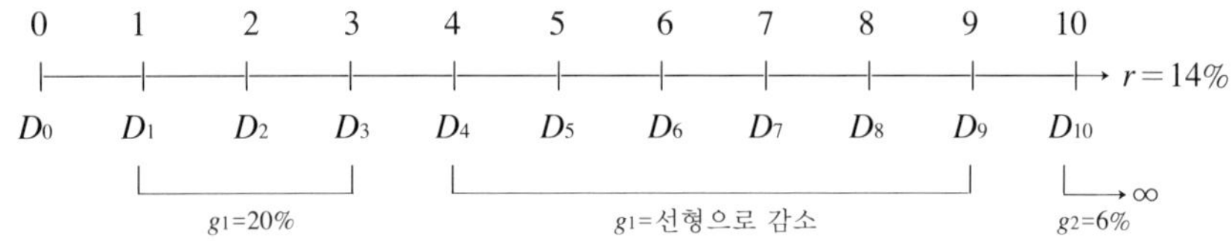

$$P_0=\frac{D_1}{1+r}+\frac{D_2}{(1+r)^2}+\frac{D_3+P_3}{(1+r)^3}$$

$$D_1=D_0\,(1+g)=1{,}000(1+0.2)=1{,}200$$

$$D_2=D_1\,(1+g)=1{,}200(1+0.2)=1{,}440$$

$$D_3=D_2\,(1+g)=1{,}440(1+0.2)=1{,}728$$

$$P_3=\frac{D_3[(1+g_2)+H(g_1-g_2)]}{r-g_2}=\frac{1{,}728[(1+0.06)+3(0.2-0.06)]}{0.14-0.06}=31{,}968\text{원}$$

$$P_0=\frac{1{,}200}{1.14}+\frac{1{,}440}{1.14^2}+\frac{1{,}728+31{,}968}{1.14^3}=24{,}904.50\text{원}$$

제 3 절 성장기회평가모형

1. 성장기회평가모형의 개념

성장기회를 가지고 있는 경우의 주가는 성장기회가 없는 경우의 주가에 성장기회가치를 더하여 구할 수 있는데, 이에 기초한 주식가격평가모형을 성장기회평가모형이라고 한다. 성장기회가치란 유보이익을 재투자하여 얻을 수 있는 기업가치의 증분인 *NPV*로, 이를 성장기회의 순현가(*NPV* of growth opportunity, *NPVGO*)라고 한다.

2. 성장기회평가모형의 이용

위의 논리에 의하여, 현재 주가(P_0)를 다음과 같이 구한다.

$$\text{성장기업의 주가}(P_0) = \text{제로성장의 주가}\left[\frac{EPS_1(=DPS_1)}{r}\right] + NPVGO \qquad (8\text{-}8)$$

(1) 제로성장의 주가

제로성장경우의 주가는 배당평가모형에서 보았듯이 $\frac{EPS_1(=DPS_1)}{r}$이다.

(2) *NPVGO*

*NPVGO*는 향후 유보이익을 재투자하여 얻을 수 있는 *NPV*의 총현재가치이다. 이를 공식으로 유도하면 다음과 같다. 기업의 주당순이익(*EPS*)을 주당배당금(*DPS*)으로 $(1-b)EPS$만큼, 유보이익으로 $b \cdot EPS$만큼 배분한다고 하자. 유보이익의 재투자수익률이 *ROE*로 일정하다면 재투자로 인한 연간 수익은 $b \cdot EPS \cdot$

ROE로 일정할 것이다.

따라서 1년도 재투자에 대한 순현재가치는

$$NPVGO_1 = -bEPS_1 + \frac{bEPS_1ROE}{1+r} + \frac{bEPS_1ROE}{(1+r)^2} + \frac{bEPS_1ROE}{(1+r)^3} + \cdots$$

$$= -bEPS_1 + \frac{bEPS_1ROE}{r} \quad \cdots \text{ ①식}$$

t년도 재투자에 $(I_t = bEPS_t)$ 대한 순현재가치는

$$NPVGO_t = -bEPS_t + \frac{bEPS_tROE}{r}$$

한편, $EPS_t = EPS_{t-1}(1+g) = EPS_{t-1}(1+bROE)$이므로

$$NPVGO_t = -bEPS_{t-1}(1+bROE) + \frac{bEPS_{t-1}(1+bROE)ROE}{r}$$

$$= \left(-bEPS_{t-1} + \frac{bEPS_{t-1}ROE}{r}\right)(1+bROE) = NPVGO_{t-1}(1+bROE)$$

따라서 $NPVGO_2 = NPVGO_1(1+bROE)$이므로, 다음이 성립한다.

$NPVGO_3 = NPVGO_2(1+bROE) = NPVGO_1(1+bROE)^2$

$NPVGO_4 = NPVGO_3(1+bROE) = NPVGO_1(1+bROE)^3$

한편, $NPVGO = \frac{NPVGO_1}{1+r} + \frac{NPVGO_2}{(1+r)^2} + \frac{NPVGO_3}{(1+r)^3} + \cdots$

$$= \frac{NPVGO_1}{1+r} + \frac{NPVGO_1(1+bROE)}{(1+r)^2} + \frac{NPVGO_1(1+bROE)^2}{(1+r)^3} + \cdots$$

$$= \frac{NPVGO_1}{1+r}\left[1 + \left(\frac{1+bROE}{1+r}\right) + \left(\frac{1+bROE}{1+r}\right)^2 + \cdots\right]$$

이것은 초항이 $\frac{NPVGO_1}{1+r}$ 이고 공비가 $\frac{1+bROE}{1+r}$ 인 무한등비수열이므로,

$$NPVGO = \frac{\frac{NPVGO_1}{1+r}}{1-\frac{1+bROE}{1+r}} = \frac{NPVGO_1}{r-bROE}$$

$$\therefore NPVGO = \frac{NPVGO_1}{r-g} \quad \cdots \text{ ②식}$$

혹은 ①식을 ②식에 대입하여 정리하면

$$NPVGO = \frac{EPS_1}{r}\left[\frac{g-br}{r-g}\right] \tag{8-9}$$

예제 ⑧ - 7 1번 재투자경우의 성장기회평가모형

(주)서울의 매년말 주당순이익은 2,000원으로 예상되고, 할인율은 10%라고 하자.

(1) 금년말 1번만 주당순이익 2,000원 전액을 재투자하여 그 다음 해 말부터 100원씩 영구히 현금이 들어오는 투자안이 있다고 하자.
   1) 배당평가모형으로 현 주가를 구하라.
   2) 성장기회평가모형으로 현 주가를 구하고, 1)의 결과와 비교하라.

(2) 금년말 1번만 주당순이익 2,000원 전액을 재투자하여 그 다음 해 말부터 200원씩 영구히 현금이 들어오는 투자안이 있다고 하자.
   1) 배당평가모형으로 현 주가를 구하라.
   2) 성장기회평가모형으로 현 주가를 구하고, 1)의 결과와 비교하라.

(3) 금년말 1번만 주당순이익 2,000원 전액을 재투자하여 그 다음 해 말부터 300원씩 영구히 현금이 들어오는 투자안이 있다고 하자.
   1) 배당평가모형으로 현 주가를 구하라.
   2) 성장기회평가모형으로 현 주가를 구하고, 1)의 결과와 비교하라.

(1) $EPS_1 = 2{,}000 \qquad r = 0.1$

	0	1	2	3	……	∞
① 제로성장시		2,000	2,000	2,000	……	2,000
② 1번 성장시		−2,000	100	100	……	100
③ 1번 성장시 배당		0	2,100	2,100	……	2,100

1) 배당평가모형에 의한 주가는 다음과 같다.

③ $P_0 = \frac{0}{1.1} + \frac{2{,}100}{(1.1)^2} + \frac{2{,}100}{(1.1)^3} + \cdots = \frac{1}{1.1}\left[\frac{2{,}100}{0.1}\right] = 19{,}091$원

2) 성장기회평가모형에 의한 주가는 다음과 같다.

① $\frac{EPS_1}{r}=\frac{2,000}{0.1}=20,000$원

② $\frac{1}{1.1}\left[\frac{100}{0.1}-2,000\right]=-909$원

따라서 $P_0=20,000-909=19,091$원이므로, 배당평가모형과 성장기회평가모형에 의한 주가는 일치한다. 이 경우의 재투자수익률은 $\frac{100}{2,000}=5\%$이다. 여기에서 보듯이 재투자수익률(ROE)이 할인율(r)보다 작다면 $NPVGO$가 (−)가 되어 주가는 하락한다.

(2) $EPS_1=2,000$ $r=0.1$

	0	1	2	3	……	∞
① 제로성장시		2,000	2,000	2,000	……	2,000
② 1번 성장시		−2,000	200	200	……	200
③ 1번 성장시 배당		0	2,200	2,200	……	2,200

1) 배당평가모형에 의한 주가는 다음과 같다.

③ $P_0=\frac{0}{1.1}+\frac{2,200}{(1.1)^2}+\frac{2,200}{(1.1)^3}+\cdots=\frac{1}{1.1}\left[\frac{2,200}{0.1}\right]=20,000$원

2) 성장기회평가모형에 의한 주가는 다음과 같다.

① $\frac{EPS_1}{r}=\frac{2,000}{0.1}=20,000$원

② $\frac{1}{1.1}\left[\frac{200}{0.1}-2,000\right]=0$원

따라서 $P_0=20,000+0=20,000$원이므로, 배당평가모형과 성장기회평가모형에 의한 주가는 일치한다. 이 경우의 재투자수익률은 $\frac{200}{2,000}=10\%$이다. 여기에서 보듯이 재투자수익률(ROE)과 할인율(r)이 같다면 $NPVGO$가 0이 되어 주가는 변동이 없다.

(3) $EPS_1=2,000$ $r=0.1$

	0	1	2	3	……	∞
① 제로성장시		2,000	2,000	2,000	……	2,000

	0	1	2	......	∞
② 1번 성장시	−2,000	300	300	......	300
③ 1번 성장시 배당	0	2,300	2,300	......	2,300

1) 배당평가모형에 의한 주가는 다음과 같다.

$$③\ P_0=\frac{0}{1.1}+\frac{2{,}300}{(1.1)^2}+\frac{2{,}300}{(1.1)^3}+\cdots=\frac{1}{1.1}\left[\frac{2{,}300}{0.1}\right]=20{,}909\text{원}$$

2) 성장기회평가모형에 의한 주가는 다음과 같다.

$$①\ \frac{EPS_1}{r}=\frac{2{,}000}{0.1}=20{,}000\text{원}$$

$$②\ \frac{1}{1.1}\left[\frac{300}{0.1}-2{,}000\right]=909\text{원}$$

따라서 $P_0=20{,}000+909=20{,}909$원이므로, 배당평가모형과 성장기회평가모형에 의한 주가는 일치한다. 이 경우의 재투자수익률은 $\frac{300}{2{,}000}=15\%$이다. 여기에서 보듯이 재투자수익률(ROE)이 할인율(r)보다 크면 $NPVGO$가 (+)가 되어 주가는 상승한다.

예제 ⑧ − 8 매년 재투자경우의 성장기회평가모형

(주)서울의 금년말 주당순이익은 2,000원, 주당배당금은 1,400원으로 예상되는데 이러한 배당성향은 앞으로도 유지될 것이다. 이 기업의 재투자수익률이 20%이고 할인율이 10%이라고 하자.

(1) 배당평가모형으로 현 주가를 구하라.
(2) 성장기회평가모형으로 현 주가를 구하라.

$EPS_1=2{,}000 \quad D_1=DPS_1=1{,}400 \quad r=0.1$

$1-b=\frac{DPS_1}{EPS_1}=\frac{1{,}400}{2{,}000}=0.7\ \&\ b=0.3 \quad ROE=20\% \quad \therefore\ g=b\times ROE=6\%$

	0	1	2	3	......	∞
① 제로성장시		2,000	2,000	2,000	......	
② 매년유보(30%)→성장		−600	−600	−600	......	
③ 매년 성장시 배당		1,400	1,400(1.06)	1,400(1.06)^2	......	

(1) 배당평가모형에 의한 주가는 다음과 같다.

③ $P_0 = \dfrac{D_1}{r-g} = \dfrac{1,400}{0.1-0.06} = 35,000$원

(2) 성장기회평가모형에 의한 주가는 다음과 같다.

① $\dfrac{EPS_1}{r} = \dfrac{2,000}{0.1} = 20,000$원

② $\dfrac{EPS_1}{r}\left[\dfrac{g-br}{r-g}\right] = \dfrac{2,000}{0.1}\left[\dfrac{0.06-(0.3)(0.1)}{0.1-0.06}\right] = 15,000$원

따라서 $P_0 = 20,000 + 15,000 = 35,000$원이므로, 배당평가모형과 성장기회평가모형에 의한 주가는 일치한다.

제 4 절 *FCF*모형

1. *FCF*모형의 의의

	포괄손익계산서	*CF*(현금흐름) 귀속자
S	매출액	
(*COGS*)	매출원가	공급업자(Suppliers)
(*SGA*)	판매와 관리비(영업비)	종업원 등(Employees)
EBITDA	감가상각비전 영업이익	
(*Dep & Amort*)	감가상각비	
EBIT	영업이익	
(*I*)	이자	채권자(Bondholders)
EBT	세전이익	
(*T*)	법인세	정부(Government)
NI	순이익	주주(Stockholders)

재무상태표

유동자산	재고자산(Inv)	타인자본 (*B*)	채권자(Bondholders)
비유동자산	고정자산(PPE)	자기자본 (*S*)	주주 (Stockholders)
투자결정 (Investment decision)		자본조달결정(Financing decision)	

① 기업은 존속하기 위해 생산 · 영업활동에 투자를 해야 한다. 주로 재고자산(inventory)과 기계 · 공장 · 설비(property, plant, and equipment) 등의 고정자산에 투자하는데, 이 투자활동 후 남는 현금흐름이 채권자와 주주에게 배분될 것이다.

② *FCFF*(Free Cash Flow to Firm)는 기업이 물품 공급자와 종업원 등에게 주는 영업활동비용 외에 재고자산(*Inv*)과 고정자산(*PPE*)에 투자한 후에 남는 현금흐름으로, 이는 곧 채권자와 주주에게 배분(귀속)될 현금흐름이다. 즉 *FCFF*는 위의 재무상태표에서 보듯이 투자결정 (차변) 활동이후이고, 자본조달이나 배분(대변) 활동이전 상태의 현금흐름이다.

③ *FCFE*(Free Cash Flow to Equity)는 *FCFF*에서 채권자에게 주어야 할 현금흐름을 배분한 이후이고, 주주에게 배분하기 이전 상태의 현금흐름이다. 즉 *FCFF*는 채권자와 주주에게 배분하기 전의 현금흐름이고, *FCFE*는 채권자에게 배분 후 주주에게 배분 전 현금흐름이다. 따라서 *FCFF*의 할인율은 가중평균자본비용(k_0)이고, *FCFE*의 할인율은 주주요구수익률(k_e)이다. 이를 다음으로 요약할 수 있다.

현금흐름(*CF*)	귀속자	할인율
FCFF	채권자와 주주	$k_0 = w_e \cdot k_e + w_d \cdot k_d(1-T)$
$-CF$(채권자)	채권자	
FCFE	주주	k_e

2. *FCF*모형을 이용한 가치평가

(현재)가치는 미래현금흐름을 적절한 할인율로 할인한 것이므로, 기업가치(V_F)는 *FCFF*를 k_0로 할인하고, 자기자본가치(V_E)는 *FCFE*를 k_e로 할인하여 구한다.

※ $k_e > k_0$ [$\because$ $k_0 = w_e \cdot k_e + w_d \cdot k_d(1-T)$]

$$V_F = \Sigma \frac{FCFF_t}{(1+k_0)^t} = V_D + V_E$$

$$V_E = \Sigma \frac{FCFE_t}{(1+k_e)^t} \text{(ⓐ) or } V_E = V_F - V_D \text{ (ⓑ)}$$

자기자본가치(V_E)를 구하는 방법은 직접방법(direct valuation, ⓐ)과 간접방법(indirect valuation, ⓑ)이 있다. 재무구조의 영향을 *FCFF*는 받지 않으나 *FCFE*는 받기 때문에, 기업이 영(0) 혹은 음(−)의 *FCFE*를 갖거나 재무구조가 변동이 심하면 직접방법보다 간접방법을 적용해야 할 것이다.

3. *FCFF*와 *FCFE*의 추정

(1) *FCFF*의 추정

가장 기본적인 *FCFF*식은 다음과 같다.

$FCFF = NI + Dep + I(1-T) - Inv - PPE$

① NI : Net Income(당기순이익)이다.

② Dep : 비현금성 비용항목(Noncash charges, NCC)을 나타내는데, 대표적인 것이 감가상각비(Depreciation and Amortization)이다.

③ $I(1-T)$: Interest expense(채권자에게 주어야 하는 현금흐름) 이다. 채권자에게 이자를 지급해야 하는데, 실질적인 이자지급액은 다음과 같이 $I=1$억원이 아니라, $I(1-T)=1$억$(1-0.4)=0.6$억원 이다.

	무부채기업 ($I=0$)	부채사용기업 ($I=1$억)
EBIT	5억	5억
(I)	0	1억
EBT	5억	4억
($T=0.4$)	2억	1.6억
NI	3억	2.4억

④ Inv : 순운전자본(Net Working Capital, NWC)의 대표적인 것으로 재고자산(inventroy)이 있다. ④를 정확히 표현하자면 $NWC=$유동자산$(CA)-$비이자발생 유동부채 (non-interest-bearing CL)인데, 재무상태표상 차변의 증가는 − 해야 하고 대변의 증가는 ＋해야 할 것이다. 그런데 재무상태표 차변의 현금이나 현금등가물은 현금성으로 보유하고 있으므로 *NWC*에서 제외해야 하고, 재무상태표 우변의 지급어음(notes payable)과 유동성장기부채(current portion of long-term debt)는 이자를 지급하므로 *NWC*에서 역시 제외해야 한다.

⑤ PPE : 기계 · 공장 · 설비(property, plant, and equipment) 등의 고정자산투자에 소요되는 순금액(net capital expenditures)이다. 만일 기존의 고정자산 매각대금(proceeds from sales of long-term assets)이 있으면 이는 현금유입이므로, 이 금액만큼 차감해야 한다.

(2) *FCFF*를 구하는 식

*FCFF*를 구하는 식은 대체로 아래의 3가지가 쓰인다.

① $FCFF = NI + Dep + I(1-T) - Inv - PPE$

② $FCFF = EBIT(1-T) + Dep - Inv - PPE$

③ $FCFF = EBITDA(1-T) + Dep \cdot T - Inv - PPE$

위의 3가지 식의 관련성을 설명하기 위해 아래의 예를 들었는데, 단순화시키기 위해 공통항목인 *Inv*와 *PPE*를 제외하였다.

S	10,000
(*COGS*)	(3,000)
(*SGA*)	(2,000)
EBITDA	5,000
(*Dep & Amort*)	(1,000)
EBIT	4,000
(*I*)	(1,800)
EBT	2,200
(T=0.4)	(880)
NI	1,320

① $FCFF = NI + Dep + I(1-T)$

$3,400 = 1,320 + 1,000 + 1,800(1-0.4)$

② $FCFF = EBIT(1-T) + Dep$

$3,400 = 4,000(1-0.4) + 1,000$

③ $FCFF = EBITDA(1-T) + Dep \cdot T$

$3,400 = 5,000(1-0.4) + (0.4)(1,000)$

(3) *FCFE*를 구하는 식

*FCFE*를 구하는 식은 대체로 아래의 2가지가 쓰인다.

① $FCFE = FCFF - I(1-T) + NB$(채권자) [$\because$ $FCFE = FCFF - CF$(채권자)].

여기에서 NB(채권자)는 Net Borrowings from Bondholders를 나타낸다. 이는 기업이 채권자로부터 차입한 순액으로 신규채권발행액(new debt issues)에서 기존채권상환액(debt retirements)을 차감한 금액이다.

② $FCFE = NI + Dep - Inv - PPE + NB$(채권자)

[$\because$ $FCFF = NI + Dep + I(1-T) - Inv - PPE$]

4. *FCF*모형의 적용

(1) 1단계(Single - Stage) 모형

이는 배당평가모형의 일정성장모형과 원리가 같으며, 다음과 같이 표현된다.

$$V_F = \frac{FCFF_1}{k_0 - g} = \frac{FCFF_0(1+g)}{k_0 - g} \qquad k_0 = w_e \cdot k_e + w_d \cdot k_d(1-T)$$

예제 ⑧ - 9 1단계 *FCF*모형

(주)서울의 올해초 *FCFF*는 1억원이고 목표자본구조(*B/S*)는 0.25이며 10만주의 주식이 있다. 타인자본의 시장가치는 15억원이고 법인세율은 40%이다. 주주요구수익률은 12%, 세전부채비용은 8%, 성장률은 6%로 일정하다. (주)서울의 기업가치와 주당가치를 *FCF*모형을 이용하여 구하라.

$FCFF_0 = 100{,}000{,}000$ $B/S = 0.25 \Leftrightarrow w_d = 0.2$ $V_D = 1{,}500{,}000{,}000$ $N = 100{,}000$

$T = 0.4$ $k_e = 12\%$ $k_d = 8\%$ $g = 6\%$

$k_0 = w_e \cdot k_e + w_d \cdot k_d(1-T) = 0.8(12\%) + 0.2(8\%)(1-0.4) = 10.56\%$

$$V_F = \frac{FCFF_0(1+g)}{k_0 - g} = \frac{100{,}000{,}000(1+0.06)}{0.1056 - 0.06} = 2{,}324{,}561{,}404\text{원}$$

$V_E = V_F - V_D = 2{,}324{,}561{,}404 - 1{,}500{,}000{,}000 = 824{,}561{,}404$원

주당가치(P_0) $= V_E / N = 824{,}561{,}404 \ / \ 100{,}000 = 8{,}245.61$원

(2) 2단계(Two - Stage) 모형

이는 기업의 성장을 고성장과 저성장(일정성장)으로 구분하여 평가하는 모형으로, 배당평가모형의 불규칙 성장모형(2단계)과 같은 원리이다.

예제 ⑧ - 10 2단계 *FCF*모형

(주)서울의 올해말 *FCFF*는 5억원으로 예상되는데, 이의 성장률은 5년말까지 (t=5) 12%이고, 그 이후에는 6%로 일정할 것으로 예상된다. *FCFF*의 할인율은 고성장기 동안 18%, 일정성장기 동안 14%라고 할 때 기업가치를 *FCF*모형을 이용하여 구하라.

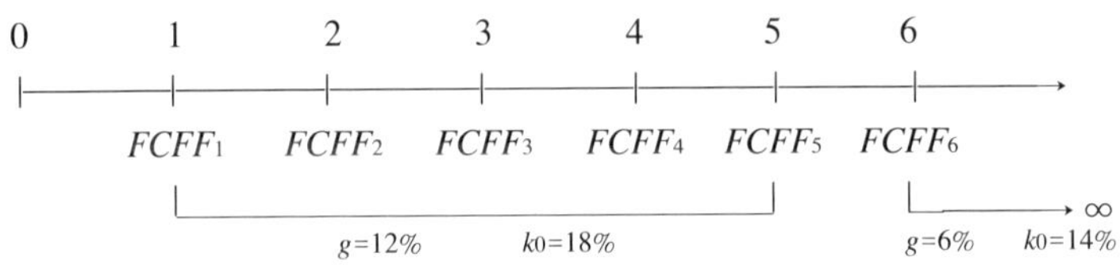

$$V_F = \frac{FCFF_1}{1+k_0} + \frac{FCFF_2}{(1+k_0)^2} + \frac{FCFF_3}{(1+k_0)^3} + \frac{FCFF_4}{(1+k_0)^4} + \frac{FCFF_5 + TV_5}{(1+k_0)^5}$$

$FCFF_1 = 5$억원

$FCFF_2 = FCFF_1(1+g) = 5(1+0.1) = 5.5$억원

$FCFF_3 = FCFF_2(1+g) = 5.5(1+0.1) = 6.05$억원

$FCFF_4 = FCFF_3(1+g) = 6.05(1+0.1) = 6.66$억원

$FCFF_5 = FCFF_4(1+g) = 6.66(1+0.1) = 7.32$억원

$FCFF_6 = FCFF_5(1+g) = 7.32(1+0.06) = 7.76$억원

$$TV_5 = \frac{FCFF_6}{k_0 - g} = \frac{7.76\text{억원}}{0.14-0.06} = 97\text{억원}$$

$$V_F = \frac{5\text{억원}}{1+0.18} + \frac{5.5\text{억원}}{(1+0.18)^2} + \frac{6.05\text{억원}}{(1+0.18)^3} + \frac{6.66\text{억원}}{(1+0.18)^4} + \frac{7.32\text{억원}+97\text{억원}}{(1+0.18)^5}$$

$$= 4.24 + 3.95 + 3.68 + 3.44 + 45.6 = 60.91\text{억원}$$

제 5 절 *RI*모형

1. *RI*모형의 의의

① 잔여이익(Residual Income, RI) 혹은 경제적 이익(economic profit)은 회계적 순이익에서 자기자본비용을 차감한 값으로, 회계적 이익이 가지고 있는 단점을 보완한 모형이다.

② 예컨대 회계적 이익은 타인자본비용 (이자비용)만 인식할 뿐 자기자본비용을 (기회)비용으로 인식하지 않고 있기 때문에, 주주의 입장에서 보면 회계적 이익은 과대계상된 것으로 볼 수 있다. *RI*는 타인자본비용 뿐만 아니라 자기자본비용 (주주비용, 배당금비용)까지 차감한 것으로, 기업이 부담하여야 할 모든 자본비용을 차감하였으므로 (주주입장에서) 보다 정확한 이익일 것이다.

2. *RI*의 추정

*RI*는 타인자본비용만 차감한 회계적 이익에서 화폐로 계산한 주주비용인 자기자본비용을 뺀 것으로, 다음과 같이 추정할 수 있다.

$$RI = NI - ₩\text{자기자본비용} = NI - k_e \cdot B_0$$

B: 자기자본 장부가치, Book value of equity

또한 위의 식을 주당으로 환산하여 다음과 같이 표현할 수 있다.

$$RI = EPS - ₩\text{주당 자기자본비용} = EPS - k_e \cdot B_0$$
$$= \frac{EPS}{B_0} \cdot B_0 - k_e \cdot B_0 = (ROE - k_e)\ B_0$$

따라서 $RI>0$이라는 것은 자기자본이익률(Return on Equity, ROE) > 자기자본비용(k_e)을 의미한다.

예제 ⑧ - 11 *RI*의 추정

(주)서울의 현재 주가는 30,000원이고 주당 장부가치는 20,000원이다. ×1년의 *EPS*는 2,300원이고 ×2년의 *EPS*는 2,800원이라고 예상된다. 매년의 배당성향은 60%이며, 자기자본비용은 10%라고 할 때, ×1년과 ×2년의 *RI*를 각각 구하라.

$P_0=30,000$ $B_0=20,000$ $k_e=10\%$ $1-b=0.6$

	×1년	×2년
B_0	20,000 (주어졌음)	20,920 (×1년의 B)
$EPS\ (D+RE)$	2,300 (주어졌음)	2,800 (주어졌음)
D	1,380 (2,300×0.6)	1,680 (2,800×0.6)
RE	920 (2,300−1,380)	1,120 (2,800−1,680)
$B\ (B_0+RE)$	20,920 (20,000+920)	22,040 (20,920+1,120)
₩주당 자기자본비용($k_e \cdot B_0$)	2,000 (0.1×20,000)	2,092 (0.1×20,920)
$RI=EPS-$₩주당 자기자본비용	300 (2,300−2,000)	708 (2,800−2,092)

3. *RI*모형을 이용한 주식평가

(1) *RI*모형의 구성

*RI*모형은 아래에서 보듯이 주식가치를 ① 현재 자기자본 장부가치 (current BV of equity)와 ② 미래에 예상되는 *RI*의 현재가치를 합하여 구한다. *RI*는 주주몫이므로 주주비용인 k_e로 할인한다.

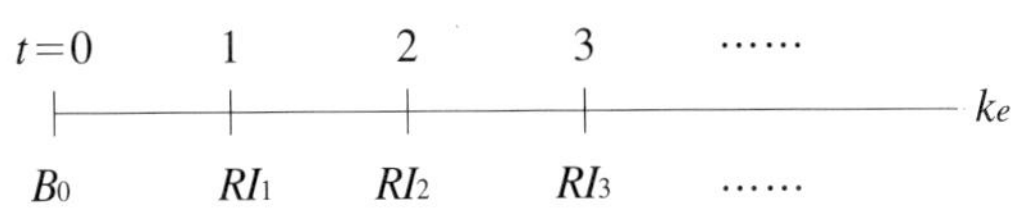

$$P_0 = B_0 + \frac{RI_1}{1+k_e} + \frac{RI_2}{(1+k_e)^2} + \frac{RI_3}{(1+k_e)^3} + \cdots\cdots = B_0 + PV(RI_t)$$

(2) *RI*모형의 가치인식시점

주식평가를 할 때 배당평가모형이나 *FCFE*모형에 비해 *RI*모형의 가치는 빨리 정해지므로(recognized earlier), 가까운 미래일수록 가치가중이 커진다는 특징이 있다(아래 *RI*예제에서 확인할 수 있다). 따라서 *RI*는 터미널가치(Terminal Value, TV)에 덜 민감하므로, 예측오차가 작아진다는 장점이 있다.

예제 ⑧ - 12 *RI*모형을 이용한 주식평가

(주)서울의 현재 자기자본비용은 10%이고 주당 장부가치는 40,000원이다. *EPS*는 ×1년에 10,000원, ×2년에 9,000원, ×3년에 8,000원으로 예상된다. 배당은 ×1년에 6,000원, ×2년에 5,000원으로 예상되며, ×3년에는 청산배당을 할 것이다. *RI*모형을 이용하여 (주)서울의 주당 주가를 구하라.

$B_0 = 40{,}000 \quad k_e = 10\%$

×3년에 청산배당을 실시하므로, 이때 기업은 모든 장부가치를 배당으로 지불하고 청산한다.

	×1년	×2년	×3년
B_0	40,000	44,000 (×1년의 B)	48,000 (×2년의 B)
EPS	10,000 (주어졌음)	9,000 (주어졌음)	8,000 (주어졌음)
D	6,000 (주어졌음)	5,000 (주어졌음)	56,000 (48,000+8,000)(∵청산)
RE	4,000	4,000	0 (∵청산)
$B\ (B_0+RE)$	44,000	48,000	0 (∵청산)
$k_e \cdot B_0$	4,000	4,400	4,800
$RI = EPS - k_e \cdot B_0$	6,000	4,600	3,200

$$P_0 = B_0 + PV(RI_t) = 40{,}000 + 6{,}000/1.1 + 4{,}600/1.1^2 + 3{,}200/1.1^3$$
$$= 40{,}000 + 5{,}454.55 + 3{,}801.65 + 2{,}404.21 = 51{,}660.41\text{원}$$

예제 ⑧ - 13 *RI*모형을 이용한 주식평가

(주)서울의 현재 자기자본비용은 10%이고 주당 장부가치는 6,000원이며, 향후 5년간 (t=1~5) *RI*는 다음과 같이 예상된다.

t	1	2	3	4	5
RI	300원	320원	340원	360원	380원

이후에 *RI*는 계속 380원으로 일정할 것으로 가정하여, (주)서울의 주당 주가를 구하라.

0	1	2	3	4	5	k_e=10%
6,000	300	320	340	360	380 → ∞	

$$P_0 = B_0 + \frac{RI_1}{1+k_e} + \frac{RI_2}{(1+k_e)^2} + \frac{RI_3}{(1+k_e)^3} + \frac{RI_4 + TV_4}{(1+k_e)^4}$$

$$TV_4 = \frac{RI_5}{k_e} = \frac{380}{0.1} = 3{,}800\text{원}$$

$$P_0 = 6{,}000 + \frac{300}{1.1} + \frac{320}{1.1^2} + \frac{340}{1.1^3} + \frac{360+3{,}800}{1.1^4}$$

$$= 6{,}000 + 272.73 + 264.46 + 255.45 + 2{,}841.34 = 9{,}633.98\text{원}$$

4. *RI*모형의 적용

(1) 1단계(Single-Stage) 모형

이는 배당평가모형에서 일정성장모형과 원리가 같으며, 다음과 같이 표현된다.

$$P_0 = B_0 + PV(RI_t) = B_0 + \Sigma\frac{RI_t}{(1+k_e)^t} = B_0 + \frac{RI_1}{k_e - g} = B_0 + \frac{(ROE - k_e)B_0}{k_e - g}$$

① 자기자본이익률(Return on Equity, ROE) = 자기자본비용(k_e) 이라면, 두 번째 항이 0이 된다. 이 경우 주식가치(P_0)는 현재 자기자본가치(B_0)와 같다.

② 자기자본이익률(Return on Equity, ROE) > 자기자본비용(k_e) 이라면, 두 번째 항이 0보다 커지게 된다. 이 경우 주식가치(P_0)는 현재 자기자본가치(B_0)에

두 번째 항만큼 증가한다.

(2) 주가순자산비율 (Price to Book value Ratio, PBR 혹은 P/B).

$$P/B = \frac{Price\ per\ share}{BPS}$$

여기에서 BPS(BV of equity per Share) = 주당순자산인데, 1단계 모형에서는 다음과 같이 표현할 수 있다.

$$\frac{P_0}{B_0} = \frac{DPS_1/(k_e-g)}{BPS_0} = \frac{EPS_1(1-b)/(k_e-g)}{BPS_0} = \frac{(EPS_1/BPS_0)(1-b)}{k_e-g}$$

$$= \frac{ROE(1-b)}{k_e-g} = \frac{ROE-b \cdot ROE}{k_e-g} = \frac{ROE-g}{k_e-g}$$

(3) P/B와 RI의 관계

1단계 모형의 상황에서 주당순자산비율(P/B)과 RI의 관계는 다음과 같다.

P/B : $\frac{P_0}{B_0} = \frac{ROE-g}{k_e-g}$ $ROE > k_e$이라면 $P/B > 1$이 성립한다.

RI : $P_0 = B_0 + \frac{(ROE-k_e)B_0}{k_e-g}$ 양변을 B_0로 나누면 $\frac{P_0}{B_0} = 1 + \frac{ROE-k_e}{k_e-g}$

$ROE > k_e$이라면 두 번째 항인 $PV(RI_t) > 0$이므로, $P_0/B_0 = P/B > 1$이 성립한다.

예제 ⑧ - 14 *P/B와 RI*

(주)서울의 자기자본비용은 15%이다. BPS는 ×0년에 15,000원이었고 ×1년 EPS는 2,250원으로 예상된다. 1단계 RI모형을 이용하여 RI의 현재가치와 P/B를 구하라.

$k_e = 15\%$ $ROE = EPS_1/BPS_0 = 2{,}250/15{,}000 = 0.15$ $\therefore$ $ROE = k_e$인 상황이다.

RI : $P_0 = B_0 + PV(RI_t) = B_0 + \frac{(ROE-k_e)\ B_0}{k_e-g}$에서 $ROE = k_e$이면, 두 번째 항인 $PV(RI_t) = 0$이다.

따라서 RI의 현재가치는 0이다.

P/B : $\frac{P_0}{B_0} = 1 + \frac{ROE-k_e}{k_e-g}$에서 $ROE = k_e$이라면 두 번째 항 $= 0$ 이므로, $P_0/B_0\ (P/B) = 1$

제 6 절 *EVA*모형

1. EVA의 개념

*EVA*모형은 *RI*모형과 비슷하다. 다만 *RI*모형은 자기자본에 대한 초과이익이지만, *EVA*모형은 영업투하자본에 대한 초과이익이다. 영업투하자본에 대한 초과이익을 '영업초과이익' 이라고 하는데, 실무에서 *EVA*(economic value added, 경제적 부가가치)라고 한다. 즉 *RI*는 주주 관점인 자기자본에 대한 초과이익이고, *EVA*는 기업전체 관점인 영업투하자본에 대한 초과이익인 점이 다르다.

2. EVA의 추정 및 사용

*EVA*는 세후영업이익에서 화폐로 계산한 영업투하자본비용을 뺀 것으로, 다음과 같이 추정할 수 있다.

$$EVA = NOIAT - \text{₩영업투하자본비용} = NOIAT - k_0 \cdot IC \qquad (8\text{-}10)$$

$$= (\text{투하자본수익률} - k_0) \times \text{투하자본} = (ROIC - k_0) \times IC \qquad (8\text{-}11)$$

$$NPV = \frac{EVA}{k_0} \quad (NPV = EVA\text{의 현가}) \qquad (8\text{-}12)$$

단, $NOIAT$ = Net Operating Income After Taxes(세후영업이익) $= NOI(1-T) = EBIT(1-T)$

$k_0 = WACC = k_e\left(\frac{S}{S+B}\right) + k_d(1-T)\left(\frac{B}{S+B}\right) = w_e \cdot k_e + w_d \cdot k_d(1-T)$

IC = Invested Capital(영업투하자본)

= 비유동자산 + 순운전자본(= 유동자산 − 비이자발생 유동부채)

= 이자발생 유동부채 + 비유동부채 + 자기자본

$ROIC$ = Return of Invested Capital(투하자본수익률) $= \frac{\text{세후영업이익}(NOIAT)}{\text{투하자본}(IC)}$

재무상태표

유동자산	비이자발생 유동부채(외상매입금)
	이자발생 유동부채(지급어음, 유동성 장기부채)
비유동자산	비유동부채
	자기자본

*EVA*를 창출하기 위하여 기업은 $ROIC > WACC(k_0)$를 갖는 사업부에 투자를 집중시키는 반면 $ROIC < WACC(k_0)$를 갖는 사업부는 철수시킴으로써, 기업은 효율적으로 투하자본을 재배치할 수 있을 것이다.

제10장(자본비용)에서 배우겠지만 타인자본비용(k_d)은 채권자가 요구하는 만기수익률(*YTM*)을 이용해야 하고, w_e와 w_d는 목표자본구조를 이용해야 한다.

예제 ⑧ – 15 *EVA*의 계산

(주)서울의 영업이익은 200,000만원이다. 세전부채비용은 10%이고 목표자본구조(*B/V*)는 40%이며 자기자본비용은 14%이다. 법인세율이 40%라고 가정하고 아래의 재무상태표를 참조하여 (주)서울의 *EVA*를 구하라.

재무상태표 (단위 : 만원)

유동자산	300,000	외상매입금	80,000
		지급어음	120,000
비유동자산	700,000	비유동부채	200,000
		자기자본	600,000
	1,000,000		1,000,000

$EBIT = 200{,}000 \quad k_d = 10\% \quad w_d = 0.4 \quad k_e = 14\% \quad T = 0.4$

$k_0 = w_e \cdot k_e + w_d \cdot k_d(1-T) = 0.6(14\%) + 0.4(10\%)(1-0.4) = 10.8\%$

$NOIAT = EBIT(1-T) = 200{,}000(1-0.4) = 120{,}000$만원

$IC = 700{,}000 + (300{,}000 - 80{,}000) = 920{,}000$만원 혹은

$IC = 200{,}000 + 600{,}000 + 120{,}000 = 920{,}000$만원

$EVA = NOIAT - k_0 \cdot IC = 120{,}000 - (0.108)(920{,}000) = 20{,}640$만원

3. MVA

(1) *MVA*의 개념

① 기업의 경영목표는 「장기적인 이익있는 성장」이며, 이를 달성하면 기업가치가 극대화될 것이다. 앞에서 살펴본 *EVA*는 개선된 성과지표이나 특정연도의 경영성과를 보여주는 단기지표이다. 따라서 「장기적인 이익있는 성장」을 측정하는 개념이 필요하게 되었는데 이것이 바로 시장부가가치(market value added, *MVA*)이다.

② *MVA*는 *EVA*가 향후 무한히 동일하게 지속된다고 가정하여 이를 현가로 할인하여 합계한 값이다. 여기에서 market이란 기업에게 투하자본의 조달기회를 주는 곳이 자본시장이며, *EVA*를 할인할 때 자본시장(market)에서 투자자들의 수급의 균형점에서 결정되는 자본비용으로 할인한다는 의미이다. 한마디로, *MVA*란 기업설립이래 창출한 총부가가치를 말한다.

(2) *MVA*와 *EVA*

*MVA*는 자본시장에서 주주와 채권자가 공급한 자본을 이용하여 기업이 창출한 가치(즉, 기업가치의 증분)를 말하는 것으로, 기업의 현재 시장가치에서 자본시장에서 주주와 채권자가 공급한 자본가치을 차감한 값이다.

$$\begin{aligned} MVA &= \text{기업의 시장가치} - \text{주주와 채권자가 공급한 자본가치} \\ &= \text{기업의 시장가치} - \text{기업의 장부가치} \qquad (8\text{-}13) \\ &= EVA\text{의 현가}(=NPV) \end{aligned}$$

위에서 보듯이 *MVA*가 (+)이면 공급된 자본으로 기업가치를 추가적으로 창출했다는 것을 나타내고, (-)이면 공급된 자본에 비해 기업가치가 감소했음을 나타낸다. 결국 *MVA*는 *EVA*관점으로 살펴본 *NPV*라고 할 수 있다.

예제 ⑧ – 16 *EVA*와 *NPV*

성숙기에 있는 (주)서울은 매년 10억원의 현금유입이 영구적으로 계속되는 투자안의 경제성을 평가하려고 한다. 이 투자안의 초기투하자본은 50억원이고 자본비용이 10%라고 할 때 다음 각 물음에 답하라.

(1) 이 투자안의 *EVA*를 구하라.
(2) 이 투자안의 *NPV*와 *IRR*을 구하라.
(3) (1)과 (2)의 결과를 비교하라.

(1) $FCFF = EBIT(1-T) + Dep - Inv - PPE$이나, 성숙기에 있는 기업에서는 기계설비 등에 대한 투자(PPE)는 감가상각비(Dep)만큼 발생하고 재고자산에 대한 투자(Inv)는 미미하다. 따라서 성숙기에 있는 기업의 $FCFF = EBIT(1-T)$이므로 $NOIAT$와 같게 된다.

$CF = NOIAT = 10$억 $\quad r = k_0 = 0.1 \quad C_0 = IC = 50$억

$EVA = NOIAT - k_0 \cdot IC = 10\text{억} - (0.1)(50\text{억}) = 5$억원

(2) $NPV = \dfrac{10\text{억}}{0.1} - 50\text{억} = 50$억원

$\dfrac{10\text{억}}{IRR} - 50\text{억} = 0$에서 $IRR = 0.2$

(3) $NPV = \dfrac{EVA}{k_0}$에서 $50\text{억} = \dfrac{5\text{억}}{0.1}$

$EVA = (ROIC - k_0) \times IC = (IRR - r) \times C_0 = (0.2 - 0.1)(50\text{억}) = 5$억원

예제 ⑧ – 17 *EVA*와 *MVA*

성숙기에 있는 (주)서울은 2,000만원의 투하자본이 소요되는 투자안을 평가 중인데, 이 투자안은 매년 다음과 같은 현금흐름이 영구적으로 기대된다.

영업이익	1,000만원
이자비용	100
법인세전이익	900
법인세(40%)	360
세후순이익	540

부채는 연 10%의 무위험이자율로 조달할 수 있고, 주주요구수익률은 15%이며, 이 투자안의 목표자본구조(B/V)는 50%이다.

(1) 이 투자안의 EVA를 구하라.
(2) 이 투자안의 MVA를 구하라.
(3) 이 투자안의 NPV를 구하라.

(1) $k_0 = WACC = k_d(1-T)\left(\frac{B}{S+B}\right) + k_e\left(\frac{S}{S+B}\right) = (10)(1-0.4)(0.5) + (15)(0.5) = 10.5\%$

$NOIAT = 1{,}000(1-0.4) = 600$만원이고 $IC = C_0 = 2{,}000$만원이므로

$EVA = NOIAT - k_0 \cdot IC = 600$만$-(0.105)(2{,}000$만$) = 390$만원

(2) $MVA = \frac{EVA}{k_0} = \frac{390\text{만원}}{0.105} = 3{,}714$만원

(3) $NPV = \frac{1{,}000\text{만}(1-0.4)}{0.105} - 2{,}000\text{만} = 3{,}714$만원

4. 배당금모형, *FCF*모형, *RI*모형, *EVA*모형의 비교

(1) 배당평가모형

주주지분가치 = 미래 배당금의 현재가치

이론적으로 정립되어 많이 이용되고 있고, 많은 기업들이 안정배당정책(stable dividend policy)을 실시하므로 배당금은 이익이나 잉여현금흐름보다 안정적이라는 장점이 있다. 단점으로 배당금을 지불한 역사가 없거나 현재 지급하지 않은 기업에는 적용할 수 없다. 사실 이 모형은 배당정책이 명확하여 배당금이 기업이익과 관련되고, 배당을 지급하는 성숙기에 접어든 상태(mature stage)에 있는 기업에 적용하는 것이 가장 좋다. 배당금은 이사회에서 정해지므로, 지배주주(controlling shareholders)보다는 소액주주(minority shareholders)의 입장이라고 할 수 있다.

(2) *FCF*모형

기업가치＝미래 *FCFF*의 현재가치
주주지분가치＝미래 *FCFE*의 현재가치

이 모형은 배당정책과 재무구조와 상관없이 적용이 가능하다는 장점이 있는데 반해, 거액의 자본투자가 필요한 결과 음(－)의 *FCF*를 가지는 기업에는 적용할 수 없다는 단점이 있다. 사실 이 모형은 배당을 지급한 역사가 없거나 배당이 기업이익과 별 관계가 없는 기업에 가장 적합하다. 거액의 자본투자는 이사회에서 정하므로 소액주주보다는 지배주주 입장이라고 할 수 있으며, 기업지배권에 관련되므로 인수 및 합병의 상황에서 사용하는 것이 적절하다고 할 수 있다.

(3) *RI*모형

주주지분가치＝현재 자기자본가치＋미래 *RI*의 현재가치

회계적 이익보다 경제적 이익에 초점을 맞춘 이 모형은 배당금을 지불한 역사가 없거나 음(－)의 *FCF*를 가지는 기업에 적용할 수 있다는 장점이 있다. 그러나 이 모형은 회계자료에 의존을 많이 하므로, 철저한 회계분석이 요구되며 회계자료가 투명하지 못한 기업에는 적용할 수 없다는 단점이 있다.

(4) *EVA*모형

기업가치＝현재 영업투하자본가치＋미래 *EVA*의 현재가치

*RI*모형과 많은 점에서 유사하다. 다만 *RI*모형을 기업전체(즉, 영업투하자본)에 대해 적용한 것이라고 할 수 있다. 이 모형 역시 회계자료에 의존을 많이 하며, *RI*모형에서는 측정하지 않아도 되는 세후영업이익(*NOIAT*)과 영업투하자본(*IC*)을 구해야 한다.

연습문제

1. (주)서울의 현재 발행주식수는 2,000주이고 주가는 10,000원이다. 25%의 무상증자를 실시할 경우, 신주인수권가치와 권리락주가를 각각 구하라. (단위 : 원)

① 2,000 8,000 ② 2,500 9,750 ③ 3,000 9,700
④ 3,500 9,650 ⑤ 4,000 9,600

〈해설〉 $P_0 = 10,000$ $Q_0 = 2,000$ $Q_1 = 2,000 \times 25\% = 500$

$$N = \frac{Q_0}{Q_1} = \frac{2,000}{500} = 4 \qquad R = \frac{P_0 - P_1}{N+1} = \frac{10,000-0}{4+1} = 2,000\text{원}$$

$R = P_0 - P_2$에서 $P_2 = P_0 - R = 10,000 - 2,000 = 8,000$원

답 ①

2. (주)서울은 향후 3년간(t=1~3) 25%의 높은 성장율이 기대되어 배당을 지급하지 못할 것이라고 가정하자. 그 후에는 성장율이 6%로 일정할 것이므로 40%의 배당성향이 기대된다. 4년째 말(t=4)에 주당배당금이 2,000원이고 할인율이 10%라고 할 때, (주)서울의 주가를 구하라.

① 20,000원 ② 37,566원 ③ 43,156원
④ 50,000원 ⑤ 57,135원

〈해설〉 $P_3 = \dfrac{D_4}{r-g} = \dfrac{2,000}{0.1-0.06} = 50,000$원

따라서 $P_0 = \dfrac{P_3}{(1+r)^3} = \dfrac{50,000}{(1.1)^3} = 37,566$원

답 ②

3. (주)서울의 주당 주가는 현재 20,500원이다. 이 주식의 년말(t=1) 주당배당금이 1,000원이고 그 후는 (t=2부터는) 5%로 일정하게 성장할 것이다. 매기간의 할인율이 10%라고 가정하고, 다음 문장 중 옳은 것을 골라라.

① 현재 이 주식은 1,000원만큼 과대평가되었다.
② 현재 이 주식은 500원만큼 과대평가되었다.
③ 현재 이 주식은 500원만큼 과소평가되었다.
④ 현재 이 주식은 1,000원만큼 과소평가되었다.
⑤ 현재 이 주식은 적정하게 평가되었다.

〈해설〉 내재가치(P_0)는 $\frac{D_1+P_1}{1+r}$을 이용하여 구하고, P_1은 고든의 모형을 사용한다.

$$P_1=\frac{D_2}{r-g}=\frac{D_1(1+g)}{r-g}=\frac{1,000(1.05)}{0.1-0.05}=21,000\text{원}$$

내재가치 $P_0=\frac{1,000+21,000}{1+0.1}=20,000$〈현재가격인 20,500원이므로, 이 주식은 현재 500원만큼 과대평가되었다.

답 ②

4. 무부채기업인 (주)서울의 현재 영업이익(*EBIT*)은 1억원, (자기)자본비용은 20%, 법인세율은 30%이다. 매기간 유보율이 40%이고 재투자수익률이 25%라고 가정하여, 이 기업의 가치를 구하라. (단위 : 억원)

① 1.23 ② 2.46 ③ 3.78 ④ 4.62 ⑤ 5.34

〈해설〉 $k_e=0.2$ 배당성향$(1-b)=1-0.4=0.6$ $g=b\cdot ROE=(0.4)(0.25)=0.1$

무부채이므로 $EBIT=EBT$이고, $NI=EBT(1-T)$ & $D=NI(1-b)$이다.

$$V_0=N_0\times P_0=N_0\times\frac{DPS_1}{k_e-g}=\frac{D_1}{k_e-g}=\frac{D_0(1+g)}{k_e-g}=\frac{EBIT(1-T)(1-b)(1+g)}{k_e-g}$$

$$\therefore V_0=\frac{(1\text{억})(1-0.3)(1-0.4)(1+0.1)}{0.2-0.1}=4.62\text{억원}$$

답 ④

※ 다음 자료를 참조하여 문제 5~6번에 답하라.

> (주)서울의 할인율은 20%이고, 당기말 주당순이익은 160원, 주당배당액은 100원으로 예상된다. 매년의 이익 및 배당성장율은 10%이다.

5. 성장을 반영한 주가와 성장을 반영하지 않은 주가를 각각 구하고, 이로부터 성장기회의 현재가치(*NPVGO*)를 구하라.

	성장을 반영한 주가	제로성장시 주가	*NPVGO*
①	200	800	1,000
②	200	1,000	800
③	800	200	1,000
④	800	1,000	200
⑤	1,000	800	200

〈해설〉 $EPS_1=160$ $DPS_1=100$ $r=0.2$ $g=0.1$

(1) 성장을 반영한 주가 (일정성장모형)

$$P_0 = \frac{DPS_1}{r-g} = \frac{100}{0.2-0.1} = 1{,}000\text{원}$$

(2) 제로성장시 주가 (제로성장모형)

$$P_0 = \frac{EPS_1}{r} = \frac{160}{0.2} = 800\text{원}$$

(3) $NPVGO$

$$P_0 = \frac{EPS_1}{r} + NPVGO\text{에서 } 1{,}000 = 800 + NPVGO \qquad \therefore NPVGO = 200\text{원}$$

답 ⑤

6. 재투자수익률(ROE)을 사용한 현금흐름모형을 통하여 $NPVGO$를 구하라.

① 50원 ② 100원 ③ 150원
④ 200원 ⑤ 250원

〈해설〉 $EPS_1 = 160 \qquad DPS_1 = 100$이므로 $1-b = \frac{100}{160} = 0.625 \qquad \therefore b = 0.375$

$$g = b \cdot ROE\text{에서 } ROE = \frac{0.1}{0.375} = 0.2667$$

$$NPVGO = \frac{EPS_1}{r}\left[\frac{g-br}{r-g}\right] = \frac{160}{0.2}\left[\frac{0.1-(0.375)(0.2)}{0.2-0.1}\right] = 200\text{원}$$

답 ④

7. (주)서울의 주당순이익은 1,000원으로 예상된다. 금년말에 주당 500원을 1번 투자하면 2년말부터 영구적으로 동일한 20%의 투자수익률을 가져다주는 투자기회가 존재한다고 하자. 주주들의 요구수익률이 10%일 때 이 기업의 현 주가를 구하라.

① 10,054원 ② 10,154원 ③ 10,254원
④ 10,354원 ⑤ 10,454원

〈해설〉 $EPS_1 = 1{,}000 \qquad r = 0.1$

(1) 제로성장시 주가 (제로성장모형)

$$P_0 = \frac{EPS_1}{r} = \frac{1{,}000}{0.1} = 10{,}000\text{원}$$

$$NPVGO_1 = \frac{500 \times 0.2}{0.1} - 500 = 500\text{원} \qquad \therefore NPVGO = \frac{NPVGO_1}{1+r} = \frac{500}{1.1} = 454.54\text{원}$$

(2) 1번 성장을 반영한 주가

$$P_0 = 10{,}000 + 454.54 = 10{,}454.54\text{원}$$

답 ⑤

8. 다음의 자료를 이용하여 이 회사의 주식가격을 구하면? (1992. CPA)

사내유보율=40%	자기자본이익률(재투자수익률)=20%
자기자본비용=18%	당기의 주당순이익=2,000원

① 12,000 ② 14,933 ③ 16,800 ④ 13,550 ⑤ 12,960

〈해설〉 (1) 배당할인모형

$g = b \cdot ROE = (0.4)(0.2) = 0.08$

$D_1 = D_0(1+g) = (2{,}000)(1-0.4)(1.08) = 1{,}296$

$P_0 = \dfrac{D_1}{k_e - g} = \dfrac{1{,}296}{0.18-0.08} = 12{,}960$

(2) 성장기회모형

① $\dfrac{EPS_1}{r} = \dfrac{EPS_0(1+g)}{k_e} = \dfrac{2{,}000(1.08)}{0.18} = 12{,}000$

② $\dfrac{EPS_1}{r}\left[\dfrac{g-br}{r-g}\right] = 12{,}000\left[\dfrac{0.08-(0.4)(0.18)}{0.18-0.08}\right] = 960$

①+②=12,960

답 ⑤

9. 경제적 부가가치(*EVA* : Economic Value Added)에 대한 다음 설명 중 가장 부적절한 것은? (1999. CPA)

① *EVA*는 회계상의 당기순이익에 반영되지 않은 자기자본비용을 명시적으로 고려한다.

② *EVA*는 정(+)인 기업은 자본비용 이상을 벌어들인 기업으로 평가된다.

③ *EVA*는 주주중심의 사고에서 평가한 기업의 가치이다.

④ 다각화된 기업은 사업단위별로 *EVA*를 평가하여 핵심기업과 한계사업으로 분류할 수 있다.

⑤ 주식에 대한 배당지급이 없는 경우 자기자본비용이 없기 때문에 *EVA*는 회계상의 당기순이익과 일치한다.

〈해설〉 ⑤ 주식에 대한 배당지급이 없더라도 자기자본비용(k_e)는 존재한다. 자세한 것은 제10장 2절에서 논의될 것이다.

답 ⑤

10. A기업의 영업용 투하자본 2,500백만원, 세전 영업이익 600백만원, 법인세 50백만원, 배당성향 60%, 가중평균자본비용(*WACC*)10%, 납입자본금 1,000백만원(발행주식총수 : 20만주), 자기자본비용 20%이다. A기업의 경제적 부가가치(*EVA*)는?

(2001. CPA)

① 50백만원 ② 250백만원 ③ 300백만원
④ 330백만원 ⑤ 350백만원

〈해설〉 $EVA = \text{세후영업이익} - \text{총자본비용} = NOIAT - k_0 \cdot IC$

$= (600-50) - 0.1(2,500) = 550 - 250 = 300$

답 ③

11. (주)서울의 영업용 투자자본은 10억원이고, 이 중 3억원은 이자율이 10%인 부채이고 나머지는 7억원은 자기자본비용이 20%인 자기자본이다. 당기말 영업이익이 5억원으로 예상되고 법인세율이 40%라고 할 때, 경제적 부가가치(EVA)를 구하라.

① 0.71억원 ② 1.12억원 ③ 1.42억원
④ 1.64억원 ⑤ 2.02억원

〈해설〉 $EVA = NOIAT - k_0 \cdot IC$에서 $NOIAT = 5\text{억}(1-0.4) = 3\text{억}$이고 $IC = 10\text{억원}$이다.

$k_0 = k_e\left(\frac{S}{V}\right) + k_d(1-T)\left(\frac{B}{V}\right) = (20)(0.7) + (10)(1-0.4)(0.3) = 15.8\%$

$\therefore EVA = 3 - (0.158)\ (10) = 1.42\text{억원}$

답 ③

12. (주)서울은 현재 시장가격이 50,000원인 주식 10,000주를 발행한 상태이다. 신규자금 백만원을 조달하기 위하여 신주를 발행하는데, 신주를 전부 기존주주에게 배정할 예정이다. 신주인수권의 가치가 1,000원이라고 가정할 때, 신주발행가격은 약 얼마인가?

① 3,555원 ② 3,855원 ③ 4,225원 ④ 4,455원 ⑤ 4,855원

〈해설〉 $P_0 = 50,000 \quad Q_0 = 10,000 \quad P_1Q_1 = 1,000,000 \quad R = 1,000$

$Q_1 = \frac{P_1Q_1}{P_1} = \frac{1,000,000}{P_1}$이고 $N = \frac{Q_0}{Q_1} = \frac{10,000}{1,000,000\ /\ P_1} = 0.01P_1$

$R = \frac{P_0 - P_1}{N+1}$에서 $1,000 = \frac{50,000 - P_1}{0.01P_1 + 1} \qquad \therefore P_1 = 4,455\text{원}$

답 ④

13. (주)서울의 현재 주가수익비율(PER)는 10이고 주당순이익(EPS)은 5,400원인데 주식 1,200주를 발행한 상태이다. 신규자금 천만원을 조달하기 위하여 신주를 40,000원으로 발행하는데, 신주를 전부 기존 주주에게 배정할 예정이다. 이 경우 신주인수권의 가치는 약 얼마인가?

① 2,413원 ② 2,913원 ③ 3,413원 ④ 3,913원 ⑤ 4,413원

〈해설〉 현재 주가$(P_0)=PER \times EPS=(10)(5{,}400)=54{,}000 \quad Q_0=1{,}200$

$$P_1=40{,}000 \quad P_1Q_1=10{,}000{,}000$$

$$Q_1=\frac{P_1Q_1}{P_1}=\frac{10{,}000{,}000}{40{,}000}=250\text{주} \ \& \ N=\frac{Q_0}{Q_1}=\frac{1{,}200}{250}=4.8$$

$$R=\frac{P_0-P_1}{N+1}=\frac{54{,}000-40{,}000}{4.8+1}=2{,}413\text{원}$$

답 ①

14. 경쟁이 치열한 관계로 (주)서울의 성장율은 5%씩 매년 감소할 것으로 보인다. 매년의 할인율은 10%이고 올해초 주당배당금이 1,000원이라고 할 때, 3년 후 주가를 구하라.

① 5,430원 ② 7,850원 ③ 10,450원 ④ 13,390원 ⑤ 16,290원

〈해설〉 $D_0=1{,}000$원이고 $g=-0.05$이므로 $D_4=D_0(1+g)^4=1{,}000(1-0.05)^4=814.51$원

$$P_3=\frac{D_4}{r-g}=\frac{814.51}{0.1+0.05}=5{,}430\text{원}$$

답 ①

15. (주)서울의 현재 주가는 20,000원인데 올해초 주당배당금으로 1,000원을 지불하였다. 무위험이자율이 5%이고 시장 위험프레미엄이 8%이며 (주)서울의 베타가 1.2라고 할 때, 이 주식의 성장율은 약 얼마인가?

① 5.13% ② 7.22% ③ 9.14% ④ 11.26% ⑤ 13.58%

〈해설〉 $P_0=20{,}000$원이고 $\quad D_0=1{,}000$원 $\quad R_f=5\% \quad E(R_M)-R_f=8\%$

$$k_e=R_f+[E(R_M)-R_f]\cdot\beta_i=5+(8)(1.2)=14.6\%$$

$$P_0=\frac{D_1}{k_e-g}=\frac{D_0(1+g)}{k_e-g}\text{에서 } 20{,}000=\frac{1{,}000(1+g)}{0.146-g} \qquad \therefore g=0.0914=9.14\%$$

답 ③

16. 주식베타가 1.2인 (주)서울은 올해말 주당배당금으로 1,000원을 지불할 예정이다. 무위험이자율이 5%이고 시장 위험프레미엄이 8%이며 (주)서울의 성장율은 4.6%이라고 할 때, 4년 후 주가를 구하라.

① 5,340원 ② 7,280원 ③ 9,120원 ④ 11,970원 ⑤ 13,530원

〈해설〉 $D_1=1{,}000$원 $\quad R_f=5\% \quad E(R_M)-R_f=8\% \quad g=4.6\%$

주식의 할인율 : $k_e=R_f+[E(R_M)-R_f]\cdot\beta_i=5+(8)(1.2)=14.6\%$

$$P_0 = \frac{D_1}{k_e - g} = \frac{1,000}{0.146 - 0.046} = 10,000\text{원}$$

$$P_4 = P_0(1+g)^4 = 10,000(1+0.046)^4 = 11,970\text{원}$$

답 ④

17. (주)서울의 유보율은 60%이고 성장율은 12%이다. 무위험이자율이 10%, 시장포트폴리오의 기대수익률이 16%라고 하자. (주)서울의 주식베타는 1.5이고 올해초의 주당배당금은 2,000원이라고 할 때, 이 기업의 $PER(P_0/E_1)$는 약 얼마인가?

① 4.5 ② 5.7 ③ 6.8 ④ 7.9 ⑤ 8.1

〈해설〉 $D_1 = D_0(1+g) = 2,000(1+0.12) = 2,240$원 $b = 0.6$ $1-b = 0.4$

$D_1 = (1-b)E_1 = 0.4E_1$이므로 $E_1 = 2,240/0.4 = 5,600$원

한편, $k_e = R_f + [E(R_M) - R_f] \cdot \beta_i = 10 + (16-10)(1.5) = 19\%$

$P_0 = \frac{D_1}{k_e - g} = \frac{2,240}{0.19 - 0.12} = 32,000$원 따라서, $P_0/E_1 = 32,000/5,600 = 5.7$

혹은 $\frac{P_0}{E_1} = \frac{1-b}{k_e - g} = \frac{0.4}{0.19 - 0.12} = 5.7$

답 ②

18. 기업의 유보율이 0이라면, 이 기업의 $PER(P_0/E_1)$는 어떻게 되는가?

① k_e ② $\frac{1}{k_e}$ ③ $\frac{D_1}{P_0}$

④ $\frac{D_1}{P_0} + g$ ⑤ $k_e - g$

〈해설〉 $P_0 = \frac{D_1}{k_e - g} = \frac{(1-b)E_1}{k_e - g}$ 이므로 $\frac{P_0}{E_1} = \frac{1-b}{k_e - g}$ 이다.

유보율$(b) = 0$이라면, $g = b \cdot ROE = 0$이므로 $\frac{P_0}{E_1} = \frac{1}{k_e}$ 이다.

답 ②

19. 10%로 일정하게 성장하는 (주)서울의 현 주가는 20,000원이다. (주)서울의 주식베타는 1.2이고 올해말 주당배당금은 2,000원으로 예상된다. 신규투자안을 수행하면 다른 것은 변하지 않지만 주식베타만 1로 하락할 것으로 분석된다. 시장 포트폴리오의 기대수익률이 18%일 때, 새로운 주가를 구하라.

① 15,000원 ② 20,000원 ③ 25,000원 ④ 30,000원 ⑤ 35,000원

〈해설〉 현재 할인율 : $k_e = \frac{D_1}{P_0} + g = \frac{2,000}{20,000} + 0.1 = 0.2 = 20\%$이다.

무위험이자율은 다음과 같이 구한다.

$k_e = R_f + [E(R_M) - R_f] \cdot \beta_i$ 에서 $20 = R_f + (18 - R_f)(1.2)$ $\quad \therefore R_f = 8\%$

새로운 할인율 : $k_e = 8 + (18 - 8)(1) = 18\%$이다.

새로운 주가 : $P_0 = \dfrac{D_1}{k_e - g} = \dfrac{2,000}{0.18 - 0.1} = 25,000$원이다.

답 ③

20. 10%로 일정하게 성장하는 (주)서울의 주식베타는 1.5이고 올해초 주당배당금은 1,200원이었다. 무위험이자율이 8%이고, 시장 포트폴리오의 기대수익률이 16%이다. 신규투자안을 수행하면 다른 것은 변하지 않지만 주식베타만 1.8로 될 것으로 분석된다. (주)서울의 주가가 변하지 않을 성장율을 구하라.

① 7.8% ② 8.9% ③ 10% ④ 11.1% ⑤ 12.2%

〈해설〉 현재 할인율 : $k_e = R_f + [E(R_M) - R_f] \cdot \beta_i = 8 + (16 - 8)(1.5) = 20\%$

$P_0 = \dfrac{D_1}{k_e - g} = \dfrac{1,200(1 + 0.1)}{0.2 - 0.1} = 13,200$원

새로운 할인율 : $k_e = 8 + (16 - 8)(1.8) = 22.4\%$

$k_e = \dfrac{D_1}{P_0} + g$에서 $0.224 = \dfrac{1,200(1 + g)}{13,200} + g$ $\quad \therefore g = 0.122 = 12.2\%$

답 ⑤

21. 성장율이 6%로 일정한 (주)서울의 현 주가는 40,000원이다. 올해초의 주당순이익은 5,000원이고 배당성향은 40%이다. 무위험이자율이 8%이고 시장 포트폴리오의 기대수익률이 14%이라고 하자. 나머지 조건이 일정하고 (주)서울의 주식베타가 50%만큼 증가한다면, 새로운 주가는 약 얼마가 될까?

① 15,100원 ② 20,300원 ③ 25,400원 ④ 30,500원 ⑤ 35,700원

〈해설〉 금년초의 주당배당금 : $D_0 = EPS_0(1 - b) = (50,000)(0.4) = 2,000$원

현재 할인율 : $k_e = \dfrac{D_1}{P_0} + g = \dfrac{2,000(1 + 0.06)}{40,000} + 0.06 = 0.113 = 11.3\%$

현재 베타 : $k_e = R_f + [E(R_M) - R_f] \cdot \beta_i$에서 $11.3 = 8 + (14 - 8)(\beta_i)$ $\quad \therefore \beta_i = 0.55$

새로운 베타 : $\beta_i = (0.55)(1.5) = 0.825$

새로운 할인율 : $k_e = 8 + (14 - 8)(0.825) = 12.95\%$

새로운 주가 : $P_0 = \dfrac{D_1}{k_e - g} = \dfrac{2,000(1 + 0.06)}{0.1295 - 0.06} = 30,504$원이다.

답 ④

22. 일정하게 성장하는 (주)서울의 현 주가는 25,000원이다. (주)서울의 주식베타는 1.2이고 올해말 주당배당금은 2,000원으로 예상된다. 무위험이자율이 10%이고 시장

포트폴리오의 기대수익률이 18%일 때, (주)서울의 자본이득율(시세차익율)(주가상승율)(capital gains yield)을 구하라.

① 5.2% ② 7.4% ③ 8.9% ④ 10.5% ⑤ 11.6%

〈해설〉 $k_e = R_f + [E(R_M) - R_f] \cdot \beta_i = 10 + (18-10)(1.2) = 19.6\%$

$P_0 = \frac{D_1}{k_e - g}$ 에서 $25{,}000 = \frac{2{,}000}{0.196 - g}$ $\therefore g = 11.6\%$

(주)서울은 일정하게 성장하는 기업이므로, 성장율(g)은 자본이득율과 같다.

답 ⑤

23. 투자자 갑은 (주)서울의 주식을 30,000원 주고 연초에 매입하였는데, 연말 주가가 33,000원이 될 것이라고 가정하자. 주식의 할인율이 14%라고 할 때, 갑이 연말에 받을 주당배당금을 구하라.

① 1,200원 ② 1,400원 ③ 1,600원 ④ 1,800원 ⑤ 2,000원

〈해설〉 주식의 할인율(주주요구수익률, k_e) = 배당수익률$\left(\frac{D_1}{P_0}\right)$ + 자본이득율$\left(\frac{P_1 - P_0}{P_0}\right)$이다.

자본이득율 $= \frac{P_1 - P_0}{P_0} = \frac{33{,}000 - 30{,}000}{30{,}000} = 10\%$

배당수익률$\left(\frac{D_1}{P_0}\right) = 14\% - 10\% = 4\%$이므로 주당배당금 = (30,000원)(4%) = 1,200원

답 ①

24. (주)서울의 주식베타는 1.2이고 올해말 주당배당금과 주가는 1,200원과 24,000원으로 예상된다. 무위험이자율이 8%이고, 시장 포트폴리오의 기대수익률이 16%이다. 이 주식의 내재가격을 구하라.

① 19,358원 ② 21,428원 ③ 23,534원 ④ 25,978원 ⑤ 27,120원

〈해설〉 현재의 할인율 : $k_e = R_f + [E(R_M) - R_f] \cdot \beta_i = 8 + (16-8)(1.2) = 17.6\%$

주식의 할인율(주주요구수익율, k_e) = 배당수익율 + 자본이득율 $= \frac{D_1}{P_0} + \frac{P_1 - P_0}{P_0}$ 이므로

$0.176 = \frac{1{,}200 + (24{,}000 - P_0)}{P_0}$ $\therefore P_0 = 21{,}428$원

답 ②

25. 바로 앞의 문제에서 내재가격이 23,500원이라면 이 회사의 성장율이 얼마라는 것인가?

① 5% ② 7.5% ③ 10% ④ 12.5% ⑤ 15%

〈해설〉 $k_e = R_f + [E(R_M) - R_f] \cdot \beta_i = 8 + (16-8)(1.2) = 17.6\%$

$$k_e = \frac{D_1}{P_0} + \frac{P_1 - P_0}{P_0} = \frac{D_1}{P_0} + g\text{에서 } 0.176 = \frac{1,200}{23,500} + g\text{이므로 } g = 0.125 = 12.5\%$$

답 ④

26. 성장기회의 순현가(NPVGO)에 대해 맞는 설명을 골라라.

> *a*. 성장을 반영한 주가와 제로성장의 주가와의 차이이다.
> *b*. 주식의 할인율(자본비용)과 재투자수익률이 같다면 이 값은 0이 된다.
> *c*. 유보이익을 재투자하여 얻을 수 있는 기업가치의 증분이다.
> *d*. 성장율이 일정하다면 현 주가와 같은 값이 된다.

① *a* ② *a, b* ③ *a, b, c*
④ *b, c* ⑤ *b, d*

답 ③

27. 배당수익률은 기업이 어떤 상황일 때 가장 유용한 지표로 이용될 수 있는가?

① 기업의 성장율이 1일 때
② 기업의 성장율이 1보다 클 때
③ 기업의 성장율이 1보다 작을 때
④ 기업의 성장율이 0일 때
⑤ 기업의 성장율이 일정할 때

〈해설〉 기업가치인 주가수익률은 배당수익률과 자본이득률(성장율)의 합이다.

답 ④

28. 주식에 대한 다음 설명 중 옳은 것을 골라라.

> *a*. 성장율이 할인율보다 큰 상황에서는 고든의 모형이 성립되지 않는다.
> *b*. 기대수익률이 요구수익률보다 크면 그 주식은 초과성장을 보이는 주식이다.
> *c*. 배당수익률은 할인율에서 자본이득율을 차감한 값이다.
> *d*. 배당수익률은 유보율보다 클 수 없다.
> *e*. 자본이득율은 배당성향보다 클 수 없다.

① *a* ② *a, b* ③ *a, c*
④ *c, d* ⑤ *c, e*

〈해설〉 *b*. 기대수익률이 요구수익률보다 크면 그 주식은 과소평가된 상태이다.
*d*와 *e*. 배당수익률과 자본이득률은 유보율(배당성향)의 크기와 무관하다.

답 ③

29. (주)서울의 주당순이익이 1,000원에서 1,200원으로 상승하였고, 주당배당금은 500원에서 600원으로 증가하였으며, 주당 주가가 10,000원에서 10,800원으로 상승하였다고 하자. 이 때 맞는 문장을 골라라.

> *a*. *PER*는 하락한다.
> *b*. 배당성향은 하락한다.
> *c*. 발행주식수는 증가한다.
> *d*. 주식의 할인율은 감소한다.

① *a* ② *a*, *b* ③ *a*, *c* ④ *b*, *c* ⑤ *b*, *d*

〈해설〉 *a*. $PER = \frac{\text{주가}}{\text{주당순이익}} = \frac{10,000}{1,000} = 10$에서 $\frac{10,800}{1,200} = 9$로 하락한다.

b. 배당성향 $= 1 - b = \frac{\text{주당배당금}}{\text{주당순이익}} = \frac{500}{1,000} = 0.5$에서 $\frac{600}{1,200} = 0.5$로 변함없다.

*c*와 *d*. 위 정보로는 발행주식수와 주식할인율의 증감을 구할 수 없다.

답 ①

30. (주)서울의 올해초 영업이익(*EBIT*)은 50억원, 감가상각비는 10억원, 재고자산과 기계에 대한 투자액은 각각 5억원과 20억원이다. 법인세율이 40%이고 할인율이 14%이며 예상 *FCF*의 성장률이 6%라고 한다. 타인자본의 시장가치는 80억원이라고 할 때, (주)서울의 자기자본가치를 *FCF*모형을 이용하여 구하라. (단위: 억원)

① 15.75 ② 55.75 ③ 70.55 ④ 118.75 ⑤ 198.75

〈해설〉 $FCFF_0 = EBIT(1-T) + Dep - Inv - PPE = 50(1-0.4) + 10 - 5 - 20 = 15$억원

$V_F = \frac{FCFF_0(1+g)}{k_0 - g} = \frac{15(1+0.06)}{0.14 - 0.06} = 198.75$억원

$V_E = V_F - V_D = 198.75 - 80 = 118.75$억원

답 ④

31. (주)서울의 재무담당자는 *FCFF*를 자기자본비용으로 할인하여 기업가치를 구하였고, *FCFE*를 기업의 자본비용으로 할인하여 자기자본가치를 구하였다. 어떤 결과가 나오겠는가?

	기업가치	자기자본가치
①	과대계상	과대계상
②	과대계상	과소계상
③	과소계상	과대계상
④	과소계상	과소계상

⑤ 과대계상 적정계상

〈해설〉 $V_F = \Sigma \frac{FCFF_t}{(1+k_0)^t}$가 적정계상인데, k_0보다 높은 k_e로 할인했으므로, V_F는 과소계상

$V_E = \Sigma \frac{FCFE_t}{(1+k_e)^t}$가 적정계상인데, k_e보다 낮은 k_0로 할인했으므로, V_E는 과대계상

답 ③

32. $ROE > k_e$ 및 $BPS > 0$의 상황인 (주)서울을 1단계 RI모형을 이용하여 평가하려고 한다. 다음 중 맞는 것을 골라라.

	RI의 현재가치	P/B
①	< 0	< 0
②	< 0	> 0
③	> 0	< 0
④	> 0	> 0
⑤	> 0	> 1

〈해설〉 $P_0 = B_0 + PV(RI_t) = B_0 + \frac{(ROE - k_e)B_0}{k_e - g}$

$ROE > k_e$이라면, 두 번째 항인 $PV(RI_t)$이 0보다 커지게 된다.

한편 $P_0 = B_0 + \frac{(ROE - k_e)B_0}{k_e - g}$에서 양변을 B_0로 나누면 $\frac{P_0}{B_0} = 1 + \frac{ROE - k_e}{k_e - g}$

$ROE > k_e$이라면 두 번째 항>0이므로, $P_0 / B_0 = P/B > 1$

답 ⑤

33. (주)서울은 현재 목표자본구조에 비해 부채를 많이 사용하고 있고, 채권은 할증상태이다. 투자자 갑은 현재 자본구조와 액면(쿠폰)이자율을 이용하여 EVA를 계산하였다. 어떤 결과가 나오겠는가?

① EVA가 과대계상 되었다.

② EVA가 과소계상 되었다.

③ EVA가 적정계상 되었다.

④ EVA가 적정계상과 과대계상 범위에 있다.

⑤ 현재 정보로는 판단할 수 없다.

〈해설〉 $EVA = (ROIC - k_0)IC$이고 $k_0 = w_e \cdot k_e + w_d \cdot k_d(1-T)$이다.

할증상태이므로 YTM(만기수익률) $< CR$ (쿠폰이자율) 이다.

① w_d계산시 목표자본구조를 이용해야 하는데 현재자본구조를 이용했으므로, k_0가 과소계상

② k_d계산시 YTM을 이용해야 하는데 CR을 이용했으므로, k_0가 과대계상

현재 정보로는 ①과 ②의 크기를 모르므로 판단할 수 없다.

답 ⑤

34. 이익승수(earnings multiplier, *PER*)가 10배로 일정한 (주)서울의 올해말 주당순이익과 주당배당금이 각각 4,500원과 2,000원으로 예상된다. 현 주가가 40,000원일때 이 주식의 기대수익률을 구하라.

① 10% ② 12.5% ③ 15% ④ 17.5% ⑤ 20%

〈해설〉 $P_1 = (PER_1)(EPS_1) = (10)(4{,}500) = 45{,}000$원

$$\text{기대수익률} = \frac{D_1 + (P_1 - P_0)}{P_0} = \frac{2{,}000 + (45{,}000 - 40{,}000)}{40{,}000} = 0.175$$

답 ④

35. 수년간 적자상태인 제약회사 (주)다나는 최근 암치료에 획기적인 성과가 있는 신약을 개발해 국제특허를 획득했다. (주)다나가 신약을 대량으로 생산하기 위해서는 거액의 시설투자를 해야 한다. (주)다나의 지분 60%를 보유하고 있는 전자회사 (주)파라는 업종전문화 차원에서 (주)다나를 매각하려고 한다. 이에 의료기기를 생산하는 (주)사라가 레버리지를 통해 (주)다나를 차입매수(*LBO*)하려고 한다. 인수 후 (주)다나는 향후 몇 년간 배당을 지급하지 않을 것이고 부채비율은 심하게 변동할 것으로 예상된다. 주당순자산이 미미한 (주)다나의 인수가격을 결정하기 위해 사용할 기업가치 평가모형 중 가장 적절한 것은? (2004. CPA)

① 안정성장 주주잉여현금흐름모형(*FCFE*)

② 3단계성장 주주잉여현금흐름모형(*FCFE*)

③ 안정성장 기업잉여현금흐름모형(*FCFF*)

④ 3단계성장 기업잉여현금흐름모형(*FCFF*)

⑤ *PER* 또는 *PBR*을 이용한 상대가치 평가모형

〈해설〉 신약개발 직후이고 대량생산을 위한 거액의 시설투자 시점이므로 안정성장모형을 적용하기 힘들며, 부채비율 (재무구조)의 변동이 심한 상황에서 *FCFE*모형을 적용하면 안된다. 적자상태이고 대량생산 전이므로 *EPS*추정이 어려워 *PER*모형을 이용하면 안되며, 주당순자산이 미미하므로 *PBR*모형을 역시 이용하기 힘들 것이다. 국제특허를 받은 신약을 대량생산하면 처음에는 고성장할 것이고, 시간이 지남에 따라 성장률이 저하될 것이므로 2단계 혹은 3단계성장 모형이 적절하다.

답 ④

36. 일정성장배당모형(constant growth dividend discount model)에 관한 다음 설명 중 옳은 것은? (2004. CPA)

① 일정성장모형이 적용되기 위해서는 주식의 요구수익률이 배당의 성장률보다 같거나 낮아야 한다.

② 다른 조건이 동일한 경우, 기본적으로 배당상승에 대한 기대와 주식가치의 변동은 관계가 없다.

③ 일정성장모형에 의해 주식가치를 평가하는 경우, 할인율로 무위험이자율을 이용한다.

④ 다른 조건이 동일한 경우, 배당성장율의 상승은 주식가치를 상승시킨다.

⑤ 일정성장모형에서 주식의 위험은 기대 배당에 반영되어 있다.

〈해설〉 $P_0 = \frac{D_1}{r-g} = \frac{D_0(1+g)}{k_e-g}$

① 일정성장모형이 성립하려면 주식의 요구수익률이 배당성장율보다 커야 한다.

② 배당상승에 대한 기대치가 커지면 분자인 배당금(D_1)이 증가하므로 주가(P_0)는 상승한다.

③ 할인율로 주식의 요구수익률(주주의 요구수익률, 자기자본비용, 주주비용)을 이용한다.

⑤ 주식의 위험은 분자인 배당이 아니라 분모인 할인율에 반영된다.

답 ④

37. (주)한국의 발행주식수는 100,000주이고 배당성향이 30%이며 자기자본이익률이 10%이다. (주)한국의 주식베타값은 1.2이고, 올해 초 주당배당금으로 2,000원을 지불하였다. 무위험이자율이 5%이고 시장 포트폴리오의 기대수익률이 15%이라고 한다. 이러한 현상이 지속된다고 가정할 때, (주)한국의 2년말 시점의 주가는 약 얼마인가? (2005. CPA)

① 20,000원 ② 21,400원 ③ 22,898원 ④ 24,500원 ⑤ 26,216원

〈해설〉 주식의 할인율 $k_e = R_f + [E(R_M) - R_f]\ \beta_i = 5 + (15-5)(1.2) = 17\%$

$g = b \times ROE = (0.7)(10\%) = 7\%$

$P_0 = \frac{D_1}{r-g} = \frac{D_0(1+g)}{k_e-g} = \frac{2,000(1+0.07)}{0.17-0.07} = 21,400$

$P_2 = P_0(1+g)^2 = 21,400(1.07)2 = 24,500$원

답 ④

38. 한국기업은 1년 후부터 매년 20,000원씩의 주당순이익을 예상하며 주당순이익 전부를 배당으로 지급하고 있다. 한국기업은 매년 순이익의 40%를 투자할 것으로 고려하고 있으며, 자기자본이익률이 13%가 될 것으로 예상한다. 한국기업이 순이익 전부를 배당으로 지급하는 대신에 40%를 투자한다면 주가가 얼마나 변화하겠는

가? 한국기업 주식의 적정수익률은 13%이고, ΔP는 가격변화이다. (2006. CPA)

① $\Delta P \leq -2,000$원 ② $-2,000$원 $< \Delta P < 0$원 ③ $\Delta P = 0$원

④ 0원 $< \Delta P < 2,000$원 ⑤ $\Delta P \geq 2,000$원

〈해설〉 자기자본이익률(*ROE*)과 주식의 적정수익률(주주요구수익률, k_e)이 13%로 같으므로, 성장기회의 순현가(*NPVGO*)가 0이 되어 주가는 변동이 없다[본문의 예제 8－7 (2) 참조].

제로성장기업(전액 배당)의 주가 $= \frac{EPS_1}{k_e} = \frac{20,000}{0.13} = 153,846$원

성장기업(40% 유보)의 주가 $= \frac{D_1}{k_e - g} = \frac{EPS_1(1-b)}{k_e-(b)(ROE)} = \frac{20,000(0.6)}{0.13-(0.4)(0.13)}$

$= 153,846$원

답 ③

39. (주)고구려의 자기자본비용은 14%이며 방금 배당을 지급하였다. 이 주식의 배당은 앞으로 계속 8%의 성장률을 보일 것으로 예측되고 있으며, 현재 주가는 50,000이다. 다음 중 옳은 것은? (2007. CPA)

① 배당수익률이 8%이다.

② 배당수익률이 7%이다.

③ 방금 지급된 주당배당금은 3,000원이다.

④ 1년 후 예상되는 주가는 54,000원이다.

⑤ 1년 후 예상되는 주가는 57,000원이다.

〈해설〉 $P_0 = \frac{D_1}{k_e - g}$에서 $50,000 = \frac{D_1}{0.14-0.08}$ $\therefore D_1 = 3,000$원

①② 배당수익률 $= \frac{3,000}{50,000} = 0.06 = 6\%$

③ 방금 지급된 주당배당금 $D_0 = \frac{D_1}{1+g} = \frac{3,000}{1+0.08} = 2,778$원

④⑤ 1년 후 예상주가 $P_1 = P_0(1+g) = 50,000(1.08) = 54,000$원

답 ④

40. 현재($t=0$) 주당배당금 2,000원을 지급한 A기업의 배당 후 현재 주가는 30,000원이며, 향후 매년말 배당금은 매년 5%의 성장률로 증가할 것으로 예상된다. 또한 매년말 700원을 영구적으로 지급하는 채권은 현재 10,000원에 거래되고 있다. A기업 주식 4주와 채권 4주로 구성된 포트폴리오의 기대수익률은? (2008. CPA)

① 8.75% ② 9.25% ③ 10.75% ④ 11.25% ⑤ 12.75%

〈해설〉 포트폴리오의 투자가중치＝주식 4주 : 채권 4주＝$4 \times 30,000 : 4 \times 10,000 = 0.75 : 0.25$이다.

주식의 기대수익률: $r = \frac{D_1}{P_0} + g = \frac{2,000(1.05)}{30,000} + 0.05 = 12\%$

채권의 기대수익률: $r = \frac{1}{P_0} = \frac{700}{10,000} = 7\%$

포트폴리오의 기대수익률 $= (0.75)(12\%) + (0.25)(7\%) = 10.75\%$

답 ③

41. (주)대한은 신규투자안 소요자금 3.21억원을 조달하기 위해 주당 8,560원에 주주배정 유상증자를 실시하려고 한다. 기발행주식수는 300,000주이며, 주주배정 유상증자 직전 주가는 주당 10,000원이다. 기존주주는 보유주식 1주당 1개의 신주인수권을 갖고 있다. 다음 설명 중 가장 적절하지 않은 것은? (2011. CPA)

① 신주 1주를 구입하기 위해 필요한 신주인수권의 수는 8개이다.

② 기존주주가 보유한 신주인수권의 가치는 160원이다.

③ 신주발행 후 이론주가는 9,840원이다.

④ 구주 160주를 가진 주주가 신주인수권 행사를 위해 필요한 금액은 153,120원이다.

⑤ 구주 160주를 가진 주주가 신주인수권 행사 후 보유주식의 가치는 1,771,200원이다.

〈해설〉 신주발행수(Q_1) = 3.21억원 ÷ 8,560원 = 37,500원

신주 1주를 배정받기 위한 신주인수권의 수 = 300,000개 ÷ 37,500주 = 8개

	주가(P)	주식수(Q)	시장가치(PQ)
신주발행 전(0)	10,000원(권리부주가)(P_0)	300,000주(Q_0)	3,000,000,000원(P_0Q_0)
신주발행(1)	8,560원(신주발행가)(P_1)	37,000주(Q_1)	321,000,000원(P_1Q_1)
신주발행 후(2)	(권리락주가)(P_2)	337,500주(Q_2)	3,321,000,000원(P_2Q_2)

권리락주가 = 3,321,000,000원 ÷ 337,500주 = 9,840원

신주인수권의 가치 = 권리부주가 − 권리락주가 = 10,000 − 9,840 = 160원

④ 구주 160주를 가진 주주는 신주를 20주 배정받는다.

신주인수권 행사를 위해 필요한 금액 = 20주 × 8,560원 = 171,200원

신주인수권 행사 후 보유주식의 가치 = (160주+20주) × 9,840원 = 1,771,200원

답 ④

42. 다음에 주어진 자료에 근거하여 A, B 두 기업의 현재 주당 주식가치를 평가했을 때, 두 기업의 주당 주식가치의 차이와 가장 가까운 것은? (단, 배당금은 연 1회 연말에 지급한다.) (2011. CPA)

> 기업 A: 내년(t=1)에 주당 2,500원의 배당금을 지급하고 이후 2년간(t=2~3)은 배당금이 매년 25%로 고성장하지만, 4년째(t=4) 부터는 5%로 일정하게 영구히 성장할 것으로 예상된다. 주주의 요구수익률은 고성장기간 동안 연15%, 이후 일정성장기간 동안 연 10%이다.
>
> 기업 B: 올해 주당순이익은 3,200원이며, 순이익의 80%를 배당금으로 지급하였다. 순이익과 배당금은 각각 매년 5%씩 성장할 것으로 예상되고, 주식의 베타계수는 1.2이다. 무위험자산수익률은 2.5%, 위험프리미엄은 6%이다.

① 3,477원 ② 3,854원 ③ 4,114원 ④ 4,390원 ⑤ 4,677원

〈해설〉 (1) P_A: $D_1=2{,}500$ $D_2=2{,}500(1.25)=3{,}125$ $D_3=3{,}125(1.25)=3{,}906$ $D_3=3{,}906(1.05)=4{,}101$

$$P_3=\frac{D_4}{k_e(\text{일정})-g}=\frac{4{,}101}{0.1-0.05}=82{,}031$$

$$P_0=\frac{D_1}{(1+k_e)}+\frac{D_2}{(1+k_e)^2}+\frac{D_3+P_3}{(1+k_e)^3}=\frac{2{,}500}{1.15}+\frac{3{,}125}{1.15^2}+\frac{3{,}906+82{,}031}{1.15^3}=61{,}042\text{원}$$

(2) P_B: $D_0=E_0(1-b)=3{,}200(0.8)=2{,}560$

$$k_e=R_f+[E(R_M)-R_f]\,\beta_i=2.5+(6)(1.2)=9.7\%$$

$$P_0=\frac{D_1}{k_e-g}=\frac{2{,}560(1.05)}{0.097-0.05}=57{,}191\text{원}$$

(3) $P_A-P_B=61{,}042-57{,}191=3{,}851$원

답 ②

43. (주)대한의 발행주식수는 20만주이고 배당성향은 20%이며 자기자본이익률(return on equity)은 10%이다. 한편 (주)대한 주식의 베타값은 1.4로 추정되었고, 현재 시점의 주당배당금(D_0)은 4,000원이며 무위험이자율이 4%, 시장포트폴리오의 기대수익률은 14%이다. 이러한 현상이 지속된다고 가정하고, 배당평가모형을 적용하였을 때 가장 적절한 것은? (2012, CPA)

① (주)대한의 성장률은 10%이다.
② (주)대한의 성장률은 9%이다.
③ (주)대한의 요구수익률은 19%이다.
④ (주)대한의 1년 후 시점의 주가(P_1)는 46,656원이다.
⑤ (주)대한의 2년 후 시점의 주가(P_2)는 55,388.48원이다.

〈해설〉 $g=b\times ROE=(0.8)(10\%)=8\%$

$$k_e=R_f+[E(R_M)-R_f]\,\beta_i=4+(14-4)(1.4)=18\%$$

$$P_0=\frac{D_1}{k_e-g}=\frac{4{,}000(1.08)}{0.18-0.08}=43{,}200\text{원}$$

$$P_1=P_0(1+g)=(43{,}200)(1+0.08)=46{,}656\text{원}$$

$$P_2=P_1(1+g)=(46{,}656)(1+0.08)=50{,}388\text{원}$$

답 ④

제9장

채권의 평가

제 1 절 채권의 가치

1. 채권의 의의

채권은 미리 약정한 이자율에 따라 일정기간동안 이자를 지급하고 만기에 원금을 상환하기로 약속한 증서를 말한다. 채권에는 액면이자율(coupon rate, CR)과 액면가(face value, F) 및 만기(maturity)가 표시되어 있다. 만기는 원금의 상환시점이고, 액면(표면)이자율은 만기까지 매기간 지급해야 할 이자율이며, 액면가는 만기일에 상환하게 될 원금이다.

2. 채권가치의 평가

〈제8장 주식의 평가〉에서 모든 증권의 현재가격은 증권을 보유함으로써 얻게 되는 미래의 현금흐름을 적절한 할인율로 할인한 현재가치라고 하였다. 채권을 보유하여 얻게 되는 미래현금은 보유기간동안의 이자(interest payment, I)와 만기에 받을 원금(F)인데, 이자는 액면가에 액면이자율을 곱한 값($I = F \times CR$)이다. 미래현금흐름은 액면이자율과 만기의 유무에 따라 달라지는데, 이에 따라 이자부채권, 순수할인채권, 영구채권의 세 가지로 구분할 수 있다.

(1) 이자부채권

이자부채권(coupon bond)은 만기까지 매기간 약정된 이자를 지급하고 만기에 원금(액면가)를 상환하는 채권으로, 확정이자부채권 또는 이표채라고도 한다. 가장 일반적인 형태인 이자부채권의 현재가치는 다음과 같다.

$$P_0 = \frac{I}{1+r} + \frac{I}{(1+r)^2} + \frac{I}{(1+r)^3} + \cdots\cdots\cdots + \frac{I+F}{(1+r)^n}$$
$$= \sum_{t=1}^{n} \frac{I}{(1+r)^t} + \frac{F}{(1+r)^n} \quad (9\text{-}1)$$

(2) 순수할인채권

순수할인채권(zero coupon bond)은 액면이자율이 0이므로 만기까지 이자지급은 없고 만기에 원금(액면가)만 상환하는 채권으로, 순수할인채(pure discount bond) 또는 할인채(discount bond) 또는 무이표채라고도 한다. 이 채권의 현재가치는 다음과 같다.

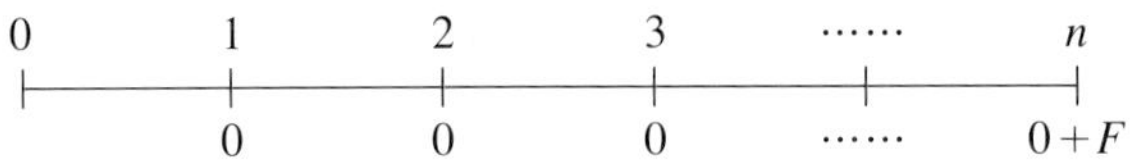

$$P_0 = \frac{F}{(1+r)^n} \quad (9\text{-}2)$$

(3) 영구채권

영구채권(perpetual bond)은 만기가 무한대인 채권으로, 원금상환은 없고 매기 정해진 이자만 영구적으로 지급하는 채권이다. 이 채권의 현재가치는 다음과 같이 영구연금의 현재가치와 같은 형태가 된다.

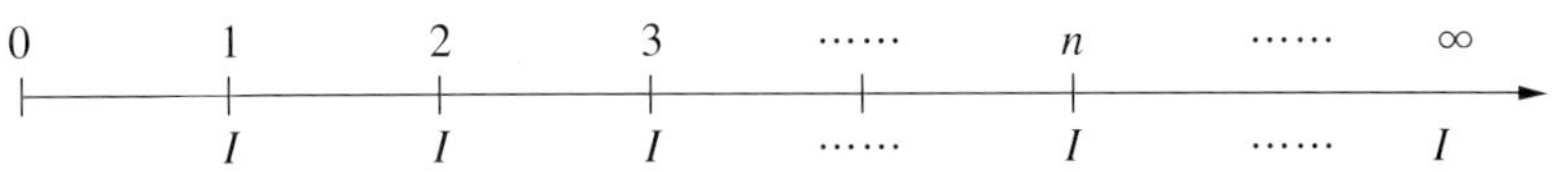

$$P_0 = \frac{I}{r} \quad (9\text{-}3)$$

3. 채권가격

가장 일반적인 채권인 이표채의 가치평가식인 식 (9-1)에서 보듯이 채권가격은 시장이자율(r), 표면이자율(CR), 만기(n), 액면가(F)에 결정된다는 것을 알 수 있다. 액면가는 일정한 값으로 주어져 있다는 가정하에 시장이자율, 만기, 액면이자율이 채권가격에 미치는 영향을 살펴보기로 하자.

(1) 시장이자율

액면가 1,000원, 액면이자율 10%, 만기 3년인 채권에 대하여 시장이자율이 ① 10% ② 15% ③ 5%일 때 채권가격을 구해보자. 이자(I)는 1,000원×10%=100원이고 액면가는 1,000원이므로 이를 시간선에 표시하면 다음과 같다.

0	1	2	3
	100	100	1,100

① 시장이자율(r)=10%일 때

$$P_0=\frac{100}{1+0.1}+\frac{100}{(1+0.1)^2}+\frac{1,100}{(1+0.1)^3}=1,000\text{원}$$

이와 같이 액면이자율(10%)과 시장이자율(10%)이 같으면, 채권가격(1,000원)은 항상 액면가(1,000원)와 같다. 이와 같은 채권을 액면채(par bond)라고 한다.

② 시장이자율(r)=15%일 때

$$P_0=\frac{100}{1+0.15}+\frac{100}{(1+0.15)^2}+\frac{1,100}{(1+0.15)^3}=886\text{원}$$

이와 같이 액면이자율(10%)이 시장이자율(15%)보다 작으면, 채권가격(886원)은 항상 액면가(1,000원)보다 작다. 이와 같은 채권을 할인채(discount bond)라고 한다.

③ 시장이자율(r)=5%일 때

$$P_0=\frac{100}{1+0.05}+\frac{100}{(1+0.05)^2}+\frac{1,100}{(1+0.05)^3}=1,136\text{원}$$

이와 같이 액면이자율(10%)이 시장이자율(5%)보다 크면, 채권가격(1,136원)은 항상 액면가(1,000원)보다 크다. 이와 같은 채권을 할증채(premium bond)라고 한다.

①②③에서 보듯이 채권가격은 시장이자율과 역방향이라는 것을 알 수 있다. 또한 시장이자율 하락에 따르는 채권가격의 상승폭[136원(=1,136−1,000)]은 시

장이자율 상승에 따르는 채권가격의 하락폭[114원(=1,000−886)]보다 항상 크다. 그리고 만기에 가까울수록 할증채의 경우 할증폭이 점점 작아지고, 할인채의 경우 할인폭이 점점 작아지며, 만기에는 항상 채권가격과 액면가는 같아진다. 이 현상을 아래 표에 정리하였다.

	① $CR(10\%)=r(10\%)$	② $CR(10\%)<r(15\%)$	③ $CR(10\%)>r(5\%)$
P_1	$\frac{100}{1+0.1}+\frac{1,100}{(1+0.1)^2}$ =1,000원	$\frac{100}{1+0.15}+\frac{1,100}{(1+0.15)^2}$ =919원	$\frac{100}{1+0.05}+\frac{1,100}{(1+0.05)^2}$ =1,093원
P_2	$\frac{1,100}{1+0.1}$ =1,000원	$\frac{1,100}{1+0.15}$ =957원	$\frac{1,100}{1+0.05}$ =1,048원

이 표에서 보듯이 만기에 다가갈수록 채권가격변화율은 증가하는데, 이를 도시한 것이 〈그림 9-1〉이다.

(2) 만 기

액면가 1,000원, 액면이자율 10%인 채권에 대하여 시장이자율이 ① 10% ②

그림 9-1 시장이자율과 채권가격

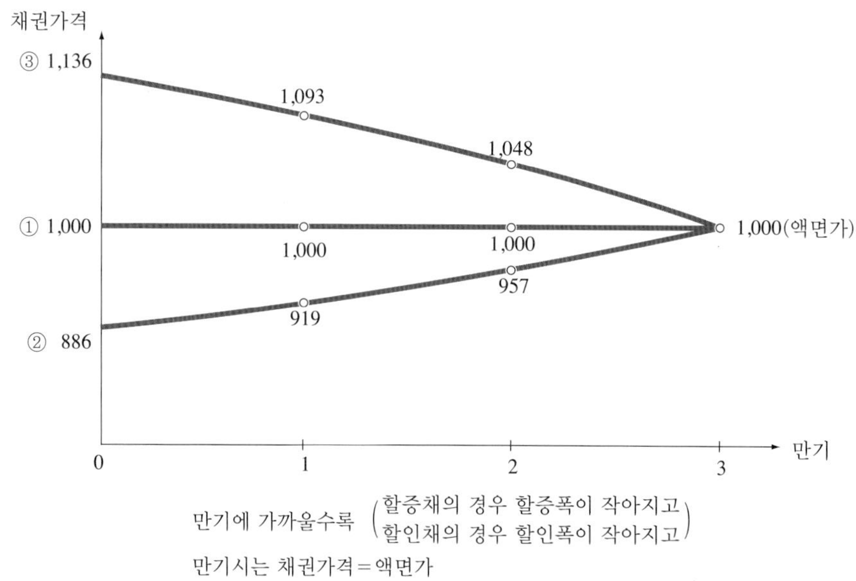

5% ③ 15%일 때 만기가 3년이고 5년인 채권가격을 각각 구하면 다음과 같다.

만기	r=5%로 하락시		r=10%때	r=15%로 상승시	
	채권가격	가격변동폭	채권가격	채권가격	가격변동폭
3	1,136원	+136원	1,000원	886원	−114원
5	1,216원	+216원	1,000원	832원	−168원

만기가 긴 채권일수록 일정한 시장이자율변동에 대하여 채권가격의 변동폭이 심하다. 따라서, 다른 조건이 같다면 만기가 길수록 가격변동위험에 대한 보상으로 더 높은 이자율이 요구될 것이다. 이를 도시한 것이 〈그림 9-2〉인데, 만기가 긴 채권일수록 기울기가 가파르다는 것을 알 수 있다.

(3) 액면이자율

액면가 1,000원, 만기 3년인 채권에 대하여 표면이자율이 ① 0% ② 10% ③ 20%일 때 채권가격을 각각 구하면 다음과 같다.

액면이자율	r=5%로 하락시		r=10%때	r=15%로 상승시	
	채권가격	가격변동폭	채권가격	채권가격	가격변동폭
0%	864원	+14.98원	751원	658원	−12.48원
10%	1,136원	+13.62원	1,000원	886원	−11.42원
20%	1,408원	+12.80원	1,249원	1,114원	−10.77원

그림 9-2 장기채와 단기채의 가격변동

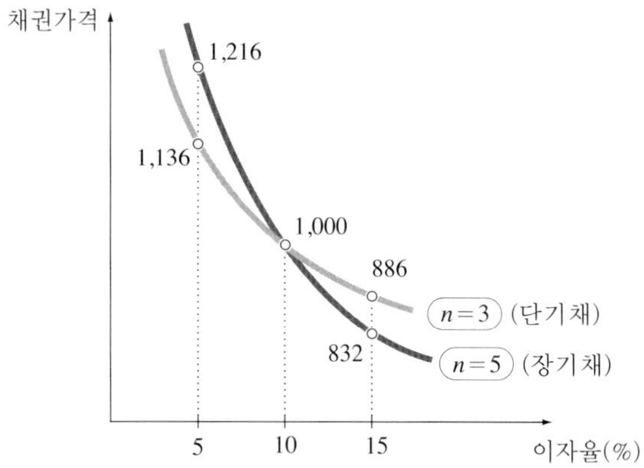

액면이자율이 낮은 채권일수록 일정한 시장이자율변동에 대하여 채권가격의 변동이 심하다는 것을 알 수 있다.

(4) 채권가격의 특성

위의 내용을 바탕으로 채권가격에 영향을 주는 요인들을 말키엘(Malkiel)은 다음과 같이 다섯가지로 정리하였다.

① 채권가격은 이자율(만기수익률)에 반비례한다. 이는 이자율 하락예상시, 채권투자를 하라는 의미이다.

② 만기가 긴 채권(장기채)일수록 일정한 이자율변동에 대한 가격변동이 크다. 이는 이자율 하락예상시, 가능하면 장기채권을 사라는 의미이다.

③ 이자율변동에 대한 채권가격변동폭은 만기가 길수록 증가하나, 그 증감률은 체감한다. 이는 이자율 하락예상시, 장기채권을 사되 너무 초장기채권을 피하라는 것을 의미한다.

④ 이자율의 변동폭이 매우 작을때는 상승시나 하락시에 관계없이 채권가격변동폭은 거의 동일하다. 그러나 이자율변동폭이 매우 클때는, 시장이자율 하락에 따르는 채권가격의 상승폭이 시장이자율 상승에 따르는 채권가격의 하락폭보다 크다.

이 현상은 이자율과 채권가격간의 볼록성(convexity) 때문에 존재한다.

⑤ 액면이자율이 낮을수록 채권가격 변동이 심하다. 결국 순수할인채의 가격변

그림 9-3 만기와 채권가격

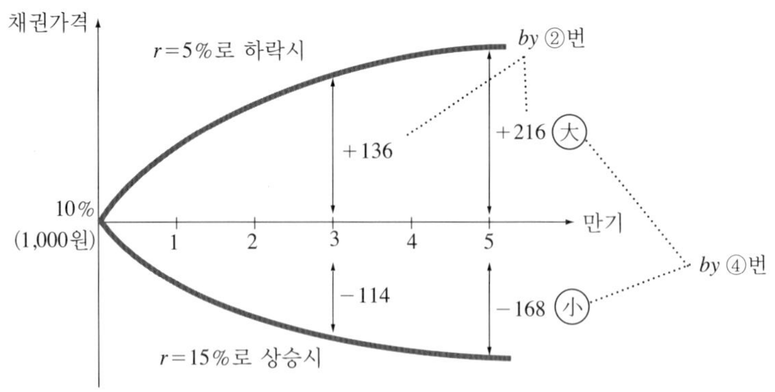

동폭이 가장 클 것이다.

이를 요약하면, 향후 시장이자율의 하락이 예상되면 채권가격이 상승할 것이므로(①번), 장기채를 매입하되(②번), 너무 장기채권은 피하고(③번), 액면이자율이 낮은, 가능한 한 순수할인채권(⑤번)을 매입해야 하는 것을 의미한다.

이를 구체적으로 보기 위하여 액면가 1,000원인 채권에 대하여 시장이자율, 만기, 액면이자율 변동에 따른 채권가격의 변화를 〈표 9-1〉과 〈그림 9-3〉 및 〈그림 9-4〉로 나타내었다.

〈표 9-1〉 채권가격의 변화

만기	액면이자율	r=10%때 채권가격	r=5%로 하락시		r=15%로 상승시	
			채권가격	채권가격 변동율	채권가격	채권가격 변동율
3년	0%	751	864	+14.98%	658	−12.48%
	5	876	1,000	+14.19	772	−11.87
	10	1,000	1,136	+13.62	886	−11.42
	15	1,124	1,272	+13.16	1,000	−11.06
	20	1,249	1,408	+12.80	1,114	−10.77
5년	0%	621	784	+26.19%	498	−19.93%
	5	810	1,000	+23.39	665	−17.97
	10	1,000	1,216	+21.65	832	−16.76
	15	1,190	1,431	+20.46	1,000	−15.93
	20	1,379	1,649	+19.60	1,168	−15.33

그림 9-4 액면이자율과 채권가격 변동율

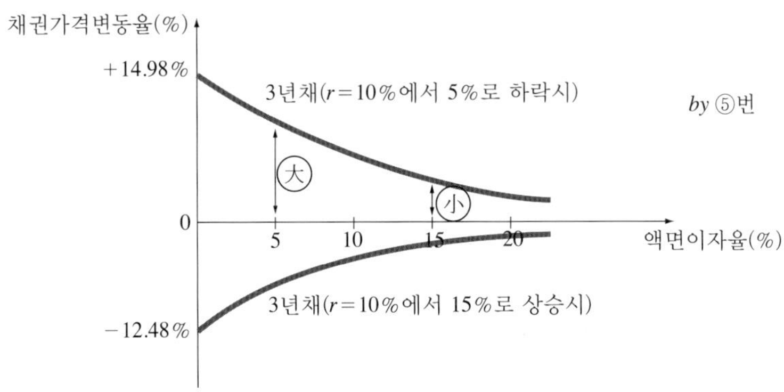

제 2 절 채권수익률

1. 채권수익률의 개념

채권의 가치평가식인 식 (9-1)에서 나타나듯이 채권의 현재가격을 구하는데 적용되는 할인율(r)은 현재 시장에서 형성된 시장이자율이다. 그러므로 시장이자율을 안다면 채권의 현재가격을 구할 수 있는데, 이는 역으로 말하여 채권의 현재 가격을 안다면 시장이자율을 구할 수 있을 것이다.

이 시장이자율은 어느 채권을 현재 가격으로 매입하여 만기까지 보유했을 때 얻게 될 이자와 원금을 가져다 주는 할인율이므로, 특정 채권의 내부수익률(*IRR*)이다. 따라서 내부수익률은 현재 가격으로 매입하여 만기까지 보유시 얻게 되는 연평균 투자수익률로 만기수익률(yield to maturity, *YTM*) 또는 채권수익률이라고도 한다. 즉 만기수익률은 ① 투자자가 채권을 만기까지 보유하고, ② 채권발행회사가 약속한 이자와 원금을 지급하며, ③ 매기간 지급받는 이자를 만기까지 내부수익률(만기수익률)로 재투자한다는 가정하에 얻을 수 있는 연평균수익률이다.

만기수익률은 현재의 시장가격으로 채권을 매입시 만기까지 기대되는 연평균수익률이므로, 채권매입 후에 매각하거나 채무불이행이 발생하는 경우의 만기수익률은 실현수익률과 다를 수 있다.

예제 ⑨ - 1 만기수익률의 계산

액면가 1,000원, 액면이자율 15%, 만기 2년인 채권의 가격이 현재 953원이라고 할 때 이 채권의 만기수익률을 구하라.

$F = 1{,}000 \quad CR = 15\% \quad I = F \times CR = (1{,}000)(15\%) = 150$

0	1	2
	150	150 + 1,000

$$953 = \frac{150}{1+r} + \frac{150+1,000}{(1+r)^2} \text{에서 } r = YTM = 18\%$$

이 채권을 현재 953원에 매입하여 만기(2년말)까지 보유시, 1년말에 이자 150원을 받아 이를 이 채권의 내부수익률로 재투자하고 만기인 2년말에 이자 150원과 1,000원을 지급받는데, 이것을 연평균수익률로 산출한 것이 18%라는 것이다.

2. 시장이자율의 종류

(1) 현물이자율(spot rate)

1) 현물이자율의 개념

현물이자율은 현금흐름이 만기까지 1번만 있을 때의 연평균수익률이므로, 현재 순수할인채를 매입하여 만기까지 보유시 얻게 되는 연평균수익률을 말한다. 즉 현재부터 n년동안의 연평균수익률을 n년 만기 현물이자율이라고 하는데, 이것을 ${}_0R_n$로 표기하기로 하자. 따라서 현재부터 1년 동안의 현물이자율은 ${}_0R_1$, 2년 동안의 현물이자율은 ${}_0R_2$, 3년 동안의 현물이자율은 ${}_0R_3$로 표기할 수 있다.

예제 ⑨ – 2 현물이자율의 계산

현재 채권시장에 순수할인채 *A*와 *B*가 다음과 같이 거래되고 있다. 이 채권들의 현물이자율을 구하라.

채 권	만기(년)	액면가(원)	시장가격
A	1	1,000	925.93
B	2	1,000	826.45

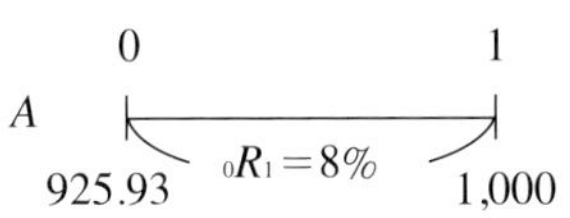

$$925.93 = \frac{1,000}{1+{}_0R_1} \text{ 에서 } {}_0R_1 = 8\%$$

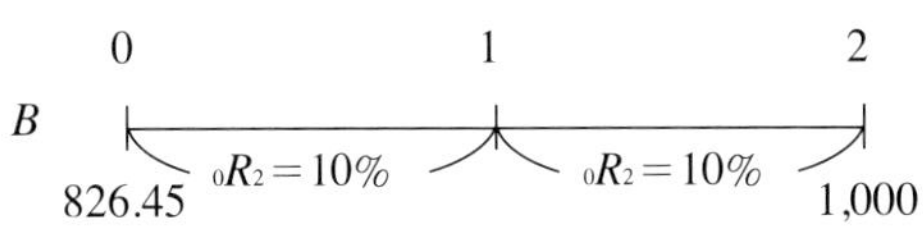

$$826.45 = \frac{1,000}{(1+{}_0R_2)^2} \text{ 에서 } {}_0R_2 = 10\%$$

2) 현물이자율과 만기수익률의 관계

① 만기수익률은 채권의 가격이 주어질 때 비로소 산출이 가능하다. 따라서 만기수익률은 채권의 시장가격이 평가된 상태에서 (사후적으로) 채권의 상대적가치를 수익률로써 구하는 개념이지, 채권의 (절대적)가치를 구하기 위한 수익률은 아니다.

우리가 채권의 시장가격을 구할 때 이용하는 식 (9-1)은 만기까지 각 연도에 걸쳐 시장이자율이 변하지 않는다고 전제한 식이다. 만기까지 각 연도의 이자율이 다른 경우에는 각 연도별 현물이자율을 이용하여 다음과 같이 채권가치를 평가해야 한다.

$$P_0 = \frac{I}{1+{}_0R_1} + \frac{I}{(1+{}_0R_2)^2} + \frac{I}{(1+{}_0R_3)^3} + \cdots\cdots + \frac{I+F}{(1+{}_0R_n)^n}$$

② 이러한 현실을 반영하면, 만기수익률은 현물이자율로 평가된 시장가격으로 현재 채권을 매입하여 만기까지 보유시 얻게 되는 연평균수익률인 것이다.

③ 순수할인채 경우에는 만기수익률과 현물이자율은 동일하고, 이표채에서도 각 연도별 현물이자율이 일정하다면 만기수익률과 현물이자율은 동일하다. 그러나 현실적으로 각 연도별 현물이자율이 다르기 때문에 이표채에서는 만기수익률과 현물이자율이 같지 않다.

예제 ⑨ - 3 현물이자율과 만기수익률

현재 채권시장에서는 액면가 1,000원, 액면이자율이 10%이며 만기가 2년인 채권 C가 있다. 〈예제 9-2〉의 결과를 이용하여 채권 C의 시장가격과 만기수익률을 구하라.

$F = 1{,}000 \quad CR = 10\% \quad I = F \times CR = (1{,}000)(10\%) = 100$

$$P_0(C) = \frac{I}{1+{}_0R_1} + \frac{I+F}{(1+{}_0R_2)^2} = \frac{100}{1+0.08} + \frac{1{,}100}{(1+0.1)^2} = 1{,}001.68\text{원}$$

채권가격과 미래의 현금흐름을 알고 있으므로 이 채권의 만기수익률을 구할 수 있다.

$$1{,}001.68 = \frac{100}{1+r} + \frac{1{,}100}{(1+r)^2} \text{에서 } r = YTM = 9.9\%$$

이와 같이 만기수익률은 9.9%이고 2년 동안의 현물이자율은 10%로써, 이표채에서는 만기수익률과 현물이자율이 같지 않음을 확인할 수 있다.

(2) (내재)선도이자율(implied forward rate)

(내재)선도이자율은 현물이자율에 의해 암시된(내재된) 미래의 기간당 이자율로써, 현재시점에서 결정되는 이자율을 말하는데, 이것을 ${}_{n-1}f_n$로 표기하기로 하자. 따라서 현재 결정된 2번째 기간의 선도이자율은 ${}_1f_2$, 3번째 기간의 선도이자율은 ${}_2f_3$, n번째 기간의 선도이자율은 ${}_{n-1}f_n$으로 표기할 수 있다.

선도이자율은 현물이자율과 $(1+{}_0R_2)^2=(1+{}_0R_1)(1+{}_1f_2)$이라는 기하평균(geometric average)[1] 식에 의하여 현재 시점에서 결정된다.

〈예제 9-2〉에서 선도이자율(${}_1f_2$)을 구하면 다음과 같이 12%로 계산된다.

$(1+0.1)^2=(1+0.08)(1+{}_1f_2)$에서 ${}_1f_2=12\%$이다.

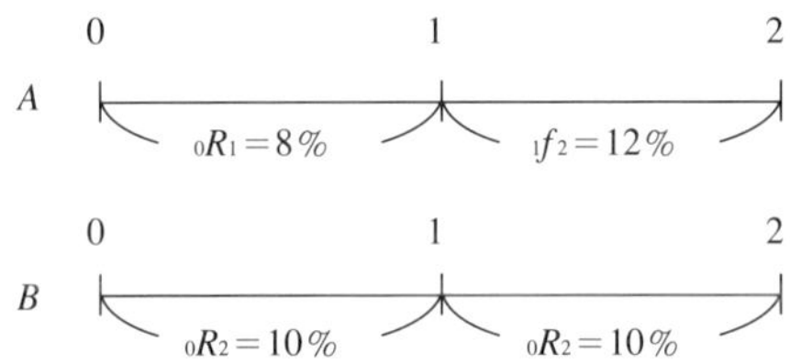

선도이자율과 현물이자율의 기하평균관계는 다음과 같다.

$$(1+{}_0R_2)^2=(1+{}_0R_1)(1+{}_1f_2) \rightarrow {}_1f_2=\frac{(1+{}_0R_2)^2}{1+{}_0R_1}-1 \qquad (9\text{-}4)$$

$$(1+{}_0R_3)^3=(1+{}_0R_2)^2(1+{}_2f_3) \rightarrow {}_2f_3=\frac{(1+{}_0R_3)^3}{(1+{}_0R_2)^2}-1$$

(3) 기대(현물)이자율(expected future spot rate)

선도이자율은 현재 시점에서 결정되는 미래의 기간당 이자율이라고 하였다. 기대현물이자율은 현재 시점에서 예상하는 미래의 기대이자율을 말하는데, 이것을 $E({}_{n-1}R_n)$로 표기하기로 하자. 따라서 현재 예상하는 2번째 기간의 기대현물이자율은 $E({}_1R_2)$, 3번째 기간의 기대현물이자율은 $E({}_2R_3)$, n번째 기간의 기대현물이자율은 $E({}_{n-1}R_n)$으로 표기할 수 있다.

---

[1] 기하평균수익률은 복리계산을 의미한다. (The geometric average rate of return is based on the principle of compounding)

기대현물이자율은 현재 기대(예상)만 할 뿐, 현재 시점에서 정확히 알 수 없다. 이는 미래에 도달해야만 알 수 있는 이자율로써 선도이자율과 같을 수도 있고 다를 수도 있다.

3. 채권수익률의 결정요인

채권수익률은 채권의 가격이 주어지면 구할 수 있다고 하였다. 이제 채권수익률을 결정하는 요인들에 대하여 알아보자. 무위험채권이 아니라면 채권수익률은 다음과 같이 무위험이자율(R_f)과 위험프레미엄(RP)의 합계로 구성된다.

채권수익률	무위험이자율 (명목이자율)(R_f)	자본의 한계생산성
		인플레이션
	위험프레미엄(RP)	기간(만기)
		채권의 위험

(1) 무위험이자율

자본의 한계생산성(marginal productivity of capital, *MPC*)은 자본 1단위를 실물자산에 투자시 얻게 되는 수익률을 의미하는데 균형상태에서는 실질이자율과 동일하다. 예컨대 기술혁신이 이루어지면 *MPC*가 상승할 것이다.

앞에서 배웠듯이 *MPC*에 인플레이션(inflation)을 반영하면 피셔공식에 의하여 명목이자율이 된다. 명목이자율은 위험을 고려하지 않으므로 무위험이자율(risk-free interest rate)이라고 하는데, 이는 경제 전반적인 요인에 의해 결정되는 기업외적요인이다.

(2) 위험프레미엄

위험프레미엄 부분은 기업내적인 요인으로 만기와 채권의 위험으로 구성된다. 만기차이에 따르는 채권수익률의 차이는 채권수익률의 기간구조(제3절), 위험차이에 따르는 채권수익률의 차이는 채권수익률의 위험구조(제4절)에서 각각 공부하기로 하자.

제 3 절 채권수익률의 기간구조

1. 기간구조이론의 의의

채권수익률의 기간구조(term structure of bond yield) 혹은 이자율의 기간구조(term structure of interest rate)는 일정시점에서 다른 조건은 동일하고 만기만 다른 순수할인채의 만기수익률(현물이자율)과 만기와의 관계를 말한다. 즉 이자율의 기간구조란 일정시점에서 다른 조건은 모두 동일하고 만기만 달라서 현물이자율에 차이가 나는 현상을 설명하는 이론으로, 일정시점에서 단기(현물)이자율과 장기(현물)이자율의 관계이다. 이자율의 기간구조를 〈그림 9-5〉같이 그린 것을 수익률곡선(yield curve) 이라고 한다.

이와 같이 만기에 따른 이자율차이를 설명하기 위해 많은 연구가 이루어졌는데, 대표적인 이론으로 기대가설, 유동성선호가설, 시장분할가설, 선호영역가설 등이 있다.

그림 9-5 수익률곡선의 형태

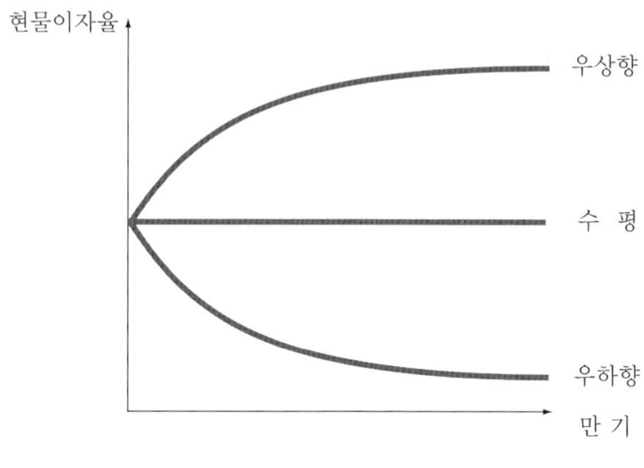

2. 기대가설

(1) 의 의

기대가설(expectation hypothesis)은 선도이자율($_1f_2$)이 미래의 기대현물이자율 $E(_1R_2)$과 일치하도록[즉 $_1f_2=E(_1R_2)$ 되도록], 현재 시점에서 현물이자율이 결정된다는 가설로 순수기대가설 혹은 불편기대가설이라고도 한다. 즉 기대가설은 미래의 기대현물이자율에 대한 투자자들의 기대에 의하여 이자율의 기간구조가 결정된다는 이론이다.

예를 들어 기대가설을 살펴보자. 채권시장에 1년 만기 순수할인채와 2년 만기 순수할인채가 존재하고, 채권시장에 있는 투자자들이 100원으로 채권에 투자를 한다고 하자. 이 경우 ① 2년만기 순수할인채에 한 번 투자하거나 ② 1년 만기 순수할인채에 반복투자하는 두 가지 투자전략이 있을 것이다. 2년말 시점에서 ①과 ②의 투자성과는 다음과 같다.

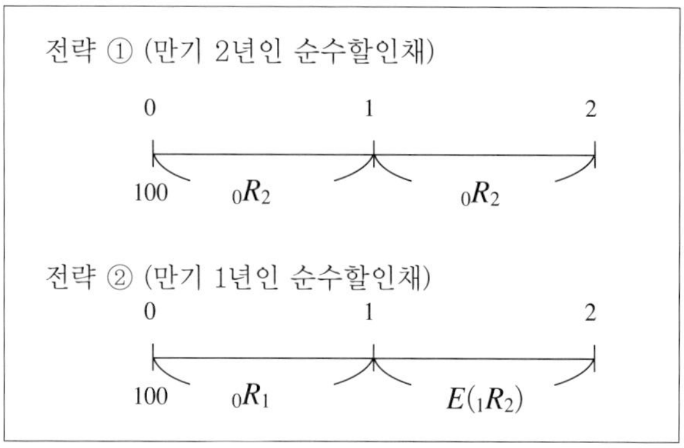

전략 ①의 투자성과 : $100(1+{_0R_2})^2=100(1+{_0R_1})(1+{_1f_2})$

전략 ②의 투자성과 : $100(1+{_0R_1})[1+E({_1R_2})]$

채권시장이 균형상태라면 전략 ①과 ②의 투자성과는 같아야 할 것이다. 만일 같지 않으면 차익(arbitrage)이 생기기 때문이다. 따라서 기대가설에서는 $_1f_2=E(_1R_2)$가 성립하므로, 다음과 같은 관계가 성립한다.

$$(1+{_0R_2})^2=(1+{_0R_1})(1+{_1f_2})=(1+{_0R_1})[1+E({_1R_2})] \qquad (9\text{-}5)$$

식 (9-5)에서 보듯이 기대가설에서는 투자기간이 동일하다면 투자기간말에 장기채권과 단기채권의 투자성과(연평균 투자수익률)가 같으므로, 장기채권과 단기채권간에 완전한 대체관계가 성립한다. 즉 기대가설은 장기채권의 수익률이 미래의 기대현물이자율의 기하평균에 의하여 결정된다는 이론이다.

$$(1+{}_0R_n)^n=(1+{}_0R_1)(1+{}_1f_2)(1+{}_2f_3)\cdots(1+{}_{n-1}f_n)$$
$$=(1+{}_0R_1)[1+E({}_1R_2)][1+E({}_2R_3)]\cdots[1+E({}_{n-1}R_n)]$$

(2) 수익률곡선

기대가설은 장기채권의 수익률이 미래의 기대현물이자율에 의하여 결정된다는 이론이므로, 이 기대치에 따라 수익률곡선의 형태가 달라진다. 예컨대 〈그림 9-6〉에서 ①은 미래의 단기이자율이 상승할 것으로 기대한 결과이고 ②는 미래의 단기이자율이 하락할 것으로 기대한 결과이며 ③은 미래의 단기이자율이 일정할 것으로 기대한 결과이다.

(3) 가정 및 한계점

① 투자자들은 위험중립형이다. 일반적으로 만기가 길어질수록 유동성이 떨어지고 이자율변동에 따른 채권가격변동위험이 커지지만, 투자자들은 이에 대한 보상을 요구하지 않는다고 가정한다.

그림 9-6 불편기대가설하의 수익률곡선

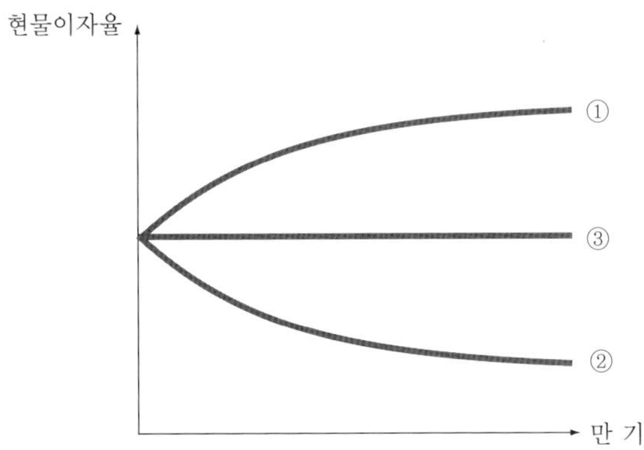

② 장기채권과 단기채권간에 완전한 대체관계가 성립한다. 즉 투자자들은 만기가 상이한 채권들을 얼마든지 교체할 수 있다.

③ 투자자들은 미래의 기대현물이자율을 현재 시점에서 정확히 예상할 수 있다.

예제 ⑨ - 4 불편기대가설

현재 채권시장에서 1년짜리 순수할인채의 만기수익률이 5%이고, 1년 후부터 1년간의 기대현물이자율이 7%, 2년 후부터 1년간의 기대현물이자율이 9%라고 하자. 기대가설이 성립한다고 가정하고 다음 물음에 답하라.

(1) 2년만기와 3년만기 순수할인채의 만기수익률(현물이자율)을 구하라.

(2) 1년 후부터 1년간의 선도이자율과 2년 후부터 1년간의 선도이자율을 구하라. 이 값이 기대현물이자율과 동일한 지를 확인하라.

(1) ${}_0R_1=5\%$ $\quad E({}_1R_2)=7\%$ $\quad E({}_2R_3)=9\%$

항상 $(1+{}_0R_2)^2=(1+{}_0R_1)(1+{}_1f_2)$이 성립하는데 기대가설에서는 $(1+{}_0R_2)^2=(1+{}_0R_1)[1+E({}_1R_2)]$이므로 $(1+{}_0R_2)^2=(1+0.05)(1+0.07)$ $\therefore\ {}_0R_2=6\%$

또한 $(1+{}_0R_3)^3=(1+{}_0R_1)(1+{}_1f_2)(1+{}_2f_3)$에서 $(1+{}_0R_3)^3=(1+{}_0R_1)[1+E({}_1R_2)][1+E({}_2R_3)]$이므로

$(1+{}_0R_3)^3=(1+0.05)(1+0.07)(1+0.09)$ $\therefore\ {}_0R_3=7\%$

(2) 항상 $(1+{}_0R_2)^2=(1+{}_0R_1)(1+{}_1f_2)$이 성립하므로 $(1+0.06)^2=(1+0.05)(1+{}_1f_2)$

$\therefore\ {}_1f_2=7\%$

또한 $(1+{}_0R_3)^3=(1+{}_0R_1)(1+{}_1f_2)(1+{}_2f_3)$이 성립하므로 $(1+0.07)^3=(1+0.05)(1+0.07)(1+{}_2f_3)$ $\therefore\ {}_2f_3=9\%$

(1)과 (2)에서 선도이자율과 기간별 기대현물이자율이 같은 것을 볼 수 있다. 이와 같이 기대가설에서는 선도이자율이 미래의 기대현물이자율과 일치하도록 현재 시점에서 현물이자율이 결정된다.

3. 유동성선호가설

(1) 의 의

기대가설에서는 위험중립형 투자자를 가정하나, 유동성선호가설에서는 위험회

피형 투자자를 가정한다. 현실적으로 장기채권은 단기채권에 비하여 유동성이 상실되고 이자율변동에 따른 채권가격변동위험이 커지므로, 투자자들은 장기채권에 대해서는 추가적인 보상을 요구하게 되는데 이를 유동성프레미엄(liquidity premium)이라고 한다.

유동성선호가설(liquidity preference hypothesis)은 선도이자율(${}_1f_2$)이 미래의 기대현물이자율 $E({}_1R_2)$과 유동성프레미엄의 합계와 일치하도록[즉 ${}_1f_2 = E({}_1R_2) + {}_1L_2$ 되도록], 현재 시점에서 현물이자율이 결정된다는 가설이다.

유동성선호가설은 선도이자율이 미래의 기대현물이자율과 유동성프레미엄의 합계이므로, 장기채권의 수익률이 미래의 기대현물이자율과 유동성프레미엄의 합계에 대한 기하평균에 의하여 결정된다는 이론이다.

$$\begin{aligned}(1+{}_0R_n)^n &= (1+{}_0R_1)(1+{}_1f_2)(1+{}_2f_3)\ \cdots\ (1+{}_{n-1}f_n)\\ &= (1+{}_0R_1)[1+E({}_1R_2)+{}_1L_2][1+E({}_2R_3)+{}_2L_3]\cdots[1+E({}_{n-1}R_n)+{}_{n-1}L_n]\end{aligned}$$

단, ${}_1f_2 = E({}_1R_2) + {}_1L_2,\ {}_2f_3 = E({}_2R_3)) + {}_2L_3,\ \cdots\cdots,\ {}_{n-1}f_n = E({}_{n-1}R_n) + {}_{n-1}L_n$
${}_1L_2 < {}_2L_3 < \ \cdots\cdots\ < {}_{n-1}L_n$인데 체감적으로 증가

유동성선호가설에서는 (2년 이상인)장기채에만 유동성프레미엄이 존재하며 만기가 길수록 유동성프레미엄이 증가하기 때문에, 투자기간이 동일하더라도 장기채권의 투자성과가 단기채권의 투자성과보다 더 크게 나타난다. 따라서 장기채권과 단기채권간에 완전한 대체관계가 성립하지 않는다.

(2) 수익률곡선

유동성선호가설에서는 선도이자율이 미래의 기대현물이자율보다 높게 형성(즉 선도이자율이 미래의 기대현물이자율과 유동성프레미엄의 합)된다는 이론이므로, <그림 9-7>에서 보듯이 이자율의 기간구조가 기대가설 경우보다 높게 나타난다.

(3) 가정 및 한계점

① 투자자들은 위험회피형이다. 예컨대 만기가 길어질수록 유동성이 떨어지고

그림 9-7 유동성선호가설하의 수익률곡선

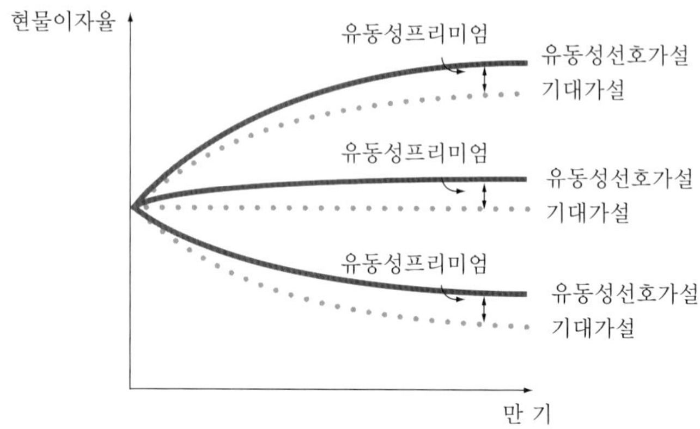

가격변동위험이 증가하므로, 이에 대한 보상을 요구한다.

② 장기채권과 단기채권간에 완전한 대체관계가 성립하지 않는다. 즉 투자자들은 추가적인 보상이 없으면 단기채권을 선호한다.

③ 투자자들은 미래의 기대현물이자율과 유동성프리미엄을 현재 시점에서 정확히 예상할 수 있다.

> ※ 기대가설과 유동성선호가설의 시험문제는 다음과 같은 순서로 접근하면 된다.
> ① 기하평균식은 항상 성립하므로 $(1+{}_0R_2)^2=(1+{}_0R_1)(1+{}_1f_2)$를 일단 쓰고
> ② 기대가설의 문제는 ${}_1f_2$에 $E({}_1R_2)$를 대입하고, 유동성선호가설의 문제는 ${}_1f_2$에 $E({}_1R_2)+{}_1L_2$를 대입하면 된다.

예제 9 - 5 유동성선호가설

〈예제 9-4〉에서 각 연도별 유동성프레미엄이 각각 ${}_1L_2=0.6\%$이고 ${}_2L_3=0.7\%$이며, 유동성선호가설이 성립한다고 가정하고 다음 각 물음에 답하라.

(1) 2년만기와 3년만기 순수할인채의 만기수익률(현물이자율)을 구하라.

(2) 기대가설과 유동성선호가설의 수익률곡선을 그려라.

(3) (1)의 결과를 이용하여 1년 후부터 1년간의 선도이자율과 2년 후부터 1년간의 선도이자율을 구하라. 이 값이 기대현물이자율과 유동성프레미엄의 합계와 동일한 지를 확인하라.

(1) 유동성선호가설에서는 ${}_1f_2 = E({}_1R_2) + {}_1L_2$이므로

${}_1f_2 = E({}_1R_2) + {}_1L_2 = 7\% + 0.6\% = 7.6\%$

${}_2f_3 = E({}_2R_3) + {}_2L_3 = 9\% + 0.7\% = 9.7\%$

항상 $(1 + {}_0R_2)^2 = (1 + {}_0R_1)(1 + {}_1f_2)$이 성립하므로 $(1 + {}_0R_2)^2 = (1 + 0.05)(1 + 0.076)$

$\therefore\ {}_0R_2 = 6.29\%$

또한 $(1 + {}_0R_3)^3 = (1 + {}_0R_1)(1 + {}_1f_2)(1 + {}_2f_3)$에서 $(1 + {}_0R_3)^3 = (1 + 0.05)(1 + 0.076)(1 + 0.097)$

$\therefore\ {}_0R_3 = 7.42\%$

(2)

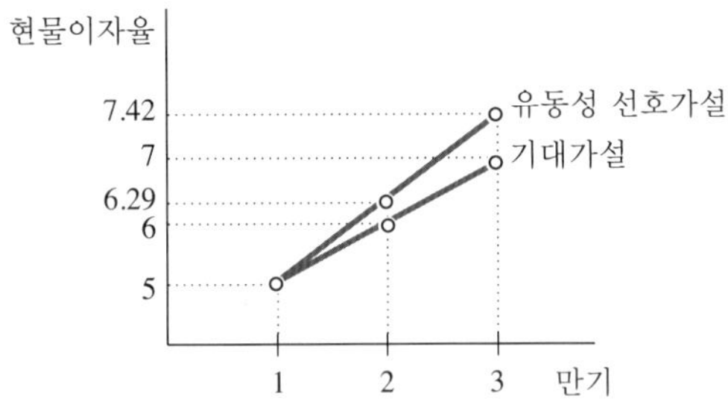

(3) 기하평균식은 항상 성립하므로 $(1 + {}_0R_2)^2 = (1 + {}_0R_1)(1 + {}_1f_2)$에서 $(1 + 0.0629)^2 = (1 + 0.05)(1 + {}_1f_2)$ $\therefore\ {}_1f_2 = 7.6\%$인데, 이 값은 기대현물이자율과 유동성프레미엄의 합계 $(= 7\% + 0.6\%)$와 동일하다.

또한 $(1 + {}_0R_3)^3 = (1 + {}_0R_1)(1 + {}_1f_2)(1 + {}_2f_3)$에서 $(1 + 0.0742)^3 = (1 + 0.05)(1 + 0.076)(1 + {}_2f_3)$

$\therefore\ {}_2f_3 = 9.7\%$인데, 이 값은 기대현물이자율과 유동성프레미엄의 합계$(= 9\% + 0.7\%)$와 동일하다.

(1)과 (3)에서 보듯이 유동성선호가설에서는 선도이자율이 미래의 기대현물이자율과 유동성프레미엄의 합계와 일치하도록 현재 시점에서 현물이자율이 결정된다.

예제 ⑨ - 6 선도이자율

현재 채권시장에서 순수할인채의 만기수익률이 다음과 같다. 기대가설이 성립한다고 가정하고 다음 물음에 답하라.

만기까지의 기간(연)	수익률(%)
1	12
2	14
3	15
4	15.5
5	15.7

(1) 네 번째 기간 (즉, $t=3\sim4$)의 선도이자율을 구하라.

(2) 네 번째 기간초에 순수할인채를 매입하여 다섯 번째 기간말에 매도한 경우(즉, $t=3\sim5$)의 연평균수익률을 구하라.

${}_0R_1=12\%$ ${}_0R_2=14\%$ ${}_0R_3=15\%$ ${}_0R_4=15.5\%$ ${}_0R_5=15.7\%$

(1) $(1+{}_0R_4)^4=(1+{}_0R_3)^3(1+{}_3f_4)$에서 $(1+0.155)^4=(1+0.15)^3(1+{}_3f_4)$ $\therefore\ {}_3f_4=17.01\%$

(2) $(1+{}_0R_5)^5=(1+{}_0R_3)^3(1+{}_3f_4)(1+{}_4f_5)$에서

$$(1+{}_3f_4)(1+{}_4f_5)=\frac{(1+{}_0R_5)^5}{(1+{}_0R_3)^3}=\frac{1.157^5}{1.15^3}=1.3632$$

36.32%는 2년 동안의 이자율이므로 연평균수익률은 $\sqrt{1.3632}-1=16.76\%$

4. 시장분할가설 → 투자자분할가설

(1) 의 의

시장분할가설(market segmentation hypothesis)은 채권만기에 대한 선호가 서로 다른 투자자들 때문에 만기에 따라 서로 다른 하위시장이 존재하며, 이자율의 기간구조는 하위시장 자체의 수급에 의하여 독립적으로 결정된다는 가설이다. 즉 단기채권을 선호하는 집단은 단기채권만을 거래하고, 장기채권을 선호하는 집단은 장기채권만을 거래한다는 가설이다.

이 가설의 근거는 투자자들의 위험헤지방법에서 찾아볼 수 있다. 투자자들은 이자율변동위험을 헤지하기 위하여 보유하고 있는 자산과 부채의 실질만기(듀레이션)를 일치시키려는 투자전략을 많이 사용한다. 예컨대 단기부채가 많은 은행이나 단자회사는 단기채권을 거래하고 장기부채가 많은 생명보험회사나 연기금은 장기채권을 거래하므로, 채권만기에 따라 투자집단을 분할할 수 있다는 것이다.

(2) 수익률곡선

시장분할가설에서는 미래단기이자율에 대한 기대치나 유동성프레미엄 등에 의

해서가 아니라, 만기에 따라 분할된 하위시장 자체의 수급원리에 의하여 이자율이 결정된다는 가설로 이를 〈그림 9-8〉로 나타낼 수 있다.

(3) 가정 및 한계점

① 투자자들은 위험회피형이다.

② 채권시장은 만기에 따라 분할되어 있으며 장기채권과 단기채권간에 대체관계가 없으며 각 하위시장간에 차익거래가 불가능하다.

5. 선호영역가설

선호영역가설(preferred habitat hypothesis)은 투자자마다 각기 선호하는 만기영역이 존재하나, 다른 만기를 가진 채권의 수익률이 현저히 크다면 (충분한 대가가 주어진다면) 자신들의 선호영역을 벗어나 수익률이 높은 채권을 선택한다는 가설이다. 이 가설은 위의 3가지 가설을 절충하는 가설이다. 예컨대 채권만기에 따른 선호에 따라 시장이 분할되어 있으나 (시장분할가설), 선호영역을 벗어나면 위험보상을 요구하는데 이 대가가 충분하다면 (유동성프레미엄가설), 채권만기간에 완전한 대체가 가능하다(기대가설)는 것이다.

그림 9-8 시장분할가설에서의 수익률 곡선

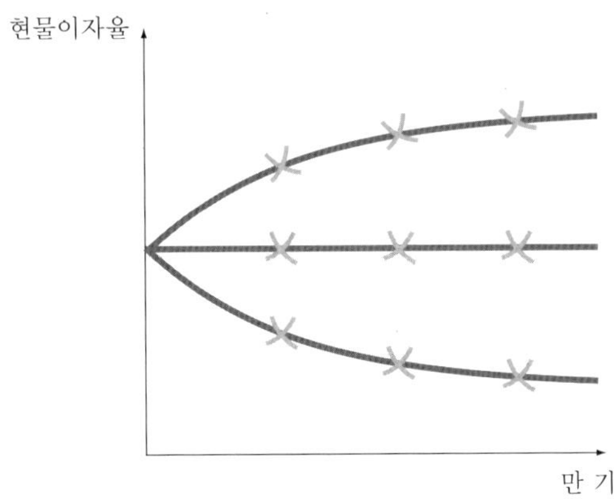

제 4 절 채권수익률의 위험구조

이제 만기를 제외한 나머지 요인들이 채권수익률에 미치는 영향을 살펴보자. 채권수익률의 위험구조(risk structure of bond yield)란 채권의 발행자(발행회사)가 갖는 위험수준이나 발행조건으로 인한 위험과 채권수익률간의 관계를 말하는데, 이 위험에 따른 채권수익률의 차이를 수익률 스프레드(yield spread)라고 한다. 채권의 위험 중 가장 중요한 요소가 채무불이행위험이고, 그외에 수의상환위험같은 발행조건에 따르는 위험 등이 있다.

1. 채무불이행 위험

(1) 의 의

채무불이행 위험(dafault risk)은 채권의 발행자(발행기업)가 이자나 원금을 약속한 대로 지급하지 못하게 될 가능성으로, 지급불능위험이라고도 한다. 채무불이행위험이 높을수록 약속된 만기수익률이 실현안 될 가능성이 커진다. 투자자들은 이에 대한 추가적인 보상을 요구하므로 채권수익률이 상승하게 되어 채권가격은 하락할 것이다. 채무불이행위험은 신용평가기관들의 채권등급평가(bond rating)에 의해 측정된다.

(2) 채무불이행에 따른 채권수익률

채무불이행위험과 관련하여 채권수익률을 약속수익률, 기대수익률, 실현수익률로 구분할 수 있다.

1) 약속수익률(만기수익률, 사전적 수익률)

약속수익률(promised yield)은 채권을 매입하여 만기까지 보유시 기대되는 사전적 수익률(ex-ante yield)로써, 채권발행자가 이자지급과 원금상환을 사전에 약속한 채무를 이행할 경우 투자자가 얻을 수 있는 최대한의 수익률이다. 즉 약속수익률은 채무약속이 모두 이행된다고 가정할 때의 만기수익률로써 앞에서 설명한 채권의 만기수익률 또는 채권수익률이다.

2) 기대수익률

기대수익률(expected yield)은 채권에 투자함으로써 얻고자 하는 수익률인데, 이는 채무불이행위험을 고려한 만기수익률이다. 채권발행자가 채무약속을 지키면 약속수익률과 기대수익률은 일치하나, 채무약속을 지키지 못할 경우 약속수익률과 기대수익률은 일치하지 않게 된다. 따라서 채무불이행에 대한 위험 프레미엄은 약속수익률에서 기대수익률을 차감한 값이다.

예컨대 투자자는 채무불이행위험의 가능성이 있다고 판단되는 채권에 대해서는 약속수익률보다 낮게 수익이 실현될 것으로 예상하기 때문에, 약속수익률을 보장받기 위해서 채권시장에서 보다 싼 가격으로 매입하려고 하는 행위로 위험프레미엄을 요구하는 것이다.

3) 실현수익률(사후적 수익률)

실현수익률(realized yield)은 투자자가 실제로 실현한 채권수익률로써 사후적수익률(ex-post yield)의 개념이다. 실현수익률은 약속수익률이나 기대수익률과 일치하지 않을 수 있는데, 그 이유로는 채권발행자가 채무불이행을 하였거나 투자자가 위험 프레미엄에 대한 평가가 불충분하였기 때문이다.

(3) 채권수익률의 스프레드

채권수익률의 스프레드란 위험채권의 약속수익률과 그 채권과 동일한 만기를 갖는 무위험채권의 수익률간의 차이인데, 이는 채무불이행위험에 대한 프레미엄과 채무불이행위험 외의 기타 위험에 대한 프레미엄으로 구성된다.

채권수익률 스프레드＝약속수익률 − 무위험이자율
＝(약속수익률 − 기대수익률)＋(기대수익률 − 무위험이자율)
＝채무불이행 프레미엄＋기타 위험프레미엄

예제 ⑨ − 7 채권수익률의 스프레드

(주)서울은 액면가 1,000원, 액면이자율 10%, 1년 만기 채권을 발행하였는데, 이 채권의 현재 시장가격이 930원이고 국채의 수익률이 15%이다. 이 채권의 기대수익률은 16.45%라고 가정하고, 다음 물음에 답하라.

(1) 이 채권의 만기수익률(약속수익률)을 구하라.

(2) 이 채권의 수익률 스프레드를 구하고, 이를 채무불이행 프레미엄과 기타 위험프레미엄으로 구분하라.

(1) $930 = \frac{100 + 1{,}000}{1 + r}$ 에서 $r = YTM$(만기수익률, 약속수익률)＝18.28%

(2) 수익률 스프레드＝만기(약속)수익률 − 무위험이자율＝18.28% − 15%＝3.28%
채무불이행 프레미엄＝만기(약속)수익률 − 기대수익률＝18.28% − 16.45%＝1.83%
기타 위험 프레미엄＝기대수익률 − 무위험이자율＝16.45% − 15%＝1.45%

2. 수의상환위험

수의상환조항(call provision)이란 채권발행자가 만기 이전에 정해진 가격(상환가격, call price)으로 채권을 상환(call)할 수 있는 조항을 말한다. 다른 조건이 동일하다면 수의상환조항이 있는 채권은 수의상환조항이 없는 채권에 비하여 약속수익률을 실현하지 못할 가능성이 높다. 투자자들은 이러한 불확실성에 따르는 위험에 대하여 추가적인 보상을 요구하므로 수의상환조항이 있는 채권수익률은 수의상환조항이 없는 채권의 수익률보다 더 높으며, 이 수익률차이가 바로 수의상환 가능성에 대한 위험프레미엄(call premium)인 것이다.

제 5 절 채권의 듀레이션

1. 듀레이션의 개념

(1) 듀레이션의 의의

듀레이션(duration, D)이란 매콜레이(Macaulay)가 개발하였는데 (채권)투자로 발생하는 모든 현금흐름의 현재가치를 기간별로 가중한 것으로, 「(채권)투자액을 회수하는데 걸리는 가중평균회수기간(weighted average maturity)」으로 연단위로 표시한다.

0	1	2	……	n
	C_1	C_2	……	C_n+F

$$D=\frac{1\times\frac{C_1}{1+r}+2\times\frac{C_2}{(1+r)^2}+\cdots\cdots+n\times\frac{C_n+F}{(1+r)^n}}{P}$$

$$\therefore\ D=\frac{\sum_{t=1}^{n} t\cdot\frac{C_t}{(1+r)^t}}{P} \qquad (9-6)$$

만기는 최종현금흐름의 시점만 나타내는데 비해, 듀레이션은 ① 채권투자로 발생하는 모든 현금흐름(이자와 원금)을 ② 화폐의 시간가치를 고려하여 ③ 기간별로 가중한 것이다. 이러한 이유로 만기(maturity)는 형식만기, 듀레이션(duration)은 실질만기라고도 한다.

(2) 채권종류와 듀레이션

1) 순수할인채

순수할인채는 (중간 현금흐름인 이자가 없고) 모든 현금흐름이 만기일에만 발생하므로, 다음과 같이 듀레이션(D)=만기(n)이다.

$$D = n \times \frac{\frac{F}{(1+r)^n}\ (=P)}{P} = n \qquad \text{듀레이션}(D) = \text{만기}(n)$$

2) 이표채

이표채는 만기일이전에 현금흐름이 발생하므로 듀레이션(D)<만기(n)이다.

3) 영구채

영구채의 만기는 무한이지만 듀레이션은 기간의 경과에 상관없이 시장이자율에 의해 유한한 기간으로 결정된다.

$$\text{영구채의 듀레이션}(D) = \frac{1+r}{r}$$

예제 ⑨ - 8 듀레이션의 계산

(1) 액면가액 1,000원, 만기 3년, 액면이자율이 11%인 채권이 있다. 시장이자율(만기수익률)이 10%일 때 이 채권의 듀레이션을 구하라.

(2) (1)에서 다른 조건은 동일하고 시장이자율(만기수익률)이 9%일 때 이 채권의 듀레이션을 구하라.

(3) (1)에서 다른 조건은 동일하고 액면이자율이 10%일 때 이 채권의 듀레이션을 구하라.

(1)

0	1	2	3
	110	110	1,110

$$P = \frac{110}{1+0.1} + \frac{110}{(1+0.1)^2} + \frac{1,110}{(1+0.1)^3} = 1,024.87\text{원}$$

$$D = \frac{1 \times \frac{110}{1+0.1} + 2 \times \frac{110}{(1+0.1)^2} + 3 \times \frac{1,110}{(1+0.1)^3}}{1,024.87} = 2.716\text{년}$$

(2) $P = \frac{110}{1+0.09} + \frac{110}{(1+0.09)^2} + \frac{1,110}{(1+0.09)^3} = 1,050.62\text{원}$

$$D=\frac{1\times\frac{110}{1+0.09}+2\times\frac{110}{(1+0.09)^2}+3\times\frac{1,110}{(1+0.09)^3}}{1,050.62}=2.719\text{년}$$

따라서 시장이자율이 하락하면 듀레이션은 증가한다는 것을 알 수 있다.

(3) 시장이자율(10%) = 액면이자율(10%)이므로 $P=F=1,000$원

$$D=\frac{1\times\frac{100}{1+0.1}+2\times\frac{100}{(1+0.1)^2}+3\times\frac{1,100}{(1+0.1)^3}}{1,000}=2.736\text{년}$$

따라서 액면이자율이 하락하면 듀레이션은 증가한다는 것을 알 수 있는데, 듀레이션은 만기수익률보다 액면이자율에 더 민감하게 반응한다는 것을 알 수 있다.

(3) 포트폴리오의 듀레이션

한 개의 채권이 아니라 여러 개의 채권으로 구성된 채권 포트폴리오를 관리하는 경우에는 포트폴리오 전체의 듀레이션을 계산해야 한다. 일반적으로 포트폴리오의 듀레이션(D_P)은 개별채권의 듀레이션을 각 채권에 대한 투자가중치로 가중평균한 가중평균 듀레이션값이다.

$$D_P=W_1D_1+W_2D_2+\cdots\cdots+W_nD_n=\sum_{i=1}^{n}W_iD_i$$

$$\text{단, } W_i=\frac{\text{개별채권 } i\text{의 가치}}{\text{포트폴리오의 총가치}}$$

2. 듀레이션의 특성

① 만기와 듀레이션

다른 조건이 같다면 채권의 만기가 길수록 듀레이션이 길어진다. 만기가 길수록 이자와 원금의 회수기간이 길어지기 때문이다.

② 액면이자율과 듀레이션

다른 조건이 같다면 액면이자율이 높을수록 듀레이션이 짧아진다. 액면이자율이 높을수록 중간 현금흐름(이자)이 많아지므로 회수기간이 짧아지기 때문이다.

③ 이자지급횟수와 듀레이션

다른 조건이 같다면 이자지급횟수가 많을수록 듀레이션이 짧아진다. 이자지급횟수가 많아질수록 중간 현금흐름(이자)의 회수가 빨라지기 때문이다.

④ 시장이자율과 듀레이션

다른 조건이 같다면 시장이자율이 높을수록 듀레이션이 짧아진다. 시장이자율(할인율)이 커지면 현금유입(현금회수)의 현가가 작아지는데, 가까운 시점의 현금유입의 현가보다 먼 시점의 현금유입의 현가가 더 크게 감소하게 된다. 따라서 가까운 시점의 가중치가 상대적으로 커지고 먼 시점의 가중치가 작아지므로 회수기간인 듀레이션이 짧아지게 된다.

이를 요약하면 다음과 같다.

$$\text{듀레이션} = f(\underset{+}{\text{만기}},\ \underset{-}{\text{액면이자율}},\ \underset{-}{\text{이자지급횟수}},\ \underset{-}{\text{시장이자율}})$$

예제 ⑨ – 9 듀레이션의 특성

다음 채권을 듀레이션이 긴 것부터 짧은 것의 순서로 나타내시오.

채 권	액면이자율(%)	만기까지 남은 기간(년)	시장이자율(%)
A	12	10	10
B	12	5	10
C	0	10	10
D	8	10	10
E	12	5	12

① 만기가 긴 채권일수록 듀레이션이 길다. $\therefore A, C, D > B, E$

② 액면이자율이 낮은 채권일수록 듀레이션이 길다. $\therefore C > D > A > B, E$

③ 시장이자율이 낮은 채권일수록 듀레이션이 길다. $\therefore C > D > A > B > E$

3. 듀레이션과 채권가격

(1) 듀레이션과 채권가격변동

채권가격과 시장이자율은 역의 관계를 가지고 있다는 것을 배웠다. 시장이자율이 상승하면 이 상승한 이자율을 식 (9-1)에 대입하여 산출된 새로운 채권가격(P_1)을 상승전의 채권가격(P_0)과 비교함으로써 채권가격변동폭($dP=P_1-P_0$)을 구할 수 있다. 시장이자율이 변화할 때 마다 매번 새로운 채권가격를 산출하여 다시 채권가격변동폭을 구하는 일은 번거로운 일인데, 듀레이션을 이용하면 채권가격변동폭(dP)을 간편하게 구할 수 있다.

듀레이션을 이용한 시장이자율변화와 채권가격변동 관계식은 다음과 같다.[2)]

$$\frac{dP}{P}=-\left(\frac{D}{1+r}\right)dr \quad \text{(채권가격 변동율)} \qquad (9-7)$$

$$dP=-\left(\frac{D}{1+r}\right)dr\cdot P \quad \text{(채권가격 변동액)} \qquad (9-8)$$

식 (9-8)에서 나타나듯이 듀레이션이 긴 채권일수록 시장이자율변화에 대한 채권가격 변동이 심하다는 것을 알 수 있다. 따라서 시장이자율이 동일하게 상승(하락)하더라도 듀레이션이 길면 채권가격 하락폭(상승폭)이 크다.

(2) 수정듀레이션

수정듀레이션(modified duration, MD)은 매콜레이의 듀레이션(D)을 $(1+r)$로 나

---

2) 채권가격 변동율을 구하는 증명은 다음과 같다.

$$P=\sum_{t=1}^{n}\frac{C_t}{(1+r)^t}=\sum_{t=1}^{n}C_t\cdot(1+r)^{-t}$$

$$\frac{dP}{dr}=-\sum_{t=1}^{n}C_t\cdot t\cdot(1+r)^{-t-1}=-\sum_{t=1}^{n}\frac{C_t\cdot t}{(1+r)^t}\cdot\frac{1}{(1+r)}$$

$$=-\sum_{t=1}^{n}\frac{t\cdot C_t}{(1+r)^t}\cdot\frac{1}{P}\cdot P\cdot\frac{1}{(1+r)}=-D\cdot P\cdot\frac{1}{(1+r)}$$

$$\frac{dP}{P}=-D\cdot\frac{dr}{1+r}=-\left(\frac{D}{1+r}\right)dr$$

눈 것이다. 따라서 식 (9-7)을 식 (9-10)으로 변환시킬 수 있다.

$$MD = \frac{D}{1+r} \qquad (9-9)$$

$$\frac{dP}{P} = -MD \cdot dr \qquad dP = -MD \cdot dr \cdot P \qquad (9-10)$$

(3) 듀레이션과 채권가격의 이자율탄력성

채권가격은 시장이자율과 역의 관계로 변동하는데, 채권가격의 이자율탄력성(elasticity, $\boldsymbol{\varepsilon}$)을 이용하여 채권가격과 시장이자율의 관계를 쉽게 측정할 수 있다.

$$\text{채권가격의 이자율탄력성}(\boldsymbol{\varepsilon}) = \frac{\text{채권가격의 변동율}}{\text{시장이자율의 변동율}} = \frac{\frac{dP}{P}}{\frac{dr}{r}}$$

한편, $\frac{dP}{P} = -\left(\frac{D}{1+r}\right) dr$의 양변을 $\frac{dr}{r}$로 나누면

$$\frac{\frac{dP}{P}}{\frac{dr}{r}} = -\left(\frac{D}{1+r}\right) dr\left(\frac{r}{dr}\right) = -\left(\frac{r}{1+r}\right)D$$

$$\boldsymbol{\varepsilon} = -\left(\frac{r}{1+r}\right)D \qquad (9-11)$$

(4) 듀레이션의 한계점

첫째로, 듀레이션은 시장이자율이나 채권가격의 변화관계를 선형으로 가정하는 개념이다. 따라서 시장이자율변화가 매우 크면 오차가 커져서 정확한 채권가격변동율을 계산할 수 없다는 단점이 있다. 이 때는 볼록성을 이용하여 오차를 줄일 수 있다.

둘째로, 매콜레이의 듀레이션이나 수정듀레이션은 매기 현금유입에 대하여 동일한 시장이자율(할인율)을 적용하므로, 모든 기간의 현물이자율이 동일한 수평선형태의 기간구조를 가정하고 있다.

예제 ⑨ - 10 (수정)듀레이션과 이자율탄력성의 이용

액면가액 1,000원, 만기 3년, 액면이자율이 11%인 채권이 있다. 시장이자율이 10%에서 12%로 상승했다고 가정하자.

(1) 듀레이션을 이용하여 이 채권의 이자율탄력성을 구하라.
(2) 듀레이션을 이용하여 채권가격변동액을 구하라.
(3) 수정듀레이션을 이용하여 채권가격변동율을 구하라.
(4) 시장이자율이 상승한 후의 실제 채권가격을 구하고 이를 (2)와 비교하라.

(1) 〈예제 9-8 (1)〉에서 시장이자율이 10%일 때 채권가격은 1,024.87원이었고, 이 채권의 듀레이션은 2.716년이었다.

$$\varepsilon = -\left(\frac{r}{1+r}\right)D = -\left(\frac{0.1}{1+0.1}\right)(2.716) = -0.247$$

시장이자율 변화율에 대하여 0.247배만큼 하락한다.

(2) $dP = -\left(\frac{D}{1+r}\right)dr \cdot P = -\left(\frac{2.716}{1+0.1}\right)(0.02)(1{,}024.87) = -50.61$원

시장이자율이 2% 상승하면 채권가격은 50.61원 하락하여, 새로운 채권가격은 1,024.87 − 50.61 = 974.26원이 된다.

(3) $MD = \frac{D}{1+r} = \frac{2.716}{1+0.1} = 2.47$년

$$\frac{dP}{P} = -MD \cdot dr = -(2.47)(0.02) = -0.049 = -4.9\%$$

시장이자율이 2% 상승하면 채권가격은 4.9%만큼 하락한다.

(4) 시장이자율이 12%로 상승한 후의 실제 채권가격은 다음과 같다.

$$P = \frac{110}{1+0.12} + \frac{110}{(1+0.12)^2} + \frac{1{,}110}{(1+0.12)^3} = 975.98\text{원}$$

이 값을 (2)와 비교하여 보면 듀레이션을 이용한 채권가격이 실제 채권가격보다 1.72원 (=975.98−974.26)만큼 작다는 것을 알 수 있다.

제 6 절 듀레이션을 이용한 전략

1. 이자율변동위험

채권투자시 이자율변동위험(interest rate risk)이란 채권투자기간동안 시장이자율이 변동하여 투자기간말의 투자수익이 채권매입시 기대했던 기대치와 달라질 가능성을 말한다. 채권투자의 투자수익은 이자에 대한 재투자수익과 채권을 처분시 받는 채권가격의 합계로 구성되므로, 이자율변동위험을 재투자위험과 가격위험으로 구분할 수 있다.

① 재투자위험

재투자위험(reinvestment risk)이란 채권의 투자기간내에 지급받는 이자를 재투자했을 때, 시장이자율 변동으로 재투자수익이 당초의 기대치와 달라질 가능성을 말한다.

② 가격위험

가격위험(price risk)이란 보유기간말에 채권을 매각했을 때, 시장이자율 변동으로 처분가격이 당초의 기대치와 달라질 가능성을 말한다.

시장이자율이 상승하면 당초의 기대치보다 재투자수익은 증가하지만 채권가격은 하락하고, 역으로 시장이자율이 하락하면 당초의 기대치보다 재투자수익은 하락하지만 채권가격은 상승한다. 이와 같이 시장이자율 변동에 따라 발생하는 재투자위험과 가격위험은 서로 반대의 영향을 미치며, 두 위험이 서로 상쇄되지 않으면 보유기간말의 투자수익은 채권매입시 기대했던 것과 달라지게 되는데 이를 이자율변동위험이라고 한다. 이를 아래 표로 정리하였다.

채권투자성과	이자율변동위험	이자율 상승시	이자율 하락시
이자의 재투자수익	재투자위험	+	−
처분가격	가격위험	−	+

2. 면역전략

(1) 면역전략의 의의

면역전략(immunization strategy)이란 시장이자율의 변동과 상관없이 채권매입시 기대했던 수익률을 보유기간말의 투자수익으로 실현시키려는 채권투자전략이다. 즉 면역전략이란 시장이자율 변동에 따라 상반되게 나타나는 재투자위험과 가격위험의 효과를 서로 상쇄시킴으로써 투자성과를 당초의 기대치와 일치시키는 전략이다.

(2) 면역전략의 방법

채권투자자의 목표투자기간을 채권이나 채권포트폴리오의 듀레이션으로 일치시키면 재투자위험과 가격위험이 상쇄되어 이자율변동위험을 헤지할 수 있는데, 이를 듀레이션의 면역효과(헤지효과)(immunization effect)라고 한다.

채권이나 채권포트폴리오의 듀레이션은 시간경과나 이자율변동에 따라 달라진다. 따라서 목표투자기간동안 면역효과를 얻으려면, 시간경과나 이자율변동에 따라 듀레이션을 잔여목표투자기간과 일치되도록 계속 조정해야 한다. 예컨대 보유채권을 다른 채권으로 대체하거나 채권포트폴리오의 구성비율을 재구성함으로써 조정할 수 있다.

예제 ⑨ - 11 면역효과

액면가액 1,000원, 만기 3년, 액면이자율이 11%인 채권이 있다. 현재 시장이자율이 10%이다.

(1) 이자율변동위험을 제거할 수 있는 채권의 목표투자기간을 구하라.

(2) ① 시장이자율이 10%로 변동없을 때 투자기간말의 투자수익을 구하라.

② 시장이자율이 12%로 상승했을 때 투자기간말의 투자수익을 구하라.

③ 시장이자율이 8%로 하락했을 때 투자기간말의 투자수익을 구하라.

(3) (2)의 결과를 이용하여 듀레이션의 면역효과를 설명하라.

(1) 〈예제 8-8〉에서 이 채권의 듀레이션이 2.716임을 알았다. 따라서 약 2.716년 동안 보유하면 이자율변동위험을 제거할 수 있다.

(2)

0	1	2	2.716	3
	110	110		1,110

단수차이(rounding errors) 때문에 소숫점은 무시하고 정수단위로 값을 표시하기로 하자.

① 시장이자율이 10%일 때

재투자수익 $= 110(1.1)^{1.716} + 110(1.1)^{0.716} = 247$원

처분가격 $= \dfrac{1{,}110}{(1.1)^{3-2.716}} = 1{,}081$원

투자기간말(2.716년)에서의 총투자수익 $= 247 + 1{,}081 = 1{,}328$원

② 시장이자율이 12%일 때

재투자수익 $= 110(1.12)^{1.716} + 110(1.12)^{0.716} = 253$원

처분가격 $= \dfrac{1{,}110}{(1.12)^{3-2.716}} = 1{,}075$원

투자기간말(2.716년)에서의 총투자수익 $= 253 + 1{,}075 = 1{,}328$원

③ 시장이자율이 8%일 때

재투자수익 $= 110(1.08)^{1.716} + 110(1.08)^{0.716} = 242$원

처분가격 $= \dfrac{1{,}110}{(1.08)^{3-2.716}} = 1{,}086$원

투자기간말(2.716년)에서의 총투자수익 $= 242 + 1{,}086 = 1{,}328$원

(3) (2)의 결과에서 보듯이 목표투자기간과 보유채권을 일치시키면 이자율의 상승 혹은 하락에 상관없이, 재투자위험과 가격위험이 정확히 상쇄되어 이자율변동위험을 제거할 수 있다.

3. 듀레이션 대응전략

은행 등의 금융기관들은 자산과 부채가 대부분 금융자산으로 이루어져 있으므로 이자율이 변동하면 자산가치와 부채가치가 모두 변동한다. 이자율변동으로 자산가치의 변동과 부채가치의 변동이 서로 다르면 순자산가치(자기자본가치)가 변동하게 된다. 이 때 자산과 부채의 듀레이션을 적절히 조정함으로써 순자산가치(자기자본가치)의 변동위험을 헤지(제거)할 수 있다.

자산과 부채의 시장가치를 각각 A, L이라 하고, 자산과 부채의 듀레이션을 각각 D_A, D_L이라 할 때 이자율이 dr만큼 변동할 경우의 자산가치 변동액(dA)과 부채가치 변동액(dL)은 다음과 같다.

$$dA = -\frac{D_A}{1+r} \cdot dr \cdot A$$

$$dL = -\frac{D_L}{1+r} \cdot dr \cdot L$$

이자율변동에 따른 순자산가치의 변동위험을 제거하려면 dA와 dL이 동일하여야 할 것이다. 만일 자산과 부채의 이자율이 동일하다면 $D_A \cdot A = D_L \cdot L$이 성립하도록 자산과 부채를 구성하여야 할 것이다.

$$D_A \cdot A = D_L \cdot L \quad \text{(자산과 부채규모를 고려해야 함)}$$

예제 ⑨ – 12 듀레이션 대응전략

서울은행의 시장가치로 표시된 재무상태표는 다음과 같다

재무상태표 (단위 : 억원)

자산		부채	
자산	1,000	부채	800
		자본	200

서울은행은 이자율변동위험으로 부터 은행의 순자산가치(자기자본가치)를 헤지하고자 자산과 부채의 듀레이션을 3년으로 일치시켰다. 서울은행의 자산과 부채에 대한 이자율이 모두 10%라고 가정하고 다음 각 물음에 답하라.

(1) 시장이자율이 1% 상승시 이 헤지전략의 결과를 보여라. 완전헤지가 달성되었는가? 완전헤지가 달성되지 않았다면 그 이유를 밝혀라.

(2) 부채의 듀레이션은 변경할 수 없다고 하자. 이 때 완전헤지를 위한 자산의 듀레이션을 구하라.

(1) 시장이자율 1% 상승에 따르는 자산가치변화(dA)와 부채가치변화(dL)는 다음과 같다.

$$dA = -\left(\frac{D_A}{1+r}\right)dr \cdot A = -\left(\frac{3}{1+0.1}\right)(0.01)(1{,}000) = -27.27\text{억원}$$

$$dL = -\left(\frac{D_L}{1+r}\right)dr \cdot L = -\left(\frac{3}{1+0.1}\right)(0.01)(800) = -21.82\text{억원}$$

	B/S		(단위 : 억원)
자산	972.73(=1,000−27.27)	부채	778.18(=800−21.82)
		자본	194.55(=972.73−778.18)

자산가치가 부채가치보다 더 크게 하락하여 은행의 순자산가치가 5.45억원(=200−194.55)만큼 감소하였기 때문에 완전헤지가 달성되지 못하였다. 그 이유는 자산규모(1,000억원)와 부채규모(800억원)가 동일하지 않았기 때문이다.

(2) 완전헤지를 하려면 $D_A \cdot A = D_L \cdot L$로써 자산규모($A$)와 부채규모($L$)까지 고려해야 한다. D_L은 변경할 수 없으므로, $D_A = D_L\left(\frac{L}{A}\right) = (3)\left(\frac{800}{1{,}000}\right) = 2.4$

이 경우 $dA = -\left(\frac{D_A}{1+r}\right)dr \cdot A = -\left(\frac{2.4}{1+0.1}\right)(0.01)(1{,}000) = -21.82$억원

	B/S		(단위 : 억원)
자산	978.18 (=1,000−21.82)	부채	778.18 (=800−21.82)
		자본	200 (=978.18−778.18)

은행의 순자산가치가 200억원으로 변함이 없으므로 완전헤지가 달성되었다.

연습문제

1. (주)서울이 발행한 채권의 액면이자율이 15%이며, 만기수익률이 20%이며, 만기까지 4년 남아있다. 시장이자율이 변화하지 않는다고 할 때, 1년 후 이 채권의 가격은 어떻게 되는가?

① 현재와 같다. ② 현재보다 하락한다. ③ 현재보다 상승한다.
④ 액면가와 같아진다. ⑤ 액면가보다 하락한다.

〈해설〉 이 채권은 액면이자율이 만기수익률보다 작으므로 할인채권이며, 만기에 가까워질수록 채권가격은 상승한다.

답 ③

2. 이자율의 기간구조이론에 대한 다음 설명 중 옳은 것은?

① 채권의 표면이자율과 현물이자율에 대한 이론이다.
② 채권수익률은 항상 우상향하는 형태를 가진다.
③ 채권수익률은 항상 우하향하는 형태를 가진다.
④ 기대가설과 유동성선호가설에 따르면 장기채권의 수익률은 단기채권 수익률의 기하평균으로 표현된다.
⑤ 현재부터 미래까지 일정기간동안의 연평균이자율을 선도이자율이라고 한다.

〈해설〉 ① 이자율의 기간구조는 채권의 만기와 이에 대응하는 현물이자율에 대한 이론이다.
②③ 채권수익률은 우상향, 우하향, 수평선의 형태로 나타날 수 있다.
⑤는 현물이자율의 정의이다.

답 ④

3. 다음 중 사채의 만기가 길수록 이자율이 커지는 현상을 설명하는 이론은?

(1993. CPA)

① 인플레이션 프리미엄이론 ② 불편기대가설
③ 시장분할가설 ④ 유동성선호가설
⑤ 효율적 시장가설

〈해설〉 유동성선호가설은 투자자들이 유동성을 선호한다고 가정한다. 따라서 장기채권에 대하여 유동성의 하락에 따른 보상, 즉 유동성프레미엄을 요구하므로 장기채의 수익률이 단기채보다 높을 것이라고 가정한다.

답 ④

4. 할인채권의 만기별 수익률이 ${}_0R_1=8\%$, ${}_0R_2=10\%$, ${}_0R_3=12\%$와 같다. 기대가설에서의 미래기대이자율인 $E({}_2R_3)$와, 유동성선호가설에서의 미래기대이자율인 $E({}_1R_2)$의 값은? 단, 기간별 유동성프레미엄은 각각 ${}_1L_2=1\%$, ${}_2L_3=1.2\%$이다.

	기대가설	유동성선호가설
①	11.04%	8%
②	12.04%	9%
③	12.04%	10%
④	16.11%	11.04%
⑤	16.11%	12.04%

〈해설〉 기대가설에서는 ${}_2f_3=E({}_2R_3)$이다.

$$E({}_2R_3)={}_2f_3=\frac{(1+{}_0R_3)^3}{(1+{}_0R_2)^2}-1=\frac{(1.12)^3}{(1.1)^2}-1=0.1611$$

유동성선호가설에서는 ${}_1f_2=E({}_1R_2)+{}_1L_2$이므로 $E({}_1R_2)={}_1f_2-{}_1L_2$이다.

$${}_1f_2=\frac{(1+{}_0R_2)^2}{(1+{}_0R_1)}-1=\frac{(1.1)^2}{(1.08)}-1=0.1204$$

$$\therefore\ E({}_1R_2)={}_1f_2-{}_1L_2=0.1204-0.01=0.1104$$

답 ④

5. 할인채권의 만기별 수익률이 ${}_0R_1=12\%$, ${}_0R_2=14\%$, ${}_0R_3=15\%$, ${}_0R_4=15.5\%$와 같고, 기대가설이 성립한다고 가정하자. 4년 만기 채권을 구입하여 3년 후에 매각할 때의 연평균 투자수익률을 구하라.

① 13%　② 14%　③ 14.5%
④ 15%　⑤ 15.5%

〈해설〉 기대가설은 장기채권의 투자수익율(Buy and Hold, *BH*)과 단기채권의 만기가 끝난 후 다시 단기채권을 사는 투자수익율(Rollover)이 같다고 주장한다. 따라서, 만기가 다른 채권에 투자하더라도 동일한 투자수익율을 얻는다. 즉, 4년 만기 채권을 3년간 보유하거나 3년 만기 채권을 만기까지 보유하거나 투자수익율이 동일하다.

답 ④

※ 다음 자료를 참조하여 문제 6~11번에 답하라. (1995년 CPA 2차 수정)
액면가가 1,000원으로 동일한 채권 A, B, C, D에 대한 자료가 다음과 같다.

채 권	만 기	현재가격	액면이자율
A	1년	909원	0%
B	2년	812원	0%
C	3년	712원	0%
D	3년	835원	5%

6. 1년 만기와 2년 만기 및 3년 만기 현물이자율(즉, ${}_0R_1$과 ${}_0R_2$ 및 ${}_0R_3$)을 각각 구하라.

	${}_0R_1$	${}_0R_2$	${}_0R_3$
①	10%	10.5%	11%
②	10%	11%	12%
③	11%	11.5%	12%
④	11%	12%	13%
⑤	12%	12.5%	13%

〈해설〉 순수할인채 자료를 이용하여 기간별 현물이자율을 구할 수 있다.

채권 A로 부터 $909=\dfrac{1,000}{(1+{}_0R_1)}$ 에서 ${}_0R_1=10\%$

채권 B로 부터 $812=\dfrac{1,000}{(1+{}_0R_2)^2}$ 에서 ${}_0R_2=11\%$

채권 C로 부터 $712=\dfrac{1,000}{(1+{}_0R_3)^3}$ 에서 ${}_0R_3=12\%$

답 ②

7. 선도이자율인 ${}_1f_2$와 ${}_2f_3$를 각각 구하라.

	${}_1f_2$	${}_2f_3$
①	11%	12%
②	11%	13%
③	12%	13%
④	12%	14%
⑤	13%	14%

〈해설〉 기간별 현물이자율을 이용하여 ${}_1f_2$와 ${}_2f_3$를 구할 수 있다.

$(1+{}_0R_2)^2=(1+{}_0R_1)(1+{}_1f_2)$ 에서 $(1.11)^2=(1.1)(1+{}_1f_2)$ $\therefore\ {}_1f_2=0.12$

$(1+{}_0R_3)^3=(1+{}_0R_2)^2(1+{}_2f_3)$ 에서 $(1.12)^3=(1.11)^2(1+{}_2f_3)$ $\therefore\ {}_2f_3=0.14$

답 ④

8. 1년 후 시점에서 액면가가 1,000원인 1년 만기 순수할인채와 2년 만기 순수할인채의 가격을 각각 구하라.

	1년 만기 순수할인채	2년 만기 순수할인채
①	783.21원	892.86원
②	783.21원	938.21원
③	892.86원	783.21원
④	892.86원	938.21원
⑤	938.21원	892.86원

〈해설〉 1년 후 시점에서 두 채권의 가격은 각각 다음과 같다.

$$1년\ 만기\ 순수할인채의\ 가격(P_1)=\frac{1{,}000}{(1+{}_1f_2)}=\frac{1{,}000}{1.12}=892.86원$$

$$2년\ 만기\ 순수할인채의\ 가격(P_1)=\frac{1{,}000}{(1+{}_1f_2)(1+{}_2f_3)}=\frac{1{,}000}{(1.12)(1.14)}=783.21원$$

답 ③

9. 현재 채권시장에서는 액면가 1,000원, 액면이자율이 10%, 만기 2년인 채권 *D*가 있다. 채권 *D*의 균형가격을 구하라.

① 783.21원 ② 850.56원 ③ 900.25원
④ 940.89 원 ⑤ 983.69원

〈해설〉

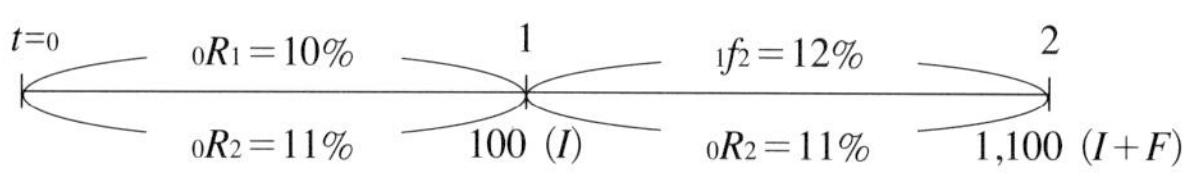

$$P_0=\frac{100}{(1+{}_0R_1)}+\frac{1{,}100}{(1+{}_0R_2)^2}=\frac{100}{1.1}+\frac{1{,}100}{(1.11)^2}=983.69원\ 혹은$$

$$P_0=\frac{100}{(1+{}_0R_1)}+\frac{1{,}100}{(1+{}_0R_1)(1+{}_1f_2)}=\frac{100}{1.1}+\frac{1{,}100}{(1.1)(1.12)}\fallingdotseq 983.69원$$

답 ⑤

10. 바로 앞 문제의 채권 *D*가 현재 채권시장에서 1,000원에 거래되고 있다면 차익거래가 가능하다. 차익거래를 위하여 채권 *D*를 액면 10,000원어치를 공매한다면 채권 *A*와 *B*를 각각 몇 단위씩 매입해야 하는가?

	채권 *A*	채권 *B*
①	1	10
②	1	11
③	2	10

④ 2 11

⑤ 11 2

〈해설〉 채권 D를 액면 10,000원어치 공매한다는 것을 10단위를 공매한다는 뜻이다. 채권 D를 10단위 공매한다면 현금흐름은 아래와 같다.

D를 10단위 공매	−1,000	−11,000
∴ A를 1단위 매입	+1,000	
∴ B를 11단위 매입		+11,000

답 ②

11. 바로 앞 문제같이 차익거래를 구사하였다면, 차익은 얼마인가?

① 100원 ② 115원 ③ 130원 ④ 146원 ⑤ 159원

〈해설〉

	0	1	2
D를 10단위 공매	+10,000	−1,000	−11,000
A를 1단위 매입	−909 (=−909×1)	+1,000	
B를 11단위 매입	−8,932 (=−812×11)		+11,000
차 익	159	0	0

차익은 159원인데, 이 금액은 앞 문제에서 보듯이 채권 D의 현재가격(1,000원)과 균형가격(983.69원)간의 차액에 거래단위인 10단위를 곱한 값인 163.1원과 동일한 금액이어야 할 것이다. 여기에서 두 값이 일치하지 않는 것은 채권가격 계산에 있어서 단수차이(rounding errors) 때문이다.

답 ⑤

12. 시장이자율이 하락할 경우 가격상승률이 가장 클 것으로 예상되는 채권은 어떤 것인가? (1994. CPA)

① 액면이자율이 10%이고, 만기가 5년인 채권
② 액면이자율이 5%이고, 만기가 5년인 채권
③ 액면이자율이 10%이고, 만기가 10년인 채권
④ 만기가 5년인 순수할인채
⑤ 만기가 10년인 순수할인채

〈해설〉 Malkiel의 정리에 따라, 향후 시장이자율의 하락이 예상되면 채권가격이 상승할 것이므로 장기채권을 매입하되 액면이자율이 낮은, 가능한 한 순수할인채권을 매입하면 된다.(듀레이션의 크기 : ⑤>③>④>②>①)

답 ⑤

13. 현재 시장에서 관찰되는 현물이자율이 만기가 길어짐에 따라 하락한다고 하자. 만기가 t년인 현물이자율을 $R(t)$, t년 만기 이표채의 만기수익률을 $Y(t)$, 현재부터 $t-1$년까지에서 t년까지 사이의 선도이자율을 $f(t)$라고 할 때, 이들의 관계를 옳게 표시한 것은? (1998. CPA)

① $R(t) \leq Y(t) \leq f(t)$　② $Y(t) \leq R(t) \leq f(t)$　③ $R(t) \leq f(t) \leq Y(t)$

③ $Y(t) \leq f(t) \leq R(t)$　⑤ $f(t) \leq R(t) \leq Y(t)$

〈해설〉 2년 만기로 가정하면 현물이자율은 $_0R_2$, 이표채의 만기수익률은 Y, 선도이자율은 $_1f_2$로 표기된다. 먼저$(1+{}_0R_2)^2=(1+{}_0R_1)(1+{}_1f_2)$에서 $(1+0.07)^2=(1+0.08)(1+0.06)$이므로

$_0R_2(7\%) > {}_1f_2(6\%)$ ………………………………………………………………………… ①

2년만기 이표채의 시장가격은 $P=\dfrac{I}{1+{}_0R_1}+\dfrac{I+F}{(1+{}_0R_2)^2}=\dfrac{I}{1+Y}+\dfrac{I+F}{(1+Y)^2}$이다.

문제에서 $_0R_1(8\%) > {}_0R_2(7\%)$이므로 $Y(7.5\%) \geqq {}_0R_2(7\%)$ …………………………………… ②

따라서, ①과 ②에서 $_1f_2 \leqq {}_0R_2 \leqq Y$

〈우상향〉

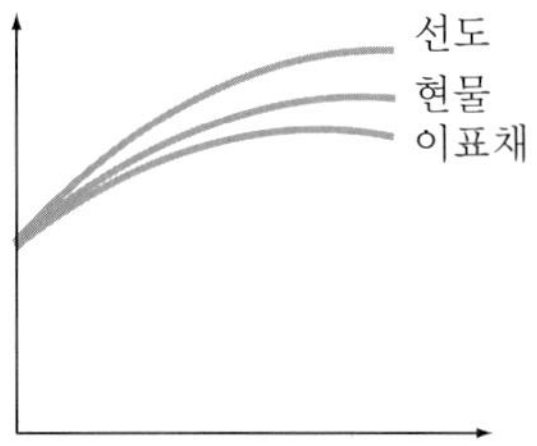

〈우하향〉

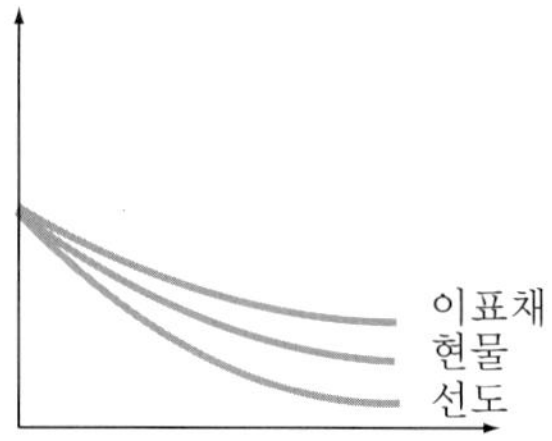

답 ⑤

14. 시장이자율이 하락할 것으로 예상하는 투자자가 앞으로 1년 동안의 수익률을 극대화하기 위해 취할 수 있는 채권투자전략 중 가장 유리한 것은? (1999. CPA)

① 상대적으로 액면이자율이 낮은 만기 1년 이상의 장기채를 매각한다.
② 상대적으로 액면이자율이 높은 만기 1년 미만의 단기채를 매입한다.
③ 상대적으로 액면이자율이 낮은 만기 1년 미만의 단기채를 매입한다.
④ 상대적으로 액면이자율이 높은 만기 1년 이상의 장기채를 매입한다.
⑤ 상대적으로 액면이자율이 낮은 만기 1년 이상의 장기채를 매입한다.

답 ⑤

15. 액면금액 10,000원, 3년 만기, 표면이자율 연 16%(이자는 매분기말 지급)로 발행된 회사채가 있다. 만기일까지의 잔존기간이 5개월 남은 현시점에서 이 회사채의 만기수익률이 연 12%이면, 이 채권의 이론가격은? (가장 근사치를 고를 것)

(2001. CPA)

① 9,890원　　② 10,000원　　③ 10,110원
④ 10,290원　　⑤ 10,390원

〈해설〉

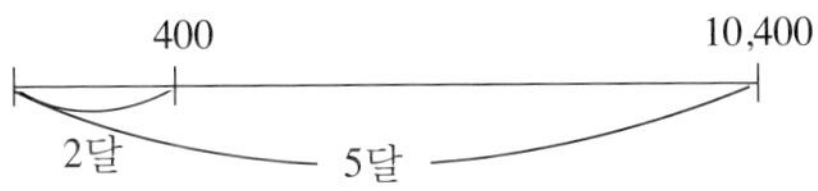

$I = 10{,}000 \times 0.16 \times \frac{1}{4} = 400$　　$1 + r_A = (1 + r_M)^{12}$에서 $1 + 0.12 = (1 + r_M)^{12}$이므로

$r_M = 1.12^{\frac{1}{12}} - 1 = 0.01$　　$\therefore\ 1 + r_M = 1.01$

$$P = \frac{400}{(1+0.01)^2} + \frac{10{,}400}{(1+0.01)^5} = 10{,}287.36\text{원}$$

답 ④

16. 듀레이션(duration)에 대한 설명으로 옳지 못한 것은? (1992. CPA)

① 채권을 소유함으로써 그로부터 실현될 총수입의 현가(채권의 시가)에 대한 각 기에 실현될 수입의 현재가치의 비율을 그 수입 실현시기까지의 기간에 따라 가중평균한 값
② 각 기의 미래 현금흐름에 기간을 가중평균한 값을 현재가치화한 금액의 합계와 채권의 발행가액과의 비율
③ 시장이자율 변동에 대한 채권가격의 가격탄력성
④ 채권의 표면이자율이 낮을수록 듀레이션은 커진다.
⑤ 장기채권의 듀레이션은 단기채권의 듀레이션보다 작다.

〈해설〉 만기가 길어지면 듀레이션이 증가하므로, 장기채권의 듀레이션이 단기채권보다 크다.

답 ⑤

17. 어떤 요인에 의해 투자자들의 요구수익률이 달라졌을 때, 다음 중 어느 경우에 채권가격의 변화가 가장 크다고 생각하는가? (1995. CPA)

① 쿠폰이자율이 높은 경우　　② 쿠폰이자율이 낮은 경우
③ 만기가 짧은 경우　　④ 만기수익률이 낮은 경우
⑤ 액면가가 높은 경우

〈해설〉 듀레이션이 길수록 이자율변동에 따르는 채권가격의 변동율이 크므로 듀레이션이 가장 긴 채권을 고르면 된다. 듀레이션은 ① 만기가 길수록 ② 액면이자율이 낮을수록 ③ 만기수익률이 낮을수록 증가하므로, ②와 ④가 우선 선택의 대상이 된다. 한편, 듀레이션은 만기수익률보다 액면이자율에 더 민감하게 반응한다.

답 ②

18. 채권 A의 표면이자율(coupon rate)은 연 8%, 채권 B의 표면이자율은 연 15%, 그리고 채권 C는 무이표채(zero coupon bond)이다. 이 채권들은 모두 액면금액이 10만원, 잔존만기가 3년이고, 이자지급시기도 같다. 또한 현재시점에서 이 채권들의 만기수익률(yield to maturity)도 모두 12%로 같다. 다음 설명 중 옳지 않은 것은? (1997. CPA)

① 채권 A의 듀레이션(Duration)은 3년보다 작다.

② 채권 C의 듀레이션은 3년이다.

③ 현재시점에서 채권 B의 가격이 가장 높다.

④ 시장이자율이 상승하면 채권 B의 가격하락률이 가장 크다.

⑤ 3년 동안 연 12%의 수익률을 실현하고자 하는 투자자는 채권 C를 구입하여야 한다.

〈해설〉 ① 이표채이므로 만기(n) > 듀레이션(D)이다. 따라서 A의 듀레이션은 3년보다 작다.

② 순수할인채이므로 만기(n) = 듀레이션(D)이다. 따라서 C의 듀레이션은 3년이다.

③ 만기수익률이 모두 같으므로 표면이자율이 높은 B의 가격이 가장 높다.

④ 듀레이션이 가장 긴 C의 하락률이 가장 크다.

⑤ C를 만기까지 보유한다면 듀레이션과 보유기간이 동일하므로 이자율변동위험을 회피할 수 있다.

답 ④

19. 투자자 K씨는 액면가 100,000원, 표면이자율 연 20%(이자는 매년 말 1회 지급), 만기 2년인 채권의 매입을 검토하고 있다. 1년간의 현물이자율과 그 후 1년간의 선도이자율은 모두 15%로 알려져 있다. 채권가격과 이자율 사이의 볼록성(convexity) 관계는 무시하기로 한다. 이 채권 투자에 따르는 이자율위험을 제거하기 위해 투자기간을 얼마로 해야 하는가? (2000. CPA)

① 1.57년 ② 1.66년 ③ 1.75년

④ 1.84년 ⑤ 1.93년

〈해설〉 듀레이션과 보유기간이 동일하면 이자율변동위험을 회피할 수 있으므로, 듀레이션을 구하면 될 것이다.

$$P = \frac{20{,}000}{1+0.15} + \frac{120{,}000}{(1+0.15)^2} = 17{,}391 + 90{,}737 = 108{,}128$$

$$D = \frac{1 \times \dfrac{20{,}000}{1+0.15} + 2 \times \dfrac{120{,}000}{(1+0.15)^2}}{P} = \frac{17{,}391 + 2(90{,}737)}{108{,}128} = 1.84$$

답 ④

20. 자산의 시장가치가 1,000억원이고 듀레이션이 4년이며, 부채의 시장가치가 700억원이고 듀레이션이 5년인 가상은행이 있다고 하자. 이 은행은 어떤 금리위험에 노출되어 있으며, 이를 줄이기 위해 어떤 조치를 취할 수 있는가?(단, 아래 각 항의 조치는 나머지 변수들에는 영향을 미치지 않는다고 가정) (2001. CPA)

① 금리상승위험을 줄이기 위해 부채의 시장가치를 줄인다.
② 금리하락위험을 줄이기 위해 부채의 듀레이션을 늘린다.
③ 금리상승위험을 줄이기 위해 자산의 시장가치를 줄인다.
④ 금리하락위험을 줄이기 위해 자산의 듀레이션을 늘린다.
⑤ 금리하락위험을 줄이기 위해 자산과 부채의 듀레이션을 일치시킨다.

〈해설〉 은행의 현재 상태는 $D_A \cdot A=(4)(1{,}000)>D_L \cdot L=(5)(700)=3{,}500$이다.
따라서, 금리가 변동하면 자산가치가 부채가치보다 크게 변동한다.
(1) 금리하락시 : 자산가치가 부채가치보다 크게 상승하므로, 은행의 자기자본가치가 상승 → 이익
(2) 금리상승시 : 자산가치가 부채가치보다 크게 하락하므로, 은행의 자기자본가치가 감소 → 손실
따라서, 이 은행은 금리상승시 위험에 노출된다. 금리상승위험을 줄이기 위한 전략은
① D_A 혹은 A를 줄인다.
② D_L 혹은 L을 늘린다.

답 ③

21. 총자산이 100조원이고 자기자본비율이 8%인 금융기관이 있다고 하자. 자산과 부채의 듀레이션은 각각 6년과 4년이다. 이 금융기관의 경영자는 조만간 이자율이 현재 8%에서 9%로 상승한다고 예측하고 대응전략을 강구하고 있다. 만일 이 예측이 사실이라면 얼마의 손실이나 이익이 발생하는가? (채권의 볼록성은 무시하고 가장 근사치를 골라라) (2002. CPA)

① 2.148조원 손실 ② 2.008조원 이익 ③ 1.525조원 손실
④ 1.525조원 이익 ⑤ 1.945조원 이익

〈해설〉 $A=100 \quad L=92 \quad D_A=6 \quad D_L=4 \quad r=0.08 \quad dr=0.01$

$$dA=-\left(\frac{D_A}{1+r}\right)\cdot dr \cdot A=-\left(\frac{6}{1+0.08}\right)(0.01)(100)=-5.555\text{조원}$$

$$dL=-\left(\frac{D_L}{1+r}\right)\cdot dr \cdot L=-\left(\frac{4}{1+0.08}\right)(0.01)(92)=-3.407\text{조원}$$

$dK=dA-dL=-5.555-(-3.407)=-2.148$조원 손실이다.

답 ①

22. 채권에 대한 이자율변동위험을 헤지하기 위하여 채권면역전략을 사용한다. 채권면역전략을 사용할 때, 이자율이 상승한 경우 자본차익과 재투자수익의 움직임과 그 크기의 대소를 맞게 표현한 것은?

① Δ자본차익>0, Δ재투자수익>0, |Δ자본차익|>|Δ재투자수익|

② Δ자본차익>0, Δ재투자수익<0, |Δ자본차익|=|Δ재투자수익|

③ Δ자본차익>0, Δ재투자수익>0, |Δ자본차익|<|Δ재투자수익|

④ Δ자본차익<0, Δ재투자수익>0, |Δ자본차익|=|Δ재투자수익|

⑤ Δ자본차익<0, Δ재투자수익<0, |Δ자본차익|>|Δ재투자수익|

〈해설〉

이자율변동	채권가격	이자의 재투자수익
이자율 상승시	하락	증가
이자율 하락시	상승	감소
이자율 변동위험	가격위험	재투자위험

채권면역전략을 사용하면 이자율이 상승 혹은 하락하거나, 가격위험과 재투자위험이 서로 상쇄되어 이자율변동에 따른 두 위험을 헤지할 수 있다.

답 ④

23. 현재 시장이자율이 10%이고, 2년 후에 100억원이 필요할 때 적절한 투자방법은?

① 100억원을 만기가 2년인 이자부채권에 투자한다.

② 100억원을 만기가 2년인 순수할인채에 투자한다.

③ 100억원을 듀레이션이 2년보다 큰 채권에 투자한다.

④ 82.64억원을 만기가 2년인 이자부채권에 투자한다.

⑤ 82.64억원을 만기가 2년인 순수할인채에 투자한다.

〈해설〉 현재의 투자금액 $= \frac{100\text{억원}}{(1.1)^2} = 82.64$억원을 목표투자기간=듀레이션인 2년에 맞추면 된다. 순수할인채는 만기와 듀레이션이 동일하다.

답 ⑤

24. 시장이자율이 20%일 때 목표투자기간이 6년인 투자자가 이자율변동위험을 제거할 수 있는 투자전략은 다음 중 무엇인가?

a. 듀레이션이 6년인 이자부채권에 투자한다.
b. 듀레이션이 6년인 순수할인채에 투자한다.
c. 만기가 6년인 순수할인채에 투자한다.
d. 만기가 6년인 이자부채권에 투자한다.
e. 영구채권에 투자한다.

① a, b ② a, b, c ③ a, b, c, d

④ a, b, c, e ⑤ a, b, c, d, e

〈해설〉 목표투자기간인 6년과 동일하게 듀레이션이 6년인 채권에 투자해야 하는데, 위의 각 채권의 듀레이션은 다음과 같다.

b와 c는 순수할인채이므로 만기=듀레이션인 6년

d는 이자부채권이므로 듀레이션은 만기인 6년보다 짧다.

e은 영구채이므로 $=\frac{1+r}{r}=\frac{1+0.2}{0.2}=6$년

답 ④

25. 현재 시장이자율은 10%인데 자본시장에는 다음과 같은 두 채권 A와 B가 있다. 채권 A는 액면가액이 1,000원이고 액면이자율이 8%이며 듀레이션이 4년이고, 채권 B는 액면가액이 1,000원이고 만기 2년인 순수할인채이다. 투자자 정연은 3년 후에 500만원을 필요할 것에 대비하여, 현재 채권에 투자하려고 한다. 이자율변동위험을 회피하기 위하여 현재 필요한 채권 A에 대한 투자금액은 얼마인가?

① 153.75만원 ② 187.83만원 ③ 200.23만원

④ 225.75만원 ⑤ 255.33만원

〈해설〉 현재의 투자금액 $=\frac{500\text{만원}}{(1.1)^3}=375.66$만원을 목표투자기간=듀레이션($D_P$)인 3년에 맞추면 된다. 채권 A의 투자비율을 W, 채권 B의 투자비율을 $(1-W)$라면 $D_P=W\cdot D_A+(1-W)\cdot D_B$이므로 $D_P=4W+2(1-W)=3$에서 $W=0.5$ & $1-W=0.5$

채권 A의 투자금액 $=(375.66\text{만원})(0.5)=187.83$만원

채권 B의 투자금액 $=(375.66\text{만원})(0.5)=187.83$만원

답 ②

26. 1년 만기 및 2년 만기 순수할인채를 이용하여 신규투자안의 자금을 조달할 계획이다. 투자안의 현재가치가 10억원이고 듀레이션이 1.5년이라고 할 때, 시장이자율변동으로부터 투자안의 가치를 헤지하기 위하여 1년 만기 순수할인채로 조달해야 할 부채금액은 얼마인가?

① 1억 ② 3억 ③ 5억 ④ 7억 ⑤ 9억

〈해설〉 신규투자안의 듀레이션과 부채의 듀레이션을 일치시킨다. 1년 만기 순수할인채로 조달해야 할 금액을 B라고 하면,

$$\frac{B}{10\text{억원}}\times 1+\frac{10\text{억원}-B}{10\text{억원}}\times 2=1.5 \qquad \therefore B=5\text{억원}$$

따라서, 1년 만기 순수할인채로 5억원, 2년 만기 순수할인채로 5억원을 조달하면 된다.

답 ③

27. 현재 채권시장에는 3년 만기 순수할인채와 이자율이 10%인 영구채권만 존재한다. 목표투자기간이 7년이라고 할 때, 이자율변동위험을 회피하기 위한 순수할인채에 대한 투자비율을 현재시점과 1년 후 시점에서 각각 구하라. (1994. CPA 2차 수정)

	현 재	1년 후
①	0.444	0.444
②	0.444	0.5
③	0.5	0.5
④	0.5	0.556
⑤	0.556	0.556

〈해설〉 ⓐ 현재의 투자비율

3년 만기 순수할인채의 듀레이션은 만기인 3년, 영구채의 듀레이션은 $\frac{1+r}{r}=\frac{1.1}{0.1}=$ 11년이고, 목표투자기간＝듀레이션(D_P)인 7년에 맞추면 된다.

3년 만기 순수할인채의 투자비율을 W, 영구채의 투자비율을 $(1-W)$라면 $D_P=W\cdot D_A+(1-W)\cdot D_B=3W+11(1-W)=7$에서 $W=0.5$ & $1-W=0.5$

ⓑ 1년 후의 투자비율

1년이 경과하였으므로, 3년 만기 순수할인채의 듀레이션은 만기인 2년, 영구채의 듀레이션은 시간의 경과와 무관한 11년이고, 목표투자기간＝듀레이션(D_P)인 6년에 맞추면 된다.

$D_P=2W+11(1-W)=6$에서 $W=0.556$ & $1-W=0.444$

답 ④

28. 투자자 동연은 1억원의 부채를 5년 후에 지급해야 한다. 이자율변동에 따르는 부채가치의 변동위험을 헤지하기 위하여 액면이자율이 5%이고 만기가 5년인 채권을 부채액만큼 매입하였다. 수익률곡선은 채권매입시 10%, 매입 후에는 11%로 상승하였다. 이러한 이자율변동이 동연의 자산가치 및 부채가치에 미치는 영향은?

① 자산가치가 부채가치보다 더 크게 상승하므로 이익을 실현한다.
② 자산가치가 부채가치보다 더 크게 상승하므로 손실을 실현한다.
③ 자산가치가 부채가치보다 더 작게 하락하므로 이익을 실현한다.
④ 자산가치가 부채가치보다 더 작게 하락하므로 손실을 실현한다.
⑤ 자산가치와 부채가치의 변동이 일치하므로, 손익은 0이다.

〈해설〉 부채의 듀레이션(D_L)은 5년인데, 매입한 채권은 이표채이므로 듀레이션(D_A)이 5년보다 짧다. 즉, $D_A<D_L$이므로 이자율변동에 따른 가치변동은 부채가 더 크다. 이자율이 상승하였으므로, 채권(자산)가치 하락폭＜부채가치 하락폭이므로, 이익을 실현한다.

답 ③

29. 다음은 시장가치로 표현된 서울은행의 대차대조표이고, ( )안의 숫자는 듀레이션을 나타낸다.

현금	100	정기예금	500 (1)
상업대출	? (2)	C D	300 (5)
주택대출	? (8)	자 본	200
	1,000		1,000

자산과 부채의 이자율이 10%로 동일하다고 가정할 때, 이자율변동에 따른 은행의 순자산가치의 변동위험을 제거하려면 상업대출과 주택대출을 각각 얼마씩 해야 하는가?

	상업대출	주택대출
①	33.33	566.67
②	33.33	866.67
③	566.67	33.33
④	566.67	866.67
⑤	866.67	33.33

〈해설〉 $D_L = \frac{500}{800} \times 1 + \frac{300}{800} \times 5 = 2.5$

$D_A \cdot A = D_L \cdot L$에서 $D_A \cdot 1{,}000 = 2.5 \cdot 800 \quad \therefore D_A = 2$

상업대출의 투자비율을 W라면 주택대출의 투자비율은 $1{,}000 - 100 - W = 900 - W$이므로

$D_A = \frac{100}{1{,}000} \times 0 + \frac{W}{1{,}000} \times 2 + \frac{900-W}{1{,}000} \times 8 = 2 \quad \therefore W = 866.67$

답 ⑤

30. 다음 중 가격위험이 가장 큰 채권을 골라라.

① 만기 10년인 순수할인채
② 만기 10년이고 액면이자율이 8%인데 연 2회 이자를 지급하는 채권
③ 만기 10년이고 액면이자율이 8%인데 연 4회 이자를 지급하는 채권
④ 만기 1년이고 액면이자율이 8%인데 연 2회 이자를 지급하는 채권
⑤ 만기 1년이고 액면이자율이 8%인데 연 4회 이자를 지급하는 채권

답 ①

31. 채권에 대한 다음 설명 중 옳지 않은 것은?

① 채권수익률은 이자수익율(interest yield)과 자본이득율(capital gains yield)의 합이다.
② 액면채의 수익률은 자본이득률은 없고 이자수익률로만 구성된다.

③ 만기에 가까워질수록 채권의 시장가격은 액면가로 접근한다.

④ 다른 조건이 일정하다면, 수의상환조항이 있는 채권의 수익률이 수의상환조항이 없는 채권의 수익률보다 높다.

⑤ 인플레이션이 발생하면 채권가격이 상승한다.

〈해설〉 ④ 수의상환조항이 있으면 투자자가 약속수익률을 실현하지 못할 위험이 있으므로, 이에 대한 보상으로 추가적인 채권수익률을 요구한다.

답 ⑤

32. 채권에 대한 다음 설명 중 옳은 것은?

a. 만기가 10년이고 액면가 100,000원인 무이표채의 만기수익률이 10%였다. 그 후 만기수익률이 12%로 상승하였다면 이 채권은 할인채의 상태가 된다.
b. 만기가 10년이고 액면가 100,000원인 무이표채의 만기수익률이 10%였다. 그 후 만기수익률이 8%로 하락하였다면 이 채권은 할증채의 상태가 된다.
c. 다른 조건이 일정하다면, 만기에 가까워질수록 할인채권의 가격은 상승하고 할증채권의 가격은 하락한다.
d. 만기가 매우 긴 채권의 듀레이션은 만기와 비슷하다.
e. 만기가 매우 긴 채권의 듀레이션은 만기보다 훨씬 짧다.

① *a*, *c* ② *b*, *c* ③ *a*, *b*, *d*

④ *a*, *c*, *e* ⑤ *b*, *c*, *e*

〈해설〉 *a*와 *b*. 무이표채의 가격은 언제나 액면가 이하이므로 할인채 상태이다.

*d*와 *e*. 영구채의 듀레이션이 만기보다 훨씬 짧은 유한값을 가지는 논리처럼, 만기가 매우 긴 채권의 듀레이션은 만기보다 훨씬 짧다.

답 ④

33. 기대가설이 성립하고 투자기간이 동일하며 균형상태인 채권시장을 가정하고, 다음 설명 중 옳은 것을 골라라.

① 장기채의 투자성과는 단기채의 투자성과보다 높다.

② 장기채의 투자성과는 단기채의 투자성과보다 낮다.

③ 장기채의 투자성과와 단기채의 투자성과는 같다.

④ 장기채의 가격은 단기채의 가격보다 높다.

⑤ 장기채의 가격은 단기채의 가격보다 낮다.

〈해설〉 기대가설이 성립하고 투자기간이 동일하면 투자기간말에 장기채와 단기채의 투자성과가 같으므로, 장기채와 단기채간에 완전한 대체관계가 성립한다.

답 ③

34. 채권수익률의 기간구조이론에 대한 설명 중 틀린 것을 골라라.

① 미래의 단기이자율이 현재의 단기이자율과 같다고 기대하면, 기대가설에서의 수익률곡선은 수평선 형태를 보인다.

② 다른 조건이 같다면 장기채의 수익률이 단기채의 수익률보다 높을 것이라는 이론이 유동성 선호가설이다.

③ 만기에 따라 분할된 시장자체에서 형성된 기대이자율과 유동성 프레미엄을 이용한 이론이 시장분할가설이다.

④ 선호영역가설은 기대가설, 유동성 선호가설, 시장분할가설을 절충하는 가설이다.

⑤ 기대가설만 위험중립형 투자자를 가정하고 유동성 선호가설 · 시장분할가설 · 선호영역가설은 위험회피형 투자자를 가정한다.

〈해설〉 ③ 시장분할가설은 기대치나 유동성 프레미엄이 아니라, 만기에 따라 분할된 하위시장자체의 수급원리에 의해서 이자율이 결정된다는 가설이다.

답 ③

35. 다른 조건이 일정하다고 가정할 때, 채권에 대한 다음 설명 중 틀린 것을 골라라.

① 할인채나 할증채 모두 만기에 가까워질수록 채권가격변화율은 체증한다.

② 시장이자율 하락에 따르는 채권가격의 상승폭이 시장이자율 상승에 따르는 채권가격의 하락폭보다 크다.

③ 채권의 만기수익률이 액면이자율보다 크면, 채권의 현재수익률(current yield)이 만기수익률보다 크다.

④ 순수할인채는 재투자위험이 없고 가격위험만 존재한다.

⑤ 이자부채권은 재투자위험과 가격위험이 존재한다.

〈해설〉 ③ 채권의 만기수익률이 액면이자율보다 크면 채권가격이 액면가보다 작다. 한편, 현재수익률(단순수익률)은 연이자지급액을 채권의 현재가격으로 나눈 값이다. 따라서 현재수익률은 채권투자에 따르는 이자수익률은 알 수 있으나 자본이득률과 재투자수익률은 알 수 없다는 단점이 있다.

> 액면이자율(coupon rate, CR)과 현재수익률(current yield, CY) 및 만기수익률(YTM, Y)은 다음과 같은 관계가 성립한다.
>
> 할인채 : $CR<CY<Y$ 　 액면채 : $CR=CY=Y$ 　 할증채 : $CR>CY>Y$

④ 순수할인채는 이자를 지급하지 않으므로 이자의 재투자위험이 없다.

답 ③

36. 채권에 대한 다음 설명 중 맞는 것을 골라라.

① 만기가 동일하다면 액면이자율이 5%인 채권이 10%인 채권에 비해 이자율변동위험이 더 크다.

② 만기가 1년인 채권이 5년인 채권에 비해 이자율변동위험이 더 크다.

③ 만기가 1년인 채권이 5년인 채권에 비해 원금의 재투자위험이 더 작다.

④ 만기 5년인 이자부채권이 영구채권에 비해 이자율변동위험이 더 크다.

⑤ 만기 5년인 순수할인채가 영구채권에 비해 이자율변동위험이 더 크다.

〈해설〉 ③ 단기채일수록 상환될 원금을 재투자할 시간적 여유가 없으므로, 원금의 재투자위험이 더 크다.

④,⑤ 만기가 길수록 이자율변동위험이 더 크다. 영구채는 만기가 무한히 길므로 만기가 있는 채권에 비해 이자율변동위험이 더 크게 노출된다.

답 ①

37. 다음과 같은 자료를 참조하여 단기와 장기의 국공채수익률을 각각 구하라.

자본의 한계생산성=4%	인플레이션 프레미엄=2%
만기 프레미엄=3%	채무불이행 프레미엄=1%

① 4%, 6% ② 6%, 7% ③ 6%, 9%
④ 7%, 9% ⑤ 7%, 10%

〈해설〉 국공채수익률(무위험이자율)은 명목이자율이고, 자본의 한계생산성은 균형상태에서 실질이자율과 동일하다.

단기 국공채수익률=4+2=6%

장기 국공채수익률=4+2+3=9%

답 ③

38. 투자자 갑은 매년 1백만원을 지급하는 영구채권을 2천만원 주고 사거나 매년 1백만원을 10번 지급하는 연금에 투자하려고 한다. 갑의 요구수익률이 변함없다고 가정하고, 영구채권의 가치와 같게 되는 연금의 가치를 구하라. 단, *PVIF*(5%, 10년)=0.61, *PVIFA*(5%, 10년)=7.72, *PVIF*(10%, 10년)=0.39, *PVIFA*(10%, 10년)=6.14이다.

① 610,000원 ② 3,900,000원 ③ 6,140,000원

④ 7,720,000원 ⑤ 10,000,000원

〈해설〉 영구채권의 가치 : $2천만원 = \frac{1백만원}{r}$ ∴ 요구수익률$(r) = 5\%$

연금의 가치 = 1백만원 × $PVIFA$(5%, 10년) = 1백만원 × 7.72 = 7,720,000

답 ④

39. 잔존만기 1개월 남고 액면가 1,000원인 순수할인채의 현재 가격이 980원이라고 하자. 이 채권의 연간 유효수익률(effective annual yield)은 약 얼마인가? 단, $1.01^{12} = 1.1268$, $1.02^{12} = 1.2682$이다.

① 8.24% ② 15.24% ③ 20.36% ④ 26.82% ⑤ 53.64%

〈해설〉 $\frac{1,000 - 980}{980} = 0.02 = r_M$ $1 + r_A = (1 + r_M)^{12}$이므로 $r_A = (1.02)^{12} - 1 = 0.2682 = 26.82\%$

답 ④

40. 잔존만기 3개월 남고 액면가 1,000원인 순수할인채의 현재 가격이 980원이라고 하자. 이 채권의 연간 유효수익률(effective annual yield)은 약 얼마인가? 단, $1.02^{4} = 1.0824$, $1.02^{12} = 1.2682$이다.

① 8.24% ② 15.24% ③ 20.36% ④ 26.82% ⑤ 53.64%

〈해설〉 $\frac{1,000 - 980}{980} = 0.02 = r_Q$ $1 + r_A = (1 + r_Q)^{4}$이므로 $r_A = (1.02)^{4} - 1 = 0.0824 = 8.24\%$

답 ①

41. 채권수익률의 위험구조에 대한 다음 설명 중 틀린 것은?

① 약속수익률(promised yield)은 채무불이행이 없다고 가정할 때의 만기수익률(YTM)로 사전적수익률(ex－ante yield)개념이다.

② 기대수익률(expected yield)은 채무불이행을 고려한 만기수익률이다.

③ 채무불이행위험이 있으면 기대수익률은 약속수익률보다 낮다.

④ 실현수익률(realized yield)은 채권투자자가 실제로 실현한 사후적 수익률(ex－post yield) 개념으로, 약속수익률과 다를 수 있으나 기대수익률과는 일치한다.

⑤ 채권수익률의 스프레드란 위험채권의 약속수익률과 무위험채권의 수익률간의 차이로 정의된다.

〈해설〉 실현수익률은 약속수익률이나 기대수익률과 다를 수 있다. 그 이유로는 채권발행자가 채무불이행을 했거나 투자자가 위험프레미엄에 대한 평가를 잘못했기 때문이다.

답 ④

42. 수의상환조항이 있는 수의상환사채와 이 조항이 없는 일반사채의 가격설명 중 옳은 것은?

① 위 사채들은 발행회사가 같으므로 가격 또한 같다.
② 위 사채들의 가격들은 아무런 관계가 없다.
③ 시장이자율이 하락하면 수의상환사채의 가격이 일반사채의 가격보다 높아진다.
④ 시장이자율이 하락하면 수의상환사채의 가격이 일반사채의 가격보다 낮아진다.
⑤ 시장이자율이 하락하면 일반사채의 가격은 일정하지만 수의상환사채의 가격은 시장이자율과 무관하다.

〈해설〉 시장이자율이 하락하면 사채의 가격이 상승하므로, 발행회사는 수의상환조항이 있는 사채를 미리 정해진 가격(call price)으로 수의상환할 것이다.

답 ④

43. 채권의 듀레이션에 대한 다음 설명 중 틀린 것은?

① 다른 조건이 같다면, 채권의 만기가 길수록 무이표채와 이표채의 듀레이션이 길어진다.
② 다른 조건이 같다면, 채권의 만기가 길수록 영구채의 듀레이션이 길어진다.
③ 다른 조건이 같다면, 시장이자율이 상승할수록 채권의 듀레이션이 짧아진다.
④ 다른 조건이 같다면, 액면이자율이 높을수록 듀레이션이 짧아진다.
⑤ 다른 조건이 같다면, 이자지급횟수가 많을수록 듀레이션이 짧아진다.

〈해설〉 영구채의 만기는 무한이지만, 듀레이션은 시장이자율만 변함없다면 기간의 경과에 상관없이 일정하다.

답 ②

44. 채권의 듀레이션에 대한 다음 설명 중 맞는 것은?

a. 만기이전에 이자를 지급하면 채권만기가 짧아진다는 개념이다.
b. 시장이자율 변화에 따른 민감도로 이해할 수 있다.
c. 시장이자율 변화위험을 면역(헤지)하는데 이용할 수 있다.
d. 시장이자율 변화를 예측하는데 이용할 수 있다.

① *a*　　② *a, b, c*　　③ *a, c, d*
④ *c, d*　　⑤ 모두 정답

〈해설〉 *d*. 듀레이션을 이용하여 시장이자율 변화를 예측할 수 없다.

답 ②

45. 채권의 듀레이션에 대한 다음 설명 중 맞는 것은?

① 연간 100만원을 지급하는 만기수익률 15%인 영구채권과 연간 150만원을 지급하는 만기수익률 15%인 영구채권의 듀레이션은 동일하다.

② 연간 100만원을 지급하는 만기수익률 15%인 영구채권에 비해 연간 150만원을 지급하는 만기수익률 15%인 영구채권의 듀레이션이 더 길다.

③ 연간 100만원을 지급하는 만기수익률 15%인 영구채권에 비해 연간 150만원을 지급하는 만기수익률 15%인 영구채권의 듀레이션이 더 짧다.

④ 영구채권은 만기가 없는 무한이므로 듀레이션을 구할 수 없다.

⑤ 영구채권의 듀레이션 역시 무한이다.

〈해설〉 $D=\dfrac{1+r}{r}$에서 보듯이, 영구채의 듀레이션은 만기수익률(r)의 영향만 받는다.

답 ①

46. 수정듀레이션이 5년인 채권의 현재 가격이 1,000원이라고 하자. 시장이자율이 현재 10%에서 100 베이시스 포인트 하락했을 때, 듀레이션에 의한 이 채권의 가격 변동액은 얼마인가?

① 100원 하락　② 50원 하락　③ 50원 상승
④ 100원 상승　⑤ 알 수 없음

〈해설〉 100 베이시스 포인트(basis point, bp) = 1% = 0.01이므로, $dP=-MD\cdot dr\cdot P=-(5)(-0.01)(1{,}000)=+50$원 (즉, 50원 상승)

답 ③

47. 현재 시장이자율이 12%인데 액면이자율이 12%, 액면가가 1,000원인 채권이 있다. 시장이자율이 50 베이시스 포인트 상승했을 때 채권가격이 30원 하락했다면, 이 채권의 듀레이션이 약 얼마라는 것인가?

① 3.5　② 5.3　③ 6.7　④ 10.5　⑤ 12.3

〈해설〉 시장이자율과 액면이자율이 같으므로, 채권가격은 액면가인 1,000원이다. $50bp=0.5\%=0.005$이므로, $\dfrac{dP}{P}=\dfrac{D}{1+r}\cdot dr$에서 $\dfrac{-30}{1{,}000}=\dfrac{D}{1.12}(0.005)$　$\therefore D=6.72$년

답 ③

48. 액면가액이 1,000원인 정부가 발행한 채권 A와 B가 있다. 우상향형태의 수익률곡선(yield curve)이 완만하게(flatten) 변한다고 할 때, 다음 중 가장 알맞은 채권투자전략을 골라라.

	쿠폰이자율	잔존만기	채권가격
채권 A	8%	2년	1,025원
채권 B	10%	20년	1,000원

① 채권 A를 매입하고 채권 B를 공매한다.

② 채권 A를 공매하고 채권 B를 매입한다.

③ 채권 A와 B를 모두 매입한다.

④ 채권 A와 B를 모두 공매한다.

⑤ 위 정보로는 적절한 채권투자전략을 세울 수 없다.

〈해설〉 채권 A는 단기채이고 채권 B는 장기채이다. 수익률곡선이 만기가 길수록 완만해진다면, 수익률은 단기채보다 장기채가 더 많이 하락한다. 수익률과 채권가격은 반비례하므로, 장기채인 B를 매입하고 단기채인 A를 공매하는 것이 바람직하다.

답 ②

49. 채권투자에 관한 설명 중 가장 옳은 것은? (2003. CPA)

① 채권수익률 하락이 예상되면 장기채와 쿠폰금리(액면이자율)가 높은 채권에 대한 투자를 증가시킨다.

② 채권수익률 기간구조이론 중 불편기대가설이 성립하는 경우, 정부 발행 5년 만기 할인채에 투자하는 장기투자전략과 정부 발행 1년 만기 할인채에 5년 동안 반복 투자하는 롤오버전략(roll over strategy)의 사후적인 투자성과는 같다.

③ 만기가 동일한 채권에서 채권수익률 상승으로 인한 가격하락폭보다 같은 크기의 수익률 하락으로 인한 가격상승폭이 더 크다.

④ 이표채의 듀레이션은 만기에 정비례하고, 만기가 같은 경우에는 쿠폰금리가 높은 채권의 듀레이션이 짧다.

⑤ 수익률곡선타기 전략(riding yield curve)은 수익률곡선이 상향 이동하는 경우에만 효과적인 전략이다.

〈해설〉 ① 쿠폰금리가 낮은 채권에 대한 투자를 증가시킨다.

② 사전적인 투자성과는 같으나, 사후적인 성과는 알 수 없다.

④ 이표채의 듀레이션은 만기에 정비례하지 않는다.

⑤ 상향 또는 하향이동 하는 모든 경우에 효과적인 전략이다.

답 ③

50. 채권에 대한 다음 설명 중 옳은 것은? (2004. CPA)

① 이자율 기간구조상에서 만기가 긴 채권의 만기수익률은 만기가 짧은 채권의 만기수익률보다 항상 높다.

② 다른 조건이 동일하다면, 유동성이 큰 채권의 만기수익률은 유동성위험이 낮은 채권의 만기수익률보다 낮다.

③ 만기가 긴 채권의 듀레이션이 만기가 짧은 채권의 듀레이션보다 클 수도 있고 작을 수도 있다.

④ 다른 조건이 동일하다면, 수의상환조건이 있는 채권의 만기수익률은 수의상환조건이 없는 채권의 만기수익률보다 낮다.

⑤ 일반적으로 채권의 가격위험은 채권만기와 관련이 없다.

〈해설〉 ① 이자율의 기간구조에서 수익률곡선의 형태는 우상향, 우하향, 수평형태가 있다.

② 유동성위험이 있으면 이에 대한 보상을 요구하므로 만기수익률이 그만큼 올라간다.

③ 듀레이션$=f$(만기, 액면이자율, 이자지급횟수, 시장이자율)이므로 만기에 의해서만 듀레이션이 결정되지 않는다.

답 ③

51. 옵션적 특성이 없는 채권(일반사채)과 관련된 다음의 설명 중 가장 올바른 것은? (2005. CPA)

① 만기에 가까워질수록 할증채와 할인채 모두 할증폭과 할인폭이 작아지며, 가격변화율도 작아진다.

② 만기에 가까워질수록 액면채는 이자수익률이 커지며 자본이득률이 작아진다.

③ 시장분할가설은 만기에 따라 분할된 하위시장 자체내에서 기대이자율과 유동성프리미엄에 의해 이자율이 결정된다는 가설이다.

④ 순수할인채나 이자부채권이 영구채에 비해 이자율변동 위험에 더 크게 노출된다.

⑤ 순수할인채의 재투자위험은 없으며, 현재수익률(current yield)이 0이다.

〈해설〉 ① 채권가격은 만기에 가까워질수록 액면금액을 향하여 체증적으로 증감한다. 따라서 할증폭과 할인폭이 작아지지만, 가격변화율은 커진다.

② 액면채의 수익률은 시간경과에 상관없이 자본이득률은 없고 이자수익률로만 구성된다.

③ 시장분할가설은 만기에 따라 분할된 하위시장 자체내에서 수요과 공급에 의해 결정될 뿐, 기대치나 유동성프레미엄과 무관하다.

④ 만기가 길수록 이자율변동에 대한 가격변동이 크다.

⑤ 순수할인채는 액면이자가 없으므로 재투자위험이 없으며, 현재수익률(=액면이자÷

채권가격)은 0이다.

답 ⑤

52. 채권에 관한 다음 설명 중 가장 적절하지 않은 것은? (2006. CPA)

① 수익률곡선이 우상향일 때 무이표채의 만기수익률은 동일 조건인 이표채의 만기수익률보다 작다.

② 수익률곡선이 우상향일 때 선도이자율은 현물이자율보다 높게 나타난다.

③ 액면이자율이 낮은 채권의 가격변화율은 쿠폰이자율이 높은 동일 조건의 채권보다 이자율변화에 더 민감하게 반응한다.

④ 무이표채의 듀레이션은 채권의 잔존만기와 동일하다.

⑤ 수의상환채권의 가격은 동일 조건인 일반채권의 가격보다 낮다.

〈해설〉 ① 문제 13번 해설에서 보듯이 이표채의 만기수익률은 현물이자율의 가중평균 개념이다. 무이표채의 경우 만기수익률과 현물이자율이 동일하므로, 수익률곡선이 우상향할 때 무이표채의 만기수익률이 이표채의 만기수익률보다 크다.

② $(1+{}_0R_2)^2=(1+{}_0R_1)(1+{}_1f_2)$에서 보듯이 현물이자율은 단기 현물이자율과 선도이자율의 기하평균 개념이므로, 수익률곡선이 우상향일 때 선도이자율이 현물이자율보다 크다. (문제 13번 해설의 왼쪽그림 참조)

③ 액면이자율이 낮은 채권은 듀레이션이 더 길기 때문에 이자율변화에 더 민감하다.

답 ①

53. 다음 설명 중 가장 적절하지 않은 것은? (2007. CPA)

① 기대이론에 따르면, 시장에서 향후 이자율이 상승할 것이라고 기대될 때만 우상향하는 수익률곡선이 나타난다.

② 유동성선호이론은 수익률곡선이 항상 우상향 모양을 가진다고 주장한다.

③ 국채의 수익률곡선이 평평할 때, 회사채의 수익률곡선은 우상향할 수 있다.

④ 기대이론에 따르면, 선도이자율이 미래의 각 기간별 기대현물이자율과 일치한다.

⑤ 3년 만기의 회사채 만기수익률이 5년 만기 국채의 만기수익률보다 더 낮을 수 있다.

〈해설〉 ③ 국채의 수익률곡선이 수평일지라도, 특정 위험프리미엄이 가산된 회사채의 수익률곡선은 우상향할 수 있다.

④ 기대이론에서는 ${}_1f_2=E({}_1R_2)$이다.

답 ②

54. 채권가치평가와 채권포트폴리오 관리에 관련된 다음 설명 중 가장 적절하지 않은 것은? (2008. CPA)

① 다른 조건은 동일하고 만기가 다른 채권 A(1년), B(3년), C(5년)가 있다. 시장이자율이 상승할 때, 채권 A와 B의 가격하락폭의 차이는 채권 B와 C의 가격하락폭의 차이보다 작다.

② 다른 조건이 일정할 경우 시장이자율이 하락하면 채권의 듀레이션은 길어진다.

③ 시장이자율이 하락할 때 채권가격이 상승하는 정도는 시장이자율이 같은 크기만큼 상승할 때 채권가격이 하락하는 정도보다 더 크다.

④ 채권포트폴리오의 이자율위험을 면역화하기 위해서는 시간이 경과함에 따라 채권포트폴리오를 지속적으로 재조정해야 한다.

⑤ 채권포트폴리오의 이자율위험을 면역화하기 위해서는 시장이자율이 변동할 때마다 채권포트폴리오를 재조정해야 한다.

〈해설〉 ① [그림 8－3]에서 보듯이 채권가격변동폭은 만기가 길수록 증가하나, 그 증감율은 체감한다. 따라서, 채권 A와 B의 가격하락폭의 차이는 채권 B와 C의 가격하락폭의 차이보다 크다.

④⑤ 채권(포트폴리오)의 듀레이션은 시간경과나 이자율변동에 따라 달라지므로, 이들에 따라 듀레이션을 잔여목표투자기간과 일치되도록 재조정해야 한다.

답 ①

55. 정부가 발행한 채권의 만기에 따른 현물이자율(spot rate)과 선도이자율(forward rate)이 다음과 같을 때 3차년도와 4차년도 2년간의 내재선도이자율(implied forward rate)을 연단위로 계산하면 얼마인가?(단, 가장 근사치를 구하라.) (2010. CPA)

만기(년)	현금이자율	선도이자율
1	5.0%	–
2	6.5%	?
3	?	10.0%
4	8.5%	?

① 10.2% ② 10.5% ③ 10.8%
④ 11.1% ⑤ 11.3%

〈해설〉 $(1+{}_0R_4)^4=(1+{}_0R_2)^2(1+{}_2f_4)^2$이므로 $(1+0.085)^4=(1+0.065)^2(1+{}_2f_4)^2$

$\therefore (1+{}_2f_4)^2=1.2219 \quad \therefore {}_2f_4$ (연율) $=\sqrt{1.2219}-1=0.1054=10.54\%$

답 ②

56. 여신전문금융회사인 (주)한강캐피탈은 9.94년의 듀레이션과 100억원의 시장가치를 갖는 자산포트폴리오를 보유하고 있다. 이 자산포트폴리오에 포함된 자산들에 대한 이자는 1년에 2회 6개월마다 수취된다. 이 자산들은 자기자본 10억원과 채권발행 90억원으로 조달된 자금으로 형성되었다. 이 채권의 액면이자는 연 7.25%, 만기는 2년이다. 액면이자는 6개월마다 지급된다. 현재 이 채권의 시장가격은 액면가와 동일하다. 각 시점에서 발생하는 1원의 현재가치는 다음의 표와 같다.

현금흐름 발생시점 (단위: 연도)	현가요소	현금흐름 발생시점 (단위: 연도)	현가요소
0.5	0.9650	1.5	0.8987
1.0	0.9313	2.0	0.8672

(주)한강캐피탈의 자기자본가치의 변동을 면역(immunization)하려면 자산포트폴리오의 듀레이션은 얼마로 조정되어야 하는가? (단, 자산과 부채에 적용되는 시장이자율의 변화는 동일하며, 소수 셋째자리에서 반올림하여 계산한다.) (2010. CPA)

① 1.53 ② 1.62 ③ 1.71

④ 1.83 ⑤ 1.97

〈해설〉 이자 = 50억 × 0.0725 = 6.525억원(연간) ÷ 2 = 3.2625억원

$$D_L = \frac{3.2625\text{억} \times 0.9650}{90\text{억}} \times 0.5 + \frac{3.2625\text{억} \times 0.9313}{90\text{억}} \times 1.0 + \frac{3.2625\text{억} \times 0.9650}{90\text{억}}$$

$$\times 1.5 + \frac{93.2625\text{억} \times 0.8672}{90\text{억}} \times 2.0 = 1.9\text{년}$$

듀레이션 대응전략 : $D_A \times A = D_L \times L$이므로 $D_A \times 100$억원 $= 1.9$년 $\times 90$억원.

$\therefore\ D_A = 1.71$년

답 ③

57. 채권의 평가 및 투자전략에 관한 설명으로 가장 적절하지 않은 항목만으로 구성된 것은? (2011. CPA)

> a. 채권평가에서 만기수익률 상승으로 인한 가격하락폭보다 같은 크기의 만기수익률 하락으로 인한 가격상승폭이 더 크다.
> b. 채권에 3년간 투자시, 채권수익률 기간구조이론 중 불편기대가설이 성립하는 경우 정부발행 3년 만기 할인채에 투자 · 보유전략과 정부발행 1년 만기 할인채에 3년 동안 선도계약을 활용하지 않고 반복투자하는 롤오버 전략의 사후적인 투자성과는 같다.
> c. 다른 조건이 동일하다면, 수의상환조건이 있는 채권의 만기수익률은 수의상환조건이 없는 채권의 만기수익률보다 낮다.
> d. 수익률곡선타기는 수익률곡선이 우상향할 때 효과적인 채권투자전략이다.
> e. 이표채의 듀레이션은 만기에 정비례하고 만기가 같은 경우에는 액면이자율이 높은 채권의 듀레이션이 짧다.

① *a, c, e* ② *a, d, e* ③ *b, c, d*
④ *b, c, e* ⑤ *c, d, e*

〈해설〉 *b.* 불편기대가설이 성립하는 경우 사전적인 투자성과는 동일하지만, 사후적인 투자성과는 다를 수 있다.

답 ④

58. 채권 A, 채권 B, 채권 C에 대한 정보가 다음의 표와 같다. 시장이자율 변동이 각 채권의 만기수익률에 동일한 크기의 영향을 미친다고 가정할 때 채권 A, B, C에 대한 설명으로 가장 적절하지 않은 것은? (2011. CPA)

	채권 A	채권 B	채권 C
채권유형	무이표채	이표채	이표채
액면금액	1억원	1억원	1억원
액면이자율	–	연 5%	연 10%
잔존만기	5년	5년	5년
액면이자 지급시기	–	매년 12월 31일	매년 12월 31일
만기수익률	연 8%	연 8%	연 8%

① 현재 시점에서 채권 A의 가격이 가장 낮다.
② 시장이자율이 변동하면 채권 A의 가격변동률이 가장 크다.
③ 채권 A의 듀레이션은 5년이다.
④ 채권 B와 채권 C의 듀레이션은 5년보다 작다.
⑤ 현재 시점에서 채권 B의 듀레이션 및 가격은 채권 C의 듀레이션 및 가격보다 작다.

〈해설〉 액면이자율이 낮은 채권 B의 듀레이션이 채권 C의 듀레이션보다 길다.

답 ⑤

59. 만기 5년, 액면가 1,000원, 액면이자율 7%인 이표채가 있다. 만기수익률이 현재 11%에서 9%로 하락할 때, 채권가격의 변화율을 다음의 두 가지 방법으로 구하려고 한다. 첫째, 이표채로부터 발생하는 현금흐름의 현재가치를 구한 아래의 표를 이용하여 실제 채권가격변화율을 구하고 그 값을 채권가격변화율$_A$ 라고 한다. 둘째, 이표채의 매컬리(Macaulay) 듀레이션을 아래의 표를 이용하여 구하고, 그 값을 채권가격변화율$_B$ 라고 한다. 이때 (채권가격변화율$_A$ − 채권가격변화율$_B$)의 값으로 가장 가까운 것은? (2012. CPA)

(만기수익률이 11%인 경우)				(만기수익률이 9%인 경우)			
(1) 연도	(2) 현금흐름	(3) (2)의 현가	(1)×(3)	(1) 연도	(2) 현금흐름	(3) (2)의 현가	(1)×(3)
1	70	63.06	63.06	1	70	64.22	64.22
2	70	56.81	113.63	2	70	58.92	117.84
3	70	51.18	153.55	3	70	54.05	162.16
4	70	46.11	184.44	4	70	49.59	198.36
5	1,070	634.99	3,174.96	5	1,070	695.43	3,477.13

① 0.37% ② 0.42% ③ 0.47%

④ 0.52% ⑤ 0.57%

〈해설〉 YTM(11%인 경우 채권가격) = 63.06+56.81+51.18+46.11+634.99 = 852.15

YTM(9%인 경우 채권가격) = 64.22+58.92+54.05+49.59+695.43 = 922.21

[채권가격변화율$_A$: 실제 채권가격변화율]

$$\frac{dP}{P} = \frac{922.21-852.15}{852.15} = 0.0822$$

[채권가격변화율$_B$: 실제 채권가격변화율]

$$D = \frac{63.06+113.63+153.55+184.44+3,174.9}{852.15} = 4.33\text{년}$$

$$\frac{dP}{P} = -(\frac{D}{1+r})dr = -(\frac{4.33}{1+0.11})(-0.02) = 0.078$$

∴ 채권가격변화율$_A$ − 채권가격변화율$_B$ = 0.0822 − 0.078 = 0.0042 = 0.42%

답 ②

60. 이자율기간구조 이론에 관한 설명으로 가장 적절하지 않은 것은? (2012. CPA)

① 기대가설에 따르면 미래 이자율이 오를 것으로 예상하면 수익률곡선은 우상향한다.

② 유동성선호가설에 따르면 투자자들이 위험회피형이라고 할 때, 선도이자율은 미래 기대현물이자율(expected spot rate)보다 높다. 따라서 미래 기대현물이자율이 항상 일정한 값을 갖는다고 해도 유동성 프리미엄이 점차 상승한다면 수익률곡선은 우상향한다.

③ 기대가설에 따르면 2년 만기 현물이자율이 1년 만기 현물이자율보다 높으면, 현재로 부터 1년 후의 선도이자율은 1년 만기 현물이자율보다 높아야만 한다.

④ 기대가설에 따라 계산한 선도이자율은 미래 기대현물이자율과 같지 않다.

⑤ 실질이자율과 이자율 위험프리미엄이 일정하다고 가정할 때, 투자자들이 미래의 인플레이션율이 더 높아질 것이라고 믿는다면 수익률곡선은 우상향한다.

〈해설〉 기대가설에서는 ${}_1f_2 = E({}_1R_2)$이다.

답 ④

제4부

자본비용과 자본구조

제10장

자본비용

제 1 절 자본비용의 개념

1. 자본비용의 의의

(1) 자본비용

기업은 투자에 필요한 자금을 자본시장에 있는 투자자로부터 조달하는데, 투자자들은 자신들이 제공한 자본에 대하여 대가를 요구한다. 따라서 기업은 자본사용에 대한 대가를 지불하는데, 그 대가를 자본비용(cost of capital)이라고 한다.

일반적으로 자본비용은 절대금액이 아니라, 조달액에 대하여 지급하는 대가를 연율로 측정한다. 예컨대 자본을 10억원 이용하는 대가로 연간 1억원을 지급했다면 자본비용은 10%이다.

(2) 자본비용의 용도

① 자본비용은 가치를 측정하는 기준이 된다. 즉 기업가치나 · 자산가치 · 증권(주식이나 채권)가치 · 투자안의 가치 등을 평가하는데 적절한 할인율로 사용된다.

② 자본비용은 투자안의 경제성을 판단하는 기준이 된다. 제3장에서 배웠듯이 *IRR*법에서 투자안의 내부수익률이 자본비용보다 크면 경제성이 있는 투자안이라고 한다.

③ 자본비용은 자본조달방법(자본구조)를 결정하는 요인이 된다. 제11장에서 배우겠지만 기업가치를 극대화를 하려면, 자본비용이 최소화되도록 자본을 조달해야 한다.

(3) 자본비용의 다른 용어

① 투자자입장

투자자가 기업에 10억원을 제공하면서 10%의 수익을 기대했다면 이 10%는 기대수익률(expected rate of return)이다. 이 기대수익률은 투자자들의 투자자본에 대하여 요구하는 수익률이므로 요구수익률 혹은 필수수익률(required rate of return)이라고도 한다. 10%의 수익률을 상회해야 투자하므로 장애율(hurdle rate)이라고도 하고, 10%의 수익률이 나오지 않으면 투자자들이 자본을 제공하지 않으므로 절삭률 혹은 거부율(cutoff rate)의 개념도 되며, 투자자들은 이 10%수익률을 다른 투자기회의 수익률과 비교하므로 기회비용(opportunity cost)의 개념도 된다.

② 기업입장

자본비용은 미래현금흐름을 할인하여 기업가치를 구하는데 이용하기 때문에 할인율(discount rate) 혹은 자본환원율(capitalization rate) 이라고도 한다.

자본비용 = 기대수익률 = 요구수익률 = 필수수익률 = 장애율 = 절삭률 = 거부율 = 기회비용 = 할인율 = 자본환원율

2. 자본비용의 종류

(1) 원천별 자본비용과 가중평균 자본비용

기업의 자본조달원천은 타인자본(채권), 우선주, 자기자본(보통주) 등인데, 원천별 자본비용(component cost of capital)은 이 중 특정 원천으로 자본을 조달했을 때 부담하는 자본비용이다. 예컨대 타인자본으로 조달시 부담하는 비용은 타인자본비용(k_d), 우선주로 조달시 부담하는 비용은 우선주 자본비용(k_P), 자기자본으로 조달하였을 때 부담하는 비용은 자기자본비용(k_e)이다.

가중평균자본비용(weighted average cost of capital, *WACC*)은 원천별 자본비용(k_d, k_p, k_e)을 각 원천자본이 차지하는 구성비율로 가중평균한 값을 말한다. 즉 기업이 하나의 원천이 아니라 여러 원천으로 부터 자본을 조달하는 경우의 자본비용이 곧 가중평균자본비용이다.

(2) (기존)기업의 자본비용과 (신규)투자안의 자본비용

기업은 여러 개의 투자안(또는 사업부)로 구성되어 있다고 할 수 있으므로, 기업전체의 위험과 개별투자안의 위험은 서로 다를 수 있다. 일반적으로 기업의 자본비용은 기존의 기업자산에 적용되는 자본비용이고, 투자안의 자본비용은 신규투자안에 적용될 자본비용을 말한다. 따라서 신규투자안의 위험이 기존기업의 위험과 상이할 경우 두 자본비용은 다를 것이다.

(3) 평균자본비용과 한계자본비용

평균자본비용(average cost of capital)은 기업이 이미 조달한 자본총액에 대한 자본비용을 말하며, 한계자본비용(marginal cost of capital)은 이번에 새롭게 조달하고자 하는 자본에 대한 비용을 말한다. 조달된 자본은 기업의 금고나 은행계정에 고스란히 보관되어 있는 것이 아니라 투자결정에 벌써 소요되었으므로, 신규투자안에 대한 투자결정의 자본비용은 한계자본비용을 의미한다.

제 2 절 원천별 자본비용

1. 타인자본비용

타인자본비용(cost of debt, k_d)은 기업이 채권(부채, 타인자본)을 발행하여 자금을 조달하는 경우 부담해야 하는 대가로써 채권자에게 지급하는 비용으로 채권자비용, 이자비용이라고도 한다.

(1) 세전 타인자본비용

세전 타인자본비용(k_d)은 원래 부채조달액(부채의 시장가치)과 기업이 부담해야 하는 원리금의 현가를 일치시키는 할인율을 말하는데, 이는 제9장 2절에서 배웠던 채권자가 요구하는 만기수익률(YTM)이지 쿠폰(액면)이자율(CR)이 아니다.

$$B_0 = \sum_{t=1}^{n} \frac{I}{(1+r)^t} + \frac{F}{(1+r)^n} \qquad (10-1)$$

단, B_0 = 부채조달액 (부채의 현재 시장가치)

그렇지만 계산이 번거롭기 때문에 일반적으로 다음과 같은 가정을 하여, 식(9-2)를 주로 이용한다.

① 액면발행 : 부채(채권)가 액면으로 발행되면 만기수익률(세전 타인자본비용, k_d)이 액면이자율(coupon rate, CR)과 동일하다.

② 무위험부채 : 부채가 무위험부채라면 세전 타인자본비용(k_d)은 무위험이자율(R_f)과 동일하다.

③ 부채를 영구히 사용 : 부채를 영구히 사용한다면 기업이 부담해야 하는 것은 원리금(원금과 이자)이 아니라 이자이다.

$$k_d = \frac{I}{B} \text{ 혹은 } I = k_d B \qquad (10-2)$$

단, B = 부채조달액(차입금) I = 매년의 이자지급액

예제 ⑩ - 1 세전 타인자본비용의 계산

(주)서울의 영업이익은 5억원인데, 10억원의 부채를 사용하고 있으며 부채사용에 대한 대가로 매년 1억원의 이자를 지급하고 있다. (주)서울의 세전 타인자본비용(k_d)을 구하라.

영업이익=5억원 $B=10$억원 $I=1$억원

$$k_d=\frac{I}{B}=\frac{1\text{억원}}{10\text{억원}}=0.1=10\%$$

(2) 세후 타인자본비용

타인자본비용(이자비용)은 영업외비용으로 손비처리된다. 따라서 기업이 실제로 부담하는 현금유출은 I가 아니라 $I \cdot T_C$만큼 손비처리를 받으므로 결국 $I-I \cdot T_C=I(1-T_C)$가 되는데, 이를 세후 타인자본비용(k_i)이라고 한다. 여기에서 $I \cdot T_C$만큼 현금유출의 절감효과가 있는데 이를 이자비용의 절세(감세)효과라고 한다.

$$k_i=\frac{I(1-T_C)}{B}=k_d(1-T_C) \qquad (10-3)$$

단, T_C=법인세율

예제 ⑩ - 2 세후 타인자본비용의 계산

〈예제 10-1〉의 조건과 동일한데 법인세 존재만 추가하여 보자. 법인세율이 40%일 때 부채를 사용하지 않은 경우와 부채를 사용하는 경우의 순이익을 각각 구하여 실질적인 타인자본비용을 구하라.

영업이익=5억원 $B=10$억원 $I=1$억원 $T_C=0.4$

	부채를 사용하지 않은 경우($I=0$)	부채를 사용하는 경우($I=1$억)
영업이익	5억	5억
이자지급액(I)	0	1억
세전이익	5억	4억
법인세($T_C=0.4$)	2억	1.6억
순이익	3억	2.4억

위에서 보듯이 부채를 사용하면 부채를 사용하지 않은 경우에 비하여 순이익이 0.6억원 감소하였다. 즉 부채사용으로 인한 실질적인 이자지급액은 1억원(I)이 아니라 0.6억원이므로 0.4억원($I \cdot T_C$=1억원×0.4)만큼 이자지급액이 절감되었다. 따라서 법인세가 존재하는 경우 기업의 실질적인 타인자본비용(k_i)은 다음과 같다.

$$k_i = \frac{I - I \cdot T_C}{B} = \frac{1\text{억원} - 0.4\text{억원}}{10\text{억원}} = 0.06 = 6\% \text{ 혹은}$$

$$k_i = \frac{I(1 - T_C)}{B} = k_d(1 - T_C) = 10\%(1 - 0.4) = 6\%$$

2. 우선주 자본비용

우선주의 배당은 미리 정해진 배당율에 액면가를 곱하여 지급된다. 확정배당이 지급되는 우선주의 가치는 영구채와 동일한 논리로 평가할 수 있다.

$$P_p = \frac{D_p}{k_p} \text{ 혹은 } k_p = \frac{D_p}{P_p} \qquad (10-4)$$

단, P_p=우선주 주가　D_p=주당 우선주배당금　k_p=우선주 자본비용

예제 ⑩ - 3 우선주비용의 계산

(주)서울의 우선주에 대한 자료는 다음과 같다. 주당액면가는 10,000원이고 현재 시장가격은 9,000원이며 배당율은 10%이다. 이 때 우선주비용을 구하라.

$$k_p = \frac{D_p}{P_p} = \frac{10{,}000\text{원} \times 10\%}{9{,}000\text{원}} = 11.11\%$$

3. 자기자본비용

자기자본비용(cost of equity, k_e)은 보통주를 발행하여 자금을 조달하는 대가로 주주에게 지급하는 비용으로, 보통주 자본비용(cost of common stock) 혹은 주주

비용이라고도 한다. 타인자본비용이나 우선주 자본비용에 비하여 자기자본비용을 계산하기는 어렵다. 왜냐하면 보통주주들이 기업의 주식에 투자하여 얻는 대가인 배당과 자본이득(시세차익)은 미래의 경영성과에 따라 좌우되기 때문이다. 따라서 자기자본비용은 이러한 불확실성(위험)이 내포되는데, 이것을 계산하는 것이 자기자본비용을 산출하는 관건이 된다. 위험을 고려하여 자기자본비용을 산출하는 방법에는 일반적으로 다음 두 가지가 사용된다.

(1) *CAPM*을 이용하는 방법

*CAPM*의 성립가정이 충족된다면 *SML*에 의해 산출되는 주식의 기대수익률은 자본시장이 균형인 상태에서 투자자들이 그 주식에 대하여 요구하는 수익률이다. 따라서 기업의 입장에서는 주식을 발행하는 경우 부담해야 하는 자본비용이 될 것이다.

$$k_e = R_f + [E(R_M) - R_f] \cdot \beta_i$$

예제 ⑩ - 4 CAPM을 이용한 자기자본비용의 계산

(주)서울의 주식베타는 1.2이고, 무위험이자율은 10%이며 시장포트폴리오의 기대수익률은 15%라고 하자. 이 때 자기자본비용을 구하라.

$$k_e = R_f + [E(R_M) - R_f] \cdot \beta_i = 10 + (15-10)(1.2) = 16\%$$

(2) 배당평가모형을 이용하는 방법

제8장의 2절에서 설명한 배당평가모형을 이용하여 자기자본비용을 산출할 수 있다. 식 (8-1)을 다시 쓰면 아래와 같다.

$$P_0 = \sum_{t=1}^{\infty} \frac{D_t}{(1+k_e)^t}$$

여기에서 P_0는 주식발행을 통한 주당 자금조달금액이고 D_t는 미래에 지급해야 할 대가인 주당배당금이므로, 위의 식을 성립시키는 k_e가 바로 자기자본비용이다.

① 배당금이 매년 일정한 제로성장인 경우

$$k_e = \frac{D_1}{P_0} = \text{배당수익률} = PER\text{의 역수}$$

② 배당금이 매년 g만큼 성장하는 일정성장인 경우

$$k_e = \frac{D_1}{P_0} + g = \text{배당수익률} + \text{성장율}$$

예제 ⑩ – 5 배당평가모형을 이용한 자기자본비용의 계산

(주)서울의 보통주는 현재 주당 27,000원에 거래되고 있다. 다음 각 경우에 자기자본비용을 구하라.

(1) 금년초에 2,000원의 주당배당금을 지급하였는데, 이익과 배당의 성장율이 8%일 때

(2) 금년말의 주당순이익이 3,600원으로 예상되고, 배당성향이 60%이며 재투자수익률이 20%일 때

(1) $k_e = \frac{D_1}{P_0} + g = \frac{2{,}000(1+0.08)}{27{,}000} + 0.08 = 16\%$

(2) 배당성향 $(1-b)$이 0.6이므로 유보율(b)은 0.4이다. 금년말의 주당배당금$(D_1) = EPS_1 \times (1-b) = 3{,}600 \times 0.6 = 2{,}160$원이고, 성장율$(g) = b \times ROE = 0.4 \times 20\% = 8\%$이다.

$$k_e = \frac{D_1}{P_0} + g = \frac{2{,}160}{27{,}000} + 0.08 = 16\%$$

(3) 유보이익과 신주발행의 (자기)자본비용

1) 유보이익의 자본비용

유보이익(retained earnings, RE)은 순이익 중 배당으로 지급하고 남은 자금을 사내에 유보한 자금이다. 유보이익은 보통주처럼 배당금이 지급되는 것이 아니고 타인자본이나 우선주처럼 고정적인 재무비용이 없기 때문에, 유보이익의 자본비용은 없는 것으로 오해할 수 있다. 유보이익은 보통주주에게 배당으로 지급하는

대신 기업의 재투자를 위하여 사내에 유보시킨 것이다. 만일 보통주주들이 배당을 택하였다면 이 배당액으로 해당 기업의 주식을 살 수 있었을 것이다. 그러나 이 경우 보통주주들은 배당을 포기하고 사내유보를 택하였으므로, 기회비용성격으로 유보이익의 수익률을 해당 기업의 주식수익률만큼 요구할 것이다. 따라서 유보이익의 자본비용은 보통주의 자본비용과 동일하므로 별도로 계산하지 않는다. 즉 $k_e = k_e(RE)$이다.

2) 신주발행의 자본비용

기업의 유보자금이 없는 관계로 신주를 발행(newly issued equity, *NIE*)하여 자기자본을 조달하는 경우를 생각하여 보자. 불완전자본시장인 현실세계에서는 보통주를 발행할 때 주권인쇄비나 인수기관에 대한 수수료 등의 발행비용(flotation cost, *F*)이 발생한다. 이 발행비용은 *CAPM*법을 이용하면 측정하기 어려우나, 배당평가모형을 다음과 같이 약간 수정만 하면 측정할 수 있다. 당연히 발행비용 때문에 $k_e(NIE) > k_e(RE)$이다.

$$k_e(NIE) = \frac{D_1}{P_0 - F} + g$$

단, F = 주당 발행비용

여기에서 발행비용이 손비처리가 되는 경우 법인세 감세효과를 반영해야 하는데, F가 세전발행비용이라면 결국 $F(1-T_C)$가 될 것이다.

제 3 절 가중평균자본비용

1. 가중평균자본비용의 의의

일반적으로 기업은 하나의 원천이 아니라 타인자본 · 우선주 · 보통주라는 여러 원천으로 부터 자본을 조달하므로, 여러 가지 자본으로 구성된 기업의 자본구조를 반영한 단일의 자본비용을 구할 필요가 있는데, 이것이 바로 가중평균자본비용(weighted average cost of capital, *WACC*)이다.

가중평균자본비용(k_0, *WACC*)은 기업의 원천별 자본비용을 원천별 자본이 총자본에서 차지하는 비중인 자본구성비율로 가중평균한 값이다.

① 기업의 자본구성이 부채(B)와 보통주(S)로 구성된 경우

$$k_0 = k_d(1-T_c)\left(\frac{B}{S+B}\right) + k_e\left(\frac{S}{S+B}\right) = w_e \cdot k_e + w_d \cdot k_d(1-T_c)$$

② 기업의 자본구성이 부채(B)와 보통주(S) 및 우선주(P)로 구성된 경우

$$k_0 = k_d(1-T_c)\left(\frac{B}{S+B+P}\right) + k_e\left(\frac{S}{S+B+P}\right) + k_p\left(\frac{P}{S+B+P}\right)$$
$$= w_e \cdot k_e + w_d \cdot k_d(1-T_c) + w_p \cdot k_p$$

2. 가중평균자본비용(WACC)의 계산

가중평균자본비용을 계산할 때 가중치(원천별 자본이 총자본에서 차지하는 비중)의 방법에 따라 다음의 세 가지로 구분할 수 있다.

(1) 장부가치 기준

원천별 자본의 장부가치(book value)를 가중치의 기준으로 삼는 방법이다. 이

방법은 재무제표의 자료를 그대로 이용할 수 있으므로 간편하다는 장점이 있지만, 현재의 객관적인 가치를 반영하지 못한다는 단점이 있다.

(2) 시장가치 기준

원천별 자본의 시장가치(market value)를 가중치의 기준으로 하는 방법이다. 시장가치는 증권시장에서 투자자들이 객관적으로 평가한 가치이므로, 이 방법이 장부가치 기준보다 타당하다.

(3) 목표자본구조 기준

기업이 목표로 삼고 있는 최적자본구조를 가중치의 기준으로 삼는 방법이다. 여기에서 목표자본구조(또는 최적자본구조)란 기업가치를 최대화하는 자본구조를 말하기 때문에 세 가지 방법 중에서 가장 좋은 방법이 될 것이다. 그러나 현실적으로 목표자본구조를 정확하게 산출하기 어렵기 때문에, 현재의 시장가치로 평가한 자본구조가 기업의 경영자가 최선의 선택을 한 자본구조라는 가정 하에서 시장가치 기준의 가중치를 쓰는 것이다.

예제 ⑩ - 6 가중평균자본비용의 계산

(주)서울에 대한 자료가 다음과 같다.

원 천	장부가치	자본비용
부채(B)	1억원	10% (k_d)
보통주(S)	1억원	14% (k_e)

(주)서울의 부채는 액면가 10,000원, 시장가격 10,000원인 사채 10,000좌로 구성되어 있다. 보통주의 발행주식수는 1,000주인데 현재 주당 시장가격은 200,000원이다. 한편, (주)서울의 목표자본구조는 자기자본 : 부채=2 : 1이고, 법인세율이 40%라고 가정하고 다음 각 물음에 답하라.

(1) 장부가치를 가중치의 기준으로 한 가중평균자본비용을 구하라.

(2) 시장가치를 가중치의 기준으로 한 가중평균자본비용을 구하라.

(3) 목표자본구조를 가중치의 기준으로 한 가중평균자본비용을 구하라.

(1) $k_0 = k_d(1-T_C)\left(\frac{B}{S+B}\right) + k_e\left(\frac{S}{S+B}\right) = 10(1-0.4)\left(\frac{1}{1+1}\right) + 14\left(\frac{1}{1+1}\right) = 10\%$

(2) 부채(B)의 시장가치 = 1억원 (∵ 액면가 = 시장가격)

보통주(S)의 시장가치 = 200,000원 × 1,000주 = 2억원

$$k_0 = k_d(1-T_C)\left(\frac{B}{S+B}\right) + k_e\left(\frac{S}{S+B}\right) = 10(1-0.4)\left(\frac{1}{2+1}\right) + 14\left(\frac{2}{2+1}\right) = 11.33\%$$

(3) 목표자본구조인 $S : B = 2 : 1$이므로 $S = 2B$이다.

$$k_0 = k_d(1-T_C)\left(\frac{B}{S+B}\right) + k_e\left(\frac{S}{S+B}\right) = 10(1-0.4)\left(\frac{B}{2B+B}\right) + 14\left(\frac{2B}{2B+B}\right) = 11.33\%$$

3. 기존기업의 WACC 및 신규투자안의 WACC

본장의 제1절에서 보았듯이, (기존)기업의 위험과 (신규)투자안의 위험이 동일한 경우에만 신규투자안 평가시 할인율로 기존기업의 *WACC*를 사용할 수 있다. 즉 다음과 같은 조건이 충족되어야 한다.

① 신규투자안의 영업위험이 기존기업의 영업위험과 동일해야 한다.
② 신규투자안의 재무위험이 기존기업의 재무위험과 동일해야 한다.
③ 신규투자안의 원천별 자본비용이 기존기업의 원천별 자본비용과 동일해야 한다.

현실적으로 신규투자안의 영업위험과 재무위험은 기존기업의 영업위험 및 재무위험과 달라서, 신규투자안의 할인율로 기존기업의 *WACC*를 그대로 사용할 수 없다. 또한 기존에 조달된 자본은 이미 투자결정에 소요되었기 때문에, 신규투자안에 필요한 자금을 추가적으로 조달할 때 부담하는 자본비용은 한계자본비용으로 평가해야 한다.

자금조달규모가 늘어날때는 원천별 자본비용이 증가하는 것이 일반적이다. 따라서 투자안의 가중평균자본비용을 구할 때는 신규투자안에 필요한 자금을 추가적으로 조달할 때 부담해야 하는 (증가되는) 원천별 자본비용을 그 자본구성비율로 가중평균해야 하는데, 이를 (신규)투자안의 *WACC*라고 한다.

연습문제

1. 자본비용에 대한 설명으로 틀린 것은?

① 기업이 자본을 사용한 대가로 자본제공자에게 지불하는 비용이다.

② 기업의 자본비용과 투자안의 자본비용은 다를 수 있다.

③ 기업의 입장에서는 자본비용이 되나, 투자자입장에서는 그들이 제공한 투자자금에 대하여 요구하는 최소한의 수익률이다.

④ (기업가치를 하락시키지 않기 위하여,) 기업의 투자안으로부터 벌어들여야 하는 최소한의 수익률이다.

⑤ 기업의 투자안에 투자하여 벌어들일 수 있는 연평균 투자수익률이다.

〈해설〉 ② 기존기업의 위험과 신규투자안의 위험이 다른 경우를고려해야 한다.
⑤는 투자안의 내부수익률(*IRR*)이다.

답 ⑤

2. 다음 설명 중 틀린 것은?

① 투자와 관련된 자본비용은 평균자본비용이 아니라 한계자본비용이다.

② 자본조달원천이 다른 경우 기업의 자본비용은 가중평균자본비용(*WACC*)을 의미한다.

③ 기업의 채권자(k_d), 우선주주(k_P), 보통주주(k_e)들의 요구하는 수익률은 다르다.

④ 기업의 여러 사업부로 구성되어 있을 때, 각 사업부의 자본비용과 기업전체의 자본비용은 다를 수 있다.

⑤ 투자안들의 위험이 달라도 투자안 평가에 쓰이는 적절한 할인율은 모든 투자안들의 평균적 자본비용이다.

답 ⑤

3. 자본비용에 대한 다음 설명 중 틀린 것은?

① 자본조달원천이 다른 경우 각 자본비용을 자본의 비중에 따라 가중평균한 것이다.

② 자본의 비중에 따른 가중치는 시장가치로 해야한다.

③ 자본의 비중에 따른 가중치는 장부가치로 해야한다.

④ 투자안의 자본비용을 계산할 때는 목표자본구조(목표레버리지)를 이용해야 한다.

⑤ 일반적으로 장부가치로 계산된 가중평균자본비용은 시장가치로 계산된 가중평균자본비용보다 작다.

답 ③

4. 다음 중 성질이 다른 하나는? (1991. CPA)

① 필수수익률 ② 장애율 ③ 거부율
④ 기회투자수익률 ⑤ 평균수익률

답 ⑤

5. 불완전자본시장하에서 유보이익의 자본비용에 대한 설명으로 옳은 것은? (1993. CPA)

① 신주발행에 의한 자기자본비용보다 작다.
② 신주발행에 의한 자기자본비용과 같다.
③ 신주발행에 의한 자기자본비용보다 크다.
④ 신주발행에 의한 자기자본비용과는 관계가 없다.
⑤ 자본비용은 없다.

〈해설〉 완전자본시장 : k_e(유보이익) $= k_e$(신주발행)

불완전자본시장 : $k_e(\text{유보이익}) = \dfrac{D_1}{P_0} + g < k_e(\text{신주발행}) = \dfrac{D_1}{P_0 - F} + g$

답 ①

6. (주)서울의 자본구조는 액면가가 5,000원, 시장가격이 10,000원인 보통주 30,000주와 액면가가 1억원, 액면이자율이 14%, 시장가격이 1억원인 회사채로 구성되어 있다. (주)서울의 전기 말 당기순이익은 3,750만원인데 이 중 40%가 배당되었고 재투자수익률은 20%이며, 이러한 배당성향과 재투자수익률은 앞으로도 계속될 것이다. 법인세율이 40%일 경우 (주)서울의 가중평균자본비용(*WACC*)은? (1994. CPA)

① 13.92% ② 15.3% ③ 15.8%
④ 16.16% ⑤ 16.7%

〈해설〉 $k_0 = WACC = k_d(1-T)\left(\dfrac{B}{S+B}\right) + k_e\left(\dfrac{S}{S+B}\right)$에서

$k_d(1-T) = 0.14(1-0.4) = 0.084$

$k_e = \dfrac{D_1}{P_0} + g$에서 $D_0 = \dfrac{(37{,}500{,}000)(0.4)}{30{,}000\text{주}} = 500$

$g = b \cdot ROE = (1-0.4)(0.2) = 0.12$

$$k_e = \frac{500(1+0.12)}{10,000} + 0.12 = 0.176$$

$B = 1$억, $S = (10,000)(30,000) = 3$억

$$\therefore\ k_0 = 0.084\left(\frac{1}{3+1}\right) + 0.176\left(\frac{3}{3+1}\right) = 0.153$$

답 ②

7. 현재의 주식가격이 18,000원이고 올해의 배당금은 1,100원이며 성장률이 10%인 기업이 있다. 무위험이자율이 10%이고 시장수익률이 15%인 경우 이 기업 주식의 베타계수는 얼마인가? (1995. CPA)

① 1.3 ② 1.5 ③ 1.7
④ 1.9 ⑤ 2.0

〈해설〉 $k_e = \frac{D_1}{P_0} + g = \frac{D_0(1+g)}{P_0} + g = \frac{1,100(1+0.1)}{18,000} + 0.1 = 0.1672$

$k_e = E(R_i) = R_f + [E(R_M) - R_f]\beta_i$에서 $0.1672 = 0.1 + (0.15 - 0.1)(\beta_i)$

$\therefore\ \beta_i = 1.34$

답 ①

8. 동일한 회사에서 자산, 부채 및 자기자본에 대해 요구되는 수익률을 큰 것부터 작은 것의 순으로 나열한 것은? (1997. CPA)

① 부채, 자산, 자기자본 ② 자산, 부채, 자기자본
③ 자산, 자기자본, 부채 ④ 자기자본, 부채, 자산
⑤ 자기자본, 자산, 부채

〈해설〉 $k_0 = k_e\left(\frac{S}{S+B}\right) + k_d\left(\frac{B}{S+B}\right)$에서 보듯이 자산에 대한 요구수익률($k_0$)은 채권자의 요구수익률($k_d$)과 주주의 요구수익률($k_e$)을 각 자본의 비중으로 가중평균한 값이므로, 두 값 사이에 있을 것이다.

답 ⑤

9. (주)벤처의 총자산은 부채 5,000만원과 보통주 5,000만원으로 이루어져 있다. 총자산규모가 2억원이 되도록 사업을 확장하려고 한다. 현재 최적인 자본구조를 계속 유지할 것이며, 사업확장에 필요한 자본은 지급이자율이 5%인 회사채와 보통주를 발행하여 조달하기로 하였다. 보통주의 시장가격은 20,000원이고, 주당배당금으로 주당 1,000원을 금년초에 지급했으며, 이는 향후 5%로 성장할 것이다. 신주의 주당발행비용은 2,500원이고 법인세가 40%일 때 (주)벤처의 자본조달비용은 약 얼마인가? (발행비용의 손비처리효과는 무시하라) (2002. CPA)

① 6%　　② 7%　　③ 8%
④ 9%　　⑤ 10%

〈해설〉 $k_d=5\%$　　$k_i=k_d(1-T_c)=5(1-0.4)=3\%$　　$D_0=1,000$

$$k_e=\frac{D_1}{P_0-F}+g=\frac{1,000(1+0.05)}{20,000-2,500}+0.05=11\%$$

$$k_0=k_e\left(\frac{S}{S+B}\right)+k_i\left(\frac{B}{S+B}\right)=(11)\left(\frac{1}{2}\right)+(3)\left(\frac{1}{2}\right)=7\%$$

답 ②

10. 다음 설명 중 옳은 것을 골라라.

> *a*. 부채로 자금을 조달하면 기업의 재무위험을 증가시키기 때문에, 부채비율이 올라가면 기업의 자본비용이 항상 증가한다.
> *b*. 부채로 자금을 조달하는 것이 주식으로 조달하는 것보다 조달비용이 저렴하기 때문에, 부채비율이 올라가면 기업의 자본비용이 항상 감소한다.
> *c*. 부채비율이 올라가면 기업의 타인자본비용과 자기자본비용이 항상 감소된다.
> *d*. 영업레버리지도가 올라가면 부채로 조달하는 것이 보다 유리하다.

① *a*　　② *a, b*　　③ *b, c*
④ *b, d*　　⑤ 정답 없음

〈해설〉 *a*와 *b*. 쉼표(,) 뒤의 내용이 틀리다.
d. 영업레버리지도(*DOL*)는 자본조달방법(재무상태표 대변)과는 무관하다.

답 ⑤

11. 다음 설명 중 가장 옳지 않은 것은? (2005. CPA)

① 약 1,000 종목의 주식에 적절히 분산투자한 투자자가 새로운 주식을 포트폴리오에 편입할 때 요구하는 수익률은 비체계적 위험보다는 체계적 위험에 더 큰 영향을 받는다.
② 경제가 불경기에 처하여 수익성이 높은 투자기회가 축소되면 자금의 수요가 줄어들면서 전반적으로 시장이자율이 하락한다.
③ 물가가 큰 폭으로 상승할 것으로 예상되는 경우, 채권이나 주식 등 금융자산에 대한 요구수익률도 상승한다.
④ 총자산의 약 80%가 자신이 창업한 회사의 주식으로 구성된 경우, 비체계적 위험도 총자산의 수익률에 큰 영향을 미칠 수 있다.
⑤ 어떤 무부채기업이 1억원 상당의 투자안에 대하여 자금을 조달하는 경우, 회사내부의 현금을 사용하는 자본비용이 외부로부터의 자금차입 때의 자본비용보다 대체

로 낮다.

〈해설〉 ③ 인플레이션이 상승하면 피셔(Fisher)식에 의하여 모든 자산에 대한 (명목)수익률이 상승한다.

④ 분산투자가 미약한 경우 비체계적위험의 영향을 많이 받게 된다.

⑤ 회사내부의 현금인 유보이익의 자본비용은 자기자본비용(k_e)과 동일하며, 이는 외부차입시 지불해야 하는 타인자본비용(k_d)보다 더 높은 것이 일반적이다.

답 ⑤

제11장

자본구조이론

Essentials of Financial Management

제 1 절 자본구조이론의 기초개념

1. 자본구조이론의 의의

(1) 자본구조

일반적으로 자본구조(capital structure)란 기업의 장기적 자본구성을 의미하는데, 이는 자기자본(보통주, 우선주, 자본잉여금, 이익잉여금)과 타인자본(장기차입금, 사채)로 구분된다. 그러나 자본구조이론에서 자본구조라고 하는 것은 자기자본과 타인자본의 구성상태를 말한다.[1)]

재무관리의 목표는 기업가치의 극대화이므로, 자본구조이론은 기업가치를 극대화시키는 최적자본구조를 찾고자 하는 이론이다.

(2) 자본구조와 기업가치

자본구조이론은 다른 조건이 일정한 상태에서 자본구조(재무상태표의 대변)와 기업가치간의 관계를 조사하는 이론이다. 따라서 투자결정(재무상태표의 차변인 영업현금흐름과 영업위험)이 일정한 상태에서 자본구조의 변화가 기업가치에 미치는 영향을 분석한다. 예로써 무부채기업이 부채를 사용하여 자본구조에 변화가 발생하면 재무위험이 증가한다. 이 재무위험의 변화는 기업의 자본비용에 영향을 미쳐서 결국 기업가치에 영향을 미친다.

자본구조가 기업가치에 미치는 영향은 다음과 같이 볼 수 있다. 기업가치를 나타내는 식 (1-1)에서 투자결정의 산물인 미래의 (영업)현금흐름이 영구히 일정하

---

1) 자본구조와 비슷한 개념으로 재무구조(financial structure)가 있는데, 이는 단기성 자본을 포함하는 개념으로 재무상태표의 대변에 있는 모든 항목의 구성을 말한다. 그러나 현실적으로는 자본구조와 재무구조를 구분하지 않고, 같은 의미로 쓰고 있다.

고 영업위험이 일정한 상태에서, 자본구조가 기업의 자본비용에 영향을 미치는가의 여부가 자본구조이론의 주요 논점이다.

$$V=\sum_{t=1}^{\infty}\frac{E(CF_t)}{(1+k_0)^t}=\frac{\overline{CF}}{k_0} \qquad (11-1)$$

최대의 기업가치(V)←최소의 k_0(가중평균자본비용)

$$=k_e\left(\frac{S}{S+B}\right)+k_d(1-T_c)\left(\frac{B}{S+B}\right)$$

자본구조 변경→재무위험 변화→가중평균자본비용 변화→기업가치 변화

즉 기업전체의 관점에서 자본비용을 최소로 하는 자본구조를 최적자본구조(optimal capital structure)라고 하는데, 자본구조이론과 관련된 주요 논점은 다음의 두 가지로 요약된다.

① 최적자본구조가 존재하는가?

② 만일 존재한다면 최적자본구조를 실현시킬 수 있는 $\left(\frac{B}{S}\right)$는 무엇인가?

2. 자본구조이론의 발전과정

자본구조이론에서 가장 중요한 이론은 Modigliani and Miller(이하 *MM*)의 이론이므로, 자본구조이론의 발전과정은 이들을 중심으로 다음과 같이 구분할 수 있다. 우선 *MM*이전의 이론에는 순이익(*NI*)접근법, 순영업이익(*NOI*)접근법, 전통적접근법이 있다. *MM*의 자본구조이론에는 완전자본시장을 가정한 무관련이론(1958)과 법인세를 고려한 수정이론(1963)이 있다. 그 이후에는 개인소득세, 파산비용, 대리인비용 등 자본시장의 불완전요인을 고려한 자본구조이론이 출현하였다.

(1) *MM*이전의 자본구조이론

① 순이익 접근법(Net Income, *NI* approach)
② 순영업이익 접근법(Net Operating Income, *NOI* approach)
③ 전통적 접근법(Traditional approach)

(2) *MM*의 자본구조이론

① 무관련이론 : *MM*(1958)(=*NOI* 결론)
② 수정이론 (법인세를 고려) : *MM*(1963)(=*NI* 결론)

(3) *MM*이후의 자본구조이론

① 파산비용이론 : Kraus & Litzenberger(1973)
② 대리인이론 : Jensen & Meckling(1976)
} (=전통적접근법 결론)
③ 균형부채이론 (법인세와 개인소득세를 고려) : Miller(1977)(=*MM*58 결론)

3. 모든 자본구조이론의 공통된 가정

모든 자본구조이론의 공통된 가정은 다음과 같다.

① 기업은 총자본규모가 일정한 상태에서 자본구조를 변경할 수 있다. 따라서 기업은 주식을 발행하여 사채를 상환하거나, 사채를 발행하여 주식재매입이 가능하다.
② 기업은 보통주인 자기자본과 영구적으로 사용하는 무위험부채인 타인자본만으로 구성된다.
③ 기업의 영업이익과 영업위험은 일정하다. 영업이익이 매기간 영구히 일정하다는 것은 기업의 성장이 없다는 것이다.
④ 기업의 순이익은 모두 주주에게 배당으로 지급된다. 이 역시 재투자를 위한 내부유보가 없으므로 기업의 성장이 없다는 것을 의미한다.

제 2 절 MM이전의 자본구조이론

1. 순이익(NI) 접근법

(1) 가 정

① 레버리지(부채의 사용정도)와 상관없이 자기자본비용(k_e)이 일정하다.
② 레버리지(부채의 사용정도)와 상관없이 타인자본비용(k_d)이 일정하다.
③ 자기자본비용(k_e)이 타인자본비용(k_d)보다 높다 ($k_e > k_d$).

(2) 순 서

1) 가 치

① 순이익을 자본화시켜서 자기자본가치를 먼저 구한다 $\left(S=\dfrac{NI}{k_e}\right)$.
② 자기자본가치에 부채가치(B)를 합쳐서 기업가치(V)를 구한다 ($V=S+B$)

2) 할인율

항상 자기자본비용(k_e)과 타인자본비용(k_d)이 일정하므로, 이것을 가중평균자본비용식에 대입하여 가중평균자본비용(k_0)을 구한다 $\left[k_0=k_e\left(\dfrac{S}{S+B}\right)+k_d\left(\dfrac{B}{S+B}\right)\right]$.

(3) 내 용

k_0는 k_e와 k_d를 S와 B의 구성비율로 가중평균한 값인데, $k_e > k_d$이므로 부채사용(B)이 증가하면 k_0는 감소한다. 따라서 부채가 증가하면 기업가치는 증가한다는 논리이므로, 최대한 부채를 많이 사용하는 것이 최적자본구조가 된다. 즉,

$k_0=k_e\left(\dfrac{S}{V}\right)+k_d\left(\dfrac{B}{V}\right)=k_e\left(\dfrac{V-B}{V}\right)+k_d\left(\dfrac{B}{V}\right)=k_e-(k_e-k_d)\dfrac{B}{V}$에서

그림 11-1 순이익접근법의 자본비용과 기업가치

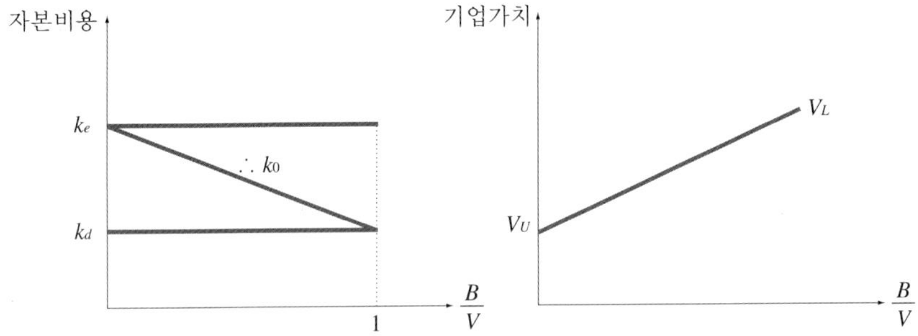

부채를 사용하지 않으면 $k_0=k_e$가 된다. 그러나 부채사용을 증가시켜 마침내 $\frac{B}{V}=1$이 되면 $k_0=k_d$가 되므로, 이 때가 기업의 자본비용이 최소인 상태이다. 따라서 부채를 최대로 사용할 때가 기업가치를 최대화시키는 최적자본구조가 된다.

이를 도시하면 〈그림 11-1〉과 같다.

(4) 한계점

① 부채사용이 증가되면 주주들의 재무위험이 증가함에 따라 자기자본비용(k_e)이 증가하고, 부채사용이 과다하면 채무불이행 위험이 증가하여 타인자본비용(k_d) 역시 증가한다는 사실을 간과하고 있다.

② 자기자본이 잔여적 청구권(residual claims)이라는 사실을 간과하고 있다. 즉 기업가치(V)에서 부채가치(B)를 차감한 나머지가 자기자본가치(S)인데, 순이익접근법에서는 자기자본가치를 먼저 평가하는 모순이 있다.

예제 ⑪ - 1 순이익접근법

연 10%의 영구부채 2,000만원을 사용하는 (주)서울의 영업이익은 1,000만원으로 영구히 지속되리라고 예상된다. (주)서울이 100% 자기자본사용 경우 주주요구수익률(k_e)이 20%라고 하자.

(1) 현재 기업가치와 가중평균자본비용을 구하라.

(2) 1,000만원의 부채를 추가적으로 발행하여 주식재매입을 한다고 할 때, 기업가치와 가중평균자본비용을 구하라.

(3) (1)과 (2)의 결과를 자본비용과 자본구조(B/V) 평면에 도시하라.

$E(NOI)=1{,}000 \quad B=2{,}000 \quad k_d=10\% \quad k_e=20\%$

(1) $S=\dfrac{NI}{k_e}=\dfrac{E(NOI)-k_dB}{k_e}=\dfrac{1{,}000-(0.1)(2{,}000)}{0.2}=4{,}000$만원

$V=S+B=4{,}000+2{,}000=6{,}000$만원

$$k_0=k_e\left(\frac{S}{S+B}\right)+k_d\left(\frac{B}{S+B}\right)=(20)\left(\frac{4{,}000}{6{,}000}\right)+(10)\left(\frac{2{,}000}{6{,}000}\right)=16.67\%$$

(2) $S=\dfrac{NI}{k_e}=\dfrac{E(NOI)-k_dB}{k_e}=\dfrac{1{,}000-(0.1)(3{,}000)}{0.2}=3{,}500$만원

여기에서 k_e는 가정에 의하여 0.2로 일정하다.

$V=S+B=3{,}500+3{,}000=6{,}500$만원

$$k_0=k_e\left(\frac{S}{S+B}\right)+k_d\left(\frac{B}{S+B}\right)=(20)\left(\frac{3{,}500}{6{,}500}\right)+(10)\left(\frac{3{,}000}{6{,}500}\right)=15.39\%$$

(3)

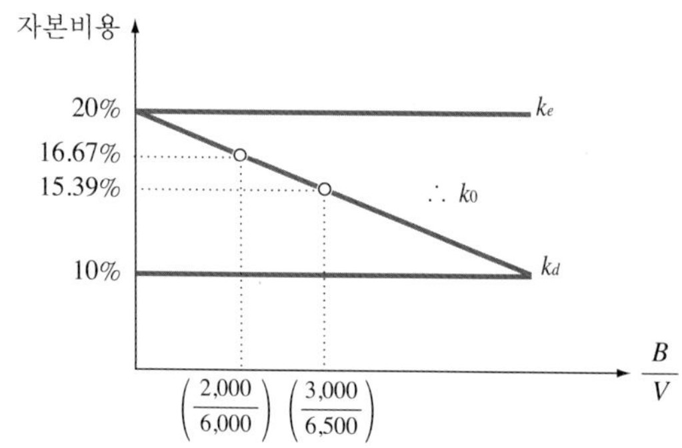

2. 순영업이익(NOI) 접근법

(1) 가 정

① 레버리지와 상관없이 가중평균자본비용(k_0)이 일정하다.

② 레버리지와 상관없이 타인자본비용(k_d)이 일정하다.

(2) 순 서

1) 가 치

① 영업이익을 자본화시켜서 기업가치를 먼저 구한다 $\left(V=\dfrac{NOI}{k_0}\right)$.

② 기업가치(V)에서 부채가치(B)를 차감하여 자기자본가치(S)를 구한다.
$(S=V-B)$

2) 할인율

항상 가중평균자본비용(k_0)과 타인자본비용(k_d)이 일정하므로, 이것을 이용하여 자기자본비용을 구한다.

$$k_e=\frac{NI}{S}=\frac{E(NOI)-k_dB}{S}$$

또는 $k_0=k_e\left(\dfrac{S}{S+B}\right)+k_d\left(\dfrac{B}{S+B}\right)$의 식을 k_e에 정리하여 자기자본비용을 구할 수 있다.

$$k_e=k_0+(k_0-k_d)\left(\frac{B}{S}\right)$$

(3) 내 용

위 식에서 보듯이 k_0와 k_d는 항상 일정하고 $k_0>k_d$이므로[2)]부채사용(B)이 증가하면 k_e는 증가한다. 한편 기업가치는 영업이익을 가중평균자본비용으로 할인한

---

2) $k_e>k_d$이고 $k_0=k_e\left(\dfrac{S}{S+B}\right)+k_d\left(\dfrac{B}{S+B}\right)$이므로 $k_e>k_0>k_d$이다.

그림 11-2 순영업접근법의 자본비용과 기업가치

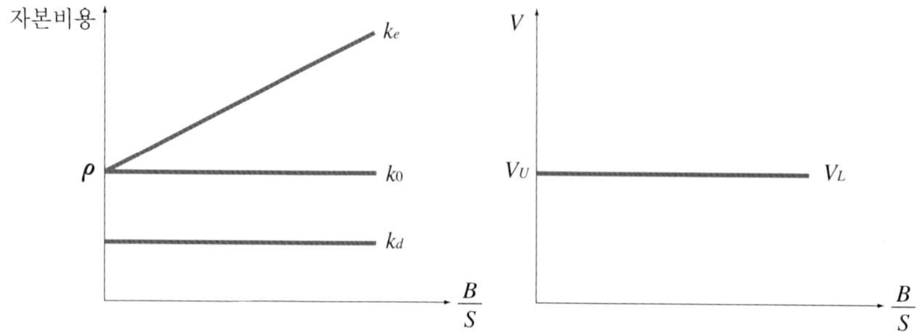

값$\left(V=\frac{NOI}{k_0}\right)$인데 k_0는 가정에 의해 항상 일정하므로, 기업가치 역시 레버리지와 상관없이 일정하다. 즉 기업가치는 영업이익을 (영업위험만을 반영한) 일정한 가중평균자본비용으로 할인하므로, 기업가치는 자본구조와 무관하다는 *MM*58이론의 논리적 배경이 되는 이론이다.

이를 도시하면 〈그림 11-2〉와 같다.

(4) 한계점

부채사용이 과다하면 채무불이행 위험이 증가하여 타인자본비용(k_d)이 증가한다는 사실을 간과하고 있다.

예제 ⑪ - 2 순영업이익접근법

〈예제 11-1〉의 자료를 참조하여 순영업이익접근법으로 다음 각 물음에 답하라.

(1) 현재 기업가치와 자기자본비용을 구하라.

(2) 1,000만원의 부채를 추가적으로 발행하여 주식재매입을 한다고 할 때, 기업가치와 자기자본비용을 구하라.

(3) (1)과 (2)의 결과를 자본비용과 자본구조(B/S) 평면에 도시하라.

(1) 순영업이익접근법은 부채사용여부와 상관없이 가중평균자본비용(k_0)은 항상 16.67%로 일정하다.

$$V=\frac{NOI}{k_0}=\frac{1,000}{0.1667}=6,000\text{만원}$$

$$S=V-B=6,000-2,000=4,000\text{만원}$$

$$k_e=\frac{NI}{S}=\frac{E(NOI)-k_dB}{S}=\frac{1,000-(0.1)(2,000)}{4,000}=20\%\ \text{혹은}$$

$$k_e=k_0+(k_0-k_d)\frac{B}{S}=16.67+(16.67-10)\left(\frac{2,000}{4,000}\right)=20\%$$

(2) $V=\frac{NOI}{k_0}=\frac{1,000}{0.1667}=6,000$만원

$$S=V-B=6,000-3,000=3,000\text{만원}$$

$$k_e=\frac{NI}{S}=\frac{E(NOI)-k_dB}{S}=\frac{1,000-(0.1)(3,000)}{3,000}=23.33\%\ \text{혹은}$$

$$k_e=k_0+(k_0-k_d)\frac{B}{S}=16.67+(16.67-10)\left(\frac{3,000}{3,000}\right)=23.33\%$$

(3)

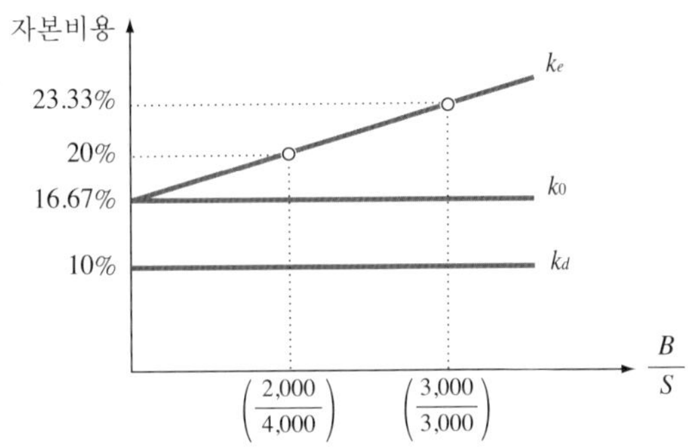

3. 전통적접근법

(1) 가 정

① 레버리지가 증가하면 자기자본비용(k_e)이 증가한다.

② 레버리지가 과다하면 타인자본비용(k_d)이 증가한다.

(2) 순 서

1) 가 치

① 순이익을 자본화시켜서 자기자본가치를 먼저 구한다 $\left(S=\frac{NI}{k_e}\right)$.

② 자기자본가치에 부채가치(B)를 합쳐서 기업가치(V)를 구한다 ($V=S+B$)

2) 할인율

① 부채비율이 적절한 경우에는 k_d가 일정하고 k_e는 NOI접근법보다 완만히 상승한다고 가정하므로, 저렴한 부채비용효과가 자기자본비용의 상승효과보다 크다. 따라서 부채사용이 증가함에 따라 가중평균자본비용이 하락하므로 기업가치는 상승한다.

② 부채비율이 과다한 경우에는 k_d와 k_e가 모두 급격하게 상승한다고 가정한다. 따라서 가중평균자본비용이 증가하므로 기업가치는 하락한다.

(3) 내 용

k_0는 k_e와 k_d를 S와 B의 구성비율로 가중평균한 값인데, 레버리지 사용정도에 따라 k_d와 k_e가 변하므로 k_0도 변한다. 따라서 가중평균자본비용이 최소가 되는 최적자본구조가 존재한다. 이를 도시하면 〈그림 11-3〉과 같다.

그림 11-3 전통적접근법의 자본비용과 기업가치

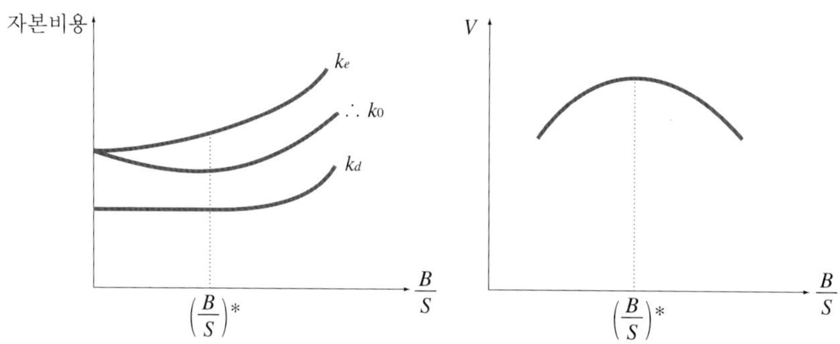

(4) 한계점

① 현실적인 상황만 설명할 뿐 구체적인 이론모형이 없다.

② 자기자본이 잔여적 청구권(residual claims)이라는 사실을 간과하고 있다. 즉 전통적접근법 역시 순이익접근법에서와 같이 자기자본가치를 먼저 평가하는 모순이 있다.

예제 ⑪ – 3 전통적 접근법

연 10%의 영구부채 2,000만원을 사용하는 (주)서울의 영업이익은 1,000만원으로 영구히 지속되리라고 예상된다. (주)서울의 주주요구수익률(k_e)이 20%라고 하자.

(1) 현재 기업가치와 가중평균자본비용을 구하라.

(2) 1,000만원의 부채를 추가적으로 발행하여 주식재매입을 하면 자기자본비용이 10%상승하고 타인자본비용이 5% 상승한다고 할 때, 기업가치와 가중평균자본비용을 구하라.

(1) $S=\dfrac{NI}{k_e}=\dfrac{E(NOI)-k_dB}{k_e}=\dfrac{1{,}000-(0.1)(2{,}000)}{0.2}=4{,}000$만원

$V=S+B=4{,}000+2{,}000=6{,}000$만원

$k_0=k_e\left(\dfrac{S}{S+B}\right)+k_d\left(\dfrac{B}{S+B}\right)=(20)\left(\dfrac{4{,}000}{6{,}000}\right)+(10)\left(\dfrac{2{,}000}{6{,}000}\right)=16.67\%$

(2) $S=\dfrac{NI}{k_e}=\dfrac{E(NOI)-k_dB}{k_e}=\dfrac{1{,}000-(0.15)(3{,}000)}{0.3}=1{,}833$만원

$V=S+B=1{,}833+3{,}000=4{,}833$만원

$k_0=k_e\left(\dfrac{S}{S+B}\right)+k_d\left(\dfrac{B}{S+B}\right)=(30)\left(\dfrac{1{,}833}{4{,}833}\right)+(15)\left(\dfrac{3{,}000}{4{,}833}\right)=20.69\%$

제3절 MM58이론

1. MM58이론의 가정

Modigliani and Miller(*MM*, 1958)은 세금이 없는 완전자본시장에서 기업가치는 자본구조와 무관하다는 무관련이론(irrelevance theory)을 주장하였다.3) 이는 *NOI* 접근법의 결론과 동일하다. *NOI*접근법에서는 기업가치와 자본구조가 무관하다는 것을 증명하지 못하였는데, *MM*은 이를 차익거래과정으로 증명하였다.

*MM*은 논리전개를 위해 다음과 같은 가정을 추가하였다.

① 완전자본시장 : 자본시장에는 세금이나 거래비용같은 제도적 장애요인이 없으며, 모든 투자자에게 정보가 동시에 정확히 전달되며, 모든 투자자는 기업과 동일한 이자율로 얼마든지 차입이나 대출이 가능하다.

② 동질적 (영업)위험집단 : 기업은 영업위험이 같은 동질적 위험집단(homogeneous risk class)으로 분류할 수 있다. 동질적 위험집단이란 영업이익과 영업위험은 동일하면서 자본구조만 다른 기업들이다. 즉 재무상태표로 보면 차변(투자결정)은 동일한데 대변(자본조달결정)만 다른 기업들이다.

③ 무위험부채 : 기업과 투자자는 무위험부채를 사용한다. 즉 $k_d = R_f$이다.

*MM*의 자본구조이론은 다음의 세 가지 명제로 요약된다. 제1명제는 기업가치, 제2명제는 자기자본비용, 제3명제는 (신규)투자안의 절삭률(거부율)에 대한 것이다. 제1명제가 가장 중요하며, 제2와 3명제는 모두 제1명제에서 도출된 것이다.

3) Modigliani, Franco and Miller, Merton, "The Cost of Capital, Corporation Finance and Theory of Investment," *American Economic Review*, June 1958, p. 261~296.

2. MM58의 제1명제

(1) 제1명제의 정의

기업가치는 자본구조(B와 S의 구성비율)과 무관하게 결정된다. 따라서 영업이익과 영업위험(차변)만 동일하면 자본구조(대변)과 상관없이 기업가치가 동일하다.

$$V_L = V_U$$

단, V_L = 부채기업(levered firm)의 가치
V_U = 무부채기업(unlevered firm)의 가치

(2) 제1명제의 의미

무부채기업(U)과 부채기업(L)의 포괄손익계산서를 살펴보자. U기업과 L기업은 영업이익이 같으나 (가정에 의하여), U기업은 이자비용이 없는 반면 L기업은 이자비용이 있다. 따라서 U기업과 L기업은 영업이익(NOI) 아래부터 다르나 NOI는 동일하다. MM은 기업의 현금흐름(CF)을 영업이익(NOI)으로 보았으므로 U기업과 L기업의 현금흐름은 같다.

포괄손익계산서	U기업	L기업	
매출액			
:			
영업이익($NOI, EBIT$)	100억	100억	← $U=L$
이자비용(부채비용)	0	−10억	
:	:	:	

기업가치는 (영업)현금흐름(CF)을 $WACC(k_0)$로 할인하는 것을 이미 식 (10-1)에서 우리는 알았다. 분자는 영업이익(NOI)이므로 분모인 할인율은 영업위험만 반영해야 할 것인데, 업종이 동일하다면 모든 기업의 영업위험이 동일하다.

따라서 기업가치는 *NOI*를 업종내의 동일한 영업위험만 반영된 할인율(ρ)로 할인하므로, 동일업종내의 기업가치를 결정하는 것은 각 기업들의 *NOI*뿐이다. 따라서 부채사용여부는 기업가치를 결정하는데 아무런 영향을 미치지 못할 것이다.

$$V_U = V_L = \sum_{t=1}^{\infty} \frac{E(NOI)}{(1+\rho)^t} = \frac{E(NOI)}{\rho} \tag{11-2}$$

이를 다음과 같이 살펴보자. *U*기업과 *L*기업은 *MM*의 동질적 (영업)위험집단의 가정에 의해 재무상태표의 차변은 동일한데 대변만 다른 기업이다. 이 두 기업가치는 식 (11-2)에 의하여 1,000으로 동일하다. 따라서 영업이익(*NOI*)이 기업가치(*V*)를 결정하는 유일한 변수가 되는 것이므로, 재무상태표의 대변과 무관하게 차변에 의해서 기업가치가 결정된다.

재무상태표

현금흐름(100)	*B*	0	50
영업위험(0.1)	*S*	100	50
		V_U	V_L

$$\Rightarrow V = \frac{E(NOI)}{\rho} = \frac{100}{0.1} = 1{,}000$$

(3) 제1명제의 도출

(1) V_U와 V_L

1) V_U(무부채기업의 가치)

무부채기업의 가치는 기대영업이익을 무부채기업의 자본비용인 ρ로 할인하여 구한다.

$E(CF) = E(NOI)$

$$V_U = \sum_{t=1}^{\infty} \frac{E(NOI)}{(1+\rho)^t} = \frac{E(NOI)}{\rho} \quad \cdots ①$$

2) V_L(부채기업의 가치)

부채기업의 기대현금흐름을 주주와 채권자에게 귀속되는 현금흐름으로 구분하면 다음과 같다.

$E(CF) = k_d B + [E(NOI) - k_d B] = E(NOI)$

$$V_L = \sum_{t=1}^{\infty} \frac{E(NOI)}{(1+k_0)^t} = \frac{E(NOI)}{k_0} \quad \cdots ②$$

*NOI*는 영업위험만 반영한 것(재무위험은 반영하지 않았음)이므로, k_0는 자본구조와 무관하다(∵ 여기에서의 k_0는 재무위험을 반영하지 않았음).

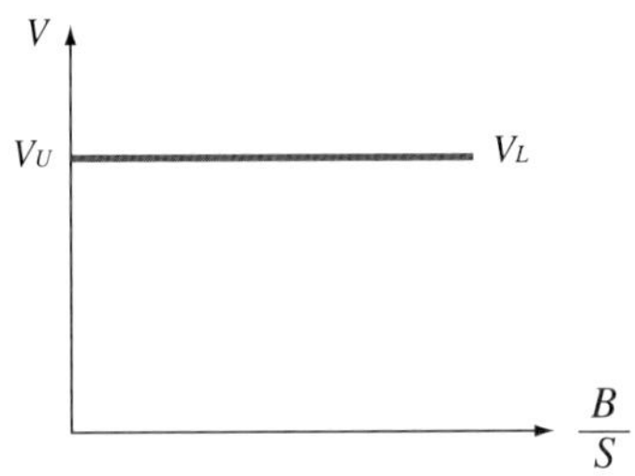

3) $V_U = V_L$

①, ②에서 기대영업이익과 영업위험이 같은 동일한 위험집단이므로, 부채의 사용여부와 관계없이 $V_U = V_L$이다.

(4) *MM*의 차익거래

1) 제1명제의 증명

*MM*은 그들의 가정하에서 자본구조만 다르고 영업이익과 영업위험이 동일한 기업들의 가치는 동일하며, 만일 그렇지 않다면 차익을 얻기 위한 투자자들의 차익거래과정에 의하여 결국 $V_U = V_L$이 된다고 주장하고 있다. 차익거래를 성립시키기 위해서는 자가레버리지의 논리를 알아야 한다.

2) 자가레버리지

자가레버리지(homemade leverage, *HL*)란 투자자들은 자신의 레버리지로써 기업의 레버리지를 완전히 대체할 수 있다는 것이다. 즉 투자자들의 대출 · 차입의 조건이나 수준이 기업과 동일하다면, 투자자들은 자신의 차입과 대출을 통하여 기업과 동일한 자본구조를 구성(따라서 재무위험이 동일)할 수 있을 것이다. 따라서 기업의 자본구조에 차이가 있다고 해서 기업가치가 차이난다고 투자자들은 생각하지 않는다는 것이다.

3) 차익거래과정

다른 조건은 동일하고 자본구조만 다른 U기업(무부채기업)과 L기업(부채사용기업)을 대상으로 다음의 두 가지 투자전략을 생각해 보자.

	U기업	L기업
영업이익	$E(NOI)$	$E(NOI)$
기업가치	$V_U(=S_U)$	$V_L(=S_L+B)$
자기자본가치	S_U	S_L
타인자본가치	·	B
이자율	·	k_d

투자전략 1 : U기업의 총주식 α%만큼 매입한다. 따라서 전략 1의 투자액은 $\alpha S_U=\alpha V_U$이다.

투자전략 2 : L기업의 총주식 α%와 총회사채 α%만큼 매입한다. 따라서 전략 2의 투자액은 $\alpha(S_L+B)=\alpha V_L$이다.

위 전략의 투자액과 연간 투자수익은 다음과 같다.

투자전략	투자액	영업위험	재무위험	연간 투자수익
1	$\alpha S_U=\alpha V_U$	‖	‖	αNOI
2	αS_L, αB → αV_L		by HL	$\alpha(NOI-k_dB)$, αk_dB → αNOI

투자전략 1과 2가 영업위험이 동일하고(동일업종에 있으므로) 재무위험이 동일하며(자가레버리지에 의하여) 투자수익이 αNOI로 동일하므로, 균형상태에서는 두 전략에 대한 투자액(기업가치에 대한 투자소요자금)도 동일해야 한다.

결국 $\alpha V_U=\alpha V_L$이므로 $V_U=V_L$이다.

따라서 차익거래가 발생하지 않으려면 두 기업의 가치가 동일해야 한다. 만일 자본시장이 일시적으로 불균형상태에 있어 $V_U>V_L$ 또는 $V_U<V_L$이면, 투자자들의 차익거래에 의해 결국 $V_U=V_L$의 균형상태가 달성된다.

4) $V_L>V_U$인 경우의 차익거래

현재 주식 L이 과대평가되어 있고 주식 U가 과소평가되어 있으므로, 고평가된 주식 L을 매각(공매)하고 B만큼 차입하여 저평가된 주식 U를 매입함으로써 V_L-V_U 만큼 차익을 얻을 수 있다.

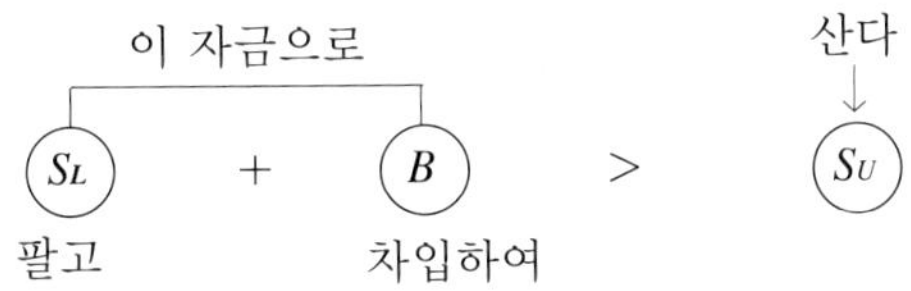

	차 익 거 래	투자자금	연간투자수익	
L	L주식매각	αS_L	$-\alpha(NOI-k_dB)$	← 투자수익 포기
	차입	αB	$-\alpha k_dB$	← 이자지급
U	U주식매입	$-\alpha V_U$	$+\alpha NOI$	← 투자수익
	차 익	$\alpha(V_L-V_U)$	0	

이는 동일한 투자수익을 얻기 위해 U기업에 투자하는 것이 L기업에 투자하는 것보다 투자액(투자소요자금)이 적다는 것이다. 완전자본시장에서는 고평가와 저평가의 정보가 알려지고 차익거래의 제도적 장애요인이 없으므로, 누구나 이러한 차익거래를 할 것이다. 주식 L의 가격은 공급증가로 하락하고 주식 U의 가격은 수요증가로 상승하여 결국 $V_U=V_L$이라는 균형상태를 이루게 된다.

3. MM58의 제2명제

(1) 제2명제의 정의

> 레버리지 증가에 따라 자기자본비용(k_e)은 상승하는데, 이는 부채비용(k_d)의 저렴효과를 정확히 상쇄한다.
>
> $$k_e=\rho+(\rho-k_d)\left(\frac{B}{S}\right) \qquad (11-3)$$

제2명제는 제1명제를 자기자본비용의 측면에서 설명한 것으로 명제의 도출은 다음과 같다. 법인세가 없을 때 자기자본비용은

$$k_e = \frac{NI}{S} = \frac{E(NOI) - k_d B}{S} \qquad (11-4)$$

인데, 제1명제에 의하면 $E(NOI) = \rho V = \rho(S+B)$이므로, 이를 위 식에 대입하여 k_e에 대하여 정리하면 된다.

$$k_e = \frac{\rho S + \rho B - k_d B}{S} = \rho + (\rho - k_d)\left(\frac{B}{S}\right)$$

(2) 제2명제의 의미

1) 주주입장(k_e)

식 (11-3)에서 자기자본비용(k_e)은 ① ρ와 ② $(\rho - k_d)\left(\frac{B}{S}\right)$의 합으로 구성되어 있다. 여기에서 부채가 없다면($B=0$), $k_e = \rho$가 되어 자기자본비용은 영업위험만 반영하므로 무위험이자율과 영업위험에 대한 프레미엄의 합이다. 이는 업종이 같다면 모든 기업에 동일하다. 만일 기업이 부채를 사용한다면($B\uparrow$) 부채사용에 따른 재무위험에 대한 프레미엄의 대가로 자기자본비용은 ②만큼 추가적으로 상승한다.

2) 기업입장(k_0)

이러한 자기자본의 상승효과는 부채비용의 저렴효과를 정확히 상쇄하므로 가

그림 11-4 MM58의 제2명제

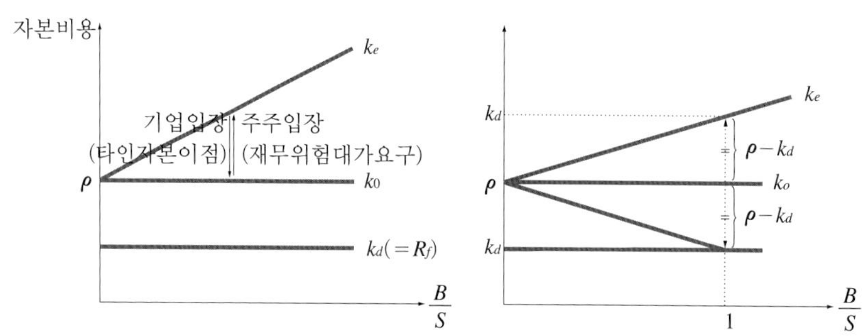

중평균자본비용(k_0)은 레버리지와 상관없이 일정하다.

$$k_0 = k_e\left(\frac{S}{S+B}\right) + k_d\left(\frac{B}{S+B}\right) = \left[\rho + (\rho - k_d)\left(\frac{B}{S}\right)\right]\left(\frac{S}{S+B}\right) + k_d\left(\frac{B}{S+B}\right)$$
$$= \rho\left(\frac{S}{S+B}\right) + \frac{\rho B}{S+B} - \frac{k_d B}{S+B} + \frac{k_d B}{S+B} = \rho\left(\frac{S+B}{S+B}\right) = \rho$$

이상의 설명을 도시한 것이 〈그림 11-4〉이다.

(3) 위험한 영구부채

*MM*의 가정 ③은 무위험 영구부채로 기업이 자금을 조달한다고 하였으나, 위험한 영구부채를 사용하는 경우에도 주주의 유한책임(limited liability) 때문에 기업의 가중평균자본비용(k_0)이 자본구조와 무관하다.

즉 〈그림 11-5〉에서 보듯이 기업이 부채를 과다하게 사용하여 채무불이행위험이 발생하면 부채비용(k_d)은 급격히 상승한다. 그러나 주주들은 유한책임때문에 자기자본비용이 체감적으로 증가(사실상 증가가 거의 없음)하므로 기업의 가중평균자본비용이 일정하게 되는 것이다.

그림 11-5 *MM*58의 제2명제 (위험부채인 경우)

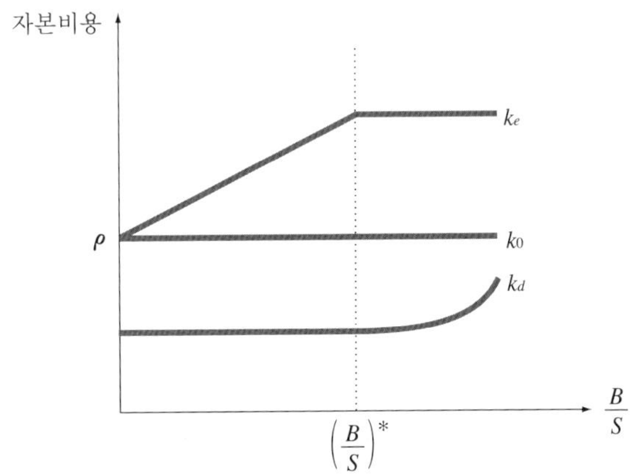

4. MM58의 제3명제

신규투자안에 대한 절삭율(거부율)은 k_0이므로 그 투자안의 영업위험만 반영된 자본비용인 ρ이다. 따라서 신규투자안의 채택여부는 자본조달방법(소요자금을 자기자본으로 하던지 타인자본으로 하던지)과 무관하다.

$$\frac{\Delta E(NOI)}{\Delta C_0} \geq k_0 = \rho \tag{11-5}$$

제3명제는 제1명제를 신규투자안에 적용한 것이다. 기업가치는 곧 투자안가치이므로 평가과정은 동일할 것이다. 제3명제의 도출은 다음과 같다.

신규투자안에 대한 투자채택여부는 $NPV \geq 0$이다. 이는 곧 $\Delta V - \Delta C_0 \geq 0$이므로 $\Delta V \geq \Delta C_0$여야 할 것이다.

제1명제로 부터 $\Delta V = \dfrac{\Delta E(NOI)}{k_0(=\rho)}$ 이므로 $\dfrac{\Delta E(NOI)}{\Delta C_0} \geq k_0 = \rho$

위 식의 좌변은 신규투자안의 투자수익률이고 우변은 신규투자안의 자본비용(거부율)을 의미하므로, 좌변이 우변보다 커야 신규투자안을 채택할 것인데 거부율은 $k_0 = \rho$이므로 자본구조와 무관하다는 것이다.

예제 ⑪ - 4 *MM*58이론

동일업종에 속해 있는 (주)서울과 (주)부산의 영업이익은 2,000만원으로 동일한데, 이같은 수준은 영구히 계속될 것으로 보인다. (주)서울은 무부채기업이고 (주)부산은 이자율 10%인 5,000만원의 부채를 사용하고 있다. 두 기업의 영업위험만 반영된 자본비용은 16%이다. *MM*58의 이론을 이용하여 다음 각 물음에 답하라.

(1) 두 기업의 기업가치와 자기자본가치를 구하라.

(2) 두 기업의 자기자본비용과 가중평균자본비용을 구하라.

(3) (2)의 결과를 도시하라.

$E(NOI)=2{,}000$ $k_0=\rho=16\%$ ($\because$ $MM58$) $B=5{,}000$ $k_d=10\%$
$U=$서울 $L=$부산

(1) $V=\dfrac{E(NOI)}{k_0(=\rho)}=\dfrac{2{,}000}{0.16}=12{,}500$만원 ($MM58$이므로 $V_L=V_U$)

$S_U=V_U=12{,}500$만원

$S_L=V_L-B=12{,}500-5{,}000=7{,}500$만원

(2) ① U기업

U기업은 무부채기업이므로 자기자본비용(k_e)과 가중평균자본비용(k_0)이 ρ와 동일하다.

$k_e=k_0=\rho=16\%$

② L기업

$$k_e=\rho+(\rho-k_d)\left(\frac{B}{S}\right)=16+(16-10)\left(\frac{5{,}000}{7{,}500}\right)=20\%\text{ 혹은}$$

$$k_e=\frac{NI}{S}=\frac{E(NOI)-k_dB}{S}=\frac{2{,}000-(0.1)(5{,}000)}{7{,}500}=20\%$$

$$k_0=k_e\left(\frac{S}{S+B}\right)+k_d\left(\frac{B}{S+B}\right)=(20)\left(\frac{7{,}500}{12{,}500}\right)+(10)\left(\frac{5{,}000}{12{,}500}\right)=16\%\text{ 혹은}$$

$k_0=\rho=16\%$

이와 같이 부채를 사용하면 재무위험이 증가하여 자기자본비용(k_e)이 상승하나, 이 상승효과는 저렴한 부채비용효과(k_d)를 정확히 상쇄하므로 가중평균자본비용은 무부채기업의 자본비용인 ρ와 동일하다.

(3)

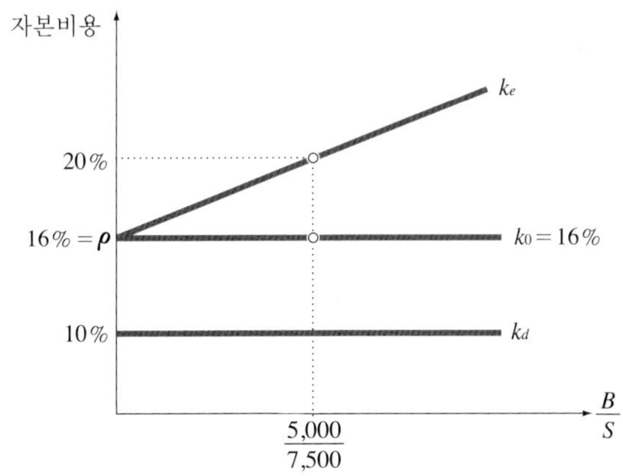

5. NI접근법과 전통적접근법 및 MM58접근법의 비교

*NI*와 전통적 및 *MM*58접근법의 가정과 자본비용 및 가치를 구하는 순서를 아래에 요약하였다.

	NI 접근법	전통적 접근법	*MM*58 접근법
가 정	$k_e > k_d$ k_e와 k_d가 일정	$k_e > k_d$ k_e와 k_d가 부채수준에 따라 변함	$k_e > k_d$ k_0와 k_d가 일정
자본비용을 구하는 순서	$k_e,\ k_d \rightarrow k_0$		$k_0,\ k_d \rightarrow k_e$
가치를 구하는 순서	① $S = \frac{NI}{k_e} = \frac{E(NOI) - k_d B}{k_e}$ ② B ③ $V = S + B$		① $V = \frac{E(NOI)}{\rho(k_0)}$ ② B ③ $S = V - B$

제 4 절 MM63이론

1. MM63이론의 가정

*MM*58이론은 완전자본시장에서 기업가치는 자본구조와 무관하다는 무관련이론이다. 그러나 현실적으로 기업은 법인세를 납부하며, 법인세가 존재하면 부채사용에 대한 이자지급액은 손비처리가 되어 법인세를 절감시켜 준다. 따라서 법인세가 존재하면 부채사용이 증가할수록 기업가치가 증가하므로, 100% 타인자본을 이용하는 것이 최적자본구조라는 것이 *MM*의 수정이론(1963)의 내용이다.[4)]

*MM*63의 자본구조이론 역시 세 가지 명제로 요약되는데, 이 모두가 *MM*58의 내용에 법인세만 추가된 것이다.

2. MM63의 제1명제

(1) 제1명제의 정의

부채기업의 가치(V_L)는 무부채기업의 가치(V_U)보다 법인세 절감액의 현가(T_CB)만큼 크다. 따라서 부채를 사용할수록 기업가치가 증가한다.

$$V_L = V_U + T_CB \qquad (11\text{-}6)$$

단, T_C = 법인세율(corporate tax rate)

4) Modigliani and Miller, "Corporate Income taxes and the Cost of Capital : A Correction," *American Economic Review*, June 1963, p. 433~443.

(2) 제1명제의 의미

식 (11-6)에서 V_U는 자본구조와 상관없이 일정하지만 T_CB는 부채사용이 증가할수록 커지므로 기업가치(V_L)는 부채사용이 증가할수록 상승한다. 따라서 모든 자본을 부채로 조달하는 것이 최적자본구조가 된다는 것이다.

(3) 제1명제의 도출

1) V_U

무부채기업의 가치는 세후기대영업이익을 무부채기업의 자본비용인 $\boldsymbol{\rho}$로 할인하여 구한다.

$$E(CF) = E(NOI)(1 - T_C)$$

$$V_U = \sum_{t=1}^{\infty} \frac{E(NOI)(1 - T_C)}{(1 + \boldsymbol{\rho})^t} = \frac{E(NOI)(1 - T_C)}{\boldsymbol{\rho}}$$

2) V_L

부채기업의 세후기대현금흐름을 주주와 채권자에게 귀속되는 현금흐름으로 구분하면 다음과 같다.

$$E(CF) = k_dB + [E(NOI) - k_dB]\,(1 - T_C) = E(NOI)(1 - T_C) + k_dBT_C$$

여기에서 $E(NOI)(1-T_C)$는 무부채기업의 현금흐름과 동일하며 위험도 동일하므로 $\boldsymbol{\rho}$로 할인한다. 한편 k_dBT_C는 부채로 인한 현금흐름이므로 채권자의 요구수익률인 k_d로 할인한다.

부채기업 = 무부채기업 : $E(NOI)(1 - T_C)$ k_dBT_C(긍정적 효과) → 현가 : T_CB

$$V_L = \sum_{t=1}^{\infty} \frac{E(NOI)(1 - T_C)}{(1 + \boldsymbol{\rho})^t} + \sum_{t=1}^{\infty} \frac{k_dBT_C}{(1 + k_d)^t} = \frac{E(NOI)(1 - T_C)}{\boldsymbol{\rho}} + \frac{k_dBT_C}{k_d}$$

따라서 $V_L = V_U + T_CB$이 된다.

여기에서 T_CB는 법인세 절감액의 현가를 의미하는데, 이를 부채의 법인세 절감효과(tax shield from debt) 혹은 레버리지이득(gain from leverage, G)이라고 한다.

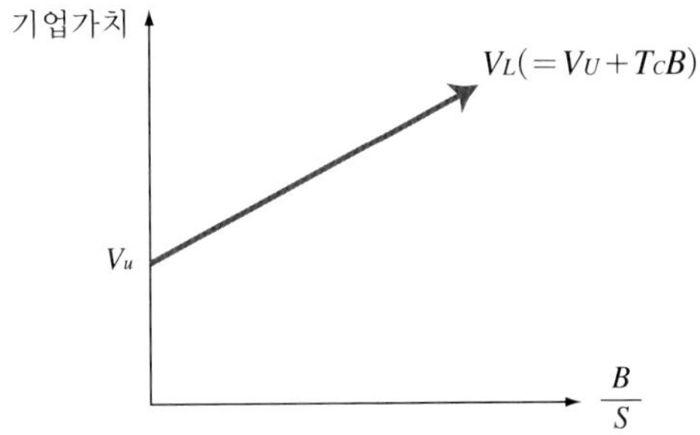

3. MM63의 제2명제

(1) 제2명제의 정의

레버리지 증가에 따라 자기자본비용(k_e)은 상승하는데, 법인세가 없는 경우에 비해 완만하게 상승한다. 따라서 자기자본비용(k_e)의 상승효과는 부채비용(k_d)의 저렴효과보다 작다.

$$k_e=\rho+(\rho-k_d)(1-T_C)\left(\frac{B}{S}\right) \quad (11\text{-}7)$$

법인세가 있을 때 자기자본비용은 다음과 같다.

$$k_e=\frac{NI}{S}=\frac{[E(NOI)-k_dB](1-T_C)}{S} \quad (11\text{-}8)$$

$$k_e=\frac{E(NOI)(1-T_C)\ -\ k_dB(1-T_C)}{S}$$

인데, 제1명제에 의하면 $E(NOI)(1-T_C)=\rho V_U=\rho(V_L-T_CB)=\rho(S+B-T_CB)$이므로, 이를 위 식에 대입하여 k_e에 대하여 정리하면 다음과 같다.

$$k_e=\frac{\rho(S+B-T_CB)-k_dB(1-T_C)}{S}=\frac{\rho S+\rho B(1-T_C)-k_dB(1-T_C)}{S}$$

$$=\rho+(\rho-k_d)(1-T_C)\left(\frac{B}{S}\right)$$

(2) 제2명제의 의미

1) 주주입장(k_e)

식 (11-7)에서 자기자본비용(k_e)은 ① $\boldsymbol{\rho}$와 ② $(\boldsymbol{\rho}-k_d)(1-T_C)\left(\frac{B}{S}\right)$의 합으로 구성되어 있다.

여기에서 부채가 없다면($B=0$), $k_e=\boldsymbol{\rho}$가 되어 자기자본비용은 영업위험만 반영하므로 무위험이자율과 영업위험에 대한 프레미엄의 합이다. 이는 업종이 같다면 모든 기업에 동일하다. 만일 기업이 부채를 사용한다면($B\uparrow$) 부채사용에 따른 재무위험에 대한 프레미엄의 대가로 자기자본비용은 ②만큼 추가적으로 상승한다.

2) 기업입장(k_0)

식 (11-7)을 식 (11-3)과 비교해 보면, 법인세가 있을 때의 자기자본비용의 상승효과가 법인세가 없을 때보다 작다는 것을 알 수 있다. 따라서 법인세가 존재하면 부채사용에 따른 자기자본비용의 상승효과가 부채비용의 저렴효과를 완전히 상쇄하지 못하므로, 부채를 사용할수록 가중평균자본비용(k_0)은 하락한다.

$$k_0=k_e\left(\frac{S}{S+B}\right)+k_d(1-T_C)\left(\frac{B}{S+B}\right)=\left[\boldsymbol{\rho}+(\boldsymbol{\rho}-k_d)(1-T_C)\left(\frac{B}{S}\right)\right]\left(\frac{S}{S+B}\right)+k_d(1-T_C)\left(\frac{B}{S+B}\right)$$

그림 11-6 *MM63*의 제2명제

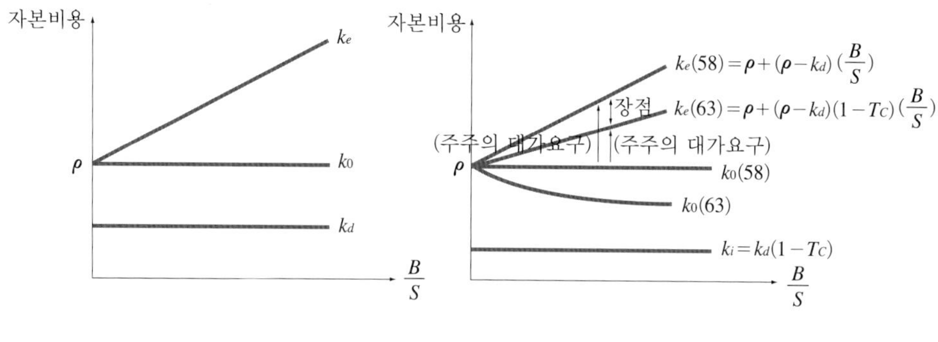

(a) *MM58* (b) *MM63*

$$=\left(\frac{\rho S}{S+B}\right)+\frac{\rho B(1-T_C)}{S+B}-\frac{k_d(1-T_C)B}{S+B}+\frac{k_d(1-T_C)B}{S+B}=\rho\left(\frac{S+B}{S+B}\right)-\rho T_C\left(\frac{B}{S+B}\right)$$

$$=\rho\left[1-T_C\left(\frac{B}{S+B}\right)\right]=\rho\left(1-T_C\cdot\frac{B}{V_L}\right) \qquad (11-9)$$

이상의 설명을 *MM*58과 비교하여 도시한 것이 〈그림 11-6〉이다.

4. MM63의 제3명제

신규투자안에 대한 절삭율(거부율)은 다음과 같다. 따라서 신규투자안이 채택되려면 소요자금을 타인자본으로 조달하는 것이 유리하다.

$$\frac{\Delta E(NOI)(1-T_C)}{\Delta C_0} \geq k_0=\rho\left(1-T_C\cdot\frac{B}{V}\right) \qquad (11-10)$$

신규투자안에 대한 투자채택여부는 $NPV\geq 0$이다. 이는 곧 $\Delta V-\Delta C_0\geq 0$이므로 $\Delta V\geq\Delta C_0$여야 할 것이다.

제1명제로 부터 $\Delta V=\frac{\Delta E(NOI)(1-T_C)}{\rho}+T_C\Delta B$ 이므로

$$\frac{\Delta E(NOI)(1-T_C)}{\rho}+T_C\Delta B \geq \Delta C_0 \qquad \Delta E(NOI)(1-T_C) \geq \rho(\Delta C_0-T_C\Delta B)$$

$$\frac{\Delta E(NOI)(1-T_C)}{\Delta C_0} \geq \rho\left(1-T_C\cdot\frac{\Delta B}{\Delta C_0}\right)=k_0$$

위 식의 좌변은 신규투자안의 투자수익률, 우변은 신규투자안의 자본비용(거부율)을 의미하므로 좌변이 우변보다 커야 신규투자안을 채택할 것이다. 거부율(k_0)은 부채를 사용할수록 점점 더 작아지므로 가능한 한 타인자본으로 조달하는 것이 유리할 것이다. 그런데 *MM*은 기업 나름대로 최적(목표)자본구조를 가지고 있으며, 신규투자에 필요한 소요자금도 이에 따라 조달되기 때문에 한계레버리지인 $\left(\frac{\Delta B}{\Delta C_0}\right)$는 목표레버리지인 $\left(\frac{B}{V}\right)$와 같다고 주장하였다.

	기존의 자본구조	+ 신규투자안	→ 최적(목표) 자본구조
S	70 (0.7)	70 (0.7)	140 (0.7)
B	30 (0.3)	$\Delta B=30$ (0.3)	60 (0.3)
	100	$\Delta C_0=100$	200

따라서 신규투자안의 절삭율(거부율)은 다음과 같다.

$$k_0=\rho\left(1-T_C\cdot\frac{\Delta B}{\Delta C_0}\right)=\rho\left(1-T_C\cdot\frac{B}{V}\right)$$

$MM58$과 $MM63$이론의 주요내용을 〈표 11-1〉에 요약하였다.

〈표 11-1〉 MM58과 MM63의 요약

요 약	$MM58$	$MM63$
명제 Ⅰ	$V_L=V_U\ (\rho=k_0)$ $V_U=\dfrac{E(NOI)}{\rho}\equiv\dfrac{E(NOI)}{k_0}=V_L$	$V_L=V_U+T_cB\ (\rho>k_0)$ $V_L=\dfrac{E(NOI)(1-T_c)}{\rho}+T_cB$ $V_L=\dfrac{E(NOI)(1-T_c)}{k_0}$
명제 Ⅱ	$k_e=\rho+(\rho-k_d)\left(\dfrac{B}{S}\right)$ $k_e=\dfrac{[E(NOI)-k_dB]}{S}$	$k_e=\rho+(\rho-k_d)(1-T_c)\left(\dfrac{B}{S}\right)$ $k_e=\dfrac{[E(NOI)-k_dB]\ (1-T_c)}{S}$
명제 Ⅲ	$\dfrac{\Delta E(NOI)}{\Delta C_0}\geq k_0=\rho$	$\dfrac{\Delta E(NOI)(1-T_c)}{\Delta C_0}\geq k_0=\rho\left[1-T_c\left(\dfrac{B}{V}\right)\right]$
k_0	$k_0=k_e\left(\dfrac{S}{V}\right)+k_d\left(\dfrac{B}{V}\right)$ $k_0=\rho$	$k_0=k_e\left(\dfrac{S}{V}\right)+k_d(1-T_c)\left(\dfrac{B}{V}\right)$ $k_0=\rho\left[1-T_C\left(\dfrac{B}{V}\right)\right]$

예제 ⑪ – 5 MM63 이론

무부채기업인 (주)서울의 영업이익은 1,000만원인데, 이는 영구히 계속될 것으로 보인다. 이제 8% 이자율로 2,000만원의 영구부채를 발행하여 주식을 재매입하려고 한다. 법인세율은 40%이고, 영업위험만 반영된 자본비용은 16%이다. $MM63$의 이론을 이용하여 다음 각 물음에 답하라.

(1) 부채발행전의 기업가치와 자기자본가치를 구하라.
(2) 부채발행전의 자기자본비용과 가중평균자본비용을 구하라.
(3) 부채발행후의 기업가치와 자기자본가치를 구하라.
(4) 부채발행후의 자기자본비용과 가중평균자본비용을 구하라.
(5) (4)번의 가중평균자본비용을 이용하여 부채발행후의 기업가치를 다시 구하라.
(6) (2)번과 (4)번의 결과를 도시하라.

$E(NOI)=1{,}000 \quad \rho=16\% \quad T_C=0.4 \quad (k_d=8\% \quad B=2{,}000)$

(1) $V_U=\dfrac{E(NOI)(1-T_C)}{\rho}=\dfrac{1{,}000(1-0.4)}{0.16}=3{,}750$만원

$V_U=S_U=3{,}750$만원

(2) 무부채상태이면 자기자본비용(k_e)과 가중평균자본비용(k_0)이 ρ와 동일하다.

$k_e=k_0=\rho=16\%$

(3) $V_L=V_U+T_CB=\dfrac{E(NOI)(1-T_C)}{\rho}+T_CB=\dfrac{1{,}000(1-0.4)}{0.16}+(0.4)(2{,}000)=4{,}550$만원

$S_L=V_L-B=4{,}550-2{,}000=2{,}550$만원

(4) $k_e=\rho+(\rho-k_d)(1-T_C)\left(\dfrac{B}{S}\right)=16+(16-8)(1-0.4)\left(\dfrac{2{,}000}{2{,}550}\right)=19.76\%$ 혹은

$k_e=\dfrac{NI}{S}=\dfrac{[E(NOI)-k_dB](1-T_C)}{S}=\dfrac{[1{,}000-(0.08)(2{,}000)](1-0.4)}{2{,}550}=19.76\%$

$k_0=k_e\left(\dfrac{S}{V}\right)+k_d(1-T_C)\left(\dfrac{B}{V}\right)=(19.76)\left(\dfrac{2{,}550}{4{,}550}\right)+(8)(1-0.4)\left(\dfrac{2{,}000}{4{,}550}\right)=13.19\%$ 혹은

$k_0=\rho\left(1-T_C\cdot\dfrac{B}{V}\right)=16\left[1-(0.4)\left(\dfrac{2{,}000}{4{,}550}\right)\right]=13.19\%$

이와 같이 부채를 사용하면 재무위험이 증가하여 자기자본비용(k_e)이 상승하나, 법인세가 존재하면 이 상승효과는 저렴한 부채비용효과(k_i)를 완전히 상쇄하지 못하므로 가중평균자본비용은 무부채기업의 자본비용인 ρ보다 작아진다.

(5) $V_L=\dfrac{E(NOI)(1-T_C)}{k_0}=\dfrac{1{,}000(1-0.4)}{0.1319}=4{,}550$만원

이는 $MM63$의 제1명제를 이용하여 평가한 값과 동일하다.

(6)

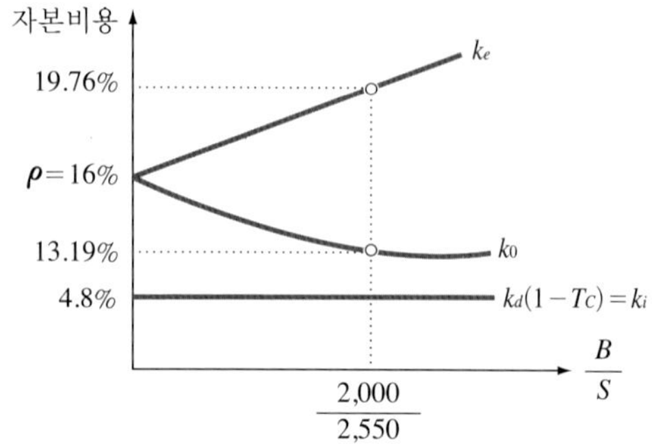

제 5 절 Miller77이론

1. Miller77의 개요

Miller(1977)는 법인세 뿐만 아니라 개인소득세도 고려하여 기업가치와 자본구조간의 관계를 분석하였다.[5] 채권자와 주주들은 이자소득이나 주식투자소득에 대하여 개인적으로 소득세를 납부하는데 이를 개인소득세(personal income tax)라고 한다. 법인세(T_C)와 개인소득세를 고려하면 아래의 표와 같은데, 현실적으로 이자소득(채권투자)에 대한 개인소득세율(T_D)이 주식투자소득에 대한 개인소득세율(T_S)보다 크다.

	주 주	채권자
기 업	법인세(T_C)	-
개 인	자본이득세(시세차익세)(T_S)	이자소득세(T_D)

2. 개인소득세 중 이자소득세(T_D)만 존재시

(1) V_U(무부채기업의 가치)

무부채기업의 가치는 세후 기대영업이익을 무부채기업의 자본비용인 ρ로 할인하여 구한다.

$$E(CF) = E(NOI)(1 - T_C)$$

$$V_U = \sum_{t=1}^{\infty} \frac{E(NOI)(1 - T_C)}{(1+\rho)^t} = \frac{E(NOI)(1 - T_C)}{\rho}$$

---

5) Miller, Merton, "Debt and Taxes", *Journal of Finance*, May 1977, p. 261~276.

(2) V_L(부채기업의 가치)

부채기업의 세후기대현금흐름을 주주와 채권자에게 귀속되는 현금흐름으로 구분하면 다음과 같다.

$$E(CF) = k_dB(1-T_D) + [E(NOI) - k_dB](1-T_C)$$
$$= E(NOI)(1-T_C) + k_dB[(1-T_D)-(1-T_C)]$$

여기에서 $E(NOI)(1-T_C)$는 무부채기업의 현금흐름과 동일하며 위험도 동일하므로 ρ로 할인한다.

한편 $k_dB[(1-T_D)-(1-T_C)] = k_dB(T_C-T_D)$는 부채로 인한 현금흐름이므로, 채권자의 개인소득세 후의 요구수익률인 $k_d(1-T_D)$로 할인한다.

부채기업 = 무부채기업 : $E(NOI)(1-T_C)$
k_dBT_C(긍정적 효과) $-k_dBT_D$(부정적 효과) → 현가 : $B\left(1-\frac{1-T_C}{1-T_D}\right)$

$$V_L = \sum_{t=1}^{\infty}\frac{E(NOI)(1-T_C)}{(1+\rho)^t} + \sum_{t=1}^{\infty}\frac{k_dB[(1-T_D)-(1-T_C)]}{[1+k_d(1-T_D)]^t}$$
$$= \frac{E(NOI)(1-T_C)}{\rho} + \frac{k_dB[(1-T_D)-(1-T_C)]}{k_d(1-T_D)}$$

$$V_L = V_U + B\left(1-\frac{1-T_C}{1-T_D}\right) \qquad (11-11)$$

식 (11−11)의 두번째 항은 부채사용에 따른 이자비용 법인세 감세효과(T_C)라는 긍정적효과와 이자소득에 대한 개인소득세 증가(T_D)라는 부정적효과를 가리킨다.

만일 여기에서 T_D가 없다면 식 (11−11)은 $V_L = V_U + T_CB$가 되어 $MM63$이 된다.

(3) 세율과 최적자본구조

식 (11−11)의 두 번째 항은 레버리지이득(G)을 나타내는데, 레버리지이득의 부호는 T_C와 T_D의 관계에 따라 달라진다.

① $T_C > T_D$인 경우 : 레버리지이득이 0보다 크므로 부채기업의 가치(V_L)가 무부채기업의 가치(V_U)보다 크다. 이때는 부채를 사용할수록 기업가치가 증가하므로, 모든 자본을 부채로 조달하는 것이 최적자본구조이다.

② $T_C = T_D$인 경우 : 레버리지이득이 0이므로 부채기업의 가치가 무부채기업의 가치와 같다. 이때는 기업가치가 자본구조와 무관하므로 최적자본구조가 존재하지 않는다.

③ $T_C < T_D$인 경우 : 레버리지이득이 0보다 작으므로 부채기업의 가치가 무부채기업의 가치보다 작다. 이때는 부채를 사용할수록 기업가치가 감소하므로, 모든 자본을 자기자본으로 조달하는 것이 최적자본구조이다.

세 율	레버리지이득	기업가치	최적자본구조
$(1-T_C)<(1-T_D) \rightarrow T_C>T_D$	$G>0$	$V_L>V_U$	모두 부채로 조달
$(1-T_C)=(1-T_D) \rightarrow T_C=T_D$	$G=0$	$V_L=V_U$	존재하지 않음
$(1-T_C)>(1-T_D) \rightarrow T_C<T_D$	$G<0$	$V_L<V_U$	모두 자기자본으로 조달

이를 도시한 것이 〈그림 11-7〉이다.

3. 개인소득세 중 이자소득세(T_D)와 자본이득세(T_S) 모두 존재시

(1) V_U

무부채기업의 가치는 세후기대영업이익을 무부채기업의 자본비용인 ρ로 할인하여 구한다.

$E(CF) = E(NOI)(1-T_C)(1-T_S)$

그림 11-7 자본구조와 기업가치 (법인세와 이자소득세)

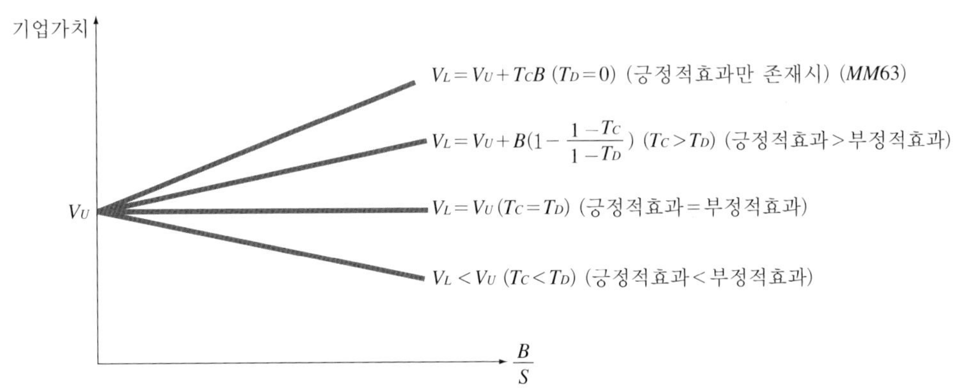

$$V_U = \sum_{t=1}^{\infty} \frac{E(NOI)(1-T_C)(1-T_S)}{(1+\rho)^t} = \frac{E(NOI)(1-T_C)(1-T_S)}{\rho}$$

(2) V_L

부채기업의 세후기대현금흐름을 주주와 채권자에게 귀속되는 현금흐름으로 구분하면 다음과 같다.

$$E(CF) = k_dB(1-T_D) + [E(NOI) - k_dB]\,(1-T_C)(1-T_S)$$
$$= E(NOI)(1-T_C)(1-T_S) + k_dB\,[(1-T_D) - (1-T_C)(1-T_S)]$$

여기에서 $E(NOI)(1-T_C)(1-T_S)$는 무부채기업의 현금흐름과 동일하며 위험도 동일하므로 ρ로 할인한다.

한편 $k_dB[(1-T_D)-(1-T_C)(1-T_S)]$는 부채로 인한 현금흐름이므로, 채권자의 개인소득세 후의 요구수익률인 $k_d(1-T_D)$로 할인한다.

부채기업 = 무부채기업 : $E(NOI)(1-T_C)(1-T_S)$
k_dBT_C(긍정적 효과) $+k_dB(1-T_C)T_S$(긍정적 효과) → 현가 : $B\left[1-\frac{(1-T_C)(1-T_S)}{1-T_D}\right]$ $-k_dBT_D$(부정적 효과)

$$V_L = \sum_{t=1}^{\infty} \frac{E(NOI)(1-T_C)(1-T_S)}{(1+\rho)^t} + \sum_{t=1}^{\infty} \frac{k_dB\,[(1-T_D)-(1-T_C)(1-T_S)]}{[1+k_d(1-T_D)]^t}$$

$$= \frac{E(NOI)(1-T_C)(1-T_S)}{\rho} + \frac{k_dB\,[(1-T_D)-(1-T_C)(1-T_S)]}{k_d(1-T_D)}$$

$$V_L = V_U + B\left[1-\frac{(1-T_C)(1-T_S)}{1-T_D}\right] \qquad (11\text{-}12)$$

(3) 세율과 최적자본구조

식 (11-12)의 두 번째 항은 레버리지이득(G)을 나타내는데, 레버리지이득의 부호는 T_C와 T_D 및 T_S의 관계에 따라 달라진다.

① $(1-T_C)(1-T_S) < (1-T_D)$인 경우 : 레버리지이득이 0보다 크므로 부채기업의 가

그림 11-8 자본구조와 기업가치(법인세와 이자소득세 및 자본이득세)

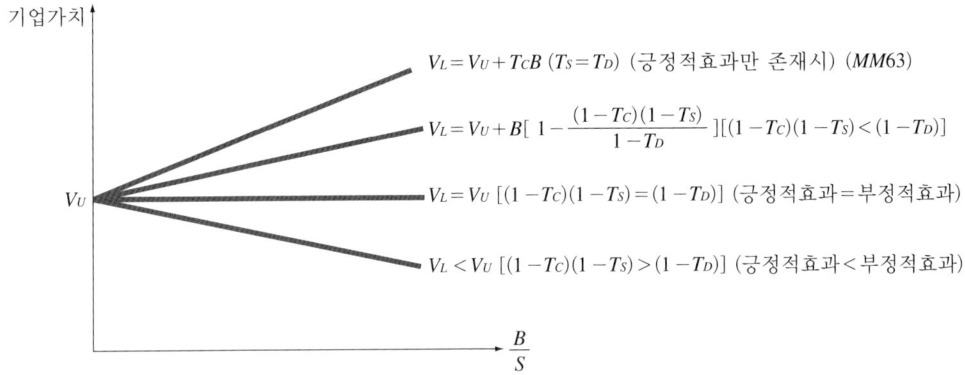

치(V_L)가 무부채기업의 가치(V_U)보다 크다. 이때는 부채를 사용할수록 기업가치가 증가하므로, 모든 자본을 부채로 조달하는 것이 최적자본구조이다.

② $(1-T_C)(1-T_S)=(1-T_D)$인 경우 : 레버리지이득이 0이므로 부채기업의 가치가 무부채기업의 가치와 같다. 이때는 기업가치가 자본구조와 무관하므로 최적자본구조가 존재하지 않는다.

③ $(1-T_C)(1-T_S)>(1-T_D)$인 경우 : 레버리지이득이 0보다 작으므로 부채기업의 가치가 무부채기업의 가치보다 작다. 이때는 부채를 사용할수록 기업가치가 감소하므로, 모든 자본을 자기자본으로 조달하는 것이 최적자본구조이다.

세 율	레버리지이득	기업가치	최적자본구조
$(1-T_C)(1-T_S) < (1-T_D)$	$G>0$	$V_L > V_U$	모두 부채로 조달
$(1-T_C)(1-T_S) = (1-T_D)$	$G=0$	$V_L = V_U$	존재하지 않음
$(1-T_C)(1-T_S) > (1-T_D)$	$G<0$	$V_L < V_U$	모두 자기자본으로 조달

이를 도시한 것이 〈그림 11-8〉이다.

예제 ⑪ - 6 개인소득세와 기업가치

동일업종에 속해 있는 (주)서울과 (주)부산의 영업이익은 2,000만원으로 동일한데, 이같은 수준은 영구히 계속될 것으로 보인다. (주)서울은 무부채기업이고 (주)부산은 5,000만원의 부채를 사용하고 있는데, 두 기업의 영업위험만 반영된 자본비용은 16%이다. 법인세율은 모두 40%이고 이자소득세율이 20%이며 자본이득세율은 10%이다.

(1) (주)서울의 기업가치와 자기자본가치를 구하라.

(2) (주)부산의 기업가치와 자기자본가치를 구하라.

$E(NOI)=2{,}000 \quad \rho=16\% \quad T_C=0.4 \quad T_D=0.2 \quad T_S=0.1$

$U=$서울 $\quad L=$부산

(1) (주)서울의 기업가치(V_U)와 자기자본가치(S_U)는 다음과 같다.

$$V_U=\frac{E(NOI)(1-T_C)(1-T_S)}{\rho}=\frac{2{,}000(1-0.4)(1-0.1)}{0.16}=6{,}750\text{만원}$$

$S_U=V_U=6{,}750$만원

(2) (주)부산의 기업가치(V_L)와 자기자본가치(S_L)는 다음과 같다.

$$V_L=V_U+B\left[1-\frac{(1-T_C)(1-T_S)}{1-T_D}\right]=6{,}750+5{,}000\left[1-\frac{(1-0.4)(1-0.1)}{1-0.2}\right]=8{,}375\text{만원}$$

$S_L=V_L-B=8{,}375-5{,}000=3{,}375$만원

4. 밀러의 균형부채이론

(1) 의 의

밀러(Miller, 1977)는 이자소득세(T_D)가 누진이고 자본이득세(T_S)가 0이라고 가정하여 최적자본구조를 설명하였는데 그 결론은 *MM*58과 동일하였다. 즉 경제전체로 보아 부채발행량이 균형상태에 있으면 부채사용에 따르는 법인세 감세효과(T_C)라는 긍정적효과가 이자소득세(T_D)라는 부정적효과에 의해 완전히 상쇄되기 때문에 기업가치는 자본구조와 무관하다고 하였다.

(2) 사채의 수요곡선

이것은 회사채에 대한 투자자들의 투자수익률 측면에서 본 것이다. 회사채의

세전수익률을 R_D라고 하고 이자소득세율을 T_D라고 하자. 이자소득세가 있다면 투자자들이 사채를 매입할 때 세후수익률인 $R_D(1-T_D)$에 관심을 보일 것이다. 자본시장에 이자소득세가 없는 면세채권(municipal bonds)이 존재하며 그 이자율(수익률)을 R_0라고 하면, 투자자들은 $R_D(1-T_D)=R_0$인 수준까지 회사채를 매입할 것이다. 따라서 투자자들이 요구하는 세전수익률(R_D)은 다음과 같은데, 이것이 투자자들이 사채에 대한 수요관계이다.

$$R_D(1-T_D)=R_0 \rightarrow R_D=\frac{R_0}{1-T_D} \qquad (11\text{-}13)$$

$R_D(1-T_D)=R_0$에서 보듯이 회사채의 이자율(R_D)이 높아질수록 이자소득세율(T_D)이 높은 투자자들이 점진적으로 회사채를 구입하게 되므로, 사채에 대한 수요곡선은 〈그림 11-9〉에서 우상향하는 형태를 가진다.

(3) 사채의 공급곡선

이것은 회사채에 대한 기업들의 자본비용(이자비용) 측면에서 본 것이다. 회사채를 발행(공급)하는 기업의 세전이자비용을 R_S라고 하고 기업의 법인세율을 T_C라고 한다면, 이자비용의 감세효과로 인하여 기업이 실제로 부담하는 이자율은 $R_S(1-T_C)$이다. 기업의 실질적인 이자비용인 $R_S(1-T_C)<R_0$라면 기업은 회사채를 발행하여 그 돈으로 면세채권을 매입함으로써 차익을 얻을 수 있으며, R_S(1−

그림 11-9 사채시장의 균형

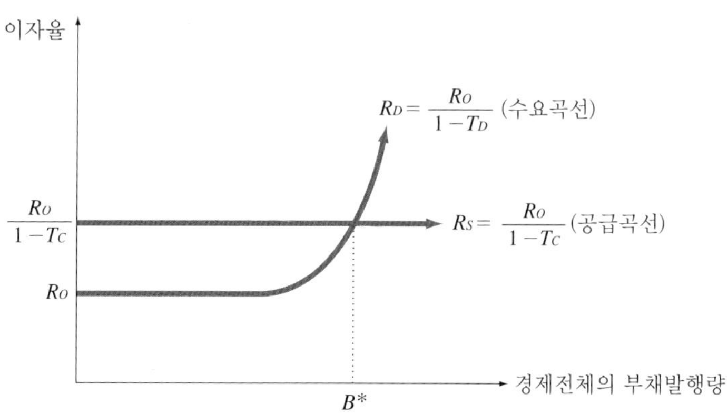

$T_C) > R_0$라면 면세채권을 공매하여 생긴 자금으로 회사채를 상환함으로써 차익을 얻을 수 있다. 결국 기업의 공급이자율은 $R_S(1-T_C)=R_0$인 점에서 결정되는데, 이것이 사채에 대한 공급관계이다.

$$R_S(1-T_C)=R_0 \rightarrow R_S=\frac{R_0}{1-T_C} \qquad (11-14)$$

이 식에서 법인세율(T_C)은 과세대상금액인 $E(NOI)$에 좌우되지 채권발행량과는 무관하게 일정하므로, 사채의 공급곡선은 〈그림 11-9〉에서 수평선의 형태를 가진다.

(4) 사채시장의 균형

사채시장의 균형은 〈그림 11-9〉에서 사채에 대한 수요곡선과 공급곡선이 만나는 점(B^*)에서 결정된다.

바로 이 점(B^*)에서 수요이자율=공급이자율이므로 $T_C=T_D$가 된다. 따라서 부채사용에 따른 법인세 감세효과(T_C라는 긍정적효과)는 이자소득세효과(T_D라는 부정적효과)에 의해 완전히 상쇄되어 레버리지이득$(G)=0$가 되므로 기업가치는 자본구조와 무관하여 진다.

즉 $V_L=V_U+B\left[1-\frac{1-T_C}{1-T_D}\right]$에서 $T_C=T_D$이므로 $G=0$가 되어 $V_L=V_U$가 된다.

(5) Miller77의 의미

1) 경제전체적으로는 기업들의 총체적인 최적자본구조는 B^*로 존재한다. 그러나 바로 그 점에서 개별기업 입장에서는 최적자본구조가 존재하지 않는다. 즉 균형점에서 레버리지 이득이 0이 되므로 부채를 사용하든 안하든 기업가치가 동일하기 때문에 개별기업 입장에서는 최적부채발행량이 없다.

2) 밀러는 레버리지의 고객효과(financial leverage clientele effect)로 이를 설명하였는데, 그 내용은 다음과 같다.

투자자들은 이자비용의 절세효과를 은행으로부터 개인적인 차입을 통하여 직접적으로 누릴 수도 있고(직접절세효과), 부채사용기업의 주식을 사서 기업의 법인세 절세효과를 통하여 간접적으로 누릴 수도 있다(간접절세효과).

예컨대 고소득자는 직접절세효과가 간접절세효과보다 크기 때문에 낮은 부채비율의 기업의 주식을 선호하게 되고, 저소득자는 간접절세효과가 직접절세효과보다 크기 때문에 높은 부채비율의 기업의 주식을 선호한다. 고소득자와 저소득자들은 자신들이 선호하는 부채비율을 가지는 기업의 주식에 투자하므로 시장은 완전히 분리되어 있다. 따라서 기업가치는 자본구조와 무관해지므로 (즉, 기업가치는 차변에 의하여 결정된다는 것) 기업마다 서로 다른 자본구조를 가진다는 것이다.

예제 ⑪ - 7 밀러(1977) 이론

현재 자본시장에는 다음과 같은 자료를 가진 세 투자자만 존재한다. 또한 자본시장에는 면세채권이 존재하는데 그 수익률은 10%이고, 자본시장의 투자대상은 회사채와 면세채권 뿐이다. 법인세율은 40%로 모든 기업에 적용한다고 가정하고 다음 각 물음에 답하라.

투자자	투자자금	이자소득세율(T_D)
갑	10억원	면세층
을	30	20%
병	50	50%

(1) 회사채에 대하여 각 투자자가 요구하는 세전이자율을 구하라.

(2) 회사채 발행시 기업이 지급하는 세전이자율을 구하라.

(3) 회사채에 대한 수요곡선과 공급곡선을 도시하고, 경제전체의 균형부채량과 균형이자율(R_S)을 구하라.

(4) 각 투자자의 투자내용을 설명하라.

(1) 수요곡선 → $R_D(1-T_D)=R_0$

갑 : $R_D(1-0)=10\%$　　$\therefore\ R_D=10\%$

을 : $R_D(1-0.2)=10\%$　　$\therefore\ R_D=12.5\%$

병 : $R_D(1-0.5)=10\%$　　$\therefore\ R_D=20\%$

(2) 공급곡선 → $R_S(1-T_C)=R_0$

$R_S(1-0.4)=10\%$ ∴ $R_S=16.7\%$

(3)

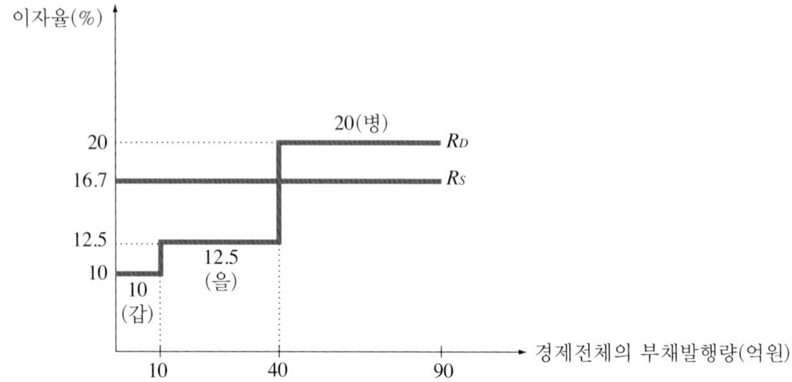

그림에서 보듯이 경제전체의 균형부채량은 40억원이고 균형이자율은 16.7%이다.

(4) 갑과 을의 요구수익률은 각각 10%와 12.5%인 반면 회사채의 공급이자율은 16.7%이므로 갑과 을은 회사채를 구입한다. 그러나 병의 요구수익률은 20%로 16.7%보다 크므로 회사채를 구입하지 않고 면세채권을 구입한다.

제 6 절 기타의 자본구조이론

1. 파산비용과 자본구조

(1) 파산비용

기업이 부채를 사용하면 이자와 원금을 지급해야 한다. 그러나 경영이 악화되어 이자와 원금을 지불할 수 없는 경우가 발생할 수 있는데 이러한 것을 파산(bankruptcy)이라고 한다. 이 때 채권자들이 법원에 파산신청을 하고 법원의 파산결정이 내려지면 기업은 파산절차를 밟는데, 이 과정에서 발생하는 비용을 파산비용(bankruptcy cost)이라고 한다.

① 직접파산비용 : 법적절차에 수반되는 소송비용, 변호사비용, 공인회계사비용 등이다.

② 간접파산비용 : 기업파산에 따르는 이미지 실추, 유능한 종업원의 이직, 매출액의 감소, 제품공급자의 상실 등의 비용 등이다.

(2) 파산비용과 기업가치

Kraus and Litzenberger(1973)은 법인세와 파산비용의 두 가지 요인으로 최적자본구조를 설명하였다. 부채를 이용하면 이자비용의 법인세 감세효과(레버리지이득)로 인해 기업가치가 증가하는 반면 파산비용의 증가로 인해 기업가치가 하락한다. 따라서 부채를 사용하는 기업의 가치(V_L)는 무부채기업의 가치(V_U)에 레버리지이득(T_CB)을 더하고 기대파산비용의 현재가치를 차감한 값이다.

$$V_L = V_U + T_CB - PV(EBC) \qquad (11\text{-}15)$$

단, $PV(EBC)$ = 기대파산비용(expected bankruptcy cost)의 현가

일반적으로 파산비용은 일정하다고 가정하나, 부채를 많이 사용하면 파산확률

그림 11-10 파산비용과 기업가치

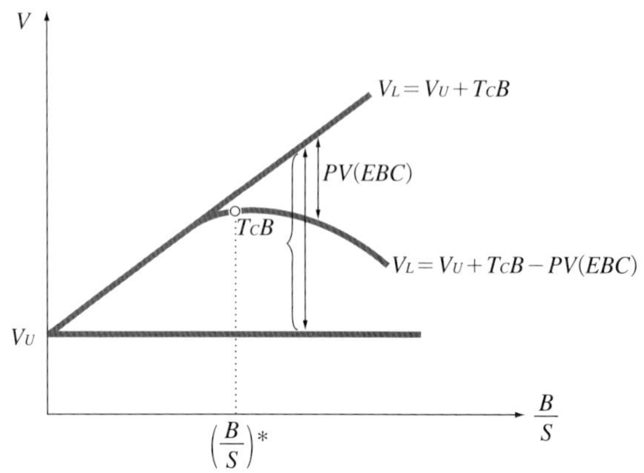

이 증가하므로 기대파산비용은 증가하게 된다. 예컨대 부채수준이 일정수준 이하이면 파산확률이 작아서 $PV(EBC)$는 작은 값을 가지나, 부채수준이 일정수준 이상이면 파산확률이 매우 증가하여 $PV(EBC)$ 또한 급격하게 커지게 된다. 이에 비하여 레버리지이득(T_CB)은 부채의 사용수준에 비례하여 일정하게 증가한다. 이러한 상황을 도시한 것이 〈그림 11-10〉이다.

그림에서 부채의 수준이 $\left(\frac{B}{S}\right)^*$보다 작을 경우 파산확률이 매우 작아서, 부채의 추가적 사용으로 인한 한계 레버리지이득이 한계 $PV(EBC)$보다 커서 부채를 사용할수록 기업가치가 증가하게 된다. 그러나 부채의 수준이 $\left(\frac{B}{S}\right)^*$보다 큰 경우 파산확률이 급격히 커져서, 부채의 추가적 사용으로 인한 한계 레버리지이득에 비해 한계 $PV(EBC)$가 더 커서 부채를 사용할수록 기업가치가 감소하게 된다. 그러므로 $\left(\frac{B}{S}\right)^*$에서 한계 레버리지이득이 한계 $PV(EBC)$와 같아지며, 이 점이 곧 기업가치를 최대화시키는 최적자본구조이다.

(3) 단 점

① 파산비용을 지나치게 강조하였다. 즉 실증결과 기대파산비용의 현가는 매우 작아서(자산가치의 3%미만) 레버리지 이득을 상쇄시키지 못하였다.

② 최적점인 $\left(\frac{B}{S}\right)^*$을 구하지 못하였다.

예제 ⑪ - 8 파산비용이론

(주)서울은 현재 무부채상태인데 10억원의 연간 영업이익이 영구히 기대된다. 이 기업의 자본비용은 16%이고 법인세율은 30%이다. (주)서울은 채권을 발행하여 주식을 재매입하고자 하는데, 파산비용의 현가는 20억원으로 추정되었고 파산확률은 다음과 같이 추정되었다.

부채발행량(B)(억원)	10	20	30	40	50
파산확률(%)	1	3	8	30	60

(1) 현재 (주)서울의 기업가치를 구하라.

(2) 부채발행량별로 레버리지이득, 기대파산비용의 현가, 기업가치를 구하라.

(3) 최적자본구조와 그 때의 기업가치 및 자기자본가치를 구하라.

(1) $V_U = \dfrac{E(NOI)(1-T_C)}{\rho} = \dfrac{10(1-0.3)}{0.16} = 43.75$억원

(2)

B	V_U	T_CB	$PV(EBC)$	$V_L = V_U + T_CB - PV(EBC)$
10	43.75	(0.3)(10) = 3	(20)(0.01) = 0.2	46.55
20	43.75	(0.3)(20) = 6	(20)(0.03) = 0.6	49.15
30	43.75	(0.3)(30) = 9	(20)(0.08) = 1.6	51.15
40	43.75	(0.3)(40) = 12	(20)(0.3) = 6	49.75
50	43.75	(0.3)(50) = 15	(20)(0.6) = 12	46.75

(3) 최적자본구조는 30억원의 부채발행 경우이고, 그 때의 기업가치는 51.15억원이며, 자기자본가치(S_L) = $V_L - B = 51.15 - 30 = 21.15$억원이다.

2. 대리인비용과 자본구조

(1) 대리인비용

1) 대리인관계

대리인 관계란 1인 이상의 사람(주체, principal)들이 다른 사람(대리인, agent)에게 자신을 대리하여 의사결정을 할 수 있도록 의사결정권한을 위임한 계약관

계를 말한다. 이를 기업의 소유구조에 적용하여 보면 다음과 같다. 즉 기업에 자금을 제공한 주체(외부주주와 채권자)가 자신들을 대리하여 기업운용에 대한 의사결정을 대리인(소유경영자, 내부주주, 기존주주)에게 위임하는 관계로 볼 수 있다.

2) 대리인비용

주체나 대리인은 모두 자신의 효용극대화를 위하여 노력하는 과정 중 주체나 대리인의 목표가 서로 상충되는 경우 대리인 문제가 발생하는데, 이로 인해 발생하는 비용을 대리인비용(agency cost)이라고 한다.

(2) 대리인비용의 종류

Jensen and Meckling(1976)은 세금이나 파산비용을 고려하지 않더라도 대리인비용으로 인하여 최적자본구조가 존재할 수 있다고 하였는데, 그들은 대리인 비용을 방지수단에 따라 다음과 같이 구분하였다.

① 감시비용(monitoring cost) : 대리인의 행위가 주체의 이익으로 부터 이탈하는 것을 감시하기 위해 주체가 부담하는 비용이다. 예로써 감사활동, 통제시스템의 수립 등을 들 수 있다.

② 확증비용(bonding cost) : 대리인이 주체에게 손해를 끼치는 행위를 하고 있지 않고 있음을 확증하기 위하여 대리인(경영자)가 부담하는 비용이다. 부정경영시 사표를 쓴다는 규정, 스스로 회계감사를 원하는 행위 등을 예로 들 수 있다.

③ 잔여손실(residual loss) : ①과 ②에도 불구하고 대리인의 의사결정이 주체의 최적의사결정과 불일치하여 어쩔 수 없이 발생하는 주주 부의 감소분이다.

(3) 외부금융과 대리인비용

대리인비용은 기업이 외부에서 자금을 조달(external financing)할 때 발생할 수 있는데, 이와 관련하여 자기자본의 대리인비용과 부채의 대리인비용이 있다.

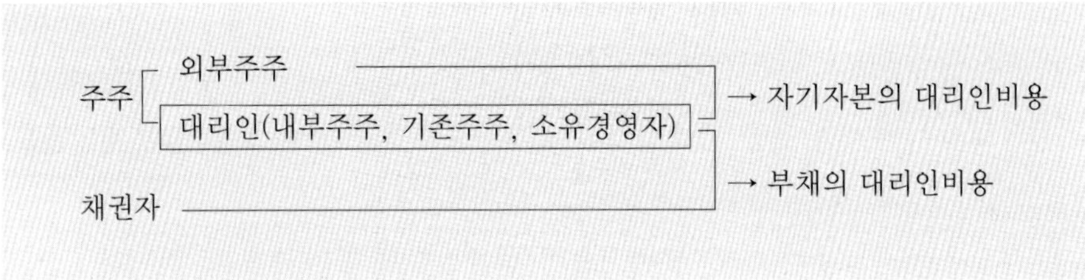

1) 자기자본의 대리인비용

자기자본의 대리인비용(agency cost of equity)은 내부주주(경영자)와 외부주주간의 갈등에 따라 발생하는데, 흔히 대리인의 특권적소비나 나태로 나타난다.

① 특권적소비(perquisites 혹은 perks) : 불필요하게 값비싼 자동차나 사무실, 지나친 접대비, 회사비용으로 개인적인 소비지출 등을 들 수 있다.

② 나태(shirk) : 회사의 일을 등한시 하고 자신의 개인적 활동에 몰두하는 현상, 즉 최선을 다하지 않고 적당히 일하는 빼질이 현상을 들 수 있다.

①과 ②는 경영자의 소유지분이 100%일때는 모든 비용이 경영자의 지분으로부터 지출되기 때문에 발생하지 않을 것이나, 자기지분이 낮아질수록 극히 일부만을 경영자가 부담할 것이다.

2) 부채의 대리인비용

부채의 대리인비용(agency cost of debt)은 내부주주(경영자)와 채권자간의 갈등에 따라 발생하는데, 투자안의 위험선호나 과소투자 혹은 재산도피로 나타난다.

① 투자안의 위험선호(risk incentive) : 주주들은 유한책임을 가지고 있고 기업의 이익이나 재산에 대해서는 잔여적 청구권을 가지므로 위험이 높은 (따라서 수익도 높은) 투자안에 투자하고자 하는 위험선호유인을 가지게 된다.

② 과소투자(underinvestment problem) : 주주들은 잔여적 청구권을 가지므로 투자안의 *NPV*가 0보다 큰 투자안에 투자하는 것이 아니라 *NPV*가 부채가치보다 큰 투자안에 투자하려는 유인을 가진다. 따라서 기업이나 사회 전체적으로 적정수준보다 낮은 과소투자가 이루어지는 문제가 발생한다. 부채의존도가 커질수록 과소투자문제는 커진다.

③ 재산도피(milking the property) : 부채가 많을수록 부채사용의 대가로 채권자에

게 이자를 많이 지급해야 하므로, 그만큼 주주들의 몫이 작아진다. 이 경우 주주들은 과다배당이나 자산매각 등으로 기업의 부를 주주에게 이전시켜 채권자의 몫을 감소시키려는 재산도피경향이 발생한다. 부채의존도가 심할수록 재산도피경향은 커진다.

즉, ① ② ③은 부채비율이 높아질수록 증가하게 될 것이다.

3) 대리인비용의 부담자

자본시장이 (정보)효율적인 시장이고, 외부주주와 채권자가 이성적(=위험회피형) 이라면, 모든 대리인비용은 소유경영자인 기존주주가 부담하게 된다.

① 자기자본의 대리인비용

정보효율적인 자본시장이므로 외부주주는 소유경영자의 특권적소비나 나태로 인한 손실을 알고 있다. 따라서 그 기업이 신주를 발행할 때는 현 주가보다 낮은 가격으로 매입함으로써 자신을 방어하려고 할 것이다. 결국 신주발행후 주당평균가격은 현재보다 하락하므로 기존주주의 부가 감소되어, 자기자본의 대리인비용은 기존주주가 부담한다.

② 부채의 대리인비용

정보효율적이므로 채권자들 역시 투자안의 위험선호나 과소투자문제나 재산도피로 인한 손실을 알고 있다. 따라서 기업이 부채를 발행할 때는 채권자는 현 이자율보다 높은 이자율을 요구함으로써 자신을 방어할 것이다. 결국 부채발행후 이자율이 현재보다 상승하게 되므로, 부채의 대리인비용은 기존주주가 부담한다.

(4) 대리인비용과 최적자본구조

자기자본의 대리인비용은 외부주주의 지분율이 높아질수록 상승하고, 부채의 대리인비용은 부채비율이 높아질수록 역시 상승하므로 이 두 대리인비용을 합친 총대리인비용은 〈그림 11-11〉로 나타낼 수 있다.

대리인비용만을 고려한다면 기업의 최적자본구조는 자기자본의 대리인비용과

그림 11-11 대리인비용과 최적자본구조

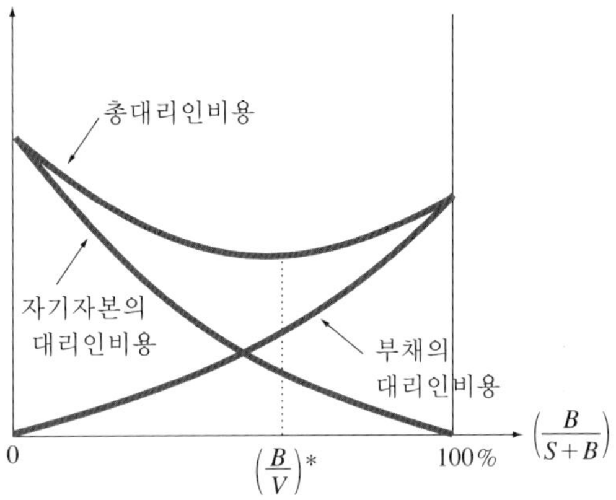

S : 외부주식발행액 B : 부채발행액 $S+B$: 외부조달액

부채의 대리인비용을 합친 총대리인비용이 최소인 $\left(\frac{B}{V}\right)^*$ 점에서 결정된다. 이와 같이 법인세나 파산비용이 없더라도, 대리인비용이 존재한다면 최적자본구조가 존재할 수 있다.

(5) 대리인비용의 감소방안

대리인비용은 다음과 같은 제도적 장치를 통하여 상당히 완화시킬 수 있다.

① 경영자 시장에서의 치열한 경쟁
② 기업인수 및 합병(*M&A*)을 통한 경영진의 대체위협
③ 주식옵션 등의 경영자보상 제도
④ 사외이사제도 등의 경영자의 견제
⑤ 갈등사항에 대한 합의를 계약서조항(covenants)에 삽입

(6) 법인세, 파산비용, 대리인비용과 기업가치

법인세와 파산비용 및 대리인비용을 모두 고려할 경우 부채기업의 가치(V_L)를 다음과 같이 식 (11-16)과 〈그림 11-12〉로 나타낼 수 있다.

그림 11-12 법인세, 파산비용, 대리인비용과 최적자본구조

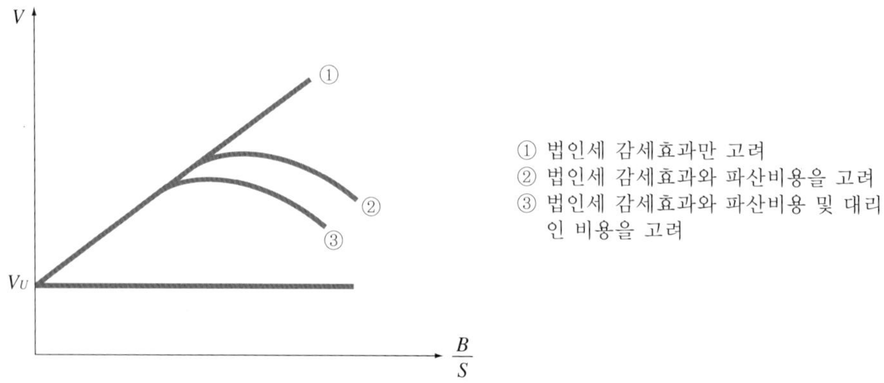

$$V_L = V_U + T_C B - PV(EBC) - PV(AC) \qquad (11-16)$$

단, $PV(AC)$ = 대리인비용(agency cost)의 현가

3. 정보비대칭과 신호이론

(1) 정보비대칭의 의미

완전자본시장에서는 자본시장의 모든 참여자(경영자와 개인투자자)가 동일한 정보수준과 정보량을 가진다는 정보대칭(symmetric information)을 가정한다. 그러나 현실적으로는 기업의 내부경영자가 외부의 일반투자자보다 기업활동에 대하여 우월한 정보를 가지는 정보의 비대칭성(asymmetric information)이 존재한다.

재무이론에서는 정보비대칭을 전제로 하는 신호이론(signaling theory)이 있다. 신호이론은 기업내용에 대하여 정보우위에 있는 경영자가 자신이 가지고 있는 정보를 일반투자자에게 전달해주는 수단으로 자본조달정책을 이용할 수 있다는 이론이다. 자본조달정책이 갖는 정보전달효과를 신호효과(signaling effect) 혹은 정보효과(information effect)라고 한다. 이와 관련하여 Ross의 신호이론과 Myers and Majluf의 자금조달순위이론이 있다.

(2) Ross의 신호이론

좋은 투자안은 미래현금흐름이 충분하여 부채의 원리금을 상환할 수 있으므로 경영자는 부채를 이용하여 자본을 조달할 수 있을 것이다. 반대로 나쁜 투자안은 원리금상환이 불가능하므로 부채를 이용하여 자본을 조달할 수 없을 것이다.

따라서 자본시장에 있는 투자자들은 높은 부채비율을 그 기업의 미래현금흐름에 대한 좋은 정보로 인식하여 기업가치를 높게 평가하고, 반대로 낮은 부채비율을 그 기업의 미래현금흐름에 대한 나쁜 정보로 인식하여 기업가치를 낮게 평가한다. 이렇게 자본조달, 즉 자본구조가 기업가치에 영향을 미친다고 로스(Ross)(1977)는 주장하였다.

부채발행공시 → 미래의 **계속적인** 현금흐름에 대한 경영자의 낙관적 전망 → 호재 → 주가상승
신주발행공시 → 미래의 **계속적인** 현금흐름에 대한 경영자의 비관적 전망 → 악재 → 주가하락

이의 시사점으로는 기업은 평상시에 차입여력(reserve borrowing capacity)을 유지하고 있어야 한다는 것이다. 즉 기업은 목표자본구조보다 낮은 부채비율을 평상시에 유지하고 있으면, 좋은 투자기회가 있을 때 투자자금을 부채로 조달할 수 있을 것이다.

(3) Myers and Majluf의 자금조달순위이론

Myers and Majluf(1984)는 정보비대칭이 존재하는 경우 기존주주의 부를 극대화하기 위해서 투자자금을 내부유보 → 부채발행 → 전환사채나 우선주발행 → 보통주(신주)발행의 순서로 조달해야 한다고 주장하였는데, 이를 자본조달순위이론(pecking order theory) 이라고 한다. 이 이론의 내용을 다음과 같이 정리할 수 있다.

기업이 좋은 투자기회를 가지고 있으나 투자자들이 이 정보를 모른다면 그 정보는 주가에 반영되지 않을 것이다. 이 경우 기존주주의 부를 극대화하기 위해서

경영자는 투자자금을 외부금융보다 내부금융(유보이익)으로 조달하는 것을 선호한다. 왜냐하면 외부금융의 경우 *NPV*의 일부가 외부(신규주주)에게 유출될 수 있기 때문이다. 또한 부채로 자금을 조달하는 경우 발행비용이 수반되므로 유보이익이 부채보다 유리하다.

연습문제

1. 모든 자본구조이론의 공통된 가정이 아닌 것은?

① 기업은 총자본규모의 변화없이 자본구조(자기자본과 타인자본의 비율)을 변경할 수 있다.

② 기업은 주식을 발행하여 사채를 상환하거나, 사채를 발행하여 주식재매입이 가능하다.

③ 기업의 영업이익과 영업위험은 일정하다.

④ 기업의 순이익은 모두 주주에게 배당된다.

⑤ 기업은 재투자로 인하여 매기간 '유보율×재투자수익률' 만큼 성장한다.

〈해설〉 기업의 영업이익은 매기간 동일하고, 순이익은 모두 배당하므로 기업성장은 없다고 가정.

답 ⑤

2. 아래의 보기 중 타인자본을 적절하게 이용하면 기업가치를 극대화시킬 수 있다는 이론은?

a. NI접근법	b. NOI접근법	c. 전통적접근법	d. MM58이론
e. MM63이론	f. 파산비용이론	g. 대리인이론	h. $Miller$77이론

① a, e ② b, d, h ③ c, f, g ④ a, d, h ⑤ d, e, h

〈해설〉 자본구조(부채이용)와 기업가치가 무관하다는 이론 : b, d, h
부채를 적절하게 이용하면 기업가치가 증가한다는 이론 : c, f, g
부채를 많이 이용할수록 기업가치가 증가한다는 이론 : a, e

답 ③

3. 순이익접근법에 대한 설명 중 틀린 것은?

① 자기자본가치를 먼저 구하고 부채가치를 합쳐 기업가치를 구한다.

② 부채규모가 증가해도 주주들은 재무위험증가에 대한 보상을 요구하지 않는다.

③ 부채규모가 증가하면 가중평균자본비용은 하락한다.

④ 부채규모가 증가하면 기업가치가 증가한다.

⑤ 주주요구수익률이 일정하므로 부채규모가 증가해도 자기자본가치가 일정한다.

〈해설〉 ⑤ $S=\frac{E(NOI)-k_dB}{k_e}$에서 k_e가 일정하더라도 B가 증가하면 S는 하락한다.

답 ⑤

4. 무부채기업이 부채를 발행한다고 하자. 부채규모를 증가시킬 때, 각 접근법의 결과로 틀린 것을 골라라.

		NI 접근법	*NOI* 접근법	전통적 접근법
①	자기자본비용 (k_e)	불 변	증 가	증 가
②	재무위험프레미엄 ($k_e-\rho$)	불 변	증 가	증 가
③	타인자본비용 (k_d)	불 변	불 변	불 변
④	가중평균자본비용 (k_0)	감 소	불 변	감소 후 증가
⑤	기업가치 (V_L)	증 가	불 변	증가 후 감소

〈해설〉 ①의 가정에 의하여 ②는 맞다.
③에서 전통적 접근법은 불변 후 증가

답 ③

5. 법인세가 없는 *MM*이론(*MM*58)에 대한 설명으로 틀린 것은?

① 기업가치는 기업의 영업이익과 영업위험에 의해서만 결정될 뿐 부채사용 유무와 상관없다.

② 기업가치는 대차대조표의 차변에 의해서 결정된다.

③ 부채가 증가하면 주주요구수익률이 상승하므로, 당연히 가중평균자본비용도 증가한다.

④ 가중평균자본비용은 영업위험만을 반영한 자본비용이므로 자본조달방법과는 무관하다.

⑤ 부채증가에 따르는 자기자본비용의 상승효과(단점)는 저렴한 타인자본 사용(장점)에 의해 상쇄된다.

〈해설〉 ③이 틀리고 ⑤가 맞다.

답 ③

6. 법인세가 없는 *MM*이론(*MM*58)에 대한 설명으로 틀린 것은?

① 기업가치는 수익력과 영업위험에 의해 결정될 뿐, 자본구조와는 상관없다.

② 자기자본가치는 기업가치에서 부채가치를 차감하여 구해진다.

③ 기업이 위험부채를 사용하고 있어도 가중평균자본비용은 일정하다.

④ 자가레버리지(Homemade Leverage)가 있어야 성립한다.

⑤ 주주에게 귀속되는 현금흐름에 대한 할인율은 자본구조와 무관하게 일정하다.

〈해설〉 $k_e = \boldsymbol{\rho} + (\boldsymbol{\rho} - k_d)\left(\frac{B}{S}\right)$에서 보듯이 부채사용이 증가할수록 k_e가 커진다.

답 ⑤

7. 법인세가 있는 *MM*이론(*MM*63)에 대한 설명으로 틀린 것은?

① 이자비용의 감세효과로 인해 부채가 증가할수록 기업가치는 상승한다.

② 부채가 증가하면 주주요구수익률이 상승하지만, 그것은 법인세가 없을 때보다 작다.

③ 부채를 사용할수록 가중평균자본비용은 하락한다.

④ 부채를 사용할수록 신규투자안에 대한 절삭율(거부율)은 감소한다.

⑤ 채권자 요구수익률은 부채가 증가함에 따라 감소한다.

〈해설〉 ③④ $k_0 = \boldsymbol{\rho}\left[1 - T_C\left(\frac{B}{V}\right)\right]$

⑤ 채권자 요구수익률은 $k_i = k_d(1 - T_C)$로 부채사용규모에 상관없이 일정하다.

답 ⑤

8. 법인세 없는 *MM*58과 법인세 있는 *MM*63이론에서 가중평균자본비용에 대한 설명으로 틀린 것은?

① *MM58*에서는 영업이익을 기업가치로 할인하여 구한다.

② *MM63*에서는 세후 영업이익을 자기자본가치로 할인하여 구한다.

③ *MM58*에서는 가중평균자본비용이 영업위험만 반영하고 있는 자본비용과 같다.

④ *MM63*에서는 부채를 사용할수록 가중평균자본비용이 하락한다.

⑤ 무부채이면 두 이론 각각에서, 가중평균자본비용과 자기자본비용 및 영업위험만 반영하고 있는 자본비용이 모두 같다.

〈해설〉 ①③ *MM58* : $k_0 = \frac{E(NOI)}{V} = \boldsymbol{\rho}$

② 자기자본가치가 아니라 기업가치로 할인하여 k_0를 구한다.

②④ *MM63* : $k_0 = \frac{E(NOI)(1 - T_C)}{V_L} = \boldsymbol{\rho}\left[1 - T_C\left(\frac{B}{V}\right)\right]$

⑤ 무부채이면 법인세 유무와 상관없이 무조건 $k_0 = k_e = \boldsymbol{\rho}$이다.

답 ②

9. 부채를 사용하는 기업의 가치가 50억원이고 부채가 없는 기업의 가치가 47억 8천만원이며, 파산비용과 대리인비용의 현재가치가 1억 6천만원일 때 [*MM*의 자본구조이론에서] 법인세절감액의 현재가치는? (1993. CPA)

① 97억 8천만원 ② 6천만원
③ 2억 2천만원 ④ 3억 8천만원
⑤ 이자율이 주어지지 않았으므로 계산이 불가능하다.

〈해설〉 $MM63$에서는 $V_L = V_U + T_C B$이다. $T_C B = V_L - V_U = 50$억 $- 47.8$억 $= 2.2$억
만일 [ ]이 없다면 $V_L = V_U + T_C B - PV$(기대파산비용) $- PV$(대리인비용)
50억 $= 47.8$억 $+ T_C B - 1.6$억 $\therefore T_C B = 3.8$억

답 ③

10. Miller77의 균형부채이론에 대한 설명 중 틀린 것은?

① 회사채의 수요곡선은 누진세로 인해 우상향한다.
② 회사채의 공급곡선은 수평선으로 일정하다.
③ 법인세율(T_C)과 이자소득세율(T_D)이 같으면, 기업의 레버리지 이득은 0이다.
④ 부채사용에 따르는 법인세 효과는 채권자들이 부담하는 이자소득세 효과에 의해 완전히 상쇄된다.
⑤ 회사채의 수요곡선과 공급곡선이 만나는 점에서 각 기업의 최적자본구조가 존재한다.

〈해설〉 기업부채에 대한 수요곡선과 공급곡선이 만나는 점에서 ⓐ 경제전체적으로는 최적자본구조(즉, 경제전체의 균형부채량)는 존재하지만, ⓑ 개별기업에서는 부채사용으로 인한 긍정적효과(T_C) = 부정적효과(T_D)이므로 최적자본구조가 존재하지 않는다. 따라서 ④가 맞고 ⑤가 틀리다.

답 ⑤

11. 파산비용(재무적 곤경) 이론에 대한 틀린 설명은?

① 파산비용과 법인세 및 개인소득세 등을 고려하여 기업의 최적자본구조를 설명한다.
② 파산비용과 법인세의 두 가지 요인으로 기업의 최적자본구조를 설명한다.
③ 파산비용을 지나치게 강조했다는 것이 단점으로 지적된다.
④ $V_L = V_U + T_C B - PV$(기대파산비용)을 주장한다.
⑤ 레버리지 이득에서 재무적 곤경비용의 현가를 차감한 값이 가장 클 때, 부채사용으로 인하여 기업가치가 최대화되는 점이다.

〈해설〉 ① 파산비용이론(1973)는 개인소득세를 고려하지 않았다.
④에 의하여 ⑤가 설명된다.

답 ①

12. 대리인이론에 대한 설명 중 틀린 것은?

① 대리인관계란 기업에 자금을 제공한 주체가 기업운용에 관한 의사결정의 권리를 대리인에게 위임하는 계약관계를 말한다.

② 대리인비용은 크게 감시비용, 확증비용, 잔여손실로 구분할 수 있다.

③ 외부주주나 채권자는 대리인, 경영자나 내부주주는 주체로 구분된다.

④ 대리관계 존재시, 경영자는 주체의 부를 극대화하지 못하는 의사결정을 할 수 있다.

⑤ 경영자가 100% 자본소유시는 대리인비용은 발생하지 않는다.

〈해설〉 주체는 외부주주나 채권자이고, 대리인은 소유경영자, 내부주주, 기존주주로 구분된다.

답 ③

13. 자기자본의 대리인비용과 부채의 대리인비용을 발생시키는 요인으로 올바른게 구분한 것은?

a. 경영자의 특권적소비	*b*. 경영자의 나태	
c. 투자안의 위험선호	*d*. 과소투자	*e*. 재산도피

	자기자본의 대리인비용	부채의 대리인비용
①	*a*	*b, c, d, e*
②	*a, b*	*c, d, e*
③	*a, b, c*	*d, e*
④	*a, b, d,*	*c, e*
⑤	*a, b, c, d*	*e*

답 ②

14. 법인세가 있는 *MM*이론(*MM*63)이 성립한다고 하자. 자기자본만 사용 중인 (주)서울이 10% 이자율에 5억원어치의 영구부채를 발행하려고 한다. 40%의 법인세율을 가정하여, 기업가치와 자기자본가치에 미치는 영향을 구하라.

	기업가치	자기자본가치
①	2억원 증가	2억원 증가
②	2억원 증가	2억원 감소
③	2억원 증가	3억원 증가
④	2억원 증가	3억원 감소
⑤	3억원 증가	3억원 감소

〈해설〉 부채를 사용하면 기업가치는 $T_CB=(0.4)(5억)=2억$원만큼 증가한다.

한편, $S_L=V_L-B=V_U+T_CB-B=V_U-B(1-T_C)$이므로 자기자본가치는 무부채일때에 비하여 $B(1-T_C)$만큼 감소한다. $\therefore\ 5(1-0.4)=3$억원만큼 감소한다.

답 ④

15. MM이론에 대한 다음 설명 중 틀린 것은?

① *MM58*에서는 기업의 가중평균자본비용(k_0)은 부채사용의 유무에 관계없이 영업위험만 반영한 자본비용(ρ)과 같다.

② *MM63*에서는 부채를 사용할수록 기업가치는 증가한다.

③ *MM63*에서는 부채수준이 변함없다면 법인세율이 변하더라도 자기자본비용(k_e)은 일정하다.

④ 부채사용시 자기자본비용(k_e)은 *MM63*보다 *MM58*이 더 크게 상승한다.

⑤ *MM63*에서는 부채기업의 가치(V_L)가 무부채기업의 가치(V_U)보다 크면 차익거래를 통하여 차익을 얻을 수 있다.

〈해설〉

※ *MM63*에서의 법인세율(T_C) *vs* 기업가치(V_L), 자기자본비용(k_e), 가중평균자본비용(k_0)
· 다른 조건이 일정할 경우, 법인세율과 기업가치는 역의 관계
· 다른 조건이 일정할 경우, 법인세율과 자기자본비용은 무관
· 다른 조건이 일정할 경우, 법인세율과 가중평균자본비용은 역의 관계

⑤ 법인세가 있을 경우, 차익거래상황은 $V_L\neq V_U+T_CB$이지 $V_L\neq V_U$가 아니다. 즉, *MM63*에서는 당연히 $V_L>V_U$이다.

답 ⑤

16. 법인세가 있는 MM이론(MM63)에 대한 물음이다. (주)서울의 연간 기대영업이익은 20억원이고 영업위험만 반영한 할인율이 10%이다. 이 기업은 이자율이 8%인 무위험부채 40억원을 사용하고 있다. 다른 조건은 일정하고 법인세율만 30%에서 40%로 인상된다고 가정하고, 다음 설명 중 틀린 것을 골라라.

① 채권자요구수익률은 일정하다.
② 자기자본가치는 하락한다.
③ 기업가치는 하락한다.
④ 자기자본비용은 상승한다.
⑤ 가중평균자본비용이 하락한다.

〈해설〉 $E(NOI)=20$억, $\rho=0.1$, $B=40$억, $k_d=0.08$

① $T_C=0.3$일 때

$$V_U=\frac{E(NOI)(1-T_C)}{\rho}=\frac{20(1-0.3)}{0.1}=140억$$

$V_L=V_U+T_CB=140+(0.3)(40)=152$억 $\quad S=V_L-B=112$억

$$k_e = \rho + (\rho - k_d)(1-T_C)\left(\frac{B}{S}\right) = 0.1 + (0.1-0.08)(1-0.3)\left(\frac{40}{112}\right) = 0.105$$

$$k_0 = \rho\left[1 - T_C\left(\frac{B}{V_L}\right)\right] = 0.1\left[1-(0.3)\left(\frac{40}{152}\right)\right] = 0.092$$

② $T_C = 0.4$일 때

$$V_U = \frac{E(NOI)(1-T_C)}{\rho} = \frac{20(1-0.4)}{0.1} = 120\text{억}$$

$V_L = V_U + T_C B = 120 + (0.4)(40) = 136$억　　$S = V_L - B = 96$억

$$k_e = \rho + (\rho - k_d)(1-T_C)\left(\frac{B}{S}\right) = 0.1 + (0.1-0.08)(1-0.4)\left(\frac{40}{96}\right) = 0.105$$

$$k_0 = \rho\left[1 - T_C\left(\frac{B}{V_L}\right)\right] = 0.1\left[1-(0.4)\left(\frac{40}{136}\right)\right] = 0.088$$

∴ *MM63*에서 법인세(T_C)가 인상되면,

기업가치는 하락 (152억→136억), 자기자본가치는 하락(112억→96억),

자기자본비용은 무관 (0.105→0.105), 가중평균자본비용은 하락(0.092→0.088)

답 ④

17. *MM*63에서 법인세율이 50% 인하될 경우 기업의 자본조달과 관련하여 나타날 수 있는 현상으로 옳은 것은? (1995. CPA)

① 최적자본구조를 달성하기 위하여 부채를 더 사용한다.

② 최적자본구조를 달성하기 위하여 부채를 덜 사용한다.

③ 자기자본비용은 증가하지만 그 증가율은 감소한다.

④ 가중평균자본비용이 상승한다.

⑤ 기업이 처한 위험이 커진다.

〈해설〉 ①② *MM63*에서는 법인세율의 변동과 상관없이 100% 부채가 최적자본구조이다. 따라서 법인세율의 변동여부와 부채의 사용정도는 무관하다.

③ 법인세율의 변동과 자기자본비용(k_e)은 무관

④ 법인세율과 가중평균자본비용은 역의 관계

⑤ 법인세율과 기업위험(영업위험 및 재무위험)은 상관없다.

답 ④

18. 현재 무부채상태인 (주)서울의 영업이익은 1억원이며 자본비용은 15%이다. 이제 이자율이 10%인 무위험부채를 발행하는데, 목표부채비율$\left(\frac{B}{V}\right)$을 $\frac{1}{2}$로 하려고 한다. 재무구조 변경 후의 주주들의 영업위험 프레미엄과 재무위험 프레미엄을 *MM*이론(*MM*58)에 근거하여 구하라.

	영업위험 프레미엄	재무위험 프레미엄
①	5%	5%
②	5%	10%
③	10%	10%
④	10%	15%
⑤	20%	20%

〈해설〉 $R_f=10\%$이고 현재는 무부채상태이므로 $\rho=15\%$이다.

목표$\left(\frac{B}{V}\right)=0.5$이므로 목표$\left(\frac{B}{S}\right)=1$이다.

$$k_e=\rho+(\rho-k_d)\left(\frac{B}{S}\right)=15+(15-10)(1)=20\%$$

∴ 영업위험 프레미엄 $=\rho-R_f=15-10=5\%$

재무위험 프레미엄 $=k_e-\rho=20-15=5\%$

답 ①

19. 다음의 자료를 참조하여 이 신규투자안의 절삭율(거부율)을 구하라.

법인세율$(T_C)=40\%$	목표부채비율$\left(\frac{B}{S}\right)=1$
시장포트폴리오의 기대수익률 $=18\%$	무부채상태의 자본비용 $=10\%$
시장포트폴리오의 표준편차 $=20\%$	자기자본의 현재가치 $=500$억원

① 5%　② 6%　③ 7%　④ 8%　⑤ 9%

〈해설〉 목표$\left(\frac{B}{S}\right)=1$ 이므로 목표$\left(\frac{B}{V}\right)=\frac{B}{S+B}=\frac{1}{1+1}=0.5$

$$k_0=\rho\left[1-T_C\left(\frac{B}{V}\right)\right]=10\ [1-(0.4)(0.5)]=8\%$$

답 ④

20. 영업이익과 순이익이 각각 10억원, 3억원이고 법인세율이 40%이며, 동일업종에 속해있는 두 기업이 있다. 무부채기업인 (주)서울과 10%이자율로 무위험부채를 사용하고 있는 (주)부산의 (목표)자본구조$\left(\frac{B}{S}\right)$는 1이다. 서울의 주식베타는 1이고, 시장포트폴리오의 기대수익률이 15%이며 이의 표준편차가 20%일 때 두 기업의 자본비용은?

	(주)서울	(주)부산
①	13%	10%
②	13%	10%
③	15%	12%

④ 18% 20%

⑤ 20% 20%

〈해설〉 1. 서울의 $k_0 = k_e = \rho = R_f + [E(R_M) - R_f]\beta_{SU} = 10 + [15 - 10](1) = 15\%$

2. 부산의 $k_0 = \rho\left[1 - T_C\left(\frac{B}{V}\right)\right] = 15\ [1 - (0.4)(0.5)] = 12\%$ 혹은

$$\beta_{SL} = \beta_{SU}\left[1 + (1-T)\left(\frac{B}{S}\right)\right] = (1)[1 + (1 - 0.4)(1)] = 1.6$$

$$k_e = R_f + [E(R_M) - R_f]\beta_{SL} = 10 + [15 - 10](1.6) = 18\%$$

$$k_0 = k_d(1-T)\left(\frac{B}{V}\right) + k_e\left(\frac{S}{V}\right) = 10(1 - 0.4)(0.5) + 18(0.5) = 12\%$$

답 ③

21. 현재 무위험부채를 이용하는 (주)서울의 주식베타는 1.5이고, 주식의 시장가치는 20억원이며, 가중평균자본비용은 18%이다. 무위험이자율은 10%, 시장포트폴리오의 기대수익률은 16%이다. 이 때 (주)서울의 부채가치는?

① 0.5억원 ② 1억원 ③ 1.5억원

④ 2억원 ⑤ 2.5억원

〈해설〉 $k_e = R_f + [E(R_M) - R_f]\beta_{SL} = 10 + [16 - 10](1.5) = 19\%$이고 $k_0 = 18\%$이므로

$k_0 = k_d\left(\frac{B}{V}\right) + k_e\left(\frac{S}{V}\right) = (10)\left[1 - \left(\frac{S}{V}\right)\right] + (19)\left(\frac{S}{V}\right) = 18\%$ 에서 $\frac{S}{V} = \frac{8}{9}$

$\frac{S}{S+B} = \frac{20}{20+B} = \frac{8}{9}$이므로 $B = 2.5$억원

답 ⑤

22. 무부채기업인 U기업과 10%이자율로 1,000억원의 부채를 사용하고 있는 L기업이 있다. 두 기업의 영업이익은 500억으로 동일하고 동일업종에 속해있으며, U기업의 적절한 요구수익률인 자기자본비용은 12%이다. 두 기업 모두 법인세율이 40%이고 주식투자소득세율은 10%이다. 채권투자소득세율이 얼마일 때 L과 U기업의 가치가 무차별해 지는가?

① 10% ② 12% ③ 40% ④ 46% ⑤ 50%

〈해설〉 $G = B\left[1 - \frac{(1-T_C)(1-T_S)}{1-T_D}\right] = 1{,}000\left[1 - \frac{(1-0.4)(1-0.1)}{1-T_D}\right]$이고 $V_L = V_U + G$에서

$(1-T_C)(1-T_S) = (1-T_D)$이면 G가 0이 되어 $V_L = V_U$이 된다. 따라서 $(1-0.4)(1-0.1) = (1-T_D)$

$\therefore\ T_D = 0.46$

답 ④

23. 무부채기업인 U기업과 10%이자율로 1,000억원의 부채를 사용하고 있는 L기업이 있다. 두 기업의 영업이익은 500억으로 동일하고 동일업종에 속해있으며, U기업의 적절한 요구수익률인 자기자본비용은 12%이다. 두 기업 모두 법인세율이 40%이고 주식투자소득세율은 없다. 이자소득세율이 얼마일 때 L기업의 가치가 U기업의 가치보다 작은가?

① 10%　　② 12%　　③ 30%　　④ 39%　　⑤ 45%

〈해설〉 $G=B\left[1-\frac{1-T_C}{1-T_D}\right]=1{,}000\left[1-\frac{1-0.4}{1-T_D}\right]$이고 $V_L=V_U+G$에서

$T_C>T_D$ 이면 $(1-T_C)<(1-T_D)\rightarrow G>0\rightarrow V_L>V_U$

$T_C=T_D$ 이면 $(1-T_C)=(1-T_D)\rightarrow G=0\rightarrow V_L=V_U$

$T_C<T_D$ 이면 $(1-T_C)>(1-T_D)\rightarrow G<0\rightarrow V_L<V_U$

답 ⑤

24. 법인세와 개인소득세가 모두 존재시 레버리지이득에 대한 설명으로 틀린 것은?

① 밀러는 주식투자세(자본이득세)가 없다고 가정하여, 개별기업수준에서는 균형상태에서 레버리지이득이 0라고 주장하였다.

② 레버리지이득은 음의 값, 양의 값, 0값 일 수 있다.

③ $(1-T_C)(1-T_S)>(1-T_D)$이면 레버리지이득가 음이 되어 $V_L<V_U$가 된다.

④ 주식투자소득세율과 이자소득세율가 동일하면 레버리지이득은 법인세만 있을 때와 같다.

⑤ 일반적으로 주식투자소득세율이 이자소득세율보다 크므로, 레버리지이득은 법인세만 있을 때보다 크다.

〈해설〉 ④ $G=B\left[1-\frac{(1-T_C)(1-T_S)}{1-T_D}\right]$에서 $T_S=T_D$이면 $G=T_CB$

⑤ 일반적으로 T_D가 T_S보다 크므로, 법인세만 있을 때보다 레버리지이득이 작다.

답 ⑤

25. 정연이 주식에 투자하면 6% 수익률을 얻을 수 있는데, 주식시장의 육성차원에서 주식투자에 대한 어떤 과세도 없다. 그러나, 회사채에 투자하면 20%의 이자소득세를 납부해야 한다. 투자대상으로 회사채와 주식만 존재하고, 법인세율은 40%라고 가정할 때, 정연이 회사채에 대하여 요구하는 세전수익률을 구하라.

① 6%　　② 7.5%　　③ 20%　　④ 40%　　⑤ 50%

〈해설〉 회사채의 수요곡선 : $R_D(1-T_D)=R_0\ (=k_e)$ 에서 $R_D(1-0.2)=6\%$　　$\therefore R_D=7.5\%$

답 ②

26. 다음 중 대리인비용을 증가시키는 내용이 아닌 것을 골라라.

① 필요이상의 과도한 유보로 인해 기업의 여유현금흐름이 풍부하다.

② 다른 기업과 비교시 경영자에게 호화자동차와 넓은 사무실이 제공된다.

③ Stock option 등의 경영자보상제도가 없어졌다.

④ 부채비율이 과도해질 때 위험이 높은 투자사업을 수행한다.

⑤ 장기전략수립을 위하여 우수인력을 채용하였다.

〈해설〉 ①②③ 자기자본의 대리인비용 증가요인

④ 부채의 대리인비용 중 투자안의 위험선호 증가요인

답 ⑤

27. 자본구조이론에 대한 다음 설명 중 적절한 것은? (1992. CPA)

① *NI*접근법에서는 부채를 많이 사용할수록 기업가치가 감소한다.

② *NOI*접근법과 법인세가 없는 경우의 *MM*이론에서는 부채사용이 기업가치를 감소시킨다.

③ *MM*의 무관련이론에 법인세를 고려하면 부채사용이 증가함에 따라 기업가치가 증가한다.

④ *Miller*의 균형부채이론에서 균형부채의 수준까지는 부채사용에 따라 기업가치가 증가한다.

⑤ 재무적 곤경비용(파산비용, 대리인비용 등)을 고려하면 부채사용과 기업가치와는 무관하다.

〈해설〉 ① *NI*에서의 $k_0 = k_e - (k_e - k_d)\dfrac{B}{V}$ 에서 B가 증가할수록 k_0가 하락하므로 기업가치가 증가한다.

② *NOI*와 *MM*58은 $V_U = V_L$

④ 사회전체적으로는 최적자본구조가 존재하나 개별기업에서는 $T_C = T_D$이므로 $V_L = V_U$이다.

⑤ 재무적 곤경비용을 고려하면 적정수준의 부채이용시 최적자본구조가 존재한다.

즉, 파산비용, 대리인비용, 전통적 접근법 → 적정수준의 부채이용시 최적자본구조가 존재한다.

답 ③

28. 밀러(Miller)의 균형부채이론이 주장하는 내용이 아닌 것은? (1994. CPA)

① 타인자본에 대한 기업의 지급이자율은 우상향한다.

② 기업의 자본구조는 그 경제 전체적인 관점에서 기업의 법인세율과 투자자의 개인소득세율에 따라 결정된다.

③ 개별기업의 자본구조와 기업가치는 무관하다.

④ 국민경제 전체적 관점에서 볼 때 부채의 최적 규모가 존재한다.

⑤ *MM*이론을 확장하여 개인소득세를 도입한 자본구조이론이다.

〈해설〉 ① $R_S = \dfrac{R_0}{1-T_C}$ 로써 T_C는 일정하므로 R_S는 부채발행액과 상관없이 수평선이다.

② 법인세율(T_C)과 이자소득에 대한 개인소득세율(T_D)을 고려

③ 개별기업은 B^*에서 $T_C = T_D$이므로 $V_L = V_U$

④ 경제전체적으로는 최적자본구조가 B^*로 존재

⑤ $MM63 + T_D \rightarrow Miller77$

답 ①

29. 기업들이 왜 각기 특정한 자본구조를 가지고 있는가에 대해 비대칭적 정보이론이 있다. 다음 중 비대칭적 정보이론의 내용이 아닌 것은? (1995. CPA)

① 기업의 내부경영자는 기업의 외부이해관계자보다 더 많은 정보를 가지고 있다.

② 기업 부채의 증가는 유능한 경영자가 기업외부에 신호를 전달하는 것으로 해석된다.

③ 기업은 현재보다 더 많은 부채를 사용할 수 있는 능력을 갖고 있어야 한다.

④ 기업이 유상증자를 통해 자본을 조달하는 것은 부정적 신호이다.

⑤ 부채의 심화는 경영자의 기업지배권을 보다 공고히 한다.

〈해설〉 ③ reserve borrowing capacity

⑤ 기업지배권을 강화하기 위하여 신주발행대신 부채조달에 의존한다는 것은 굳이 정보비대칭에 국한되지 않은 일반적인 개념이다.

답 ⑤

30. 자본시장에는 세금과 거래비용이 없고, 재무적 곤경의 가능성도 없다. (주)웅지의 경영자는 수익성이 높은 투자기회를 보유하고 있는데 그 가치가 주가에 충분히 반영되지 않은 것으로 판단하고 있다. 자본조달순위이론에 따를 때 경영자의 적절한 행동은? (1996. CPA 기출)

① 투자자금을 내부유보로 조달하고, 부족분은 회사채를 발행하여 조달한다.

② 투자자금을 내부유보로 조달하고, 부족분은 신주를 발행하여 조달한다.

③ 투자자금을 신주발행으로 조달하고, 부족분은 회사채를 발행하여 조달한다.

④ 투자자금을 신주발행으로 조달하고, 부족분은 전환사채를 발행하여 조달한다.

⑤ 어떤 방법으로 조달하든 주가에 영향이 없다.

〈해설〉 Myers & Majluf의 Pecking Order Theory의 내용이다.

답 ①

31. 투자안의 결정과 관련된 다음 설명 중 주주 부의 극대화와 상충되는 것은? (1997. CPA)

① 투자자본의 회수기간이 길더라도 순현가가 양(+)이면 투자안을 채택한다.
② 현 기업의 파산위험이 현저할 경우에는 순현가가 양(+)인 투자안을 기각할 수 있다.
③ 현 기업의 파산위험이 현저할 경우에는 순현가가 음(−)인 투자안을 채택할 수 있다.
④ 순현가가 양(+)이라도 상황이 더 유리하게 될 때까지 투자집행을 기다린다.
⑤ 순현가가 음(−)이라도 기업확장을 위하여 투자안을 채택한다.

〈해설〉 ④ 실물옵션 중 연기옵션 혹은 시기선택권리(timing option).
⑤ 경영자들은 기업규모가 커질수록 자신들의 지위향상과 보수증가를 생각하기 때문에 *NPV*가 음(−)인 투자안을 선택할 수 있으나, 이 경우 주주의 부가 감소된다.

답 ⑤

32. 기업이 부채를 증가시켜 자본구조를 변경할 때 발생하는 경제적 효과 중 옳지 않은 것은? (1997. CPA)

① 세금과 파산비용 등이 없는 완전자본시장하에서 주주의 부는 변하지 않는다.
② 법인세 산정시 이자가 손비처리되므로 법인세 절감효과가 양(+)이 된다.
③ 절세효과는 주식관련 개인소득세율의 크기에 관계없이 항상 양(+)이다.
④ 파산비용 때문에 부채의 증가가 반드시 주주의 부를 극대화하지는 않는다.
⑤ 주주가 채권자이익에 상충되는 의사결정을 할 수 있다.

〈해설〉 ① 완전자본시장에서는 $V_L = V_U$
② 법인세로 인하여 이자가 손비처리되면 $V_L = V_U + T_C B$
③ 법인세와 개인소득세가 존재시 : $V_L = V_U + B\left[1 - \frac{(1-T_C)(1-T_S)}{1-T_D}\right]$
$(1-T_C)(1-T_S) > (1-T_D)$이면 레버리지 이득은 음(−)이 되어 $V_L < V_U$가 된다.
④ 파산비용 존재시 $V_L = V_U + T_C B - PV$(기대파산비용)
⑤ 대리인비용 때문에 기존주주(소유경영자)가 채권자이익에 상충되는 의사결정을 할 수 있다.

답 ③

33. 주식회사의 주주와 경영자간에 발생하는 대리인문제에 대한 설명과 관련이 없는 것은? (1997. CPA)

① 소유와 경영이 분리되어 있을 때 발생한다.

② 경영자가 파산가능성이 있을 때 위험이 높은 투자사업을 수행한다.

③ 소유가 분산될수록 주주와 경영자간의 이해상충은 심화되는 경향이 있다.

④ 적대적 기업인수가 가능하면 대리인 문제가 줄어든다.

⑤ 대주주인 경영자가 자신이 이익을 위해서 소주주의 이해와 상충된 의사결정을 할 수 있다.

〈해설〉 파산가능성이 있을 때 위험이 높은 투자안을 선택하면 채권자의 부가 주주의 부로 이전하는 현상이 발생하는데, 이는 자기자본의 대리인비용이 아니라 부채의 대리인비용이다.

즉,

주주 ┌ 외부주주 → 자기자본의 대리인비용
　　 └ 대리인, 내부주주, 기존주주, 소유경영자 → 자기자본의 대리인비용 / 부채의 대리인비용

채권자 → 부채의 대리인비용

답 ②

34. 다음 중 기업경영자의 전횡을 방지하는 것이 아닌 것은? (1997. CPA)

① 사외이사제도　② 주식소유의 분산 및 대중화

③ 적대적 *M&A*　④ 기관투자자와 대주주

⑤ 백지위임장투쟁(proxy fight)

〈해설〉 주식소유의 분산 및 대중화는 경영자의 지분율감소와 소액주주가 많아진다는 것을 의미하므로, 경영자가 자신의 사적인 이익을 극대화하는 대리인문제를 발생시키는 유인을 제공한다.

답 ②

35. 자본구조와 기업가치에 대한 다음의 설명 중 가장 타당하지 않은 것은? (2000. CPA)

① Modigliani & Miller(1963)는 법인세절약효과 때문에 레버리지와 기업가치 사이에는 정(+)의 관계가 있다고 주장하였다.

② Jensen & Meckling(1976)은 총대리(인)비용이 최소가 되는 레버리지 수준에서 최적 자본구조가 실현된다고 주장하였다.

③ Miller(1977)는 법인세와 (개인)소득세를 모두 고려할 경우 자본구조와 기업가치는 무관하다고 주장하였다.

④ DeAngelo & Masulis(1980)는 법인세와 (개인)소득세를 모두 고려하더라도 비부채성 세금효과 때문에 최적자본구조가 존재할 수 있다고 주장하였다.

⑤ Myers & Majluf(1984)는 내부자금 사용 후 외부자금을 사용하는 자본조달 우선순위가 있기 때문에 레버리지와 기업가치 사이에는 부(−)의 관계가 있다고 주장하

였다.

〈해설〉 Myers & Majluf의 pecking order theory에 의한 투자자금조달순서는 ① 내부유보 ② 부채발행 ③ 신주발행이다. 신주발행에 비해 레버리지(부채발행)와 기업가치는 정(+)의 관계로 있다고 볼 수 있다.

답 ⑤

36. 자본비용과 관련된 다음 서술 중 가장 옳은 것은? (2001. CPA)

① 자기자본비용은 부채의존도와는 무관하다.

② 타인자본비용이 자기자본비용보다 더 크다.

③ 신규투자안 평가시 기존의 *WACC*을 사용한다.

④ *WACC*이 최소가 되는 자본구성이 최적 자본구조이다.

⑤ 사내유보이익을 투자재원으로 사용하는 경우 자본비용은 없다.

〈해설〉 ① $k_e=\rho+(\rho-k_d)\dfrac{B}{S}$에서 k_e는 B의 영향을 받는다.

② 일반적으로 $k_d<k_e$이다.

③ 신규투자안의 영업위험과 재무위험을 반영한 *WACC*를 이용해야 한다.

⑤ 유보는 배당과 비교시 주주들의 기회비용성격이므로, 유보이익의 자본비용은 존재한다. 일반적으로 $k_e=k_e$(유보이익)

답 ④

37. 자본구조와 기업가치의 무관련성을 주장한 *MM*은 법인세를 고려할 경우 기업가치는 레버리지에 따라 변화한다고 수정하였다. 만일 부채를 사용하고 있지 않은 어느 기업이 위험의 변화없이 8%의 이자율로 100억원을 영구히 차입하여 자기자본을 대체한다면 *MM*의 명제에 따라 이 기업의 가치는 얼마나 변하게 될까? 단, 법인세율은 40%, 주주의 요구수익률은 10%이다. (2002. CPA)

① 40억원 증가 ② 10억원 증가 ③ 80억원 증가

④ 30억원 증가 ⑤ 70억원 증가

〈해설〉 *MM*63의 명제 1인 $V_L=V_U+T_cB$에서 보듯이, 부채기업의 가치는 무부채기업의 가치보다 법인세감세효과의 현가(T_cB)만큼 증가한다. 따라서 $T_cB=(0.4)(100)=40$억원만큼 증가한다.

답 ①

38. 대리비용(agency costs)과 관련된 서술 중 옳은 것은? (2002. CPA)

① 위험유인(risk incentive)이란 소유경영자와 외부주주간에 발생하는 이해상충에서 발생하는 대리비용이다.

② 위험유인은 소유경영자의 지분율이 높을수록 위험한 투자안을 선택하려는 유인이다.

③ 과소투자유인(underinvestment incentive)은 부채의 대리비용으로, 수익성 투자포기 유인이라고도 한다.

④ 특권적 소비(perquisite consumptions)는 주주와 채권자간에 발생하는 대리비용으로, 타인자본의존도에 비례하여 증가하는 경향이 있다.

⑤ 감시비용(monitoring costs)이란 대리인이 자신의 의사결정이 위임자의 이해와 일치한다는 것을 입증하기 위해 지불하는 비용이다.

〈해설〉 ① 위험유인이란 투자안의 위험선호를 말하는 것으로, 소유경영자와 채권자간에 발생하는 대리비용이다.

② 위험유인이란 소유경영자의 지분율이 낮을수록 이러한 경향이 강해진다.

④ 특권적소비는 주주(소유경영자)와 외부주주간에 발생하는 대리비용이다.

⑤의 내용은 확증비용(bonding costs)에 대한 서술이다.

답 ③

39. 자본구조의 정보비대칭에 대한 다음 설명 중 옳지 않은 것을 골라라.

① 기업은 평상시에 차입여력을 갖고 있어야 한다.

② 부채발행을 공시하면 투자자들은 이를 좋은 정보로 인식하고, 신주발행을 공시하면 나쁜 정보로 인식한다.

③ 외부에서 자금조달시, 주가가 과소평가되어 있다고 경영자가 판단하면 회사채를 발행한다.

④ 외부에서 자금조달시, 주가가 과대평가되어 있다고 경영자가 판단하면 신주를 발행한다.

⑤ 부채발행은 투자자들에게 좋은 정보를 인식되므로, 기업은 부채비율을 높게 유지해야 한다.

답 ⑤

40. 최적자본구조에 대한 옳은 설명을 골라라.

① 주당순이익(*EPS*)을 극대화하면서 주가를 극대화하는 자본구조이다.

② 기업의 영업위험을 최소화하는 자본구조이다.

③ 주가를 극대화하면서 기업의 자본비용을 최소화하는 자본구조이다.

④ 타인자본비용을 최소화하면서 주당순이익(*EPS*)을 극대화하는 자본구조이다.

⑤ 자기자본비용을 최소화하면서 주당순이익(*EPS*)을 극대화하는 자본구조이다.

〈해설〉 ② 최적자본구조(대차대조표 대변)와 영업위험은 무관하다.

①④⑤ 주당순이익(*EPS*) 극대화는 아니다. 또한 기업전체의 관점에서 가중평균자본비용(*WACC*)을 최소로 하는 자본구조를 최적자본구조(optimal capital structure)라고 한다.

답 ③

41. *MM*58이론에 대한 다음 설명 중 맞는 것을 골라라.

> *a*. 부채를 이용해도 기업가치가 증가하지 않는다.
> *b*. 부채를 사용할수록 기업가치가 증가한다.
> *c*. 부채를 이용하면 자기자본비용은 올라가는데, 이는 부채비용의 저렴효과를 정확히 상쇄한다. 따라서 기업의 자본비용은 부채사용과 상관없이 일정하다.
> *d*. 부채를 이용하면 자기자본비용은 올라가는데, 이는 부채비용의 저렴효과보다 작다. 따라서 기업의 자본비용은 부채를 많이 사용할수록 하락한다.
> *e*. 자본조달방법과 신규투자안의 채택여부는 무관하다.
> *b*. 타인자본으로 조달할수록 신규투자안이 채택된다.

① *a, c, e* ② *a, c, f* ③ *a,d, e*

④ *b, d, f* ⑤ *b, d, e*

〈해설〉 *a, c, e*는 각각 *MM*58의 제 1, 2, 3명제이고, *b,d, f*는 각각 *MM*63의 제 1, 2, 3명제이다.

답 ①

42. Miller77의 핵심내용은 무엇인가?

① 개인소득세로 인해 기업의 레버리지이득은 증가한다.

② 개인소득세로 인해 기업의 레버리지이득은 감소한다.

③ 부채를 이용할수록 주주들의 위험이 증가하므로, 자기자본비용이 증가한다.

④ 부채를 이용할수록 채권자들의 원리금상환이 위협받으므로, 타인자본비용이 증가한다.

⑤ 대리인비용으로 인하여 기업의 레버리지이득은 감소한다.

〈해설〉 Miller77은 개인소득세를 이자소득세(T_D)로 국한하였는데, 이자소득세라는 부정적효과로 인하여 기업의 레버리지이득은 감소한다는 것이 이론의 핵심내용이다.

답 ②

※ 다음 자료를 참조하여 문제 43~44번을 답하시오.

현재 무부채상태인 (주)서울은 제로성장기업이다. (주)서울의 영업이익이 1억원이며 자본비용은 15%이다. 이제 이자율이 10%인 무위험부채를 2억원어치 발행하여 자본구조를 변경하려고 한다.

$E(NOI)$ = 1억　　현재는 무부채상태이므로 $k_0 = k_e = \rho = 0.15$

$k_d = 0.1$　　B = 2억

43. 현재의 기업가치, 자기자본비용, 가중평균자본비용을 MM58이론에 의하여 각각 구하라.

	기업가치(억원)	자기자본비용	가중평균자본비용
①	6.667	0.15	0.15
②	6.667	0.15	0.1714
③	6.667	0.1714	0.15
④	7.333	0.1714	0.15
⑤	7.333	0.1714	0.1714

〈해설〉 (1) 현재는 무부채상태이므로 기업가치(V_U)는 다음과 같다.

$$V_U = \frac{E(NOI)}{\rho} = \frac{1억}{0.15} = 6.667억원$$

(2)(3) 현재는 무부채상태이므로 자기자본비용(k_e) = 가중평균자본비용(k_0) = ρ = 0.15이다.

답 ①

44. 부채발행후의 기업가치, 자기자본비용, 가중평균자본비용을 *MM*58이론에 의하여 각각 구하라.

	기업가치(억원)	자기자본비용	가중평균자본비용
①	6.667	0.15	0.15
②	6.667	0.15	0.1714
③	6.667	0.1714	0.15
④	7.333	0.1714	0.15
⑤	7.333	0.1714	0.1714

〈해설〉 (1) 부채발행후의 기업가치(V_L)는 다음과 같다.

$$V_L = \frac{E(NOI)}{k_0} = \frac{1억}{0.15} = 6.667억원(= V_U)$$

(2) 부채발행후의 자기자본비용(k_e)는 다음과 같이 구한다.

$S = V_L - B = 6.667 - 2 = 4.667$억원

$k_e = \rho + (\rho - k_d)\left(\frac{B}{S}\right) = 15 + (15 - 10)\left(\frac{2}{4.667}\right) = 17.14\%$ 혹은

$$k_e=\frac{E(NOI)-k_dB}{S}=\frac{1-(0.1)(2)}{4.667}=17.14\%$$

(3) 부채발행후의 가중평균자본비용(k_0)은 다음과 같이 구한다.

$$k_0=k_d\left(\frac{B}{V}\right)+k_e\left(\frac{S}{V}\right)=(10)\left(\frac{2}{6.667}\right)+(17.14)\left(\frac{4.667}{6.667}\right)=15\%(\equiv\rho) \text{ 혹은}$$

$$k_0=\frac{E(NOI)}{V_L}=\frac{1}{6.667}=15\%$$

답 ③

※ 다음 자료를 참조하여 문제 45~47번을 답하시오.

현재 무부채상태인 (주)서울은 제로성장기업이다. (주)서울의 영업이익이 1억원이며 자본비용은 15%이다. 이제 이자율이 10%인 무위험부채를 2억원어치 발행하여 자본구조를 변경하려고 한다. 법인세율은 40%이고, 이자소득세율은 20%이며, 자본이득세율은 10%이다. (단, Miller77이론에서 자본이득세율까지 반영하라.)

$E(NOI)=1$억 현재는 무부채상태이므로 $k_0=k_e=\rho=0.15$

$k_d=0.1$ $B=2$억 $T_C=0.4$ $T_D=0.2$ $T_S=0.1$

45. 부채발행후의 기업가치, 자기자본비용, 가중평균자본비용을 *MM*63이론에 의하여 구하라.

	기업가치(억원)	자기자본비용	가중평균자본비용
①	4	0.125	0.125
②	4	0.15	0.1714
③	4.8	0.15	0.15
④	4.8	0.1714	0.125
⑤	7.333	0.1714	0.1714

〈해설〉 (1) 기업가치

$$V_U=\frac{E(NOI)(1-T_C)}{\rho}=\frac{1\text{억}(1-0.4)}{0.15}=4\text{억원}$$

$$V_L=V_U+T_CB=4+(0.4)(2)=4.8\text{억원}$$

(2) 자기자본비용

$$S=V_L-B=4.8-2=2.8\text{억원}$$

$$k_e=\rho+(\rho-k_d)(1-T_C)\left(\frac{B}{S}\right)=15+(15-10)(1-0.4)\left(\frac{2}{2.8}\right)=17.14\% \text{ 혹은}$$

$$k_e=\frac{[E(NOI)-k_dB](1-T_C)}{S}=\frac{[1-(0.1)(2)](1-0.4)}{2.8}=17.14\%$$

(3) 가중평균자본비용

$$k_0 = k_d(1-T_C)\left(\frac{B}{V}\right) + k_e\left(\frac{S}{V}\right) = (10)\left(\frac{2}{4.8}\right) + (17.14)\left(\frac{2.8}{4.8}\right) = 12.5\%$$ 혹은

$$k_0 = \frac{E(NOI)(1-T_C)}{V_L} = \frac{1(1-0.4)}{4.8} = 12.5\%$$ 혹은

$$k_0 = \rho\left[1 - T_C\left(\frac{B}{V}\right)\right] = 15\left[1-(0.4)\left(\frac{2}{4.8}\right)\right] = 12.5\%$$

답 ④

46. 부채발행후의 기업가치를 Miller77에 의하여 구하라.

① 3.6억원 ② 4억원 ③ 4.25억원 ④ 4.8억원 ⑤ 7.333억원

〈해설〉 현재의 기업가치(V_U)는 다음과 같다.

$$V_U = \frac{E(NOI)(1-T_C)(1-T_S)}{\rho} = \frac{1억(1-0.4)(1-0.1)}{0.15} = 3.6억원$$

부채발행후의 기업가치(V_L)는 다음과 같이 구한다.

$$V_L = V_U + B\left[1 - \frac{(1-T_C)(1-T_S)}{(1-T_D)}\right] = 3.6 + 2\left[1 - \frac{(1-0.4)(1-0.1)}{(1-0.2)}\right] = 3.6 + 0.65 = 4.25억원$$

답 ③

47. 위 자료에서 법인세율은 40%, 자본이득세율은 10%로 같으나 이자소득세율(T_D)의 정보가 없는데 Miller77에 의한 레버리지이득이 5천 2백만원이라고 한다. 이 때의 이자소득세율(T_D)을 구하라.

① 0% ② 10% ③ 27% ④ 40% ⑤ 50%

〈해설〉 레버리지이득(G) : $B\left[1 - \frac{(1-T_C)(1-T_S)}{(1-T_D)}\right] = 0.52$억원이므로, 2억$\left[1 - \frac{(1-0.4)(1-0.1)}{(1-T_D)}\right] =$ 0.52억원. $\therefore\ T_D = 0.27 = 27\%$

답 ③

48. 무부채상태인 (주)서울은 제로성장기업이다. 법인세율이 40%인 (주)서울의 영업이익이 2억원이며 자본비용은 10%이다. 이제 이자율이 10%인 무위험부채를 2억원어치 발행하여 자본구조를 변경하려고 한다. *MM*63에 의한 최적부채규모를 구하라.

① 2억원 ② 7억원 ③ 12억원 ④ 16억원 ⑤ 20억원

〈해설〉 현재의 기업가치(V_U)는 다음과 같다.

$$V_U = \frac{E(NOI)(1-T_C)}{\rho} = \frac{2억(1-0.4)}{0.1} = 12억원$$

*MM*63의 명제1에 의하여 $V_L = V_U + T_C B = B$ ($\because$ $V_L = S + B$에서 전액 부채조달이 최적자본

구조이므로)이다.

따라서 $V_U = B - T_C B = B(1 - T_C)$이므로, $B = \frac{V_U}{1 - T_C} = \frac{12}{1 - 0.4} = 20$억원

답 ⑤

49. 법인세가 있는 *MM*이론(1963)이 성립된다고 가정하자. 현재 어느 기업의 발행주식수는 100만주로 무부채상태이나 10%에 부채를 차입할 수 있고 가중평균자본비용은 16%이다. 순영업이익은 매년 100억원일 것으로 예상되고 법인세율은 30%이다. 이 기업이 부채로 자금을 조달하여 자사주를 매입함으로써 부채의 시장가치가 기업가치의 40%가 되도록 하려고 한다. 다음 내용 중 옳지 않은 것은? (2004. CPA)

① 부채로 자금을 조달하기 전의 자기자본비용은 16%이다.

② 부채로 자금을 조달한 후에는 자기자본비용이 18.8%로 증가한다.

③ 부채로 자금을 조달한 후에는 가중평균자본비용이 14.08%로 증가한다.

④ 조달해야 할 부채의 시장가치는 약 198.86억원이다.

⑤ 자사주를 매입한 이후의 발행주식수는 약 545,463주이다.

〈해설〉 $\frac{B}{V} = 0.4 \Leftrightarrow \frac{B}{S} = \frac{4}{6}$

① 무부채상태의 (자기)자본비용 $k_0 = k_e = \rho = 16\%$

② 부채사용후 자기자본비용 $k_e = \rho + (\rho - k_d)(1 - T_C)\left(\frac{B}{S}\right) = 16 + (16 - 10)(1 - 0.3)\left(\frac{4}{6}\right)$
$= 18.8\%$

③ 부채사용후 가중평균자본비용 $k_0 = \rho\left[1 - T_C\left(\frac{B}{V}\right)\right] = 16[1 - 0.3(0.4)] = 14.08\%$

혹은 $k_0 = w_e \cdot k_e + w_d \cdot k_d(1 - T) = (0.6)(18.8) + (0.4)(10)(1 - 0.3) = 14.08\%$

④ 부채사용후 기업가치 $V_L = \frac{E(NOI)(1 - T_C)}{k_0} = \frac{100(1 - 0.3)}{0.1408} = 497.16$억원

$B = 0.4V_L = (0.4)(497.16) = 198.86$억원

⑤ 자사주매입 전의 주가 $= \frac{497.16\text{억원}}{100\text{만주}} = 49,716$원

자사주 매입수량 전의 주가 $= \frac{\text{부채조달액}}{\text{주가}} = \frac{198.86\text{억원}}{49,716\text{원}} = 40$만주

자사주 매입후 주식수 = 100만주 − 40만주 = 60만주

답 ⑤

50. 여러 가지 자본구조이론에 대한 다음 설명 중 가장 옳지 않은 것은? (2005. CPA)

① Modigliani & Miller(1958)에 의하면 레버리지와 기업가치는 무관하고, 자기자본가치를 먼저 구한 후 이것과 부채가치를 합쳐 기업가치를 구한다.

② Modigliani & Miller(1963)에서는 레버리지가 많을수록 기업가치는 상승하는데, 이

는 순이익접근법의 결과와 동일하다.

③ Modigliani & Miller(1963)에서는 다른 조건이 일정하다면, 법인세율이 상승할수록 기업가치와 가중평균자본비용은 하락하지만 자기자본비용은 변함이 없다.

④ Miller(1977)는 개인수준의 이자소득세 때문에 레버리지 이득이 감소된다고 하였다.

⑤ 전통적접근법과 파산비용이론 및 대리인이론의 결과는 레버리지를 적절하게 이용해야 기업가치가 상승한다는 공통점이 있다.

〈해설〉 ① *MM*58에서는 레버리지와 기업가치는 무관하다. 가치를 구하는 순서는 기업가치를 먼저 구한 후, 기업가치에서 부채가치를 차감하여 자기자본가치를 구한다. (교재본문의 *NI*접근법과 전통적접근법 및 *MM*58접근법의 비교를 참조)

③ 문제 15번의 해설을 참조하라.

답 ①

51. 자본구조와 관련된 다음의 서술 중에서 적절한 것을 모두 모은 것은?(2006. CPA)

a. 이익을 많이 내는 성공적인 기업들이 거의 부채를 사용하지 않는 현상은 파산비용과 절세효과를 동시에 고려하는 균형이론에 의해 설명된다. *b*. 자본조달순위이론(pecking order theory)이 제시하는 자본조달의 우선순위는 내부자금, 신주발행, 부채의 순서이다. *c*. 자본조달순위이론은 최적자본구조에 대한 예측을 하지 않는다.

① *a, b*　　② *a, b, c*　　③ *c*

④ *b, c*　　⑤ *a, c*

〈해설〉 *a*. 파산비용과 절세효과를 동시에 고려하면, 레버리지이득과 기대파산비용의 상충효과때문에 기업별로 최적자본구조가 상이할 수 있다. 이익이 많은 기업들이 부채를 사용하지 않는 현상은 자본조달순위이론에 의하여 설명될 수 있다. 왜냐하면 (내부유보)이익이 많으면 외부에서 조달하지 않아도 되기 때문이다.

c. 자본조달순위이론은 정보비대칭과 관련이 있다. 즉 기업이 좋은 투자기회를 가지고 있으나 투자자들이 이 정보를 모른다면 기존주주의 부를 극대화하기 위해 투자자금을 내부유보 → 부채발행 → 신주발행의 순서로 조달해야 한다고 주장할 뿐, 최적자본구조의 예측과 무관하다.

답 ③

52. 무부채기업 *A*의 자기자본비용은 7%인데 신규사업을 위해 (무위험)부채를 조달한 후 부채비율(부채/자기자본)이 100%가 되었다. 무위험이자율은 5%이고 시장포트

폴리오의 기대수익률은 9%이다. 법인세율이 40%일 때, 기업 A의 자기자본비용은 얼마로 변화하겠는가? (2006. CPA)

① 7% ② 7.4% ③ 7.8%
④ 8.2% ⑤ 12.2%

〈해설〉 무부채기업의 (자기)자본비용 $k_0 = k_e = \rho = 7\%$

부채사용기업의 자기자본비용 $k_e = \rho + (\rho - k_d)(1 - T_C)\left(\frac{B}{S}\right) = 7 + (7-5)(1-0.4)(1) = 8.2\%$

답 ④

53. 다음은 시장가치로 측정한 기업과 기업의 자본구조와 경영자의 지분율이다. 다음 설명 중 가장 적절하지 않은 것은? (2008. CPA)

	A기업	B기업
자 본	20억원	80억원
부 채	80억원	20억원
경영자(내부주주)의 지분율	80%	20%

① B기업은 A기업에 비해 기업 외부주주와 경영자(내부주주)간에 발생하는 대리인비용이 높을 수 있다.
② A기업은 B기업에 비해 채권자가 부담하는 대리인비용이 낮을 수 있다.
③ B기업은 A기업에 비해 위험이 높은 투자안에 대한 선호유인이 낮을 수 있다.
④ A기업은 B기업에 비해 경영자의 과소투자유인이 높을 수 있다.
⑤ B기업은 A기업에 비해 주주의 재산도피현상이 낮을 수 있다.

〈해설〉 ① 상대적으로 경영자(내부주주)의 지분율이 낮은 B기업이 외부주주와 경영자(내부주주) 간에 발생하는 자기자본의 대리인비용이 높을 수 있다.
② 상대적으로 부채비중이 높은 A기업이 부채의 대리인비용이 높을 수 있다.
③ 상대적으로 부채비중이 높은 A기업이 부채의 대리인비용의 구성요소인 투자안의 위험선호도가 높을 수 있다.
④ 상대적으로 부채비중이 높은 A기업이 부채의 대리인비용의 구성요소인 과소투자유인이 높을 수 있다.
⑤ 상대적으로 부채비중이 높은 A기업이 부채의 대리인비용의 구성요소인 재산도피현상이 높을 수 있다.

답 ②

54. (주)알파는 현재 자본 80%와 부채 20%로 구성되어 있으며 $CAPM$에 의해 계산된 자기자본비용은 14%이다. 무위험이자율은 5%, 시장위험프리미엄은 6%, 이 회사의

법인세율은 20%이다. (주)알파가 무위험이자율로 차입하여 자사주매입을 함으로써 현재의 자본구조를 자본 50%와 부채 50%로 변경할 때 자기자본비용을 구하라.

(2008. CPA)

① 16.5% ② 17.0% ③ 17.5%

④ 18.0% ⑤ 18.5%

〈해설〉 현재: $k_e = \rho + (\rho - k_d)(1 - T_C)\left(\frac{B}{S}\right)$에서 $14 = \rho + (\rho - 5)(1 - 0.2)\left(\frac{2}{8}\right)$ $\therefore \rho = 12.5\%$

자본구조 변경후: $k_e = \rho + (\rho - k_d)(1 - T_C)\left(\frac{B}{S}\right) = 12.5 + (12.5 - 5)(1 - 0.2)\left(\frac{5}{5}\right) = 18.5\%$

답 ⑤

55. 완전자본시장에서 *MM*(1958)이론이 성립한다는 가정 하에서 자본구조에 대한 다음 설명 중 가장 옳은 것은? (2008. CPA)

① 부채비율이 증가하면 자기자본비용과 타인자본비용이 증가하므로 가중평균자본비용이 증가한다.

② 법인세로 인한 절세효과가 없기 때문에 순이익의 크기는 자본구조와 무관하게 결정된다.

③ 부채비율이 증가함에 따라 영업위험이 커지기 때문에 자기자본비용이 커진다.

④ 부채비율이 증가함에 따라 자기자본비용과 타인자본비용은 증가하나 가중평균자본비용은 일정하다.

⑤ 부채비율이 증가함에 따라 주당순이익(*EPS*)의 변동성이 커진다.

〈해설〉 ①④ 부채비율이 증가하면 재무위험 증가에 따라 자기자본비용이 상승하지만, 이는 일정하게 유지되는 타인자본비용의 저렴효과를 정확히 상쇄하므로 가중평균자본비용은 일정하다.

② 영업이익은 동일하지만 자본구조의 차이에 따른 이자비용의 차이로 인해 순이익이 달라진다.

③ 동질적 영업위험집단을 가정하므로 영업위험은 동일하면서 자본구조만 다르다.

⑤ 부채비율이 증가하면 재무레버리지 효과로 인하여 *EPS*의 변동성이 커진다.

답 ⑤

56. 무부채기업인 (주)대한의 연간 기대영업이익은 3억원이며 자본비용은 15%이다. (주)대한은 10%의 이자율로 10억원의 부채를 조달하여 자본구조를 변경할 계획이다. *MM*58과 *MM*63하에서 각각 추정된 (주)대한의 가중평균자본비용(*WACC*)들 간의 차이($WACC_{MM58} - WACC_{MM63}$)는 얼마인가? (단, 법인세율은 40%이다.)

(2010. CPA)

① 0 ② 1.25% ③ 2.50%

④ 3.75% ⑤ 4.25%

〈해설〉 [MM58] $WACC = k_0 = \rho = 0.15$

[MM63]

$$V_U = \frac{E(NOI)(1-T_C)}{\rho} = \frac{3억(1-0.4)}{0.15} = 12억원$$

$$V_L = V_U + T_C B = 12 + (0.4)(10) = 16억원$$

$$V_L = \frac{E(NOI)(1-T_C)}{k_0} \text{이므로, } k_0 = \frac{3억(1-0.4)}{16억} = 0.1125$$

$$\therefore WACC_{MM58} - WACC_{MM63} = 0.15 - 0.1125 = 0.0375 = 3.75\%$$

답 ④

57. 부채가 없는 기업이 8%의 금리로 200억원을 영구히 차입하여 자기자본을 대체했다. 법인세율은 30%, 주주의 요구수익률은 10%이다. 법인세를 고려한 MM의 수정명제에 따른 기업가치 변화 중 가장 적절한 것은? (2011. CPA)

① 80억원 증가 ② 60억원 증가 ③ 60억원 감소

④ 40억원 증가 ⑤ 40억원 감소

〈해설〉 *MM63*에 의하면 부채사용에 따르는 법인세 절감액의 현가($T_C B$)만큼 기업가치가 증가한다. $T_C B = (0.3)(200억) = 60억원$이다.

답 ②

58. 기업의 소유자와 경영자 사이에서 발생하는 대리인비용(agency problem)과 관련이 가장 없는 것은? (2012. CPA)

① 감시비용(monitoring cost)

② 지배원리(dominance principle)

③ 스톡옵션(stock option)

④ 정보의 비대칭성(information asymmetry)

⑤ 기업지배권(corporate governance)

〈해설〉 지배원리는 위험회피형 투자자의 경우 기대수익이 같다면 위험이 작은 자산을 선택하고, 위험이 같다면 기대수익이 큰 자산을 선택하는 투자원리로 대리인비용과 무관하다.

답 ②

59. 무부채기업인 (주)한라의 자기자본비용은 20%이다. (주)한라의 순영업이익(EBIT)은 매년 100억원으로 예상되고 있으며 법인세율은 40%이다. (주)한라는 이자율 10%로 차입금을 조달하여 자기주식을 매입소각하는 방법으로 자본구조 변경을 계획하

고 있으며, 목표자본구조는 부채의 시장가치가 기업가치의 30%이다. 법인세 있는 MM이론이 성립된다는 가정 하에서 가장 적절하지 않은 것은? (2012, CPA)

① 자본구조 변경 전의 가중평균자본비용은 20%이다.

② 자본구조 변경 전의 가중평균자본비용은 16.7%이다.

③ 조달해야 할 부채의 시장가치는 약 238.63억원이다.

④ 자본구조 변경 전의 기업가치는 300억원이다.

⑤ 자본구조 변경 후의 자기자본비용은 약 22.57%이다.

〈해설〉 [자본구조 변경 전 (무부채상태)] $k_e = k_0 = \rho = 20\%$

$$V_U = \frac{E(NOI)(1-T_C)}{\rho} = \frac{100\text{억}(1-0.4)}{0.2} = 300\text{억원}$$

[자본구조 변경 후 (부채사용)] $\frac{B}{V} = 0.3 \Leftrightarrow \frac{B}{S} = \frac{3}{7}$

$$k_e = \rho + (\rho - k_d)(1-T_C)\left(\frac{B}{S}\right) = 20 + (20-10)(1-0.4)\left(\frac{3}{7}\right) = 22.57\%$$

$$k_0 = \rho\left[1 - T_C\left(\frac{B}{V}\right)\right] = 20[1-0.4(0.3)] = 17.6\%$$

혹은 $k_0 = w_e \cdot k_e + w_d \cdot k_d(1-T) = (0.7)(22.57) + (0.3)(10)(1-0.4) = 17.6\%$

$$V_L = \frac{E(NOI)(1-T_C)}{k_0} = \frac{100(1-0.4)}{0.176} = 340.91\text{억원}$$

$B = 0.3V_L = (0.3)(340.91) = 102.91$억원

답 ③

제12장

불확실성하의 자본예산

제 1 절 기초개념

1. 의 의

제4장에서 설명한 확실성하의 자본예산은 투자안의 미래현금흐름을 확실히 예측할 수 있다고 전제한 자본예산이다. 그러나 현실적으로 미래의 현금흐름은 현재 예상한 기대현금흐름과 다를 수 있는 불확실한 현금흐름이기 때문에 위험이 내포되어 있다. 이 때에는 이 위험을 적절히 반영하여 투자안을 평가해야 할 것이다.

2. 위험을 반영한 NPV법

위험을 고려한 투자결정에서의 평가방법 중 가장 우월한 것도 *NPV*법이다.

$$NPV = \sum_{t=1}^{n} \frac{E(CF_t)}{(1+k_0)^t} - C_0 \tag{12-1}$$

식 (12-1)의 분자인 기대현금흐름은 제3장의 경우와 마찬가지로 투자자금을 자기자본으로 조달하였든 혹은 타인자본을 조달하였든 상관없이 완전히 자기자본으로 조달하였다고 가정한 (영업)현금흐름이다. 분모인 할인율은 분자인 투자안의 기대현금흐름 (불확실한 현금흐름)이 속한 업종과 자본조달방법(부채사용)이 모두 반영된 할인율이다. *NPV*법은 기대현금흐름(분자)을 위험이 반영된 할인율(분모)로 할인하여 구하는데, 이 방법을 위험조정할인율(risk adjusted discount rate, *RADR*)법이라고 한다.

위험조정할인율을 측정할 때는 주관적 요소가 개입될 수 있어 적절한 할인율을 구하기 어려울 수 있다. 그러나 *CAPM*의 가정이 성립하고 분산투자가 가능하다면, 투자안의 위험정도는 해당 투자안의 체계적위험으로 측정할 수 있다. 따라서 투자안의 체계적위험만 고려하여 위험조정할인율을 결정하는 방법을 공부해 보자.

제 2 절 레버리지와 위험

1. 영업위험과 재무위험

기업 또는 주주가 부담하는 위험은 기업이 ① 어느 투자안에 투자하느냐 ② 투자소요자금을 어떻게 조달하느냐에 따라 달라진다. ①은 영업위험이 큰 투자안을 선택하여 영업이익의 변동가능성이 증가하여 주주에게 귀속되는 위험이 증가하는 이른바 영업위험이고 ② 영업이익의 변동가능성이 동일하다고 할지라도 타인자본의 비중이 증가하여 주주에게 귀속되는 위험이 증가하는 이른바 재무위험이다.

(1) 영업위험

영업위험(operating risk)은 영업이익의 변동가능성을 말하는데 경영위험, 사업위험(business risk)이라고도 한다. 영업이익(*EBIT*, *NOI*)은 이자비용 지급전의 이익이기 때문에 영업위험은 투자결정에 기인하는 위험이고 자본조달방법과는 무관한 위험이다. 이 세상에 있는 모든 기업은 영업을 하므로, 영업위험은 모든 기업에 존재한다(inherent risk).

영업이익의 변동가능성은 영업이익 변동율에 대한 분산으로 측정하는데, 영업위험은 다음의 두 가지 요인에 의하여 결정된다.

① **경기변동과 매출액과의 관계** : 매출액의 변동가능성은 경기변동에 따른 판매가격, 원자재가격, 수요변동 등에 좌우되는 것으로 사실상 기업이 통제할 수 없는 요인이다. 경기변동에 대한 매출액의 민감도는 업종(산업)에 따라 다르다 (예컨대 식료품산업에 비하여 싸이클산업의 민감도는 크다). 경기변동에 민감한 업종에 기업이 투자할수록 영업위험이 증가할 것이다.

② **영업레버리지도(*DOL*)** : 동일한 업종에 있더라도 개별기업의 고정영업비에 대한 비중에 따라 영업레버리지가 다른 것이 일반적이다. 일반적으로 *DOL*이 클수록 영업위험이 증가한다. 사실 영업위험은 업종과 *DOL*에 따라 달라지지만,

동일업종에 있으면 *DOL*은 같다고 가정한다. 따라서 업종(산업)이 같으면 영업위험이 동일하다고 전제한다.

(2) 재무위험

재무위험(financial risk)은 부채사용정도에 따른 주주현금흐름(주당순이익)의 변동가능성을 말한다. 주당순이익(*EPS*)의 변동가능성은 주당순이익 변동율에 대한 분산으로 측정한다.

예컨대 $DFL = \dfrac{EBIT}{EBIT-I}$ 에서 보듯이 부채를 사용하지 않으면 *DFL*이 1이 되어 주당이익의 변동가능성이 영업이익의 변동가능성과 일치하여, 주주들은 영업위험만 부담한다. 그러나 부채를 사용하면 *DFL*이 1보다 커지므로 주당순이익의 변동가능성이 영업이익의 변동가능성보다 커지게 되는데, 이를 재무위험이라고 한다.

이와 같이 재무위험은 업종이 같더라도 부채사용정도에 따라 달라진다. 즉 재무위험은 (모든 기업에 존재하는 것이 아니라) 부채를 사용하는 기업에만 발생하는 위험(additional risk)이며, 부채사용정도가 클수록 재무위험이 증가한다.

B/S

자 산	타인자본 자기자본 — 재무구조
투자(영업) → 영업위험 (inherent risk)	→ 재무위험 (타인자본 이용시만 발생하는 additional risk)

- 영업(경영, 사업)위험 : 모든 기업에 존재하며(inherent risk), 업종이 같으면 영업위험이 동일하다고 전제한다.
- 재무위험 : 타인자본을 이용하는 기업에만 발생한다(additional risk).

2. 영업위험과 재무위험 및 베타간의 관계

(1) 베타의 결정요인

자기자본비용을 산출하는 방법중 하나가 *CAPM*이라고 배웠다. *CAPM*의 가정이 성립한다면 위험을 체계적위험(베타)에 반영할 수 있으며, 이 베타를 증권시장선(*SML*)에 대입하면 위험을 적절히 반영한 균형수익률(자기자본비용)을 구할 수 있을 것이다. 즉 *CAPM*의 가정이 성립한다면, 투자자들이 부담해야 하는 영업위험과 재무위험이 베타에 적절히 반영되었다고 보는 것이다.

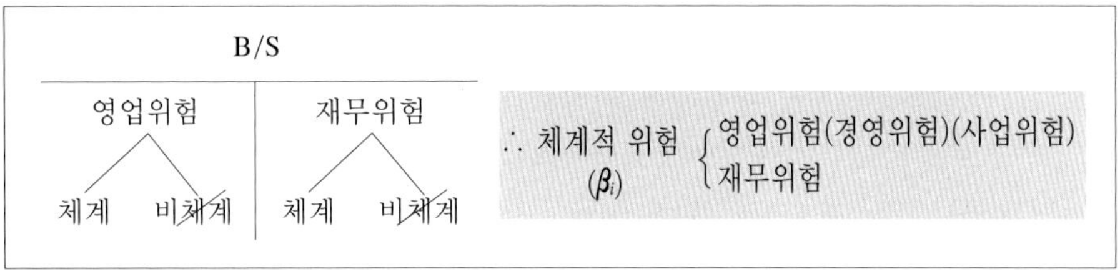

(2) 재무위험과 베타

영업위험과 재무위험 중 영업위험은 업종(산업)이 동일하다면 그 업종내에 있는 모든 기업의 영업위험은 동일하다고 전제하였다. 결국 투자자들이 부담해야 할 위험은 재무위험이 되는데, 재무위험은 부채를 사용하는 기업에만 발생하며 부채사용정도(재무레버리지)가 클수록 증가한다. 따라서 재무위험은 재무레버리지에 달려있으므로 베타를 재무레버리지에 따라 조정해야 할 것이다.

투자에 필요한 자금을 자기자본(S)과 부채(B)로 조달하는 경우, 각각의 체계적위험을 자산베타(β_A), 주식베타(β_S), 부채베타(β_B)로 구분할 수 있다. 기업의 자산은 대차대조표의 차변으로 표현되는데 이는 투자결정의 산물이므로, 자산의 가치는 투자안의 가치일 것이다. 자산베타(asset beta)는 투자의 결과 기업자산으로부터 얻게 될 수익률의 체계적 위험, 주식베타(equity beta)는 주주들이 얻게 될 수익률의 체계적 위험, 부채베타(debt beta)는 채권자들이 얻게 될 수익률의 체계적 위험을 나타낸다.

여기에서 부채가 무위험부채라면 부채베타인 $\beta_B=0$이므로 분석대상은 주식베타와 자산베타가 될 것이다. 이제 부채사용유무와 부채사용정도에 따른 주식베타(β_S)와 자산베타(β_A)의 조정을 살펴보기로 하자.

3. 재무레버리지와 베타

(1) 법인세가 없는 경우

재무상태표

자산가치 A (β_A)	부채가치 B (β_B) 주식가치 S (β_S)

자산베타(β_A)는 부채베타(β_B)와 주식베타(β_S)를 각 자본구성비율로 가중평균하여 구할 수 있다.

$$\beta_A\left(\frac{S+B}{S+B}\right)=\beta_B\left(\frac{B}{S+B}\right)+\beta_S\left(\frac{S}{S+B}\right)$$

여기에서 무위험부채(예로써, 보증사채)라면 $\beta_B=0$이므로

$$\beta_A=\beta_S\left(\frac{S}{S+B}\right) \qquad (12-2)$$

이제 투자자금을 전액 자기자본으로 조달하는 경우와 부채와 자기자본을 혼합하여 조달하는 경우에 대하여 각각 살펴보자.

1) 투자자금을 전액 자기자본(주식)으로 조달하는 경우의 주식베타(β_{SU})와 자산베타(β_A)

식 (12-2)를 주식베타(β_S)로 정리하면 다음과 같다.

$$\beta_S=\beta_A\left(1+\frac{B}{S}\right) \qquad (12-3)$$

이 때는 식 (12-3)에 $B=0$을 대입하면 된다. 이 경우의 주식베타(unlevered beta)를 β_{SU}라고 하면 다음의 식 (12-4)가 성립한다.

$$\beta_{SU}=\beta_A\left(1+\frac{0}{S}\right)=\beta_A \qquad (12-4)$$

무부채기업의 주식베타(β_{SU})는 자산베타(β_A)와 동일한데, 그 이유는 무부채상태에서는 재무위험이 없고 영업위험만 있기 때문이다. 무부채상태에서의 자기자본비용(ρ)은 다음과 같이 구한다. 즉 ρ는 영업위험만 반영한 자기자본비용이다.

$$\rho=k_e^U=R_f+[E(R_M)-R_f]\cdot\beta_{SU} \qquad (12-5)$$

2) 투자자금을 무위험부채와 자기자본(주식)으로 조달하는 경우의 주식베타(β_{SL})와 자산베타(β_A)

① 주식베타(β_{SL})

이 때는 식 (12-3)에서 $B=B$이므로 이 식을 그대로 사용하면 된다. 이 경우의 주식베타(levered beta)를 β_{SL}라고 하면 다음의 식 (12-6)가 성립한다.

$$\beta_{SL}=\beta_{SU}\left(1+\frac{B}{S}\right) \qquad (12-6)$$

부채기업의 주식베타(β_{SL})와 무부채기업의 주식베타(β_{SU})의 차이가 재무위험을 반영한다. 즉 부채기업의 영업위험은 무부채기업과 동일한 업종에 있으므로 무부채기업의 영업위험과 동일한 반면(β_{SU}로), 부채기업은 부채사용정도$\left(\frac{B}{S}\right)$에 비례하여 재무위험이 추가적으로 발생한다.

부채상태에서의 자기자본비용(k_e)은 다음과 같이 구한다. 즉 k_e는 영업위험 뿐만 아니라 재무위험까지 반영한 자기자본비용이다.

$$k_e=k_e^L=R_f+[E(R_M)-R_f]\cdot\beta_{SL} \qquad (12-7)$$

② 자산베타(β_A)

투자자금의 일부를 무위험부채로 조달하는 경우의 자산베타는 식 (12-6)을 식 (12-2)에 대입하여 구한다.

$$\beta_A=\beta_{SL}\left(\frac{S}{S+B}\right)=\beta_{SU}\left(1+\frac{B}{S}\right)\left(\frac{S}{S+B}\right)=\beta_{SU}\left(\frac{S+B}{S}\right)\left(\frac{S}{S+B}\right)=\beta_{SU}$$

그림 12-1 법인세가 없는 경우의 재무레버리지와 베타

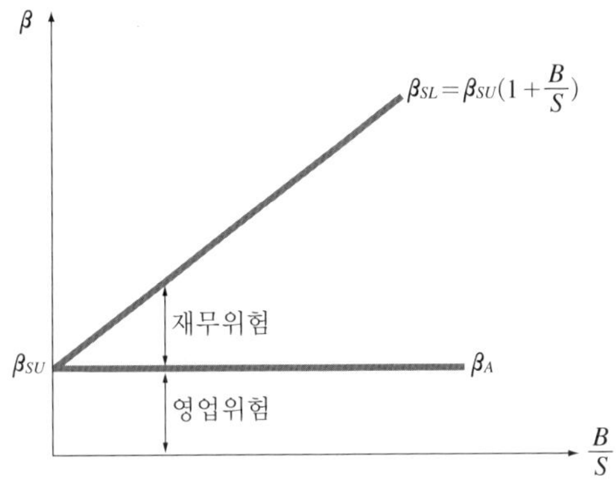

자산베타(β_A)는 재무구조$\left(\frac{B}{S}\text{비율}\right)$과 무관하게 항상 β_{SU}로 일정하다. 왜냐하면 부채사용에 따라 주식베타가 상승하는 단점과 무위험부채를 이용하는 장점이 상쇄되기 때문이다.

예제 ⑫ - 1 신규투자안의 주식베타 추정

서울전자는 사업다각화의 일환으로 라면업종에 진출하려고 한다. 라면업종에서 상장된 기업은 농심, 빙그레, 삼양, 오뚜기, 한국 야쿠르트 등인데 이 중 농심을 대용기업(proxy company)[1)]으로 선정하였다. 상장기업 재무분석이라는 책자를 찾아보니 무위험부채를 사용하고 있는 농심의 베타(대용베타, proxy beta)가 1.8이었고 재무레버리지$\left(\frac{B}{S}\right)$는 1이었다. 서울전자가 라면업종에 진출하여 서울라면을 세운다면 재무레버리지$\left(\frac{B}{S}\right)$를 $\frac{1}{2}$로 하려고 한다. 서울라면에 대한 주식베타를 구하라.

대용기업은 $\left(\frac{B}{S}\right)=1$이고 $\beta_{SL}=1.8$이므로

$\beta_{SL}=\beta_{SU}\left(1+\frac{B}{S}\right)$에서 $1.8=\beta_{SU}(1+1)$ $\therefore$ $\beta_{SU}=0.9$

동일 업종에 있으면 농심이나 서울라면 모두 영업위험만 반영한 체계적 위험은 0.9이다. 서울라면은 부채를 사용하므로 추가적인 재무위험을 다음과 같이 반영해야 한다.

---

1) 대용기업이란 신규투자안과 같은 영업내용을 하고 (같은 업종에 있고), 그 주식이 상장되어 활발히 거래되는 기업을 말한다. 또한 대용베타란 대용기업의 베타를 말한다.

$$\beta_{SL} = \beta_{SU}\left(1 + \frac{B}{S}\right) = (0.9)\left(1 + \frac{1}{2}\right) = 1.35$$

이를 그림으로 도시하면 다음과 같다.

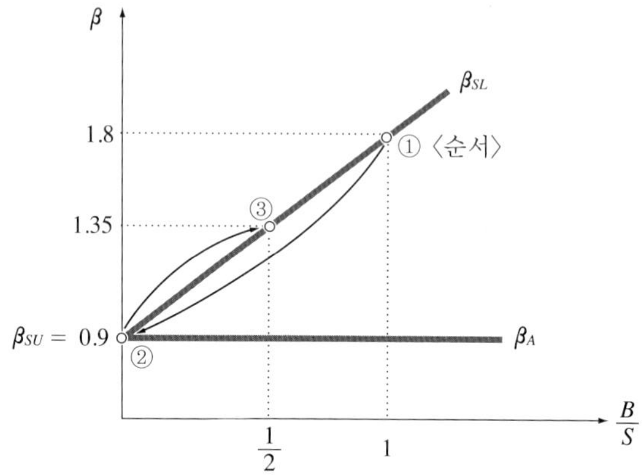

예제 ⑫ – 2 법인세가 없는 경우의 재무레버리지와 베타

(주)서울전자는 무부채기업으로 주식베타는 1.2이다. 무위험이자율이 10%이고 시장포트폴리오의 기대수익률은 16%이며 법인세는 없다는 가정하에 다음 각 물음에 답하라.

(1) 현재 (주)서울전자의 자기자본비용을 구하라.

(2) (주)서울전자가 무위험부채를 사용하여 투자안을 수행한 후에 재무레버리지 $\left(\frac{B}{S}\right)$가 $\frac{3}{4}$이 되었다고 하자. 이 때 (주)서울전자의 주식베타와 자산베타를 구하라.

(3) (2)번 경우 (주)서울전자의 자기자본비용을 구하라.

(4) 이를 그림으로 도시하라.

(5) (3)번 경우 주주들의 재무위험에 대한 위험프레미엄과 영업위험에 대한 위험프레미엄을 각각 구하라.

$\beta_{SU} = 1.2 \quad R_f = 10\% \quad E(R_M) = 16\%$

(1) $\rho = k_e^U = R_f + [E(R_M) - R_f] \cdot \beta_{SU} = 10 + (16 - 10)(1.2) = 17.2\%$

(2) $\beta_{SL}=\beta_{SU}\left(1+\frac{B}{S}\right)=(1.2)\left(1+\frac{3}{4}\right)=2.1$

$\beta_A=\beta_{SL}\left(\frac{S}{S+B}\right)=(2.1)\left(\frac{S}{S+\frac{3}{4}S}\right)=1.2=\beta_{SU}$

(3) $k_e=k_e^L=R_f+[E(R_M)-R_f]\cdot\beta_{SL}=10+(16-10)(2.1)=22.6\%$

(4)

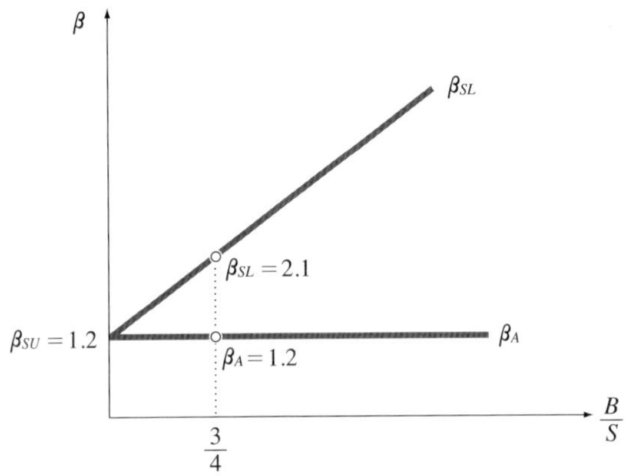

(5) 주주요구수익률(자기자본비용)$=R_f+RP=10+12.6=22.6\%$이므로
재무위험에 대한 위험프레미엄$=k_e-\rho=22.6-17.2=5.4\%$
영업위험에 대한 위험프레미엄$=\rho-R_f=17.2-10=7.2\%$

(2) 법인세가 있는 경우

1) Hamada모형의 도출

법인세가 존재하는 경우 *MM*63의 제1명제를 이용한다. 즉 계속기업을 가정시, 부채기업의 현가=무부채기업의 현가+법인세 감세효과의 현가인 $V_L=V_U+T_CB$를 이용한다.

대차대조표(*B/S*)

무부채기업의 가치	V_U	(β_{SU})	부채가치	B	(β_B)
법인세 감세효과의 현가	T_CB	(β_B)	주식가치	S	(β_{SL})
	V_L			V_L	

$$\beta_{SU}\left(\frac{V_U}{V_L}\right)+\beta_B\left(\frac{T_C B}{V_L}\right)=\beta_B\left(\frac{B}{V_L}\right)+\beta_{SL}\left(\frac{S}{V_L}\right)$$

양변에 V_L을 곱한 다음 β_{SL}에 대해 정리하면 $\beta_{SL}=\dfrac{(\beta_{SU})(V_U)-\beta_B\cdot B(1-T_C)}{S}$

한편, $V_U=V_L-T_C B=S+B-T_C B=S+B(1-T_C)$이므로 위의 식에 이를 대입하여 β_{SL}에 대해 정리하면 다음과 같다.

$$\beta_{SL}=\beta_{SU}+(\beta_{SU}-\beta_B)(1-T_C)\left(\frac{B}{S}\right)$$

여기에서 무위험부채를 가정하면 $\beta_B=0$이므로

$$\beta_{SL}=\beta_{SU}\left[1+(1-T_C)\left(\frac{B}{S}\right)\right]$$

이 식을 Hamada모형이라고 하는데[2], 이 모형을 이용할 때는 다음 사항을 유의해야 한다. Hamada모형은 *MM*63의 명제로부터 도출되었으므로, ⓐ 기업의 현금흐름이 무한하며, ⓑ 부채도 무한히 사용한다는 것을 전제로 한다. 또한 부채가 무위험부채라고 가정하였으므로, 기업이 부채조달시 부담하는 이자율은 무위험이자율 ⓒ ($k_d=R_f$)이어야 한다. ($\because\ k_d=R_f+[E(R_M)-R_f]\beta_B$)

2) 주식베타(β_{SL}과 β_{SU})

$$\beta_{SL}=\beta_{SU}\left[1+(1-T_C)\left(\frac{B}{S}\right)\right] \qquad (12\text{-}8)$$

법인세가 존재하는 경우에도 부채기업의 주식베타(β_{SL})와 무부채기업의 주식베타(β_{SU})의 차이가 재무위험을 반영한다. 즉 부채기업의 영업위험은 무부채기업과 동일한 업종에 있으므로 무부채기업의 영업위험과 동일한 반면(β_{SU}로), 부채기업은 부채사용정도 $(1-T_C)\left(\frac{B}{S}\right)$에 비례하여 재무위험이 추가적으로 발생한다. 그러나 재무위험이 증가하는 정도는 법인세가 없는 경우는 $\left(\frac{B}{S}\right)$인데 비하여 법인세가 있으면 $(1-T_C)\left(\frac{B}{S}\right)$이므로, 법인세 있는 경우가 완만하게 상승한다는 것을 볼 수 있다.

---

2) Hamada, Robert, "Portfolio Analysis, Market Equilibrium, and Corporate Finance", *Journal of Finance*, March 1969, p.13~21.

그림 12-2 법인세가 있는 경우의 재무레버리지와 베타

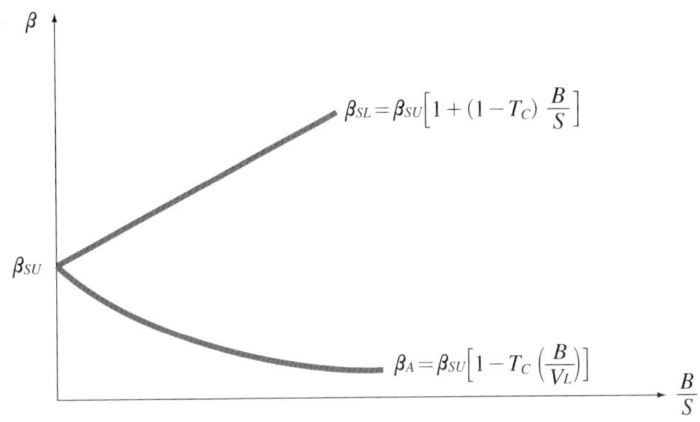

3) 자산베타(β_A)

투자자금의 일부를 무위험부채로 조달하는 경우의 자산베타는 식 (12-8)을 식 (12-2)에 대입하여 구한다.

$$\beta_A=\beta_{SL}\left(\frac{S}{S+B}\right)=\beta_{SU}\left[1+(1-T_C)\left(\frac{B}{S}\right)\right]\left(\frac{S}{S+B}\right)=\beta_{SU}\left[\left(\frac{S}{S+B}\right)+(1-T_C)\left(\frac{B}{S+B}\right)\right]$$

$$=\beta_{SU}\left[\frac{S+B}{S+B}-T_C\left(\frac{B}{S+B}\right)\right]=\beta_{SU}\left(1-T_C\frac{B}{V_L}\right)$$

법인세가 있으면 부채사용도가 증가할수록 자산베타가 감소한다는 것을 볼 수

그림 12-3 법인세가 있는 경우의 재무레버리지와 베타

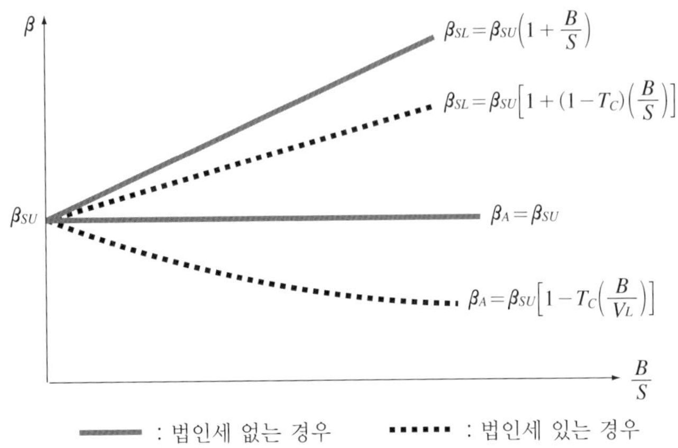

있다. 왜냐하면 영업위험이 일정한 상태에서 (동일업종이므로), 부채를 사용할수록 이자비용의 법인세 감세효과가 증가하므로 자산베타가 하락하기 때문이다.

(3) 법인세 유무와 베타

법인세가 없는 경우와 있는 경우로 구분하여 부채사용에 따른 주식베타와 자산베타의 조정을 살펴보았다. 두 경우의 차이점을 〈표 12-1〉과 〈그림 12-3〉으로 나타내었다.

〈표 12-1〉 법인세 유무에 따르는 주식베타와 자산베타

주식베타(β_S)	법인세 없는 경우	법인세 있는 경우
① 투자자금 전부를 자기자본(주식)으로 조달할 경우	β_{SU}	β_{SU}
② 투자자금 일부를 무위험부채로 조달할 경우	$\beta_{SL}=\beta_{SU}\left(1+\frac{B}{S}\right)$	$\beta_{SL}=\beta_{SU}\left[1+(1-T_C)\left(\frac{B}{S}\right)\right]$
자산베타(β_A)	$\beta_A=\beta_{SU}$	$\beta_A=\beta_{SU}\left(1-T_C\cdot\frac{B}{V}\right)$

예제 ⑫ - 3 법인세가 있는 경우의 재무레버리지와 베타

(주)서울전자는 무부채기업으로 주식베타는 1.2이다. 무위험이자율이 10%이고 시장포트폴리오의 기대수익률은 16%이며 법인세율이 40%라는 가정하에 다음 각 물음에 답하라.

(1) 현재 (주)서울전자의 자기자본비용을 구하라.

(2) (주)서울전자가 무위험부채를 사용하여 투자안을 수행한 후에 재무레버리지 $\left(\frac{B}{S}\right)$가 $\frac{3}{4}$이 되었다고 하자. 이 때 (주)서울전자의 주식베타와 자산베타를 구하라.

(3) (2)번 경우 (주)서울전자의 자기자본비용을 구하라.

(4) 이를 그림으로 도시하라.

(5) (3)번 경우 주주들의 재무위험에 대한 위험프레미엄과 영업위험에 대한 위험프레미엄을 각각 구하라.

$\beta_{SU}=1.2 \quad R_f=10\% \quad E(R_M)=16\%$

(1) $\rho=k_e^U=R_f+[E(R_M)-R_f]\cdot\beta_{SU}=10+(16-10)(1.2)=17.2\%$

(2) $\beta_{SL}=\beta_{SU}\left[1+(1-T_C)\left(\frac{B}{S}\right)\right]=(1.2)\left[1+(1-0.4)\left(\frac{3}{4}\right)\right]=1.74$

$$\beta_A=\beta_{SU}\left[1-T_C\ \frac{B}{V_L}\right]=(1.2)\left[1-(0.4)\left(\frac{\frac{3}{4}S}{S+\frac{3}{4}S}\right)\right]=0.99$$

(3) $k_e=k_e^L=R_f+[E(R_M)-R_f]\cdot\beta_{SL}=10+(16-10)(1.74)=20.44\%$

(4)

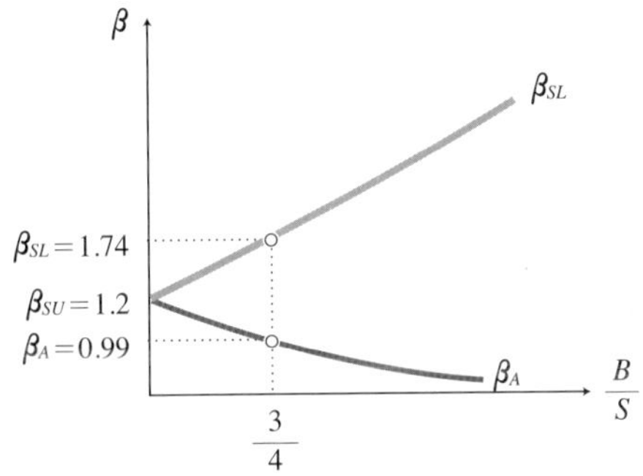

(5) 주주요구수익률(자기자본비용) $=R_f+RP=10+10.44=20.44\%$이므로

재무위험에 대한 위험프레미엄 $=k_e-\rho=20.44-17.2=3.24\%$

영업위험에 대한 위험프레미엄 $=\rho-R_f=17.2-10=7.2\%$

제 3 절 WACC법

1. 위험조정할인율의 추정

본장의 제1절에 살펴보았듯이 위험조정할인율(*RADR*)법은 투자안의 기대현금흐름(분자)을 투자안이 속한 업종(영업위험)과 자본조달방법(부채사용하면 재무위험)이 모두 반영된 할인율(분모)로 할인하여 구하는 방법이라고 하였다. 여기에서는 Hamada모형을 이용하여 신규투자안의 할인율인 가중평균자본비용(*WACC*)을 추정하는 것을 설명하겠는데, 구하는 순서는 다음과 같다.

① 신규투자안과 동일한 업종에 속한 (따라서 동일한 영업위험을 가지고 있는) 대용기업을 선정하여 대용베타를 얻는다.

② 대용베타를 이용하여 신규투자안의 영업위험만을 반영한 β_{SU}를 Hamada모형에 의하여 구한다.

$$\beta_{SU}=\frac{\beta_{SL}}{1+(1-T_C)\left(\frac{B}{S}\right)}$$

③ ②의 β_{SU}와 신규투자안의 목표자본구조(B/S)를 Hamada모형에 다시 대입하여 영업위험과 재무위험을 모두 반영한 β_{SL}을 구한다.

$$\beta_{SL}=\beta_{SU}\left[1+(1-T_C)\left(\frac{B}{S}\right)\right]$$

④ ③에서 구한 β_{SL}을 증권시장선(*SML*)에 대입하여 자기자본비용(k_e)을 구한다.

$$k_e=R_f+[E(R_M)-R_f]\cdot\beta_{SL}$$

⑤ 신규투자안의 $WACC(k_0)$를 구한다.

$$k_0=k_e\left(\frac{S}{S+B}\right)+k_d(1-T_C)\left(\frac{B}{S+B}\right)$$

예제 ⑫ - 4 WACC법의 이용

(주)서울전자는 라면업종에 신규로 진출하려고 하는데, 100억원을 투자하면 매년 20억원의 영업이익(*NOI*)을 영구적으로 얻을 것으로 예상된다. 라면업종의 자료를 수집한 결과 (주)농심의 주식베타가 2.4이고 부채비율$\left(\frac{B}{S}\right)$이 300%라는 것을 알았다. (주)서울전자는 신규투자안의 목표자본구조$\left(\frac{B}{S}\right)$를 200%가 되도록 할 계획이다. 시장 포트폴리오의 기대수익률이 18%, 무위험이자율이 10%, 법인세율이 20%라고 가정하여 다음 각 물음에 답하라.

(1) 신규투자안의 자기자본비용을 구하라.
(2) 신규투자안의 할인율(가중평균자본비용)을 구하라.
(3) 신규투자안의 투자가치를 *NPV*법을 이용하여 평가하라.

언급없으면 무위험부채를 가정한다. 한편, 목표 $\frac{B}{S}=2$이므로 목표 $\frac{B}{V}=\frac{2}{3}$이다.

$$(1)\ \beta_{SU}=\frac{\beta_{SL}}{1+(1-T_C)\left(\frac{B}{S}\right)}=\frac{2.4}{1+(1-0.2)(3)}=0.7$$

$$\beta_{SL}=\beta_{SU}\left[1+(1-T_C)\left(\frac{B}{S}\right)\right]=0.7\ [1+(1-0.2)(2)]=1.82$$

$$k_e=R_f+[E(R_M)-R_f]\beta_{SL}=10+[18-10](1.82)=24.56\%$$

$$(2)\ k_0=k_e\left(\frac{S}{V}\right)+k_d(1-T_C)\left(\frac{B}{V}\right)=(24.56)(\frac{1}{3})+(10)(1-0.2)(\frac{2}{3})=13.51\%$$

$$(3)\ NPV=\frac{E(NOI)(1-T_C)+\Delta D}{k_0}-C_0=\frac{20(1-0.2)+0}{0.1351}-100=118.4-100=18.4\text{억원}$$

따라서 (주)서울전자는 신규투자안에 투자하여야 한다.

2. 기존기업의 WACC 및 신규투자안의 WACC

제10장의 3절에서 보았듯이, 신규투자안의 ① 영업위험과 ② 재무위험이 기존기업과 동일하고, 신규투자안의 ③ 원천별 자본비용이 기존기업의 원천별 자본비용과 동일한 경우에만 신규투자안 평가시 할인율로 기존기업의 *WACC*를 사용할 수 있다. 이러한 조건이 충족되지 않으면 투자안의 위험을 Hamada모형 등을

그림 12-4 기존기업의 WACC와 투자안의 WACC

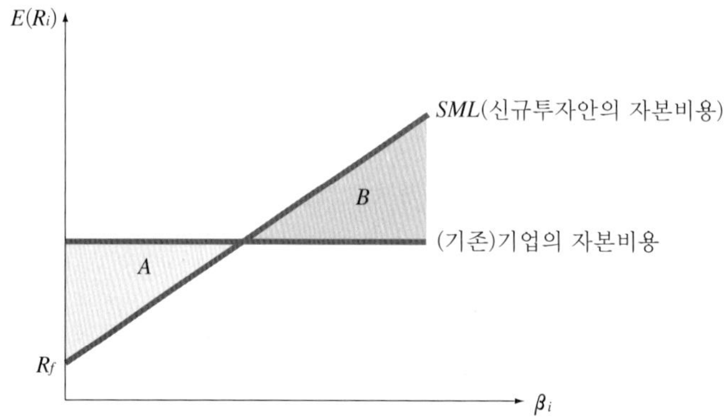

이용하여 신규투자안의 할인율을 새로 산출해야 한다.

만일 이렇게 하지 않고 신규투자안의 할인율로 기존기업의 *WACC*를 그대로 사용하면 〈그림 12-4〉에서 보듯이 두 가지 오류를 범하게 된다.

*A*영역에 있는 투자안들은 투자안의 위험이 반영된 위험조정할인율보다 균형(기대)수익률이 높아서 좋은 투자안임에도 불구하고, 기존기업의 자본비용을 사용하여 평가시 기각하는 오류를 범하게 된다(제1종 오류). *SML*기준으로는 과소평가되어 있으므로 채택했어야 했다.

또한 *B*영역에 있는 투자안들은 투자안의 위험이 반영된 위험조정할인율보다 균형(기대)수익률이 낮아서 나쁜 투자안임에도 불구하고, 기존기업의 자본비용을 사용하여 평가시 채택하는 오류를 범하게 된다(제2종 오류). *SML*기준으로는 과대평가되어 있으므로 기각했어야 했다.

연습문제

1. 다음 설명 중 맞지 않는 것은?

① 영업위험은 모든 기업에 존재한다.

② 영업위험은 영업이익의 변동가능성을 의미하는데, 업종에 따라 크게 좌우된다.

③ 재무위험은 부채사용에 따르는 주주현금흐름의 변동가능성으로, 부채사용이 증가할수록 재무위험이 상승한다.

④ 무부채기업에서는 재무위험이 없다.

⑤ 부채사용이 증가할수록 영업위험이 증가한다.

〈해설〉 ⑤ 영업위험은 자본조달결정(대차대조표의 대변)과 무관하므로, 부채사용의 정도와 관계없이 일정하다.

답 ⑤

2. 다음 중 영업위험에 영향을 미치는 요인을 모두 고른 것은?

a. 매출액의 변동가능성	*b*. 영업비용중 고정비의 비중
c. 경기변동	*d*. 이자비용
e. 보통주배당액	*f*. 우선주배당액
g. 자본구조의 차이	

① *a*, *b* ② *a*, *b*, *c* ③ *a*, *b*, *d*

④ *d*, *e*, *f* ⑤ *d*, *e*, *f*, *g*

〈해설〉 영업위험(영업이익의 변동가능성)은 자본조달결정(대차대조표의 대변인 *d*, *e*, *f*, *g*)과 무관하다.

답 ②

3. *A*기업의 재무레버리지(*B*/*S*)는 1이고, 동일한 영업위험을 가진 *B*기업의 재무레버리지는 2이다. *A*기업의 보통주의 베타계수가 0.5일 때 *B*기업의 보통주 베타계수는? 단, 부채의 베타는 0이다. (1993. CPA)

① 0.5 ② 0.25 ③ 0.75

④ 1.0 ⑤ 2.0

〈해설〉

B기업	A(대용)기업
$\frac{B}{S}=2$	$\frac{B}{S}=1$
	$\beta_{SL}=0.5$

$\beta_{SL}=\beta_{SU}\left(1+\frac{B}{S}\right)$에서 $0.5=\beta_{SU}(1+1)$ $\quad\therefore\ \beta_{SU}=0.25$

$\beta_{SL}=0.25(1+2)=0.75$

답 ③

4. 무위험부채를 사용하고 있는 (주)서울의 현재 재무레버리지$\left(\frac{B}{S}\right)$=2이고 주식베타는 1.5이다. 다음 설명 중 틀린 것은?

① 자기자본만으로 구성되었다면 (주)서울의 주식베타는 0.5이다.

② (주)서울의 자산베타는 0.5이다.

③ ②는 부채사용에 따라 주식베타가 상승하는 단점과 무위험부채를 이용하는 장점이 상쇄되기 때문이다.

④ (주)서울의 부채베타는 0이다.

⑤ (주)서울의 재무레버리지가 3이면, 주식베타는 2가 되고 자산베타 역시 2가 된다.

〈해설〉 ① $\beta_{SL}=\beta_{SU}\left(1+\frac{B}{S}\right)$에서 $1.5=\beta_{SU}\ (1+2)$ $\quad\therefore\ \beta_{SU}=0.5$

②⑤ 법인세 없는 경우는 무조건 $\beta_{SU}=\beta_A=0.5$ 또한 $\beta_{SL}=\beta_{SU}\left(1+\frac{B}{S}\right)=0.5(1+3)=2$

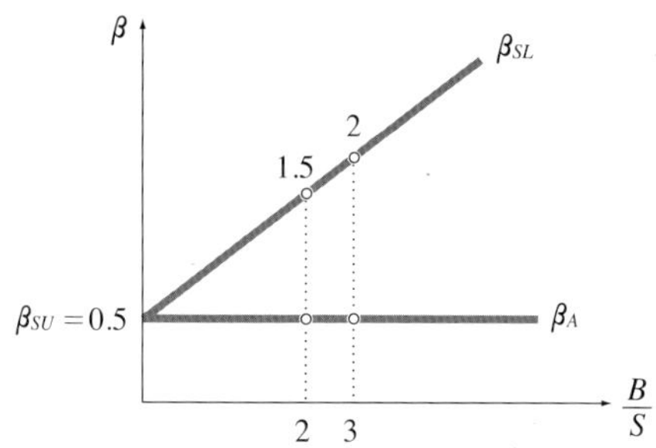

답 ⑤

5. 무위험부채를 사용하고 있는 (주)부산의 현재 재무레버리지$\left(\frac{B}{S}\right)$=1.5이고 주식베타는 1.8이며 법인세율은 40%이다. 다음 설명 중 틀린 것은?

① 자기자본만으로 구성되었다면 (주)부산의 주식베타는 0.947이다.

② (주)부산의 자산베타는 0.72이다.

③ (주)부산의 재무위험만 반영한 주식베타는 0.853이다.

④ (주)부산의 부채베타는 0이다.

⑤ (주)부산의 재무레버리지가 2이면, 주식베타는 2.08이 되고 자산베타는 1.48이 된다.

〈해설〉 ① $\beta_{SL}=\beta_{SU}\left[1+(1-T_c)\left(\frac{B}{S}\right)\right]$ 에서 $1.8=\beta_{SU}\ [1+(1-0.4)(1.5)]$ $\therefore\ \beta_{SU}=0.947$

② $\frac{B}{S}=1.5$이면 $\frac{B}{V}=0.6$

$\beta_A=\beta_{SU}\left[1-T_c\left(\frac{B}{V}\right)\right]=0.947\ [1-(0.4)(0.6)]=0.72$

③ 영업위험은 β_{SU}인 0.947이고, 재무위험은 β_{SL}과 β_{SU}의 차이인 0.853(=1.8−0.947)이다.

⑤ $\beta_{SL}=\beta_{SU}\left[1+(1-T_c)\left(\frac{B}{S}\right)\right]=0.947\ [1+(1-0.4)(2)]=2.08$

$\frac{B}{S}=2$이면 $\frac{B}{V}=0.67$ 따라서 $\beta_A=\beta_{SU}\left[1-T_c\left(\frac{B}{V}\right)\right]=0.947\ [1-(0.4)(0.67)]=0.69$

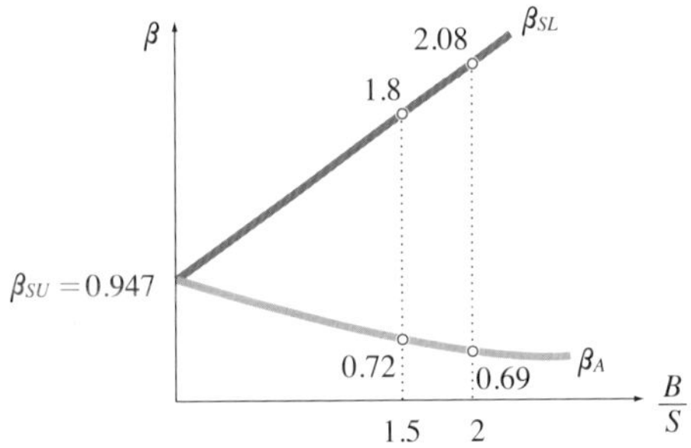

답 ⑤

6. 신규투자안의 위험을 고려하지 않은 채, 신규투자안의 할인율로 기존기업의 가중평균자본비용($WACC$)을 이용하면 어떤 결과가 나오겠는가?

① 저위험 · 고수익의 투자안을 기각하고 고위험 · 저수익의 투자안도 기각한다.

② 저위험 · 고수익의 투자안을 채택하고 고위험 · 저수익의 투자안을 기각한다.

③ 저위험 · 고수익의 투자안을 채택하고 고위험 · 저수익의 투자안도 채택한다.

④ 저위험 · 고수익의 투자안을 기각하고 고위험 · 저수익의 투자안을 채택한다.

⑤ 위의 ①②③④ 중 맞는 답이 없다.

〈해설〉 오류 : 저위험 · 고수익의 투자안을 기각하고 (제1종 오류), 고위험 · 저수익의 투자안을 채택한다 (제2종 오류).

답 ④

7. 신규투자안 평가시 위험조정할인율에 대한 올바른 정의는?

① 신규투자안의 위험(영업 · 재무)이 반영된 투자안의 가중평균자본비용

② (기존)기업의 가중평균자본비용

③ 대용기업의 가중평균자본비용

④ 기존기업이 속해있는 업종의 평균자본비용

⑤ 대용기업이 속해있는 업종의 평균자본비용

답 ①

8. 신규투자안의 할인율로써 기존기업의 가중평균자본비용을 사용할 수 있는 조건은?

> *a*. 기존기업의 영업위험이 신규투자안과 동일할 것.
> *b*. 기존기업의 재무위험이 신규투자안과 동일할 것.
> *c*. 기존기업의 원천별 자본비용이 신규투자안과 동일할 것.

① *a* ② *a*, *b* ③ *a*, *c*

④ *b*, *c* ⑤ *a*, *b*, *c*

답 ⑤

9. 현재 무위험부채를 이용하는 (주)서울의 주식베타는 1.4이고, 총자본중 부채비율$\left(\frac{B}{V}\right)$은 50%이며, 법인세율은 40%이다. 무위험이자율이 10%이고, 시장포트폴리오의 기대수익률이 15%라고 하자. 이때 영업위험만 반영한 베타(β_{SU})와 주주들이 요구하는 영업위험 프레미엄 및 재무위험 프레미엄은 각각 얼마인가?

	영업위험만 반영한 베타	영업위험 프레미엄	재무위험 프레미엄
①	0.875	4.375%	2.625%
②	0.875	4.375%	3.564%
③	1	2.625%	4.375%
④	1.4	3.564%	4.375%
⑤	1.4	2.625%	3.564%

〈해설〉 $\frac{B}{V}=0.5$이므로 $\frac{B}{S}=1$이다.

영업위험만 반영한 자기자본비용 $\boldsymbol{\rho}=R_f+[E(R_M)-R_f]\beta_{SU}$

영업위험+재무위험 반영한 자기자본비용 $k_e=R_f+[E(R_M)-R_f]\beta_{SL}$

$k_e=R_f+[E(R_M)-R_f]\beta_{SL}=10+[15-10](1.4)=17\%$

$$\beta_{SU}=\frac{\beta_{SL}}{1+(1-T_c)}=\frac{1.4}{[1+(1-0.4)(1)]}=0.875$$

$\boldsymbol{\rho}=R_f+[E(R_M)-R_f]\beta_{SU}=10+[15-10](0.875)=14.375\%$

∴ 영업위험 프레미엄$=\boldsymbol{\rho}-R_f=14.375-10=4.375\%$

재무위험 프레미엄$=k_e-\boldsymbol{\rho}=17-14.375=2.625\%$

답 ①

10. (주)서울전자는 건설업종에 진출하려고 하는데, 건설업종의 자료를 수집한 결과 (주)캐슬의 주식베타가 2.6이고 부채비율$\left(\frac{B}{S}\right)$이 200%라는 것을 알았다. (주)서울전자는 신규투자안의 소요자금을 기존의 자본구조$\left(\frac{B}{S}\right)$인 150%처럼 조달할 계획이다. 시장포트폴리오의 기대수익률이 18%, 무위험이자율이 10%, 법인세율이 20%일 때, (주)서울전자의 신규투자안에 대한 할인율을 구하라. (1998. CPA 2차 수정)

① 12.2% ② 15.84% ③ 17.78%
④ 21.36% ⑤ 27.6%

〈해설〉 언급없으면 무위험부채를 가정한다. 한편, 목표 $\frac{B}{S}=1.5$이므로 목표 $\frac{B}{V}=0.6$이다.

$$\beta_{SU}=\frac{\beta_{SL}}{1+(1-T_c)\left(\frac{B}{S}\right)}=\frac{2.6}{1+(1-0.2)(2)}=1$$

$$\beta_{SL}=\beta_{SU}\left[1+(1-T_c)\left(\frac{B}{S}\right)\right]=(1)[1+(1-0.2)(1.5)]=2.2$$

$$k_e=R_f+[E(R_M)-R_f]\beta_{SL}=10+[18-10](2.2)=27.6\%$$

$$k_0=k_e\left(\frac{S}{V}\right)+k_d(1-T_c)\left(\frac{B}{V}\right)=(27.6)(0.4)+(10)(1-0.2)(0.6)=15.84\%$$

답 ②

11. 신규투자안의 필수수익률은 대용베타를 이용하여 계산될 수 있다. 대용기업에 대한 자료가 다음과 같다고 하자.

> β_L(부채를 사용하고 있는 대용기업의 베타계수)=1.5
> 법인세율=25%
> 부채의 시장가치=100만원
> 자기자본의 시장가치=300만원

무위험자산에 대한 수익률은 8%이고, 시장포트폴리오의 기대수익률은 13%라 할 때 이 투자안의 필수수익률은 얼마인가? (1989. CPA)

① 17.4% ② 14.0% ③ 16.0%
④ 12.8% ⑤ 11.5%

〈해설〉 $\beta_{SL}=\beta_{SU}\left[1+(1-T_c)\left(\frac{B}{S}\right)\right]$에서 $1.5=\beta_{SU}\left[1+(1-0.25)\left(\frac{100}{300}\right)\right]$ $\therefore\ \beta_{SU}=1.2$

$$k_0=\rho=0.08+(0.13-0.08)(1.2)=0.14$$

이 문제에서는 신규투자안에 대한 자본구조가 주어져 있지 않으므로 100% 자기자본으로 투자자금을 조달했다고 가정할 수 밖에 없다. 따라서, 영업위험만 반영된 자본비용($k_0=k_e=\rho$)만 구할 수 있을 것이다.

답 ②

※ 다음 자료를 참조하여 문제 12~17번에 답하라. (1987년 CPA2차 수정)

8%의 무위험이자율을 사용하고 있는 (주)서울은 다음과 같은 네 개의 독립적인 신규투자안을 고려중이다. (주)서울의 현재의 자본구조$\left(\frac{B}{S}\right)$ 및 투자안의 목표자본구조$\left(\frac{B}{S}\right)$는 1이고 법인세율은 40%이다. 또한, 시장포트폴리오의 기대수익률은 0.14이고 분산 0.5이다.

투자안	기대수익률	시장수익률과의 공분산(σ_{iM})	구성비율(W_i)
1	0.16	0.8	0.4
2	0.14	0.6	0.3
3	0.10	0.5	0.2
4	0.11	0.3	0.1

12. 투자안 1의 unlevered $\beta(\beta_{SU})$를 구하라.

① 0.6　② 1.0　③ 1.2　④ 1.4　⑤ 1.6

〈해설〉 $\beta_{SU}=\dfrac{\sigma_{iM}}{\sigma_M^2}$을 이용하여 각 투자안의 β_{SU}를 구한다.

$$\beta_{SU}(1)=\frac{0.8}{0.5}=1.6 \qquad \beta_{SU}(2)=\frac{0.6}{0.5}=1.2$$

$$\beta_{SU}(3)=\frac{0.5}{0.5}=1.0 \qquad \beta_{SU}(4)=\frac{0.3}{0.5}=0.6$$

답 ⑤

13. 투자안 2의 levered $\beta(\beta_{SL})$를 구하라.

① 0.96　② 1.0　③ 1.6　④ 1.92　⑤ 2.56

〈해설〉 Hamada모형인 $\beta_{SL}=\beta_{SU}\left[1+(1-T_c)\left(\frac{B}{S}\right)\right]$을 이용한다.

$$\beta_{SL}(1)=1.6\ [1+(1-0.4)(1)]=2.56 \qquad \beta_{SL}(2)=1.2\ [1+(1-0.4)(1)]=1.92$$

$$\beta_{SL}(3)=1.0\ [1+(1-0.4)(1)]=1.60 \qquad \beta_{SL}(4)=0.6\ [1+(1-0.4)(1)]=0.96$$

답 ④

14. 투자안 3의 자기자본비용(k_e)을 구하라.

① 8%　② 13.76%　③ 17.6%

④ 19.52%　⑤ 23.36%

〈해설〉 $k_e=R_f+[E(R_M)-R_f]\beta_{SL}$을 이용한다.

$$k_e(1)=0.08+[0.14-0.08](2.56)=0.2336 \qquad k_e(2)=0.08+[0.14-0.08](1.92)=0.1952$$

$$k_e(3)=0.08+[0.14-0.08](1.60)=0.1760 \qquad k_e(4)=0.08+[0.14-0.08](0.96)=0.1376$$

답 ③

15. 투자안 4의 자본비용(k_0)을 구하라.

① 9.28% ② 10% ③ 11.2%
④ 12.16% ⑤ 14.08%

〈해설〉 $k_0 = k_e\left(\frac{S}{V}\right) + k_d(1-T_c)\left(\frac{B}{V}\right)$ 혹은 $k_0 = \rho\left[1-T_c\left(\frac{B}{V}\right)\right]$를 이용한다.

한편, $\rho = R_f + [E(R_M) - R_f]\beta_{SU}$을 이용하여 구한다.

$\rho(1) = 0.176$ $\rho(2) = 0.152$ $\rho(3) = 0.14$ $\rho(4) = 0.116$

$k_0(1) = (0.2336)(0.5) + (0.08)(1-0.4)(0.5) = 0.1408$ 혹은 $0.176[1-(0.4)(0.5)] = 0.1408$

$k_0(2) = (0.1952)(0.5) + (0.08)(1-0.4)(0.5) = 0.1216$ 혹은 $0.152[1-(0.4)(0.5)] = 0.1216$

$k_0(3) = (0.1760)(0.5) + (0.08)(1-0.4)(0.5) = 0.1120$ 혹은 $0.140[1-(0.4)(0.5)] = 0.1120$

$k_0(4) = (0.1376)(0.5) + (0.08)(1-0.4)(0.5) = 0.0928$ 혹은 $0.116[1-(0.4)(0.5)] = 0.0928$

답 ①

16. 기각해야할 투자안은 어느 것인가?

① 1 ② 2 ③ 3 ④ 4 ⑤ 없음

〈해설〉 기대수익률과 요구수익률을 비교한다.

투자안 1은 기대수익률(0.16) > 요구수익률(0.1408)이므로, 채택한다.
투자안 2는 기대수익률(0.14) > 요구수익률(0.1216)이므로, 채택한다.
투자안 3은 기대수익률(0.10) < 요구수익률(0.1120)이므로, 기각한다.
투자안 4는 기대수익률(0.11) > 요구수익률(0.0928)이므로, 채택한다.

답 ③

17. (주)서울의 현재 자본비용이 14.08%라면, 기존기업의 영업위험 및 재무위험이 동일하다고 볼 수 있는 신규투자안은 어느 것인가?

① 1 ② 2 ③ 3 ④ 4 ⑤ 없음

〈해설〉 투자안 1은 위험조정할인율이 기존기업의 자본비용과 동일한 14.08%이므로, 이 신규투자안은 기존기업의 영업위험과 재무위험면에서 동일하다고 할 수 있을 것이다.

답 ①

※ 다음 자료를 참조하여 문제 18~21번에 답하라.

8%의 무위험이자율을 사용하고 있는 (주)부산은 현재 다음과 같은 두 개의 사업부로 구성되어 있다. 시장포트폴리오의 기대수익률은 0.14이고 법인세율은 40%이다.

사업부	자산가치	부채비율$\left(\frac{B}{S}\right)$	영업위험만 반영한 베타(β_{SU})
1	60억원	0.25	0.8
2	40억원	1	1.4

18. 기업전체적로 보아, (주)부산의 영업위험만 반영한 현재의 베타(β_{SU})를 구하라.

① 0.8 ② 1.02 ③ 1.31 ④ 1.67 ⑤ 1.98

〈해설〉 기업전체의 영업위험만 반영한 베타는 가중평균값으로 구한다. [기업전체의 $\beta_{SU}=\Sigma W_i\beta_{SUi}$]

한편, 사업부 1에서는 $\frac{B}{S}=0.25$이므로 $\frac{B}{V}=0.2$

∴ 부채가치(B)=$60\times0.2=12$억원이므로 자기자본가치(S_U)=$V_L-T_CB=60-(0.4)(12)=55.2$억원

사업부 2에서는 $\frac{B}{S}=1$이므로 $\frac{B}{V}=0.5$

∴ 부채가치(B)=$40\times0.5=20$억원이므로 자기자본가치(S_U)=$V_L-T_CB=40-(0.4)(20)=32$억원

따라서, $\beta_{SU}=(0.8)\left(\frac{55.2}{55.2+32}\right)+(1.4)\left(\frac{32}{55.2+32}\right)=1.02$

답 ②

19. 기업전체적로 보아, (주)부산의 재무위험까지 반영한 현재의 베타(β_{SL})를 구하라.

① 0.8 ② 1.02 ③ 1.31 ④ 1.67 ⑤ 1.98

〈해설〉 Hamada모형인 $\beta_{SL}=\beta_{SU}\left[1+(1-T_c)\left(\frac{B}{S}\right)\right]$을 이용한다.

$\beta_{SL}(1)=0.8\ [1+(1-0.4)(0.25)]=0.92$

$\beta_{SL}(2)=1.4\ [1+(1-0.4)(1)]=2.24$

한편, 사업부 1에서는 $\frac{B}{S}=0.25$이므로 $\frac{B}{V}=0.2$

∴ 부채가치(B)=$60\times0.2=12$억원이므로 자기자본가치(S_L)=$V_L-B=60-12=48$억원

사업부 2에서는 $\frac{B}{S}=1$이므로 $\frac{B}{V}=0.5$

∴ 부채가치(B)=$40\times0.5=20$억원이므로 자기자본가치(S_L)=$V_L-B=40-20=20$억원

따라서, $\beta_{SL}=(0.92)\left(\frac{48}{48+20}\right)+(2.24)\left(\frac{20}{48+20}\right)=1.308$ 혹은

$\beta_{SL}=\beta_{SU}\left[1+(1-T_c)\left(\frac{B}{S}\right)\right]=1.02\ \left[1+(1-0.4)\left(\frac{12+20}{48+20}\right)\right]=1.308$

답 ③

20. 기업전체적으로 보아, (주)부산의 현재 자기자본비용(k_e)을 구하라.

① 9.11% ② 10.24% ③ 12.31%

④ 15.85% ⑤ 19.28%

〈해설〉 $k_e = R_f + [E(R_M) - R_f]\beta_{SL} = 0.08 + [0.14 - 0.08](1.308) = 0.1585$

답 ④

21. 기업전체적으로 보아, (주)부산의 현재 가중평균자본비용(k_o)을 구하라.

① 9.11% ② 10.24% ③ 12.31%

④ 15.86% ⑤ 19.28%

〈해설〉 $k_0 = k_e\left(\frac{S}{V}\right) + k_d(1-T_c)\left(\frac{B}{V}\right)$ 혹은 $k_0 = \rho\left[1 - T_c\left(\frac{B}{V}\right)\right]$를 이용한다.

전체적인 $V = 60 + 40 = 100$억, $B = 12 + 20 = 32$억, $S = 48 + 20 = 68$억

$\therefore\ k_0 = k_e\left(\frac{S}{V}\right) + k_d(1-T_c)\left(\frac{B}{V}\right) = (0.1585)\left(\frac{68}{100}\right) + (0.08)(1-0.4)\left(\frac{32}{100}\right) = 0.1231$ 혹은

$\rho = R_f + [E(R_M) - R_f]\beta_{SU} = 0.08 + [0.14 - 0.08](1.02) = 0.1412$

$\therefore\ k_0 = \rho\left[1 - T_c\left(\frac{B}{V}\right)\right] = 0.1412\left[1 - (0.4)\left(\frac{32}{100}\right)\right] = 0.1231$

답 ③

22. 무위험이자율이 8%, 시장포트폴리오의 기대수익률이 20%, 이의 표준편차가 10%일 때 다음의 신규투자안에 대한 설명으로 틀린 것은? (1989. CPA 2차 수정)

투자안	기대수익률	표준편차(σ_i)	시장과의 상관계수(ρ_{iM})
1	0.2	0.2	0.75
2	0.3	0.4	0.2
3	0.4	0.3	0.5

① 투자안 1을 기각해야 한다.

② 투자안 2와 3을 채택해야 한다.

③ 투자안 1에 비해 투자안 3은 총위험이 크고, 베타계수는 같다.

④ 다른 조건이 변함없다면 투자안 1이 채택되기 위하여, $\beta_1 < 1$이어야 한다.

⑤ 다른 조건이 변함없다면 투자안 1이 채택되기 위하여, $\rho_{1M} < 0.7$이어야 한다.

〈해설〉 ①②③

ⓐ $\beta_i = \frac{\sigma_{iM}}{\sigma_M^2} = \frac{\rho_{iM}\sigma_i}{\sigma_M}$을 이용하여 각 투자안의 베타를 구한다.

$\beta_1 = \frac{(0.75)(0.2)}{0.1} = 1.5 \qquad \beta_2 = \frac{(0.2)(0.4)}{0.1} = 0.8 \qquad \beta_2 = \frac{(0.5)(0.3)}{0.1} = 1.5$

ⓑ SML을 이용하여 요구수익률을 산출한 다음, 기대수익률과 비교한다.

투자안 1의 요구수익률 $E(R_1)=0.08+[0.2-0.08](1.5)=0.26>$ 기대수익률$=0.2$ ∴기각

투자안 2의 요구수익률 $E(R_2)=0.08+[0.2-0.08](0.8)=0.176<$ 기대수익률$=0.3$ ∴채택

투자안 3의 요구수익률 $E(R_3)=0.08+[0.2-0.08](1.5)=0.26<$ 기대수익률$=0.4$ ∴채택

④ 투자안 1이 채택되려면, 요구수익률이 기대수익률보다 작아야 하므로,

$E(R_1)=0.08+[0.2-0.08]\beta_1<$ 기대수익률$=0.2$ ∴ $\beta_1<1$

⑤ ④에서 $\beta_1=\dfrac{\sigma_{1M}}{\sigma_M^2}=\dfrac{\rho_{1M}\sigma_1}{\sigma_M}<1$ ∴ $\dfrac{\rho_{1M}(0.2)}{0.1}<1 \rightarrow \rho_{1M}<0.5$

답 ⑤

23. 회계기업의 부채는 현재 2,000억원이다. 미래 상황은 호황과 불황이 동일 확률로 가능하며 이 기업은 상호배타적인 두 투자안을 고려하고 있다. 두 투자안이 시행되면 호황과 불황에서의 기업가치는 다음과 같이 예상된다. (2006. CPA)

상 황	*A*투자안이 시행되는 경우	*B*투자안이 시행되는 경우
호황에서의 기업가치	4,300억원	3,800억원
불황에서의 기업가치	1,100억원	2,000억원

다음 중 적절한 설명을 모두 모은 것은?

> *a*. *A*투자안 시행시 기대 기업가치는 *B*투자안 시행시 기대 기업가치보다 200억원 만큼 작다.
> *b*. *A*투자안 시행시 기업가치변동성(표준편차)은 *B*투자안 시행시 기업가치변동성보다 700억원 만큼 크다.
> *c*. 주주가치를 극대화하는 기업은 *B*투자안을 선택한다.

① *a, b, c* ② *a, c* ③ *b, c*
④ *a* ⑤ *a, b*

〈해설〉

	*A*투자안			*B*투자안		
	호황(0.5)	불황(0.5)	기대가치	호황(0.5)	불황(0.5)	기대가치
V(억원)	4,300	1,100	2,700	3,800	2,000	2,900
B	2,000	1,100	1,550	2,000	2,000	2,000
S	2,300	0	1,150	1,800	0	900
$\sigma(V)$ (억원)	$\sqrt{(4,300-2,700)^2(0.5)+(1,100-2,700)^2(0.5)}=1,600$			$\sqrt{(3,800-2,900)^2(0.5)+(2,000-2,900)^2(0.5)}=900$		

c. 기업가치(V)를 극대화하려면 *B*투자안을 선택하나, 자기자본(S)을 극대화하려면 *A*투자안을 선택할 것이다.

답 ⑤

24. A기업의 주식베타는 2.05이고 법인세율은 30%이다. A기업과 부채비율 이외의 모든 것이 동일한 무부채기업인 B는 주식베타가 1.0이고 기업가치는 100억원이다. CAPM과 MM이론이 성립된다고 할 때, A기업의 가치는 약 얼마인가? 단, Hamada모형을 이용한다. (2007. CPA)

① 114억원 ② 125억원 ③ 118억원
④ 167억원 ⑤ 122억원

〈해설〉 $\beta_{SL}=\beta_{SU}[1+(1-T_C)]\left(\frac{B}{S}\right)$에서 $2.05=1[1+(1-0.3)]\left(\frac{B}{S}\right)$ $\therefore B=1.5S$

$V_U=V_L-T_CB=S+B-T_CB=S+B(1-T_C)$에서 $100=S+1.5S(1-0.3)$

$\therefore S=48.78$억원, $B=73.17$억원이므로 $V_L=S+B=121.95$억원≒122억원

답 ⑤

25. 현재 부채와 자기자본 비율이 50:50인 (주)한국의 주식베타는 1.5이다. 무위험이자율이 10%이고, 시장 포트폴리오의 기대수익률은 18%이다. 이 기업의 재무담당자는 신주발행을 통해 조달한 자금으로 부채를 상환하여 부채와 자기자본 비율을 30:70으로 변경하였다. 다음 설명 중 옳지 않은 것은? 단, 법인세가 없고 무위험부채를 가정하라. (2009. CPA)

① 자본구조 변경 전의 자기자본비용은 22.0%이다.
② 자본구조 변경 전의 자산베타는 0.75이다.
③ 자본구조 변경 후의 주식베타는 1.07로 낮아진다.
④ 자본구조 변경 후의 자기자본비용은 20.56%로 낮아진다.
⑤ 자본구조 변경 후의 자기자본비용은 16%로 변경 전과 같다.

〈해설〉 ① $k_e=R_f+[E(R_M)-R_f]\ \beta_{SL}=10+(18-10)(1.5)=22\%$

② $\beta_{SL}=\beta_{SU}\left(1+\frac{B}{S}\right)$에서 $1.5=\beta_{SU}(1+1)$ $\therefore \beta_{SU}=0.75$

법인세 없으면 $\beta_{SU}=\beta_A=0.75$

③ $\beta_{SL}=\beta_{SU}\left(1+\frac{B}{S}\right)=0.75\left(1+\frac{3}{7}\right)=1.07$

④ $k_e=R_f+[E(R_M)-R_f]\ \beta_{SL}=10+(18-10)(1.07)=18.56\%$

⑤ 법인세 없으면 $\beta_{SU}=\beta_A$이므로, $k_0=R_f+[E(R_M)-R_f]\ \beta_A=10+(18-10)(0.75)=16\%$

답 ④

26. 부채를 사용하지 않고 자기자본만 사용하고 있는 기업인 (주)거창은 베타계수가 1.4이고 자산의 시장가치는 300억원이다. 현재 무위험이자율은 4%이고 (주)거창의 자

기자본비용은 12.4%이다. 이제 (주)거창은 100억원을 무위험이자율로 차입하여 자본구조를 변경하려 한다. 이때 차입한 금액은 자기주식을 매입소각 하는데 사용될 예정이다. 부채 베타가 0이고 법인세율이 40%이며 CAPM과 법인세 있는 MM이론이 성립된다는 가정하에서 Hamada 모형을 이용했을 때 가장 적절하지 않은 것은? (2012. CPA)

① 자본구조 변경 전 가중평균자본비용은 12.4%이지만, 변경 후 8.94%로 감소한다.

② 자본구조 변경 전 자기자본비용은 12.4%이지만, 변경 후 14.5%로 증가한다.

③ 자본구조 변경 전 주식베타는 1.4이지만, 변경 후 1.75로 증가한다.

④ 자본구조 변경 전 자산베타는 1.4이지만, 변경 후 1.24로 감소한다.

⑤ 자본구조 변경 전 자산의 시장가치는 300억원이지만, 변경 후 340억원으로 증가한다.

〈해설〉 [자본구조 변경 전 (무부채상태)]

$\beta_{SU} = \beta_A = 1.4$이고 $k_e = k_0 = \rho = 12.4\%$이며 $V_U = 300$억원

[자본구조 변경 후 (부채사용)]

$V_L = V_U + T_C B = 300 + (0.4)(100) = 340$억원

$S_L = V_L - B = 340 - 100 = 240$억원

$$k_e = \rho + (\rho - k_d)(1 - T_c)\left(\frac{B}{S}\right) = 12.4 + (12.4 - 4)(1 - 0.4)\left(\frac{100}{240}\right) = 14.5\%$$

$$k_0 = \rho\left[1 - T_c\left(\frac{B}{V}\right)\right] = 12.4\left[1 - 0.4\left(\frac{100}{340}\right)\right] = 10.94\%$$

$$\beta_{SL} = \beta_{SU}\left[1 + (1 - T_c)\left(\frac{B}{S}\right)\right] = 1.4\left[1 + (1 - 0.4)\left(\frac{100}{240}\right)\right] = 1.75$$

$$\beta_A = \beta_{SU}\left[1 - T_c\left(\frac{B}{V}\right)\right] = 1.4\left[1 - 0.4\left(\frac{100}{340}\right)\right] = 1.24$$

답 ①

제13장

배당정책

제 1 절 배당정책의 개념

1. 배당정책의 의의

(1) 배당정책

일반적으로 배당이라는 것은 현금배당을 가리키는 것인데, 배당정책(dividend policy)이란 기업의 경영성과인 순이익을 주주에 대한 배당금과 미래의 재투자를 위한 유보이익으로 나누는 결정을 말한다. 배당금은 주주들의 출자에 대한 보상이므로 주주의 부를 결정하는 요소가 되나, 배당금을 많이 지급하면 기업이 재투자를 위한 사내유보(유보이익)가 적어져 성장을 제대로 할 수 없게 된다. 따라서 이 두 가지의 상반되는 효과를 적절하게 조절하는 것이 배당정책의 관건이 된다.

순이익 < 사외유출(배당)
순이익 < 사내유보(유보금액) → 투자자금 → 기업성장 → 주가상승

(2) 배당정책의 척도

기업의 배당지급을 나타내는 척도로 다음과 같은 것이 있다.

① 주당배당금(dividend per share, *DPS*) : 주식 1주에 대하여 지급되는 현금배당액으로, 총배당금을 발행주식수로 나눈 값이다.

② 배당성향(dividend payout ratio) : 총배당금이 순이익에서 차지하는 비율로 다음과 같이 측정한다.

$$\text{배당성향}(1-b) = \frac{\text{총배당금}}{\text{순이익}} = \frac{\text{주당배당금}(DPS)}{\text{주당순이익}(EPS)} \qquad (13\text{-}1)$$

따라서, 순이익 중 유보금액이 차지하는 비율인 유보율(retention ratio, b)은 다음과 같이 측정한다.

$$\text{유보율}(b) = \frac{\text{유보금액}}{\text{순이익}} = 1 - \text{배당성향} \qquad (13\text{-}2)$$

③ 배당수익률(dividend yield) : 기말의 주당배당금을 기초주가로 나눈 값이다.

$$\text{배당수익률} = \frac{\text{기말의 주당배당금}(DPS_1 = D_1)}{\text{기초 주가}(P_0)} \qquad (13\text{-}3)$$

일반적으로 주식의 수익률(주식의 자본비용, 주주요구수익률, k_e)은 배당수익률과 주가상승률(자본이득률, 시세차익률)의 합으로 구성된다.

$$k_e = \frac{D_1 + (P_1 - P_0)}{P_0} = \frac{D_1}{P_0} + \frac{P_1 - P_0}{P_0} \qquad (13\text{-}4)$$

④ 배당률(dividend ratio) : 기말의 주당배당금을 주당액면가로 나눈 값인데, 주당액면가에 배당율을 곱하면 곧 주당배당금이므로 결국 배당율은 주당배당금과 같은 개념이라고 할 수 있다.

2. 배당정책의 논점

(1) 배당소득과 자본이득

기업의 모든 의사결정은 기업가치(또는 주주부)를 극대화하는 방향으로 이루어져야 하므로, 배당정책도 기업가치(또는 주주부)를 극대화할 수 있는 최적배당정책을 찾아야 할 것이다. 그런데 식 (13-4)에서 보듯이 주주부는 배당소득과 자본이득으로 구성되는데, 배당정책이란 순이익을 주주에게 배당으로 지급할 것인지(배당소득) 혹은 재투자하여 주가를 상승시킬 것인지(자본이득)를 결정하는 것이라고 하였다.

따라서 주주는 배당을 지급받으면 배당소득을 얻지만 자본이득이 없을 것이고, 배당을 지급받지 않으면 배당소득은 없지만 자본이득을 실현하게 된다.[1] 결국 주주입장에서 배당정책이라는 것은 배당소득과 자본이득 중 어느 것이 유리한 가를 따지는 것이다.

---

[1] 기업이 현금배당을 지급하면 배당후의 주가는 배당전의 주가보다 주당배당금(DPS)만큼 하락한다. 순이익이 반영된 배당전의 상승된 현재 주가를 배당부주가, 배당후의 하락된 주가를 배당락주가라고 한다.

(2) 배당정책과 기업가치

배당정책과 관련된 주요 논점은 다음의 두 가지로 요약된다.

① 다른 조건이 일정한 상태에서 배당정책이 기업가치에 영향을 미치는가?

② 만일 영향을 미친다면 기업가치를 극대화시키는 최적배당정책은 무엇인가?

즉, 일정한 영업(투자)정책과 일정한 자본조달정책하에서 일정한 이익을 대상으로 배당 혹은 유보를 변경하는 것이 기업가치(주주부)에 미치는 영향을 조사하는 것이 주된 논점이다. 여기에서 영업(투자)정책이 일정하다는 것은 재무상태표의 차변인 현금흐름과 영업위험이 불변이라는 것이고, 자본조달정책이 일정하다는 것은 재무상태표의 대변인 재무위험이 불변이라는 것이다.

배당정책이 기업가치에 미치는 영향은 대체로 다음과 같이 세 가지로 구분된다.

① 배당은 기업가치에 영향을 미치지 않는다. (*MM*61이론)

② 배당을 많이 할수록(유보를 적게 할수록) 기업가치가 높아진다. (전통적인 이론)

③ 배당을 많이 할수록(유보을 적게 할수록) 기업가치가 낮아진다. (세금효과 이론)

제 2 절 배당무관련이론

1. MM61의 이론

(1) 의 의

Modigliani and Miller(*MM*)은 1961년에 발표한 논문에서 배당정책과 기업가치는 무관하다는 배당무관련이론(dividend irrelevance theory)을 주장하였다.[2] 완전자본시장의 가정하에서 기업가치는 기업이 보유하는 자산의 수익성과 위험(재무상태표의 차변)에 의해 좌우되는 것이지, 이익을 배당과 유보로 나누는 기술적 문제인 배당정책(재무상태표의 대변)과는 무관하다는 것이다.

*MM*61의 배당무관련이론은 제11장에서 설명한 *MM*58의 제1명제, 즉 완전자본시장에서 기업가치는 자본구조와 무관하다는 자본구조 무관련이론과 맥을 같이 하는 것이다.

(2) 가 정

*MM*61은 논리전개를 위해 다음과 같은 가정을 하였다.

① 자본시장은 세금이나 거래비용같은 제도적 장애요인이 없으며, 신주발행을 통한 외부자금조달에 제약이 없는 완전자본시장이다.

② 기업은 자기자본만으로 구성되며 (타인자본사용에 따르는 자본구조차이를 원천적으로 배제하기 위하여), 신규투자안과 배당재원으로 내부 및 외부의 자기자본만 사용한다.

③ 기업의 투자정책이 이미 결정되어 있다. 즉, 재무상태표로 보면 차변(투자결정)은 일정하게 정해져 있다.

---

2) Miller and Modigliani, "Dividend Policy, Growth and the Valuation of Shares," *Journal of Business*, October 1961, p. 411~433.

④ 모든 투자자들은 미래의 투자액과 순이익 및 배당액에 대하여 동질적 기대를 한다.

⑤ 모든 투자자들은 금액만 동일하다면 배당소득과 자본이득에 대하여 무차별하다. 즉 배당소득과 자본이득을 동질적으로 생각한다.

(3) 수학적증명

*MM*은 위의 가정을 바탕으로 재무상태표의 차변만 동일하다면 기업의 현재가치는 기말의 배당금의 함수가 아니라는 것을 보여, 기업가치와 배당은 무관하다는 것을 증명하였다.

$$P_0 = \frac{d_1 + P_1}{1 + k_e} \qquad (13\text{-}5)$$

단, d_1 = 주당배당금(DPS)

*MM*은 무부채기업을 가정하므로 주가(P_0)에 발행주식수(N_0)를 곱하여 기업가치(V_0)를 구할 수 있다.

$$V_0 = N_0 \cdot P_0 = \frac{1}{1 + k_e}(N_0 \cdot P_1 + N_0 \cdot d_1) = \frac{1}{1 + k_e}(N_0 \cdot P_1 + D_1) \qquad (13\text{-}6)$$

위에서 D_1은 총배당금으로 기말의 배당은 구주주에게만 지급되므로, 이는 $N_0 \cdot d_1$(=기초주식수×기말의 주당배당금)이 된다. *MM*은 투자자금을 신주발행으로 조달한다고 가정하였으므로 기말의 유보이익은 $NI_1 - D_1$이다. 기말에 I_1의 투자자금이 소요된다면, 투자금액에서 유보이익을 차감한 나머지인 $I_1 - (NI_1 - D_1)$만큼 신주발행으로 조달해야 할 것이다. 따라서 기말에 발행해야 할 신주발행수를 M_1이라고 하면 다음의 관계가 성립한다.

$$M_1 \cdot P_1 = I_1 - (NI_1 - D_1) \qquad (13\text{-}7)$$

단, M_1 = 신주발행주식수
P_1 = 배당락주가
I_1 = 신규투자자금
NI_1 = 순이익 (= NOI_1 ∵세금없고 무부채기업이므로)

식 (13-7)을 D_1에 대하여 정리하여 식 (13-6)에 대입하면 현재 기업가치는 다음과 같다.

$$V_0 = \frac{1}{1+k_e}[(N_0 + M_1)P_1 - I_1 + NI_1] = \frac{1}{1+k_e}(N_1 \cdot P_1 - I_1 + NI_1)$$

$$V_0 = \frac{1}{1+k_e}(NI_1 - I_1 + V_1) \tag{13-8}$$

여기에서 $k_e = k_0 = \rho$ (∵ 무부채기업)

위 식에서 보듯이 현재 기업가치(V_0)는 기말의 투자(영업)성과인 NI_1, 투자금액인 I_1, 기말이후의 수익성에 좌우되는 기말의 기업가치(V_1)에 영향을 받을 뿐 배당(D_1)과는 무관하다.

예제 ⑬ - 1 MM의 배당무관련이론

무부채기업인 (주)서울의 현재 발행주식수는 100,000주이고 자기자본비용은 10%이다. 기말에 기대되는 순이익은 2억원이고, 기말에 2억원이 소요되는 신규투자를 계획하고 있으며, 기말에 주당 1,000원을 배당하려고 한다. 현재 주가는 10,000원이고, *MM*61의 가정이 충족된다고 가정하여 다음 각 물음에 답하라.

(1) 기말에 배당이 지급된 경우와 지급되지 않은 경우의 기말주가를 구하라.
(2) 신규투자를 위하여 발행해야 하는 신주의 주식수를 구하라.
(3) 현재의 기업가치를 구하라.

$P_0 = 10{,}000$원 $N_0 = 100{,}000$주 $k_e = 10\%$ $d_1 = 1{,}000$원

(1) 식 (12-5)에서 $P_1 = P_0(1+k_e) - d_1$ 이므로

① 배당이 지급된 경우 : $P_1 = 10{,}000(1+0.1) - 1{,}000 = 11{,}000 - 1{,}000 = 10{,}000$원(배당락주가)

② 배당이 지급되지 않은 경우 : $P_1 = 10{,}000(1+0.1) - 0 = 11{,}000 - 0 = 11{,}000$원(배당부주가)

여기에서 보듯이 배당락주가(10,000원)는 배당부주가(11,000원)에서 주당배당금(1,000원)만큼 하락한다는 것을 알 수 있다. 즉 주주들이 배당을 받으면 배당소득(+1,000원)만큼 주주부가 증가하지만 그만큼(−1,000원) 자본손실이 발생한 결과 주주부가 감소한다. 반면에 배당을 받지 않으면 배당소득의 증가분은 없지만 그만큼 자본이득을 실현한다.

(2) 신주발행총액 $= I_1 - (NI_1 - D_1) = 2$억원$-(2$억원$-100{,}000$주$\times 1{,}000$원$) = 1$억원

배당을 지급하면 주가는 10,000원으로 하락(배당락주가)하므로, 신주발행주식수는 다음과 같다.

$$M_1 = \frac{\text{신주발행총액}}{P_1} = \frac{1\text{억원}}{10{,}000\text{원}} = 10{,}000\text{주}$$

(3) $V_0 = N_0 \cdot P_0 = (100{,}000\text{주})(10{,}000\text{원}) = 10$억원

---

2. MM61의 논리적 근거 (자가배당)

자가배당(homemade dividends)의 논리는 제11장의 자가레버리지와 동일한 논리이다. 세금이나 거래비용 등이 없는 완전자본시장하에서 주주들은 자가배당을 통하여 기업이 지급하는 배당을 완전히 대체할 수 있으므로, 배당정책은 기업가치와 무관하다고 하였다. 따라서 배당지급에 차이가 있다고 해서 기업가치가 차이난다고 투자자들은 생각하지 않는다.

예컨대 주주들이 원하는 수준보다 적은 배당금을 지급받으면 부족분만큼 보유중인 주식을 매각하고, 주주들의 원하는 수준보다 많은 배당금을 지급받으면 초과분만큼 주식을 매입함으로써, 기업으로 부터 지급받는 배당수준과 상관없이 자신이 원하는 수준으로 배당을 조정할 수 있다는 것이다. 따라서 자가배당이 가능하다면 배당정책이 주주부(또는 기업가치)에 미치는 영향은 없으므로, 주주의 부를 결정하는 것은 투자결정인 순이익의 수준이지 단순히 이를 배분하는 테크닉인 배당은 주주의 부와 무관하다.

예제 ⑬ - 2 자가배당(I)

기업은 현재 1,100원, 1년 후에 890원을 주당배당금으로 지급한다고 하자. 그런데 투자자 갑은 현재 1,000원, 1년 후에 1,000원의 주당배당금을 원한다고 하자. 자기자본비용이 10%라고 가정하고, 자가배당을 통하여 투자자 갑이 기업의 지급된 배당을 완전히 대체할 수 있음을 보여라.

t	기업으로부터 받는 배당수입	갑의 요구수입	초과분(부족분)
0	1,100원	1,000원	100원
1	890원	1,000원	(110원)

갑은 현재의 초과분 100원만큼 주식을 재매입한다. 이는 1년 후에 100(1+0.1)=110원이 될 것이다. 따라서 현재 1,100−100=1,000원 & 1년 후에는 890원+110원=1,000원으로, 투자자 갑은 기업의 지급된 배당을 완전히 대체할 수 있다.

예제 ⑬ − 3 자가배당(II)

기업은 현재 1,000원, 1년 후에 1,000원을 주당배당금으로 지급한다고 하자. 그런데 투자자 을은 현재 1,100원, 1년 후에 890원의 주당배당금을 원한다고 하자. 자기자본비용이 10%라고 가정하고, 자가배당을 통하여 투자자 을이 기업의 지급된 배당을 완전히 대체할 수 있음을 보여라.

t	기업으로부터 받는 배당수입	을의 요구수입	초과분(부족분)
0	1,000원	1,100원	(100원)
1	1,000원	890원	110원

을은 현재의 부족분 100원만큼 주식을 매각한다. 이는 1년 후에 100(1+0.1)=110원이 될 것이다. 따라서 현재 1,000+100=1,100원 & 1년 후에는 1,000원−110원=890원으로, 투자자 을은 기업의 지급된 배당을 완전히 대체할 수 있다.

제 3 절 배당관련이론

1. 고든의 모형

(1) 가정 및 모형

제8장의 2절에서 고든의 모형을 배웠는데, 이 모형을 도출하기 위한 가정은 다음과 같다.

① 기업의 투자자금은 내부금융(유보이익)으로 조달한다.

② 기업의 자기자본비용(k_e)과 성장율(g)은 일정하다. 따라서, 유보율(b)과 재투자수익률(ROE)은 일정하다.

고든의 모형은 다음과 같다.

$$P_0=\frac{D_1(=DPS_1)}{k_e-g}=\frac{EPS_1(1-b)}{k_e-g}=\frac{EPS_1(1-b)}{k_e-b\cdot ROE} \qquad (13-9)$$

(2) 기업가치(주가)와 배당의 관계[3)]

배당이 기업가치인 주가에 미치는 영향을 보기 위하여 식 (13-9)를 유보율(b)에 대하여 편미분하면 다음과 같다.

$$\frac{\partial P_0}{\partial b}=\frac{-EPS_1(k_e-b\cdot ROE)-EPS_1(1-b)(-ROE)}{(k_e-b\cdot ROE)^2}=\frac{EPS_1(ROE-k_e)}{(k_e-b\cdot ROE)^2} \qquad (13-10)$$

식 (13-10)에서 보듯이 유보율(또는 배당성향)이 주가에 미치는 영향은, 유보이익에 대한 재투자수익률(ROE)과 자기자본비용(k_e)의 관계에 따라 달라진다.

① $ROE>k_e$: $\partial P_0/\partial b$가 0보다 크므로 유보가 많아질수록 (배당이 적어질수록) 주가가 상승한다. 이때는 배당을 적게 하고 유보를 많이 하는 것이 유리하다.

---

3) Copeland, Thomas and Weston, Fred, *Financial Theory and Corporate Policy*, 3rd edition, p.553.

② $ROE = k_e$: $\partial P_0/\partial b$가 0이므로 유보(배당)와 주가는 상관없다.

③ $ROE < k_e$: $\partial P_0/\partial b$가 0보다 작으므로 유보가 많아질수록 (배당이 적어질수록) 주가가 하락한다. 이때는 배당을 많이 하고 유보를 적게 하는 것이 유리하다.

2. 배당의 잔여모형

(1) 의의 및 가정

배당의 잔여모형(residual dividend model)은 기업의 배당정책을 투자정책과 자본조달정책의 부산물(찌꺼기, 나머지)로 보는 모형이다. 이 모형의 가정은 다음과 같다.

① 유보이익의 재투자수익률이 자본비용보다 크다면, 주주들은 배당보다 유보이익을 선호한다.

② 가중평균자본비용($WACC$, k_0)을 최소로 하는 최적자본구조가 존재한다.

(2) 내 용

배당의 잔여모형은 순이익의 처리과정에서 먼저 유보금액을 정하고, 나머지를 배당으로 지급한다는 모형이다. 예컨대 목표자본구조에 따라 순이익 중 투자해야 할 금액을 유보하고, 나머지(=순이익−유보금액)를 배당한다는 것이다.

그러나 배당의 잔여모형은 투자금액과 순이익의 수준에 따라 배당금의 변동이 심하기 때문에 배당의 안정성을 해칠 수 있다는 단점이 있다.

예제 ⑬ - 4 배당의 잔여모형

(주)서울은 배당의 잔여모형을 채택하고 있다. (주)서울의 기말 순이익은 4,500만원으로 예상되며, 기말에 5,000만원이 소요되는 신규투자안을 고려하고 있다. 이 기업의 목표자본구조$\left(\frac{S}{V}\right)$=30%라고 가정하여 기말에 배당으로 지급할 수 있는 금액을 구하라.

(주)서울의 목표자본구조 $\left(\frac{S}{V}\right)$는 0.3이므로, 신규투자자금 5,000만원 중 30%인 1,500만원을 유보하여야 한다. 따라서 당기말의 배당지급액은 순이익에서 유보이익을 차감한 3,000만원(=4,500−1,500)이다.

---

3. 자본시장의 불완전성

*MM*61이론은 완전자본시장을 전제로 도출된 것이다. 그러나 현실적으로 자본시장은 세금, 거래비용, 대리인비용, 정보비대칭, 불확실성 등 각종의 불완전요인이 존재한다. 이러한 것이 존재할 때는 배당이 기업가치에 긍정적 혹은 부정적으로 영향을 미칠 수 있다.

(1) 세금과 배당

1) 개인소득세 (배당의 부정적 효과)

세금은 불완전시장요인 중 가장 중요한 것이다. 그런데 배당은 법인세 차감후의 순이익을 배분하는 것이므로 법인세는 배당결정에서 고려대상이 아니다. 따라서 배당소득세(dividend income tax)와 자본이득세(capital gain tax)라는 개인소득세를 고려해야 한다.

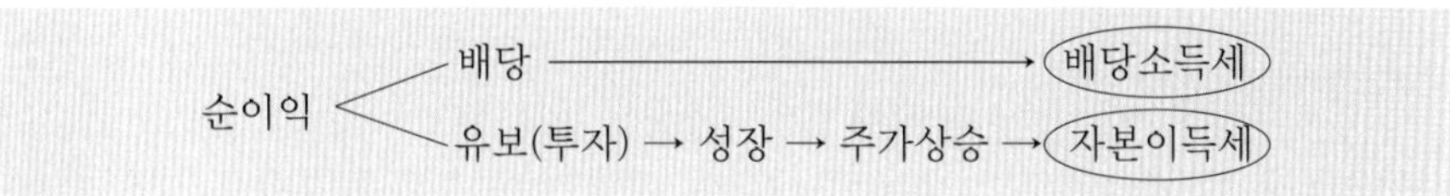

주주들은 주식투자의 결과 배당소득 및 자본이득에 대하여 개인소득세를 내야 한다. 현실적으로 배당소득세율이 자본이득세율보다 높기 때문에, 주주들은 배당소득보다 자본이득을 선호하게 된다. 즉 배당소득세율은 반드시 실현되고, 자본이득세율은 배당소득세율보다 낮을 뿐만 아니라 주식을 무한히 보유하면 자본이득세율을 안 낼 수도 있다. 따라서 배당을 많이 지급할수록 주주의 세후 수입은 감소하게 되므로, 배당은 주주부(또는 기업가치)에 부정적인 영향을 미치게 된다.

예제 ⑬ – 5 개인소득세와 배당

무부채기업인 (주)서울의 순이익은 2억원으로 기대된다. 유보이익은 자본이득의 형태로 주가에 반영되고 배당소득세율이 30%, 자본이득세율이 0%라고 가정하라. 배당성향이 ① 100% ② 50% ③ 0%일 때 주주의 부를 각각 구하라.

	① 100% 배당	② 50% 배당	③ 0% 배당
배당소득	2억원(1−0.3)=1.4억원	1억원(1−0.3)=0.7억원	0
자본이득	0	1억원(1−0)=1억원	2억원(1−0)=2억원
계	1.4억원	1.7억원	2억원

이와 같이 배당소득세율이 자본이득세율보다 높으면, 주주들은 배당소득보다 자본이득을 선호하게 된다. 즉, 투자자의 세후수입은 고배당성향 기업보다 저배당성향 기업에 투자할 경우가 더 높으므로 배당보다 유보를 선호하는 것이다.

2) 배당의 고객효과 (배당의 무관련이론)

배당의 고객효과(clientele effect)란 배당소득세율이 자본이득세율 보다 높은 현실을 인정해도 투자자들 각자 적용받는 누진세율 때문에 배당성향이 서로 다른 주식을 선호하는 것을 말한다.

예컨대 고소득자는 배당 이외의 다른 소득이 많아서 높은 한계세율을 적용받기 때문에 세금부담이 많은 배당소득보다 세금부담이 적은 자본이득을 원하므로 저배당성향 기업을 선호하고, 저소득자는 배당 이외의 다른 소득이 거의 없기 때문에 고배당성향 기업을 선호한다. 주식시장은 배당성향에 따라 완전히 분리되며, 주가는 각 분리된 시장에서 수요와 공급에 따라 독립적으로 결정되므로 배당정책과 기업가치는 무관하다. (즉, 기업가치는 차변에 의해 결정된다)

3) 밀러와 숄즈의 무관련이론 (배당의 무관련이론)

Miller and Scholes(1978)[4]는 배당소득세율이 자본이득세율보다 높더라도 투자자의 개인부채에 대한 이자비용이 과세소득을 계산할 때 손비로 인정될 수 있다

---

4) Miller, Merton and Scholes, Myron, "Dividends and Taxes" *Journal of Financial Economics*, December 1978, p.333~364.

면 배당은 기업가치와 무관하다고 주장하였다. 이 때는 배당소득세를 회피가능하기 때문인데, 이 논리를 다음과 같이 설명할 수 있다.

자본시장에 면세채권이 존재한다면

① 배당소득과 같은 금액의 이자비용을 부담하도록 자금을 차입한다.

② 이 차입금(B)으로 면세채권에 투자한다.

예제 ⑬ - 6 밀러와 숄즈의 무관련이론

투자자 갑의 배당소득은 100만원이고, 자본시장에는 연 10%인 면세채권이 존재한다. 갑은 10% 이자율로 자금을 차입할 수 있고 개인부채에 대한 이자비용이 과세소득 계산시 손비로 인정된다고 하자. 배당소득세를 회피하는 과정을 설명하라.

면세채권수익률 = 10%　　배당소득 = 100만원　　차입이자율(k_d) = 10%

① 배당소득(100만원) = 이자비용(10% × B) ∴ B = 1,000만원

② 이 차입금으로 면세채권에 투자하면 투자수익 = 1,000만원 × 10% = 100만원

③

수　　익	배당소득	100만원	
	면세채권이자	100만원	200만원
비　　용	차입금 이자비용		100만원
이　　익			100만원
차　　감	면세이자수익(익금불산입)		100만원
과세대상소득			0원

(2) 거래비용과 배당

거래비용이 존재한다면 기업은 신주발행시 신주발행경비를 부담해야 하고, 주주들은 주식을 매매할 때 매매수수료를 부담해야 한다.

① 신주발행비용 (배당의 부정적 효과) : 배당을 많이할수록 신주발행을 통하여 외부에서 자금을 조달해야 하므로 신주발행비용 역시 증가하게 된다. 이 경우 기업가치(또는 주주부)에 부정적인 효과를 준다.

② 주식 매매수수료 (배당의 긍정적 효과) : 자본이득을 실현하려면 주식을 매각해야 한다. 매매수수료가 매우 크다면 매각시 순현금유입이 배당액보다 작을 수 있으므로, 이 경우 주주들은 자본이득보다 배당소득을 선호할 것이다. 따라서 배당을 많이 줄수록 주주에게 유리하다.

(3) 대리인비용과 배당 (배당의 긍정적 효과)

배당은 경영자의 특권적소비와 외부주주의 감시비용을 줄이는 역할을 하여 대리인비용을 감소시키므로, 기업가치 (또는 주주부)에 긍정적인 효과를 준다.

① 특권적소비 : 특권적소비의 원천은 아무래도 기업의 내부자금인 유보이익이다. 배당을 많이 지급하면 유보이익이 줄어드는 결과 경영자의 특권적소비가 감소할 것이다.

② 감시비용 : 배당을 많이 지급하면 자본시장을 통하여 외부에서 자금을 조달하게 된다. 외부금융시 증권회사 등의 금융기관이 기업의 경영상태를 평가하는데, 이는 그만큼 외부주주들의 경영자 감시비용을 줄여주는 역할을 한다.

(4) 정보비대칭과 배당 (배당의 긍정적 효과)

이것은 제11장 6절의 정보비대칭과 신호이론의 내용과 동일하다. 즉 현실적으로는 기업의 내부경영자가 외부의 일반투자자보다 기업활동에 대하여 우월한 정보을 가지는 정보의 비대칭성(asymmetric information)이 존재한다. 이 때 정보우위에 있는 경영자는 그 정보를 일반투자자에게 전달해 주는 수단으로 배당정책을 이용할 수 있다는 배당의 신호효과(signaling effect) 혹은 정보효과(information effect)가 있다.

현실적으로 대부분의 기업들이 안정적인 배당정책을 실시하는 상황에서, 자본시장에 있는 투자자들은 기업이 배당을 증가시키면 그 기업의 미래현금흐름이 좋을 것이라는 정보로 인식하여 기업가치를 높게 평가한다. 반대로 기업이 배당

---

5) Miller, Merton and Rock, Kevin, "Dividend Policy under Asymmetric Information," *Journal of Finance*, September 1985, p.1031~1051.

을 낮추면 그 기업의 미래현금흐름이 감소할 것이라는 정보로 인식하여 기업가치를 낮게 평가한다. 이렇게 정보비대칭하에서 배당은 기업가치 또는 주주부에 긍정적인 영향을 미친다고 Miller and Rock(1985)[5]은 주장하였다.

배당증가공시 → 미래의 계속적인 현금흐름에 대한 경영자의 낙관적 전망 → 호재 → 주가상승
배당감소공시 → 미래의 계속적인 현금흐름에 대한 경영자의 비관적 전망 → 악재 → 주가하락

(5) 불확실성과 배당 (배당의 긍정적 효과)

배당은 현재의 확실한 소득이고 유보이익의 재투자로 인한 자본이득은 미래의 불확실한 소득이므로, 불확실성을 고려하면 주주는 배당을 선호할 것이다.

자본시장의 불완전요인을 고려한 배당의 효과를 요약하면 〈표 13-1〉과 같다.

〈표 13-1〉 자본시장의 불완전요인과 배당의 효과

배당의 무관련성	배당의 긍정적 효과	배당의 부정적 효과
- 배당의 고객효과	- 주식 매매수수료	- 개인소득세
- 밀러와 숄즈이론	- 대리인비용	- 신주발행비용
	- 정보비대칭	
	- 불확실성	

제 4 절 배당정책의 현실

1. 배당수준의 결정요인

지금까지 완전자본시장을 전제로 하거나 자본시장의 불완전요인을 분리하여 배당정책을 살펴보았다. 현실세계는 불완전자본시장일 뿐만 아니라 불완전요인도 혼재하여 나타나는 상황이다. 여기에서는 앞에서 언급한 요인외에 다른 요인도 살펴보기로 하자.

① 당기순이익 : 배당의 원천은 당기순이익이므로, 당기순이익이 많을수록 배당은 증가할 것이다.

② 유동성 : 재무상태표에 나타나 있는 유보이익은 기업의 현금보유를 나타낸 것이 아니라 영업활동을 위해 자산에 투자한 형태이다. 따라서 배당은 기업의 유동성에 의해 결정되는 경우가 많다. 당연히 유동성이 양호할수록 배당이 증가할 것이다.

③ 투자기회 : 좋은 투자기회를 많이 가지고 있는 기업은 순이익을 배당으로 지급하는 것보다 유보해서 재투자하는 것이 유리할 것이고, 그렇지 않은 기업은 배당을 많이 지급할 것이다.

④ 차입능력 : 기업이 자금을 적기에 차입할 수 있다면 그만큼 자금사정의 융통성은 확보될 수 있다. 따라서 기업의 차입능력이 증가할수록 배당을 증가시킬 것이다.

⑤ 소유지분 : 배당지급을 많이 할수록 내부 유보자금이 적어지기 때문에 향후 신주발행의 확률이 증가할 것이다. 신주를 발행하면 기존주주의 소유지분이 희석될 수 있기 때문에 배당을 줄이려는 경향이 있다.

⑥ 부채계약과 관련법규 : 채권자들은 그들의 부를 보호하기 위하여 채권계약시 배당을 제한하는 조항을 포함하는 계약을 맺는 경우가 많다. 이외에 상법에서도 채권자보호를 위해 과도한 배당을 제한하고 있다.

2. 안정배당정책

실증결과 대부분의 기업들은 당기순이익의 변동에 따라 주당배당금(*DPS*)을 매년 변동시키지 않고, 일정한 수준을 유지하는 안정적 배당정책(stable dividend policy)을 실시한다는 것을 발견하였다. 안정배당정책이란 순이익이 일시적으로 증감하면 주당배당금을 일정수준으로 유지하고, 순이익의 증감이 상당기간 지속될 것으로 예상되는 경우에만 주당배당금을 변동시키는 것을 말한다. 주식시장에서 안정적으로 배당을 지급하는 기업의 주가가 높게 평가되는 것으로 알려져 있는데, 그 이유는 다음과 같다.

① 배당소득에 의존하여 생활을 꾸려가는 투자자들은 배당을 안정적으로 지급하는 주식을 선호할 것이다.

② 기관투자가들은 주로 공적인 자금을 운용하므로 주식을 매입할 때 안정성을 고려한다. 따라서 안정적인 배당을 지급하는 주식을 높이 평가할 것이다.

③ 배당을 안정적으로 지급하는 경우 기업의 대외공신력이 향상되기 때문에 주식의 담보력(collateral)이 높아진다.

제 5 절 특수배당정책

일반적으로 배당은 현금배당의 형태로 이루어지지만, 기업은 현금배당 이외의 특수한 배당정책을 취할 수 있다. 대표적인 특수배당정책은 다음과 같다.

1. 주식배당

(1) 주식배당의 의의 및 효과

① 주식배당(stock dividends)은 현금배당으로 지급하는 대신 이익잉여금(유보이익)을 자본금으로 전입하고, 전입되어 증가된 자본금을 근거로 신주를 발행하여 주주들에게 무상으로 지급하는 것을 말한다.

② 주식배당은 이익잉여금을 자본금으로 전입하는 회계적 절차에 지나지 않으므로, 이론적으로는 자기자본가치(S)와 기업가치(V)에는 변화가 없으므로 기존 주주의 부에는 변화가 없다.

③ 신주를 발행하므로 발행주식수가 증가한다. 따라서 주당순이익(EPS)과 주가는 하락한다.

(2) 주식배당의 장점

① 배당재원(이익잉여금)을 자본금으로 전입시키므로, 자본의 영구화가 가능하다.

② 사외유출을 방지하여 투자자금으로 활용할 수 있다. 따라서 주식배당은 좋은 투자기회의 보유나 성장잠재력을 전달하는 신호가 된다.

③ 주식배당을 하면 주가가 하락하므로, 주가가 너무 높은 경우 인위적으로 하락시켜 주식시장에서 거래를 용이하도록 유도할 수 있다.

(3) 주식배당의 단점

① 신주를 발행할 때 신주발행비용이 발생한다.

② 발행주식수가 증가하므로 안정배당정책을 실시하는 기업은 차기 이후 현금배당액이 증가하여 현금유출이 높아진다.

③ 기업이 현금배당을 할 수 없을 정도로 어려운 상황이라는 불리한 신호가 될 수도 있다.

예제 ⑬ - 7 주식배당

(주)서울의 현 주가는 10,000원이고 *EPS*는 1,000원이며 (따라서 현재 *PER*= 10,000/1,000=10) 자기자본구조는 다음과 같다.

보통주자본금 (액면가 5,000원, 발행주식수 10,000주)	5,000만원
기타자본요소(자본잉여금)	2,000
유보이익(이익잉여금)	3,000
총자기자본	10,000만원

(1) 10%의 주식배당후 자기자본구조를 보여라.

(2) 주식배당후의 *EPS*를 구하라.

(3) 주식배당후의 자기자본가치와 주가 및 *PER*를 구하라.

(4) 주식배당전후로 걸쳐 주식 100주를 보유한 기존주주의 부의 변화과정을 보여라.

(1) 10,000주의 10%인 1,000주만큼 신주를 발행하는데, 주식배당은 상법에 의해 액면가액으로 이루어진다.

보통주자본금 (액면가 5,000원×발행주식수 11,000주)	5,500만원
기타자본요소(자본잉여금)	2,000
유보이익(이익잉여금)	2,500
총자기자본	10,000만원

주식배당후 자본금은 500만원 증가하고 유보이익은 이만큼 감소하여 총자기자본의 변화는 없다.

(2) 배당정책은 결산일 이후에 이루어지므로, 당기순이익은 불변이고 주식배당으로 인

하여 발행주식수만 1,000주 증가하였다. 따라서, EPS(전)×주식수(전)=EPS(후)×주식수(후)를 이용한다. 1,000원×10,000주=EPS(후)×11,000주

∴ EPS(후)=909.09원이므로, 주식배당후 EPS는 하락한다.

(3) 주식배당은 현금의 유출입이 없고, 단지 유보이익을 자본금계정으로 대체하는 회계적절차에 지나지 않으므로 자기자본가치(S)에는 영향이 없다. 따라서, S(전)=S(후)를 이용하는데 S=주가×주식수이므로, 10,000원×10,000주=주가(후)×11,000주

∴ 주가(후)=9,090.91원이므로, 주식배당후 주가는 하락한다.

이때의 $PER=\frac{9,090.91}{909.09}=10$이므로, 주식배당후 PER의 변화는 없다.

(4) 주식배당전 기존주주의 부 : 100주×10,000원=1,000,000원

주식배당후 기존주주의 부 : 100주×(1+0.1)×9,090.91원=1,000,000원

따라서, 주식배당은 기존주주의 부와 무관하다.

---

2. 주식분할과 주식병합

(1) 주식분할

주식분할의 의의와 효과는 다음과 같다.

① 주식분할(=액면분할, stock split)은 주당액면가를 하락시켜 발행주식수를 증가시키는 것을 말한다.

② 주식분할은 주당액면가와 발행주식수만 변화가 있을 뿐 나머지는 변화가 없다. 즉 보통주자본금, 기타자본요소(자본잉여금), 이익잉여금, 총자기자본은 주식분할 이전과 동일하다. 따라서 자기자본가치(S)와 기업가치(V)에는 변화가 없으므로 기존주주의 부에는 변화가 없다.

③ 발행주식수가 분할배수만큼 증가하므로, 주당순이익(EPS)과 주가는 분할배수에 반비례로 하락한다.

주식분할을 실시하는 이유는 다음과 같다.

① 고성장으로 인해 주가가 너무 높은 경우, 인위적으로 하락시켜 주식시장에서 거래를 용이하도록 유도할 수 있다.

② 주식분할은 주식배당처럼 성장잠재력을 전달하는 신호가 된다.

③ 주식분할을 실시하면 주당순이익이 하락하므로, 과다한 이익실적을 은폐시키는 방법으로도 사용된다.

(2) 주식병합

주식병합(reverse split)은 주식분할과 반대되는 개념으로, 주당액면가를 상승시켜 발행주식수를 감소시키는 것을 말한다. 주식병합을 실시하는 이유는 주가가 너무 낮을 때 이를 인위적으로 상승시킬 목적으로 사용한다.

예제 ⑬ – 8 주식분할과 주식병합

〈예제 13-7〉의 자료를 참조하여 다음 각 물음에 답하라.

1. (주)서울은 1 → 2의 주식분할을 실시한다.
   (1) 주식분할후 자기자본구조를 보여라.
   (2) 주식분할후의 *EPS*를 구하라.
   (3) 주식분할후의 자기자본가치와 주가 및 *PER*를 구하라.
   (4) 주식분할전후로 걸쳐 주식 100주를 보유한 기존주주의 부의 변화과정을 보여라.
2. (주)서울이 2 → 1의 주식병합을 실시한다면 물음 1의 결과는 어떻게 되는지를 보여라.

1. 1 → 2 주식분할

(1) 액면가는 2,500원이 되고 발행주식수는 20,000주가 된다.

보통주자본금 (액면가 2,500원×발행주식수 20,000주)	5,000만원
기타자본요소(자본잉여금)	2,000
유보이익(이익잉여금)	3,000
총자기자본	10,000만원

주식분할로 인한 총자기자본의 변화는 없다.

(2) 배당정책은 결산일 이후에 이루어지므로, 당기순이익은 불변이고 주식분할로 인

하여 발행주식수만 20,000주로 증가하였다. 따라서, *EPS*(전) × 주식수(전) = *EPS*(후) × 주식수(후)를 이용한다. 1,000원 × 10,000주 = *EPS*(후) × 20,000주

∴ *EPS*(후) = 500원이므로, 주식분할후 *EPS*는 하락한다.

(3) 주식분할은 현금의 유출입이 없으므로, 자기자본가치(*S*)에는 영향이 없다. 따라서, *S*(전) = *S*(후)를 이용하는데 *S* = 주가 × 주식수이므로, 10,000원 × 10,000주 = 주가(후) × 20,000주

∴ 주가(후) = 5,000원이므로, 주식분할후 주가는 하락한다.

이때의 $PER = \frac{5,000}{500} = 10$이므로, 주식분할후 *PER*의 변화는 없다.

(4) 주식분할전 기존주주의 부 : 100주 × 10,000원 = 1,000,000원

주식분할후 기존주주의 부 : 100주 × 2 × 5,000원 = 1,000,000원

따라서, 주식분할은 기존주주의 부와 무관하다.

2. 2 → 1 주식병합

(1) 액면가는 10,000원이 되고 발행주식수는 5,000주가 된다.

보통주자본금 (액면가 10,000원 × 발행주식수 5,000주)	5,000만원
기타자본요소(자본잉여금)	2,000
유보이익(이익잉여금)	3,000
총자기자본	10,000만원

주식병합으로 인한 총자기자본의 변화는 없다.

(2) 배당정책은 결산일 이후에 이루어지므로, 당기순이익은 불변이고 주식병합으로 인하여 발행주식수만 5,000주로 감소하였다. 따라서, *EPS*(전) × 주식수(전) = *EPS*(후) × 주식수(후)를 이용한다. 1,000원 × 10,000주 = *EPS*(후) × 5,000주

∴ *EPS*(후) = 2,000원이므로, 주식병합후 *EPS*는 상승한다.

(3) 주식병합은 현금의 유출입이 없으므로, 자기자본가치(*S*)에는 영향이 없다. 따라서, *S*(전) = *S*(후)를 이용하는데 *S* = 주가 × 주식수이므로, 10,000원 × 10,000주 = 주가(후) × 5,000주

∴ 주가(후) = 20,000원이므로, 주식병합후 주가는 상승한다.

이때의 $PER = \frac{20,000}{2,000} = 10$이므로, 주식병합후 *PER*의 변화는 없다.

(4) 주식병합전 기존주주의 부 : 100주 × 10,000원 = 1,000,000원

주식병합후 기존주주의 부 : 100주 × $\frac{1}{2}$ × 20,000원 = 1,000,000원

따라서, 주식병합은 기존주주의 부와 무관하다.

3. 자사주매입

(1) 의의 및 효과

자사주매입의 의의는 다음과 같다.

① 자사주매입 또는 주식재매입(stock repurchase)은 이미 발행한 자사의 주식을 다시 매입하여 소각하거나, 종업원에게 주식옵션으로 지급하려고 금고주(treasury stock)형태로 보유하는 것을 말한다.

② 자사의 주식을 재매입하므로 발행주식수가 감소하여 주당순이익(*EPS*)은 증가하는 한편, 자사주매입 금액만큼 현금이 유출되므로 자기자본가치(*S*)가 하락한다.

자사주매입이 주주부에 미치는 효과는 주식의 재매입가격에 따라 다음과 같이 달라진다.

상　황	자사주매입에 응한 주주부	응하지 않고(남아있는) 주주부
① 〈효율적인 자본시장〉 재매입가격 = 현재 시장가격 (배당부주가)	=	
② 〈실무상 일반적인 경우〉 재매입가격 > 현재 시장가격	>	
③ 재매입가격 < 현재 시장가격	<	
①②③ 모두 발행주식수가 감소하므로 주당순이익(*EPS*)은 증가		

(2) 자사주매입과 현금배당의 비교

현금배당의 대체수단으로 자사주매입이 이용될 수 있는데 이 두 개를 비교하여 보자.

① 현금배당을 실시하면 발행주식수와 *EPS*는 변화가 없고 주가가 주당배당금(*DPS*)만큼 하락하지만, 기존주주의 부는 배당락주가와 주당배당금의 합이 되어 배당부주가(현 시장가격)을 유지한다.

② 현금배당으로 지급할 자금으로 현 시장가격에 자사주를 매입하면 주주는 배당소득을 자본이득으로 대체될 뿐 기존주주의 부는 현 시장가격을 유지한다.

(3) 자사주매입의 장점

① 안정배당정책을 실시하고 있는 기업은 순이익이 일시적으로 증가할 경우 현금배당액을 증가시키기 어렵다. 이 때 증가된 순이익으로 자사주를 매입하면 추가배당의 효과를 얻을 수 있다.
② 자본이득세가 배당소득세보다 낮은 상황에서, 기업이 현재의 시장가격으로 재매입한다면 기존주주들의 부가 자본이득으로 대체되므로 배당소득세를 회피할 수 있다.
③ 자사주매입은 기업의 미래현금흐름이 증가할 것이라는 유리한 신호가 될 수 있다.
④ 자사주매입은 발행주식수를 감소시키므로 나머지 주주들의 지분율이 증가한다. 기업의 배당성향이 일정하다면 미래의 주당배당금이 증가된다.

(4) 자사주매입의 단점

① 일반적으로 주식재매입 가격은 시장가격보다 높기 때문에, 자사주 매입에 응하지 않은 기존주주들의 부는 감소하게 된다.
② 현금배당은 실현된 수입이나 자사주매입으로 인한 자본이득은 미실현수입이므로, 통상 자사주매입보다 현금배당이 주가에 더 긍정적인 영향을 미친다.
③ 사채를 발행하여 주식을 재매입함으로써 재무구조를 변경시키는 경우 재무구조가 악화된다.
④ 자사주매입은 수익성 있는 투자기회가 고갈되었다는 부정적인 신호로 해석될 수 있다.

4. 현금배당과 특수배당의 비교

현금배당과 제5절에서 설명한 특수배당을 효율적인 자본시장을 가정하고 다음의 각 경우에 대하여 비교하였다.

	주식배당	주식분할	주식병합	자사주매입	현금배당
발행주식수	증가	증가	감소	감소	일정
EPS	감소	감소	증가	증가	일정
주가	감소	감소	증가	일정	감소
PER	일정	일정	일정	감소	감소
자기자본가치	일정	일정	일정	감소	감소
기존주주의 부	일정	일정	일정	일정	일정

예제 ⑬ – 9 자사주매입

〈예제 13-7〉의 자료를 참조하여 다음 각 물음에 답하라.

1. (주)서울은 주당 1,000원의 현금배당을 실시한다.
   (1) 현금배당후의 *EPS*를 구하라.
   (2) 현금배당후의 자기자본가치와 주가 및 *PER*를 구하라.
   (3) 현금배당전후로 걸쳐 주식 100주를 보유한 기존주주의 부의 변화과정을 보여라.

2. (주)서울은 주당 1,000원의 현금배당 대신 이 자금으로 현재의 시장가격으로 자사주를 매입을 실시한다.
   (1) 자사주매입후의 *EPS*를 구하라.
   (2) 자사주매입후의 자기자본가치와 주가 및 *PER*를 구하라.
   (3) 주식 100주를 보유한 기존주주의 부를 자사주매입에 응한 경우와 응하지 않은 경우를 비교하라.

3. 물음 2에서 (주)서울이 주당 12,500원으로 자사주매입을 실시한다고 가정하면 각 결과는 어떻게 되는지 보여라.

1. 주당 1,000원의 현금배당을 주는 경우

(1) 배당정책은 결산일 이후에 이루어지므로 당기순이익은 불변이고, 현금배당이므로 발행주식수 역시 불변이다. 따라서 현금배당 전과 후의 *EPS*는 1,000원으로 동일하다.

(2) 현금배당을 하면 주당 1,000원의 현금이 유출되므로, 자기자본가치(*S*)는 하락한다. 즉 *S*(후)=*S*(전)−현금배당액=(10,000원×10,000주)−(1,000원×10,000주)=9,000만원이 된다.

현금배당후 주가는 주당배당금만큼 하락한다. 즉 배당락주가=10,000원(현 주가)−1,000원(*DPS*)=9,000원이다.

이때의 $PER=\dfrac{9{,}000}{1{,}000}=9$이므로, 현금배당후 *PER*는 하락한다.

(3) 현금배당전 기존주주의 부 : 100주×10,000원=1,000,000원

현금배당후 기존주주의 부 :

배당수입 : 100주×1,000원=100,000원

배당락주가 : 100주×9,000원=900,000원

따라서, 현금배당은 기존주주의 부와 무관하다.

2. 주당 1,000원만큼의 자사주를 현 시장가격으로 매입하는 경우

(1) 현재의 주가인 10,000원으로 재매입하므로,

$$자사주\ 매입수량=\frac{1{,}000원\times10{,}000주}{10{,}000원}=1{,}000주이다.$$

따라서 자사주 매입후 잔여주식수=10,000주−1,000주=9,000주이고, 당기순이익은 불변이므로

$$자사주\ 매입후의\ EPS=\frac{1{,}000원\times10{,}000주}{9{,}000주}=1{,}111.11원$$

따라서 자사주 매입후의 *EPS*는 1,111.11원으로 상승한다.

(2) 자사주매입을 하면 주당 1,000원의 현금이 유출되므로, 자기자본가치(*S*)는 하락한다. 즉 *S*(후)=*S*(전)−현금배당액=(10,000원×10,000주)−(1,000원×10,000주)=9,000만원이 된다.

자사주매입후 주가$=\dfrac{9{,}000만원}{9{,}000주}=10{,}000$원으로 자사주매입전의 주가와 동일하다.

이때의 $PER=\dfrac{10{,}000}{1{,}111.11}=9$이므로, 자사주매입후 *PER*는 하락한다.

(3) 자사주매입에 응한 기존주주의 부 : 100주×10,000원(주당현금)=1,000,000원
자사주매입에 응하지 않은 기존주주의 부 : 100주×10,000원(주당시세)
=1,000,000원
따라서 자사주매입은 기존주주의 부와 무관하다.

3. 주당 1,000원만큼 자사주를 12,500원으로 매입

(1) 현 주가보다 높은 12,500원으로 재매입하므로,

$$\text{자사주 매입수량}=\frac{1{,}000\text{원}\times 10{,}000\text{주}}{12{,}500\text{원}}=800\text{주이다.}$$

따라서 자사주 매입후 잔여주식수=10,000주−800주=9,200주이고, 당기순이익은 불변이므로

$$\text{자사주 매입후의 } EPS=\frac{1{,}000\text{원}\times 10{,}000\text{주}}{9{,}200\text{주}}=1{,}086.96\text{원}$$

따라서 자사주 매입후의 *EPS*는 1,086.96원으로 상승한다.

(2) 자사주매입을 하면 주당 1,000원의 현금이 유출되므로, 자기자본가치(S)는 하락한다. 즉, S(후)=S(전)−현금배당액=(10,000원×10,000주)−(1,000원×10,000주)=9,000만원이 된다.

$$\text{자사주매입후 주가}=\frac{9{,}000\text{만원}}{9{,}200\text{주}}=9{,}782.61\text{원이다.}$$

따라서 현 주가보다 높은 가격에 주식을 재매입하면, 자사주매입후의 주가는 자사주매입전의 주가(배당부주가)보다 낮아진다.

이때의 $PER=\frac{9{,}782.61}{1{,}086.96}=9$이므로, 자사주매입후 *PER*는 하락한다.

(3) 자사주매입에 응한 기존주주의 부 : 100주×12,500원(주당현금)=1,250,000원
자사주매입에 응하지 않은 기존주주의 부 : 100주×9,782.61원(주당시세)
=978,261원
따라서 현 주가보다 높은 가격에 회사가 주식을 재매입하면, 자사주매입에 응하는 것이 유리하다. 이 때 자사주매입에 응한 기존주주의 부는 주당 2,500원(=12,500−10,000) 증가하고, 자사주매입에 응하지 않은 기존주주의 부는 주당 217.39원(=10,000−9,782.61) 감소한다. 따라서 재매입에 응하지 않은 주주의 부 가운데 2,000,000원(=2,500원×800주=217.37원×9,200주)이 재매입에 응한 주주의 부로 이전된다.

연습문제

1. *MM*61의 배당이론에 대한 설명으로 옳지 않은 것은?

① 기업은 자기자본만으로 구성된다고 가정하였다.

② 세금 및 거래비용이 없다고 가정하였다.

③ 기업의 투자결정은 일정하게 정해져 있다.

④ 투자자들은 투자결정을 중요시하기 때문에, 동일한 금액이더라도 배당소득을 싫어하고 투자로 인한 자본이득을 좋아한다.

⑤ 신주발행을 통한 외부자금조달에 제약이 없다고 가정하였다.

〈해설〉 ④ ***MM61***에서는 대차대조표 대변항목과 무관하므로, 동일금액이면 배당소득과 자본이득에 대하여 무차별하다. 따라서 ④에서 쉼표(,) 뒤의 내용이 틀리다.

답 ④

2. *MM*의 배당이론(1961)에 대한 설명으로 옳지 않은 것은? (1996. CPA)

① 기업의 배당정책은 기업가치에 영향을 미치지 않는다.

② 주식의 배당락가격은 배당부가격으로부터 주당배당액 만큼 감소한다.

③ 배당으로 인해 신주를 추가로 발행해야 하는 경우, 신주를 인수하는 새주주의 손익은 발생하지 않는다.

④ 기업이 주주들보다 더 나은 투자수익을 올릴 수 있는 투자기회를 가진 경우 배당하지 않는 것이 기업가치에 유리하다.

⑤ 주주들의 기회비용보다 높은 투자수익을 올릴 수 있는 실물투자기회를 기업이 갖지 못한 경우에도 반드시 배당을 지급할 필요는 없다.

〈해설〉 ④ ***MM*61** : 배당증가 → 신규투자자금 부족 → 신주발행해서 투자자금 마련
그러므로, 수익성 있는 투자기회를 가지고 있더라도 배당이 기업가치에 영향을 미치지 못한다.

답 ④

3. 자본시장의 불완전성을 고려할 때, 배당의 긍정적효과만 고른 것은?

a. 배당소득세율	*b*. 배당의 고객효과	*c*. 밀러와 숄즈이론
d. 신주발행비용	*e*. 주식매각비용	*f*. 대리인비용
g. 배당의 정보효과	*h*. 미래의 불확실성의 제거	

① *a*, *e*, *g*, *h* ② *a*, *b*, *g*, *h* ③ *b*, *d*, *f*, *g*

④ *c*, *d*, *g*, *h* ⑤ *e*, *f*, *g*, *h*

〈해설〉 배당의 긍정적효과 : *e*, *f*, *g*, *h*

배당의 부정적효과 : *a*, *d*

배당의 무관련성 : *b*, *c*

답 ⑤

4. 안정적 배당정책에 대한 옳은 설명은?

① 이익이 일시적으로 증감하더라도 배당성향을 안정적으로 유지하는 정책

② 이익이 일시적으로 증감하더라도 배당수익률을 안정적으로 유지하는 정책

③ 이익이 일시적으로 증감하더라도 주당배당금을 안정적으로 유지하는 정책

④ 주당배당금을 이익증감에 맞추어 증감시키는 정책

⑤ 배당성향을 이익증감에 맞추어 증감시키는 정책

답 ③

5. 다음 중 기업의 배당성향을 증가시킬 것으로 생각되는 것을 골라라.

① 기업의 이익이 일시적으로 증가하였다.

② 배당소득세율이 대폭 인상되었다.

③ 대리인비용이 무시된다.

④ 거액의 부채상환만기가 다가온다.

⑤ 국내외 경제환경의 악화로 수익성있는 투자기회가 감소하였다.

〈해설〉 ① 기업들은 일반적으로 안정배당정책을 선호하므로 이익증가가 일시적이면 배당성향을 올리지 않을 것이다.

② 주주들은 배당보다 유보를 선호하므로 배당성향은 감소할 것이다.

③ 대리인비용이 무시되면 유보가 증가할 것이므로 배당성향이 감소할 것이다.

④ 거액의 부채를 상환하기 위한 자금을 확보해야 하므로 배당성향은 감소할 것이다.

⑤ 좋은 투자기회가 줄어들면 유보가 감소하므로 배당성향은 증가할 것이다.

답 ⑤

6. 주식배당의 효과로 옳은 것은? (1995. CPA)

① 주당이익(*EPS*)가 상승한다.

② 기업의 대차대조표에는 아무런 영향이 없다.

③ [자기자본가치에 미치는 영향은] 현금배당과 동일하다.

④ 기존주주의 부에는 아무런 영향이 없다.

⑤ 기업의 위험이 감소한다.

〈해설〉 ① 주식배당을 실시하면 발행주식수가 증가하므로 *EPS*와 주가는 감소한다.
② 잉여금이 자본금계정으로 대체되므로 자본계정내의 계정별금액은 달라진다.
③ 현금배당은 자기자본가치가 하락하지만 주식배당은 자기자본가치가 변함없다.
④ 자기자본가치에는 변함이 없으므로, 기존주주의 부에는 영향이 없다.
⑤ *B*와 *S*는 동일하므로 재무위험이 동일(영업위험은 원래 동일)

답 ④

7. 자사주매입과 관련된 설명으로 잘못된 것은? (1993. CPA)

① 시장에서 자사주의 가격이 낮게 형성되어 있을 경우에 매입한다.

② [주주 부에 대하여] 현금배당과 같은 효과를 나타낸다.

③ 주식가격은 상승하고 주당이익은 증가한다.

④ 주식재매입 전후의 주주의 부에는 변동이 없다.

⑤ 부채비율이 상대적으로 높아져 자본구조가 악화된다.

〈해설〉 현재의 주가로 자사주를 매입하면 주식수가 매입수량만큼 감소하여 *EPS*가 증가하지만, 자사주 매입금액만큼 자기자본가치가 하락하므로 주가는 변동이 없다.

답 ③

8. 기업이 자사주를 매입(stock repurchase)하고자 하는 동기에 대한 설명 중 가장 타당성이 낮은 것은? (1997. CPA)

① 채권자를 보호하는 수단이다.

② 성과급 주식옵션의 실행을 위한 수단이다.

③ 현금배당에 대한 주주의 소득세를 절감할 수 있는 수단이다.

④ 적대적 기업인수 · 합병(*M&A*)에 대한 방어수단이다.

⑤ 주가가 저평가되었을 때 이 사실을 투자자에게 전달하는 수단이다.

〈해설〉 자사주를 매입하면 자기자본가치가 감소하고, 부채비율이 증가하므로 기업자산의 부채 담보력이 저하되어 채권자의 위험이 증가한다.

답 ①

9. 현금배당과 자사주 매입(stock repurchase)을 비교한 다음의 서술 중 옳지 않은 것은? (2001. CPA)

① 현금배당 직후에는 주당순이익(*EPS*)의 변화가 없으나, 자사주 매입 직후에는 *EPS*가 증가한다.

② 시장의 불완전성(imperfections)이 없다면 투자자나 기업 모두 두 방식에 대해 무차별하다.

③ 현금배당 직후와 자사주 매입 직후 모두 주가이익비율(*PER*)이 감소한다.

④ 세금을 고려하는 경우 자사주 매입이 현금배당보다 투자자에게 유리하다.

⑤ 향후 자사의 이익이 [일시적으로] 증가할 것으로 예상할 때 기업은 현금배당을 선호한다.

〈해설〉 ⑤ 향후 이익이 일시적으로 증가한다면 경영자는 현금배당보다 자사주매입을 선호한다.

답 ⑤

10. 자사주매입의 목적으로 알맞는 설명은?

a. 자본구조를 변화시키려고
b. 배당소득세를 회피하려고
c. 이익이 일시적으로 증가할 때 추가적인 배당지급효과를 얻으려고
d. 현금배당으로 인한 현금유출을 회피하려고
e. 주가를 인위적으로 하락시키려고
f. 발행주식수를 증가시키려고

① *a, b* ② *a, b, c* ③ *a, b, d*

④ *b, c, d* ⑤ *d, e, f*

〈해설〉 ⓓ 자사주를 매입하는 경우에도 현금이 유출된다.

ⓔ 자본시장이 불완전할 경우 자사주매입은 기업의 미래현금흐름이 증가할 것이라는 호재로 해석되어 주가가 상승할 수도 있다.

답 ②

11. 자사주매입에 대한 설명으로 옳지 않은 것은?

① 완전자본시장에서는 주주 부에 대하여 현금배당과 같은 효과를 보인다.

② 현 주가로 자사주를 매입하면 주식가격은 하락한다.

③ 현 주가로 재매입한다면 배당소득을 자본이득으로 대체하는 효과가 있다.

④ 세금를 고려하는 경우 자사주매입이 현금배당보다 유리하다.

⑤ 현 주가로 재매입한다면 *EPS*는 증가하지만 *PER*는 감소한다.

〈해설〉 ② 현재 주가로 자사주를 매입하면 자기자본가치가 하락하지만 주식수도 감소하여 주가는 변동이 없다.

답 ②

12. 효율적인 자본시장을 가정할 때, 다음의 각종 배당효과 중 틀린 것은?

	현금배당	주식배당	주식분할	주식병합	자사주매입
① 발행주식수	일정	증가	증가	감소	감소
② *EPS*	일정	감소	감소	증가	증가
③ 주가	감소	감소	일정	상승	증가
④ 자기자본가치	감소	일정	일정	일정	감소
⑤ 기존주주의 부	일정	일정	일정	일정	일정

〈해설〉 주식배당이나 주식분할은 주가가 하락하며, 자사주매입은 주가가 일정하다.

답 ③

13. 무부채기업인 (주)서울의 현 주가는 20,000원이고 주주들의 요구수익률은 14%이다. (주)서울이 당기말에 1,200원의 현금배당을 지급한다면 배당락주가는 얼마가 되겠는가?

① 20,000원 ② 20,400원 ③ 20,800원
④ 21,200원 ⑤ 21,600원

〈해설〉 $P_0 = \frac{d_1 + P_1}{1 + k_e}$ 에서 $P_1 = P_0\ (1 + k_e) - d_1 = 20{,}000(1 + 0.14) - 1{,}200 = 21{,}600$원

답 ⑤

14. 현재 (주)서울의 발행주식수는 100,000주, 액면가는 5,000원, 주당시장가격은 20,000원이다. 금년말 당기순이익은 2억원으로 예상되며, 주당배당액은 1,000원이다. 다음 설명 중 틀린 것은?

① 배당율은 20%이다. ② 배당수익율은 5%이다.
③ 배당성향과 유보율은 50%이다. ④ *EPS*는 2,000원이다.
⑤ 예상*PER*는 5이다.

〈해설〉 ① $배당률 = \frac{주당배당액}{액면가} = \frac{1{,}000원}{5{,}000원} = 20\%$

② $배당수익률 = \frac{주당배당액}{주가} = \frac{1{,}000원}{20{,}000원} = 5\%$

③ $배당성향 = \frac{전체배당액}{순이익} = \frac{(1{,}000원)(1000{,}000주)}{2억원} = \frac{1억원}{2억원} = 50\%$

유보율 = 1 − 배당성향 = 1 − 0.5 = 50%

④ $EPS(\text{주당순이익}) = \dfrac{\text{2억원}}{\text{100,000주}} = 2{,}000$

⑤ $PER = \dfrac{\text{주가}}{\text{주당순이익}} = \dfrac{\text{20,000원}}{\text{2,000원}} = 10$

답 ⑤

15. 면세채권이 존재하며 그 수익률은 연 8%이다. 10% 이자율로 차입이 가능하며 개인소득세 산출시에도 차입금에 대한 지급이자가 비용으로 처리된다고 가정하자. 이 같은 경우에 배당소득 20,000원에 대한 배당소득세를 회피를 원한다면 얼마를 차입하여 면세채권에 투자해야 하나?

① 50,000원 ② 100,000원 ③ 150,000원
④ 200,000원 ⑤ 250,000원

〈해설〉 배당소득세를 회피하는 과정을 보이면 다음과 같다.

면세채권수익률 = 8% 배당소득 = 20,000원 차입이자율(k_d) = 10%

ⓐ 배당소득(20,000) = 이자비용(10% × B) ∴ B = 200,000원

ⓑ 이 차입금으로 면세채권에 투자한다. → 200,000 × 8% = 16,000원

ⓒ

수 익	배당소득	20,000원	
	면세채권이자	16,000원	36,000원
비 용	차입금 이자비용		20,000원
이 익			16,000원
차 감	면세이자수익 (익금불산입)		16,000원
과세대상소득			0원

답 ④

16. 현재 (주)서울의 발행주식수는 10,000주이고 주가는 1,000원인데 500주를 보유 중인 기획실장의 주식을 모두 재매입하고자 한다. 주당 1,200원에 재매입한 후의 주가는?

① 950.47원 ② 989.47원 ③ 1,000원
④ 1,030.13원 ⑤ 1,060.13원

〈해설〉 자사주매입후 자기자본가치 = 자사주매입전 자기자본가치 − 자사주매입액 = (1,000 × 10,000) − (1,200 × 500) = 9,400,000원이고 잔여주식수 = 10,000 − 500 = 9,500주이므로, 주가 = $\dfrac{9{,}400{,}000}{9{,}500}$ = 989.47원이다.

이같이 현재 주가보다 높게 주식을 재매입하면 남아있는 주주의 부가 감소된다.

답 ②

17. 배당에 대한 다음 설명 중 틀린 것은?

① 주식분할을 실시하는 주된 이유는 주가를 인위적으로 하락시켜 거래를 용이하도록 하기 위해서이다.

② 주식병합을 실시하는 주된 이유는 주가를 인위적으로 상승시키기 위해서이다.

③ 효율적 자본시장에서는 현금배당 및 특수배당이 기존주주의 부에 미치는 영향은 없다.

④ 효율적 자본시장에서 자사주 매입가격이 현재 시장가격과 같다면, 자사주 매입에 응한 주주와 응하지 않은 주주의 부는 동일하다.

⑤ 안정적 배당정책을 실시하면, 주식배당후에는 투자자의 현금유입액이 감소한다.

〈해설〉 ③ 둘 다 자기자본가치에는 영향이 없이 발행주식수가 2배로 증가하므로 주주의 부에 미치는 영향은 동일하다.

⑤ 안정적 배당정책하에서는 주당배당금이 일정하므로, 차기 이후 배당증가로 인한 투자자의 현금유입액은 증가한다.

답 ⑤

18. (주)서울의 현재 주가는 10,000원이고 당기말 주당배당액은 500원으로 예상되며 이익 및 배당성장률은 5%이다. 신주발행비용이 주당 400원이라면 유보이익과 신주발행에 대한 자기자본비용은 각각 얼마인가?

	유보이익(%)	신주발행(%)
①	10	10.21
②	10	11
③	10.21	11
④	11	10.21
⑤	11	11.21

〈해설〉 $k_e(\text{유보이익}) = \dfrac{DPS_1}{P_0} + g = \dfrac{500}{10{,}000} + 0.05 = 0.1$

$$k_e(\text{신주발행}) = \frac{DPS_1}{P_0 - F} + g = \frac{500}{10{,}000 - 400} + 0.05 = 0.1021$$

답 ①

19. (주)서울의 매출액은 200억원, 매출액순이익률은 5%, 주가수익비율(price earnings ratio)은 10배, 유보율이 60%, 발행주식수는 100만주일 때 (주)서울의 배당수익률(dividend yield)은 얼마인가? (1999. CPA)

① 4% ② 5% ③ 6%
④ 8% ⑤ 10%

〈해설〉 매출액순이익률 $=\frac{\text{순이익}(NI)}{\text{매출액}}$에서 $5\%=\frac{NI}{200\text{억원}}$

$\therefore NI=10\text{억원}$

$\text{주당배당금}=\frac{\text{순이익}\times\text{배당성향}}{\text{발행주식수}}=\frac{10\text{억원}\times(1-0.6)}{100\text{만주}}=400$

$PER=\frac{price}{EPS}$에서 $10=\frac{price}{10\text{억}/100\text{만주}}$ $\quad\therefore price(\text{주가})=10{,}000$

$\therefore \text{배당수익률}=\frac{\text{주당배당금}}{\text{주가}}=\frac{400}{10{,}000}=0.04=4\%$

답 ①

20. 배당정책에 대한 다음 설명 중 맞는 것을 골라라.

① 기업이 배당증가를 공시하면 투자자는 이를 악재로 해석하므로 주가가 하락한다.

② 배당의 고객효과는 기업들이 배당정책을 변경함으로써 기업가치를 올릴 수 있다는 근거를 제시한다.

③ 배당의 잔여모형을 채택한 기업들은 배당의 안정성을 기할 수 있다.

④ 배당은 대리인비용을 감소시키는 역할을 한다.

⑤ 이익이 일정수준으로 안정될 것 같으면 주당배당금을 올리는 것이 좋다.

〈해설〉 ② 배당의 고객효과는 배당정책과 기업가치는 무관하다는 내용이다.

③ 배당의 잔여모형은 배당의 안정성을 해칠 수 있다는 단점이 있다.

⑤ 이익이 일정하다면 주당배당금을 일정하게 유지하는 안정배당정책을 실시하는 것이 좋다.

답 ④

21. 투자자들이 자본이득보다 배당소득을 선호하는 상황이라고 하자. 다음 중 맞는 설명을 골라라.

① 배당무관련이론이 성립한다.

② 배당성향을 증가해도 주주요구수익률은 변하지 않는다.

③ 배당성향을 증가시키면 주주요구수익률은 상승한다.

④ 배당성향을 증가시키면 주주요구수익률은 하락한다.

⑤ 자가배당이 가능한 상황이 된다.

〈해설〉 투자자들이 자본이득보다 배당소득을 선호하는 상황에서, 배당성향을 증가시키면(유보율을 감소시키면) 주주요구수익률이 하락한다. 반대로 세금효과이론(개인소득세)이 성립하는 상황에서는, 배당성향을 감소시키면(유보율을 증가시키면) 주주요구수익률이 하락한다.

답 ④

22. 주식의 할인율이 재투자수익률과 같은 상황이라고 가정하고 다음 설명 중 옳은 것을 골라라.

① 이 상황에서 배당을 적게 하고 유보를 많이 하면, 주가와 *PER*를 증가시킬 수 있다.
② 이 상황에서 배당은 많이 하고 유보를 적게 하면, 주가와 *PER*를 증가시킬 수 있다.
③ 이 상황에서는 배당 혹은 유보를 변경해도 주가와 *PER*에 미치는 영향은 없다.
④ 모두가 정답이다.
⑤ 위 정보로는 알 수 없다.

〈해설〉 고든의 모형에서 보듯이 주식할인율(k_e)=재투자수익률(*ROE*)이면, $\partial P_0/\partial b$가 0이므로 유보(배당)와 주가 및 *PER*는 상관없다.

답 ③

23. 배당정책에 대한 다음 설명 중 맞는 것을 골라라.

① 유보이익의 재투자로 인한 불확실한 자본이득을 고려하는 상황에서는, 배당을 많이 하면 주주의 요구수익률이 상승한다.
② 배당소득세율보다 자본이득세율이 낮기 때문에 주주들은 적은 배당을 선호한다는 것이 배당의 세금효과이론이다.
③ 기업이 배당감소를 공시하면 투자자는 이를 호재로 해석하므로 주가가 상승한다는 것이 배당의 신호이론이다.
④ 신주발행비용을 고려하면 기업이 배당을 많이 지급해야 한다.
⑤ 밀러와 숄즈이론이 성립하는 상황에서는 기업이 배당을 적게 지급해야 한다.

〈해설〉 ① 불확실한 자본이득의 상황에서는 배당을 많이 하면(유보를 적게 하면) 주주의 요구수익률이 하락한다.
④ 신주발행비용을 고려하면 기업이 배당을 적게 지급해야 한다.
⑤ 밀러와 숄즈이론이 성립한다면 배당은 기업가치와 무관하다.

답 ②

24. 배당정책에 대한 다음 설명 중 틀린 것을 골라라.

① 주식분할을 하면 주가가 하락한다.
② 이익이 일시적으로 증가하면 증가된 이익만큼 현금배당을 실시하는 것이 좋다.
③ 현금배당에 비해 자사주매입은 세금측면에서 유리하다.
④ 자사주매입을 하면 재무구조가 악화된다.
⑤ 자사주매입은 적대적 합병의 대응수단으로 이용될 수 있다.

답 ②

25. 다음은 10 : 1 주식분할(stock split)에 대한 설명이다. 이 중 가장 옳지 않은 것은? (단, 주식분할과 관련된 모든 비용은 무시한다.) (2003. CPA)

① 주식의 액면가는 1/10로 하락한다.

② 장부상 자본잉여금이 보통주 자본금으로 전입될 뿐 자기자본 총액에는 변동이 없다.

③ 주주의 지분권(기업지배권)에는 변동이 없다.

④ 발행주식수가 10배 증가한다.

⑤ 주당순이익(*EPS*)이 1/10로 하락하고, 이론적인 주가는 1/10 수준으로 하락한다.

〈해설〉 ② 장부상 자본잉여금이 보통주 자본금으로 전입되는 것은 무상증자의 경우이다.

답 ②

26. 당기순이익에서 배당금으로 지급되는 비율을 나타내는 배당성향을 장기적으로 일정하게 유지하면서 안정배당정책을 채택하고 있는 무부채기업에서 단기적으로 배당성향을 가장 많이 증가시킬 것으로 예상되는 경우는? (배당정책이론의 관점에서 답하시오) (2004. CPA)

① 자본이득에 대한 세율에 비해 상대적으로 개인소득세율이 높아졌다.

② 자금수급의 불균형으로 인해 시장금리가 상승했다.

③ 예상치 못한 이상기후로 매출이 급감해 기업이익이 감소했다.

④ 칠레와 자유무역협정이 체결됨에 따라 투자기회가 증가했다.

⑤ 기업지배구조의 개선으로 여유자금에 대한 사용이 투명해졌다.

〈해설〉 ① 보통 배당소득세율이 높아지면 현금배당보다 자사주매입이 선호되므로 배당성향이 감소될 것이지만, 안정배당정책에서는 단기적 배당성향의 변화가 그리 크지 않을 것이다.

② 보통 자금사정이 악화되면 유보율을 증가시키므로 배당성향이 감소될 것이지만, 안정배당정책에서는 단기적 배당성향의 변화가 그리 크지 않을 것이다.

③ 보통 이익이 감소되면 배당성향이 감소될 것이지만, 안정배당정책에서는 배당금을 유지하기 위하여 단기적 배당성향이 증가될 것이다.

④ 보통 좋은 투자기회를 위한 유보금액 증가로 배당성향이 감소될 것이지만, 안정배당정책에서는 단기적 배당성향의 변화가 그리 크지 않을 것이다.

⑤ 보통 지배구조개선으로 인한 대리인비용 감소로 배당성향이 감소될 것이지만, 안정배당정책에서는 단기적 배당성향의 변화가 그리 크지 않을 것이다.

답 ③

27. ABC기업의 시장가치 기준의 대차대조표는 다음과 같다.

현 금	200억원	부 채	1,000억원
고정자산	2,800억원	자기자본	2,000억원

주식의 액면가격은 5,000원이고 자본금(장부가격)은 500억원이며 당기순이익은 100억원이다. *ABC*기업은 주당 500원의 현금배당을 실시할 것인가 아니면 50억원의 자사주를 현재의 가격으로 매입할 것인가를 고려하고 있다. 다음 중 현금배당을 실시하든 아니면 자사주를 매입하든 효과가 동일하게 나타나는 것들을 모두 모은 것은? (단, 재무정책 발표에 따른 정보효과와 세금은 없다고 가정한다)

(2006. CPA)

a. 발행주식수	*b*. 주가	*c*. 주당순이익(*EPS*)
d. 주주에게 지급되는 총금액	*e*. 주가이익비율(*PER*)	

① *a*, *b*, *c* ② *d*, *e* ③ *d*
④ *e* ⑤ *b*, *d*

〈해설〉

	현재	자사주매입	현금배당
발행주식수	1,000만주	975만주	1,000만주
EPS	1,000원	1,025.64원	1,000원
주가	20,000원	20,000원	19,500원
PER	20	19.5	19.5
총지급액	−	50억원	50억원

이는 교재본문의 현금배당과 특수배당을 비교한 표와 일치한다.

답 ②

28. (주)유림은 내부수익률법을 이용하여 서로 독립적인 다음의 5개의 투자안을 고려하고 있다. 투자안들은 모두 (주)유림의 영업위험과 동일하다.

투자안	투자금액(억원)	내부수익률(%)
A	10	12.0
B	12	11.5
C	12	11.0
D	12	10.5
E	10	10.0

올해의 순이익은 25억원으로 예상되는데 다음의 조건하에 투자하고 남은 돈을 배당으로 지급한다면, 올해의 배당성향은 얼마인가? (2007. CPA)

a. 현재 이 회사는 50% 부채와 50% 자기자본의 자본구조를 가지고 있다. *b*. 신규투자 후에도 기존의 자본구조가 그대로 유지된다. *c*. 세후 부채비용은 8%이며 자기자본비용은 14.5%이다.

① 0% ② 12% ③ 32%
④ 56% ⑤ 100%

〈해설〉 배당의 잔여모형은 투자액(유보금액)을 먼저 정하고 나머지를 배당으로 지급한다.

$k_0 = w_e \cdot k_e + w_d \cdot k_d(1-T) = 0.5(14.5\%) + 0.5(8\%) = 11.25\%$

투자안의 $IRR > k_0$인 투자안 A와 투자안 B만 채택해야 한다. 투자액은 $10+12=22$억원인데, 목표자본구조(0.5)를 유지하기 위해 투자자금 22억×0.5=11억원을 유보하여야 한다.

올해의 배당성향 $= \frac{25-11}{25} = 0.56$

답 ④

29. 시장의 불완전성이 배당정책에 미치는 영향에 대한 다음 설명 중 가장 적절하지 않은 것은? (2008. CPA)

① 배당을 늘리면 경영자의 특권적 소비를 줄이는 효과가 있기 때문에 기업가치에 긍정적 영향을 줄 수 있다.

② Miller and Scholes는 배당소득세가 존재하더라도 기업가치는 배당정책의 영향을 받지 않는다고 주장하였다.

③ 배당의 증가는 미래에 양호한 투자안이 없어서 재투자를 하지 않고 배당을 증가시킨다는 부정적인 정보를 제공하므로 주가에 부정적인 영향을 주는데, 이를 배당의 신호효과라고 한다.

④ 배당을 늘리면 미래에 신주발행을 통해 투자자금을 확보해야 하는 가능성이 높아지며 신주발행에 관련된 비용도 증가할 수 있으므로, 기업가치에 부정적인 영향을 줄 수 있다.

⑤ 최적자본구조를 유지하는 수준에서 재투자를 한 다음, 순이익의 나머지를 배당하는 배당정책을 사용하면 연도별 배당금의 변동이 심해진다.

〈해설〉 ③ 배당의 신호효과: 대부분의 기업들이 안정배당정책을 실시하는 현실에서, 기업이 배당을 증가시키면 그 기업의 미래현금흐름이 좋을 것이라는 긍정적신호를 전달하여 기업가치(주가)가 상승한다는 것이다.

⑤ 배당의 잔여모형은 투자금액과 당기순이익의 수준에 따라 배당금의 변동이 심하기 때

문에 배당의 안정성을 해칠 수 있다.

답 ③

30. A기업의 현재 발행주식수는 20,000주, 당기순이익은 5,000만원, 주가는 10,000원이다. 주가가 이론적 주가로 변한다고 가정할 때 A기업이 고려하고 있는 다음의 재무정책들 중에서 현재보다 주가이익비율(PER)이 감소하는 정책들을 모두 모은 것은? (단, 재무정책 실시에 따른 정보효과는 없다고 가정한다) (2008. CPA)

> *a*. 순이익의 20%를 현금으로 배당한다.
> *b*. 발행주식수의 20%를 주식으로 배당한다.
> *c*. 2:1로 주식을 분할한다.
> *d*. 2:1로 주식을 병합한다.
> *e*. 순이익의 20%에 해당하는 금액으로 자사주를 현재 주가에 매입한다.

① *b, c, d* ② *c, d, e* ③ *a, b*
④ *a, e* ⑤ *d*

〈해설〉 당기순이익=5,000만원

	현재	주식배당	주식분할	주식병합	자사주매입	현금배당
발행주식수	20,000주	24,000주	40,000주	10,000주	19,000주	20,000주
EPS	2,500원	2,083원	1,250원	5,000원	2,632원	2,500원
주가	10,000원	8,333원	5,000원	20,000원	10,000원	9,500원
PER	4	4	4	4	3.8	3.8

이는 교재본문의 현금배당과 특수배당을 비교한 표와 일치한다.

답 ④

31. (주)한강은 올해 5억원의 당기순이익을 발생시켰다. (주)한강은 50%의 배당성향을 갖고 있으며 올해에도 이를 유지할 계획이다. 현재 순이익이 반영된 주가는 주당 20,000원이며 발행 주식수는 20만주이다. 이 기업의 배당락주가는 18,000원이 되었다. 만약 (주)한강이 배당을 하지 않고 그 금액으로 자사의 주식을 현재 주가인 주당 20,000원으로 구입하여 소각한다면 주가는 얼마가 되겠는가?(단, 정보효과와 거래비용은 없다고 가정한다.) (2010. CPA)

① 16,500원 ② 18,000원 ③ 20,000원
④ 22,000원 ⑤ 23,500원

〈해설〉 현재 시장가격인 주당 20,000원에 재매입하면 자사주 매입 전후의 주가변동은 없다.

답 ③

32. (주)대한의 현재 주가가 1,000원이고 자기자본은 다음과 같다. 주가는 이론적 주가로 변한다고 가정할 때, 각각의 재무정책 효과에 관한 설명 중 가장 적절하지 않은 것은? (단, 거래비용, 세금과 정보효과는 무시한다). (2011. CPA)

보통주자본금 (액면가 500원)	400,000원
자본잉여금	255,000원
이익잉여금	145,000원
자기자본	800,000원

① 10%의 주식배당을 1,000원에 실시하면 자본잉여금은 255,000원, 이익잉여금은 65,000원이 된다.

② 액면가를 주당 100원으로 분할하면 발행주식수는 4,000주가 된다.

③ 주당 150원의 현금배당을 실시하면 배당락주가는 850원이고, 자기자본은 620,000원이 된다.

④ 주당 1,000원에 100주의 자사주를 매입하면, 주가는 변함이 없지만 주당순이익은 증가한다.

⑤ 주당 1,000원에 80,000원만큼의 자사주매입을 실시하면 자사주매입 후 유통주식수는 720주가 된다.

〈해설〉 ① 현재 주식수는 800주(400,000÷500)이므로 10%의 80주만큼 신주를 발행한 결과, 자본금은 1,000원×80주=80,000원만큼 증가하고 이익잉여금은 이만큼 감소한다.

③ 배당후 자기자본=배당전 자기자본−총배당액=800,000−150원×800주=680,000원

답 ③

제5부

위험관리와 특수분야

제14장

합 병

제 1 절 합병의 개념

1. 합병의 의의 및 종류

(1) 합병의 의의

급변하는 환경하에서 기업은 살아남기 위하여 지속적으로 성장해야 할 것이다. 기업이 성장하는 방법에는 내적성장과 외적성장이 있다. 내적성장(internal growth)은 지금까지 살펴본 투자결정과 자본조달의 결정을 통하여 기업이 성장하는 것을 말하고, 외적성장(external growth)은 타기업을 합병하거나 매수함으로서 기업이 성장하는 것을 말한다. 외적성장인 합병과 매수의 정의는 다음과 같다.

(2) 합 병

합병을 법률적 측면과 경제적 측면으로 구분할 수 있는데, 합병이 이루어지기 위해서는 각 기업의 주주총회의 승인이 필요하다.

1) 법률적 측면

① 흡수합병(merger) : 한 기업(합병기업)이 다른 기업(피합병기업)을 흡수하여 결합하는 것을 말한다. (A기업+B기업 → A기업)

② 신설합병(consolidation) : 두 개 이상의 기업들이 없어지고 하나의 새로운 기업으로 결합하는 것을 말한다. (C기업+D기업 → E기업)

2) 경제적 측면

① 수평적 합병(horizontal merger) : 동일한 업종 혹은 유사업종에 속해 있는 기업들간의 합병을 말한다.

② 수직적 합병(vertical merger) : 생산 · 유통과정의 전후단계에 있는 기업들간의 합병을 말한다.

③ 다각적 합병(conglomerate merger) : 수평적이나 수직적 관계가 전혀 없는 이종 기업들 간의 합병을 말한다.

(3) 매 수

매수(취득)(acquisition)는 한 기업이 다른 기업의 지배권을 획득하기 위하여 대상기업의 주식이나 자산을 취득하는 것을 말하는데, 매수 후에도 매수당하는 기업이 개별기업으로 계속 존재한다는 점이 합병과 다르다.[1] 매수는 크게 보아 자산매수와 주식매수로 구분된다.

① 자산매수(asset acquisition) : 두 기업간의 계약에 따라 한 기업이 타기업의 자산(또는 영업)의 일부나 전부를 취득하는 것으로 영업양수라고도 한다. 자산매수는 두 기업의 합의에 의한 것이므로 매수에 의한 문제점이 발생하지 않는다.

② 주식매수(stock acquisition) : 매수기업이 대상기업의 일부나 전부의 주식을 취득하는 것인데, 주식취득방법으로 주식공개매수(tender offer 혹은 takeover bid, *TOB*)가 많이 사용된다. 주식취득은 대상기업의 주주로부터 직접 주식을 매입하여 지배권을 장악하는 것이므로 주주총회의 승인이 필요하지 않다.

그러나 합병(merger and acquisition, *M&A*)이란 용어를 넓은 의미로 해석하여, 합병과 매수를 모두 포함하는 말로 사용하고 있는 것이 현실이다.

---

1) 그러나 대상기업의 자산이나 주식을 100% 취득하는 경우는 합병의 절차를 따라야 한다.

2. 합병의 방법

(1) 우호적 합병

합병시도기업과 대상기업의 경영진이 합병의 필요성을 느껴 합병을 하는 것을 우호적 합병(friendly *M&A*)이라고 한다.

(2) 적대적 합병

그러나 대상기업의 경영진의 반대에도 불구하고 합병시도기업이 합병을 시도하는 것을 비우호적 합병(unfriendly *M&A*) 혹은 적대적 합병(hostile *M&A*)이라고 한다. 적대적 합병때 흔히 이용되는 방법이 주식공개매수와 백지위임장투쟁이다.

① 주식공개매수(tender offer 혹은 takeover bid)란 대상기업 경영진의 반대에도 불구하고 대상기업의 주주를 상대로 특정가격에 주식을 매입하겠다는 의사를 공개적으로 표현하고, 주식을 매입하여 지배권을 확보하는 방법이다.
대상기업의 주주들은 흡족할 정도의 인수가격(tender price)이 제시되면 현 경영진의 의사를 고려하지 않고 자신의 주식을 매도할 것인데, 인수가격은 현 시장가격보다 상당히 높아 매력적인 것이 일반적이다. 이와 같은 주식이 지배권을 상실할 정도가 되면 결국 인수당하게 되며, 합병에 반대하였던 경영진은 자신의 현 위치를 잃게 된다.

② 백지위임장투쟁(proxy fight 혹은 proxy contest) : 보통주주들은 의결권(voting rights)를 갖는데, 대부분의 주주들은 주주총회에 참석하지 않고 그 의결권을 타인에게 위임하는데 이를 백지위임장(proxy)이라고 한다.
주주총회가 다가오면 경영진들은 주주들을 상대로 의결권의 위임을 권유하는데, 불만이 없는 주주들은 현 경영진에게 위임하겠지만 불만이 있는 주주들은 합병을 시도하는 측에 위임할 것이다. 지배권을 확보하기 위해 합병을 시도하는 측과 지배권을 지키기 위한 현 경영진간에 백지위임장을 서로 많이 차지하려는 현상을 백지위임장투쟁이라고 한다.

이외에도 적대적 합병의 전략에는 다음과 같은 것이 있다.

① 새벽의 기습(dawn raid) : 주식을 미리 매입해 놓고 기업인수의 의사를 대상기업에게 전달하는 방법이다.

② 곰의 포옹(bear's hug) : 곰이 몰래 뒤에서 껴안는 것처럼, 기습적으로 (주말을 이용) 기업인수의 의사를 제의하여 대상기업이 대응할 여유를 주지 않는 방법이다.

③ *LBO*(leveraged buyout) : 인수자금이 충분하지 않은 인수기업이 대상기업의 자산이나 수익력을 담보로 합병에 필요한 자금을 차입하여 조달하고, 추후 대상기업에서 발생하는 이익이나 자산매각대금으로 채무를 상환하는 방법이다. 특히 인수대상기업의 현 경영진이 주도하는 *LBO*를 *MBO*(management buyout)라고 한다.

한편, 적대적 합병에 대한 대상기업의 방어전략에는 다음과 같은 것이 있다.

① 자본재구성(recapitalization) : 부채비율을 비정상적으로 높게 재구성하여 매수의 위험을 피하는 방법이다.

② 백기사(white knight 혹은 white squire) : 현 경영진에게 우호적인 제3자에게 기업을 넘기고 경영자 자신의 지위를 유지하는 방법이다.

③ 왕관의 보석(crown jewel) : 왕관의 보석 같은 기업의 핵심적인 자산을 매각하여 매수의도를 저지시키는 방법이다.

④ 불가침협정(standstill agreement) : 매수기업이 이미 매집한 주식을 프레미엄이 더해진 높은 가격으로 재매입함으로써 매수의도를 저지하려는 방법이다. 이 때 프레미엄이 붙은 가격으로 재매입하는 것을 녹색편지(green mail)라고 한다.

⑤ 독약처방(poison pill) : 매수기업이 합병에 성공하더라도 손해를 보도록 특별한 권리를 현 주주에게 줌으로써 매수의도를 저지시키는 방법이다. 예컨대 기업이 매수되는 경우 자기회사나 합병회사의 주식을 매우 낮은 가격으로 매입할 수 있는 콜옵션 같은 권리를 주는 방법이다.

⑥ 황금주(golden share)와 차등의결주 : 황금주는 단 1주로도 주주총회의 의결사항을 거부할 수 있는 주식을 말한다. 과거 유럽에서 국영기업을 민영화하는 경우, 정부가 민간기업을 통제하기 위한 수단으로 쓰인다. 차등의결주는 원래

1주당 1의결권인 원칙을 벗어나, 1주당 여러 의결권을 갖는 주식을 말한다. 황금주와 차등의결주를 이용하여 합병을 무산시킬 수 있을 것이다.

⑦ 반기업인수 규정(anti-takeover amendment) : 합병을 막기 위해 현 정관을 수정하거나 새로운 규정을 만드는 것으로 다음의 방법이 있다.

- 황금낙하산(golden parachutes) : 합병을 당하여 현 경영진이 퇴진하게 되었을 경우, 이들에게 비정상적으로 매우 높은 퇴직금을 지불하는 규정을 두어 피합병기업의 가치를 현저히 떨어뜨리는 방법이다.
- 초다수결규정(supermajority voting provisions) : 합병승인에 대한 주주총회의 의결요건을 매우 강화하여 합병을 어렵게 하는 방법이다.
- 시차선임규정(staggered terms for directors) : 임원들의 임기만료시기를 분산시켜 매수하더라도 지배권의 조기확보를 어렵게 하는 방법이다.

⑧ 비상장화(going private) : 합병의 위협이 있을 때 현 경영진이 기업을 아예 비상장화하여 이 위협에서 벗어나는 것을 말한다. 예컨대 주식시장에 상장되어 있는 기업(public firm)의 주식을 전부 인수하여 상장을 폐지시키고 비상장기업으로 전환하는 것인데, 인수자금이 부족한 경우 *LBO*가 이용될 수 있다.

3. 합병의 동기

(1) 시너지효과(synergy)가설

시너지효과(synergy effect)란 합병후 기업가치(V_{12})가 합병전 개별기업가치의 합계보다 큰 현상($V_{12} > V_1 + V_2$)을 말한다. 합병은 시너지효과를 얻을 목적으로 이루어지는 경우가 많은데, 이 시너지효과를 다음과 같이 구분할 수 있다.

1) 영업시너지

기업의 생산 · 유통 · 일반관리상에 나타나는 수익증가나 비용절감으로 인한 기업가치의 증가를 말한다. 수평적 합병의 경우 규모의 경제(economies of scale), 수직적 합병의 경우 범위의 경제(economies of scope)로 인하여 영업시너지가 발생한다.

2) 재무시너지

기업의 현금흐름이 합병전과 동일하더라도 합병으로 인하여 할인율(자본비용)이 감소한다면 기업가치는 그만큼 상승할 것이다. 예컨대 합병을 하면 두 기업간의 현금흐름이 완전 정(+)의 상관관계가 아닌 한 포트폴리오 효과에 의하여 위험이 감소하게 된다. 위험의 감소는 자본비용의 감소로 나타나므로 기업가치는 상승할 것이다.

(2) 저평가(undervaluation)가설

어느 회사가 보유한 자산을 취득하고자 하는 기업은 그 회사의 주가가 내재가치보다 낮게 형성되어 있다면, 자산을 구입하는 것보다 저평가된 회사의 주식을 직접 취득하는 것이 유리하기 때문에 합병이 이루어진다는 가설이다.

저평가기업을 찾을 때 토빈(Tobin)의 Q비율을 이용할 수 있다. 토빈의 Q비율은 주식시장에서 평가된 기업의 시장가치를 그 기업자산의 대체원가(재취득원가, 현행원가)로 나눈 값이다. Q비율이 1보다 작은 기업은 저평가된 기업이라고 할 수 있을 것이다.

$$\text{토빈의 } Q\text{비율} = \frac{\text{기업의 시장가치}}{\text{기업자산의 대체원가}}$$

(3) 정보(신호)(information · signalling)가설

정보비대칭 상황에서, *M&A*과정 중 좋은 정보가 시장에 제공되어 대상기업의 가치를 재평가하게 된다는 가설이다. 예컨대 대상기업을 인수한다는 것은 그 기업이 저평가되었다는 신호로 해석되어 주식시장에서 주가가 상승할 수 있다. 이때 대상기업의 가치가 상승하므로 합병이 이루어진다는 것이다.

(4) 세금효과(tax effect)가설

조세구조의 특징으로 인하여 세금을 절약할 수 있는 수단으로 합병이 이루어진다는 가설이다. 예컨대 이월결손금의 상계가 허용된다면 이익이 많은 기업은 이월결손금이 누적된 기업을 합병함으로써 법인세를 대폭 줄일 수 있을 것이다.

(5) 경영자주의(managerialism)가설

경영자들이 주주들의 이익을 위해서가 아니라 경영자 자신의 이익을 위하여 합병을 한다는 가설이다. 예컨대 경영자의 보수는 기업규모가 클수록 많이 받는 것이 일반적이다. 따라서 기업규모가 커지면 자신들의 지위향상과 보수증가 때문에 경영자들이 합병을 추진한다는 것이다. 이 경우 주주 부의 극대화가 목적이 아니라 경영자 부의 극대화가 목적이므로 대리인문제가 발생할 가능성이 충분하다.

(6) 대리인(agency)가설

비효율적인 경영을 하는 기업은 합병의 목표가 되기 쉬운데, 합병이 성사되면 현 경영진은 자리를 잃게 된다. 따라서 경영자들은 인수위험으로부터 자신의 지위를 지키기 위하여 특권적 소비 등의 대리인비용을 감소시키고 효율적인 경영을 수행함으로서 기업가치를 높인다는 가설이다. 이 가설은 합병이 오히려 대리인 문제를 해결하는 방법의 하나라고 주장하므로, 경영자주의 가설과 반대되는 견해이다.

제 2 절 합병의 평가

1. 기본원리

합병도 하나의 투자안이다. 투자안 평가방법중 가장 우수한 것이 순현재가치(*NPV*)법이므로, 합병의 경제성을 평가할 때도 *NPV*법을 이용할 수 있다.

$$NPV(\text{합병}) = \Delta V - \Delta P \tag{14-1}$$

단, ΔV : 증가되는 기업의 가치 (시너지효과)
ΔP : 합병의 대가(합병 Premium)

위 식의 ΔV는 합병으로 인한 경제적효익, ΔP는 합병의 비용으로 이해하면 된다. 설명을 위해 기업 1을 합병시도기업(합병기업), 기업 2를 대상기업(목표기업, 피합병기업), 합병 이전의 각 기업가치를 V_1과 V_2, 합병 후의 기업가치를 V_{12}라고 표시하기로 하자.

2. 시너지효과(ΔV)

$$\Delta V = V_{12} - (V_1 + V_2) \tag{14-2}$$

시너지효과(ΔV)는 $V_{12} - (V_1 + V_2)$이고 기업가치는 미래현금흐름을 할인한 현재가치이므로, 다음의 식으로 표현할 수 있다.

$$\Delta V = V_{12} - (V_1 + V_2) = \Sigma \frac{CF_{12} - (CF_1 + CF_2)}{(1+r)^t} = \Sigma \frac{\Delta CF}{(1+r)^t}$$

이 식에서 ΔCF는 합병으로 인한 증분현금흐름인데, 이의 할인율(r)은 경우에 따라 다르다. 일반적으로 합병시점에는 목표기업의 자기자본비용을 이용하고, 합병후 시점에는 합병 후 위험조정할인율을 이용한다.

3. 합병의 대가(ΔP)

(1) 현금으로 지급할 경우

합병기업이 피합병기업인 목표기업에 지급하는 합병의 대가를 인수대금(인수가격)이라고 한다. 그런데 목표기업의 주식을 인수하기 위해서는 합병전 보다 높은 가격을 지불하여야 한다. 그 이유는 정보비대칭 상황에서 합병의도는 대상기업이 저평가되었다는 신호로 해석되어 주식시장에서 주가가 상승하는 것이 일반적이기 때문이다.[2)]

따라서 목표기업을 인수하는데 드는 비용은 합병전 목표기업의 가치(V_2)를 초과할 수 있는데 이 초과분을 합병프레미엄 혹은 인수프레미엄(ΔP)이라고 한다.

$$\Delta P = C - V_2 \qquad (14\text{-}3)$$

단, C : 목표기업에 지불하는 인수가격(Cash)

(2) 주식으로 교부할 경우

인수대금을 현금으로 주지 않고, 합병후에 주식을 발행하여 교부하는 경우를 생각해보자. 이 때의 논리도 현금을 지급하는 경우와 동일하게 분석할 수 있다.

---

2) 합병에 따르는 주가변화를 미국을 대상으로 실증분석한 결과, 목표기업의 주가는 약 20% 이상 상승하였으나 합병기업의 주가상승은 미미하였다. 이 현상은 합병이득을 목표기업의 기존주주가 차지한다는 것인데, 그 이유는 다음과 같이 설명할 수 있다.
① 목표기업은 합병의 제안을 거부할 수 있다.
② 효율적시장에서는 정보가 즉각적으로 알려지므로, 합병의향이 있는 다른 기업은 인수가격을 높여 목표기업에 합병하자고 제안할 것이다.
③ ①과 ②가 반복된 결과 합병기업의 경영자는 합병으로 인한 이득을 포기할 수 있으므로($NPV=0$수준까지), 결국 목표기업의 기존주주가 합병이득을 차지한다.

$$\Delta P = \alpha \cdot V_{12} - V_2 \qquad (14-4)$$

여기에서 인수가격은 합병후 목표기업 주주의 지분율(α)에 합병후 기업가치(V_{12})를 곱하여 구한다. 예컨대 효율적시장에서는 시너지효과가 신속 · 정확 · 충분하게 반영되므로, 시너지효과가 반영된 V_{12}를 기준으로 주식교부수(N_N)를 결정해야 한다.

$$\alpha = \frac{N_N}{N_1 + N_N} = \frac{N_2 \cdot ER}{N_1 + N_2 \cdot ER} \qquad (14-5)$$

단, N_1 : 합병기업의 현 주식수

N_2 : 목표기업의 현 주식수

N_N : 목표기업에게 교부하는 주식수

식 (14-5)에서 주식교환비율(exchange rate, ER)은 목표기업 주식 1주에 대하여 합병대가로 교부하는 합병기업의 주식수이다. ER에 합병전 목표기업의 발행주식수를 곱한 것이 합병대가로 지급하기 위하여 합병기업이 새로 발행해야 하는 주식수(N_N)이다.

물론 효율적시장에서는 인수대금을 현금으로 지급한 결과와 주식으로 교부한 결과는 동일할 것이다.

예제 ⑭ - 1 합병의 경제성평가

(주)신촌은 (주)종로를 흡수합병할 것을 검토중이다. 두 기업 모두 자기자본으로 구성된 기업이며, 합병전 자료는 다음과 같다.

	(주)신촌	(주)종로
기업가치(V)	500,000원	100,000원
발행주식수(N)	250주	100주
주당 주가(P)	2,000원	1,000원

(주)종로를 합병한 후 (주)신촌의 가치는 700,000원이 될 것으로 예상되는데, (주)종로의 주주들은 현 주가보다 50% 높은 인수가격을 요구하고 있다고 하자.

(1) 인수대금을 현금으로 지급한다고 가정하여 합병의 *NPV*를 계산하라.

(2) 인수대금을 (주)신촌의 현 주가를 기준으로 주식을 교부한다고 가정하여 합병의 *NPV*를 계산하라.

(3) 효율적시장에서의 주식교환비율(exchange rate, *ER*)을 구하라.

$V_{12}=700{,}000$원이고 $C=1.5\times V_2=1.5\times 100{,}000$원$=150{,}000$원이므로,
$\Delta V=V_{12}-(V_1+V_2)=700{,}000-(500{,}000+100{,}000)=100{,}000$원이다.

(1) $\Delta P=C-V_2=150{,}000-100{,}000=50{,}000$원

$\therefore NPV=\Delta V-\Delta P=100{,}000-50{,}000=50{,}000$원

(2) 교부주식수$(N_N)=\dfrac{150{,}000\text{원}}{2{,}000\text{원}}=75$주

$$\Delta P=\alpha\cdot V_{12}-V_2=\left(\frac{75}{250+75}\right)(700{,}000)-100{,}000=61{,}538\text{원}$$

$\therefore NPV=\Delta V-\Delta P=100{,}000-61{,}538=38{,}462$원

(3) $\alpha\cdot V_{12}=C$에서 $\alpha(700{,}000)=150{,}000$ $\quad\therefore \alpha=0.2143$

$\alpha=\dfrac{N_N}{N_1+N_N}$이므로 $0.2143=\dfrac{N_N}{250+N_N}$ $\quad\therefore N_N=68.19$주

$N_N=N_2\cdot ER$이므로 $ER=\dfrac{N_N}{N_2}=\dfrac{68.19}{100}=0.6819$

〈순서〉 $\alpha\rightarrow N_N\rightarrow ER$

〈확인〉 $NPV=\Delta V-\Delta P=\Delta V-(\alpha\cdot V_{12}-V_2)$

$=100{,}000-(0.2143\times 700{,}000-100{,}000)\fallingdotseq 50{,}000$원

제3절 인수가격 및 합병조건의 결정

합병의 경제성 평가기준인 식 (14-1)에서 효율적 자본시장에서는 시너지효과($\varDelta V$)가 즉각적으로 알려지므로 합병성사여부는 합병의 대가($\varDelta P$)에 달려있다고 할 수 있다. 또한 합병의 대가인 식 (14-3)과 식 (14-4)에서 목표기업의 현재가치(V_2)는 알려져 있으므로, 결국 합병의 성사는 인수대금일 것이다. 인수대금이 현금인 경우는 앞에서 살펴보았으므로 여기에서는 인수대금이 주식교부방식인 경우에 대하여 공부하기로 하자.

합병대가로 주식교부를 하는 경우 주식교환비율(ER)이 중요하다. 왜냐하면 주식교환비율(ER)이란 목표기업 주식 1주에 대하여 합병대가로 교부하는 합병기업의 주식수이므로, ER이 높을수록 많은 대가를 지불하는 것이 된다. 주식교환비율을 정할 때는 주당순이익(EPS)을 기준으로 하는 방법과 주가를 기준으로 하는 방법의 두 가지가 있다.

1. EPS기준

(1) 정 의

주당순이익(EPS) 기준은 목표기업의 주당순이익에 대한 합병기업의 주당순이익의 비율을 주식교환비율로 정하는 방법으로, 합병전 · 후에 걸쳐 EPS는 변화가 없다.

$$ER = \frac{EPS_2}{EPS_1} \qquad (14-6)$$

그림 14-1 EPS와 성장율

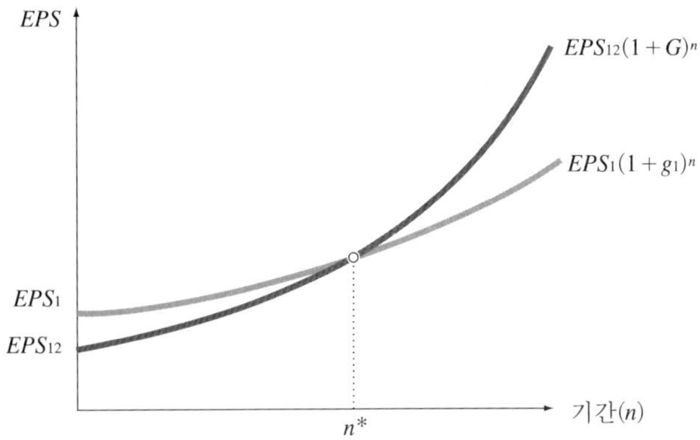

(2) 이익성장률을 고려하는 경우 (목표기업의 높은 성장률)

합병을 평가할 때는 합병시점에서의 *EPS* 변화뿐만 아니라 향후 이익의 성장가능성도 고려해야 한다. 예컨대 〈그림 14-1〉에서 보듯이 합병기업의 *EPS*가 합병시점에서는 합병전에 비해 감소하는 희석(dilution)현상이 보이더라도, 목표기업의 이익성장률이 합병기업의 이익성장률보다 크다면 합병이 정당화될 수 있다. 왜냐하면 기업은 계속기업(going concern)을 가정하므로 경영자는 장기적인 시각에서 의사결정을 내려야 하는데, 지금은 희석현상이 있더라도 장기적으로는 합병 후의 *EPS*가 합병하지 않았을 때의 *EPS*보다 커질 수 있기 때문이다.

합병 후의 성장율(G)은 합병전 상태의 합병기업의 성장율(g_1)과 목표기업의 성장율(g_2)을 이익비중으로 가중평균하여 구한다.

$$G = \frac{g_1 E_1 + g_2 E_2}{E_1 + E_2} \qquad (14-7)$$

EPS 희석화가 만회되는 시점(n^*)은 다음과 같이 구한다.

$$EPS_1(1+g_1)^n = EPS_{12}(1+G)^n \qquad (14-8)$$

식 (14-8)에서 구한 시점(n^*)이 합병기업이 기다릴 수 있는 최대기간보다 짧다면 합병은 정당화 될 수 있을 것이다.

(3) 시너지효과 (이익증가 혹은 비용절감)를 고려하는 경우

1) 합병후 합병기업의 *EPS*

합병으로 인해 이익증가 혹은 비용절감인 형태로 시너지효과가 나타나는 경우, 합병후 순이익은 두 기업의 순이익에 시너지효과를 더한 값 (즉, E_1+E_2+시너지효과)이고, 합병후 발행주식수는 합병전 합병기업의 발행주식수에 합병대가인 교부주식수를 더한 값(즉, $N_1+N_N=N_1+N_2 \cdot ER$)이다.

따라서 합병기업 주주들의 합병후 주당순이익(EPS_{12})은 다음과 같다.

$$EPS_{12}=\frac{E_1+E_2+(\text{시너지효과})}{N_1+N_2 \cdot ER} \qquad (14\text{-}9)$$

2) 합병후 목표기업의 *EPS*

목표기업의 주주들이 합병전에 보유한 주식 1주에 상응하는 합병후 주당순이익은, 합병기업 주주들의 합병후 주당순이익(EPS_{12})에 주식교환비율(ER)을 곱하여 구한다.

$$EPS_{12} \times ER \qquad (14\text{-}10)$$

(4) 주식교환비율(ER)의 결정

1) 합병기업의 상한치

합병기업의 주주들은 합병후 EPS(EPS_{12})가 합병전 EPS(EPS_1)를 최소한 유지하여야 합병에 찬성할 것이다.

$$EPS_{12}=\frac{E_1+E_2+(\text{시너지효과})}{N_1+N_2 \cdot ER} \geq EPS_1 \qquad (14\text{-}11)$$

이 등식을 만족시켜 주는 주식교환비율이 곧 합병기업 주주들이 양보할 수 있는 ER의 상한치이다.

2) 목표기업의 하한치

목표기업의 주주들 역시 합병후 EPS가 합병전 EPS(EPS_2)를 최소한 유지하여야 합병에 찬성할 것이다.

$$EPS_{12} \times ER \geq EPS_2 \qquad (14-12)$$

이 등식을 만족시켜 주는 주식교환비율이 곧 목표기업 주주들이 받고자 하는 ER의 하한치이다.

예제 ⑭ - 2 주당순이익 기준의 주식교환비율

(주)신촌은 (주)종로를 흡수합병하려고 한다. 두 기업 모두 무부채기업이며, 합병전 각 기업의 자료는 다음과 같다고 가정하고 각 물음에 답하라.

	(주)신촌	(주)종로
순이익(E)	1,000,000원	480,000원
발행주식수(N)	10,000주	8,000주
주당순이익(EPS)	100원	60원
주가수익비율(PER)	10	14
이익성장율(g)	5%	10%

1. 합병으로 인한 시너지효과가 없고 주당순이익(EPS)기준으로 주식교환비율을 정한다고 하자.
   (1) (주)신촌의 주주들이 양보할 수 있는 주식교환비율의 상한치와 상한주식수를 구하라.
   (2) (주)종로의 주주들이 요구하는 주식교환비율의 하한치와 하한주식수를 구하라.

2. 합병으로 인한 비용절감액이 300,000원이라고 가정하여 위의 물음에 다시 답하라.

1. (1) (주)신촌의 주주들의 ER상한치는 $EPS_{12} \geq EPS_1$를 만족시키는 ER이다.

$$EPS_{12} = \frac{E_1 + E_2 + (\text{시너지효과})}{N_1 + N_2 \times ER} = \frac{1{,}000{,}000 + 480{,}000 + 0}{10{,}000 + 8{,}000 \times ER} \geq EPS_1 (= 100)$$

$\therefore\ ER \leq 0.6$

따라서, (주)신촌의 주주들이 양보할 수 있는 주식교환비율의 상한치는 0.6이고, 주식교부수의 상한치는 8,000주×0.6＝4,800주이다.

(2) (주)종로의 주주들의 ER하한치는 $EPS_{12} \times ER \geq EPS_2$를 만족시키는 ER이다.

$$\frac{1{,}000{,}000+480{,}000+0}{10{,}000+8{,}000\times ER}\times ER\geq EPS_2(=60)$$

$\therefore\ ER\geq 0.6$

따라서, (주)종로의 주주들이 요구하는 주식교환비율의 하한치 역시 0.6이고, 주식교부수의 하한치는 8,000주×0.6=4,800주이다.

2. (1) $EPS_{12}=\frac{E_1+E_2+(\text{시너지효과})}{N_1+N_2\times ER}=\frac{1{,}000{,}000+480{,}000+300{,}000}{10{,}000+8{,}000\times ER}\geq EPS_1(=100)$

$\therefore\ ER\leq 0.975$

따라서, (주)신촌의 주주들이 양보할 수 있는 주식교환비율의 상한치는 0.975이고, 주식교부수의 상한치는 8,000주×0.975=7,800주이다.

(2) $\frac{1{,}000{,}000+480{,}000+300{,}000}{10{,}000+8{,}000\times ER}\times ER\geq EPS_2(=60)$

$\therefore\ ER\geq 0.46$

따라서, (주)종로의 주주들이 요구하는 주식교환비율의 하한치는 0.46이고, 주식교부수의 하한치는 8,000주×0.46=3,680주이다.

2. 주가기준

(1) 정 의

주가(price)기준은 목표기업의 주가에 대한 합병기업의 주가의 비율을 주식교환비율로 정하는 방법으로, 합병후 합병기업의 *EPS*는 합병전 각 기업의 *PER*에 따라 달라진다.

$$ER=\frac{P_2}{P_1}\qquad(14\text{–}13)$$

합병 전 *PER*		합병 후 *EPS*	
합병기업	목표기업	합병기업	목표기업
저*PER* <	고*PER*	감소 <	증가
고*PER* >	저*PER*	증가 >	감소
PER =	*PER*	변화없음	

(2) 주식교환비율(ER)의 결정

1) 합병기업의 상한치

합병기업의 주주들은 합병후 주가(P_{12})가 합병전 주가수준(P_1)을 최소한 유지하여야 합병에 찬성할 것이다. 따라서 주가=주당순이익(EPS)×주가수익비율(PER)를 이용하는데, 여기에서의 PER는 시너지효과가 반영된 것이다. 왜냐하면 효율적 자본시장에서는 주가에 모든 관련정보가 즉시 반영되기 때문이다.

$$P_{12}=EPS_{12}\times PER_{12}=\frac{E_1+E_2+(\text{시너지효과})}{N_1+N_2\cdot ER}\times PER_{12}\geq P_1 \qquad (14-14)$$

이 등식을 만족시켜 주는 주식교환비율이 곧 합병기업 주주들이 양보할 수 있는 ER의 상한치이다.

2) 목표기업의 하한치

목표기업의 주주들 역시 합병후 주가가 합병전 주가수준(P_2)을 최소한 유지하여야 합병에 찬성할 것이다.

$$P_{12}\times ER\geq P_2 \qquad (14-15)$$

이 등식을 만족시켜 주는 주식교환비율이 곧 목표기업 주주들이 받고자 하는 ER의 하한치이다.

예제 ⑭ – 3 주가기준의 주식교환비율

〈예제 14-2〉의 자료를 참조하여 다음 각 물음에 답하라.

1. 합병으로 인한 시너지효과가 없고 합병 후의 PER는 12로 예상되며 주가기준으로 주식교환비율을 정한다고 하자.
   (1) (주)신촌의 주주들이 양보할 수 있는 주식교환비율의 상한치와 상한주식수를 구하라.
   (2) (주)종로의 주주들이 요구하는 주식교환비율의 하한치와 하한주식수를 구하라.
2. 합병으로 인한 시너지효과가 없고, 두 기업은 현재의 주가비율로 합병하기로 하였다. 주당순이익(EPS)를 사용하여 각 기업의 찬반여부를 살펴라.

3. 물음 2의 조건대로 합병할 경우, (주)신촌의 EPS희석화가 만회되는 시점을 구하라.

1. (1) (주)신촌의 주주들의 ER상한치는 $P_{12}=EPS_{12}\times PER_{12}\geq P_1$를 만족시키는 ER이다.

$$\frac{E_1+E_2+(\text{시너지효과})}{N_1+N_2\times ER}\times PER_{12}=\frac{1{,}000{,}000+480{,}000+0}{10{,}000+8{,}000\times ER}\times 12\geq P_1(=1{,}000)$$

$\therefore\ ER\leq 0.97$

따라서, (주)신촌의 주주들이 양보할 수 있는 주식교환비율의 상한치는 0.97이고, 주식교부수의 상한치는 8,000주×0.97=7,760주이다.

(2) (주)종로의 주주들의 ER하한치는 $P_{12}\times ER\geq P_2$를 만족시키는 ER이다.

$$\frac{1{,}000{,}000+480{,}000+0}{10{,}000+8{,}000\times ER}\times 12\times ER\ \geq P_2(=840)$$

$\therefore\ ER\geq 0.76$

따라서, (주)종로의 주주들이 요구하는 주식교환비율의 하한치는 0.76이고, 주식교부수의 하한치는 8,000주×0.76=6,080주이다.

2. 주식교환비율$(ER)=\dfrac{P_2}{P_1}=\dfrac{840}{1{,}000}=0.84$이다.

(1) (주)신촌의 주주입장은 다음과 같다.

$$EPS_{12}=\frac{E_1+E_2+(\text{시너지효과})}{N_1+N_2\times ER}=\frac{10{,}000{,}000+480{,}000+0}{10{,}000+8{,}000\times 0.84}=88.52<EPS_1(=100)$$

합병전에 비해 합병후 주당순이익이 감소하므로, (주)신촌의 주주들은 반대할 것이다. 합병후 EPS가 감소한 이유는 합병전의 PER가 (주)종로에 비해 낮았기 때문이다.

(2) (주)종로의 주주입장은 다음과 같다.

$EPS_{12}\times ER=88.52\times 0.84=74.36>EPS_2(=60)$

합병전에 비해 합병후 주당순이익이 증가하므로, (주)종로의 주주들은 찬성할 것이다.

합병후 EPS가 증가한 이유는 합병전의 PER가 (주)신촌에 비해 높았기 때문이다.

3. $G=\dfrac{g_1E_1+g_2E_2}{E_1+E_2}=\dfrac{(0.05)(1{,}000{,}000)+(0.1)(480{,}000)}{1{,}000{,}000+480{,}000}=0.0662(6.62\%)$

$EPS_1(1+g_1)^n=EPS_{12}(1+G)^n$에서 $100(1+0.05)^n=88.52(1+0.0662)^n$

$ln100+nln1.05=ln88.52+nln1.0662\quad \therefore\ n\fallingdotseq 7.96$년

따라서 합병시점으로 부터 7.96년이 경과해야 EPS의 희석현상이 만회된다.

연습문제

1. 사업을 다각화하는 방법에 수직적 다각화, 수평적 다각화 및 복합기업화가 있다. 이에 대한 설명 중 옳지 않은 것은? (1997. CPA)

① 메모리반도체 제조회사가 반도체 장비제조업에 진출하는 것은 수직적 다각화이다.
② 메모리반도체 제조회사가 컴퓨터 장비제조업에 진출하는 것은 수직적 다각화이다.
③ 오토바이제조업체가 엔진기술을 바탕으로 자동차제조업에 진출하는 것은 수평적 다각화이다.
④ 철강제련업체가 영화산업에 진출하는 것은 수평적 다각화이다.
⑤ 사업다각화의 목적은 시너지를 창출하는 것이다.

답 ④

2. 기업인수 및 합병동기 중 주주 부의 극대화와 상충되는 것은?

① 시너지효과가설 ② 저평가가설
③ 세금효과가설 ④ 경영자주의가설 ⑤ 대리인가설

〈해설〉 ④ 경영자주의가설은 기업규모가 커지면 경영자들의 지위향상과 보수증가 때문에 경영자들이 합병을 추진한다는 가설이다. 이 경우 주주 부의 극대화가 아니라 경영자 부의 극대화가 목적이 된다.

답 ④

3. 기업합병을 시도하는 전략이 아닌 것은?

① 주식공개매수 ② 자본재구성 ③ 새벽의 기습
④ 곰의 포옹 ⑤ *LBO*

〈해설〉 ②는 기업합병에 대한 방어전략이다.

답 ②

4. 기업합병에 대한 방어전략이 아닌 것은?

① 백기사 ② 왕관의 보석 ③ *MBO*
④ 자본재구성 ⑤ 황금낙하산

〈해설〉 ③은 기업합병전략이다.

답 ③

5. 기업매수 및 합병(*M&A*)에 관한 다음 서술 중 가장 타당하지 않은 것은? (2001. CPA)

① 적대적 *M&A*의 경우 피인수기업 주주가 손실을 본다.
② 보유지분이 불충분하더라도 백지위임장투쟁(proxy fight)을 통해 경영권을 획득할 수 있다.
③ 공개매수제의(tender offer)시 피인수기업 주주들의 무임승차현상(free riding)은 기업매수를 어렵게 한다.
④ *M&A*시장의 활성화는 주주와 경영자간의 대리문제를 완화시키는 역할을 한다.
⑤ 우리사주조합의 지분율을 높이는 것은 *M&A*방어를 위한 수단이 된다.

〈해설〉 ① 피인수기업의 주주가 합병이득을 차지한다.

답 ①

6. 다른 조건은 일정하고 주식교환비율(exchange rate, *ER*)만 감소하면, 합병 후 합병기업과 피합병기업의 *EPS*는 어떻게 되는가?

	합병기업	피합병기업
①	증가	증가
②	증가	감소
③	감소	증가
④	감소	감소
⑤	감소	불변

〈해설〉 주식교환비율(*ER*)의 정의는 피합병기업 주식 1주에 대하여 교부되는 합병기업의 주식수이다. 따라서, *ER*이 감소하면 합병 후 주식수가 감소되므로 합병기업의 *EPS*는 증가하고, 피합병기업 주주들은 더 적은 합병대가를 받으므로 *EPS*가 감소될 것이다.

답 ②

7. 시가평가액이 500억원, 발행주식수가 100만주로 한 주당 가격이 5만원인 갑회사가 인수 전 시가평가액이 100억원인 을회사를 150억원에 상당하는 신주를 발행·교부하여 흡수합병할 것을 검토하고 있다. 흡수합병 후 통합된 기업의 시가평가액은 630억원으로 예상된다. 이 때 옳지 않은 것은? (1997. CPA)

① 기업합병의 시너지효과(synergy effect)는 30억원으로 평가된다.

② 갑회사는 인수시 30만주를 발행 · 교부하여야 한다.

③ 갑회사가 을회사에게 지불하게 된 프리미엄은 50억원이다.

④ 갑회사가 평가하는 합병의 순현가는 −20억원이다.

⑤ 주주의 이익을 극대화하려면 갑회사는 을회사를 합병하지 않아야 한다.

〈해설〉 $V_{12}=630$억 $V_1=500$억 $V_2=100$억 $C=150$억

① ΔV(시너지효과)$=V_{12}-(V_1+V_2)=630$억$-(500$억$+100$억$)=30$억

② $\alpha \cdot V_{12}=C$에서 $\alpha(630$억$)=150$억 $\therefore \alpha=0.2381$

$\alpha=\dfrac{N_N}{N_1+N_N}$이므로 $0.2381=\dfrac{N_N}{100\text{만주}+N_N}$ $\therefore N_N=312{,}500$주

③ ΔP(합병비용)$=C-V_2=150$억-100억$=50$억

④ NPV(합병)$=\Delta V-\Delta P=30$억-50억$=-20$억

답 ②

※ 다음 자료를 참조하여 문제 8~15번에 답하시오. (2000년 CPA 2차 수정)

(주)신촌은 (주)종로를 합병하려고 한다. 합병 전의 자료는 아래와 같고, 합병 후의 *PER*는 60이 될 것으로 예상된다.

	(주)신촌	(주)종로
당기순이익	60,000,000원	10,000,000원
발행주식수	3,000,000주	1,000,000주
주당주가	1,000원	800원
이익성장률	5%	10%

$E_1=60{,}000{,}000(6M)$ $E_2=10{,}000{,}000(10M)$ $N_1=3{,}000{,}000(3M)$ $N_2=1{,}000{,}000(1M)$

따라서 $EPS_1=\dfrac{E_1}{N_1}=\dfrac{60M}{3M}=20$ $EPS_2=\dfrac{E_2}{N_2}=\dfrac{10M}{1M}=10$

또한 $PER_1=\dfrac{P_1}{EPS_1}=\dfrac{1{,}000}{20}=50$ $PER_2=\dfrac{P_2}{EPS_2}=\dfrac{800}{10}=80$

$g_1=0.05$ $g_2=0.1$ $PER_{12}=60$

8. 합병 전 · 후에 걸쳐 두 기업의 *EPS*가 변화없기 위한 주식교환비율(*ER*)을 구하라.

① 0.25 ② 0.5 ③ 0.67 ④ 0.8 ⑤ 1

〈해설〉 합병전 *EPS*를 기준으로 *ER*이 결정된다면, 합병전 · 후에 결쳐 *EPS*는 변화가 없다.

$$ER=\frac{EPS_2}{EPS_1}=\frac{10}{20}=0.5$$

이를 다음과 같이 확인하여 보자.

합병 후 당기순이익 = 60,000,000 + 10,000,000 = 70,000,000원

합병 후 주식수 = 3,000,000 + 1,000,000 × 0.5 = 3,500,000주

	(주)신촌	(주)종로
합병 전 *EPS*	20	10
합병 후 *EPS*	$20 = \left(\frac{70,000,000}{3,500,000}\right)$	10(= 20 × 0.5)

답 ②

9. *EPS*기준으로 합병조건을 결정할 때, 두 기업의 주주들이 합병에 찬성하게 될 *ER*의 범위는?

① $0.4286 \leq ER \leq 0.5$　② $ER = 0.5$　③ $0.5 \leq ER \leq 0.7059$

④ $ER = 0.7059$　⑤ $0.7059 \leq ER \leq 1$

〈해설〉 ⓐ (주)신촌의 주주들의 *ER*상한치는 $EPS_{12} \geq EPS_1$를 만족시키는 *ER*이다.

$$EPS_{12} = \frac{E_1 + E_2 + (\text{시너지효과})}{N_1 + N_2 \times ER} = \frac{60M + 10M + 0}{3M + 1M \times ER} \geq EPS_1(=20) \qquad \therefore ER \leq 0.5$$

ⓑ (주)종로의 주주들의 *ER*하한치는 $EPS_{12} \times ER \geq EPS_2$를 만족시키는 *ER*이다.

$$EPS_{12} \times ER = \frac{60M + 10M + 0}{3M + 1M \times ER} \times ER \geq EPS_2(=10) \qquad \therefore ER \geq 0.5$$

답 ②

10. 합병 후 시너지효과로 인한 비용절감이 10,000,000원으로 예상된다고 하자. *EPS* 기준으로 합병조건을 결정할 때, 두 기업의 주주들이 합병에 찬성하게 될 *ER*의 범위는?

① $0.4286 \leq ER \leq 0.5$　② $0.4286 \leq ER \leq 1$　③ $0.5 \leq ER \leq 1.2$

④ $0.5 \leq ER \leq 0.7059$　⑤ $0.7059 \leq ER \leq 1.2$

〈해설〉 ⓐ (주)신촌의 *ER*상한치 : $EPS_{12} \geq EPS_1$

$$EPS_{12} = \frac{E_1 + E_2 + (\text{시너지효과})}{N_1 + N_2 \times ER} = \frac{60M + 10M + 10M}{3M + 1M \times ER} \geq EPS_1(=20) \qquad \therefore ER \leq 1$$

ⓑ (주)종로의 *ER*하한치 : $EPS_{12} \times ER \geq EPS_2$

$$EPS_{12} \times ER = \frac{60M + 10M + 10M}{3M + 1M \times ER} \times ER \geq EPS_2(=10) \qquad \therefore ER \geq 0.4286$$

답 ②

11. 현재의 주가기준으로 주식교환비율(*ER*)을 결정하였다면, 합병 후 두 기업의 *EPS*를 각각 구하라.

	(주)신촌	(주)종로
①	14.74	14.74
②	14.74	18.42
③	18.42	14.74
④	18.42	18.42
⑤	18.42	20.24

〈해설〉 $ER=\frac{P_2}{P_1}=\frac{800}{1,000}=0.8$

합병후 당기순이익 $=60,000,000+10,000,000=70,000,000$원

합병 후 주식수 $=3,000,000+1,000,000\times0.8=3,800,000$주

	(주)신촌	(주)종로
합병 전 *EPS*	20	10
합병 후 *EPS*	$18.42=\left(\frac{70,000,000}{3,800,000}\right)$	$14.74(=18.42\times0.8)$

합병 후 (주)신촌의 *EPS*는 20원에서 18.42원으로 하락하고, (주)종로의 *EPS*는 10원에서 14.74원으로 상승한다. 그 이유는 합병 전에 (주)신촌이 저*PER*(50), (주)종로가 고*PER*(80)이었기 때문이다. 따라서 (주)신촌의 주주들은 반대하고 (주)종로의 주주들은 찬성할 것이다.

답 ③

12. 현재의 주가기준으로 합병을 결정하면 (주)신촌의 *EPS*가 하락하는 희석화문제가 발생한다. *EPS*희석화가 만회되는 시점은 약 몇 년인가?(단, $ln1.05=0.049$, $ln1.0571=0.056$, $ln18.42=2.913$, $ln20=2.995$이다).

① 3년 ② 6년 ③ 9년 ④ 12년 ⑤ 15년

〈해설〉 $G=\frac{g_1E_1+g_2E_2}{E_1+E_2}=\frac{(0.05)(60M)+(0.1)(10M)}{60M+10M}=0.0571(5.71\%)$

$EPS_1(1+g_1)^n=EPS_{12}(1+G)^n$에서 $20(1+0.05)^n=18.42(1+0.0571)^n$

$ln20+nln1.05=ln18.42+nln1.0571$ $\therefore\ n\fallingdotseq12$년

답 ④

13. 주가기준으로 합병조건을 결정할 때, 두 기업의 주주들이 합병에 동의하는 *ER*의 범위는?

① $0.4286\le ER\le0.5$ ② $0.4286\le ER\le1$ ③ $0.5\le ER\le1.2$
④ $0.5\le ER\le0.7059$ ⑤ $0.7059\le ER\le1.2$

〈해설〉 ⓐ (주)신촌의 주주들의 *ER*상한치는 $P_{12}=EPS_{12}\times PER_{12}\ge P_1$를 만족시키는 *ER*이다.

$$\frac{E_1+E_2+(\text{시너지효과})}{N_1+N_2\times ER}\times PER_{12}=\frac{60M+10M+0}{3M+1M\times ER}\times 60\geq P_1(=1{,}000) \qquad \therefore\ ER\leq 1.2$$

ⓑ (주)종로의 주주들의 ER하한치는 $P_{12}=ER\geq P_2$를 만족시키는 ER이다.

$$\frac{60M+10M+0}{3M+1M\times ER}\times 60\times ER\geq P_2(=800) \qquad \therefore\ ER\geq 0.7059$$

답 ⑤

14. 합병 후 시너지효과로 인한 비용절감이 10,000,000원으로 예상된다고 하자. 주가 기준으로 합병조건을 결정할 때, 두 기업의 주주들이 합병에 찬성하게 될 ER의 범위는?

① $0.4\leq ER\leq 1$　② $0.4\leq ER\leq 0.6$　③ $0.6\leq ER\leq 1$
④ $0.6\leq ER\leq 1.2$　⑤ $0.6\leq ER\leq 1.8$

〈해설〉 ⓐ (주)신촌의 ER상한치 : $P_{12}=EPS_{12}\times PER_{12}\geq P_1$

$$P_{12}=\frac{E_1+E_2+(\text{시너지효과})}{N_1+N_2\times ER}\times PER_{12}=\frac{60M+10M+10M}{3M+1M\times ER}\times 60\geq P_1(=1{,}000) \qquad \therefore\ ER\leq 1.8$$

ⓑ (주)종로의 ER하한치 : $P_{12}\times ER\geq P_2$

$$P_{12}\times ER=\frac{60M+10M+10M}{3M+1M\times ER}\times 60\times ER\geq P_2(=800) \qquad \therefore\ ER\geq 0.6$$

답 ⑤

15. (주)신촌은 (주)종로의 주가에 20%의 프레미엄을 주고 합병하기로 하였다. 합병으로 인한 비용절감이 10,000,000원으로 예상된다면, 합병 후 주가는 각각 얼마로 되겠는가?

	(주)신촌	(주)종로
①	1,164원	1,164원
②	1,164원	1,212원
③	1,212원	1,164원
④	1,212원	1,212원
⑤	1,212원	1,234원

〈해설〉 $ER=\frac{1.2P_2}{P_1}=\frac{(1.2)(800)}{1{,}000}=0.96$

ⓐ (주)신촌 : $P_{12}=EPS_{12}\times PER_{12}$

$$\frac{E_1+E_2+(\text{시너지효과})}{N_1+N_2\times ER}\times PER_{12}=\frac{60M+10M+10M}{3M+1M\times 0.96}\times 60=1{,}212\text{원}$$

ⓑ (주)종로 : $P_{12}\times ER$

$1{,}212\times 0.96=1{,}164$원

답 ③

16. 기업 2의 현재 *PER*는 12, 순이익은 0.5억원, 발행주식수는 10,000주, 배당성향이 60%, 성장율이 5%이다. 기업 1은 기업 2를 합병하고자 한다. 합병을 하면 기업 2는 다른 것은 변함이 없고 성장율만 6%로 상승할 것으로 예상된다. 주식발행을 통해서 합병을 할 경우, 기업 1로 이전되는 기업 2의 가치는 얼마인가?

(1995. CPA 2차 수정)

① 600,230,000원 ② 648,230,000원 ③ 700,230,000원
④ 748,230,000원 ⑤ 798,230,000원

〈해설〉 ⓐ 현재 기업 2의 상태

$$\text{현재 주가}(P_0)=EPS_0\times PER_0=\left(\frac{0.5\text{억원}}{10{,}000\text{주}}\right)(12)=60{,}000\text{원}$$

$$\text{현재 배당}(D_0)=EPS_0\times(1-b)=\left(\frac{0.5\text{억원}}{10{,}000\text{주}}\right)(0.6)=3{,}000\text{원}$$

$$\text{현재 자기자본비용}(k_e)=\frac{D_1}{P_0}+g=\frac{D_0(1+g)}{P_0}+g=\frac{(3{,}000)(1.05)}{60{,}000}+0.05=0.1025$$

ⓑ 합병후 기업 2의 상태 : 성장율만 6%로 상승하였으므로

$$P_0=\frac{D_1}{k_e-g}=\frac{(3{,}000)(1.06)}{0.1025-0.06}=74{,}823\text{원}$$

따라서, 기업 1로 이전되는 기업2의 가치 = (74,823원)(10,000주) = 748,230,000원

답 ④

17. 기업 1은 기업규모가 동일한 기업 2를 흡수합병하고자 한다. 무위험이자율이 8%이고, 두 기업과 시장포트폴리오에 대한 자료가 다음과 같다. *CAPM*의 가정이 성립할 때, 틀린 문장을 골라라.

	기대수익률	표준편차(σ_i)	시장과의 상관계수(ρ_{iM})
기업 1	0.12	0.3	0.5
기업 2	0.14	0.2	0.6
시장포트폴리오	0.13	0.1	1

① 현재 기업 1의 주식은 과대평가되어 있다.
② 현재 기업 2의 주식은 적정하게 평가되어 있다.
③ 합병후 베타는 1.35이다.
④ 합병후 균형수익률은 14.75%이다.
⑤ 합병후 기대수익률은 15%이다.

〈해설〉 ①② 먼저 각 기업의 베타를 구한 다음, *SML*을 이용하여 균형수익률을 산출한다.

ⓐ $\beta_i=\dfrac{\sigma_{iM}}{\sigma_M^2}=\dfrac{\rho_{iM}\sigma_i\sigma_M}{\sigma_M^2}=\dfrac{\rho_{iM}\sigma_i}{\sigma_M}$ 에서

$$\beta_1 = \frac{(0.5)(0.3)}{0.1} = 1.5 \qquad \beta_2 = \frac{(0.6)(0.2)}{0.1} = 1.2$$

ⓑ 균형수익률(*by SML*)과 기대수익률를 비교하여 과소 · 과대평가여부를 조사한다.

주식 1의 균형수익률 $= 8 + (13-8)(1.5) = 0.155 >$ 기대수익률 $= 0.12$ ∴과대평가

주식 2의 균형수익률 $= 8 + (13-8)(1.2) = 0.14 \equiv$ 기대수익률 $= 0.14$ ∴적정평가

③ $\beta_P = W_1\beta_1 + W_2\beta_2 = (0.5)(1.5) + (0.5)(1.2) = 1.35$

④ 따라서, 합병후의 균형수익률 : $E(R_P) = R_f + [E(R_M) - R_f] \cdot \beta_P = 8 + (13-8)(1.35) = 0.1475$

⑤ 합병후의 기대수익률 : $E(R_P) = W_1E(R_1) + W_2E(R_2) = (0.5)(0.12) + (0.5)(0.14) = 0.13$

답 ⑤

18. 다음 설명 중 틀린 것은? (2002. CPA)

① 가중평균자본비용이 신규투자안의 경제성을 평가하는 할인율로 사용되기 위해서는, 투자안의 경영위험과 투자안의 조달자금구성이 기존기업과 같아야 한다.

② *CAPM*은 Markowitz의 포트폴리오 이론에 필요한 가정뿐만 아니라 세금과 거래비용 등이 없는 완전시장의 존재라는 가정과 무위험이자율로 제한없는 차입과 대출이라는 가정을 전제로 한다.

③ 자본시장과 실물생산기회가 동시에 존재할 경우 최적투자는 효용곡선과는 상관없이 시장에서의 이자율과 생산기회의 접점에 의해서 결정되고, 최적소비는 효용곡선과 최적투자에 의해 결정된 자본시장선과의 관계에 의해 결정된다는 것이 피셔의 분리정리이다.

④ Tobin의 *Q*비율은 자산의 대체원가(replacement costs)를 주식시장에서 평가한 기업의 시장가치로 나눈 값으로, *Q*가 1보다 작으면 저평가된 기업이라고 할 수 있다.

⑤ 매출액이 1% 변할 때의 영업이익 변화율을 영업레버리지도(*DOL*)라고 하고, 영업이익이 1% 변할 때의 순이익 변화율을 재무레버리지도(*DFL*)라고 한다.

〈해설〉 ④ Tobin의 *Q*비율은 주식시장에서 평가한 기업의 시장가치를 자산의 대체원가로 나눈값이다.

답 ④

19. 합병에 대한 다음 설명 중 맞는 것을 골라라.

a. 수평적합병을 시도할 때는 반독점규제(anti－trust)법을 고려해야 한다.
b. *LBO*는 차입자금을 이용하여 합병하는 전략이다.
c. 동일업종에 속해있는 기업들간의 합병인 수평적합병은 영업위험이 같으므로, 할인율을 조정할 필요가 없다.
d. 합병기업과 피합병기업의 주주가 합병이득을 나누어 가지는 것이 일반적이다.
e. 합병시점에서 증분현금흐름에 대한 할인율은 합병 후 위험조정할인율이다.

① *a, b* ② *a, b, c* ③ *b, c, d* ④ *b, d, e* ⑤ *b, e*

〈해설〉 *c*. 수평적합병은 영업위험은 같지만, 합병대금의 일부를 부채로 조달할 경우 재무위험이 달라지므로 이 효과를 할인율에 반영해야 한다.

d. 피합병기업의 기존주주가 합병이득을 차지하는 것이 일반적이다.

e. 증분현금흐름에 대한 할인율은 ① 합병시점에서는 일반적으로 피합병기업의 자기자본비용을 이용하고 ② 합병 후 시점에서는 합병 후 위험조정할인율을 사용한다.

답 ①

20. (주)서울의 현 주가는 10,000원이고 발행주식수는 12,000주이며 자산의 대체원가는 120,000,000원이다. 이 때 토빈의 *Q*비율을 이용하여 (주)서울을 평가한 결과는?

① 토빈의 *Q*비율이 1이므로 적절하게 평가된 상태이다.

② 토빈의 *Q*비율이 1보다 작으므로 저평가된 상태이다.

③ 토빈의 *Q*비율이 1보다 크므로 고평가된 상태이다.

④ 토빈의 *Q*비율이 1보다 크므로 저평가된 상태이다.

⑤ 위 정보로는 토빈의 *Q*비율을 알 수 없다.

〈해설〉 $\text{토빈의 } Q\text{비율} = \frac{\text{기업의 주식가치}}{\text{기업자산의 대체원가}} \frac{10{,}000\text{원/주}}{120{,}000{,}000\text{원/}12{,}000\text{주}} = \frac{10{,}000}{10{,}000} = 1$

따라서, 토빈의 *Q*비율이 1이므로 적절하게 평가된 상태이다.

답 ①

21. 인수기업의 가치는 800억원이고 피인수기업의 가치는 100억원이다. 두 기업 모두 무부채기업이다. 인수기업의 발행주식수는 100만주이고 피인수기업의 발행주식수는 10만주이다. 합병이 성사되면 합병기업의 가치가 1,200억원으로 추산된다. 만약 인수기업이 150억원의 현금으로 피인수기업을 인수하면 합병을 공시하는 시점에서 인수기업의 주가가 몇 퍼센트 상승할 것인가? (2006. CPA)

① 25% ② 28% ③ 31% ④ 35% ⑤ 37%

〈해설〉 합병전 인수기업의 가치=800억원이고, 합병후 인수기업의 가치=1,200−150=1,050억원이다. 무부채기업이므로 인수기업의 주가상승률=인수기업의 기업가치 상승률이다.

$$상승률=\frac{1,050-500}{800}=0.3125$$

답 ③

22. (주)갑과 (주)을의 재무자료는 다음과 같다. 두 회사의 합병에 의한 시너지효과로 당기순이익이 10,000원 증가한다면 (주)갑이 (주)을을 흡수합병하기 위해 (주)을에게 제시할 수 있는 최대 주식교환비율은 약 얼마인가? (단, 합병 후 주가수익비율(*PER*)은 12가 될 것으로 예상한다) (2007. CPA)

	(주)갑	(주)을
주당순이익 (*EPS*)	500원	300원
발행주식수 (*N*)	70주	50주
주가수익비율 (*PER*)	14	10

① 0.314 ② 0.510 ③ 0.657 ④ 0.755 ⑤ 1.00

〈해설〉 문제에서 *PER*가 주어져 있으므로 주가기준으로 주식교환비율(*ER*)을 계산한다.

$$P_{12}=EPS_{12}\times PER_{12}=\frac{E_1+E_2+(시너지효과)}{N_1+N_2\times ER}\times PER_{12}\geq P_1$$

$P_1=EPS_1\times PER_1=(500)(14)=7,000$원, $E_1=(500)(70)=35,000$원, $E_2=(300)(50)=15,000$원

$$\frac{35,000+15,000+10,000}{60+50\times ER}\times 12\geq 7,000 \quad \therefore ER\leq 0.657$$

답 ③

23. 적대적 M&A에 대응하기 위하여 기존 1주에 대해 저렴한 가격으로 한 개 또는 다수의 신주를 매입하거나 전환할 수 있는 권리를 부여하는 방어적 수단은? (2008. CPA)

① 독약조항(poison pill) ② 역매수전략 ③ 황금주
④ 그린메일(green mail) ⑤ 백지주 옵션

〈해설〉 ② 역매수전략 : 목표기업이 오히려 합병시도기업의 주식을 매입하여 정면대결을 하는 수단

③ 황금주 : 1주로도 합병 등 매우 중요한 현안에 거부권을 행사할 수 있는 특별한 주식

③ 백지주 : 현 경영진에서 우호적인 주주에게 신주를 제3자 배정방식으로 발행

답 ①

24. 시장가치가 27억원인 A기업은 시장가치가 8억원인 B기업을 인수하려고 한다. 두 기업 모두 무부채기업이다. A기업의 현재 주가는 9,000원이며 B기업의 현재 주가는 4,000원이다. 합병의 시너지(synergy)효과는 5억원이며, 인수프리미엄은 2억원이다. A기업이 신주를 발행해서 B기업의 주식과 교환하는 방식으로 B기업을 인수하고자 할 경우, 몇 주를 발행해야 하는가? (2008. CPA)

① 100,000주 ② 200,000주 ③ 300,000주
④ 400,000주 ⑤ 500,000주

〈해설〉 $V_{12} = V_1 + V_2 + \Delta V = 27 + 8 + 5 = 40$억원

$\Delta P = C - V_2$에서 $2 = C - 8$ $\quad \therefore C = 10$억원

$\alpha \cdot V_{12} = C$에서 $\alpha(40) = 10$ $\quad \therefore \alpha = 0.25$

$N_1 = 27$억원 $\div 9{,}000$원 $= 300{,}000$주

$\alpha = \dfrac{N_N}{N_1 + N_N}$이므로 $0.25 = \dfrac{N_N}{300{,}000 + N_N}$ $\quad \therefore N_N = 100{,}000$주

답 ①

25. 기업 1은 기업 2를 주식교환방식으로 흡수합병을 하고자 하며 주주는 주당순이익(EPS)에 근거하여 의사결정을 행한다. 다음 자료에 근거하여 물음에 답하시오 (2010. CPA)

	기업 1	기업 2
당기순이익	30억원	5억원
주식수	1,000,000주	500,000주

규모의 경제로 인한 시너지효과로 합병 후 당기순이익이 합병 전 두 기업의 당기순이익의 합계보다 10억원이 증가할 때, 기업 1의 주주 입장에서 최대교환비율은 얼마인가? (단, 교환비율은 기업 2의 주식 1주당 교환되는 기업 1의 주식수이다.)

① 0.8 ② 1 ③ 1.2 ④ 1.4 ⑤ 1.6

〈해설〉 $EPS_1 = \dfrac{30\text{억원}}{1{,}000{,}000\text{주}} = 3{,}000$원

$EPS_{12} = \dfrac{E_1 + E_2 + \text{시너지효과}}{N_1 + N_2 \times ER} \geq EPS_1$이어야 한다.

$EPS_{12} = \dfrac{30\text{억원} + 5\text{억원} + 10\text{억원}}{1{,}000{,}000\text{주} + 500{,}000\text{주} \times ER} \geq 3{,}000$원이므로 최대$ER = 1$이다.

답 ②

26. 기업 1은 기업 2를 흡수합병을 고려중 이며, 두 회사의 현재 재무자료는 다음의 표와 같다. 기업 2의 성장률은 매년 5%로 일정하나, 합병의 효과로 인해 추가적인 자본투자 없이 합병 후 성장률은 매년 7%로 높아질 것으로 기대된다. 기업 1이 기

업 2의 주식에 대하여 주당 1,350원을 지급한다면, 기업 1이 합병으로 부터 얻는 순현가(*NPV*)는? (2011. CPA)

	기업 1	기업 2
행주식수	1,000주	650주
순이익	150,000원	58,500원
배당금	50,000원	29,250원
주가	1,500원	900원

① 85,475원 ② 87,922원 ③ 90,659원
④ 92,022원 ⑤ 94,659원

〈해설〉 ⓐ 현재 기업 2의 상태

주당배당금(D_0) = 29,250원/650주 = 45원

자기자본비용(k_e) = (D_1/P_0) + g = (45 × 1.05/900)+0.05 = 0.1025

ⓑ 합병 후 기업 2는 성장률이 7%로 상승하므로

$$P=\frac{D_0(1+g)}{k_e-g}=\frac{45(1+0.07)}{0.1025-0.07}=1{,}481.5\text{원}$$

ⓒ NPV(합병) = (1,481.5−1,350) × 650주 = 85,475원

답 ①

27. (주)설악의 주식베타는 1.4, 주당순이익은 1,500원, 발행주식수는 100주, PER는 12배이다. (주)태백의 주식베타는 1.2, 주당순이익은 1,000원, 발행주식수는 50주, PER는 8배이다. (주)설악과 (주)태백이 합병한다면 시너지효과로 인하여 당기순이익이 40,000원 증가하고, 합병 후 PER는 10이 될 것으로 예상한다. 이제 (주)설악의 주주들은 주가기준으로 주식교환비율(ER)을 계산하려고 한다. (주)설악이 (주)태백을 흡수합병하기 위하여 (주)태백에게 제시할 수 있는 최대 주식교환비율과 가장 가까운 것은? (2012. CPA)

① 0.222 ② 0.337 ③ 0.557 ④ 0.622 ⑤ 0.667

〈해설〉 $P_{12}=EPS_{12}\times PER_{12}=\dfrac{E_1+E_2+(\text{시너지효과})}{N_1+N_2\times ER}\times PER_{12}\geq P_1$

$P_1=EPS_1\times PER_1=(1{,}500)(12)=18{,}000$원, $E_1=(1{,}500)(100)=150{,}000$원, $E_2=(1{,}000)(50)=50{,}000$원 이므로

$$\frac{150{,}000+50{,}000+40{,}000}{100+50\times ER}\times 10\geq 18{,}000 \quad \therefore\ ER\leq 0.667$$

답 ⑤

제15장

옵션 및 선물

제 1 절 옵션의 기초

1. 옵션의 기초개념

옵션(option)이란 특정자산을 미래 특정시점내에 특정가격으로 매입·매도할 수 있는 권리가 부여된 계약을 말한다. 여기에서 특정자산을 기초자산(underlying asset) 혹은 기초주식(underlying stock), 미래 특정시점을 만기일(expiration date), 미리 약정한 특정가격을 행사가격(exercise price 혹은 striking price)이라고 한다. 또한 기초자산을 행사가격으로 매입할 수 있는 권리가 부여된 계약을 콜옵션, 매도할 수 있는 권리가 부여된 계약을 풋옵션이라고 한다.

옵션매입자는 권리를 보유하므로 일정한 대가를 지불해야 하고, 옵션매도자는 그 대가를 옵션매입자로 부터 지급받는다. 이 옵션대가를 옵션가격(option price) 또는 옵션프레미엄(option premium)이라고 한다.

(1) 옵션매입자

옵션매입자(option buyer 혹은 option purchaser) 혹은 옵션보유자(option holder)는 옵션가격(옵션프레미엄)을 지불하고 옵션을 행사할 권리를 가지는 투자자로서, 권리를 보유하기 때문에 자신에게 유리한 경우에만 행사하고 불리한 경우에는 행사하지 않을 수 있다.

(2) 옵션매도자

옵션매도자(option seller) 혹은 옵션발행자(option writer 혹은 option issuer)는 옵션가격을 얻을 목적으로 옵션을 발행하여 파는 투자자로서, 옵션매입자가 권리를 행사하는 경우에만 그 계약을 이행해야 하는 의무가 생긴다. 만일 옵션매입자가 옵션만기일까지 권리를 행사하지 않는다면 옵션매도자의 의무도 없으므로, 옵션매도자는 옵션매입자의 행동에 종속된다.

2. 옵션의 종류

(1) 권리의 종류에 따른 분류

① 콜옵션(call option) : 기초자산을 행사가격으로 매입할 수 있는 권리가 부여된 옵션을 말한다.
② 풋옵션(put option) : 기초자산을 행사가격으로 매도할 수 있는 권리가 부여된 옵션을 말한다.

(2) 권리의 행사시점에 따른 분류

① 유럽형옵션(European option) : 옵션의 만기일에만 권리를 행사할 수 있는 옵션을 말한다.
② 미국형옵션(American option) : 옵션의 만기일 이전에 언제든지 권리를 행사할 수 있는 옵션을 말한다. 따라서 미국형옵션은 만기일 이전에 행사할 수 있는 조기(早期)행사(early exercise)권리가 있다.

3. 옵션의 특성

① 옵션은 옵션매입자의 상황에 따라서 권리의 행사여부가 결정되는 일종의 조건부청구권(contingent claims) 이다.
② 옵션거래는 기초자산(주식)의 발행기업과 무관하게 투자자간에 이루어지는 거래이다.
③ 옵션만기일이전에 반대매매를 통하여 자신의 포지션을 청산함으로써 권리와 의무를 소멸시킬 수 있다.

예컨대 옵션매입자는 보유하고 있는 옵션을 옵션시장에서 전매(long liquidation)함으로써 권리관계를 청산할 수 있다. 매입시의 옵션가격보다 전매가격이 높은 경우에는 이익을 얻을 수 있지만, 전매가격이 낮은 경우에는 손실을 입게 된다. 옵션발행자도 옵션을 환매(short covering)함으로써 의무관계를 청산할 수 있다. 이 경우 역시 발행시의 옵션가격보다 환매가격이 낮은 경우 이익을 얻지만, 환매가격이 높은 경우 손실을 입게 된다.

4. 옵션의 기능

(1) 위험헤지기능

옵션을 이용하여 기초자산(주식)의 매입이나 공매에 따른 가격변화위험을 제거(감소, 관리, 헤지)할 수 있다. 예컨대 주식을 매입하는 경우 그 주식을 기초자산으로 하는 콜옵션을 매도하거나 풋옵션을 매입하여 주가하락위험을 헤지할 수 있고, 주식을 공매하는 경우 콜옵션을 매입하거나 풋옵션을 매도하여 주가상승위험을 헤지할 수 있다.

(2) 레버리지기능

기초자산가격에 비해 옵션가격은 매우 저렴하기 때문에, 기초자산을 거래하는 것보다 수익률이 확대되는 레버리지 효과가 있다.

예제 ⑮ - 1 옵션의 레버리지 기능

(주)서울의 현 주가는 20,000원이다. 이 주식에 대하여 행사가격이 20,000원이고 만기 1년인 콜옵션이 있는데, 유럽형 콜옵션가격이 1,200원이라고 하자.

(1) 옵션만기일인 1년 후 (주)서울의 주가가 26,000원으로 상승하였다. ① 주식을 매입한 투자자와 ② 콜옵션을 매입한 투자자의 투자수익률을 구하라.
(2) 옵션만기일인 1년 후 (주)서울의 주가가 16,000원으로 하락하였다. 위 물음에 다시 답하라.

(1) ① 주식매입자의 투자이익은 26,000−20,000=6,000원이므로 투자수익률은 다음과 같다.

$$\text{투자수익률} = \frac{6,000}{20,000} \times 100(\%) = 30\%$$

② 콜옵션매입자는 옵션만기일에 주식을 행사가격인 20,000에 매입하여 26,000원에 팔 수 있으므로 투자이익은 주식투자자와 동일하다.

$$\text{투자수익률} = \frac{6,000-1,200}{1,200} \times 100(\%) = 400\%$$

①과 ②의 결과에서 보듯이 옵션투자자의 투자이익률이 훨씬 높은 레버리지 효과가 발생하였다.

(2) ① 주식매입자의 투자손실은 16,000−20,000=−4,000원이므로 투자수익률은 다음과 같다.

$$\text{투자수익률} = \frac{-4,000}{20,000} \times 100(\%) = -20\%$$

② 콜옵션매입자는 주가가 행사가격보다 낮으므로 기초주식을 살 수 있는 권리를 포기할 것이다.

$$\text{투자수익률} = \frac{0-1,200}{1,200} \times 100(\%) = -100\%$$

이 경우 역시 옵션투자자의 투자손실률이 훨씬 높은 레버리지 효과가 발생하였다.

---

(3) 새로운 금융상품의 창출

옵션을 다른 옵션이나 기초자산과 결합하여 자신이 원하는 형태의 손익을 실현할 수 있는 금융상품을 만들 수 있다. 최근으로 올수록 이 분야가 각광을 받고 있는데, 이를 재무공학(financial engineering)이라고 한다.

5. 옵션가격의 결정

(1) 옵션가격의 구성

옵션가격이란 옵션매입자가 권리를 취득하는 대가로 옵션매도자에게 지불하는 옵션프레미엄이라고 하였다. 만기시점에서의 옵션가격은 만기시점의 옵션가치와 동일하겠지만, 옵션이 실제로 거래되는 시점은 옵션만기일이 아니라 만기까지 기간이 잔존해 있는 현재 시점이다. 현재시점의 옵션가격은 내재가치와 시간가치로 구성되는데 이를 살펴보기로 하자.

$$옵션가격 = 내재가치 + 시간가치$$

(2) 내재가치

옵션의 내재가치(intrinsic value)란 옵션매입자가 옵션을 행사하였을 때 얻을 수 있는 가치로 본질가치 혹은 행사가치(exercise value)라고도 한다. 내재가치는 현재 시점 혹은 만기시점 모두에 적용되는 개념이다. 콜옵션의 내재가치는 주식가격이 행사가격을 초과하는 부분을 말하며, 풋옵션의 내재가치는 행사가격이 주식가격을 초과하는 부분을 말한다.

① 내가격(in the money, *ITM*) 상태 : 옵션을 행사하면 이익을 보는 상태

② 등가격(at the money, *ATM*) 상태 : 옵션을 행사하면 손익이 없는 상태

③ 외가격(out of the money, *OTM*) 상태 : 옵션을 행사하면 손실을 보는 상태

이를 다음과 같이 <표 15-1>로 정리하였다.

<표 15-1> 옵션의 상태

옵션의 상태	콜옵션	풋옵션
내가격(*ITM*)	$S>X$	$S<X$
등가격(*ATM*)	$S=X$	$S=X$
외가격(*OTM*)	$S<X$	$S>X$

콜옵션의 경우 내가격상태($S>X$)에 있으면 옵션을 행사하므로 $S-X$만큼 이득을 얻을 수 있고, 등가격($S=X$)이나 외가격상태($S<X$)에 있으면 옵션을 행사하지 않을 것이므로 이득은 0이다. 풋옵션의 경우 역시 내가격상태($S<X$)에 있으면 옵션을 행사하므로 $X-S$만큼 이득을 얻을 수 있고, 등가격($S=X$)이나 외가격상태($S>X$)에 있으면 옵션을 행사하지 않을 것이므로 이득은 0이다. 따라서 콜옵션과 풋옵션의 내재가치는 다음과 같이 표현되며, 음(−)의 값을 가질 수 없다.

콜옵션의 내재가치 $= Max\,[0,\ S-X]$

풋옵션의 내재가치 $= Max\,[0,\ X-S]$

(3) 시간가치

① 옵션의 시간가치(time value)란 옵션매입자가 만기일까지 옵션으로 부터 얻을 수 있는 이득이 반영되어 있는 가치로, 외재가치(extrinsic value)라고도 한다. 옵션가격은 내재가치와 시간가치의 합이므로, 시간가치는 옵션가격에서 내재가치를 차감하여 구한다.

$$\text{시간가치} = \text{옵션가격} - \text{내재가치}$$

② 시간경과에 따라 옵션의 시간가치는 감소하는데 이를 시간가치 잠식현상(time decay)이라고 한다. 일반적으로 옵션만기일이 길수록 기초주식 가격의 변동가능성이 크므로, 잔존기간이 많이 남아 있을수록 투자매력이 커서 옵션가격은 더 높다. 반대로 옵션만기일에 다가갈수록 옵션가격은 낮아지고, 옵션만기일에는 시간가치가 전부 소모되었으므로 옵션가격은 내재가치로만 구성된다. <그림 15-1>에 이 현상을 표시하였다. 그림에서 보듯이 *ATM*과 *OTM*옵션

그림 15-1 시간경과에 따른 옵션가치

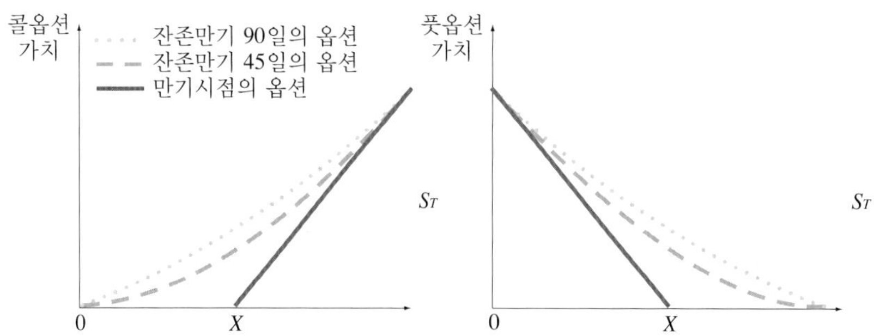

(a) 잔존만기별 콜옵션가치의 비교 (b) 잔존만기별 풋옵션가치의 비교

그림 15-2 시간가치 잠식현상

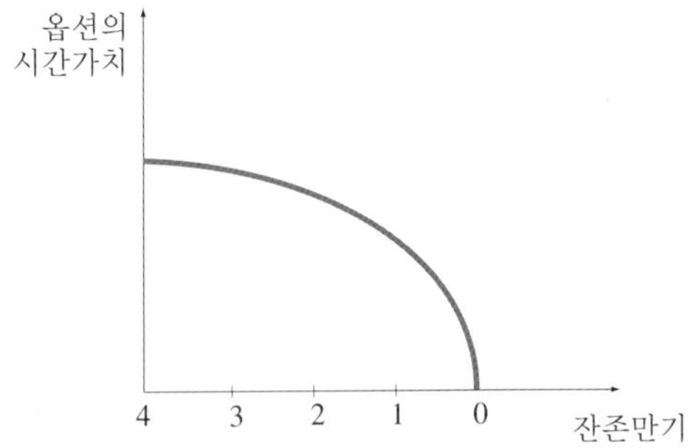

가격은 시간가치로만 구성되어 있으며, *ATM*옵션일 때 시간가치는 최대가 된다.

여기에서 주목할 것은 시간가치 잠식현상이 시간경과에 따라 가속화된다는 것이다. 동일한 시간경과에 대하여 시간가치 잠식현상은 장기옵션에 비해 단기옵션에 크게 나타난다. 이 현상을 <그림 15-2>에 표시하였다.

제 2 절 옵션의 만기가치 및 투자자의 만기손익

옵션의 만기가치(payoff)란 옵션만기시점에서 기초자산의 가격수준에 따라 옵션이 갖게 되는 손익형태를 말하고, 투자자의 만기손익은 옵션투자에 따른 옵션만기시점에서의 투자자의 부를 말한다. 만기시점이므로 옵션의 만기가치는 내재(본질)가치만 있으며 음(−)의 값을 가질수 없다. 설명을 위하여 기호를 다음과 같이 정하기로 하자.

현 주가 : S	행사가격 : X
옵션만기일의 주가 : S_T	옵션만기일 : T
콜옵션의 현재가격 : CP(call premium)	콜옵션매입에 따른 만기가치 : C_T
풋옵션의 현재가격 : PP(put premium)	풋옵션매입에 따른 만기가치 : P_T

1. 콜옵션매입의 경우

콜옵션매입자는 콜옵션 프레미엄을 지불하고 옵션만기시점의 주가수준에 상관없이 기초자산인 주식을 행사가격에 매입할 수 있는 권리를 갖는다. 따라서, 콜옵션은 만기일의 주가(S_T)가 행사가격(X)보다 상승할 것으로 기대하는 투자자들이 매입할 것이므로, 만기일의 주가가 행사가격보다 작을 경우 옵션을 행사하지 않을 것이다.

자기의 예상대로 만기일의 주가가 행사가격보다 클 경우 옵션을 행사함으로써 차액인 S_T-X의 가치를 얻을 수 있다. 그러므로 콜옵션매입에 따른 만기가치(C_T)는 다음과 같다.

$$\text{콜옵션의 만기가치}(C_T) = \begin{cases} S_T - X & \text{if } S_T > X \\ 0 & \text{if } S_T \leq X \end{cases}$$

$$\text{즉, } C_T = Max\,[S_T - X,\ 0]$$

옵션의 만기가치는 옵션이 갖는 가치이므로, 투자자로 보면 투자자의 수익이 된다. 투자자의 손익은 위에서 지불하는 비용성격인 콜옵션 프레미엄(CP)을 차감해야 하므로 만기가치에서 옵션가격인 CP만큼 하향이동한 값이다.[2]

$$\text{콜옵션매입자의 만기손익} = \begin{cases} S_T - X - CP & \text{if } S_T > X \\ -CP & \text{if } S_T \leq X \end{cases}$$

예제 ⑮ - 2 콜옵션매입의 만기가치 및 만기손익

(주)서울에 대하여 행사가격이 30,000인 콜옵션의 가격이 1,000원이다. 만기시점의 기초주식의 가격이 25,000원, 30,000원, 35,000원, 40,000원일 때 콜옵션매입에 따른 만기가치와 콜옵션매입자의 만기손익을 구하라.

S_T	25,000	30,000	35,000	40,000
X	30,000	30,000	30,000	30,000
만기가치(수익)	0	0	5,000	10,000
비용	1,000	1,000	1,000	1,000
만기손익	−1,000	−1,000	4,000	9,000

위에서 보듯이 투자자의 수익(혹은 옵션의 만기가치)은 음수가 될 수 없고, 기초자산이 1원씩 상승함에 따라 만기가치와 만기손익은 정확히 1원씩 상승한다는 것을 알 수 있다. 투자자의 손익이 없는(BEP) 만기시점의 주가는 다음과 같이 구할 수 있다.

BEP : $S_T - X - CP = 0$에서 $S_T = X + CP = 30{,}000 + 1{,}000 = 31{,}000$원

위 결과를 주식을 매입한 경우와 비교하여 도시한 것이 〈그림 15-3〉이다.

콜옵션매입자나 주식매입자나 모두 자기의 예상대로 주가가 오르면 이익을 본다. 그러나 예상과 반대로 주가가 하락하면 콜옵션매입자의 최대손실은 콜옵션

2) 옵션가격은 현재시점의 가격이므로 만기일의 손익을 계산할 때는 화폐의 시간적가치를 고려하는 것이 원칙이다. 그러나 옵션가격의 시간가치는 무시하는 것이 관례이므로, 문제에서 시간가치를 측정할 수 있는 이자율 자료가 있으면 이를 고려하고, 이자율 자료가 없으면 무시하라.

그림 15-3 콜옵션매입자와 주식매입자의 손익

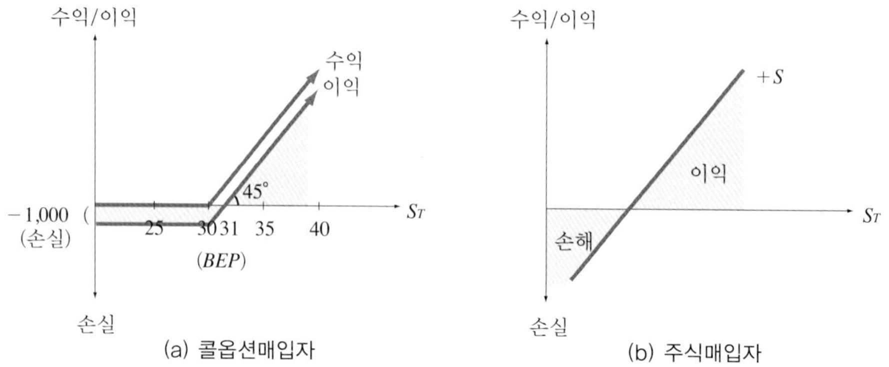

가격인 1,000원이다. 즉 상황이 악화되어 주가가 폭락하는 경우에 보호를 받을 수 있는데, 옵션이 가격 또는 프레미엄을 가지는 이유는 바로 여기에 있다.

2. 콜옵션매도의 경우

옵션발행자는 옵션 프레미엄을 얻을 목적으로 옵션을 발행한다고 하였다. 예컨대 만기일의 상황이 $S_T < X$이면 콜옵션매입자는 옵션을 행사하지 않으므로 옵션계약은 종료하고, 콜옵션매도자는 콜옵션 프레미엄(CP)을 얻을 수 있을 것이다.

따라서 콜옵션매도자가 콜옵션 프레미엄만큼 이익이면 콜옵션매입자는 그 이익만큼 손해를 볼 것이며, 콜옵션매입자가 $S_T - X - CP$만큼 이익이면 콜옵션매도자는 그 이익만큼 손해를 볼 것이다. 이와 같이 옵션은 매입자와 매도자의 손익을 합치면 0이 되는 제로섬(zero-sum) 게임이다. 매입자와 매도자는 횡축(x축)을 중심으로 위와 아래가 대칭이 된다. 이 관계를 도시화한 것이 <그림 15-4>이다.

그림 15-4 콜옵션매입 · 매도자의 만기손익

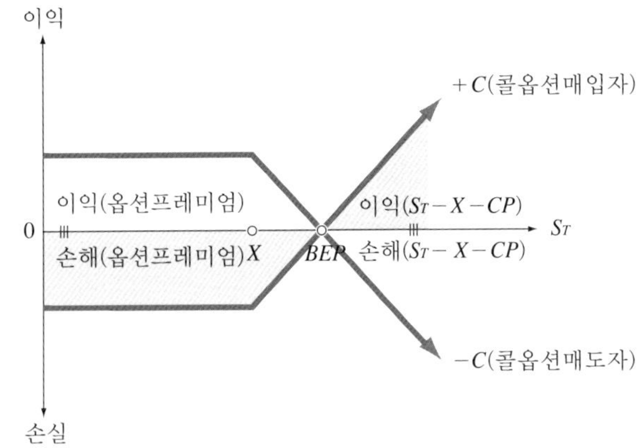

3. 풋옵션매입의 경우

풋옵션매입자는 풋옵션 프레미엄을 지불하고 옵션만기시점의 주가수준에 상관없이 기초자산인 주식을 행사가격에 매도할 수 있는 권리를 갖는다. 따라서, 풋옵션은 만기일의 주가(S_T)가 행사가격(X)보다 하락할 것으로 기대하는 투자자들이 매입할 것이므로, 만기일의 주가가 행사가격보다 클 경우 풋옵션을 행사하지 않을 것이다.

자기의 예상대로 만기일의 주가가 행사가격 이하로 하락하면, 기초주식을 행사가격이하의 시장가격(S_T)에 매입하여 풋옵션매도자에게 그보다 비싼 행사가격(X)으로 매도함으로써 차액인 $X-S_T$의 가치를 얻을 수 있다. 그러므로 풋옵션매입에 따른 만기가치(P_T)는 다음과 같다.

$$\text{풋옵션의 만기가치}(P_T) = \begin{cases} X-S_T & \text{if } S_T < X \\ 0 & \text{if } S_T \geq X \end{cases}$$

$$\text{즉, } P_T = Max\,[X-S_T,\ 0]$$

역시 옵션의 만기가치는 옵션이 갖는 가치이므로, 투자자로 보면 투자자의 수익이 된다. 투자자의 손익은 위에서 지불하는 비용성격인 풋옵션 프레미엄(PP)을 차감한 값이다.

$$\text{풋옵션매입자의 만기손익} = \begin{cases} X - S_T - PP & \text{if } S_T < X \\ -PP & \text{if } S_T \geq X \end{cases}$$

예제 ⑮ – 3 풋옵션매입의 만기가치 및 만기손익

(주)서울에 대하여 행사가격이 30,000인 풋옵션의 가격이 1,000원이다. 만기시점의 기초주식의 가격이 20,000원, 25,000원, 30,000원, 35,000원일 때 풋옵션매입에 따른 만기가치와 풋옵션매입자의 만기손익을 구하라.

X	30,000	30,000	30,000	30,000
S_T	20,000	25,000	30,000	35,000
만기가치(수익)	10,000	5,000	0	0
비용	1,000	1,000	1,000	1,000
만기손익	9,000	4,000	−1,000	−1,000

위에서 보듯이 투자자의 수익(혹은 옵션의 만기가치) 역시 음수가 될 수 없고, 기초자산이 1원씩 하락함에 따라 만기가치와 만기손익은 정확히 1원씩 상승한다는 것을 알 수 있다. 투자자의 손익이 없는(*BEP*) 만기시점의 주가는 다음과 같이 구할 수 있다.

BEP : $X - S_T - PP = 0$에서 $S_T = X - PP = 30{,}000 - 1{,}000 = 29{,}000$원

위 결과를 주식을 공매한 경우와 비교하여 도시한 것이 <그림 15-5>이다.

그림 15-5 풋옵션매입자와 주식공매자의 손익

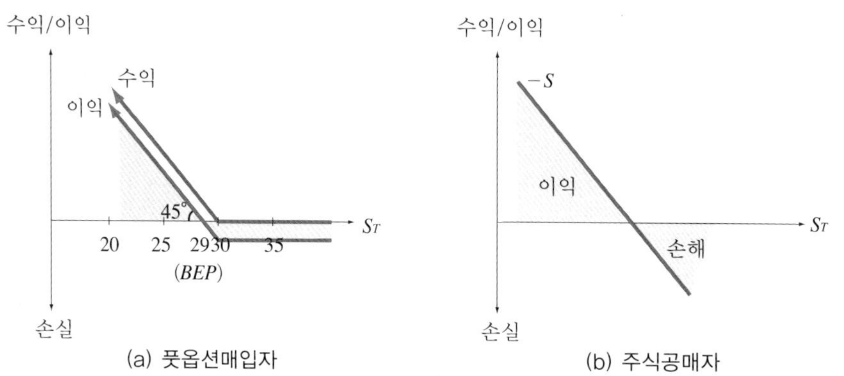

그림 15-6 풋옵션매입 · 매도자의 만기손익

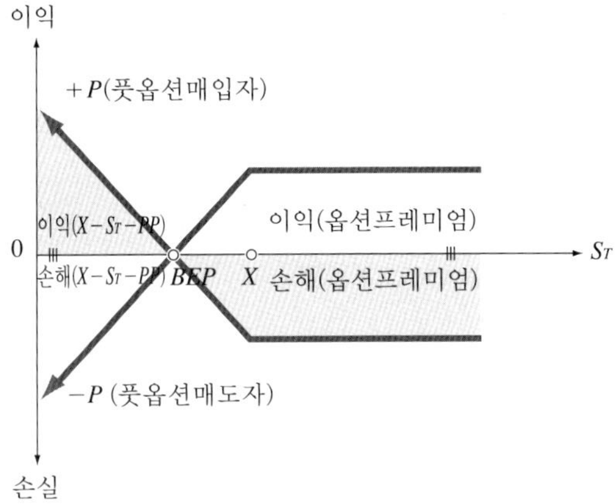

4. 풋옵션매도의 경우

만기일의 상황이 $S_T>X$이면 풋옵션매입자는 옵션을 행사하지 않으므로 옵션계약은 종료하고, 풋옵션매도자는 풋옵션 프레미엄(*PP*)을 얻을 수 있을 것이다.

따라서 풋옵션매도자가 풋옵션 프레미엄만큼 이익이면 풋옵션매입자는 그 이익만큼 손해를 볼 것이며, 풋옵션매입자가 $X-S_T-PP$만큼 이익이면 풋옵션매도자는 그 이익만큼 손해를 볼 것이다. 이 제로섬관계를 도시화한 것이 <그림 15-6>이다.

제 3 절 옵션투자전략

옵션을 이용한 투자전략으로 다음이 있다.

1. 옵션의 결합(combination)

옵션의 결합이란 동일한 기초주식에 대하여 콜옵션과 풋옵션을 동시에 매입하거나 매도하는 전략을 말한다.

(1) 스트래들

1) 스트래들매입(long straddle) : $+C+P$

동일한 만기와 동일한 행사가격인 콜옵션과 풋옵션을 한 개씩 매입하는 전략을 말한다. 스트래들 매입은 <그림 15-7>의 실선에서 보듯이 향후 주가가 큰 폭으로 변동할 것으로 예상하지만 그 방향을 알 수 없는 경우에 이용될 수 있다.

그림 15-7 스트래들 매입 · 매도자의 만기손익

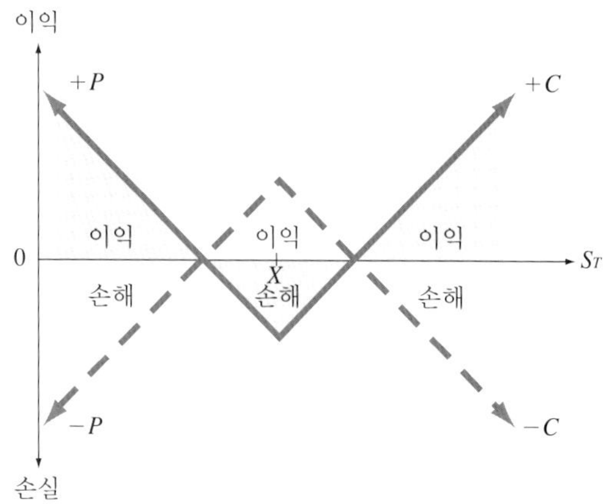

예컨대 거액의 소송이 걸려있는데 승소하면 향후 주가가 폭등하고, 패소하면 향후 주가가 폭락할 것이다. 이 때 승소 혹은 패소할 방향을 알지 못하는 경우에 스트래들을 매입하면 될 것이다.

2) 스트래들매도(short straddle) : $-C-P$

동일한 만기와 동일한 행사가격인 콜옵션과 풋옵션을 한 개씩 매도하는 전략을 말한다. 스트래들 매도는 <그림 15-7>의 점선에서 보듯이 향후 주가가 작은 폭으로 변동할 것으로 예상하지만 그 방향을 알 수 없는 경우에 이용될 수 있다.

(2) 스트랩

스트랩은 동일한 만기와 동일한 행사가격인 콜옵션 두 개와 풋옵션 한 개를 결합하는 전략을 말한다. 스트랩 매입(long strap)($=+2C+P$)은 <그림 15-8>의 실선에서 보듯이 향후 주가가 변동할 것으로 예상하지만, 주가의 상승가능성이 주가의 하락가능성보다 클 것으로 예상하는 경우에 이용될 수 있다. 예컨대 거액의 소송이 걸려있는데 승소할 가능성이 패소할 가능성보다 높다고 예상하는 경우에 스트랩을 매입하면 될 것이다.

물론 스트랩 매도(short strap)($=-2C-P$)는 <그림 15-8>의 점선에서 보듯이 스트랩 매입과 횡축을 중심으로 손실과 이익이 반대가 되는 손익구조를 가진다.

그림 15-8 스트랩 매입 · 매도자의 만기손익

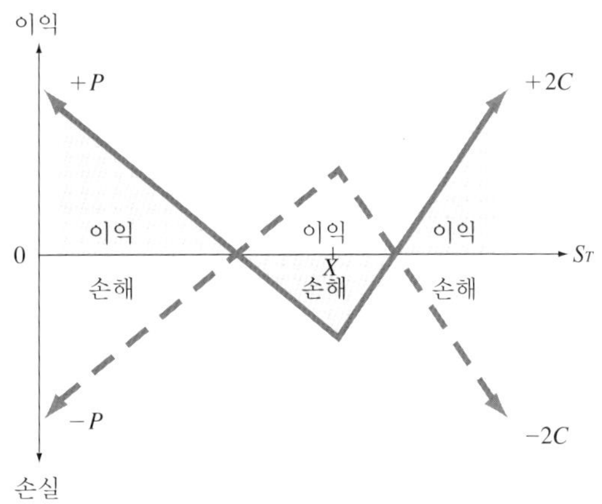

그림 15-9 스트립 매입 · 매도자의 만기손익

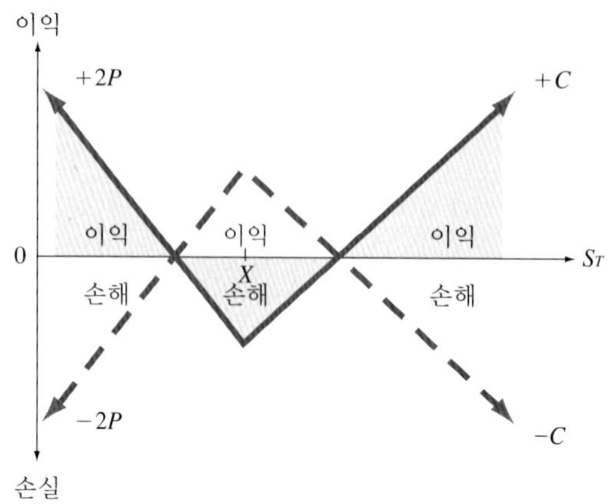

(3) 스트립

스트립은 동일한 만기와 동일한 행사가격인 콜옵션 한 개와 풋옵션 두 개를 결합하는 전략을 말한다. 스트립 매입(long strip)($=+C+2P$)은 <그림 15-9>의 실선에서 보듯이 향후 주가가 변동할 것으로 예상하지만, 주가의 하락가능성이 주가의 상승가능성보다 클 것으로 예상하는 경우에 이용될 수 있다. 예컨대 거액의 소송이 걸려있는데 패소할 가능성이 승소할 가능성보다 높다고 예상하는 경우에 스트립을 매입하면 될 것이다.

물론 스트립 매도(short strip)($=-C-2P$)는 <그림 15-9>의 점선에서 보듯이 스트립 매입과 횡축을 중심으로 손실과 이익이 반대가 되는 손익구조를 가진다.

(4) 스트랭글

스트랭글은 동일한 만기인데 행사가격이 높은 콜옵션 한 개와 행사가격이 낮은 풋옵션 한 개를 결합하는 전략을 말한다. 스트랭글 매입(long strangle)($=+C_{X2}+P_{X1}$, 단, $X_1<X_2$)은 <그림 15-10>의 실선에서 보듯이 향후 주가가 크게 변동하면 이익을 얻을 수 있다. 스트랭글 매도(short strangle)($=-C_{X2}-P_{X1}$, 단, $X_1<X_2$)는 <그림 15-10>의 점선에서 보듯이 스트랭글 매입과 횡축을 중심으로 손실과 이익이 반대가 되는 손익구조를 가진다.

그림 15-10 스트랭글 매입 · 매도자의 만기손익

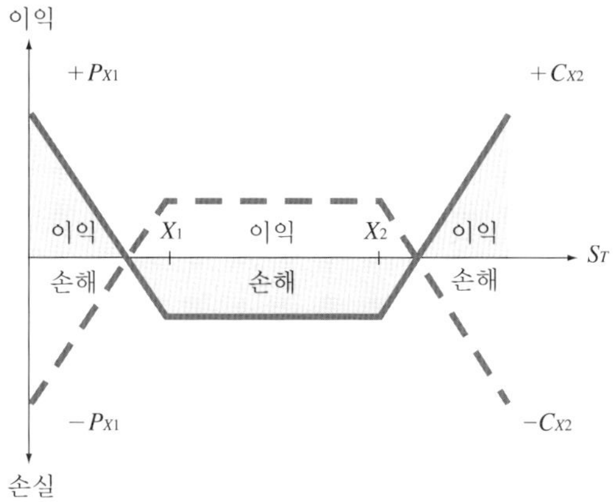

2. 옵션가격의 특징

(1) 콜옵션가격과 풋옵션가격

기초자산과 만기가 동일하다면 콜옵션가격(CP)은 행사가격이 높을수록 싸고 ($CP_A > CP_B$), 풋옵션가격(PP)은 행사가격이 높을수록 비싸다($PP_C < PP_D$). 이 관계를 <그림 15-11>에 도시하였다.

그림 15-11 행사가격에 따른 콜옵션가격과 풋옵션가격

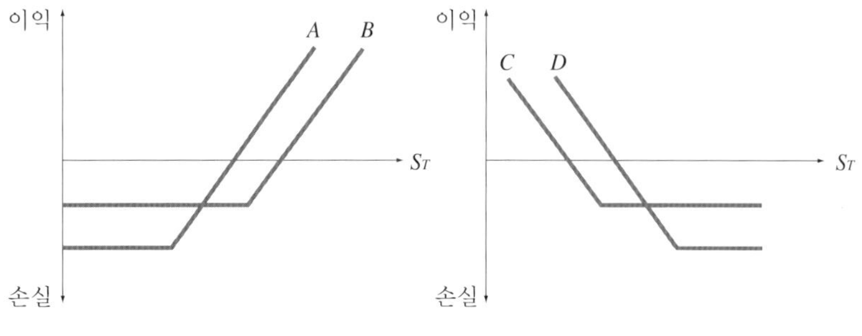

그림 15-12 콜옵션가격과 풋옵션가격의 대소관계

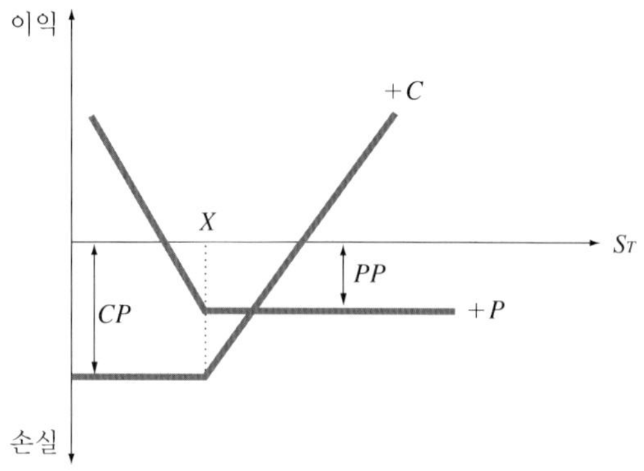

(2) 콜옵션가격과 풋옵션가격의 대소관계

기초주식과 만기 및 행사가격이 동일하다면 <그림 15-12>에서 보듯이 콜옵션가격(*CP*)이 풋옵션가격(*PP*)보다 훨씬 비싼데, 그 이유는 다음과 같다.

① 콜옵션발행자의 손실은 곧 콜옵션매입자의 이익이므로, 콜옵션발행자의 최대손실은 콜옵션매입자의 최대이익이 될 것이다. 콜옵션매입자는 향후 주가가 상승할수록 이익폭이 커지므로 S_T-X-CP의 S_T에 ∞를 대입하면, 이론상 최대이익은 무한값(∞)이다. 따라서 콜옵션발행자의 최대손실 역시 무한값(∞)이다.

② 풋옵션발행자의 손실은 곧 풋옵션매입자의 이익이므로, 풋옵션발행자의 최대손실은 풋옵션매입자의 최대이익이 될 것이다. 풋옵션매입자는 향후 주가가 하락할수록 이익폭이 커지므로 $X-S_T-PP$의 S_T에 0을 대입하면, 이론상 최대이익은 무한값이 아니라 유한값($X-PP$)이다. 따라서 풋옵션발행자의 최대손실 역시 유한값($X-PP$)을 가진다.

③ ①과 ②에서 보듯이 콜옵션발행자의 손실폭이 풋옵션발행자의 손실폭보다 훨씬 크므로, 발행가격 역시 콜옵션이 비싸야 할 것이다 (즉, $CP>PP$).

3. 옵션스프레드 전략

위에서 기초주식이 동일하더라도 행사가격이 다르거나 만기가 다르면 옵션가격이 다르다는 것을 보았는데, 스프레드(spread)란 이러한 옵션가격의 차이를 말한다. 옵션스프레드 전략은 옵션가격차이를 이용하는 전략으로, 행사가격이 다르거나 만기가 다른 옵션을 하나는 매입하고 다른 하나는 매도하는 것을 말한다.

옵션의 결합은 콜옵션과 풋옵션을 결합하는 것이고, 옵션스프레드는 콜옵션만 혹은 풋옵션만 이용하는 전략임을 유의해야 한다. 우선 옵션스프레드 전략을 <표 15-2>로 정리하였다.

<표 15-2> 옵션스프레드 전략

- 수직 스프레드
  - 수직강세 스프레드
    - 수직강세 콜스프레드($+C_{X1}-C_{X2}$)
    - 수직강세 풋스프레드($+P_{X1}-P_{X2}$)
  - 수직약세 스프레드
    - 수직약세 콜스프레드($-C_{X1}+C_{X2}$)
    - 수직약세 풋스프레드($-P_{X1}+P_{X2}$)
- 수평 스프레드
- 대각 스프레드
- 나비 스프레드($+C_{X1}-2C_{X2}+C_{X3}$)

(1) 수직 스프레드

수직스프레드(vertical spread)는 다른 조건이 동일하고 행사가격만 다른 옵션을 하나는 매입하고 다른 하나는 매도하는 것으로, 가격스프레드(price spread)라고도 한다. 수직스프레드는 행사가격이 낮은 옵션과 높은 옵션 중에서 어느 것을 매입하고 매도하느냐에 따라 다시 수직강세 스프레드와 수직약세 스프레드로 구분된다.

그림 15-13 수직강세 스프레드

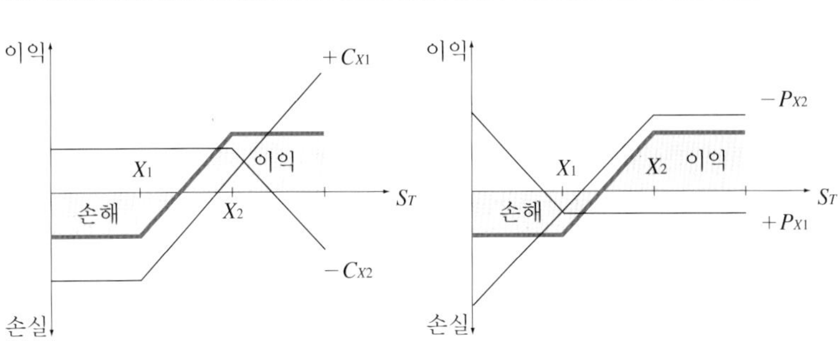

(a) 수직강세 콜스프레드　　(b) 수직강세 풋스프레드

1) 수직강세 스프레드

수직강세 스프레드는 행사가격이 낮은 것을 매입($+X_1$)하고, 행사가격이 높은 것을 매도($-X_2$)하는 전략이다. 따라서 수직강세 콜스프레드는 $+C_{X1}-C_{X2}$, 수직강세 풋스프레드는 $+P_{X1}-P_{X2}$로 표현할 수 있고, 이를 도시화 한 것이 <그림 15-13>이다.

이 전략은 기초주식의 가격이 상승하는 강세에서 이익을 얻을 수 있다고 해서 수직강세 스프레드전략이라는 용어를 쓴다.

2) 수직약세 스프레드

수직약세 스프레드는 행사가격이 낮은 것을 매도($-X_1$)하고, 행사가격이 높은 것을 매입($+X_2$)하는 전략이다. 따라서 수직약세 콜스프레드는 $-C_{X1}+C_{X2}$, 수직약세 풋스프레드는 $-P_{X1}+P_{X2}$로 표현할 수 있고, 이를 도시화 한 것이 <그림 15-14>이다.

이 전략은 기초주식의 가격이 하락하는 약세에서 이익을 얻을 수 있다고 해서 수직약세 스프레드전략이라는 용어를 쓴다.

(2) 수평 스프레드

수평스프레드(horizontal spread)는 다른 조건이 동일하고 만기만 다른 옵션을

그림 15-14 수직약세 스프레드

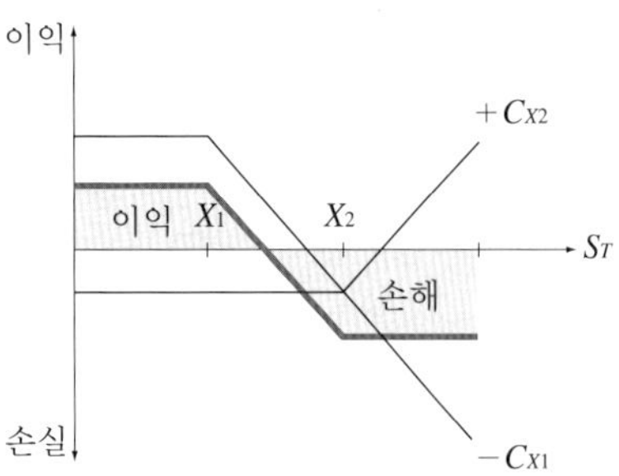

(a) 수직약세 콜스프레드

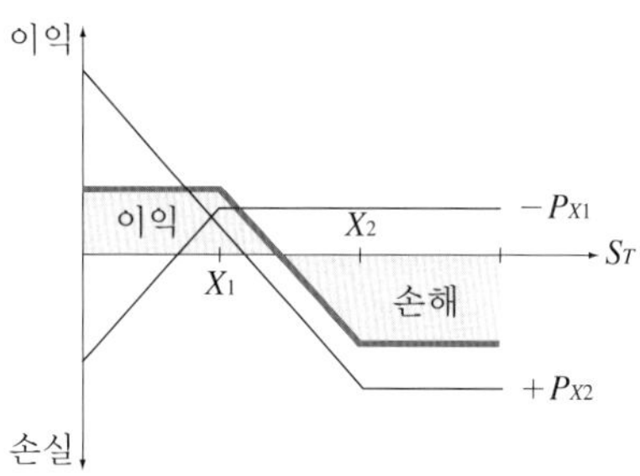

(b) 수직약세 풋스프레드

하나는 매입하고 다른 하나는 매도하는 것으로, 시간스프레드(time spread 혹은 calendar spread)라고도 한다. 이는 기초주식의 가격변동성이 미미할 것으로 예상될 때, 옵션의 시간가치 잠식현상을 이용하는 것이다.

(3) 대각 스프레드

대각 스프레드(diagonal spread)는 다른 행사가격($X_1 < X_2$)과 다른 만기($T_1 < T_2$)를 가진 두 옵션에 대하여 하나는 매입하고 다른 하나는 매도하는 것으로, 수직스프레드와 수평스프레드를 혼합한 전략이다.

(4) 나비 스프레드와 역나비 스프레드

나비 스프레드와 역나비 스프레드는 수직강세 스프레드와 수직약세 스프레드를 혼합한 전략으로 행사가격만 다른 세 옵션을 이용하는 전략이다.

1) 나비 스프레드

나비 스프레드(butterfly spread)는 행사가격이 가장 낮은 옵션(X_1)과 가장 높은 옵션(X_3)을 각각 하나씩 매입하고, 중간 행사가격인 옵션(X_2)을 두 개 매도하는 전략이다. 따라서 콜옵션을 이용한 나비 스프레드는 $+C_{X1}-2C_{X2}+C_{X3}$ (단, $X_1 < X_2 < X_3$)로 표현할 수 있다. 이의 만기가치를 <표 15-3>, 만기손익을 <그림 15-15>에 표시하였다.

이 전략은 기초주식의 가격이 중간 행사가격(X_2)의 근처에 있을 것으로 예상할 때 이용하는데, 실무적으로 X_2는 현 주가이다.

<표 15-3> 나비 스프레드의 만기가치

	$+C_{X1}$	$-2C_{X2}$	$+C_{X3}$	총수익($X_2=\frac{X_1+X_3}{2}$ 가정)
$S_T > X_3$	$S_T - X_1$	$-2(S_T - X_2)$	$S_T - X_3$	0
$X_2 < S_T < X_3$	$S_T - X_1$	$-2(S_T - X_2)$	0	$X_3 - S_T$*
$X_1 < S_T < X_2$	$S_T - X_1$	0	0	$S_T - X_1$
$S_T < X_1$	0	0	0	0

* : $-S_T+2X_2-X_1=-S_T+2\left(\frac{X_1+X_3}{2}\right)-X_1=-S_T+X_1+X_3-X_1=X_3-S_T$

그림 15-15 나비 스프레드의 만기손익

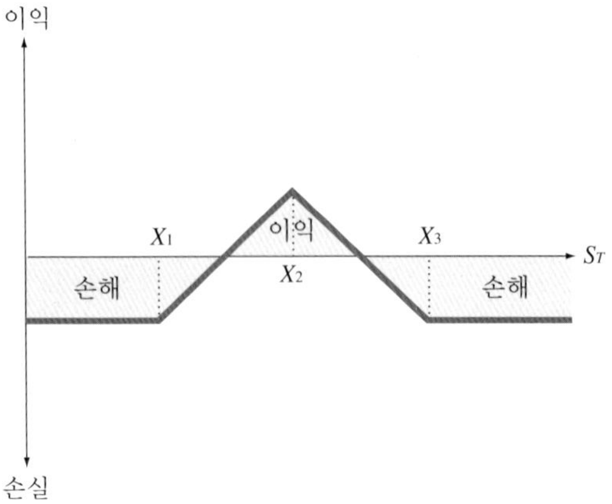

2) 역나비 스프레드

역나비 스프레드(reverse butterfly spread)는 행사가격이 가장 낮은 옵션(X_1)과 가장 높은 옵션(X_3)을 각각 하나씩 매도하고, 중간 행사가격인 옵션(X_2)을 두 개 매입하는 전략으로 샌드위치 스프레드(sandwich spread)라고도 한다. 따라서 콜옵션을 이용한 역나비 스프레드는 $-C_{X1}+2C_{X2}-C_{X3}$ (단, $X_1<X_2<X_3$)로 표현할 수 있고, 이를 <그림 15-16>에 도시하였다.

이 전략은 기초주식의 가격이 낮은 행사가격(X_1) 또는 높은 행사가격(X_3)의 범위를 벗어날 것으로 예상할 때 이용하는 전략이다.

그림 15-16 역 나비 스프레드의 만기손익

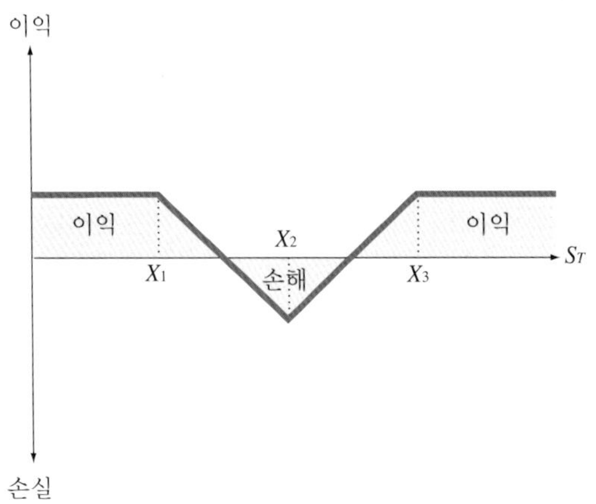

4. 옵션과 주식의 결합

옵션은 다른 옵션 혹은 기초자산과 결합하여 기존의 특정 포지션의 손익구조를 복제할 수 있다. 이 성질을 이용하여 옵션을 주식과 결합함으로써, 주식에서 발생할 수 있는 손실(이익)을 옵션의 이익(손실)으로 보전하는 헤지포지션(hedge position)을 구성할 수 있다. 대표적인 헤지포지션으로 다음의 두 가지가 있다.

(1) 방비콜 : $S-C$

방비콜(커버드 콜, covered call)은 주식을 1주 매입 · 보유($+S$)하고 그 주식을 기초자산으로 하는 콜옵션을 1개 발행하여 매도($-C$)하는 전략이다. 이 전략은 결국 풋옵션 매도포지션($-P$)의 손익과 동일하게 된다. 방비콜을 구성하면 <그림 15-17>에서 보듯이 주가가 하락하면 주식의 손실은 콜옵션의 이익으로 일부 보전되며, 주가가 상승하면 콜옵션의 매도에 따른 손실이 주식의 이익으로 상쇄되어 콜옵션 프레미엄만큼 일정한 이익을 실현할 수 있다.

주로 보유자산의 가격이 약보합으로 예상시, 일정한 수준(행사가격, X)에서 주식을 매도할 때 콜옵션 프레미엄(CP)만큼 고정적인 추가수입을 얻고자 하는 경우에 이용된다.

그림 15-17 방비콜의 손익

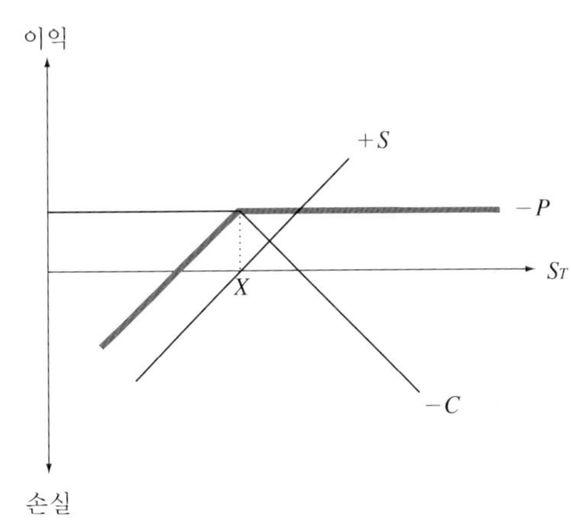

그림 15-18 보호풋의 손익

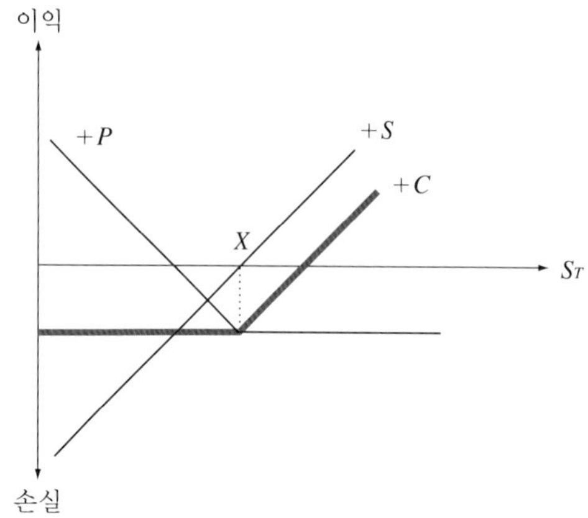

(2) 보호풋 : $S+P$

보호풋(protective put)은 주식을 1주 매입(+S)하고 그 주식을 기초자산으로 하는 풋옵션을 1개 매입(+P)하는 전략이다. 이 전략은 결국 콜옵션 매입포지션(+C)의 손익과 동일하게 된다. 보호풋을 구성하면 <그림 15-18>에서 보듯이 주가가 하락하면 주식의 손실을 풋옵션의 이익으로 손실을 보전할 수 있으며, 주가가 상승하면 주식보유에 따른 이익을 얻을 수 있다.

즉 주가하락시 손실을 감소하고 주가상승시 이익을 누리고자 할 때 보호풋을 구성하는데, 이 원리를 이용하여 포트폴리오 보험(portfolio insurance)전략을 개발하였다.

5. 풋-콜 패러티

(1) 풋-콜 패러티의 유도

1) 투자수단

자본시장에 다음과 같은 4개의 금융상품이 있다고 가정하자.

① 주식

② 주식에 대한 콜옵션
③ 주식에 대한 풋옵션 (②와 ③은 동일행사가격과 동일만기)
④ 무위험 순수할인채 (채권의 액면가는 옵션의 행사가격과 같고, 채권만기는 옵션만기와 동일)

2) 원 리

현재 시점의 주가를 S, 풋옵션가격을 P, 무위험 순수할인채의 가격을 $B[=\frac{X}{e^{R_fT}}]$, 콜옵션가격을 C라고 하자.

포트폴리오 1 : 주식과 풋옵션을 매입하여 옵션만기일까지 보유
포트폴리오 2 : 무위험 순수할인채와 콜옵션을 매입하여 옵션만기일까지 보유

위 포트폴리오의 현재가치와 옵션만기일의 가치는 다음과 같다.

포트폴리오	현재가치 (현재의 투자액)	옵션만기일의 가치	
		$S_T \geq X$	$S_T < X$
1	S P	$\left.\begin{matrix} S_T \\ 0 \end{matrix}\right\} S_T$	$\left.\begin{matrix} S_T \\ X-S_T \end{matrix}\right\} X$
2	B C	$\left.\begin{matrix} X \\ S_T-X \end{matrix}\right\} S_T$	$\left.\begin{matrix} X \\ 0 \end{matrix}\right\} X$
1−2	$(S+P)-(B+C)$	0	0

만기일의 가치는 포트폴리오 1이 2와 같기 때문에, 현재가치 역시 $S+P=B+C$이라는 등식이 성립한다.

$$S+P=B+C$$

콜옵션을 왼쪽으로 옮기면 $S+P-C=B$를 얻을 수 있는데, 여기에서 주식(S)과 콜옵션(C)은 반대포지션이고 주식(S)과 풋옵션(P)은 동일포지션임을 알 수 있다. 주식을 1주 매입하고, 그 주식에 대한 풋옵션을 1개 매입하며, 그 주식에 대한 콜옵션을 1개 매도하면 무위험 순수할인채권 B와 똑같은 포트폴리오를 구성할 수 있는데, 이것이 바로 무위험 포트폴리오를 구성하는 원리이다.

(2) 풋-콜 패러티의 의미

풋-콜 패러티(put-call parity)란 무위험 포트폴리오를 구성하는 콜옵션가격(C)과 풋옵션가격(P)의 등가관계를 말한다. 즉 시장이 균형(무차익)상태일 때 동일한 기초주식에 대하여 만기와 행사가격이 같은 콜옵션가격과 풋옵션가격간에는 일정한 등가관계가 성립하는데, 이를 풋-콜 패러티라고 한다.

(3) 풋-콜 패러티의 구성

주식을 1주 매입하고, 그 주식에 대한 풋옵션을 1개 매입하며, 그 주식에 대한 콜옵션을 1개 매도하는 포트폴리오를 구성하여 보자. 이 포트폴리오의 현재가치와 만기가치는 다음과 같다.

	현재가치	만기가치	
		$S_T \geq X$	$S_T < X$
주식 매입	$+S$	S_T	S_T
풋옵션매입	$+P$	0	$X-S_T$
콜옵션매도	$-C$	$-(S_T-X)$	0
포트폴리오 가치	$S+P-C$	X	X

이 포트폴리오는 만기일의 주가(S_T)에 상관없이 행사가격(X)으로 일정하므로

그림 15-19 풋-콜 패러티와 무위험 헤지포트폴리오

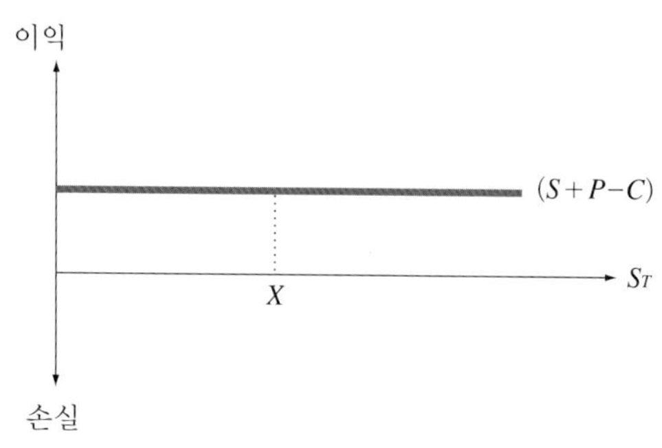

무위험 헤지포트폴리오이다. 따라서 시장이 균형상태라면 이 포트폴리오의 수익률이 무위험이자율이어야 한다. 이 포트폴리오의 현재가치($S+P-C$)는 만기가치(X)를 무위험이자율로 할인한 현가와 동일해야 하는 논리를 풋-콜 패러티라고 하며, 이를 도시화한 것이 〈그림 15-19〉이다.

$$S+P-C=\frac{X}{(1+R_f)^T}\text{(이산복리)}=\frac{X}{e^{R_fT}}\text{(연속복리)}$$

(4) 풋-콜 패러티의 활용

① 풋-콜 패러티의 식에서 콜옵션가격만 안다면 모든 조건 (기초주식, 행사가격, 만기일, 무위험이자율)이 동일한 풋옵션가격을 쉽게 구할 수 있다. 따라서 옵션가격결정모형에서는 주로 콜옵션가격의 결정문제를 다룬다.

② 풋-콜 패러티를 이용하여 다양한 형태의 금융상품을 만들 수 있다. 이 상품은 진정한 포지션(real position)은 아니지만, 원하는 금융상품과 동일한 손익형태를 가지므로 이를 합성증권(synthetic security) 혹은 합성포지션(synthetic position)이라고 한다.

합성포지션	풋-콜 패러티	구성방법 (+ : 매입, - : 공매)
합 성 주 식	$S=C-P+\frac{X}{e^{R_fT}}$	콜매입, 풋매도, 무위험할인채 매입(대출)
합 성 콜	$C=S+P-\frac{X}{e^{R_fT}}$	주식매입, 풋매입, 무위험할인채 공매(차입)
합 성 풋	$P=C-S+\frac{X}{e^{R_fT}}$	콜매입, 주식공매, 무위험할인채 매입(대출)
합성무위험할인채	$\frac{X}{e^{R_fT}}=S+P-C$	주식매입, 풋매입, 콜매도

예제 ⑮ - 4 풋-콜 패러티와 차익거래

(주)서울의 현재 주가는 21,000원이고, 이 주식을 기초자산으로 하고 행사가격이 22,000원, 만기가 1년인 유럽형콜옵션의 가격은 2,000원이다. 이산복리 무위험이자율이 10%일 때 다음 각 물음에 답하라.

(1) 균형상태의 자본시장을 가정하여 위의 콜옵션과 모든 조건이 동일한 유럽형풋

옵션의 가격을 구하라.

(2) 만일 풋옵션가격이 현재 1,200원이라면 차익이 가능하다. 차익거래과정을 설명하고 차익을 구하라.

(1) $S=21{,}000 \quad X=22{,}000 \quad C=2{,}000 \quad R_f=0.1 \quad T=1$

$S+P-C=\dfrac{X}{(1+R_f)^T}$에서 $P=C-S+\dfrac{X}{(1+R_f)^T}=2{,}000-21{,}000+\dfrac{22{,}000}{(1+0.1)^1}=1{,}000$원

(2) 풋옵션가격이 1,200원이라면 $P>C-S+\dfrac{X}{(1+R_f)^T}$이므로 $P+S>C+\dfrac{X}{(1+R_f)^T}$이다. 따라서 과대평가된 풋옵션매도하고 주식공매, 과소평가된 콜옵션매입과 무위험할인채를 매입(무위험이자율에 대출)함으로써 200원(=1,200−1,000)의 차익을 얻을 수 있다.

	현재가치	만기 가치	
		$S_T \geq 22{,}000$	$S_T < 22{,}000$
풋옵션매도	+1,200	0	$-(22{,}000-S_T)$
주식공매	+21,000	$-S_T$	$-S_T$
콜옵션매입	−2,000	$S_T-22{,}000$	0
무위험할인채매입	−20,000(=22,000/1.1)	22,000	22,000
차익포트폴리오	200	0	0

제 4 절 선물거래의 개요

1. 선물거래

(1) 선도계약

매매쌍방이 특정 자산을 미래의 특정시점에 특정한 가격으로 사고 팔 것을 현재의 시점에서 약정한 계약을 선도계약(forward contract)이라고 하며, 이러한 계약을 사고 파는 것을 선도거래(forward transaction)라고 한다. 투자자가 선도계약을 매입하면 선도계약에 매입포지션(long position)을 취한다고 하고, 선도계약을 매도하면 선도계약에 매도포지션(short position)을 취한다고 한다.

선도가격(forward price)은 거래당사자들이 미리 약정한 가격이고, 기초자산은 만기일에 거래대상이 되는 특정 자산이며, 만기일 또는 인도일(maturity 또는 delivery date)이란 미래 특정시점을 말한다. 기초자산의 현물가격(spot price)은 현물시장의 거래가격을 말하고, 미래의 현물가격(futures spot price)은 만기시점의 현물가격을 말한다. 이제 현물가격 및 선도가격을 시간선에 따라 다음과 같은 기호로 표시하여 설명하기로 하자.

0 : 선도계약의 체결시점(현재시점)	T : 선도계약의 만기시점
S_0 : 현재(0시점)의 현물가격	S_T : 계약만기(T시점)의 현물가격
$f_{0,T}$: 만기가 T인 선도계약의 현재(0시점)가격, 즉 선도가격	

위에서 $f_{0,T}$는 계약체결시점에 고정(lock-in today)되므로 변하지 않는데, 이는 옵션에서 행사가격에 해당된다. 선도가격인 $f_{0,T}$는 변하지 않으므로 선도거래의 손익은 미래의 현물가격인 S_T에 좌우된다. 예컨대 선도계약의 매입자는 만기일의 현물가격(S_T)이 선도가격($f_{0,T}$)보다 높으면 선도이익을 보게 되고, 이와는 반대로 만기일의 현물가격(S_T)이 선도가격($f_{0,T}$)보다 낮으면 선도손실을 보게 된다. 이

를 도표로 나타내면 다음과 같다.

선도계약 체결시점(0)	선도계약 만기시점(T)
선도매입자의 손익 (=$S_T-f_{0,T}$)	$f_{0,T}<S_T$: 이익 $f_{0,T}>S_T$: 손실
선도매도자의 손익 (=$f_{0,T}-S_T$)	$f_{0,T}>S_T$: 이익 $f_{0,T}<S_T$: 손실

예제 ⑮ - 5 선도거래자의 손익관계

현재 (4월 1일) 금 100온스를 온스당 \$400으로 만기일 (8월 1일)에 인도하는 선도계약을 체결했다고 하자. 만기일에 금 현물가격이 온스당 ① \$450으로 상승, ② \$370으로 하락한다고 가정하고, 만기일의 선도매입자와 선도매도자 손익을 각각 계산하라.

(1) 선도매입자의 손익 = (수량)($S_T-f_{0,T}$) = (100온스)(\$450−\$400) = \$5,000 (이익)
선도매도자의 손익 = (수량)($f_{0,T}-S_T$) = (100온스)(\$400−\$450) = −\$5,000 (손실)

(2) 선도매입자의 손익 = (수량)($S_T-f_{0,T}$) = (100온스)(\$370−\$400) = −\$3,000 (손실)
선도매도자의 손익 = (수량)($f_{0,T}-S_T$) = (100온스)(\$400−\$370) = \$3,000 (이익)

선도매입자가 이익을 실현하면 선도매도자가 손실을 입게 되고, 선도매도자가 이익을 실현하면 선도매입자가 손실을 보게 된다. 이와 같이 선도계약에서는 매입자와 매도자의 손익을 합치면 제로섬(zero sum)[1]이 된다.

1) 선도거래의 손익 = 선도매입자의 손익 + 선도매도자의 손익 = ($S_T-f_{0,T}$) + ($f_{0,T}-S_T$) = 0

(2) 선물계약

매매쌍방이 특정 자산을 미래의 특정시점에 특정한 가격으로 사고 팔 것을 현재의 시점에서, 공식적인 시장인 거래소를 통하여 표준화된 계약조건에 따라 약정한 계약을 선물계약(futures contract)이라고 하며, 이러한 계약을 사고 파는 것을 선물거래(futures transaction)라고 한다.

따라서 선물거래는 선도거래를 정형화·표준화시킨 거래라고 할 수 있는데, 각 특징을 〈표 15-4〉에 요약하였다.

〈표 15-4〉 선도거래와 선물거래의 특징

차이점	선도거래	선물거래
거래방법	거래당사간의 직접 거래	공개경쟁방식
시장형태	비조직적인 장외거래	조직화된 거래소
가격형성	계약체결시 1번	매일 매일 새로운 가격이 형성
거래조건	당사자 계약에 따라 다름	표준화
실물인도	대부분 됨	대부분 안되고 중도에 반대매매
이행보증	당사자의 신용도에 좌우	거래소가 이행을 보증
현금흐름	만기일에 1번	매일

(3) 현물(현금)거래와 선도(선물)거래의 비교

위에서 살펴보았듯이 선도나 선물거래는 현재 시점에서 계약만 할 뿐 특정 자

그림 15-20 현물거래와 선도(선물)거래의 차이

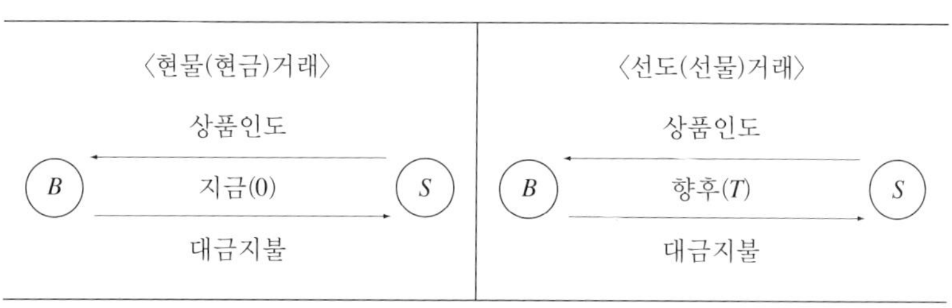

산의 인수도와 현금흐름이 미래(T시점)에 발생하는 거래이다. 이와 반해 현물거래 혹은 현금거래(spot transaction 혹은 cash transaction)는 계약과 동시에 특정자산의 인수도와 현금흐름이 현재(0시점)에 발생하는 거래이다. 이를 〈그림 15-20〉에 도시하였다.

(4) 선물거래의 종류

선물거래는 거래대상의 기초자산에 따라 상품선물(commodity futures)과 금융선물(financial futures)로 나눌 수 있는데, 이를 〈그림 15-21〉에 도시하였다.

(5) 선물과 옵션의 비교

선물거래와 옵션거래간의 차이점을 〈표 15-5〉에 요약하였다.

〈표 15-5〉 옵션거래와 선물거래의 비교

	옵션거래	선물거래
계약이행의무	옵션매입자는 권리만 있고, 옵션매도자는 옵션매입자가 권리행사할 때만 의무가 생긴다.	선물매입자와 선물매도자 모두 계약이행의 의무가 있다.
계약시점의 현금흐름	옵션매입자가 옵션매도자에게 옵션프레미엄을 지불한다.	선물매입자와 선물매도자 모두 증거금을 납부한다.
가격변동위험	옵션매입자는 유리한 경우에만 행사하므로, 가격변동위험을 한정시킬 수 있다.	선물매입자와 선물매도자 모두 계약이행의 의무만 있으므로 가격변동위험에 노출된다.

그림 15-21 선물거래의 종류

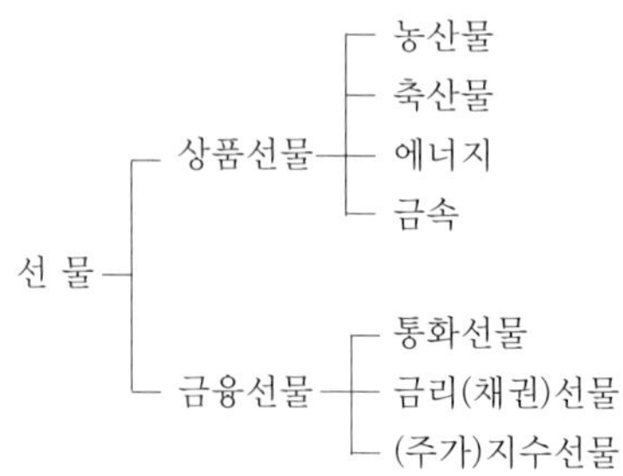

2. 선물거래의 포지션과 손익

(1) 선물거래의 만기손익

1) 의 의

선물계약의 만기일에 선물가격을 지불하고 기초자산을 매입하기로 약정한 계약을 선물매입(long futures), 선물가격을 받고 기초자산을 매도하는 계약을 선물매도(short futures)라고 한다. 이제 현물가격 및 선물가격을 시간선에 따라 다음과 같은 기호로 표시하여 설명하기로 하는데, 원리는 선도거래와 동일하다.

0 : 선물계약의 체결시점(현재시점)	T : 선물계약의 만기시점
S_0 : 현재(0시점)의 현물가격	S_T : 계약만기(T시점)의 현물가격
$F_{0,T}$: 만기가 T인 선물계약의 현재(0시점)가격, 즉 선물가격	

선물계약의 매입자는 만기일의 현물가격(S_T)이 선물가격($F_{0,T}$)보다 높으면 선물이익을 보게 되고, 이와는 반대로 만기일의 현물가격(S_T)이 선물가격($F_{0,T}$)보다 낮으면 선물손실을 보게 된다. 이를 도표로 나타내면 다음과 같다.

선물계약 체결시점(0)	선물계약 만기시점(T)
선물매입자의 손익 $(=S_T-F_{0,T})$	$F_{0,T}<S_T$: 이익 $F_{0,T}>S_T$: 손실
선물매도자의 손익 $(=F_{0,T}-S_T)$	$F_{0,T}>S_T$: 이익 $F_{0,T}<S_T$: 손실

선물매입자와 선물매도자의 손익구조를 〈그림 15-22〉에 도시하였는데, 이는 현물매입자와 현물매도자의 손익구조와 동일한 것임을 보여주고 있다.

2) 인도일 수렴현상

선물가격은 만기일에 가까워 질수록 기초자산의 현물가격에 수렴하게 되고, 만기일에는 현물가격과 선물가격이 일치한다. 즉 선물시장에서 즉시 만기가 되

그림 15-22 선물거래의 손익구조

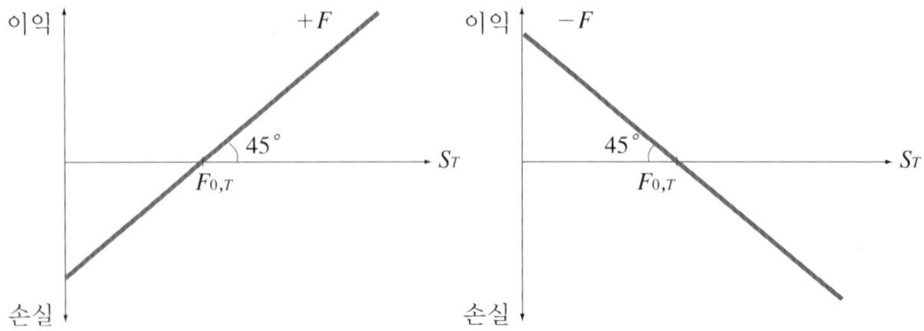

는 선물거래는 현물거래와 같기 때문에 만기일의 선물가격($F_{T,T}$)은 바로 그 시점의 현물가격(S_T)에 일치하게 되는데, 이 현상을 인도일 수렴현상(delivery date convergence)이라고 한다.

$$\text{만기일의 선물가격}(F_{T,T}) = \text{만기일의 현물가격}(S_T)$$

(2) 선물거래의 청산

선물거래자는 계약이행의 의무만 있다고 하였다. 따라서 선물매입자는 만기일에 선물가격을 지불하고 기초자산을 인수함으로써 의무를 이행할 수 있고, 선물매도자는 만기일에 선물가격을 받고 기초자산을 인도함으로써 의무를 다할 수 있다. 그러나 대부분의 선물거래에서는 만기일 이전에 원래 포지션과 반대되는 거래(reverse trade 혹은 offsetting trade)를 하고 선물가격의 차액을 현금결제함으로써 의무를 청산할 수 있다.

예컨대 선물매입자는 매입했던 선물계약을 매도(전매, long liquidation)함으로써 의무관계를 청산할 수 있고, 선물매도자는 매도했던 선물계약을 매입(환매, short covering)함으로써 의무관계를 종결할 수 있다.

3. 선물거래의 동기

선물거래를 하는 동기에 따라 선물거래를 다음과 같이 구분할 수 있다.

(1) 헤지거래

헤지거래(hedge)란 현재의 현물시장에서 취한 포지션에 따라 발생하는 자산의 가격변동위험을 제거(=회피 · 감소 · 헤지)하기 위하여, 선물시장에서 반대포지션을 취하는 거래를 말한다. 헤지거래를 하는 사람을 헤저(hedger)라고 하는데, 헤저는 헤지거래를 하는 과정에서 기회손실을 볼 수 있으나 이는 현물포지션의 손실을 회피하기 위해 지불하는 대가로 보아야 할 것이다.

(2) 투기거래

투기거래(speculation)란 현물시장에서는 아무런 포지션도 취하지 않은채 선물시장에서 포지션을 취하여 선물가격변동에 따른 시세차익을 얻기 위한 거래를 말하며, 투기거래를 하는 사람을 투기자(speculator)라고 한다. 예컨대 향후 선물가격이 상승할 것으로 예상하면 선물매입 포지션을 취하고, 반대로 선물가격이 하락할 것으로 예상하면 선물매도 포지션을 위한다. 그러나 자기 예상이 빗나가면 투기자는 큰 손실을 입을 수 있다. 따라서 투기자는 보호되지 않은 포지션(naked 혹은 uncovered position)을 취하여 선물가격변동에 따른 위험을 감수하며 투기적 이익을 얻고자 하는 사람이다.

(3) 차익거래

차익거래(arbitrage)란 현물가격과 선물가격간의 일시적인 불균형상태를 이용하여 무위험수익(riskless profit)인 차익을 얻을 목적으로 선물거래를 하는 것을 말하며, 차익거래를 하는 사람을 차익거래자(arbitrageur)라고 한다. 예컨대 현물가격과 선물가격 중에서 상대적으로 과대평가된 것을 (공)매도하고 과소평가된 것을 매입함으로써 차익을 얻을 수 있다.

(4) 스프레드거래

스프레드거래(spread)란 만기일, 기초자산, 거래소 등이 다르지만 매우 밀접한 관련이 있는 선물계약간의 가격차이을 이용하여 이익을 얻고자 하는 선물거래이며, 스프레드거래를 하는 사람을 스프레더(spreader)라고 한다.

차익거래자와 스프레더는 불균형관계를 이용하여 이익을 추구하므로, 두 용어는 혼용되어 사용되기도 한다. 다만 차익거래자는 공간적인 불균형상태를 이용하고 스프레더는 시간적인 불균형상태를 이용하는 것에 차이가 있을 뿐이다.

4. 선물거래의 기능

(1) 가격위험 관리기능

선물거래를 이용하여 자산의 가격변동위험을 관리할 수 있다. 예컨대 보유하고 있는 자산의 가격하락위험을 헤지하기 위하여 선물계약에 매도(short) 포지션을 취할 수 있고, 향후 구입하고자 하는 자산의 가격상승위험을 헤지하기 위하여 선물계약에 매입(long) 포지션을 취할 수 있다. 이 경우 헤저로부터 위험을 인수하면서 이익을 얻고자 하는 투기자에게로 위험이 전가(risk transfer)된다.

(2) 가격예시기능

현재의 선물가격은 미래에 예상되는 현물의 수요와 공급에 의해 결정되므로, 선물가격은 미래 현물가격의 가격을 예시(price discovery)하는 기능을 한다.

(3) 자원의 효율적 배분기능

선물시장은 투기자의 부동자금을 흡수하여 이를 헤저의 산업자금으로 이전시키는 자본형성기능을 간접적으로 수행한다.

(4) 신금융상품의 개발

선물상품을 다양하게 합성하여 투자자들의 수익성과 유동성 등을 만족시켜 주는 새로운 금융상품을 개발할 수 있다.

5. 선물거래소(청산소)의 기능

(1) 의 의

선물청산소는 거래소의 일부 부서로 존재하기도 하고, 거래소의 자회사로 존재하기도 하며, 거래소와는 별도의 전문회사로 존재하기도 하는데, 시험목적상 선물거래소와 선물청산소의 구분은 의미가 없다.

청산소의 가장 큰 기능은 선물거래의 참가자들에게 계약이행을 보장하는 것이다. 결제이행의 보증을 위하여 청산소는 거래자로부터 보증금을 징수하며, 일일정산제도를 시행한다.

(2) 일일정산제도

일일정산제도(daily settlement 혹은 marking to market)란 청산소가 고객의 미청산계약(미결제약정)을 매일매일의 정산가격(settlement price)으로 다시 평가하여 선물가격변동에 따르는 손익을 고객의 증거금에 반영하는 제도를 말한다.

(3) 증거금

선물거래를 하기 위하여 투자자가 선물중개회사를 선택하여 구좌를 개설하면 곧 중개업자로 부터 증거금(보증금, margin)을 청구받게 된다. 증거금이란 투자자가 미결제약정(open interest)의 이행보증을 위해 납부해야 하는 계약이행 보증금(performance bond)이나 신뢰보증금(good faith deposit)의 성격이다. 증거금은 선물만기일이나 청산일에 반환되므로, 선물거래에 수반되는 비용이나 거래대금이 아니라 보증금의 성격이다.

① 개시증거금 (initial margin) : 선물거래를 개설할 때 고객이 납부해야 하는 최초의 증거금으로 보통 선물계약금액의 5~15% 수준이다. 증거금으로 현금(cash), 현금등가물(T-Bill 등의 cash equivalents), 신용장(bank letters of credit)이 일반적으로 이용된다.

② 유지증거금 (maintenance margin) : 고객의 선물포지션을 유지하는데 필요한 최소한의 증거금으로 보통 개시증거금의 75~80% 수준이다.

③ 추가증거금 (variation margin) : 만일 선물가격이 불리하게 변동하여 일일정산과정에서 손실금액이 유지증거금 이하로 하락하면, 청산소는 고객에게 24시간 이내로 개시증거금 수준까지 증거금을 추가납부할 것을 요구(margin call)한다. 이 때 투자자가 추가로 납부하는 증거금을 추가증거금 혹은 변동증거금(variation margin)이라고 하는데, 변동증거금은 현금이나 현금등가물로 내야 한다. 만일 투자자가 변동증거금을 납부하지 않으면 청산소가 일방적으로 고객의 선물포지션을 반대매매하여 강제청산(forced liquidation)시킨다.

④ 초과증거금 (excess margin) : 만일 선물가격이 유리하게 변동하여 증거금 잔액이 개시증거금 수준을 초과하면, 그 초과하는 수준은 언제나 현금으로 인출이 가능하다. 이 인출가능한 금액을 초과증거금이라고 한다.

증거금을 도시한 것이 〈그림 15-23〉이다.

그림 15-23 증거금

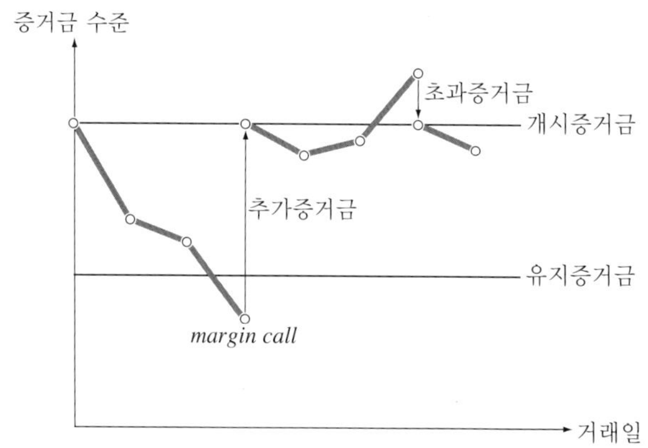

예제 ⑮ – 6 일일정산과 증거금[1)]

투자자 갑은 6월 14일에 7월 1일에 인도하는 선물계약에 온스당 $450의 가격으로 金 100온스를 매입하는 포지션을 취했다고 하자. 개시증거금은 $2,000이고 유지증거금은 $1,500이며, 모든 거래는 종가에 이루어졌다고 하자. 편의상 선물증거금에 대한 이자는 무시하고, 초과증거금은 현금으로 인출할 수 있다고 가정하자. 다음의 표를 보고 일일정산제도하에서 선물증거금의 변화과정을 설명하라.

시간	선물가격($)	선물손익($)	당일의 시작증거금($)	현금유출입($) 유출(–)/유입(+)	당일의 마감증거금($)
6/14	450	0	0	–2,000	2,000
6/15	449	–100	1,900	0	1,900
6/16	455	600	2,500	500	2,000
6/17	450	–500	1,500	–500	2,000
6/20	452	200	2,200	200	2,000
6/21	449	–300	1,700	0	1,700
6/22	445	–400	1,300	–700	2,000
6/23	440	–500	1,500	–500	2,000
6/24	445	500	2,500	500	2,000
6/27	450	500	2,500	500	2,000
6/28	460	1,000	3,000	1,000	2,000
6/29	465	500	2,500	500	2,000
6/30	470	500	2,500	500	2,000
7/1	475	500	2,500	2,500	–
누계	25	2,500		2,500	

① 6/14 : 투자자 갑은 $2,000의 개시증거금을 예치한다.

② 6/16 : 선물가격의 상승으로 증거금계정이 $2,500으로 증가하므로, 개시증거금 $2,000을 초과하는 만큼의 $500을 현금으로 인출한다.

③ 6/17 : 증거금계정이 유지증거금 수준인 $1,500으로 감소하므로 추가증거금 납부요구를 받는다. $2,000의 개시증거금 수준을 맞추기 위하여 $500의 추가(변동)증거금을 예치한다.

---

1) Siegel, Daniel and Siegel, Diane, *Futures Markets*, Dryden Press, 1990.

④ 6/20 : 증거금계정이 $2,200으로 증가하므로, $200을 인출한다.

⑤ 6/22 : 유지증거금 수준인 $1,500이하인 $1,300으로 감소하므로 $700의 추가증거금을 예치한다.

⑥ 6/23 : 역시 유지증거금 수준인 $1,500으로 감소하므로 $500의 추가증거금을 예치한다.

⑦ 6/24~6/30 : 선물가격의 상승으로 증거금계정이 개시증거금 $2,000을 초과하는 금액을 인출한다.

⑧ 7/1 : 투자자 갑의 매입포지션을 청산하고 증거금계정에서 현금을 인출한다.

이와 같이 투자자 갑이 6월 14일부터 7월 1일까지 18일 동안의 선물이익의 누계는 $2,500 [=($475-$450)(100온스)]으로, 이 기간동안 증거금계정에서 인출한 현금액과 정확히 일치한다. 즉, 선물가격의 변동효과가 일일정산되어 증거금계좌에 반영되므로 선물만기(청산)일에는 손익발생이 없게 된다. 결국 갑은 7월 1일에 포지션을 청산함에 따라 그 동안의 선물이익 누계와 개시증거금을 모두 회수하게 된다.

제 5 절 베이시스와 스프레드

1. 베이시스

(1) 의 의

베이시스(basis)란 어느 시점에서 선물가격과 현물가격간의 차이를 말한다.

$$베이시스_t = 선물가격_t - 현물가격_t$$

베이시스와 관련된 용어는 다음과 같다.

1) 개시베이시스와 커버베이시스

개시베이시스(initial basis)는 선물거래를 개시할 때의 베이시스를 말하고, 커버베이시스(cover basis)는 선물거래를 청산할 때의 베이시스를 말한다.

2) 콘탱고와 백워데이션

콘탱고(contango)는 선물가격이 현물가격보다 높은 현상을 말하고, 이러한 시장을 정상적 시장(normal market)이라고 한다. 백워데이션(backwardation)은 선물가격이 현물가격보다 낮은 현상을 말하는데, 금융선물의 경우 보유비용보다 보유수익이 클 때 이런 현상이 발생할 수 있다. 백워데이션이 일어나는 시장을 비정상적 시장(abnormal market) 혹은 역조시장(inverted market)이라고 한다.

3) 만기일의 베이시스

선물가격은 만기일에 가까워올수록 기초자산의 현물가격에 수렴하게 되므로 베이시스는 만기일에 다가올수록 점차 감소한다. 만기일에는 인도일수렴 현상에 의해 선물가격과 현물가격이 일치하므로 베이시스가 0이 된다.

(2) 베이시스위험

1) 선물계약시점부터 종료시점까지의 기간동안 선물가격변동과 현물가격변동이 일치하면 베이시스가 변동하지 않으므로, 개시 베이시스와 커버 베이시스가 일치한다. 이때는 현물시장의 이익(손실)이 선물시장의 손실(이익)에 의해 완전히 상쇄되기 때문에, 순손익이 0이 되는 완전헤지가 일어난다. ($\rho = +1$)

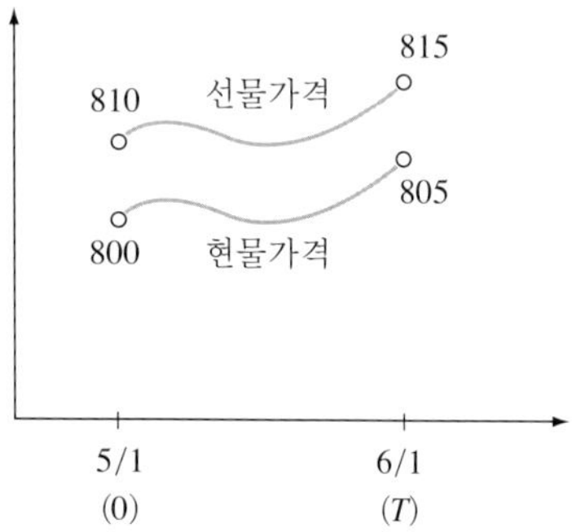

선물시장에서 5(=815−810)의 변동이 있었고, 현물시장에서도 5(=805−800)의 변동이 있었으므로, 두 시장을 이용한 거래전략의 순손익은 0이 된다.

2) 그러나, 일반적으로 개시베이시스와 커버 베이시스간에는 차이가 있으므로 헤지의 순손익이 0이 아닌 불완전헤지가 된다. 베이시스의 변동에 따라 선물거래자의 손익이 달라지는 위험을 베이시스 위험(basis risk)이라고 한다. ($\rho \fallingdotseq +1$)

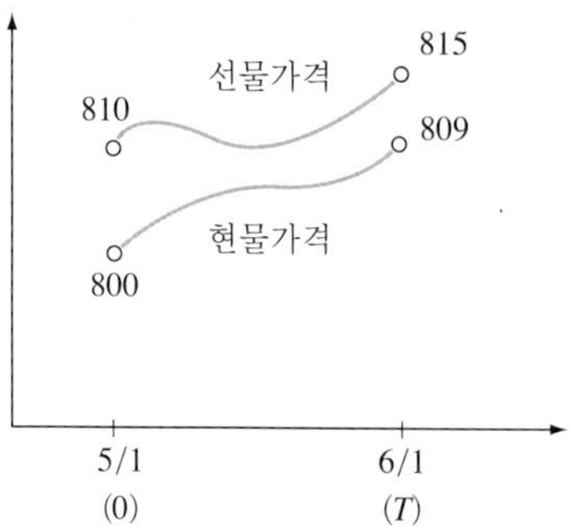

선물시장에서는 5(=815−810)의 변동이 있었고, 현물시장에서는 9(=809−800)의 변동이 있었으므로, 현물시장 고려시

- 선물매입자는 손실
  - 선물매입자는 5 이익
  - 현물매입자는 9 이익
- 선물매도자는 이익을 본다.

3) 위에서 보듯이 베이시스가 변동하면 불완전헤지가 되는데, 베이시스의 확대 혹은 축소여부와 시장형태에 따라 매입헤저와 매도헤저의 순손익을 다음과 같이 정리할 수 있다.

베이시스 변동	콘탱고시장		백워데이션시장	
	매입헤저	매도헤저	매입헤저	매도헤저
확대	이익	손실	손실	이익
축소	손실	이익	이익	손실

(3) 베이시스의 변동

베이시스가 일정하게 유지된다면(개시베이시스=커버베이시스) 현물과 선물의 가격변동이 서로 상쇄되어 베이시스 위험이 0이 되므로 완전헤지가 가능하다. 그러나 현실적으로 이렇지 못하므로 사실상 헤지효과가 1 또는 100%가 될 수는 없다.

베이시스(B)는 선물가격($F_{0,T}$)과 현물가격(S_0)의 차이이므로 $B=F_{0,T}-S_0$이고, 베이시스 위험은 베이시스의 분산인 $\sigma^2(B)$로 표시한다.

$$\sigma^2(B)=\sigma^2(F_{0,T}-S_0)=\sigma^2(F_{0,T})+\sigma^2(S_0)-2\rho_{SF}\,\sigma(F_{0,T})\sigma(S_0)$$

σ^2 : 현물가격과 선물가격의 분산

σ : 현물가격과 선물가격의 표준편차

ρ_{SF} : 현물가격과 선물가격간의 상관계수

이론적으로 보아 베이시스 위험이 0이 되려면 선물가격과 현물가격의 분산이 서로 같고 둘 간의 상관계수가 1이어야만 한다. 예컨대 선물가격과 현물가격의 분산이 모두 \$4이고 $\rho=1$이라면, $\sigma^2(B)=4+4-2(1)(2)(2)=0$ 이다. 하지만 완전헤지는 현실적으로 불가능하기 때문에 헤지효과를 극대화하기 위해서 베이시스 위험을 최소화시킨다.

베이시스 위험은 상관계수에 의해 크게 좌우되는데, ①상관계수가 클수록 헤지효과가 커지며 ②베이시스 위험은 현물가격위험보다 작다. 그 이유는 베이시스 위험이 현물의 가격위험보다 크다면 헤지할 필요가 없기 때문이다. 따라서 헤저는 현물의 가격변동위험을 위험의 크기가 더 작은 베이시스 위험으로 대체하는 것이다.

2. 스프레드

현물가격과 선물가격간의 차이를 베이시스라고 하는 반면, 상이한 선물가격간의 차이를 스프레드(spread)라고 한다. 스프레드는 아래와 같은 종류가 있다.

1) 만기간 스프레드(inter-delivery spread)

다른 조건은 동일하고 결제월(만기)만 다른 선물계약에 반대포지션을 취하는 스프레드이다. 보통 동일거래소에서 동종(intra-commodity)의 선물계약으로서 결제월만 다른 선물계약의 가격차이를 이용한다. 예컨대 오사카증권거래소(*OSE*)에서 거래되는 일경225선물의 3월물에 매입포지션을 취하고 9월물에 매도포지션을 취한 형태이다.

2) 상품간 스프레드(inter-commodity spread)

다른 조건은 동일하고 유사한 기초자산을 가지는 선물계약에 반대포지션을 취하는 스프레드이다. 보통 동일거래소(intra-market)의 동일결제월을 가지나 유사한 선물계약의 가격차이를 이용한다. 예컨대 오사카증권거래소(*OSE*)에서 거래되는 *S&P* 500 선물의 9월물에 매입포지션을 취하고 일경225선물의 9월물에 매도포지션을 취한 형태이다.

3) 거래소간 스프레드(inter-market spread)

다른 조건은 동일하고 거래소만 다른 선물계약에 반대포지션을 취하는 스프레드이다. 보통 서로 다른 거래소에서 거래되는 동종 선물계약 중에서 동일만기를 가진 선물계약의 가격차이를 이용한다. 예컨대 싱가폴국제화폐거래소(*SIMEX*)에서 거래되는 일경225 선물의 9월물에 매입포지션을 취하고 오사카증권거래소(*OSE*)에서 거래되는 일경225 선물의 9월물에 매도포지션을 취한 형태이다.

3. 선물가격과 기대현물가격의 관계

현재의 선물가격($F_{0,T}$)과 현재의 현물가격(S_0)간의 관계는 보유비용모형에 의해

설명되는데, 현재의 선물가격($F_{0,T}$)과 선물만기일의 기대현물가격[$E(S_T)$]간의 관계를 설명하는 견해로 다음이 있다.

(1) 기대가설

기대가설은 현재의 선물가격이 현재 시점에서 형성되는 만기일의 기대현물가격과 같다는 가설이다.

$$\text{현재의 선물가격}(F_{0,T}) = \text{만기일의 기대현물가격}[E(S_T)]$$

이 가설은 투자자들이 위험중립형이라고 가정하고 있다. 즉, 미래의 불확실성으로 인하여 현물가격이 변동하여 위험이 발생할지라도, 투자자는 이에 대한 보상을 요구하지 않는다는 가설이다. 따라서 매매쌍방의 기대이익이나 기대손실은 다음과 같이 모두 0이 된다.

$$\text{선물매입자} : E(S_T) - F_{0,T} = 0$$
$$\text{선물매도자} : F_{0,T} - E(S_T) = 0$$

(2) 위험프레미엄 가설

선물거래에 참여하는 투자자들이 위험회피형이라면 현재의 선물가격과 선물만기일의 기대현물가격은 참가자들이 요구하는 위험 프레미엄만큼 차이가 날 것이다. 이 차이를 위험프레미엄가설로 설명할 수 있다. 위험프레미엄가설은 다시 헤지압력(hedging pressure) 설명법과 *CAPM*법으로 구분할 수 있다.

1) 헤지압력설명법

헤지압력설명법에서는 선물시장에서 헤저의 수요가 변동하면 선물가격과 만기일의 기대현물가격간에 차이가 난다고 주장한다. 이 설명법에는 다음의 세 가지가 있다.

① 정상적 백워데이션(normal backwardation) 가설

이 가설은 대부분의 헤저가 현물을 보유중 (예 농부)이라고 가정한다. 헤저는 가격하락위험을 헤지하고자 선물시장에서 순매도(net short)포지션을 취할 것이다. 헤저들이 선물을 매도하려면 투기자들이 매입자로 참여해 주어야 거래가 성립할 것이다. 투기자는 위험을 감수한 대가로 위험프레미엄 $E(S_T)-F_{0,T}>0$이어야 거래에 참여할 것인데, 만기일에 가서는 인도일 수렴현상에 의하여 선물가격은 기대현물가격과 같게 된다 [Houthakker(1957)].

② 정상적 콘탱고(normal contango) 가설

이 가설은 대부분의 헤저가 현물을 구입할 예정(예 농산물 가공업자)이라고 가정한다. 헤저는 가격상승위험을 헤지하고자 선물시장에서 순매입(net long)포지션을 취할 것이다. 헤저들이 선물을 매입하려면 투기자들이 매도자로 참여해 주어야 거래가 성립할 것이다. 투기자는 위험을 감수한 대가로 위험프레미엄 $F_{0,T}-E(S_T)>0$이어야 거래에 참여할 것인데, 만기일에 가서는 인도일 수렴현상에 의하여 선물가격은 기대현물가격과 같게 된다 [Telser(1958), Gray(1961)].

③ 순헤지(net hedge) 가설

이 가설은 헤저의 포지션이 시간의 경과에 따라 변한다고 가정한다. 예컨대 농산물의 경우 헤저가 수확기 이전에는 순매도포지션을 취하고, 수확기 이후에는 순매입포지션을 취하는 경향이 있다. 이렇다면 선물가격은 시간의 흐름에 따라 백워데이션에서 콘탱고로 변화할 것이다.

기대가설, 정상적 백워데이션가설, 정상적 콘탱고가설, 순헤지가설을 도시한 것이 〈그림 15-24〉이다.

2) *CAPM*법

선물거래자가 요구하는 위험프레미엄을 *CAPM*의 체계적위험으로 설명하는 방법으로, $T=1$시점에 자산 i의 기대현물가격을 $E(S_T)$라 하고 이 자산의 체계적위험을 반영한 할인율이 $E(R_i)$라고 하면, 이 자산의 현재 현물가격은 다음과 같다.

그림 15-24 선물가격과 기대현물가격의 관계

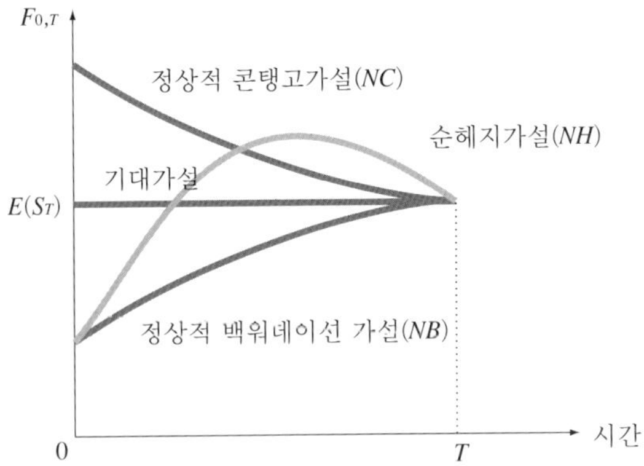

$$S_0 = \frac{E(S_T)}{1+E(R_i)} \tag{15-1}$$

여기에서 $E(R_i)=R_f+[E(R_M)-R_f]\beta_i$이다.

한편, 보관비용과 보유수익이 없다고 가정하면, 기초자산이 i이고 만기일이 $T=1$인 선물가격은 $F_{0,T}=S_0(1+R_f)$이므로 다음이 성립한다.

$$S_0 = \frac{F_{0,T}}{1+R_f} \tag{15-2}$$

식 (15-1)과 (15-2)에서 $\frac{E(S_T)}{1+E(R_i)} = \frac{F_{0,T}}{1+R_f}$이므로 다음의 관계가 성립한다.

$$F_{0,T}=E(S_T)\left[\frac{1+R_f}{1+E(R_i)}\right]=E(S_T)\left[\frac{1+R_f}{1+R_f+[E(R_M)-R_f]\beta_i}\right] \tag{15-3}$$

식 (15-3)에서 보듯이 선물가격과 기대현물가격간의 관계는 기초자산의 베타(β_i)에 따라 다음과 같이 달라진다.

① $\beta_i=0$이면 $F_{0,T}=E(S_T)$이므로, 기대가설이 성립한다.

② $\beta_i>0$이면 $F_{0,T}<E(S_T)$이므로, 정상적 백워데이션가설이 성립한다.

③ $\beta_i<0$이면 $F_{0,T}>E(S_T)$이므로, 정상적 콘탱고가설이 성립한다.

제 6 절 선물가격의 결정

1. 보유비용모형

(1) 기본가정

보유비용모형(cost of carry model)을 유도하기 위하여 다음과 같은 가정을 한다.

① 세금이나 거래비용이 없는 시장이다.

② 자금의 기회비용 성격만 제외하면, 기초자산을 매입 · 유지하는 비용이 없다.

③ 매입과 공매도에 아무런 제한이 없다.

④ 배당수입이나 이자수입같은 보유수익이 없다.

⑤ 자금의 차입과 대출에 아무런 제한이 없고, 대출이자율과 차입이자율은 동일하다.

(2) 현물-선물 패러티

현재의 현물가격을 S_0라 하고, 현재(0)부터 T일까지의 현물보유비용을 C라 하면, 만기일 T인 선물가격의 현재가격($F_{0,T}$)과 현물가격(S_0)간에는 다음의 관계가 성립한다.

현재(0)	선물만기일(T)
현물가격 S_0	S_T
선물가격 $F_{0,T}$	$\| \ F_{T,T}$

$$F_{0,T} = S_0 + C \qquad (15\text{-}4)$$

선물가격 = 현물가격 + 현물보유비용

보유비용모형은 선물을 매입하는 것과 현물자산을 현재 매입하여 선물만기일까지 보유하는 것은 동일하다는 논리에 의하여 선물가격을 평가한다. 식 (15-4)를 만족시키는 선물가격($F_{0,T}$)은 무차익 선물가격 혹은 균형선물가격 혹은 이론적 선물가격이라고 하며, 이 관계식을 「현물-선물 패러티(spot-futures parity)」라고 한다.

자본시장에 있는 모든 투자자들이 무위험이자율($r_{0,T}$)에 대출이나 차입에 제한이 없다고 가정하였으므로, 무위험이자율은 현물을 매입할 때는 차입이자율이 되며, 현물을 공매할 때는 대출이자율이 된다. 현물보유비용은 기초자산이 되는 현물을 선물만기일까지 보유시 발생하는 모든 비용을 말하는데 다음과 같이 구분할 수 있다.

① 현물매입의 기회비용

현물을 매입하면 현재 S_0의 현금유출이 발생하므로 S_0만큼의 금액을 T일까지 무위험이자율($r_{0,T}$)로 대출한 경우와 비교할 때, $S_0 \cdot r_{0,T}$만큼 기회비용이 발생하는 셈이 된다.

② 현물의 보관비용

기회비용 이외에 상품자산의 경우 현물을 매입해서 보유하려면 수송비, 보관(저장)비, 보험료 등의 각종 보관비용이 발생한다.

식 (15-4)에서 보관비용이나 보유수익이 없다고 가정하면 다음의 관계가 성립한다.[2)]

$$F_{0,T} = S_0 + S_0 \cdot r_{0,T} = S_0(1 + r_{0,T}) \qquad (15-5)$$

(3) 차익거래

자본시장이 일시적인 불균형상태에 있다면 위의 균형관계가 성립하지 않는데, 이 경우 다음과 같은 두 가지의 차익거래가 발생한다.

---

2) 1년을 360일로 가정하면 이 식을 다음과 같이 표현할 수 있다.

$F_{0,T} = S_0\left[1 + r\left(\frac{T}{360}\right)\right]$.

1) 현물매입차익거래 (cash-and-carry arbitrage)

만일 $F_{0,T} > S_0(1+r_{0,T})$이라면 실제의 선물가격이 과대평가되어있고, 상대적으로 현물가격은 과소평가되어 있다. 따라서 S_0만큼 자금을 차입하여 저평가된 현물을 매입하고, 고평가된 선물을 매도함으로써 선물만기일에 「$F_{0,T}-S_0(1+r_{0,T})$」만큼의 차익을 얻을 수 있다.

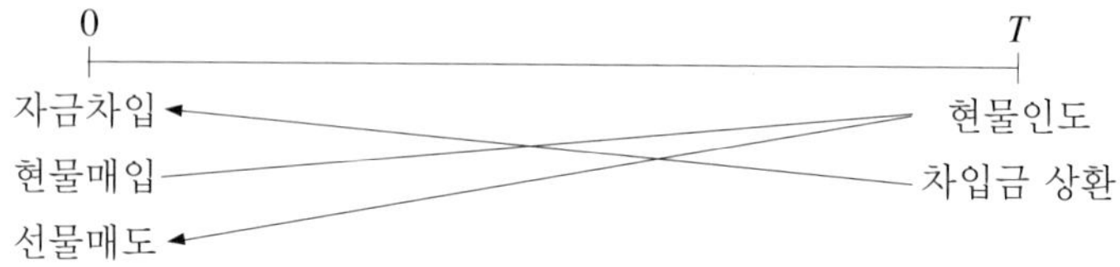

거래		0	T
CF	자금차입	S_0	$-S_0(1+r_{0,T})$
	현물매입	$-S_0$	~~S_T~~
	선물매도	0	$F_{0,T}-$~~S_T~~
NCF		0	$F_{0,T}-S_0(1+r_{0,T})>0$

이 표에서 (+)부호는 현금유입, (-)부호는 현금유출을 나타낸다. 0일의 현금흐름은 다음과 같다. S_0의 금액을 차입하여 기초자산인 현물을 매입하므로 S_0금액을 지출한다. 만기가 T일인 선물계약을 매도하나 현금유입은 없다. 따라서 모든 현금흐름을 합친 0일의 순현금흐름(net cash flow, NCF), 곧 순투자금액(net investment)은 0이 된다.

T일의 현금흐름은 다음과 같다. 0일의 차입금인 S_0에 대해 이자를 합쳐 $S_0(1+r_{0,T})$만큼 상환한다. 기초자산을 인도하여 S_T만큼 받는다. 선물매도한 손익이 $F_{0,T}-S_T$만큼 발생한다. 따라서 모든 현금흐름을 합친 T일의 순현금흐름은 $F_{0,T}-S_0(1+r_{0,T})$인데, 이것은 현물매입차익거래의 상황에 의해 양(+)이다. 이 전략은 T일에 기초자산을 인도한 대가로 받은 선물가격 $F_{0,T}$가 차입원리금 $S_0(1+r_{0,T})$을 초과한다는 것을 말한다.

이 거래는 순투자금액이 0이고 위험이 없으므로 무차익원리에 의해 만기일인 T일에 현금흐름이 0이 되어야 하는데, 양(+)의 결과가 나왔고 이것이 곧 차익인 것이다. 결국 이러한 차익거래가 무수히 발생함에 따라 현물가격은 상승하고 선물가격은 하락하여 시장은 균형상태를 회복한다.

2) 현물매도차익거래 (reverse cash-and-carry arbitrage)

만일 $F_{0,T} < S_0(1+r_{0,T})$이라면 실제의 선물가격이 과소평가되어있고, 상대적으로 현물가격은 과대평가되어 있다. 따라서 고평가된 현물을 S_0에 공매하여 이를 대출하고, 저평가된 선물을 매입함으로써 선물만기일에 「$S_0(1+r_{0,T})-F_{0,T}$」만큼의 차익을 얻을 수 있다.

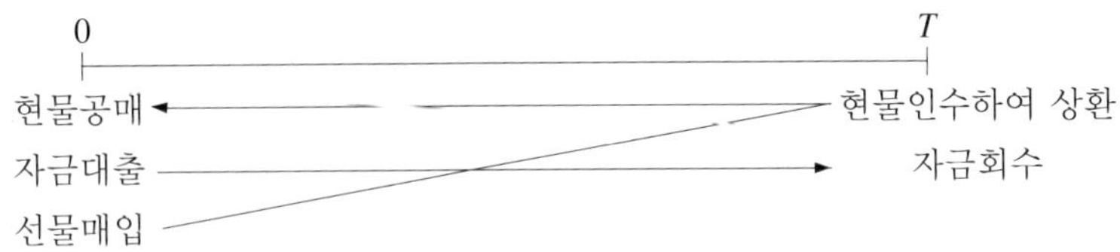

거래		0	T
CF	현물공매	S_0	~~$-S_T$~~
	자금대출	$-S_0$	$S_0(1+r_{0,T})$
	선물매입	0	~~S_T~~$-F_{0,T}$
NCF		0	$S_0(1+r_{0,T})-F_{0,T}>0$

0일의 현금흐름은 다음과 같다. 기초자산인 현물을 공매하므로 S_0의 현금유입이 발생하는데, 이 금액을 T일까지 대출한다. 만기가 T일인 선물계약을 매입하나 현금유출은 없다. 따라서 모든 현금흐름을 합친 0일의 순현금흐름은 0이 된다.

T일의 현금흐름은 다음과 같다. 공매자산을 S_T으로 사서 상환한다. 0일에 대출했던 S_0에 대해 이자를 합쳐 $S_0(1+r_{0,T})$만큼 회수한다. 선물매입한 손익이 $S_T-F_{0,T}$만큼 발생한다. 따라서 모든 현금흐름을 합친 T일의 순현금흐름은 $S_0(1+r_{0,T})-F_{0,T}$인데, 이것은 현물매도차익거래의 상황에 의해 양(+)이다. 이 전략은 T일에 기초자산을 인수한 대가로 지급한 선물가격 $F_{0,T}$가 대출원리금 $S_0(1+r_{0,T})$에 미달한다는 것을 말한다. 결국 이러한 차익거래가 무수히 발생함에 따라 현물가격은 하락하고 선물가격은 상승하여 시장은 균형상태를 회복한다.

예제 ⑮ - 7 보유비용모형

(주)서울의 주식가격은 현재 50,000원인데, 이 주식을 기초자산으로 하고 만기가 1년 후인 선물계약이 거래되고 있다고 하자. 무위험이자율이 10%라고 할 때 다음 각 물음에 답하라. 단, 보유수익(배당)과 보관비용은 없다.

(1) 위 선물계약의 균형(무차익, 이론)가격을 구하라.
(2) 위 선물계약이 현재 60,000원에 거래되고 있다고 하자. 차익거래과정을 보이고 차익을 계산하라.
(3) 위 선물계약이 현재 51,000원에 거래되고 있다고 하자. 차익거래과정을 보이고 차익을 계산하라.

$S_0 = 50{,}000 \quad r_{0,T} = 0.1 \quad T = 1$

(1) 무차익 선물가격 혹은 균형선물가격 혹은 이론적 선물가격은 식 (18-5)를 이용한다.
$F_{0,T} = S_0(1 + r_{0,T}) = 50{,}000(1 + 0.1) = 55{,}000$원

(2) 현재의 선물가격이 60,000원이므로 균형선물가격인 55,000원에 비하여 과대평가 되어있다. 따라서 현물매입 차익거래를 통하여 5,000원(=60,000−55,000)의 차익을 얻을 수 있다.

거 래		0	T
CF	자금차입	50,000	$-50{,}000(1+0.1) = -55{,}000$
	현물매입	−50,000	$\cancel{S_T}$
	선물매도	0	$60{,}000 \cancel{- S_T}$
NCF		0	$60{,}000 - 55{,}000 = 5{,}000$원

(3) 현재의 선물가격이 51,000원이므로 균형선물가격인 55,000원에 비하여 과소평가 되어있다. 따라서 현물매도 차익거래를 통하여 4,000원(=55,000−51,000)의 차익을 얻을 수 있다.

거 래		0	T
CF	현물공매	50,000	$\cancel{-S_T}$
	자금대출	−50,000	$50{,}000(1+0.1) = 55{,}000$
	선물매입	0	$\cancel{S_T} - 51{,}000$
NCF		0	$55{,}000 - 51{,}000 = 4{,}000$원

2. 보유수익모형

(1) 원 리

자산을 보유하면 보유기간 동안 기회비용이 발생하지만 보유수익도 발생한다. 예컨대 주식의 경우 배당소득, 채권의 경우 이자소득과 같은 현금유입이 발생한다.

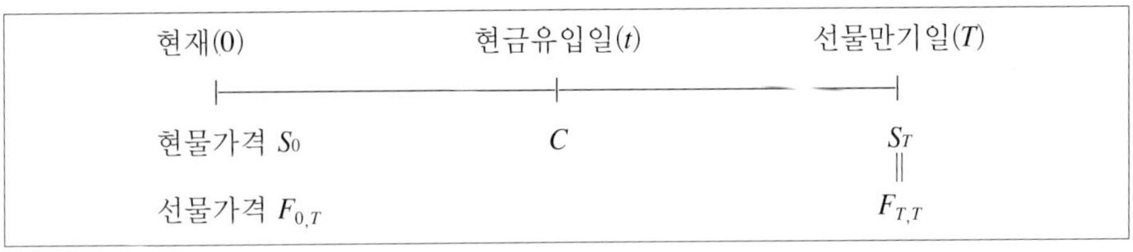

현금유입일이 선물만기일 이전인 t일에 C만큼 발생한다면 이를 선물만기일(T)까지 무위험이자율($r_{t,T}$)로 대출하여 $C(1+r_{t,T})$의 보유수익을 얻을 수 있다. 따라서 선물의 균형가격은 다음과 같이 변한다.[3]

$$F_{0,T}=S_0(1+r_{0,T})-C(1+r_{t,T}) \qquad (15\text{-}6)$$

※ 보유비용모형과 보유수익모형의 비교

보유비용모형 : $F_{0,T}=S_0+S_0 \cdot r_{0,T}$

선물은 현재 현금유출이 없으므로 재투자가능 → 현물에 비해 장점.

보유수익모형 : $F_{0,T}=S_0+S_0 \cdot r_{0,T}-C(1+r_{t,T})$

선물은 현물(주식, 채권) 없으므로 배당, 이자 못받음 → 현물에 비해 단점.

(2) 차익거래

자본시장이 일시적인 불균형상태에 있다면 다음과 같은 두 가지의 차익거래가 발생한다.

1) 현물매입차익거래

만일 $F_{0,T}>S_0(1+r_{0,T})-C(1+r_{t,T})$이라면 실제의 선물가격이 과대평가되어있고,

---

3) 1년을 360일로 가정하면 이 식을 다음과 같이 표현할 수 있다.
$F_{0,T}=S_0\left[1+r\left(\frac{T}{360}\right)\right]-C\left[1+r\left(\frac{T-t}{360}\right)\right]$.

상대적으로 현물가격은 과소평가되어 있다. 따라서 S_0만큼 자금을 차입하여 저평가된 현물을 매입하고, 고평가된 선물을 매도함으로써 선물만기일에 「$F_{0,T}-S_0(1+r_{0,T})+C(1+r_{t,T})$」만큼의 차익을 얻을 수 있다.

거래		0	t	T
CF	자금차입	S_0		$-S_0(1+r_{0,T})$
	현물매입	$-S_0$	C	~~S_T~~
	수익대출		$-C$	$C(1+r_{t,T})$
	선물매도	0		$F_{0,T}-$~~S_T~~
NCF		0	0	$F_{0,T}-S_0(1+r_{0,T})+C(1+r_{t,T})>0$

이 경우의 현금흐름은 현금수익의 항목만 고려하는 것만 제외하고 보유비용모형과 동일하다. 즉 t일에 기초자산인 주식이나 채권으로부터 받은 배당이나 이자수입인 $+C$를 선물만기일까지 대출하므로 $-C$가 되어 순현금흐름은 0이 된다. T일에는 t일에 대출했던 금액에 이자를 합쳐 $C(1+r_{t,T})$만큼 회수한다.

2) 현물매도 차익거래

만일 $F_{0,T}<S_0(1+r_{0,T})-C(1+r_{t,T})$이라면 실제의 선물가격이 과소평가되어있고, 상대적으로 현물가격은 과대평가되어 있다. 따라서 고평가된 현물을 S_0에 공매하여 이를 대출하고, 저평가된 선물을 매입함으로써 선물만기일에 「$S_0(1+r_{0,T})-F_{0,T}-C(1+r_{t,T})$」만큼의 차익을 얻을 수 있다.

거래		0	t	T
CF	현물공매	S_0	$-C$	$-$~~S_T~~
	자금대출	$-S_0$		$S_0(1+r_{0,T})$
	수익차입		C	$-C(1+r_{t,T})$
	선물매입	0		~~S_T~~$-F_{0,T}$
NCF		0	0	$S_0(1+r_{0,T})-F_{0,T}-C(1+r_{t,T})>0$

이 경우 역시 현금수익의 항목만 고려하는 것만 제외하고 보유비용모형과 동일하다. 즉, 기초자산인 주식이나 채권을 공매하였으므로 t일에 기초자산의 원소유자(증권회사)에게 배당이나 이자 등을 주기 위해 $+C$만큼 차입하여, 지불하므로 $-C$가 되어 순현금흐름은 0이 된다. T일에는 t일에 차입했던 금액에 이자를 합쳐 $C(1+r_{t,T})$만큼 상환한다.

예제 ⑮ - 8 보유수익모형

(주)서울의 주식가격은 현재 50,000원인데, 이 주식을 기초자산으로 하고 만기가 1년 후인 선물계약이 거래되고 있다고 하자. 무위험이자율이 10%라고 할 때 다음 각 물음에 답하라. 단, (주)서울은 6개월후 주당 500원의 배당을 지급할 것이고, 1년을 360일로 가정하라.

(1) 위 선물계약의 균형(무차익, 이론)가격을 구하라.

(2) 위 선물계약이 현재 60,000원에 거래되고 있다고 하자. 차익거래과정을 보이고 차익을 계산하라.

(3) 위 선물계약이 현재 51,000원에 거래되고 있다고 하자. 차익거래과정을 보이고 차익을 계산하라.

$S_0=50{,}000$ $r_{0,T}=0.1$ $T=1$ $C=500$

(1) 무차익 선물가격 혹은 균형선물가격 혹은 이론적 선물가격은 식 (15-6)을 이용한다.

$F_{0,T}=S_0(1+r_{0,T})-C(1+r_{t,T})=50{,}000(1+0.1)-500[1+0.1(180/360)]=54{,}475$원

(2) 현재의 선물가격이 60,000원이므로 균형선물가격인 54,475원에 비하여 과대평가되어있다. 따라서 현물매입 차익거래를 통하여 5,525원(=60,000−54,475)의 차익을 얻을 수 있다.

거 래		0	t	T
CF	자금차입	50,000		$-50{,}000(1+0.1)=-55{,}000$
	현물매입	−50,000	500	S_T
	수익대출		−500	$500[1+0.1(180/360)]=525$
	선물매도	0		$60{,}000-S_T$
NCF		0	0	60,000−55,000+525=5,525원

(3) 현재의 선물가격이 51,000원이므로 균형선물가격인 54,475원에 비하여 과소평가되어있다. 따라서 현물매도 차익거래를 통하여 3,475원(=54,475−51,000)의 차익을 얻을 수 있다.

거 래		0	t	T
CF	현물공매	50,000	−500	$-S_T$
	자금대출	−50,000		$50{,}000(1+0.1)=55{,}000$
	수익차입		500	$-500[1+0.1(180/360)]=-525$
	선물매입	0		$S_T-51{,}000$
NCF		0	0	55,000−51,000−525=3,475원

3. 만기가 다른 선물계약간의 가격

기초자산이 동일하고, 만기가 각각 T_1(근월물)과 T_2(원월물)인 (단, $T_1 < T_2$) 선물계약간의 가격관계 역시 보유비용모형을 이용하여 설명할 수 있다. 즉, T_1과 T_2 사이에 보유수익과 보관비용이 없다면, $F_{0,T2} = F_{0,T1}(1 + r_{T1,T2})$가 성립해야 한다.

$$F_{0,T2} = F_{0,T1}(1 + r_{T1,T2}) \qquad 단,\ T_1 < T_2 \qquad (15\text{-}7)$$

만일 위의 균형관계가 깨지면 다음과 같은 차익거래가 발생하게 된다.

(1) 근월물매입 차익거래 : $F_{0,T2} > F_{0,T1}(1 + r_{T1,T2})$인 경우

이때는 과대평가된 원월물인 T_2만기 선물계약을 매도하고 과소평가된 근월물인 T_1만기 선물계약을 매입하는 차익거래를 통하여, T_2시점에서 「$F_{0,T2} - F_{0,T1}(1 + r_{T1,T2})$」만큼의 차익을 얻는다.

(2) 원월물매입 차익거래 : $F_{0,T2} < F_{0,T1}(1 + r_{T1,T2})$인 경우

이때는 과소평가된 원월물인 T_2만기 선물계약을 매입하고 과대평가된 근월물인 T_1만기 선물계약을 매도하는 차익거래를 통하여, T_2시점에서 「$F_{0,T1}(1 + r_{T1,T2}) - F_{0,T2}$」만큼의 차익을 얻는다.

연습문제

1. 다음 중 기초주식의 가격이 상승할 경우에 이익을 얻을 수 있는 전략은?

① 콜옵션매입, 풋옵션매도, 강세(불)스프레드 매입
② 콜옵션매도, 풋옵션매입, 약세(베어)스프레드 매입
③ 스트래들매입, 스트랭글매입, 역나비(샌드위치)스프레드 매입
④ 스트래들매도, 스트랭글매도, 나비스프레드 매입
⑤ 강세(불)스프레드 매입, 약세(베어)스프레드 매입

〈해설〉 이러한 문제는 그림으로 이해하면 쉽다. 매입과 매도는 손익구조가 반대인 형태를 가진다.

ⓐ 콜옵션매입 = 주가상승시 상승한 만큼 이익.
ⓑ 풋옵션매입 = 주가하락시 하락한 만큼 이익.
ⓒ 스트래들매입, 스트랭글 매입 = 주가상승하거나 하락한 만큼 이익. 따라서, 주가변동폭이 크면 이익.
ⓓ 스트래들매도, 스트랭글 매도 = 스트래들매입과 반대의 손익. 따라서, 주가변동폭이 적으면 이익.
ⓔ 강세 스프레드매입 = 주가상승시 제한된 이익.
ⓕ 약세 스프레드매입 = 주가하락시 제한된 이익.
ⓖ 나비 스프레드 = 주가가 중간행사가격 근처시 이익. 실무상 중간행사가격≒현 주가 이므로, 주가변동폭이 적으면 이익.
ⓗ 역나비 스프레드 = 나비 스프레드와 반대의 손익. 따라서, 주가변동폭이 크면 이익.

답 ①

2. 옵션(option)에 대한 다음 설명 중 옳지 않은 것은? (1989. CPA)

① 옵션은 조건부청구권을 나타내는 증권의 일종으로서 투자자들에게 위험을 회피할 수 있는 수단을 제공하고 있다고 볼 수 있다.
② 기초자산을 살 수 있는 권리가 부여된 옵션을 콜옵션, 팔 수 있는 권리가 부여된 옵션을 풋옵션이라고 한다.
③ 기초자산이 주식인 콜옵션의 현재가격은 그 주식의 현재가격이 아닌 미래가격에 따라 변동된다.
④ 콜옵션의 현재가격은 그 기초자산의 수익률의 변동폭이 클수록 증가한다.

⑤ 옵션에는 만기일에만 행사될 수 있는 옵션도 있으나, 많은 경우에 있어 옵션은 만기일 이전에 아무 때나 행사될 수 있다.

〈해설〉 옵션의 현재가격은 현주가, 행사가격, 만기까지의 기간, 무위험이자율, 기초자산의 분산 등에 의해 결정된다.

답 ③

3. (주)서울는 만기가 1년이고, 행사가격이 10,000원인 유럽형 콜옵션과 풋옵션을 발행하였다. (주)서울의 현재 주가는 10,000원이며, 액면이 1,000원, 1년 만기 무위험채권의 가격은 900원이다. 현재 콜옵션의 가격이 2,000원이라면 풋옵션의 가격은? (1998. CPA)

① 1,000원 ② 1,500원 ③ 2,000원
④ 2,500원 ⑤ 3,000원

〈해설〉 $R_f = \frac{1,000-900}{900} = 0.111$ Put-Call Parity에 의하여

$$P = C - S + \frac{X}{(1+R_f)^T} = 2,000 - 10,000 + \frac{10,000}{(1+0.111)^1} \fallingdotseq 1,000$$

답 ①

4. 배당을 지급하지 않는 (주)서울의 주식에 대해 투자자는 다음과 같은 정보를 가지고 있다(거래비용은 없다고 가정한다).

> 현재주가=11,000원
> 유럽형 콜옵션 균형가격(행사가격 : 10,500원, 만기까지 남은 기간 : 1년)=1,700원
> 유럽형 풋옵션 균형가격(행사가격 : 10,500원, 만기까지 남은 기간 : 1년)=500원
> 무위험 이자율=연 5%

현재 상황에서 차익(arbitrage profit)을 얻기 위해 투자자가 취할 수 있는 거래 전략으로 바르게 명시한 것은? (1999. CPA)

① 현물주식 1주를 매입하고, 그 주식에 대한 콜 옵션을 1개 매도하며, 풋 옵션을 1개 매입하고, 동시에 10,000원을 차입한다.
② 현물주식 1주를 공매(空賣)하고, 그 주식에 대한 콜 옵션을 1개 매입하며, 풋 옵션을 1개 매도하고, 동시에 10,000원을 예금한다.
③ 현물주식 1주를 매입하고, 그 주식에 대한 콜 옵션을 1개 매입하며, 풋 옵션을 1개 매도하고, 동시에 10,000원을 차입한다.
④ 현물주식 1주를 공매(空賣)하고, 그 주식에 대한 콜 옵션을 1개 매도하며, 풋 옵션

을 1개 매입하고, 동시에 10,000원을 예금한다.

⑤ 이 경우 차익거래기회가 존재하지 않는다.

〈해설〉 Put-Call Parity에서 $S=C-P+\frac{X}{(1+R_f)^T}=1{,}700-500+\frac{10{,}500}{(1+0.05)}=11{,}200$

풋－콜 등가식에 의하면 균형상태에서의 주가는 11,200인데, 현재의 주가는 11,000으로 과소평가되었다. 이를 다음과 같이 표현할 수 있다.

$S+P<C+\frac{X}{(1+R_f)^T}$

그러므로, 현물주식 1주 매입 & 풋 1단위 매입, 콜 1단위 매도, 행사가격의 현가인 10,000원 만큼 차입하여 차익을 얻을 수 있다.

답 ①

5. 어느 수출업자는 3개월 후에 외화 1단위를 수취하기로 되어 있다. 환율변동으로 인한 위험을 헤지하기 위하여 만기가 3개월이고 행사가격이 X_p인 풋옵션 1단위를 매입함과 동시에 풋옵션과 만기가 동일하고 행사가격이 X_c인 콜옵션 1단위를 매각하였다(단, $X_p<X_c$). 이 수출업자가 외화 1단위를 수취할 때의 원화표시액을 바르게 나타낸 것은? (1994. CPA)

①

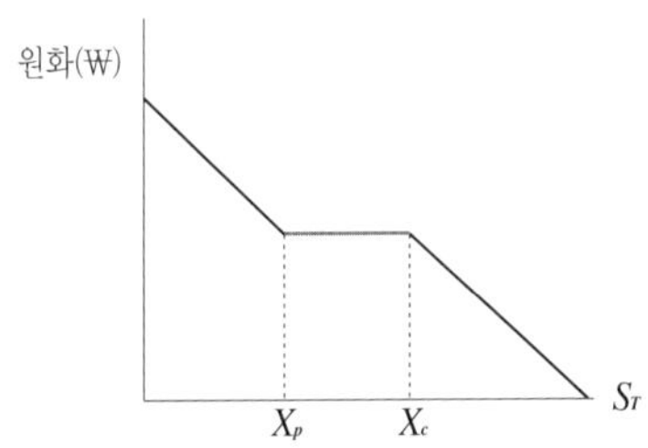

②

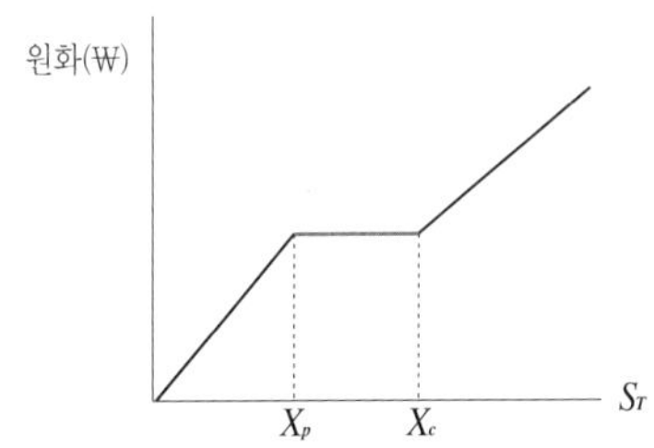

③

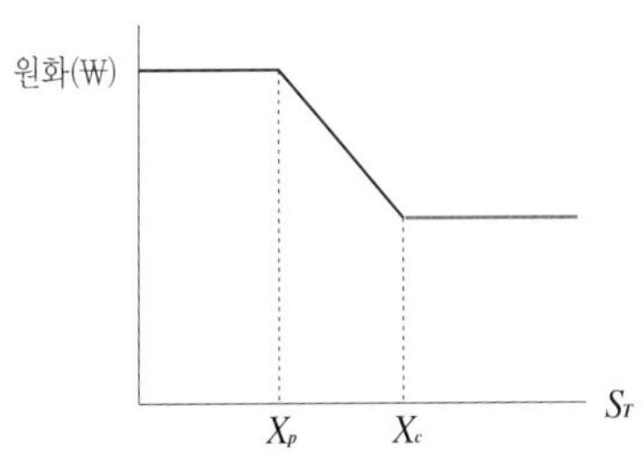

④

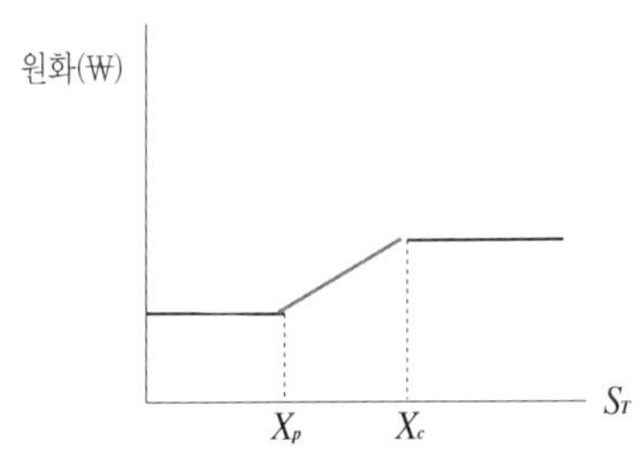

⑤

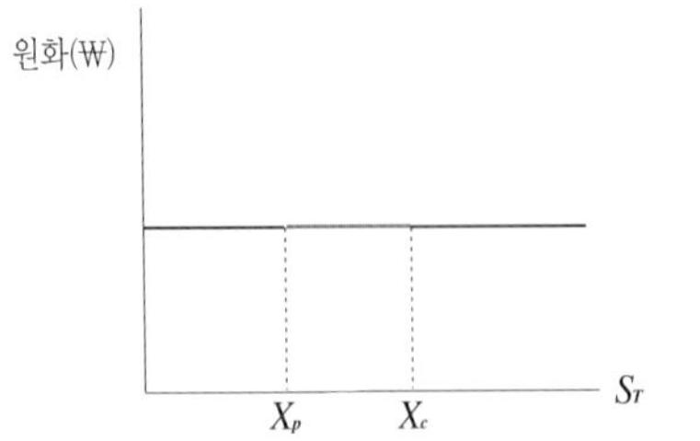

〈해설〉

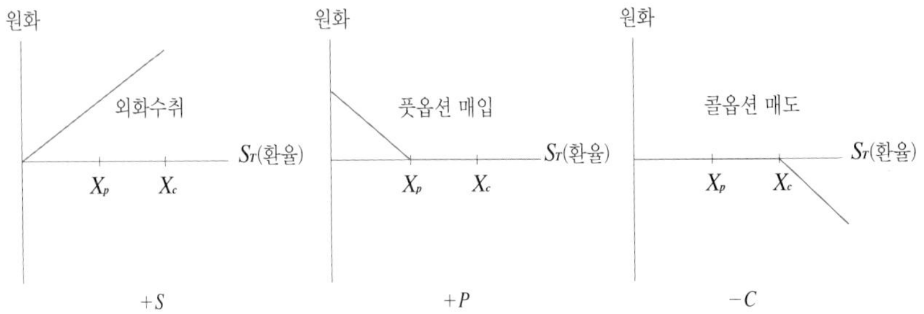

위의 세 그림을 합성하면

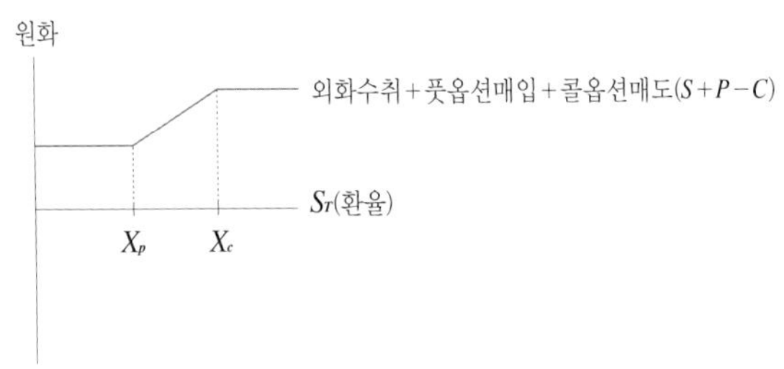

답 ④

6. 옵션운용부에 근무하는 A부터 E까지의 재무담당 매니저(manager)가 다음과 같은 옵션거래전략을 구성하였다. 옵션을 발행한 기초주식의 가격이 향후 대폭 상승할 경우에 가장 불리한 투자결과를 낳을 것으로 예상되는 매니저는 누구인가? (옵션의 행사가격들은 현 주가에 근접하고 있으며 동일한 기초주식을 가정함) (2002. CPA)

A : 주식을 매입하고 매입주식에 대한 콜옵션을 동시에 발행
B : 행사가격이 동일한 콜옵션을 매입한 동시에 풋옵션을 발행
C : 행사가격이 높은 콜옵션과 낮은 풋옵션을 동시에 매입
D : 행사가격이 높은 콜옵션을 매입하고 행사가격이 낮은 콜옵션을 발행
E : 주식을 매입하고 매입한 주식에 대하여 풋옵션을 동시에 매입

① A　　② B　　③ C　　④ D　　⑤ E

〈해설〉 ① 이는 풋옵션을 발행하고 무위험할인채를 매입한 경우와 동일하다. $(S-C=-P+PV(X))$

② 이는 주식을 매입하고 무위험할인채를 공매한 경우와 동일하다. $(C-P=+S-PV(X))$

③ 이는 스트랭글을 매입한 경우와 동일하다. $(+C_{X2}+P_{X1})$

④ 이는 수직약세 콜스프레드의 경우와 동일하다. $(-C_{X1}+C_{X2})$

⑤ 이는 콜옵션을 매입하고 무위험할인채를 매입한 경우와 동일하다. $(S+P=+C+PV(X))$

답 ④

7. 주식을 매입 또는 공매하였을 때 주가변동에 따른 위험을 헤지하기 위한 적절한 방법은?

① 주식매입시에는 콜옵션을 매입하거나 풋옵션을 매도한다.

② 주식매입시에는 콜옵션을 매입하거나 풋옵션을 매입한다.

③ 주식매입시에는 콜옵션과 풋옵션을 매도한다.

④ 주식공매시에는 콜옵션과 풋옵션을 매도한다.

⑤ 주식공매시에는 콜옵션을 매입하거나 풋옵션을 매도한다.

〈해설〉 ⓐ 주식매입시에는 주가가 하락하면 손실을 입는다. 따라서, 옵션에 이익을 실현하여야 전체적으로는 헤지가 될 것이다. 주가하락시 콜옵션을 매도하거나 풋옵션을 매입하면 이익을 얻을 수 있다.

ⓑ 주식공매시에는 주가가 상승하면 손실을 입는다. 따라서, 옵션에 이익을 실현하여야 전체적으로는 헤지가 될 것이다. 주가상승시 콜옵션을 매입하거나 풋옵션을 매도하면 이익을 얻을 수 있다.

답 ⑤

8. 풋옵션을 매각하고 콜옵션을 매입하였을 경우 만기일의 손익형태를 나타낸 그림으로 적절한 것은? (1992. CPA)

①
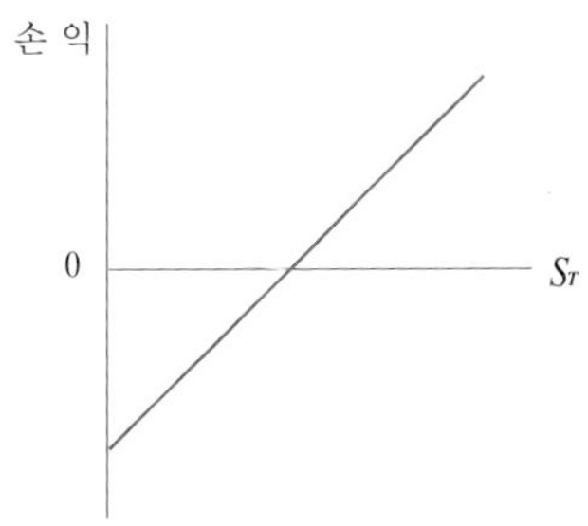

②
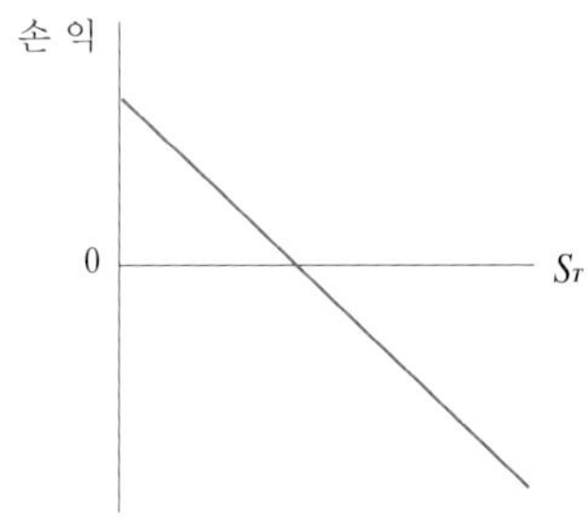

③ 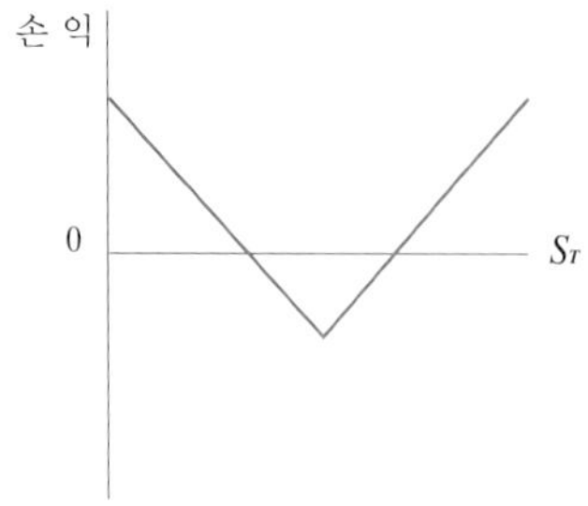

④ 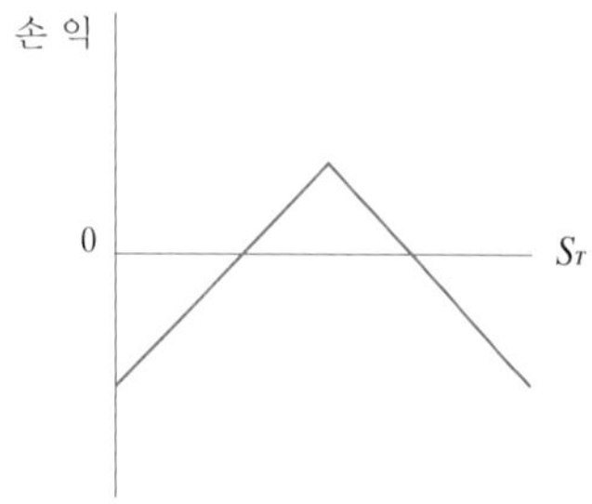

⑤ 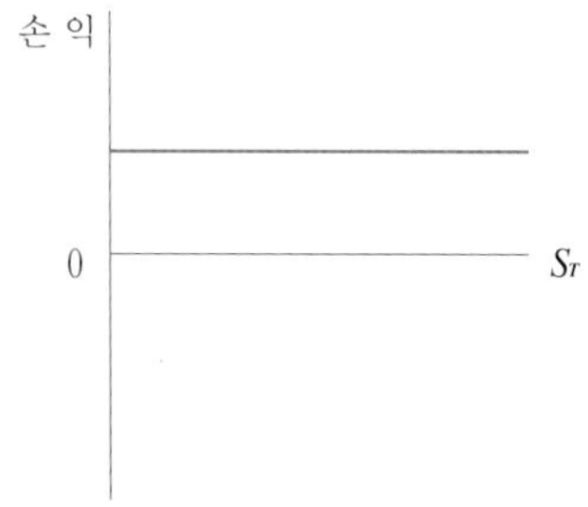

〈해설〉 $S-C=-P$에서 $C-P=+S$의 형태가 된다. 즉,

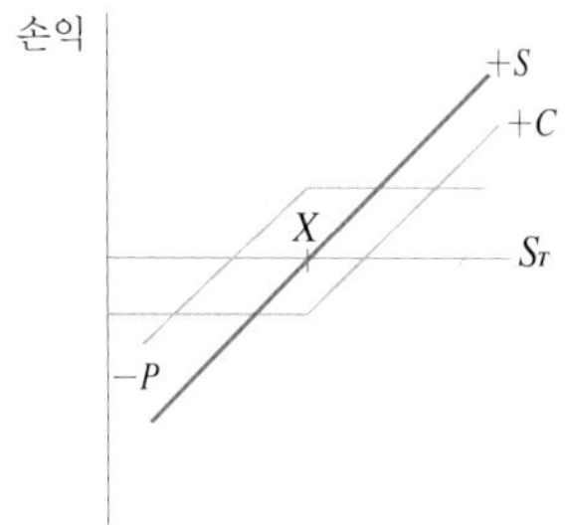

답 ①

9. 현재 주가는 25,000원이고 행사가격이 30,000원인 기초주식에 대한 유럽형 콜옵션 가격이 4,000원이다. 옵션만기일의 투자자 손익구조를 설명한 다음 문장 중 옳은 것을 골라라.

a. 콜옵션매입자는 주가가 25,000원보다 커야 이익을 실현한다.
b. 콜옵션발행자는 주가가 34,000원보다 커야 손실을 실현한다.
c. 콜옵션발행자의 최대손실은 무한이다.
d. 콜옵션매입자의 최대손실은 4,000원이고 최대이익은 무한이다.
e. 콜옵션매입자는 주가가 25,000원보다 커야 행사한다.

① *a*, *b* ② *a*, *c*, *d* ③ *a*, *d*, *e* ④ *b*, *c*, *d* ⑤ *d*, *e*

〈해설〉 *a*와 *b*. $S_T > X + CP = 30{,}000 + 4 = 34{,}000$원이므로 *a*가 틀리고 *b*가 맞다.

c. 콜옵션매도자의 최대손실은 무한이다.
d. 콜옵션매입자의 최대손실은 $CP=4{,}000$원이고, 최대이익은 무한이다.
e. 콜옵션매입자의 행사조건은 $S_T>X=30{,}000$원이다.

답 ④

10. 현재 행사가격이 \$75인 주식에 대한 유럽형 풋옵션가격이 \$10이다. 옵션만기일의 투자자 손익구조를 설명한 다음 문장 중 옳은 것을 골라라.

a. 풋옵션발행사의 최대이익은 \$10이다. *b*. 풋옵션매입자의 최대이익은 \$65이다. *c*. 풋옵션발행자의 최대손실은 \$75이다.

① *a* ② *a*, *b* ③ *b* ④ *b*, *c* ⑤ *c*

〈해설〉 *a*. 풋옵션발행자의 최대이익은 $PP=\$10$이다.
*b*와 *c*. 풋옵션매입자의 최대이익＝풋옵션발행자의 최대손실$=(X-S_T)-PP=(75-0)-10=\$65$이다.

답 ②

11. 현재 주가는 \$40이고 행사가격이 \$50인 기초주식에 대한 유럽형 콜옵션가격이 \$2이다. 옵션만기일의 콜옵션발행자 손익구조를 설명한 다음 문장 중 옳은 것을 골라라. 단, 이 콜옵션발행자는 기초주식을 보유한 상태이다.

a. 최대이익은 \$12이다.	*b*. 최대이익은 \$2이다.
c. 최대손실은 \$38이다.	*d*. 최대손실은 무한이다.

① *a* ② *a*, *b* ③ *a*, *c* ④ *a*, *d* ⑤ *b*

〈해설〉 *a*와 *b*. 콜옵션매도자의 최대이익$=\$2(CP)+\$10$(시세차익)$=\$12$이다.
*c*와 *d*. 콜옵션매도자의 최대손실$=-\$40+\$2(CP)=-\$38$ (∵ 기초주식을 보유한 상태)
이를 그림으로 그리면 다음과 같다.

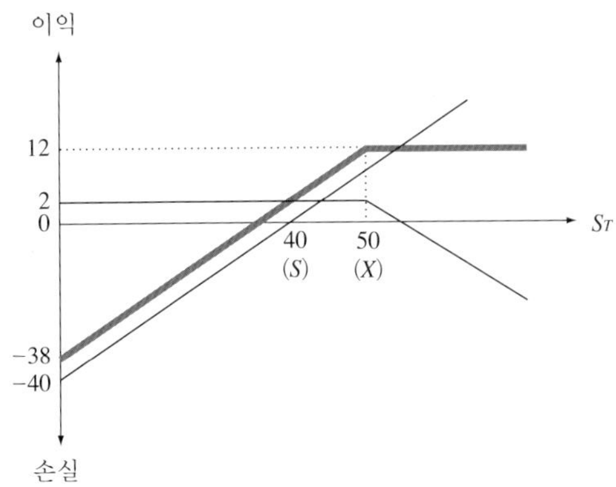

답 ③

12. 어느 수출업자는 3개월 후에 외화 1단위를 수취하기로 되어 있다. 환율변동으로 인한 위험을 헤지하기 위하여 만기가 3개월이고 행사가격이 X_p인 풋옵션 1단위를 매입함과 동시에 풋옵션과 만기가 동일하고 행사가격이 X_c인 콜옵션 1단위를 매각하였다(단, $X_p > X_c$). 이 수출업자가 외화 1단위를 수취할 때의 원화표시액을 바르게 나타낸 것은?

①
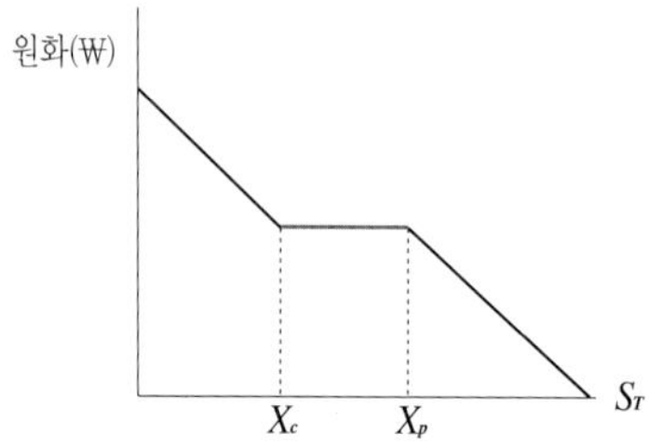

②
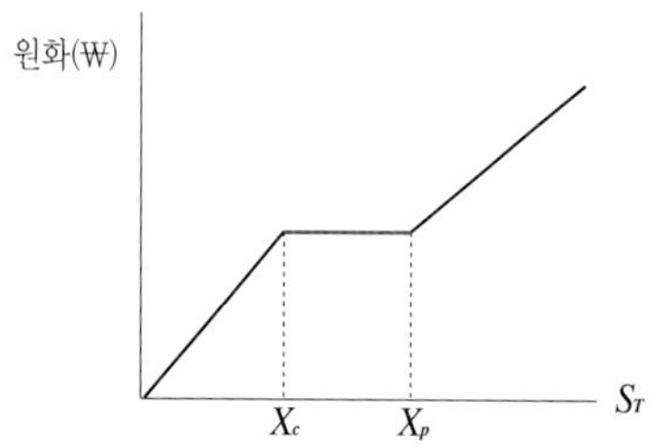

③
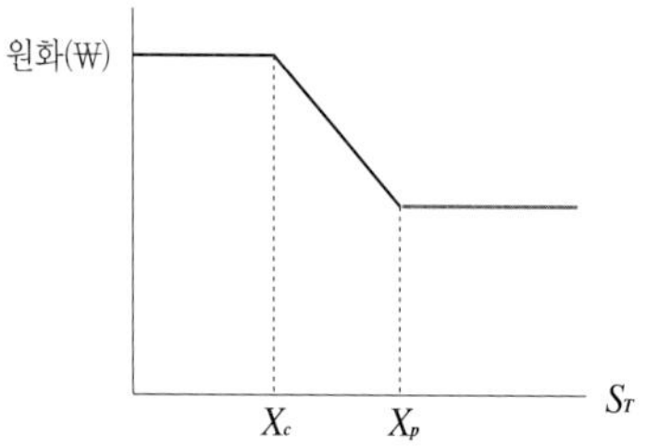

④
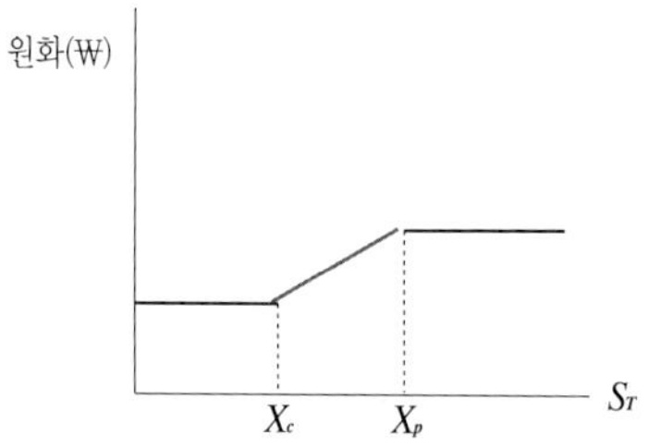

⑤
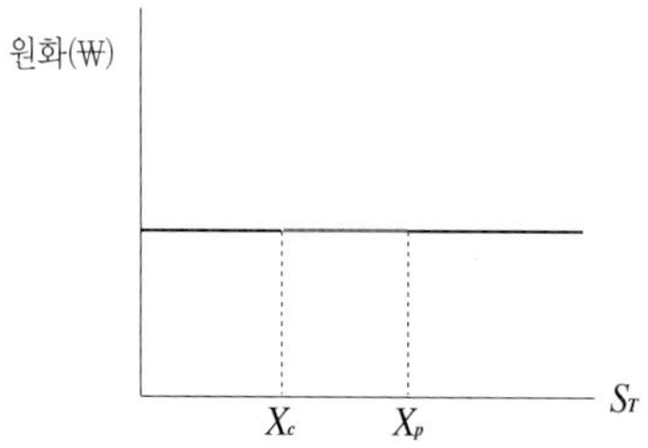

〈해설〉

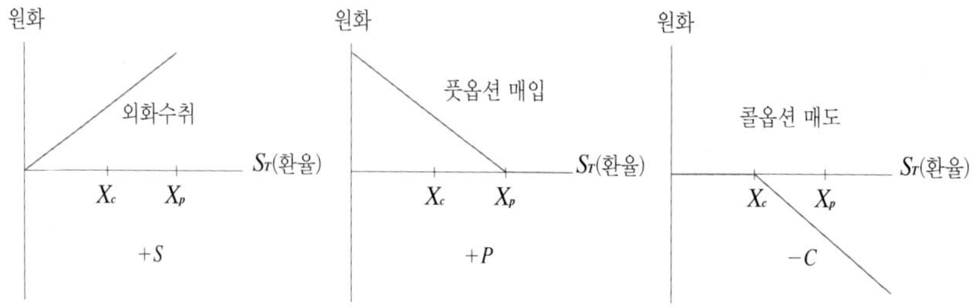

위의 세 그림을 합성하면

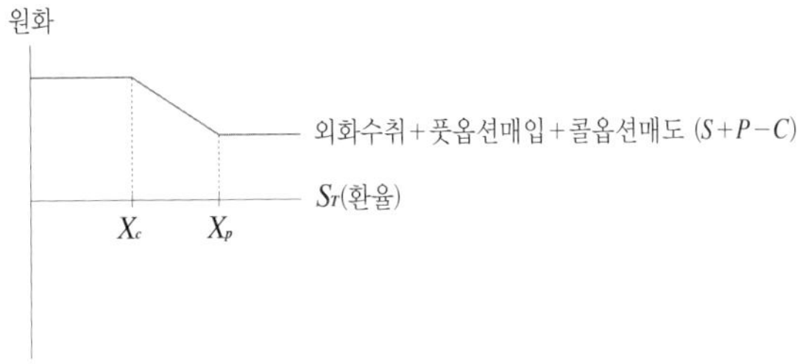

답 ③

13. 무배당인 A기업의 주가는 현재 10,000원이다. 투자자는 1년 동안 10,000원을 예금하는 경우 만기에 11,000원을 확정적으로 받으며, 예금금리와 동일한 금리로 차입할 수 있다. 콜옵션과 풋옵션은 A기업 주식에 대한 만기 1년의 유럽형옵션이며, 행사가격은 11,000원으로 동일하다. 콜옵션가격이 3,000원이라면 다음 중 옳은 것은? (2004. CPA)

① 풋옵션가격이 2,000원이라면, 콜옵션 1개를 매입하고 풋옵션 1개를 매도함으로써 1년 후 1,100원의 무위험차익을 얻을 수 있다.

② 콜옵션 2개를 매입하고 A기업 주식 1주를 공매도(short selling)함과 동시에 10,000원을 예금하는 경우, 만기에 주가가 2,500원으로 하락하거나 12,500원으로 상승하면 이익이 발생한다.

③ A기업 주식에 대한 만기 1년 선도계약의 선도가격이 10,500원이고 풋옵션가격이 2,500원이라면, 무위험차익거래(arbitrage) 기회는 없다.

④ 무위험차익거래 기회가 없는 경우, 풋옵션 1개를 매입함과 동시에 10,000원을 차입하여 A기업 주식 1주를 매입함으로써 A기업 주식에 대한 만기 1년의 미국형 콜옵션을 매입하는 것과 동일한 효과를 얻을 수 있다.

⑤ 콜과 풋옵션에 대한 행사가격이 A기업 주식에 대한 1년 만기 선도계약의 선도가격과 같다면, 무위험차익거래 기회가 존재하지 않기 위해서는 콜 가격은 풋 가격보다 높아야 한다.

〈해설〉 $S=10{,}000$ $X=11{,}000$ $C=3{,}000$ $R_f=10\%$

① 풋-콜 등가식에서 $P=C-S+X/(1+R_f)=3{,}000-10{,}000+11{,}000/1.1=3{,}000$.

풋 가격이 현재 2,000원이므로, 풋옵션이 과소평가되었다. 이는 $P+S < C+X/(1+R_f)$로 표현 가능하므로, 풋 1개 매입+주식 1주 매입+콜 1개 매도+행사가격의 현가인 10,000원 만큼 차입하여 1,000원의 차익을 얻을 수 있다.

②

	현재 투자액	만기가치	
		S_T = 12,500	S_T = 2,500
+2C	-2×3,000	0 (∵행사안함)	2(12,500-11,000)
-S	+10,000	−2,500	-12,500
10,000원 대출 (10%)	-10,000	+11,000	+11,000
	-6,000	8,500	1,500

따라서 만기 주가(S_T)가 2,500원일 때는 이익이지만 12,500원일 때는 손실이다.

③ 풋-콜 등가식에서 $S=C-P+X/(1+R_f)=3{,}000-2{,}500+10{,}000=10{,}500$이나 현물-선물 등가식에서 $S=F/(1+R_f)=10{,}500/1.1=9{,}545$이다. 따라서 옵션을 이용한 합성주식의 가격과 선도계약을 이용한 합성주식의 가격이 같지 않으므로 무위험차익거래 기회가 존재한다. 또한 풋-콜 등가식에서 풋옵션의 이론가격 (3,000원) 〉 시장가격 (2,500원)이므로 차익기회가 존재한다.

④ 합성콜은 $C=S+P-X/(1+R_f)$이므로 주식 1주 매입+풋 1개 매입+행사가격의 현재가치만큼 차입함으로써 가능하다.

⑤ $C=S+P-X/(1+R_f)$이고 $S=F/(1+R_f)$이므로, $C=F/(1+R_f)+P-X/(1+R_f)$가 성립한다. 여기에서 문제에 주어진 바와 같이 $F=X$이면 $C=P$가 된다.

답 ④

14. 어느 투자자가 행사가격이 25,000원인 콜옵션을 개당 4,000원에 2개 매입하였고, 행사가격이 40,000원인 콜옵션을 2,500원에 1개 발행하였다. 옵션만기일에 기초주식가격이 50,000원이라고 할 때, 이러한 투자전략의 만기가치와 투자자의 만기손익을 각각 구하라. (단, 옵션의 기초주식과 만기는 동일하며 거래비용은 무시하라) (2005. CPA)

	투자전략의 만기가치	투자자의 만기손익
①	15,000원	13,500원
②	25,000원	23,500원
③	30,000원	27,000원
④	35,000원	30,000원
⑤	40,000원	34,500원

〈해설〉 $S_T=50{,}000$ $CP=4{,}000$ $PP=2{,}500$

	현재 투자액	만기 가치
+2C	-2×4,000=−8,000원	$2(S_T-X)=2(50{,}000-25{,}000)=50{,}000$
-C	+2,500	$-(S_T-X)=-(50{,}000-40{,}000)=-10{,}000$

∴투자자의 만기손익=40,000−5,500=34,500원

답 ⑤

15. 투자자 갑은 3개월 만기 콜옵션과 풋옵션을 각각 1계약씩을 이용하여 주가지수옵션에 대한 스트랭글 매도(short strangle) 전략을 구사하려고 한다. 현재 형성된 옵션 시세는 다음과 같다. 만기 주가지수가 1,120 포인트일 때, 투자자의 만기손익과 최대손익을 구하시오. (2009. CPA)

> *a*. 3개월 만기 주가지수 콜옵션(행사가격=1,100 포인트, 콜옵션 프리미엄=35원)
> *b*. 3개월 만기 주가지수 풋옵션(행시가격=1,100 포인트, 콜옵션 프리미엄=21원)
> *c*. 3개월 만기 주가지수 콜옵션(행사가격=1,200 포인트, 콜옵션 프리미엄=32원)
> *d*. 3개월 만기 주가지수 풋옵션(행사가격=1,200 포인트, 콜옵션 프리미엄=27원)

	만기손익	최대손익
①	53	53
②	56	56
③	59	59
④	-60	60
⑤	-62	-62

〈해설〉 A short strangle $= -C_{X2} - P_{X1}$ (단, $X_1 < X_2$)

$X_2 = 1{,}200$ $CP = 32$ $X_1 = 1{,}100$ $PP = 21$

$X_1 \le S_T \le X_2$이므로 스트랭글 매입자의 만기손익은 $-(CP + PP) = -53$이다. 따라서 스트랭글 매도자의 만기손익은 53이다. 최대이익 역시 53이다.

답 ①

16. 기초자산의 가격변화에 따른 옵션투자전략에 대한 설명 중 옳은 항목만으로 구성된 것은? (2010. CPA).

> *a*. 기초자산 가격변동에 따른 이익 및 손실의 범위를 한정하기 위해서는 칼라(collar)를 이용하면 된다.
> *b*. 기초자산 가격이 큰 폭으로 변동할 것으로 예상되지만 방향을 알지 못하는 경우 스트랭글(strangle)을 매입하면 된다.
> *c*. 기초자산 가격이 변화하지 않을 것으로 예상되는 경우 스트래들(straddle)을 매도한다.
> *d*. 기초자산 가격변동에 따른 손익을 곡선의 형태로 실현하기 위해서는 수직스프레드(vertical spread)를 이용하면 된다
> *e*. 기초자산 가격이 큰 폭으로 변동하고 특히 하락보다는 상승이 예상되는 경우 스트립(strip)을 매입하면 된다.

① a, b, c ② a, c, d ③ a, d, e
④ b, c, e ⑤ b, d, e

〈해설〉 d. 손익을 곡선의 형태로 실현하려면, 수평스프레드(horizontal spread)나 대각스프레드(diagonal spread)를 이용해야 한다.

답 ④

17. 매도헤지(short hedge)를 취할 경우 현물시장과 선물시장에서의 포지션은?

	현물시장	선물시장
①	매입포지션	매입포지션
②	매입포지션	매도포지션
③	매도포지션	매입포지션
④	매도포지션	매도포지션
⑤	포지션을 취하지 않음	매입포지션

〈해설〉 매입헤지나 매도헤지는 선물시장의 포지션을 기준으로 한다.

답 ②

18. 매입헤지를 취했을 때 가격상승시 현물시장과 선물시장의 손익은?

	현물시장	선물시장
①	이익	이익
②	이익	손실
③	손실	이익
④	손실	손실
⑤	0	이익

〈해설〉

만기일의 가치	매입헤지		매도헤지	
	현물(short)	선물(short)	현물(long)	선물(long)
가격상승시	손실	이익	이익	손실
가격하락시	이익	손실	손실	이익

답 ③

19. 선물거래와 관련된 다음 설명 중 틀린 것은?

① 콘탱고에서 매입헤지를 하는 경우, 베이시스가 확대되면 이익이 발생한다.

② 백워데이션에서 매도헤지를 하는 경우, 베이시스가 확대되면 이익이 발생한다.

③ 선물계약의 만기일에서는 항상 선물가격과 현물가격이 같다.

④ 콘탱고에서 베이시스가 확대되면, 매입헤저는 현재의 현물가격보다 낮은 가격에 매입하는 결과가 된다.

⑤ 베이시스에 변동이 없더라도, 가격이 상승하면 매입헤저는 손실을 보게 된다.

〈해설〉 ①~④

베이시스 변동	콘탱고		백워데이션	
	매입헤저	매도헤저	매입헤저	매도헤저
확 대	이익	손실	손실	이익
축 소	손실	이익	이익	손실

⑤ 베이시스에 변동이 없으면, 가격의 등락에 상관없이 완전헤지가 일어난다.

답 ⑤

20. 베이시스(=선물가격-현물가격)에 대한 다음 설명 중 틀린 것은?

① 선물가격보다 현물가격이 더 크게 하락시 베이시스는 확대된다.

② 현물가격보다 선물가격이 더 크게 상승시 베이시스는 확대된다.

③ 콘탱고에서 매입헤저는 베이시스가 확대될수록 이익이다.

④ 백워데이션에서 매입헤저는 베이시스가 확대될수록 손실이다.

⑤ 백워데이션에서 매도헤저는 베이시스가 축소될수록 이익이다.

답 ⑤

21. 현재 쌀은 한 포대에 32,000원에 거래되고 있고, 3개월 후에 인도되는 쌀 한 포대의 선물가격이 34,000원이다. 3개월간 쌀 한 포대의 보관비용이 200원이고, 연간(360일) 무위험이자율이 10%라고 할 때 다음 중 옳은 설명은?

① 32,000을 차입하여 현물인 쌀을 매입하고 3개월 후에 인도되는 선물을 매도하는데, 차익은 1,000원이다.

② 32,000을 차입하여 현물인 쌀을 매입하고 3개월 후에 인도되는 선물을 매도하는데, 차익은 1,500원이다.

③ 현물인 쌀을 공매한 자금인 32,000원을 대출하고 3개월 후에 인도되는 선물을 매입하는데, 차익은 1,000원이다.

④ 현물인 쌀을 공매한 자금인 32,000원을 대출하고 3개월 후에 인도되는 선물을 매입하는데, 차익은 1,500원이다.

⑤ 현 상황은 균형상태이므로, 차익거래는 발생하지 않는다.

〈해설〉 선물의 현재가격 34,000 > 선물의 균형가격 $F_{0,T}=S_0(1+r_{0,T})+C=32{,}000\left[1+(0.1)\left(\frac{90}{360}\right)\right]+200=33{,}000$이다. 따라서, 과대평가된 선물을 매도하고 과소평가된 현물을 매입하는, 현물매입차익거래를 구사한다. 차익은 두 가격간의 차이인 1,000원이다.

거 래		0	T
CF	자금차입	$S_0=32{,}000$	$-S_0(1+r_{0,T})=-32{,}000\left[1+(0.1)\left(\frac{90}{360}\right)\right]=-32{,}800$
	현물매입	$-S_0=-32{,}000$	S_T-보관비용$^*=S_T-200$
	선물매도	0	$F_{0,T}-S_T=34{,}000-S_T$
NCF		0	1,000

* : 현물매입하여 만기일까지 보관시, 보관비용이 발생되므로 이만큼 손해

답 ①

22. 위 문제에서 3개월 후에 인도되는 쌀 한 포대의 선물가격이 31,500원이라고 가정할 때 다음 중 옳은 설명은?

① 32,000을 차입하여 현물인 쌀을 매입하고 3개월 후에 인도되는 선물을 매도하는데, 차익은 1,000원이다.

② 32,000을 차입하여 현물인 쌀을 매입하고 3개월 후에 인도되는 선물을 매도하는데, 차익은 1,500원이다.

③ 현물인 쌀을 공매한 자금인 32,000원을 대출하고 3개월 후에 인도되는 선물을 매입하는데, 차익은 1,000원이다.

④ 현물인 쌀을 공매한 자금인 32,000원을 대출하고 3개월 후에 인도되는 선물을 매입하는데, 차익은 1,500원이다.

⑤ 현 상황은 균형상태이므로, 차익거래는 발생하지 않는다.

〈해설〉 선물의 현재가격 31,500 < 선물의 균형가격 $F_{0,T}=S_0(1+r_{0,T})+C=32{,}000\left[1+(0.1)\left(\frac{90}{360}\right)\right]+200=33{,}000$이다. 따라서, 과소평가된 선물을 매입하고 과대평가된 현물을 매도하는, 현물매도차익거래를 구사한다. 차익은 두 가격간의 차이인 1,500원이다.

거 래		0	T
CF	현물공매	$S_0=32{,}000$	$-S_T+$보관비용$^*=-S_T+200$
	자금대출	$-S_0=-32{,}000$	$S_0(1+r_{0,T})=32{,}000-\left[1+(0.1)\left(\frac{90}{360}\right)\right]=32{,}800$
	선물매입	0	$S_T-F_{0,T}=S_T-31{,}500$
NCF		0	1,500

* : 현물없으므로 보관비용이 없다. 따라서 이만큼 이득이다.

답 ④

23. 연간(360일) 무위험이자율이 12%이고 인도시기가 3월인 밀 선물가격이 단위당 5,000원일 때, 인도시기가 6월인 밀 균형선물가격은 단위당 얼마인가?

① 5,050원 ② 5,100원 ③ 5,150원
④ 5,200원 ⑤ 5,250원

〈해설〉 $F_{0,6월} = F_{0,3월}(1 + r_{3월,6월}) = 5{,}000\left[1 + (0.12)\left(\frac{90}{360}\right)\right] = 5{,}150$원

답 ③

24. 분기당 무위험이자율은 3%, 시장포트폴리오의 위험프리미엄은 1.5%이고 인도시기가 2분기 후인 주가지수선물의 1계약당 가격은 5,250만원이다. 선물시장에서 현물-선물 패리티(spot-futures parity)가 성립한다고 가정할 때 인도시기가 1분기 후인 주가지수선물 1계약당 선물가격은? (1996. CPA)

① 5,408만원 ② 5,097만원 ③ 5,024만원
④ 5,486만원 ⑤ 4,945만원

〈해설〉 $T_1 = 1$분기, $T_2 = 2$분기라고 하면 무차익 균형상태에서는 $F_{0,T2} = F_{0,T1}(1 + r_{T1,T2})$이므로

$5{,}250 = F_{0,T1}(1 + 0.03)$ $\quad \therefore F_{0,T1} = 5{,}097$만원

답 ②

25. 현물자산의 체계적 위험을 반영한 수익률이 3%이고, 무위험이자율이 1.5%이다. 기대현물가격이 ₩800인 경우 선물가격은? (1996. CPA)

① ₩812 ② ₩788.35 ③ ₩824
④ ₩776.7 ⑤ ₩788.18

〈해설〉 $F_{0,T} = E(S_T)\left[\frac{1 + R_f}{1 + E(R_i)}\right] = 800\left[\frac{1 + 0.015}{1 + 0.03}\right] = 788.35$

답 ②

26. 현재 자본시장에서는 무위험자산이 존재하고, 유가증권가격은 자본자산가격결정모형(*CAPM*)에 의해 결정되며, 선물가격은 현물-선물 패러티(parity)에 따라 결정된다. 배당지급이 없는 유가증권의 선물가격과 기대현물가격(expected spot price)과의 관계에 대한 다음 설명 중 타당한 것은? (1999. CPA)

① 정(+)의 체계적 위험을 지닌 유가증권의 경우 선물가격은 기대현물가격보다 높다.
② 정(+)의 체계적 위험을 지닌 유가증권의 경우 선물가격은 기대현물가격과 동일하다.
③ 정(+)의 체계적 위험을 지닌 유가증권의 경우 선물가격은 기대현물가격보다 낮다.

④ 부(−)의 체계적 위험을 지닌 유가증권의 경우 선물가격은 기대현물가격과 동일하다.

⑤ 부(−)의 체계적 위험을 지닌 유가증권의 경우 선물가격은 기대현물가격보다 낮다.

답 ③

27. (주)베타의 현재 주가는 10,000원이다. 이 주식을 기초자산으로 하며 만기가 6개월인 선물이 선물시장에서 11,000원에 거래되고 있다. 이 기업은 앞으로 6개월간 배당을 지급하지 않으며 현물 및 선물의 거래에 따른 거래비용은 없다고 한다. 무위험이자율인 연 10%로 대출과 차입이 가능할 때 차익거래에 관한 다음 설명 중 옳은 것은? (2008. CPA)

① [주식공매+대출+선물매입] 전략을 이용해 차익거래이익을 얻을 수 있다.

② [주식공매+차입+선물매입] 전략을 이용해 차익거래이익을 얻을 수 있다.

③ [주식매입+대출+선물매도] 전략을 이용해 차익거래이익을 얻을 수 있다.

④ [주식매입+차입+선물매도] 전략을 이용해 차익거래이익을 얻을 수 있다.

⑤ 차익거래기회가 없다.

〈해설〉 균형(무차익, 이론적)선물가격 $F_{0,T} = S_0 \ (1+r_{0,T}) = 10,000 \ (1+0.1 \div 2) = 10,500 < 11,000$ = 현재 선물가격이다. 따라서 현재 선물가격이 고평가 되어있으므로 현물매입차익거래 (자금차입, 현물매입, 선물매도)를 구사하여 500원의 차익을 얻을 수 있다.

답 ④

제16장

국제재무관리

제1절 국제재무관리의 개념

제2절 환율결정이론

제3절 환위험관리

제4절 국제자본예산

연습문제

제 1 절 국제재무관리의 개념

1. 의 의

지금까지는 활동이 한 국가내에 국한된 기업의 재무관리를 다루었다. 그러나 근래에 올수록 대부분의 기업들은 한 나라 이상의 국가에서 경영활동을 하는 국제기업의 형태를 취하고 있어, 국제간 자금의 조달과 운용을 다루는 국제재무관리에 대한 관심이 고조되고 있다. 국제재무관리(international financial management)는 국내 재무관리의 내용과 본질적으로는 동일하다. 다만, 국제적인 요소인 환위험과 정치적 위험만 추가될 뿐이다.

환위험(foreign exchange risk)이란 환율변동에 따른 기업 현금흐름의 변동가능성을 말하고, 정치적 위험(political risk)이란 각국의 정치적 · 경제적 · 사회적 · 문화적 차이로 인해 기업자산의 몰수, 외환통제, 송금에 대한 제한 등을 말한다. 국제재무관리에서 다루게 되는 위험관리의 대상은 기업이 통제할 수 없는 정치적 위험이 아니라, 통제가능한 환위험이다.

2. 환 율

(1) 환율의 의의

외환시장(foreign exchange market)은 한 국가의 화폐(통화)와 타국의 화폐(통화)가 교환되는 시장이고, 환율(exchange rate)은 외환시장에서 한 국가의 통화가 다른 나라의 통화로 교환되는 비율을 말한다. 환율은 자국통화와 외국통화 중 어느 통화를 기준으로 표시하느냐에 따라 직접표시환율(direct quotation) 혹은 자국통화표시환율(rate in home currency)과 간접표시환율(indirect quotation) 혹은 외국통화표시환율(rate in foreign currency)로 구분한다.

① 자국통화표시환율

외국통화 한 단위와 교환되는 자국통화의 단위량으로 표시 (1달러당으로 표시)하는 방법으로, 대부분의 국가가 이 방법을 사용한다. 예를 들어, 우리 나라의 경우 $1=₩1,000 혹은 ₩1,000/$로 표시하는 것이다.

② 타국통화표시환율

자국통화 한 단위와 교환되는 타국통화의 단위량으로 표시 (1원당으로 표시)하는 방법으로, 영국이 이 방법을 사용한다. 예를 들어, 우리 나라의 경우 ₩1=$0.001 혹은 $0.001/₩로 표시하는 것이다.

(2) 환율의 변동

특정국 통화의 환율은 그 통화에 대한 시장의 수요와 공급에 따라 변동한다. 예로써 $1=₩1,100에서 $1=₩1,000으로 변동하였다고 가정하여 원화와 달러화의 입장을 살펴보면 다음과 같다.

① 원화의 입장

원화가치가 상승하였는데, 이를 원화의 환율인하(appreciation) 혹은 평가절상(revaluation)이라고 한다.

② 달러화의 입장

달러화가치가 하락하였는데, 이를 달러화의 환율인상(depreciation) 혹은 평가절하(devaluation)이라고 한다.

(3) 환율의 종류

1) 현물환율과 선물(선도)환율

① 현물환율

외환매매계약의 성립과 동시에 외환이 인수도되는 거래를 현물환거래라고 하며, 현물환거래에 적용되는 환율을 현물환율(spot rate)이라고 한다.

② 선물환율

외환매매계약이 성립되었는데 해당 외화를 지금 약정한 환율(lock-in today)로 미래에 인수도되는 거래를 선물환거래라고 하며, 선물환거래에 적용되는 환율을 선물환율(forward rate)이라고 한다.

③ 선물할인과 선물할증

선물환율이 현물환율보다 높은 상태를 선물할증, 선물환율이 현물환율보다 낮은 상태를 선물할인이라고 한다. 이러한 할증(할인)의 크기를 현물환율에 대한 비율로 나타낸 것을 선물환율의 할증율(할인율)이라고 하는데 이를 1년 단위로 표시한다. 예로써, 현재 외환시장에서 현물환율이 ₩1,000/$이고 3개월 만기 선물환율이 ₩1,050/$에 형성되어 있다면 달러화는 원화에 대해 선물할증, 원화는 달러화에 대해 선물할인으로 거래된다고 한다. 원화의 선물할인율과 달러화의 선물할증율은 다음과 같다.

0 ——— 3개월 ——— T

현물환율 : $1 = ₩1,000

선물환율 : $1 = ₩1,050

$$\text{원화의 선물할인율(1원당으로 표시)} = \frac{\frac{1}{1,050} - \frac{1}{1,000}}{\frac{1}{1,000}} \times \left(\frac{12}{3}\right) \times 100\ (\%) = 19.05\%$$

(12/3 → 1년 단위화)

$$\text{달러화의 선물할증율(1달러당으로 표시)} = \frac{1,050 - 1,000}{1,000} \times \left(\frac{12}{3}\right) \times 100\ (\%) = 20\%$$

2) 기준환율, 교차환율, 재정환율

① 기준환율(basic rate) : 대외거래가 가장 많은 국가의 통화에 대한 환율인데, 우리나라는 미국 달러화에 대한 환율을 기준환율로 한다.

② 교차환율(cross rate) : 기준환율 대상국가의 통화와 제3국 통화간의 환율인데, 예로써 미국 달러화와 일본엔화간의 환율이다.

③ 재정환율(arbitrage rate) : 기준환율과 교차환율에서 산출된 자국통화와 제3국 통화간의 환율인데, 예로써 원화와 일본엔화간의 환율이다.

기준환율과 교차환율 및 재정환율의 관계를 도시하면 〈그림 16-1〉과 같다.

그림 16-1 기준환율과 교차환율 및 재정환율

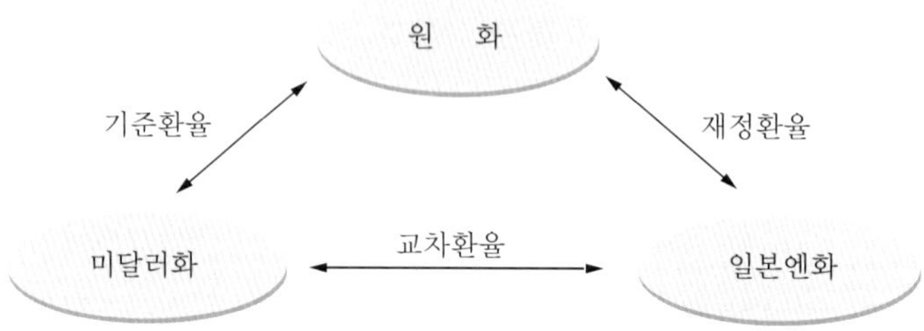

예제 ⑯ - 1 외환차익거래

현재 1달러당 원화의 환율이 1,200원이고 1엔당 원화의 환율이 10원으로 형성되어 있다. 그런데 1달러가 현재 150엔으로 거래되고 있다면 차익거래가 가능하다. 거래비용이 없다고 가정하여 차익거래과정을 보이고, 차익을 구하라.

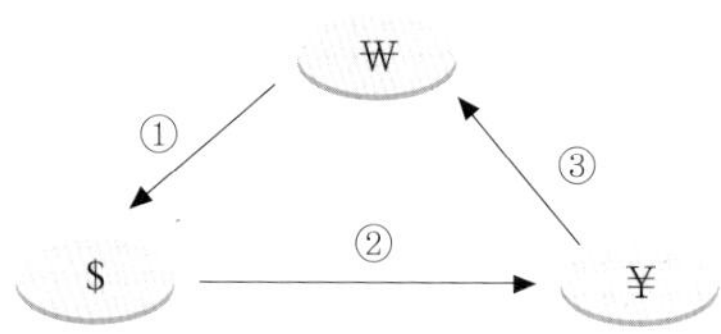

$1 = ¥120(1,200/10)이어야 하는데(균형상태), 현재 시장에서 $1 = ¥150 이므로 $가 고평가 & ¥이 저평가 되었다.

① ₩1,200을 차입한다.

② 고평가 된 통화($)로 만들어 저평가된 통화(¥)를 산다.

$1 × 150¥/$ = 150¥

③ ₩으로 바꾸고 나서 갚으면 차익이 발생한다.

150¥ × ₩10/¥ = ₩1,500

₩1,500 − ₩1,200 = ₩300(차익)

제 2 절 환율결정이론

외환시장에서의 환율은 각국의 인플레이션율, 이자율 등의 여러 가지 경제변수들의 상호작용에 의하여 결정된다. 이러한 변수들이 서로 영향을 미치면서 균형환율을 달성하게 되는데, 이를 실펴보기로 하자.

1. 구매력평가설

구매력평가설(purchasing power parity, *PPP*)은 양국 통화간의 현물환율이 양국의 기대인플레이션율의 차이에 따라 변화한다는 이론이다. 즉, 현물환율의 기대변화율=인플레이션 차이라는 이론이다.

$$\frac{E(S_1)}{S_0} = \frac{1+I_A}{1+I_B} \qquad (16\text{-}1)$$

단, S_0 : 현물환율(자국통화표시) (₩/$)

$E(S_1)$: 1기간 후의 기대현물환율(자국통화표시) (₩/$)

I_A : 한국의 기대인플레이션율 (₩)

I_B : 미국의 기대인플레이션율 ($)

식 (16-1)의 양변에서 1을 차감하면

$\frac{E(S_1)-S_0}{S_0} = \frac{I_A-I_B}{1+I_B}$가 되는데, I_B가 미미하다면 다음과 같은 근사식이 나온다.

$$\frac{E(S_1)-S_0}{S_0} = I_A-I_B \qquad (16\text{-}2)$$

2. 피셔효과

피셔효과(Fisher effect)는 제4장 7절에서 배웠듯이 다음의 관계를 말한다.

$$(1+N)=(1+R)(1+I)$$
$$N=R+I$$

단, N : 특정국의 명목이자율
R : 특정국의 실질이자율
I : 특정국의 기대 인플레이션율

따라서 양국간의 명목이자율의 비율은 다음과 같다.

$$\frac{1+N_A}{1+N_B}=\frac{(1+R_A)(1+I_A)}{(1+R_B)(1+I_B)}$$

국제금융시장이 효율적이라면 실질이자율은 모든 국가에 동일($R_A=R_B$)하므로, 명목이자율은 각국간의 기대 인플레이션율의 차이만큼 달라진다.

$$\frac{1+N_A}{1+N_B}=\frac{1+I_A}{1+I_B}$$

이 식의 양변에서 1을 차감하면,

$\frac{N_A-N_B}{1+N_B}=\frac{I_A-I_B}{1+I_B}$가 되는데, N_B와 I_B가 미미하다면 다음과 같은 근사식이 나온다.

$$N_A-N_B=I_A-I_B \qquad (16-3)$$

따라서, 피셔효과는 양국간의 명목이자율 차이=인플레이션 차이라는 것이다.

3. 국제피셔효과

(1) 국제피셔효과의 정의

국제피셔효과(international Fisher effect, *IFE*)는 구매력평가설과 피셔효과를 결합시킨 이론으로, 양국 통화간의 현물환율은 양국의 명목이자율의 차이에 따라 변화한다는 이론이다. 즉, 현물환율의 기대변화율=명목이자율 차이라는 이론이다.

$$\frac{E(S_1)}{S_0}=\frac{1+N_A}{1+N_B} \qquad (16-4)$$

식 (16-4)의 양변에서 1을 차감하면

$\dfrac{E(S_1)-S_0}{S_0}=\dfrac{N_A-N_B}{1+N_B}$가 되는데, N_B가 미미하다면 다음과 같은 근사식이 나온다.

$$\frac{E(S_1)-S_0}{S_0}=N_A-N_B \qquad (16-5)$$

(2) 국제피셔효과의 유도

국제피셔효과를 이해하기 위하여 다음의 두 투자전략을 가정하자.

투자전략 1 : 1,000원을 한국의 금융자산에 투자하는 전략 투자전략 2 : 1,000원을 현재 달러화로 바꾸어 미국의 금융자산에 투자한 다음 1년 후에 원화로 바꾸는 전략.

1기간후 전략 1의 투자수익 $=\underset{₩}{1{,}000}(1+N_A)\rightarrow ₩$ ——— ①식

1기간후 전략 2의 투자수익 $=(1{,}000 \div S_0)\times(1+N_B)\times E(S_1)\rightarrow ₩$ ——— ②식

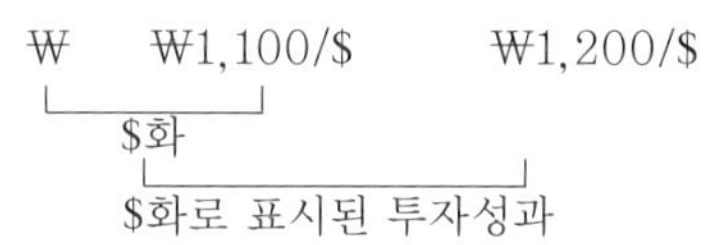

효율적 시장에서는 ①식=②식이므로, 다음이 성립해야 한다.

$1{,}000(1+N_A)=1{,}000\cdot\dfrac{1+N_B}{S_0}\cdot E(S_1)$이다. $\therefore\ \dfrac{E(S_1)}{S_0}=\dfrac{1+N_A}{1+N_B}$

4. 이자율평가설(금리평가설)

(1) 이자율평가설의 정의

이자율평가설(interest rate parity, *IRP*)은 선물환율의 할증율(할인율)이 선물만기일까지의 양국 명목이자율간의 차이라는 이론이다. 즉, 선물환율의 할증율(할인율)=명목이자율 차이라는 이론이다.

$$\frac{F_{0,1}}{S_0} = \frac{1+N_A}{1+N_B} \qquad (16-6)$$

식 (16-6)의 양변에서 1을 차감하면

$\frac{F_{0,1}-S_0}{S_0} = \frac{N_A-N_B}{1+N_B}$가 되는데, N_B가 미미하다면 다음과 같은 근사식이 나온다.

$$\frac{F_{0,1}-S_0}{S_0} = N_A-N_B \qquad (16-7)$$

따라서, 국제피셔효과의 $E(S_1)$ 자리에 이자율평가설에서는 $F_{0,1}$을 대입하면 된다.

(2) 이자율평가설의 유도

이자율평가설을 이해하기 위하여 다음의 두 투자전략을 가정하자.

1) A국 통화 1단위로 표시한 경우 (타국통화 표시환율)

*A*국(한국)통화 1단위로 표시한 *B*국(미국) 현물환율 : S_0 (₩1=$1/1,100)
*A*국(한국)통화 1단위로 표시한 *B*국(미국) 1년 만기 선물환율 : $F_{0,1}$ (₩1=$1/1,200)

투자전략 1 : 1,000원을 한국의 금융자산에 투자하는 전략 투자전략 2 : 1,000원을 현재의 현물환율로 달러화로 바꾸어 미국의 금융자산에 투자하고 1년 만기의 선물환매도계약 체결하여 원화로 바꾸는 전략

1기간 후 전략 1의 투자수익 $= \underset{\text{₩}}{1,000}(1+N_A) \rightarrow \text{₩}$ ——————①식

1기간 후 전략 2의 투자수익 $= (\underset{\text{₩}}{1,000} \times \underset{\$\frac{1}{1,100}/\text{₩}}{S_0}) \times (1+N_B) \div \underset{\$\frac{1}{1,200}/\text{₩}}{F_{0,1}} \rightarrow \text{₩}$ —②식

$화

$화로 표시된 투자성과

효율적 시장에서는 ①식 = ②식이므로,

$$1,000(1+N_A) = 1,000 \cdot \frac{1+N_B}{F_{0,1}} \cdot S_0 \text{이다.} \qquad \therefore \frac{F_{0,1}}{S_0} = \frac{1+N_B}{1+N_A}$$

2) *B*국 통화 1단위로 표시한 경우 (자국통화 표시환율)

*B*국(미국)통화 1단위로 표시한 *A*국(한국) 현물환율 : S_0 ($1 = ₩1,100)

*B*국(미국)통화 1단위로 표시한 *A*국(한국) 1년 만기 선물환율 : $F_{0,1}$ ($1 = ₩1,200)

> 투자전략 1 : 1,000달러를 미국의 금융자산에 투자하는 전략
> 투자전략 2 : 1,000달러를 현재의 현물환율로 원화로 바꾸어 한국의 금융자산에 투자하고 1년 만기의 선물환매도계약 체결하여 달러로 바꾸는 전략

1기간 후 전략 1의 투자수익 $= \underset{\$}{1,000}(1+N_B) \rightarrow \$$ ——————①식

1기간 후 전략 2의 투자수익 $= (\underset{\$}{1,000} \times \underset{\text{₩}1,100/\$}{S_0}) \times (1+N_A) \div \underset{\text{₩}1,200/\$}{F_{0,1}} \rightarrow \$$ ——②식

원화

원화로 표시된 투자성과

①식 :

②식 :

효율적 시장에서는 ①식 = ②식이므로, $\frac{F_{0,1}}{S_0} = \frac{1+N_A}{1+N_B}$이다.

5. 선물환율의 불편추정성

국제금융시장이 효율적이라면 환율결정에 관련된 모든 정보가 현물환율과 선물환율에 반영되므로, 선물환율이 미래현물환율의 불편기대치(unbiased estimates)가 될 것이다. 즉 국제피셔효과와 이자율평가설이 동시에 성립하면 선물환율의 할증율(할인율) 및 현물환율이 모두 양국간의 명목이자율차이와 일치하므로, 선물환율이 미래현물환율의 불편기대치가 된다는 것이다.

$$\text{국제피셔효과의 } E(S_1) = \text{이자율평가설의 } F_{0,1} \qquad (16\text{-}8)$$

예제 ⑯ - 2 환율결정이론

미국 달러화에 대한 원화의 현재환율은 \$1=₩1,000이고, 1년 만기 선물환율은 \$1=₩1,050이다. 항후 1년간 인플레이션율은 한국에서는 연 8%이고 미국에서는 3%로 기대되고, 한국과 미국의 실질이자율이 5%라고 하자. 근사모형을 이용하여 다음 각 물음에 답하라.

(1) 구매력평가설에 의하여 1년 후의 기대현물환율을 구하라.
(2) 피셔효과가 성립하는지를 살펴라.
(3) 국제피셔효과가 성립하는지를 살펴라.
(4) 이자율평가설에 의하여 1년 만기 선물환율을 구하라.
(5) 선물환율의 불편추정성이 성립하는지를 살펴라.

$S_0 = 1{,}000 \quad F_{0,1} = 1{,}050 \quad I_A = 8\% \quad I_B = 3\%$
$R_A = R_B = 5\%$이므로 $N_A = R_A + I_A = 13\%$, $N_B = R_B + I_B = 8\%$

(1) $\dfrac{E(S_1) - S_0}{S_0} = I_A - I_B$에서 $\dfrac{E(S_1) - 1{,}000}{1{,}000} = 0.08 - 0.03 \qquad \therefore E(S_1) = 1{,}050$

(2) 피셔효과가 성립하려면 $N_A - N_B = I_A - I_B$가 되어야 한다.
$N_A - N_B = 13\% - 8\% = 5\%$이고 $I_A - I_B = 8\% - 3\% = 5\%$이다.
$\therefore$ 피셔효과가 성립한다.

(3) 국제피셔효과가 성립하려면 다음의 관계가 성립하여야 한다.

$$\frac{E(S_1)-S_0}{S_0}=N_A-N_B$$

$$\frac{E(S_1)-S_0}{S_0}=\frac{1{,}050-1{,}000}{1{,}000}=5\%$$

$N_A-N_B=13\%-8\%=5\%$

∴ 국제피셔효과가 성립한다.

(4) $\frac{F_{0,1}-S_0}{S_0}=N_A-N_B$에서 $\frac{F_{0,1}-1{,}000}{1{,}000}=0.13-0.08$ ∴ $F_{0,1}=1{,}050$

(5) $E(S_1)=F_{0,1}=1{,}050$이므로 선물환율의 불편추정성이 성립한다.

---

6. 국제간의 차익거래

(1) 균형상태

환율(exchange rate)은 외환시장에서 한 국가의 통화가 다른 나라의 통화로 교환되는 비율을 말한다. 현재 시장에서 형성된 환율이 환율결정이론에 의한 균형환율과 같다면, 외환시장은 균형상태에 있기 때문에 차익은 없다.

그러나 현재 시장의 환율이 균형환율과 다르다면 이러한 불균형상태를 이용하여 차익거래를 할 수 있다.

(2) 차익거래 방법

1) 명목이자율의 비교

양국간의 시장이자율 차이를 $N_A'-N_B'$라 하고, 이자율평가설(*IRP*)에 의한 균형이자율 차이를 N_A-N_B라고 하자. $N_A'-N_B'$와 N_A-N_B가 같다면 균형상태에 있는 것이고, $N_A'-N_B'$와 N_A-N_B가 같지 않다면 차익거래를 할 수 있다는 것이다.

즉 $N_A'-N_B'>N_A-N_B$라면 *A*국의 이자율이 상대적으로 과대평가되어 있고 *B*국의 이자율이 과소평가되어 있다. 반면에 $N_A'-N_B'<N_A-N_B$라면 *A*국의 이자율이 상대적으로 과소평가되어 있고 *B*국의 이자율이 과대평가되어 있다.

2) 차익거래방법

이자율이 과소(저)평가된 국가에서 자금을 조달(차입)하여, 이자율이 과대(고)평가된 국가에 투자(대출)하면 된다. 투자기간말에 얻은 투자수익으로 차입금에 대해 원리금을 상환하고 남은 것이 바로 차익이다.

이상의 차익거래방법을 다음 표에 정리하였다.

If	$N_A' - N_B' > N_A - N_B$ A국이 고평가&B국이 저평가 되어 있음	$N_A' - N_B' < N_A - N_B$ A국이 저평가&B국이 고평가 되어 있음
차익방법	저평가된 곳(B국)에서 조달(차입)하여 고평가된 곳(A국)에 투자(대출)한다.	저평가된 곳(A국)에서 조달(차입)하여 고평가된 곳(B국)에 투자(대출)한다.

예제 ⑯ – 3 국제간의 차익거래

미국 달러화에 대한 원화의 현재환율은 $1=₩1,000이고, 1년 만기 선물환율은 $1=₩1,050이다. 미국에서 $10,000을 차입하거나 한국에서 ₩10,000,000을 차입할 수 있다고 하자.

1. 연간 명목이자율이 한국에서는 14%이고 미국에서는 8%이라면, 어느 나라의 이자율이 과대평가되어 있는가? 이 경우의 차익거래과정을 설명하고 차익을 구하라.
2. 연간 명목이자율이 한국에서는 12%이고 미국에서는 8%이라면, 어느 나라의 이자율이 과대평가되어 있는가? 이 경우의 차익거래과정을 설명하고 차익을 구하라.

1. 현재 양국간의 시장이자율 차이와 이자율평가설(*IRP*)에 의한 균형이자율 차이를 비교한다.

   $N_A' = 14\%$ $\quad N_B' = 8\%$ $\quad S_0 = 1{,}000$

   (1) 시장이자율 차이 : $N_A' - N_B' = 14\% - 8\% = 6\%$

   균형이자율 차이 : $\dfrac{F_{0,1} - S_0}{S_0} = \dfrac{1{,}050 - 1{,}000}{1{,}000} (= 5\%) = N_A - N_B$

   $N_A' - N_B' > N_A - N_B$이므로 A국(한국)이 고평가되어 있고 B국(미국)이 저평가되어 있다.

(2) 저평가된 B국(미국)에서 \$10,000을 차입하여 고평가된 A국(한국)에 투자(대출)한다.

① 원리금상환액

미 ——————————→ 미

$\$10,000(1+N_B')=\$10,000(1+0.08)=\$10,800$

② 투자회수액

미 → 한 ——————————→ 한 → 미

$\$10,000\times S_0(1+N_A')\div F_{0,1}=\$10,000\times 1,000(1+0.14)\div 1,050=\$10,857$

③ 차익 = ②의 투자회수액 − ①의 원리금상환액 = \$10,857 − \$10,800 = \$57

2. (1) 시장이자율 차이 : $N_A'-N_B'=12\%-8\%=4\%$

균형이자율 차이 : $\dfrac{F_{0,1}-S_0}{S_0}=\dfrac{1,050-1,000}{1,000}(=5\%)=N_A-N_B$

$N_A'-N_B'<N_A-N_B$이므로 A국(한국)이 저평가되어 있고 B국(미국)이 고평가되어 있다.

(2) 저평가된 A국(한국)에서 ₩10,000,000을 차입하여 고평가된 B국(미국)에 투자(대출)한다.

① 원리금상환액

한 ——————————→ 한

$₩10,000,000(1+N_A')=₩10,000,000(1+0.12)=₩11,200,000$

② 투자회수액

한 → 미 ——————————→ 미 → 한

$₩10,000,000\div S_0(1+N_B')\times F_{0,1}=₩10,000,000\div 1,000(1+0.08)\times 1,050=$ ₩11,340,000

③ 차익 = ②의 투자회수액 − ①의 원리금상환액 = ₩11,340,000 − ₩11,200,000 = ₩140,000

제3절 환위험관리

1. 환위험의 의의 및 종류

(1) 환위험과 환부담

환위험(foreign exchange risk)이란 환율변동에 따른 기업 현금흐름의 변동가능성이고, 이를 실제로 부담하는 것을 환부담 혹은 환노출(foreign exchange exposure)이라고 한다.

(2) 환부담의 종류

환부담을 다음과 같이 환산부담, 거래부담, 경제적부담으로 분류할 수 있다.

① 환산부담(translation exposure) : 외국통화로 표시된 재무제표상의 계정을 자국통화로 환산할 때 나타나는 회계상 이익의 변동을 말한다.

② 거래부담(transaction exposure) : 거래발생시점에서 외국통화로 표시된 채권과 채무가 확정된 후에 환율이 변동하여, 실제로 회수 또는 지급할 자국통화금액이 거래당시와 차이가 나는 위험을 말한다.

③ 경제적부담(economic exposure) : 환율의 변동으로 인하여 기업전체의 미래현금흐름의 변동을 말한다. 즉 환율변동으로 인하여 기업의 미래수익과 비용이 변하여 미래현금흐름에 영향을 미치는 것을 현가화 한 것이다.

2. 환위험관리

환산부담은 회계학의 외화환산분야에서 다루고, 경제적부담은 기업에 있어서 매우 중요한 위험이지만 아직까지 그 값을 정확히 측정하는 기법이 없기 때문에, 재무관리에서는 주로 거래부담을 관리하는 기법을 다룬다.

환위험 관리기법은 기업 내부적으로 관리하는 대내적 관리기법과 외부와의 계약관계를 이용하는 대외적 관리기법이 있다.

(1) 대내적 관리기법

① 상계(netting) : 다국적기업의 본사 및 자회사간에 발생하는 채권과 채무의 차액을 서로 상계하여 순차액만을 수취 혹은 지불하는 방법으로, 총액을 모두 결제하는 경우에 비해 외환거래비용을 절감할 수 있다.

② 매칭(matching) : 미래에 수취할 금액과 지불할 금액을 통화별, 시기별로 매칭(일치)시켜 환율변동위험을 관리하는 기법이다.

③ 자산 · 부채항목의 조정 : 향후 특정통화가 강세로 예상되면 이 통화에 대하여 자산을 증가시키고 부채는 조기결제나 조기상환 등을 통하여 줄인다. 반대로 특정통화가 약세로 예상되면 자산을 줄이고 부채를 늘린다.

④ 리딩(leading)과 래깅(lagging) : 환율변동에 대한 예상에 따라 자금의 수취나 지급시기를 인위적으로 앞당기거나 늦추는 기법이다. 예컨대 자국통화가치가 평가절상(환율인하)될 것으로 예상되면 (₩1,200/$ → ₩1,100/$) 외화채권의 수취는 앞당기고 외화채무의 지급은 늦게 한다. 반대로 자국통화가치가 평가절하(환율인상)될 것으로 예상되면 (₩1,100/$ → ₩1,200/$) 외화채권의 수취는 늦추고 외화채무의 지급은 빨리 한다.

(2) 대외적 관리기법

1) 선물환(선도)시장의 이용

외화표시 채권이나 채무의 발생시점에서 채권 · 채무 상당액에 대하여 채권 · 채무 결제일을 만기일로 하는 통화선물계약을 체결하여 환위험을 헤지하는 방법이다. 이 경우 결제시점의 환율을 현재시점에서 선물환율로 확정시킴으로써(lock－in today) 환위험을 제거할 수 있게 된다.

① 외화채권을 보유하고 있는 경우에는 미래에 외화를 수취하여 매도하여야 하므로 해당 통화에 대한 선물을 매도함으로써 환위험을 헤지할 수 있다.

② 외화채무를 보유하고 있는 경우에는 채무의 상환을 위하여 미래에 외화를 매입하여야 하므로 해당 통화에 대한 선물을 매입함으로써 환위험을 헤지할 수 있다.

2) 외환시장(화폐시장)의 이용

외화표시 채권이나 채무의 발생시점에서 특정통화로 일정금액을 차입하여 다른 통화로 환산한 다음 그 국가의 금융시장에 투자함으로써 환위험을 헤지하는 방법이다.

① 외화채권을 보유하고 있는 경우에는 미래에 수취하게 될 채권액을 외국의 이자율로 할인한 현재가치만큼 외화로 차입하여 원화로 환산한 다음 국내의 화폐시장에 투자한다. 그러면 채권의 결제일에 채권액을 받아서 차입원리금을 상환할 수 있으므로 환율변동과 관계없이 국내에서의 투자수익만큼 확보할 수 있게 된다.

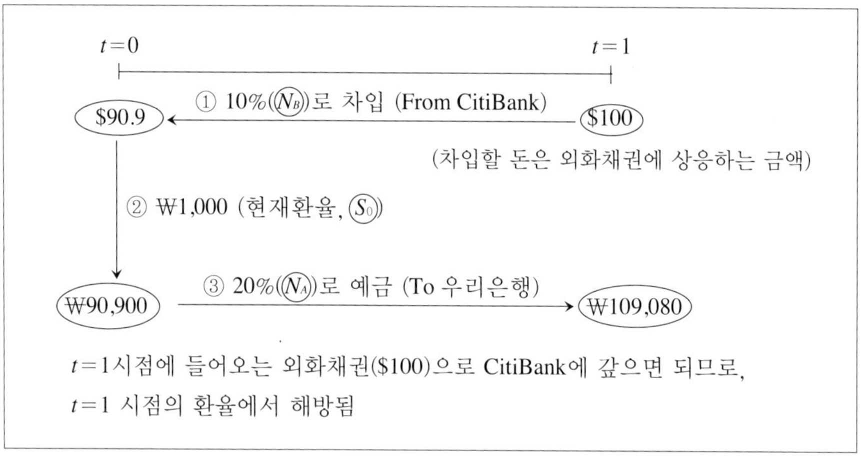

② 외화채무를 보유하고 있는 경우에는 미래에 지급하게 될 채무액을 외국의 이자율로 할인한 현재가치만큼 외국의 화폐시장에 투자해 두면 채무결제일에 투자수익으로 채무액을 상환할 수 있다. 따라서 채무액의 현재가치를 환산한 금액만큼 원화로 차입하여 이를 외화로 환산한 다음 외국의 화폐시장에 투자함으로써 환율변동과 관계없이 채무액을 상환할 수 있다. 이 경우 채무상환에 소요되는 원화금액은 국내에서의 차입금에 대한 원리금이 된다.

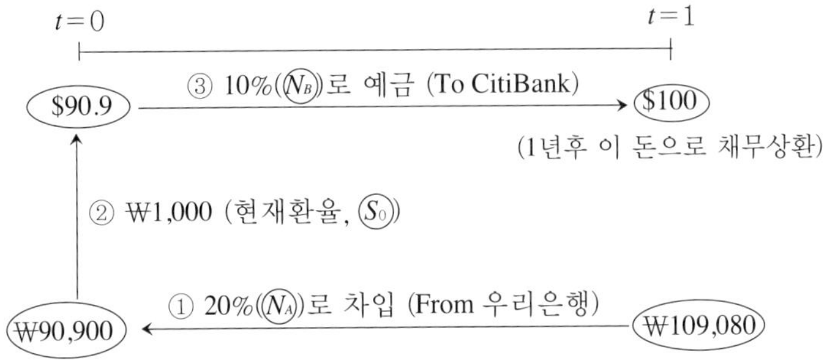

$t=1$ 시점에서 CitiBank에 예치된 ($100)으로 채무상환하고, 우리은행에 상환하면 되므로 $t=1$시점의 환율에서 해방됨

3) 통화옵션의 이용

외화표시 채권이나 채무의 발생시점에서 채권 · 채무 상당액에 대하여 채권 · 채무 결제일을 만기일로 하는 통화옵션을 매입함으로써 환위험을 헤지한다.

① 외화채권을 보유하고 있는 경우에는 해당 통화에 대한 풋옵션을 매입함으로써 환율하락위험을 헤지할 수 있다. 채권의 결제시점에서 환율이 하락하는 경우 풋옵션을 행사하여 외화를 매도하면 최소한 풋옵션의 행사가격만큼 확보할 수 있기 때문이다.

② 외화채무를 보유하고 있는 경우에는 해당통화에 대한 콜옵션을 매입함으로써 환율상승위험을 헤지할 수 있다. 채무의 결제시점에서 환율이 상승하는 경우 콜옵션을 행사하여, 콜옵션의 행사가격만 지불하고 취득하게 되는 외화로 채무를 상환할 수 있기 때문이다.

4) 통화스왑의 이용

통화스왑이란 서로 다른 통화로 표시된 채무를 가지고 있는 두 거래당사자가 이를 교환하는 것을 말한다. 통화스왑은 미리 약속한 환율을 기준환율로 적용하기 때문에 환위험을 헤지하는 효과가 있다.

대외적 관리기법을 간단히 요약하면 다음과 같다.

외화채권 보유시 : 선물매도, 외화로 차입, 풋옵션매입
외화채무 보유시 : 선물매입, 국내화(원화)로 차입, 콜옵션매입

예제 ⑯ – 4 외화채권의 환위험관리

(주)서울은 미국의 *NY*기업으로 부터 1년 후에 $1,000,000을 수취할 예정이다. 다음 자료를 참조하여 다음의 각 물음에 답하라.

> 연간 한국이자율=10%, 미국이자율=5%
> 현재 형성된 현물환율 $1=₩1,200, 1년 만기 선물환율 $1=₩1,180
> 현재 형성된 1년 만기 콜옵션 (행사가격: $1=₩1,200, 옵션가격: 달러당 10원)
> 1년 만기 풋옵션 (행사가격: $1=₩1,170, 옵션가격: 달러당 5원)

(1) 연말의 현물환율이 $1=₩1,160일 때 거래부담을 구하라.
(2) (주)서울이 선물환시장을 이용하여 헤지할 경우 1년 후에 확실하게 받을 수 있는 금액을 구하라.
(3) (주)서울이 외환(화폐)시장을 이용하여 헤지할 경우 1년 후에 확실하게 받을 수 있는 금액을 구하라.
(4) (주)서울이 통화옵션시장을 이용하여 헤지할 경우 1년 후에 최소한 확보할 수 있는 금액을 구하라.

⑴ 거래부담은 환율변동에 따르는 위험이므로 다음과 같다.
$\$1,000,000 \times (1,160 - 1,200) = -40,000,000$원

⑵ (주)서울은 $1,000,000에 대하여 만기가 1년 후인 선물계약을 매도하여야 한다. 이 경우 1년 후의 달러 매도가격을 1,180원으로 확정시킬 수 있는데 이 금액은 $\$1,000,000 \times 1,180 = 1,180,000,000$원이다.

⑶ (주)서울은 1년 후 받게 될 외화채권 $1,000,000을 미국의 이자율로 할인한 현재가치만큼 미국에서 1년간 차입한 다음, 차입금을 원화로 환산하여 한국의 화폐시장에 1년간 투자한다. 이 금액은 다음과 같다.

$$\left(\frac{\$1,000,000}{1+0.05}\right) \times 1,200 \times (1+0.1) = 1,257,142,857\text{원}$$

⑷ (주)서울은 $1,000,000에 대하여 만기가 1년 후인 풋옵션을 매입하여야 한다. 결국 (주)서울이 1년 후에 받게 될 금액은 1년 후의 현물환율(S_1)에 따라 다음과 같이 달라진다.

	$S_1 > 1,170$	$S_1 < 1,170$
풋옵션의 가치	$1,000,000 × S_1 (행사안 함)	$1,000,000 × 1,170 (행사함)
−*PP*	$1,000,000 × 5 × (1 + 0.1)	$1,000,000 × 5 × (1 + 0.1)
확보액	₩1,000,000 (S_1−5.5)	₩1,164,500,000

따라서, 1년후 현물환율(S_1)이 풋옵션의 행사가격인 1,170원보다 작을 때는 행사하여 ₩1,164,500,000을 확보할 수 있다. 반면, 클 때는 행사하지 않음으로써 ₩1,164,500,000보다 큰 금액을 얻을 수 있다. 이는 옵션에서 보호풋과 같은 전략이다.

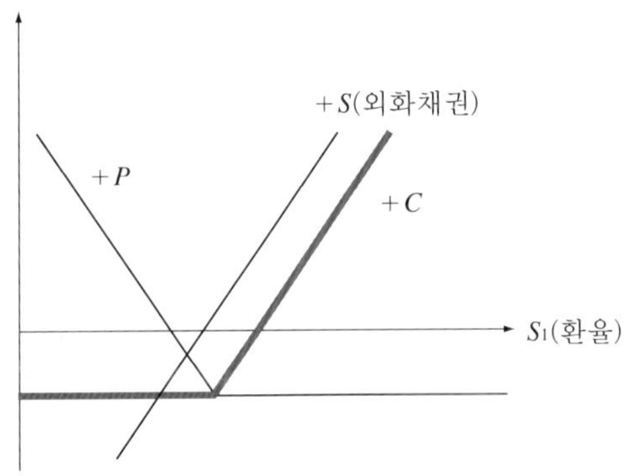

예제 ⑯ – 5 외화채무의 환위험관리

(주)서울은 미국의 *CA*기업에 1년 후에 $500,000을 지급할 예정이다. 다음 자료를 참조하여 다음의 각 물음에 답하라.

> 연간 한국이자율 = 10%, 미국이자율 = 5%
> 현재 형성된 현물환율 $1 = ₩1,200, 1년 만기 선물환율 $1 = ₩1,180
> 현재 형성된 1년 만기 콜옵션 (행사가격: $1 = ₩1,200, 옵션가격: 달러당 10원)
> 1년 만기 풋옵션 (행사가격: $1 = ₩1,170, 옵션가격: 달러당 5원)

(1) 연말의 현물환율이 $1 = ₩1,160일 때 거래부담을 구하라.

(2) (주)서울이 선물환시장을 이용하여 헤지할 경우 1년 후에 확실하게 지불할 수 있는 금액을 구하라.

(3) (주)서울이 외환(화폐)시장을 이용하여 헤지할 경우 1년 후에 확실하게 지불 수 있는 금액을 구하라.

(4) (주)서울이 통화옵션시장을 이용하여 헤지할 경우 1년 후에 최소로 부담할 수 있는 금액을 구하라.

(1) 거래부담은 환율변동에 따르는 위험이므로 다음과 같다.
$500,000 × (1,200 − 1,160) = 20,000,000원

(2) (주)서울은 $500,000에 대하여 만기가 1년 후인 선물계약을 매입하여야 한다. 이 경우 1년 후의 달러 매입가격을 1,180원으로 확정시킬 수 있는데 이 금액은 $500,000 × 1,180 = 590,000,000원이다.

(3) (주)서울은 1년 후 지불할 외화채무 $500,000에 해당하는 원화금액을 국내에서 1년간 차입한 다음, 이를 미국달러화로 환산하여 미국의 화폐시장에 1년간 투자한다. 이 금액은 다음과 같다.

$$\left(\frac{\$500{,}000}{1+0.05}\right) \times 1{,}200 \times (1+0.1) = 628{,}571{,}428.6\text{원}$$

(4) (주)서울은 $500,000에 대하여 만기가 1년 후인 콜옵션을 매입하여야 한다. 결국 (주)서울이 1년 후에 받게 될 금액은 1년 후의 현물환율(S_1)에 따라 다음과 같이 달라진다.

	$S_1 > 1,200$	$S_1 < 1,200$
콜옵션의 가치	$500,000 × 1,200 (행사함)	$500,000 × S_1 (행사 안함)
$-CP$	$500,000 × 10 × (1 + 0.1)	$500,000 × 10 × (1 + 0.1)
부담액	₩594,500,000	₩500,000(S_1 − 11)

따라서, 1년후 현물환율(S_1)이 콜옵션의 행사가격인 1,200원보다 클 때는 행사하여 ₩594,500,000을 부담할 수 있다. 반면, 작을 때는 행사하지 않음으로써 ₩594,500,000보다 작은 금액을 부담할 수 있다. 이는 옵션에서 방비콜의 매도포지션과 같은 전략이다. [Covered call : $S - C = -P$이므로 −Covered call : $-S + C = +P$]

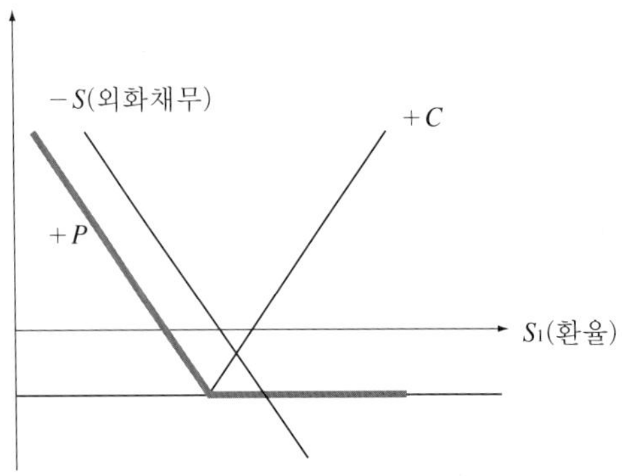

예제 ⑯ – 6 통화옵션(스트래들)을 이용한 헤지

투자자 갑은 다음 자료에 있는 콜옵션 1단위와 풋옵션 1단위를 이용하여 달러에 대한 스트래들 매입(long straddle) 전략을 구사하려고 한다.

> 현재 형성된 1년 만기 콜옵션 [행사가격: $1=₩1,100, 옵션가격($CP$): 달러당 25원]
> 현재 형성된 1년 만기 풋옵션 [행사가격: $1=₩1,100, 옵션가격($PP$): 달러당 15원]

1년 후 만기 환율(S_T)이 다음과 같을 때, 투자자의 손익인 빈칸을 채우고 손익분기점 환율 및 최대손실금액을 구한 후 결과를 도시하라.

S_T	₩900/$	₩1,000/$	₩1,200/$	₩1,500/$
만기손익				

A long straddle $= +C+P$이고 옵션의 만기가치와 투자자의 만기손익은 다음과 같다.

	$+C$	$+P$	옵션의 만기가치	비용	투자자의 만기손익
$S_T>X$	S_T-X	0	S_T-X	$CP+PP$	$(S_T-X)-(CP+PP)$
$S_T\le X$	0	$X-S_T$	$X-S_T$	$CP+PP$	$(X-S_T)-(CP+PP)$

여기에서 $X=1{,}100$ $CP=25$ $PP=15$

S_T (₩/$)	900	1,000	1,200	1,500
X (₩/$)	1,100	1,100	1,100	1,100
옵션의 만기가치	200	100	100	400
비용	40	40	40	40
투자자의 만기손익	160	60	60	360

손익분기점 환율은 $1{,}100\pm40=1{,}140$과 1,060이며, 최대손실액은 40이다.

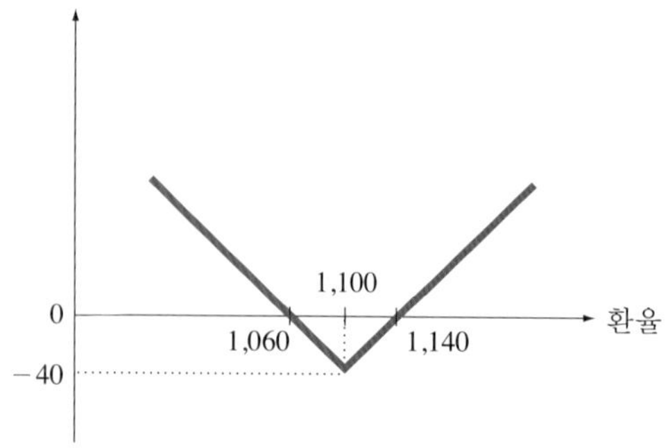

예제 ⑯ – 7 통화옵션(스트랭글)을 이용한 헤지

투자자 갑은 다음 자료에 있는 콜옵션 1단위와 풋옵션 1단위를 이용하여 달러에 대한 스트랭글 매입(long strangle) 전략을 구사하려고 한다.

> 현재 형성된 1년 만기 콜옵션 [행사가격: \$1=₩1,100, 옵션가격(*CP*): 달러당 25원]
>
> 현재 형성된 1년 만기 풋옵션 [행사가격: \$1=₩1,100, 옵션가격(*PP*): 달러당 15원]
>
> 현재 형성된 1년 만기 콜옵션 [행사가격: \$1=₩1,200, 옵션가격(*CP*): 달러당 22원]
>
> 현재 형성된 1년 만기 풋옵션 [행사가격: \$1=₩1,200, 옵션가격(*PP*): 달러당 18원]

1년 후 만기 환율(S_T)이 다음과 같을 때, 투자자의 손익인 빈칸을 채우고 손익분기점 환율 및 최대손실금액을 구한 후 결과를 도시하라.

S_T	₩1,050/\$	₩1,100/\$	₩1,150/\$	₩1,200/\$	₩1,250/\$
만기손익					

A long strangle $= +C_{X2} + P_{X1}$ (단, $X_1 < X_2$)이고 옵션의 만기가치와 투자자의 만기손익은 다음과 같다.

	$+C_{X2}$	$+P_{X1}$	옵션의 만기가치	비용	투자자의 만기손익
$S_T > X_2$	$S_T - X_2$	0	$S_T - X_2$	$CP + PP$	$(S_T - X_2) - (CP + PP)$
$X_1 \leq S_T \leq X_2$	0	0	0	$CP + PP$	$-(CP + PP)$
$S_T < X_1$	0	$X_1 - S_T$	$X_1 - S_T$	$CP + PP$	$(X_1 - S_T) - (CP + PP)$

여기에서 $X_2 = 1{,}200$ $CP = 22$ $X_1 = 1{,}100$ $PP = 15$

S_T (₩/$)	1,050	1,100	1,150	1,200	1,250
X_2 (₩/$)	1,200	1,200	1,200	1,200	1,200
X_1 (₩/$)	1,100	1,100	1,100	1,100	1,100
옵션의 만기가치	50	0	0	0	50
비용	37	37	37	37	37
투자자의 만기손익	13	−37	−37	−37	13

손익분기점 환율은 1,200 + 37 = 1,237과 1,100 − 37 = 1,063이며, 최대손실액은 −37이다.

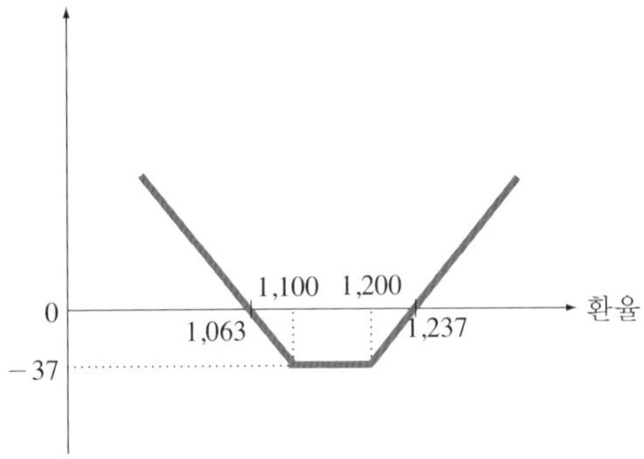

예제 ⑯ − 8 통화옵션(수직강세 스프레드)을 이용한 헤지

투자자 갑은 다음 자료에 있는 행사가격이 다른 콜옵션 1단위씩을 이용하여 달러에 대한 수직강세 스프레드 매입(long bull spread) 전략을 구사하려고 한다.

현재 형성된 1년 만기 콜옵션 [행사가격: $1=₩1,100, 옵션가격(*CP*): 달러당 70원]
현재 형성된 1년 만기 콜옵션 [행사가격: $1=₩1,200, 옵션가격(*CP*): 달러당 30원]

1년 후 만기 환율(S_T)이 다음과 같을 때, 투자자의 손익인 빈칸을 채우고 손익분기점 환율 및 최대이익과 손실금액을 구한 후 결과를 도시하라.

S_T	₩1,050/$	₩1,100/$	₩1,150/$	₩1,200/$	₩1,250/$
만기손익					

A long bull spread $= +C_{X1} - C_{X2}$ (단, $X_1 < X_2$)이고 옵션의 만기가치와 투자자의 만기손익은 다음과 같다.

	$+C_{X1}$	$-C_{X2}$	옵션의 만기가치	비용	투자자의 만기손익
$S_T > X_2$	$S_T - X_1$	$-(S_T - X_2)$	$X_2 - X_1$	$CP_1 - CP_2$	$(X_2 - X_1) - (CP_1 - CP_2)$
$X_1 \leq S_T \leq X_2$	$S_T - X_1$	0	$S_T - X_1$	$CP_1 - CP_2$	$(S_T - X_1) - (CP_1 - CP_2)$
$S_T < X_1$	0	0	0	$CP_1 - CP_2$	$-(CP_1 - CP_2)$

여기에서 $X_1 = 1{,}100$ $CP_1 = 70$ $X_2 = 1{,}200$ $CP_2 = 30$

S_T (₩/$)	1,050	1,100	1,150	1,200	1,250
X_2 (₩/$)	1,200	1,200	1,200	1,200	1,200
X_1 (₩/$)	1,100	1,100	1,100	1,100	1,100
옵션의 만기가치	0	0	50	100	100
비용	40	40	40	40	40
투자자의 만기손익	−40	−40	10	60	60

손익분기점 환율은 1,100+40=1,140이며, 최대이익은 60, 최대손실은 −40이다.

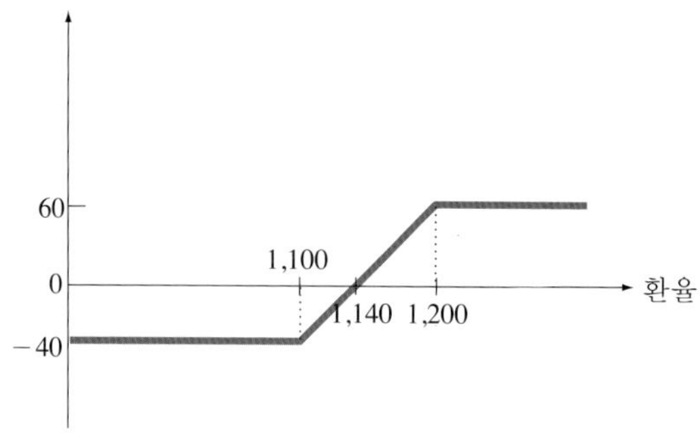

예제 ⑯ – 9 통화옵션(수직약세 스프레드)을 이용한 헤지

투자자 갑은 다음 자료에 있는 행사가격이 다른 콜옵션 1단위씩을 이용하여 달러에 대한 수직약세 스프레드 매입(long bear spread) 전략을 구사하려고 한다.

> 현재 형성된 1년 만기 콜옵션 [행사가격: $1=₩1,100, 옵션가격($CP$): 달러당 70원]
> 현재 형성된 1년 만기 콜옵션 [행사가격: $1=₩1,200, 옵션가격($CP$): 달러당 30원]

1년 후 만기 환율(S_T)이 다음과 같을 때, 투자자의 손익인 빈칸을 채우고 손익분기점 환율 및 최대이익과 손실금액을 구한 후 결과를 도시하라.

S_T	₩1,050/$	₩1,100/$	₩1,150/$	₩1,200/$	₩1,250/$
만기손익					

A long bear spread $= -C_{X1} + C_{X2}$ (단, $X_1 < X_2$)이고 옵션의 만기가치와 투자자의 만기손익은 다음과 같다.

	$-C_{X1}$	C_{X2}	옵션의 만기가치	비용	투자자의 만기손익
$S_T > X_2$	$-(S_T - X_1)$	$S_T - X_2$	$X_1 - X_2$	$-CP_1 + CP_2$	$(X_1 - X_2) - (-CP_1 + CP_2)$
$X_1 \le S_T \le X_2$	$-(S_T - X_1)$	0	$X_1 - S_T$	$-CP_1 + CP_2$	$(X_1 - S_T) - (-CP_1 + CP_2)$
$S_T < X_1$	0	0	0	$-CP_1 + CP_2$	$-CP_1 + CP_2$

여기에서 $X_1 = 1,100$ $CP_1 = 70$ $X_2 = 1,200$ $CP_2 = 30$

S_T (₩/$)	1,050	1,100	1,150	1,200	1,250
X_2 (₩/$)	1,200	1,200	1,200	1,200	1,200
X_1 (₩/$)	1,100	1,100	1,100	1,100	1,100
옵션의 만기가치	0	0	−50	−100	−100
비용	−40	−40	−40	−40	−40
투자자의 만기손익	40	40	−10	−60	−60

손익분기점 환율은 1,100+40=1,140이며, 최대이익은 40, 최대손실은 −60이다.

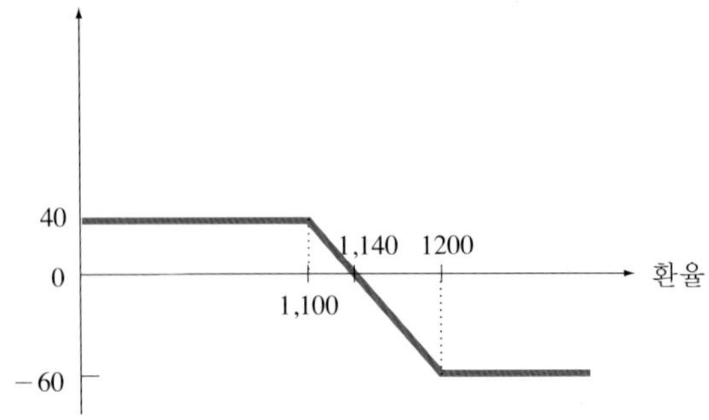
40
0
-60
1,100
1,140
1200
환율

제 4 절 국제자본예산

1. 해외투자안의 평가

해외투자안과 국내투자안을 평가하는 방법은 순현재가치(*NPV*)법을 이용한다는 점에서 기본적으로 동일하다. 즉, 미래의 현금흐름을 측정하여 적정할인율로 할인하여, *NPV*가 0보다 크면 투자하고 0보다 작으면 투자하지 않는다. 다만 해외투자안의 경우에는 환위험과 정치적위험을 추가적으로 고려해야 할 것이다.

2. 해외투자안의 평가방법

(1) 평가순서

① 해외투자에서 나오는 현금흐름을 현지통화로 추정한다.
② 예상환율을 이용하여 자국통화로 환산한다.
③ 자국의 적정할인율로 할인하여 *NPV*를 계산한다.

(2) 예상환율의 결정

기업 또는 재무담당자가 예상하는 값을 사용해서는 안되며, 반드시 외환시장에서 결정된 이자율이나 선물환을 이용하여야 한다.

예제 ⑯-10 해외투자안의 평가

(주)서울은 미국에 자회사를 설립할 것을 검토 중이다. 자회사 설립에 따르는 현금흐름은 다음과 같다고 하자.

시점	0	1	2	3
현금흐름(만달러)	-100	50	40	30

현재 현물환율은 1,000(원/$)인데, 투자기간동안 한국의 명목이자율은 10%, 미국의 이자율은 5%로 일정할 것으로 예상된다. 원화로 환산된 현금흐름에 적용될 자본비용은 8%이고 이자율평가설이 성립한다고 할 때, 이 투자안의 채택여부를 *NPV*법으로 판단하라.

이자율평가설(*IRP*)의 $\frac{F_{0,1}}{S_0}=\frac{1+N_A}{1+N_B}$를 이용하여 미래의 시점별 선물환율을 구한다.

1	$\frac{F_{0,1}}{1,000}=\frac{1+0.1}{1+0.05}$	$\therefore\ F_{0,1}=1,047.62$
2	$\frac{F_{0,1}}{1,047.62}=\frac{1+0.1}{1+0.05}$	$\therefore\ F_{0,1}=1,097.51$
3	$\frac{F_{0,1}}{1,097.51}=\frac{1+0.1}{1+0.05}$	$\therefore\ F_{0,1}=1,149.77$

위 환율을 이용하여 자국통화인 원화로 환산한다.

시점	0	1	2	3
현금흐름(만달러)($)	-100	50	40	30
×환율(₩/$)	1,000	1,047.62	1,097.51	1,149.77
현금흐름(만원)(₩)	-100,000	52,381	43,900.4	34,493.1

자국의 현금흐름을 자국의 할인율인 8%로 할인하여 *NPV*를 구한다.

$$NPV=\frac{52,381}{1.08}+\frac{43,900.4}{1.08^2}+\frac{34,493.1}{1.08^3}-100,000=13,520\text{만원}$$

NPV>0이므로 (주)서울은 자회사를 설립해야 한다.

연습문제

1. 미국 달러화에 대한 원화의 환율은 ₩800/$이고, 일본 엔화에 대한 원화의 환율은 ₩6/¥이다. 미국 달러화와 일본 엔화에 대한 관계는 설정되어 있지 않다고 가정할 때, 차익거래가 발생하지 않기 위한 다음 설명 중 옳은 것은?

① 기준환율은 ₩800/$, 교차환율은 ¥133.3/$, 재정환율은 ₩6/¥.

② 기준환율은 ₩800/$, 재정환율은 ¥133.3/$, 교차환율은 ₩6/¥.

③ 기준환율은 ¥133.3/$, 교차환율은 ₩800/$, 재정환율은 ₩6/¥.

④ 기준환율은 ¥133.3/$, 교차환율은 ₩6/¥, 재정환율은 ₩800/$.

⑤ 기준환율은 ₩6/¥, 교차환율은 ₩800/$, 재정환율은 ¥133.3/$.

〈해설〉 기준환율은 한국과 미국간의 환율이고, 교차환율은 미국과 제3국간의 환율이며, 재정환율은 한국과 제3국간의 환율이다. 이를 도시하면 다음과 같다.

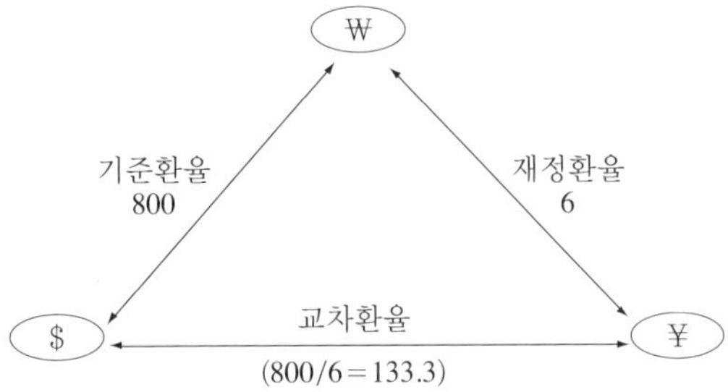

답 ①

2. 환율과 환위험에 대한 다음 설명 중 옳지 않은 것은? (1993. CPA)

① 국제 외환거래에 있어서 두 나라간의 환율을 교차환율이라 한다.

② 국내에서만 거래활동을 하는 기업은 환위험이 발생하지 않는다.

③ 현물환율이 600원, 1개월 선물환율이 606원인 경우, 선물환율의 할증률은 12%이다.

④ 기대치 않은 환율의 변동으로 인한 기업의 미래기대현금흐름의 변동가능성을 경제적 환노출이라 한다.

⑤ 두 나라 통화간의 현물환율이 두 나라간의 인플레이션의 차이에 비례하여 변동한다는 이론이 구매력평가설이다.

〈해설〉 ① 기준환율의 대상국가(미국)와 제3국과의 환율을 교차환율이라고 한다.

③ 선물환율의 할증율 $= \frac{606-600}{600} \times \frac{12}{1} = 0.12 = 12\%$

답 ①

3. 통화선물에 대한 다음 설명 중 틀린 것은?

① 통화선물은 주요국 통화를 기초자산으로 하는 선물거래이다.

② 통화선물의 균형가격은 국제재무관리의 이자율평가설에 의해 결정된다.

③ 현재의 선물환율이 균형선물환율보다 높다면 외국에서 차입하여 국내의 금융자산에 투자함으로써 차익을 얻을 수 있다.

④ 현재 외환을 보유 중인 (또는 미래에 외환을 수취하게 될) 투자자는 통화선물을 매도함으로써 환율하락위험을 헤지할 수 있다.

⑤ 미래에 외환을 매입하고자 하는 (또는 미래에 외환을 지급하게 될) 투자자는 통화선물을 매입함으로써 환율상승위험을 헤지할 수 있다.

〈해설〉 ③ 현재의 선물환율(예로써, ₩880/$) > 균형선물환율(예로써, ₩800/$)이므로 $가 고평가되었고, ₩가 저평가되었다. 차익방법은 저평가된 국내에서 조달(차입)하여 고평가된 외국에 투자(대출)한다.

답 ③

4. 통화선물을 이용하여 매입헤지(long hedge)를 취했다고 하자. 다음 중 어느 경우에 손실이 가장 크겠는가?

① 현물환율은 상승하고 선물환율도 상승하는 경우

② 현물환율은 상승하지만 선물환율은 하락하는 경우

③ 현물환율은 하락하고 선물환율도 하락하는 경우

④ 현물환율은 하락하지만 선물환율은 상승하는 경우

⑤ 선물을 이용하여 헤지하였으므로 손실이 발생하지 않는다.

〈해설〉 매입헤지는 현물시장에서 외국통화가 없어 외화를 매입해야 하므로 환율이 상승할 때 손실을 본다. 선물시장에서 매입포지션을 취하므로 환율이 하락할 때 손실을 볼 것이다. 한편, 매도헤지(short hedge)는 현물시장에서 외국통화를 보유중이므로 환율이 하락할 때 손실을 본다. 선물시장에서 매도포지션을 취하므로 환율이 상승할 때 손실을 볼 것이다.

답 ②

5. 통화가치의 상승(강세)이 예상되는 국가에 파견된 지사의 자금관리자가 취해야 할 전략이 아닌 것은?

① 현금비중을 늘린다. ② 매출채권을 늘린다.
③ 할부판매제도를 폐지한다. ④ 차입금을 상환한다.
⑤ 외상매입금의 대금결제기간을 줄인다.

〈해설〉 통화에 대하여 강세가 예상되면 : 그 통화로 표시된 자산을 증가(①과 ②)시키고 부채를 감소(④와 ⑤)시킨다. ③은 매출채권(따라서, 자산)을 줄이는 전략이다.

답 ③

6. (주)서울은 90일 후에 대금을 지급받기로 하고 미화 100만달러 상당의 기계장비를 중국의 한 회사에 수출하였다. 수출대금은 달러화로 표시되어 있는데 현재의 현물환율은 1달러당 780원이고, 90일 선물환율은 756원이다. (주)서울은 환위험을 회피하기 위하여 달러화에 대한 선물환 매도계약을 체결하였다. 이 경우 선물환시장을 이용하여 환위험을 회피하는 데 소요되는 비용은 연간 몇 %인가? (1995. CPA)

① 3.1% ② 3.2% ③ 9.4%
④ 12.3% ⑤ 12.7%

〈해설〉 선물환 매도계약을 체결함으로써 90일 후에 1달러당 756원을 받을 수 있게 되었으므로, 3개월 동안에 24(=780−756)의 비용이 소요되는 것이다.

$$연간비용 = \frac{24}{756} \times \frac{12}{3} = 0.127$$

답 ⑤

7. 1년간 $100만를 미국에서 5%에 차입하였다. 차입시의 현물환율은 ₩800/$이었고 상환시의 현물환율은 ₩880/$이었다면 원화이자율로 표시된 차입비용은 얼마인가? (1996. CPA)

① 13.5% ② 14.5% ③ 15.5%
④ 16.5% ⑤ 17.5%

〈해설〉 현재 차입금 = $1,000,000 × ₩800/$ = ₩800,000,000
상환시의 차입금 = $1,000,000 × ₩880/$ × 1.05 = ₩924,000,000

$$\therefore 차입비용 = \frac{924,000,000 - 800,000,000}{800,000,000} = 0.155 = 15.5\%$$

답 ③

8. 환위험에 노출되어 있는 기업이 그 위험을 관리하기 위하여 고려할 수 있는 방법 중 부적절한 것은? (1998. CPA)

① 외국통화로 자금을 지급하거나 수령하는 시기를 조정한다.

② 국내외 금융시장에서 자금을 차입하는 통화수단을 조정한다.

③ 해외원자재를 장기적으로 구매하거나 해외로 공장을 이전한다.

④ 통화관련 선물, 옵션, 스왑 등의 파생상품을 이용한다.

⑤ 외국기업과 전략적 제휴관계를 맺는다.

답 ⑤

9. 다음 중 두 나라간의 이자율과 환율과의 관계를 바르게 나타낸 것을 택하시오. 단, N_A와 N_B는 각각 A국의 이자율과 B국의 이자율을 나타내며, S는 A국 화폐 1단위당 B국 화폐의 가치로 표시된 현물환율, F는 A국 화폐 1단위당 B국 화폐의 가치로 표시된 선물환율(forward exchange rate)을 나타낸다. (1989. CPA)

① $\frac{1+N_A}{1+N_B}=\frac{F}{S}$　② $\frac{1+N_B}{1+N_A}=\frac{F}{S}$　③ $N_A-N_B=\frac{S}{F}$

④ $\frac{1+N_A}{1+N_B}=F-S$　⑤ $N_B-N_A=F-S$

〈해설〉 B국 통화 1단위당 A국 통화로 표시한 이자율평가설은 $\frac{F_{0,1}}{S_0}=\frac{1+N_A}{1+N_B}$ 혹은 $\frac{F_{0,1}-S_0}{S_0}=N_A-N_B$ 이므로, A국 통화 1단위당 B국 통화로 표시하면 $\frac{F_{0,1}}{S_0}=\frac{1+N_B}{1+N_A}$ 혹은 $\frac{F_{0,1}-S_0}{S_0}=N_B-N_A=-(N_A-N_B)$ 일 것이다.

이를 다음과 같이 설명할 수 있다.

$$₩/\$ \cdots \frac{F_{0,1}}{S_0}=\frac{1+N_A \cdots ₩}{1+N_B \cdots \$} \qquad ₩/\$ \cdots \frac{F_{0,1}-S_0}{S_0}=\underset{₩\ \ \$}{N_A-N_B}$$

$$\$/₩ \cdots \frac{F_{0,1}}{S_0}=\frac{1+N_B \cdots \$}{1+N_A \cdots ₩} \qquad \$/₩ \cdots \frac{F_{0,1}-S_0}{S_0}=\underset{\$\ \ ₩}{N_B-N_A}=-\underset{₩\ \ \$}{(N_A-N_B)}$$

답 ②

10. 국제 피셔효과(international Fisher effect)를 도시한 결과로 옳은 것은? (1996. CPA)

단, i_A=A국의 1기간 동안의 예상 인플레이션율
i_B=B국의 1기간 동안의 예상 인플레이션율
N_A=A국의 1기간 동안의 명목이자율
N_B=B국의 1기간 동안의 명목이자율
S_0=A국통화 1단위에 대해 B국통화 가치로 표시한 현물환율
$E(S_1)$=A국통화 1단위에 대해 B국통화 가치로 표시한 1기 후의 기대현물환율
$F_{0,1}$=A국통화 1단위에 대해 B국통화 가치로 표시된 1기 후 인도조건의 선물환율

①
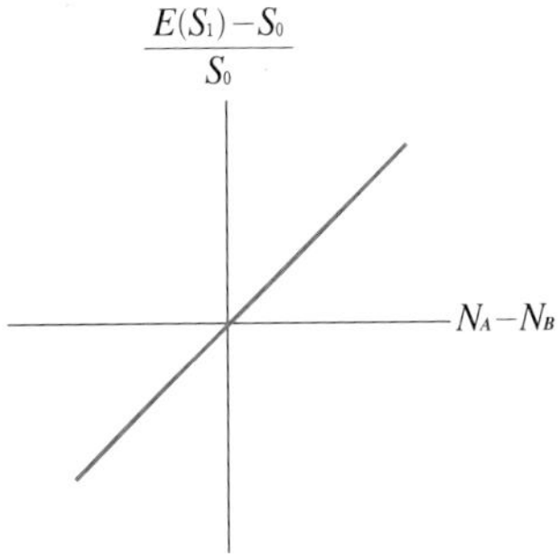

②
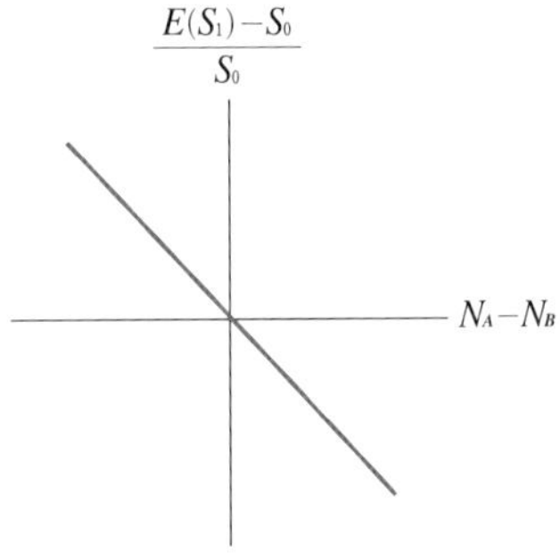

③
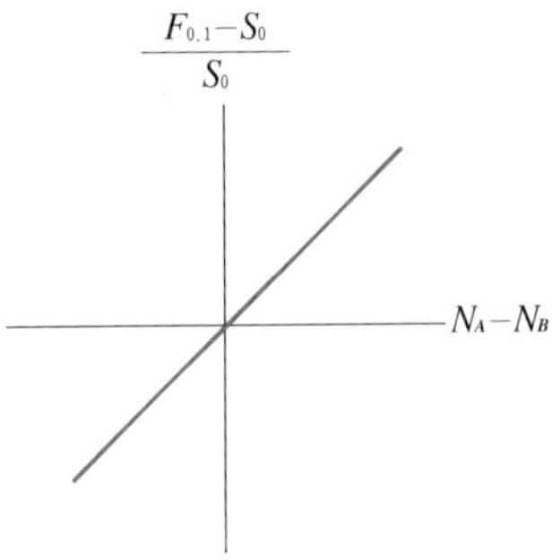

④
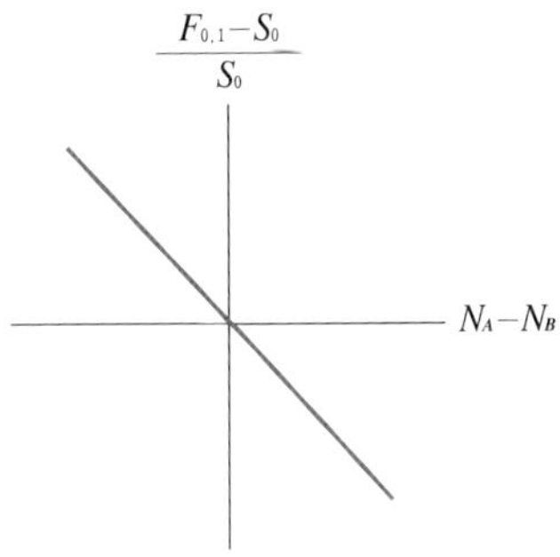

⑤
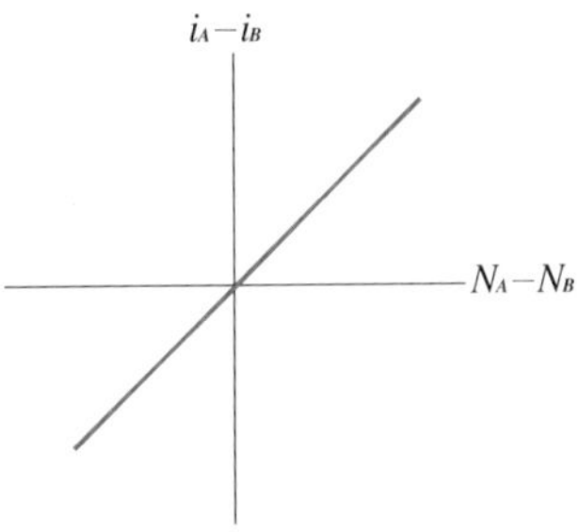

〈해설〉 B국 통화 1단위당 A국 통화로 표시한 국제피셔효과는 $\frac{E(S_1)}{S_0}=\frac{1+N_A}{1+N_B}$ 혹은 $\frac{E(S_1)-S_0}{S_0}=N_A-N_B$ 이므로, A국 통화 1단위당 B국 통화로 표시하면 $\frac{E(S_1)}{S_0}=\frac{1+N_B}{1+N_A}$ 혹은 $\frac{E(S_1)-S_0}{S_0}=N_B-N_A=-(N_A-N_B)$ 일 것이다.

답 ②

11. B국 통화 1단위에 대한 A국 통화의 가치로 표시된 현물환율과 선물환율을 각각 S_0와 F라 하고, 선물환의 인도시기와 동일한 만기를 갖는 무위험자산의 명목수익률을 N_A와 N_B라 하자. 만약 (N_A-N_B)와 $\frac{F-S_0}{S_0}$가 아래 그림의 X점과 같은 상태에 있다면, 커버된 이자율 차익거래가 발생한다. 이 때 차익거래로 인해 나타날 수 있는 결과는? (1994. CPA)

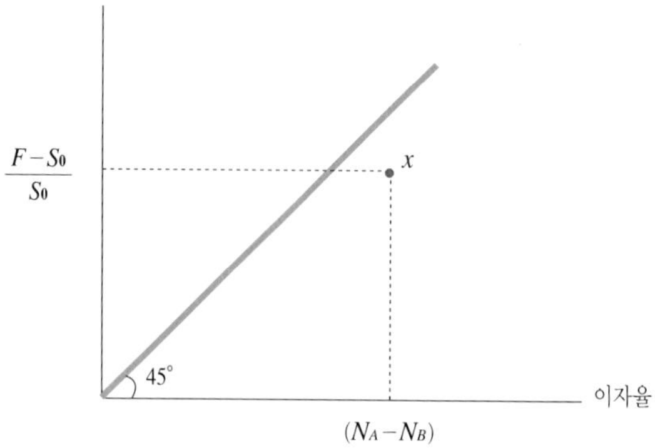

① B국 통화에 대한 선물환 프리미엄이 감소한다.

② B국의 명목수익률 N_B가 하락한다.

③ B국 통화의 현물환율 S_0가 상승한다.

④ A국 무위험금융자산의 가격이 상승한다.

⑤ 위의 어떤 결과도 나타나지 않는다.

〈해설〉 이자율평가설 : $\frac{F-S_0}{S_0}=N_A-N_B$ (균형상태)

이 그림은 $\frac{F-S_0}{S_0}<N_A-N_B$이므로 차익거래가 가능하다. 차익거래의 결과로 균형상태로 되려면

① ③ F가 상승 혹은 S_0가 하락해야 한다.

② ④ N_A가 하락 혹은 N_B가 상승해야 한다. N_A(A국의 명목이자율)가 하락하면 A국의 금융자산가격이 상승할 것이다.

답 ④

12. 외환시장과 금리시장에서 거래가 자유롭다고 가정하자. 원화표시와 달러화표시의 1년 만기 무위험할인채권의 가격이 각각 액면의 80%, 90%라 하자. 시장에서 현재 달러당 원화의 환율이 1,500원이라면 달러화에 대한 원화의 만기 1년의 선물환율은 얼마인가? (1998. CPA)

① 1,333원 ② 1,433원 ③ 1,583원

④ 1,633원 ⑤ 1,688원

〈해설〉 A국 : 한국, B국 : 미국이라면

$$N_A=\frac{1-0.8}{0.8}=0.25 \qquad N_B=\frac{1-0.9}{0.9}=0.111$$

$$\frac{F_{0,1}}{S_0}=\frac{1+N_A}{1+N_B} \text{에서 } \frac{F_{0,1}}{1,500}=\frac{1.25}{1.111} \qquad \therefore F_{0,1}=1,688$$

답 ⑤

13. 현재 미국 달러화에 대한 원화의 환율이 1달러에 1,240원이고, 미국과 한국의 명목 이자율은 각각 연 6%와 연 8%이다. 차익거래(재정거래) 기회가 존재하지 않기 위해서는 1년 만기의 균형선물환율이 얼마로 정해져야 하는가? (소수점 이하는 반올림할 것) (1999. CPA)

① 1,217원 ② 1,240원 ③ 1,263원
④ 1,314원 ⑤ 1,339원

〈해설〉 이자율평가설(*IRP*) : $\frac{F_{0,1}}{S_0} = \frac{1+N_A}{1+N_B}$에서

$$\frac{F_{0,1}}{1{,}240} = \frac{1+0.08}{1+0.06} \qquad \therefore F_{0,1} = 1{,}263$$

답 ③

14. 미국 달러와 원화 환율에 대한 90일 만기 선도환율이 현재 국내외환시장과 뉴욕외환시장에서 각각 1,250원/$과 0.00077$/원에 형성되었다고 하자. 두 시장에서 동시에 거래할 수 있는 국내은행의 외환딜러라면 어떤 차익거래(arbitrage transaction)를 해야 하는가? (2001. CPA)

① 한국시장에서 달러매도, 뉴욕시장에서 원화매도 선물환체결
② 한국시장에서 달러매입, 뉴욕시장에서 원화매도 선물환체결
③ 한국시장에서 달러매도, 뉴욕시장에서 원화매입 선물환체결
④ 한국시장에서 달러매입, 뉴욕시장에서 원화매입 선물환체결
⑤ 차익거래의 기회가 없다.

〈해설〉 한국시장=1,250원/$ < 뉴욕시장=1,298원/$이므로, $가 뉴욕에서 상대적으로 고평가되었다. 따라서, 뉴욕에서 원화매입 & 한국에서 달러매입 선물환을 체결한다. (*BLASH*)

답 ④

15. 환율결정이론에 관한 다음 설명 중 가장 타당하지 않은 것은? (2000. CPA)

① 피셔효과가 성립하면, 양국간 명목이자율의 차이는 기대인플레이션율의 차이와 같게 된다.
② 구매력평가이론(*PPP*)에 따르면, 양국 통화간 현물환율의 기대변동률은 양국간 기대인플레이션율의 차이와 같게 된다.
③ 양국 통화간 현물환율의 기대변동률이 양국간 명목이자율의 차이와 같게 되는 현상을 국제피셔효과라고 한다.
④ 이자율평가이론(*IRP*)에 따르면, 양국간 실질이자율의 차이는 선도환율의 할증률(혹은 할인율)과 같게 된다.

⑤ 이자율평가이론과 국제피셔효과가 성립하면, 선도환율은 미래 현물환율의 불편추정치가 된다.

〈해설〉 ④ 이자율평가설은 두 나라간의 명목이자율 차이는 선물환 할증율(또는 할인율)과 같다는 것을 말한다.

답 ④

16. 현재 미국 달러화에 대한 원화의 환율이 1달러에 1,300원이고, 미국과 한국의 명목이자율은 각각 연 5%와 10%이다. 근사모형을 이용하여 1년만기 균형선물환율을 구하라.

① 1,210원　② 1,257원　③ 1,305원
④ 1,338원　⑤ 1,365원

〈해설〉 이자율평가설(*IRP*)을 이용하여 균형선물환율을 구한다.

$$\frac{F_{0,1}-S_0}{S_0}=N_A-N_B\text{에서 } \frac{F_{0,1}-1{,}300}{1{,}300}=0.1-0.05 \quad \therefore F_{0,1}=1{,}365$$

답 ⑤

17. 위 문제에서 1년 후에 인도가 이루어지는 선물환율이 현재 1,400원이라고 가정하자. 미국에서 $10,000를 조달하거나 한국에서 8,000,000원을 조달할 수 있는 투자자의 올바른 차익거래는? (근사모형을 이용하시오.)

① 한국에서 8,000,000원을 차입, 미국에 투자함으로써 246,154원의 차익이 생긴다.
② 한국에서 8,000,000원을 차입, 미국에 투자함으로써 123,077원의 차익이 생긴다.
③ 미국에서 $10,000을 차입, 한국에 투자함으로써 $175의 차익이 생긴다.
④ 미국에서 $10,000을 차입, 한국에 투자함으로써 $115의 차익이 생긴다.
⑤ 균형상태이므로 차익거래가 발생하지 않는다.

〈해설〉 (1) $\frac{F_{0,1}-S_0}{S_0}=N_A-N_B$를 이용하여 고평가와 저평가 상태를 찾는다.

균형이자율 차이 : $\frac{1{,}400-1{,}300}{1{,}300}(=7.7\%)=N_A-N_B$

시장이자율 차이 : $N_A'-N_B'=10\%-5\%=5\%$

$N_A'-N_B'<N_A-N_B$이므로 *A*국(한국)이 저평가 & *B*국(미국)이 고평가되었다.

(2) 저평가된 *A*국(한국)에서 ₩8,000,000을 차입(조달)하여 *B*국(미국)에 투자(대출)한다.

ⓐ 한 ——————→ 한

₩8,000,000$(1+N_A')$ = ₩8,000,000$(1+0.1)$ = ₩8,800,000

ⓑ 한　　　　　　한
↓　　　　　　　↑
미 ——————→ 미

$$₩8,000,000 \div S_0(1+N_B') \times F_{0,1} = ₩8,000,000 \div 1,300(1+0.05) \times 1,400 = ₩9,046,154$$

ⓒ 차익 = ⓑ의 투자회수액 − ⓐ의 원리금상환액 = ₩246,154

답 ①

18. (주)서울은 미국의 한기업으로부터 3개월 후에 $100,000의 수출대금을 수취하기로 되어 있다. (주)서울이 환위험을 피할 수 있는 적절한 방법은? (1992. CPA)

① $100,000의 선물환 매입계약을 체결한다.
② $100,000의 외화채권을 발행시킨다.
③ 3개월 후를 만기를 하는 $100,000에 대한 콜옵션과 풋옵션을 매도한다.
④ 3개월 후를 만기로 하는 $100,000에 대한 콜옵션을 매입한다.
⑤ 3개월 후를 만기로 하는 $100,000에 대한 풋옵션을 매입한다.

〈해설〉 (주)서울은 3개월 후에 $100,000를 수취하여 매도하여야 하므로 $100,000에 대한 선물환 매도계약을 체결하든지, 풋옵션을 매입하든지 또는 미국에서 차입하여(외화채무를 발생시켜)국내에 투자하여야 한다.

답 ⑤

19. 통화옵션을 이용한 환위험을 헤지하는 방법 중 옳은 것은?

① 외화채권을 보유하고 있는 경우 해당 통화에 대한 풋옵션을 매입한다.
② 외화채권을 보유하고 있는 경우 해당 통화에 대한 콜옵션을 매입한다.
③ 외화채무를 보유하고 있는 경우 해당 통화에 대한 풋옵션을 매입한다.
④ 외화채무를 보유하고 있는 경우 해당 통화에 대한 콜옵션을 매도한다.
⑤ 외화채무를 보유하고 있는 경우 해당 통화에 대한 콜옵션과 풋옵션을 매도한다.

〈해설〉 통화옵션을 이용한 환위험을 헤지하는 방법은 다음이 있다.

(1) 외화채권을 보유하고 있는 경우, 해당 통화에 대한 풋옵션을 매입함으로써 환율하락 위험을 헤지할 수 있다.
(2) 외화채무를 보유하고 있는 경우, 해당 통화에 대한 콜옵션을 매입함으로써 환율상승 위험을 헤지할 수 있다.

답 ①

※ 다음 자료를 참조하여 문제 20～23번에 답하시오. (근사모형을 이용하시오)

××년 7월 1일 현재 미국 달러화에 대한 원화의 현물환율은 ₩800/$이고, 90일 만기 선물환율은 ₩802/$이다. 향후 1년간의 한국의 기대인플레이션은 10%이고, 미국의 기대인플레이션은 6%이며, 실질이자율은 모두 4%이다.

20. 구매력평가설과 국제피셔효과에 의한 ××년말의 기대현물환율은?

	구매력평가설	국제피셔효과
①	₩810/$	₩810/$
②	₩810/$	₩816/$
③	₩816/$	₩816/$
④	₩816/$	₩832/$
⑤	₩832/$	₩832/$

〈해설〉 ⓐ 구매력평가설(*PPP*)

$$\frac{E(S_1)-S_0}{S_0}=I_A-I_B\text{에서 } \frac{E(S_1)-800}{800}=\frac{0.1}{2}-\frac{0.06}{2} \qquad \therefore E(S_1)=₩816/\$$$

ⓑ 국제피셔효과(*IFE*)

$$\frac{E(S_1)-S_0}{S_0}=N_A-N_B\text{에서 } \frac{E(S_1)-800}{800}=\frac{0.14}{2}-\frac{0.1}{2} \qquad \therefore E(S_1)=₩816/\$$$

답 ③

21. 이자율평가설(*IRP*)에 의한 90일 만기 선물환율은?

① ₩802/$ ② ₩808/$ ③ ₩810/$
④ ₩816/$ ⑤ ₩832/$

〈해설〉 $$\frac{F_{0,1}-S_0}{S_0}=N_A-N_B\text{에서 } \frac{F_{0,1}-800}{800}=\frac{0.14}{4}-\frac{0.1}{4} \qquad \therefore F_{0,1}=₩808/\$$$

답 ②

22. 투자자 영웅은 현재 1,000,000원을 보유하고 있다. 다음 설명 중 틀린 것은?

① 영웅이 한국의 금융시장에 투자할 경우 3개월 후 투자수익은 1,035,000원이다.
② 영웅이 미국의 금융시장에 투자한 후 선물계약을 이용하여 투자수익을 원화로 바꾸면, 3개월 후의 투자수익은 1,027,562.5원이다.
③ 3개월짜리 선물환율이 ₩808/$이면, 양국에서의 투자수익이 동일하다.
④ 현재 선물시장에서 원화가 과대평가되어 있다.
⑤ 투자자 영웅은 한국에서 자금을 차입하여 미국에 투자함으로써 차익을 얻는다.

〈해설〉 ① 한 ⟶ 한

$$₩1{,}000{,}000(1+N_A')=₩1{,}000{,}000\left(1+\frac{0.14}{4}\right)=₩1{,}035{,}000$$

② 한 → 미 (↓) ⟶ 미 → 한 (↑)

한 한
↓ ↑
미 ⟶ 미

$₩1,000,000 \div S_0(1+N_B') \times F_{0,1} = ₩1,000,000 \div 800\left(1+\frac{0.1}{4}\right) \times 802 = ₩1,027,562.5$

③ $₩1,000,000 \div S_0(1+N_B') \times F_{0,1} = ₩1,000,000 \div 800\left(1+\frac{0.1}{4}\right) \times 808 \fallingdotseq ₩1,035,000$ (∵근사모형)

≡ ①의 결과

④ 현재의 선물환율(₩802/$) < 균형선물환율(₩808/$)이므로 $가 저평가되었고, ₩가 고평가되었다.

⑤ 차익방법은 저평가된 미국(*B*국)에서 조달(차입)하여 고평가된 한국(*A*국)에 투자(대출).

답 ⑤

23. 한국에서 ₩8,000,000을 조달하거나 미국에서 $10,000을 조달할 수 있는 투자자의 차익은?

① 35,000원　② 50,000원　③ 75,000원
④ $74　⑤ $94

〈해설〉 저평가된 *B*국(미국)에서 $10,000을 차입(조달)하여 *A*국(한국)에 투자(대출)한다.

ⓐ 미 ⟶ 미

$\$10,000(1+N_B') = \$10,000\left(1+\frac{0.1}{4}\right) = \$10,250$

ⓑ 미 → 한 ⟶ 한 → 미

$\$10,000 \times S_0(1+N_A') \div F_{0,1} = \$10,000 \times 800\left(1+\frac{0.14}{4}\right) \div 802 = \$10,324$

ⓒ 차익 = ⓑ의 투자회수액 − ⓐ의 원리금상환액 = $74

답 ④

24. 현재 현물환율이 $1 = 800원이고 선물환율이 $1 = 850원이다. 환율결정이론이 성립한다고 가정할 때, 다음 중 옳은 설명을 골라라.

a. 한국의 실질이자율과 미국의 실질이자율이 같다.
b. 한국의 명목이자율이 미국의 명목이자율보다 높다.
c. 한국의 인플레이션이 미국의 인플레이션보다 높다.
d. 한국의 무역업자는 달러로 표시된 채권의 수취는 늦추고, 채무는 앞당겨서 지불해야 할 것이다.

① *a*　② *a*, *b*　③ *a*, *b*, *c*
④ *a*, *b*, *c*, *d*　⑤ *b*, *c*, *d*

〈해설〉 *b*. 원화로 표시된 선물환율이 현물환율보다 높으므로, 한국의 명목이자율이 미국보다 높다.

즉, $\frac{F_{0,1}}{S_0} = \frac{1+N_A}{1+N_B}$에서 $F_{0,1} > S_0$ 이면 $N_A > N_B$가 성립한다.

d. 향후 달러가치의 상승이 예상되므로, 달러표시 채권의 수취는 늦추고(lagging), 채무의 지불은 앞당길수록(leading) 유리할 것이다.

답 ④

25. 미국에 물품을 수출하고 6개월 후에 대금 1백만 달러를 받기로 한 무역업자가 있다. 이 무역업자가 사용하기에 가장 적절한 환위험 헤지방법은? (2004. CPA)

① 6개월 만기의 달러 콜옵션을 매입한다.

② 6개월 만기의 달러 풋옵션을 매도한다.

③ 6개월 만기의 선물환계약에서 달러 매입포지션을 취한다.

④ 동일한 행사가격의 6개월 만기짜리 달러 콜옵션과 달러 풋옵션을 동시에 매입한다.

⑤ 6개월 만기의 달러 대출을 받아 달러를 외환시장에서 매도한다.

〈해설〉 외화(달러)채권 보유시 : 선물(환)매도, 외국에서 (달러)차입, 풋옵션매입 전략을 구사한다. 선물환매도는 콜옵션매도+풋옵션매입으로 구성가능하다 ($-F=-C+P$).

답 ⑤

26. (주)한국은 1년 후인 2006년 3월에 5억엔 상당의 엔화 수입자금에 대한 결제와 500만불 상당의 수출자금에 대한 결제가 동시에 이루어진다고 하자. 다음 정보가 있을 때 (주)한국의 가장 적절한 환위험 헤지방법은? (단, 수수료는 무시하라)

(2005. CPA)

달러화 이자율	:	연 3%
엔화 이자율	:	연 1%
엔/달러 현물환율	:	￥101.98/$
1년 만기 엔/달러 선물환율	:	￥100/$
1년 만기 행사가격 ￥100/$의 달러화 풋옵션	:	￥9.86
1년 만기 행사가격 ￥100/$의 달러화 콜옵션	:	￥9.84

① 엔/달러 선물시장에서 500만불 상당의 달러 선물환을 매입한다.

② 달러자금 시장에서 1년 후 500만불을 상환하기로 하고 달러를 차입하여, 엔/달러 현물시장에서 엔화로 교환한 후, 엔화 자금시장에 1년간 예치한다.

③ 엔/달러 현물시장에서 500만불 상당의 달러 현물환을 매입한다.

④ 달러화 콜옵션과 달러화 풋옵션을 동시에 매입한다.

⑤ 달러화 풋옵션을 매도한다.

〈해설〉 외화(달러)채권 보유시: 선물(환)매도, 외국에서 (달러)차입, 풋옵션매입 전략을 구사하고, 외화(엔화)채무 보유시: 선물(환)매입, 국내에서 (엔)차입, 콜옵션매입 전략을 구사한다. 선물환매입은 콜옵션매입+풋옵션매도로 구성가능하다 ($F=C-P$).

답 ②

27. 한국의 90일 만기 국채의 만기수익률은 연5%이며, 180일 만기 국채의 만기수익률은 연6%이다. 미국의 90일 만기 국채의 만기수익률은 연5%이며, 180일 만기 국채의 만기수익률은 연5.5%이다. 이자율평가설(interest rate parity, *IRP*)이 성립한다고 가정하면, 다음 중 가장 옳은 것은? (2007. CPA)

① 현물환율과 90일 선물환율이 동일하다.

② 현물환율과 180일 선물환율이 동일하다.

③ 90일 선물환율과 180일 선물환율이 동일하다.

④ 주어진 정보로는 현물환율과 선물환율의 크기를 비교할 수 없다.

⑤ 한국 국채의 수익률곡선은 우하향 모양이다.

〈해설〉 이자율평가설(IRP) : $\dfrac{F_{0,1}}{S_0}=\dfrac{1+N_A}{1+N_B}$

① $\dfrac{F_{0,90일}}{S_0}=\dfrac{1+0.05(90/360)}{1+0.05(90/360)}$ $\therefore F_{0,90일}=S_0$

② $\dfrac{F_{0,180일}}{S_0}=\dfrac{1+0.06(90/360)}{1+0.055(90/360)}$ $\therefore F_{0,180일}>S_0$

③④ $F_{0,180일}>F_{0,90일}=S_0$

⑤ ${}_0R_{90일}(5\%)<{}_0R_{180일}(6\%)$이므로 우상향 모양이다.

답 ①

28. 투자자 갑은 다음 자료에 있는 콜옵션 1단위와 풋옵션 1단위를 이용하여 달러에 대한 스트래들 매도(short straddle) 전략을 구사하려고 한다.

현재 형성된 1년 만기 콜옵션 [행사가격: \$1=₩1,200, 옵션가격(CP): 달러당 35원] 현재 형성된 1년 만기 풋옵션 [행사가격: \$1=₩1,200, 옵션가격(PP): 달러당 20원]

1년 후 만기 환율(S_T)이 1,100원일 때, 투자자의 손익과 최대이익(손실)금액을 구하라.

	투자자의 만기손익	최대이익(손실)금액
①	−55	−45
②	−45	−55

③	0	45
④	0	55
⑤	−45	55

〈해설〉 A short straddle $=-C-P$ $X=1,200$ $CP=35$ $PP=20$

매도자(short) 입장을 푸는 문제는 매입자(long) 입장에서 먼저 풀고 난 후, 부호를 정반대 취하여 매도자의 손익을 구하는 것이 쉽게 접근하는 방법이다. $S_T \leq X$이므로 스트래들 매입자의 만기손익은 $(X-S_T)-(CP+PP)=(1,200-1,100)-(35+20)=45$이다. 따라서 스트래들 매도자의 만기손익은 −45이다. 최대이익은 55(=35+20)이고, 손익분기점 환율은 $1,200 \pm 55=1,145$와 1,255이다.

답 ⑤

29. 투자자 갑은 다음 자료에 있는 콜옵션 1단위와 풋옵션 1단위를 이용하여 달러에 대한 스트랭글 매도(short strangle) 전략을 구사하려고 한다.

> 현재 형성된 1년 만기 콜옵션 [행사가격: $1 = ₩1,100, 옵션가격(*CP*): 달러당 25원]
> 현재 형성된 1년 만기 풋옵션 [행사가격: $1 = ₩1,100, 옵션가격(*PP*): 달러당 15원]
> 현재 형성된 1년 만기 콜옵션 [행사가격: $1 = ₩1,200, 옵션가격(*CP*): 달러당 22원]
> 현재 형성된 1년 만기 풋옵션 [행사가격: $1 = ₩1,200, 옵션가격(*PP*): 달러당 18원]

1년 후 만기 환율(S_T)이 1,120원일 때, 투자자의 손익과 최대이익(손실)금액을 구하라.

	투자자의 만기손익	최대이익(손실)금액
①	−43	−43
②	−43	43
③	−37	37
④	37	37
⑤	43	43

〈해설〉 A short strangle $=-C_{X2}-P_{X1}$ (단, $X_1 < X_2$)

$X_2=1,200$ $CP=22$ $X_1=1,100$ $PP=15$

$X_1 \leq S_T \leq X_2$이므로 스트랭글 매입자의 만기손익은 $-(CP+PP)=-37$이다. 따라서 스트랭글 매도자의 만기손익은 37이다. 최대이익 역시 37이고, 손익분기점 환율은 $1,200+37=1,237$과 $1,100-37=1,063$이다.

답 ④

30. (주)대한은 3,300만원의 투자자금이 있다. 현재 현물환율은 KRW1,100/US$1이다.

미국금리는 연 10%, 한국금리는 연 5%이다. 외환시장에서 선물환율이 금리평가이론(IRP)에 의하여 결정된다고 하자. 현 시점에서 1년 만기 선물환계약과 함께 미국의 단기금융시장에 총 3,300만원을 투자할 경우 1년 만기 선물환율과 투자회수총액의 조합으로 가장 적절한 것은? (2011. CPA)

	1년 만기 선물환율 (KRW/US)	투자회수총액 (만원)
①	1,025	3,275
②	1,050	3,465
③	1,075	3,585
④	1,100	3,660
⑤	1,125	3,685

〈해설〉 $\frac{F_{0.1}}{S_0} = \frac{1+N_A}{1+N_B}$ 에서 $\frac{F_{0.1}}{1,100} = \frac{1+0.05}{1+0.1}$ $\therefore F_{0,1} = 1,050$

투자회수총액 = 3,300만원 ÷ 1,100(원/$) × (1+0.1) × 1,050(원/$) = 3,465만원

답 ②

부 록

1. 미래가치이자요소(*CVIF*)
2. 현재가치이자요소(*PVIF*)
3. 연금의 미래가치이자요소(*CVIFA*)
4. 연금의 현재가치이자요소(*PVIFA*)
5. 표준정규분포표

【부표 1】 미래가치이자요소(CVIF)

$$CVIF = (1+r)^n$$

기 간/이자율 (n) (r)	2%	2½%	3%	4%	5%	6%	7%	8%	9%	10%
1	1,02000	1,02500	1,03000	1,04000	1,05000	1,06000	1,07000	1,08000	1,09000	1,10000
2	1,04040	1,05063	1,06090	1,08160	1,10250	1,12360	1,14490	1,16640	1,18810	1,21000
3	1,06121	1,07689	1,09273	1,12486	1,15763	1,19102	1,22504	1,25971	1,29503	1,33100
4	1,08243	1,10381	1,12551	1,16986	1,21551	1,26248	1,31080	1,36049	1,41158	1,46410
5	1,10408	1,13141	1,15927	1,21665	1,27628	1,33823	1,40255	1,46933	1,53862	1,61051
6	1,12616	1,15969	1,19405	1,26532	1,34010	1,41852	1,50073	1,58687	1,67710	1,77156
7	1,14869	1,18869	1,22987	1,31593	1,40710	1,50363	1,60578	1,71382	1,82804	1,94872
8	1,17166	1,21840	1,26677	1,36857	1,47746	1,59385	1,71819	1,85093	1,99256	2,14359
9	1,19509	1,24886	1,30477	1,42331	1,55133	1,68948	1,83846	1,99900	2,17189	2,35795
10	1,21899	1,28008	1,34392	1,48024	1,62889	1,79085	1,96715	2,15892	2,36736	2,59374
11	1,24337	1,31209	1,38423	1,53945	1,71034	1,89830	2,10485	2,33164	2,58043	2,85312
12	1,26824	1,34489	1,42576	1,60103	1,79586	2,01220	2,25219	2,51817	2,81266	3,13843
13	1,29361	1,37851	1,46853	1,66507	1,88565	2,13293	2,40985	2,71962	3,06580	3,45227
14	1,31948	1,41297	1,51259	1,73168	1,97993	2,26090	2,57853	2,93719	3,34173	3,79750
15	1,34587	1,44830	1,55797	1,80094	2,07893	2,39656	2,75903	3,17217	3,64248	4,17725
16	1,37279	1,48451	1,60471	1,87298	2,18287	2,54035	2,95216	3,42594	3,97031	4,59497
17	1,40024	1,52162	1,65285	1,94790	2,29202	2,69277	3,15882	3,70002	4,32763	5,05447
18	1,42825	1,55966	1,70243	2,02582	2,40662	2,85434	3,37993	3,99602	4,71712	5,55992
19	1,45681	1,59865	1,75351	2,10685	2,52695	3,02560	3,61653	4,31570	5,14166	6,11591
20	1,48595	1,63862	1,80611	2,19112	2,65330	3,20714	3,86968	4,66096	5,60441	6,72750
21	1,51567	1,67958	1,86029	2,27877	2,78596	3,39956	4,14056	5,03383	6,10881	7,40025
22	1,54598	1,72157	1,91610	2,36992	2,92526	3,60354	4,43040	5,43654	6,65860	8,14027
23	1,57690	1,76461	1,97359	2,46472	3,07152	3,81975	4,74053	5,87146	7,25787	8,95430
24	1,60844	1,80873	2,03279	2,56330	3,22510	4,04893	5,07237	6,34118	7,91108	9,84973
25	1,64061	1,85394	2,09378	2,66584	3,38635	4,29187	5,42743	6,84848	8,62308	10,83471

기 간/이자율 (n) (r)	11%	12%	14%	15%	16%	18%	20%	22%	24%	25%
1	1,11000	1,12000	1,14000	1,15000	1,16000	1,18000	1,20000	1,22000	1,24000	1,25000
2	1,23210	1,25440	1,29960	1,32250	1,34560	1,39240	1,44000	1,48840	1,53760	1,56250
3	1,36763	1,40493	1,48154	1,52088	1,56090	1,64303	1,72800	1,81585	1,90662	1,95313
4	1,51807	1,57352	1,68896	1,74901	1,81064	1,93878	2,07360	2,21533	2,36421	2,44141
5	1,68506	1,76234	1,92541	2,01136	2,10034	2,28776	2,48832	2,70271	2,93163	3,05176
6	1,87041	1,97382	2,19497	2,31306	2,43640	2,69955	2,98598	3,29730	3,63522	3,81470
7	2,07616	2,21068	2,50227	2,66002	2,82622	3,18547	3,58318	4,02271	4,50767	4,76837
8	2,30454	2,47596	2,85259	3,05902	3,27841	3,75886	4,29982	4,90771	5,58951	5,96006
9	2,55804	2,77308	3,25195	3,51788	3,80296	4,43545	5,15978	5,98740	6,93099	7,45058
10	2,83942	3,10585	3,70722	4,04556	4,41144	5,23384	6,19174	7,30463	8,59443	9,31323
11	3,15176	3,47855	4,22623	4,65239	5,11726	6,17593	7,43008	8,91165	10,65709	11,64153
12	3,49845	3,89598	4,81790	5,35025	5,93603	7,28759	8,91610	10,87221	13,21479	14,55192
13	3,88328	4,36349	5,49241	9,15279	6,88579	8,59936	10,69932	13,26410	16,38634	18,18989
14	4,31044	4,88711	6,26135	7,07571	7,98752	10,14724	12,83918	16,18220	20,31906	22,73737
15	4,78459	5,47357	7,13794	8,13706	9,26552	11,97375	15,40702	19,74229	25,19563	28,42171
16	5,31089	6,13039	8,13725	9,35762	10,74800	14,12902	18,48843	24,08559	31,24259	35,52714
17	5,89509	6,86604	9,27646	10,76126	12,46768	16,67225	22,18611	29,38442	38,74081	44,40892
18	6,54355	7,68997	10,57517	12,37545	14,46251	19,67325	26,62333	35,84899	48,03860	55,51115
19	7,26334	8,61276	12,05569	14,23177	16,77652	23,21444	31,94800	43,73577	59,56786	69,38894
20	8,06231	9,64629	13,74349	16,36654	19,46076	27,39303	38,33760	53,35764	73,86415	86,73617
21	8,94917	10,80385	15,66758	18,82152	22,57448	32,32378	46,00512	65,09632	91,59155	108,42022
22	9,93357	12,10031	17,86104	21,64475	26,18640	38,14206	55,20614	79,41751	113,57352	135,52527
23	11,02627	13,55235	20,36158	24,89146	30,37622	45,00763	66,24737	96,88936	140,83116	169,40659
24	12,23916	15,17863	23,21221	28,62518	35,23642	53,10901	79,49685	118,20502	174,63064	211,75824
25	13,58546	17,00006	26,46192	32,91895	40,87424	62,66863	95,39662	144,21013	216,54199	264,69780

【부표 2】 현재가치이자요소(PVIF)

$$PVIF = \frac{1}{(1+r)^n}$$

기 간/이자율 (n) (r)	2%	2½%	3%	4%	5%	6%	7%	8%	9%	10%
1	.98039	.97561	.97087	.96154	.95238	.94340	.93458	.92593	.91743	.90909
2	.96117	.95181	.94260	.92456	.90703	.89000	.87344	.85734	.84168	.82645
3	.94232	.92860	.91514	.88900	.86384	.83962	.81630	.79383	.77218	.75131
4	.92385	.90595	.88849	.85480	.82270	.79209	.76290	.73503	.70843	.68301
5	.90573	.88385	.86261	.82193	.78353	.74726	.71299	.68058	.64993	.62092
6	.88797	.86230	.83748	.79031	.74622	.70496	.66634	.63017	.59627	.56447
7	.87056	.84127	.81309	.75992	.71068	.66506	.62275	.58349	.54703	.51316
8	.85349	.82075	.78941	.73069	.67684	.62741	.58201	.54027	.50187	.46651
9	.83676	.80073	.76642	.70259	.64461	.59190	.54393	.50025	.46043	.42410
10	.82035	.78120	.74409	.67556	.61391	.55839	.50835	.46319	.42241	.38554
11	.80426	.76214	.72242	.64958	.58468	.52679	.47509	.42888	.38753	.35049
12	.78849	.74356	.70138	.62460	.55684	.49697	.44401	.39711	.35553	.31863
13	.77303	.72542	.68095	.60057	.53032	.46884	.41496	.36770	.32618	.28966
14	.75788	.70773	.66112	.57748	.50507	.44230	.38782	.34046	.29925	.26333
15	.74301	.69047	.64186	.55526	.48102	.41727	.36245	.31524	.27454	.23939
16	.72845	.67362	.62317	.53391	.45811	.39365	.33873	.29189	.25187	.21763
17	.71416	.65720	.60502	.51337	.43630	.37136	.31657	.27027	.23107	.19784
18	.70016	.64117	.58739	.49363	.41552	.35034	.29586	.25025	.21199	.17986
19	.68643	.62553	.57029	.47464	.39573	.33051	.27651	.23171	.19449	.16351
20	.67297	.61027	.55368	.45639	.37689	.31180	.25842	.21455	.17843	.14864
21	.65978	.59539	.53755	.43883	.35894	.29416	.24151	.19866	.16370	.13513
22	.64684	.58086	.52189	.42196	.34185	.27751	.22571	.18394	.15018	.12285
23	.63416	.56670	.50669	.40573	.32557	.26180	.21095	.17032	.13778	.11168
24	.62172	.55288	.49193	.39012	.31007	.24698	.19715	.15770	.12640	.10153
25	.60953	.53939	.47761	.37512	.29530	.23300	.18425	.14602	.11597	.09230
기 간/이자율 (n) (r)	11%	12%	14%	15%	16%	18%	20%	22%	24%	25%
1	.90090	.89286	.87719	.86957	.86207	.84746	.83333	.81967	.80645	.80000
2	.81162	.79719	.76947	.75614	.74316	.71818	.69444	.67186	.65036	.64000
3	.73119	.71178	.67497	.65752	.64066	.60863	.57870	.55071	.52449	.51200
4	.65873	.63552	.59208	.57175	.55229	.51579	.48225	.45140	.42297	.40960
5	.59345	.56743	.51937	.49718	.47611	.43711	.40188	.37000	.34111	.32768
6	.53464	.50663	.45559	.43233	.41044	.37043	.33490	.30328	.27509	.26214
7	.48166	.45235	.39964	.37594	.35383	.31393	.27908	.24859	.22184	.20972
8	.43393	.40388	.35056	.32690	.30503	.26604	.23257	.20376	.17891	.16777
9	.39092	.36061	.30751	.28426	.26265	.22546	.19381	.16702	.14428	.13422
10	.35218	.32197	.26974	.24718	.22668	.19106	.16151	.13690	.11635	.10737
11	.31728	.28748	.23662	.21494	.19542	.16192	.13459	.11221	.09383	.08590
12	.28584	.25668	.20756	.18691	.16846	.13722	.11216	.09198	.07567	.06872
13	.25751	.22917	.18027	.16253	.14523	.11629	.09346	.07539	.06103	.05498
14	.23199	.20462	.15971	.14133	.12520	.09855	.07789	.06180	.04921	.04398
15	.20900	.18270	.14010	.12289	.10793	.08352	.06491	.05065	.03969	.03518
16	.18829	.16312	.12289	.10686	.09304	.07078	.05409	.04152	.03201	.02815
17	.16963	.14564	.10780	.09293	.08021	.05998	.04507	.03403	.02581	.02252
18	.15282	.13004	.09456	.08081	.06914	.05083	.03756	.02789	.02082	.01801
19	.13768	.11611	.08295	.07027	.05961	.04308	.03130	.02286	.01679	.01441
20	.12403	.10367	.07276	.06110	.05139	.03651	.02608	.01874	.01354	.01153
21	.11174	.09256	.06383	.05313	.04430	.03094	.02174	.01536	.01092	.00922
22	.10067	.08264	.05599	.04620	.03819	.02622	.01811	.01259	.00880	.00738
23	.09069	.07379	.04911	.04017	.03292	.02222	.01509	.01032	.00710	.00590
24	.08170	.06588	.04308	.03493	.02838	.01883	.01258	.00846	.00573	.00472
25	.07361	.05882	.03779	.03038	.02447	.01596	.01048	.00693	.00462	.00378

【부표 3】 연금의 미래가치이자요소(CVIFA)

$$CVIFA = \frac{(1+r)^n - 1}{r}$$

기 간/이자율 (n) (r)	2%	2½%	3%	4%	5%	6%	7%	8%	9%	10%
1	1.00000	1.00000	1.00000	1.00000	1.00000	1.00000	1.00000	1.00000	1.00000	1.00000
2	2.02000	2.02500	2.03000	2.04000	2.05000	2.06000	2.07000	2.08000	2.09000	2.10000
3	3.06040	3.07563	3.09090	3.12160	3.15250	3.18360	3.21490	3.24640	3.27810	3.31000
4	4.12161	4.15252	4.18363	4.24646	4.31013	4.37462	4.43994	4.50611	4.57313	4.64100
5	5.20404	5.25633	5.30914	5.41632	5.52563	5.63709	5.75074	5.86660	5.98471	6.10510
6	6.30812	6.38774	6.46841	6.63298	6.80191	6.97532	7.15329	7.33593	7.52333	7.71561
7	7.43428	7.54753	7.66246	7.89829	8.14201	8.39384	8.65402	9.92280	9.20043	9.48717
8	8.58297	8.73612	8.89234	9.21423	9.54911	9.89747	10.25980	10.63663	11.02847	11.43589
9	9.75463	9.95452	10.15911	10.58280	11.02656	11.49132	11.97799	12.48756	13.02104	13.57948
10	10.94972	11.20338	11.46388	12.00611	12.57789	13.18079	13.81645	14.48656	15.19293	15.93742
11	12.16872	12.48347	12.80780	13.48635	14.20679	14.97164	15.78360	16.64549	17.56029	18.53117
12	13.41209	13.79555	14.19203	15.02581	15.91713	16.86994	17.88845	18.97713	20.14072	21.38428
13	14.68033	15.14044	15.61779	16.62684	17.71298	18.88214	20.14064	21.49530	22.95338	24.52271
14	15.97394	16.51895	17.08632	18.29191	19.59863	21.01507	22.55049	24.21492	26.01919	27.97498
15	17.29342	17.93193	18.59891	20.02359	21.57856	23.27597	25.12902	27.15211	29.36092	31.77248
16	18.63929	19.38022	20.15688	21.82453	23.65749	25.67253	27.88805	30.32428	33.00340	35.94973
17	20.01207	20.86473	21.76159	23.69751	25.84037	28.21288	30.84022	33.75023	36.97370	40.54470
18	21.41231	22.38635	23.41444	25.64541	28.13238	30.90565	33.99903	37.45024	41.30134	45.59917
19	22.84056	23.94601	25.11687	27.67123	30.53900	33.75999	37.37896	41.44626	46.01846	51.15909
20	24.29737	25.54466	26.87037	29.77808	33.06595	36.78559	40.99549	45.76196	51.16012	57.27500
21	25.78332	27.18327	28.67649	31.96920	35.71925	39.99273	44.86518	50.42292	56.76453	64.00250
22	27.29898	28.86286	30.53678	34.24797	38.50521	43.39229	49.00574	55.45676	62.87334	71.40275
23	28.84496	30.58443	32.45288	36.61789	41.43048	46.99583	53.43614	60.89330	69.53194	79.54302
24	30.42186	32.34904	34.42647	39.08260	44.50200	50.81558	58.17667	66.76476	76.78981	88.49733
25	32.03030	34.15776	36.45926	41.64591	47.72710	54.86451	63.24904	73.10594	84.70090	98.34706

기 간/이자율 (n) (r)	11%	12%	14%	15%	16%	18%	20%	22%	24%	25%
1	1.00000	1.00000	1.00000	1.00000	1.00000	1.00000	1.00000	1.00000	1.00000	1.00000
2	2.11000	2.12000	2.14000	2.15000	2.16000	2.18000	2.20000	2.22000	2.24000	2.25000
3	3.34210	3.37440	3.43960	3.47250	3.50560	3.57240	3.64000	3.70840	3.77760	3.81250
4	4.70973	4.77933	4.92114	4.99338	5.06650	5.21543	5.36800	5.52425	5.68422	5.76563
5	6.22780	6.35285	6.61010	6.74238	6.87714	7.15421	7.44160	7.73958	8.04844	8.20703
6	7.91286	8.11519	8.53552	8.75374	8.97748	9.44197	9.92992	10.44229	10.98006	11.25879
7	9.78327	10.08901	10.73049	11.06680	11.41387	12.14152	12.91590	13.73959	14.61528	15.07349
8	11.85943	12.29969	13.23276	13.72682	14.24009	15.32700	16.49908	17.76231	19.12294	19.84186
9	14.16397	14.77566	16.08535	16.78584	17.51851	19.08585	20.79890	22.67001	24.71245	25.80232
10	16.72201	17.54874	19.33730	20.30372	21.32147	23.52131	25.95868	28.65742	31.64344	33.25290
11	19.56143	20.65458	23.04452	24.34928	25.73290	28.75514	32.15042	35.96205	40.23787	42.56613
12	22.71319	24.13313	27.27075	29.00167	30.85017	34.93107	39.58050	44.87370	50.89495	54.20766
13	26.21164	28.02911	32.08865	34.35192	36.78620	42.21866	48.49660	55.74591	64.10974	68.75958
14	30.09492	32.39260	37.58107	40.50471	43.67199	50.81802	59.19592	69.01001	80.49608	86.94947
15	34.40536	37.27971	43.84241	47.58041	51.65951	60.96527	72.03511	85.19221	100.81514	109.68684
16	39.18995	42.75328	50.98035	55.71747	60.92503	72.93901	87.44213	104.93450	126.01077	138.10855
17	44.50084	48.88367	59.11760	65.07509	71.67303	87.06804	105.93056	129.02009	157.25336	173.63568
18	50.39594	55.74971	68.39407	75.83636	84.14072	103.74028	128.11667	158.40451	195.99416	218.04460
19	56.93949	63.43968	78.96923	88.21181	98.60323	123.41353	154.74000	194.25350	244.03276	273.55576
20	64.20283	72.05244	91.02493	102.44358	115.37975	146.62797	186.68800	237.98927	303.60062	342.94470
21	72.26514	81.69874	104.76842	118.81012	134.84051	174.02100	225.02560	291.34691	377.46477	429.68087
22	81.21431	92.50258	120.43600	137.63164	157.41499	206.34479	271.03072	356.44323	469.05632	538.10109
23	91.14788	104.60289	138.29704	159.27638	183.60138	244.48685	326.23686	435.86075	582.62984	673.62636
24	102.17415	118.15524	158.65862	184.16784	213.97761	289.49448	392.48424	532.75011	723.46100	843.03295
25	114.41331	133.33387	181.87083	212.79302	249.21402	342.60349	471.98108	650.95513	898.09164	1054.79118

【부표 4】 연금의 현재가치이자요소(*PVIFA*)

$$PVIFA = \frac{(1+r)^n - 1}{r(1+r)^n}$$

기 간/이자율 (n) (r)	2%	2½%	3%	4%	5%	6%	7%	8%	9%	10%
1	.98039	.97561	.97087	.96154	.95238	.94340	.93458	.92593	.91743	.90909
2	1.94156	1.92742	1.91347	1.88609	1.85941	1.83339	1.80802	1.78326	1.75911	1.73554
3	2.88388	2.85602	2.82861	2.77509	2.72325	2.67301	2.62432	2.57710	2.53129	2.48685
4	3.80773	3.76197	3.71710	3.62990	3.54595	3.46511	3.38721	3.31213	3.23972	3.16987
5	4.71346	4.64583	4.57971	4.45182	4.32948	4.21236	4.10020	3.99271	3.88965	3.79079
6	5.60143	5.50813	5.41719	5.24214	5.07569	4.91732	4.76654	4.62288	4.48592	4.35526
7	6.47199	6.34939	6.23028	6.00205	5.78637	5.58238	5.38929	5.20637	5.03295	4.86842
8	7.32548	7.17014	7.01969	6.73274	6.46321	6.20979	5.97130	5.74664	5.53482	5.33493
9	8.16224	7.97087	7.78611	7.43533	7.10782	6.80169	6.51523	6.24689	5.99525	5.75902
10	8.98259	8.75206	8.53020	8.11090	7.72173	7.36009	7.02358	6.71008	6.41766	6.14457
11	9.78685	9.51421	9.25262	8.76048	8.30641	7.88687	7.49867	7.13896	6.80519	6.49506
12	10.57534	10.25776	9.95400	9.38507	8.86325	8.38384	7.94269	7.53608	7.16073	6.81369
13	11.34837	10.98316	10.63496	9.98565	9.39357	8.85268	8.35765	7.90378	7.48690	7.10336
14	12.10625	11.69091	11.29607	10.56312	9.89864	9.29498	8.74547	8.24424	7.78615	7.36669
15	12.84926	12.38138	11.93794	11.11839	10.37966	9.71225	9.10791	8.55948	8.06069	7.60608
16	13.57771	13.05500	12.56110	11.65230	10.83777	10.10590	9.44665	8.85137	8.31256	7.82371
17	14.29187	13.71220	13.16612	12.16567	11.27407	10.47726	9.76322	9.12164	8.54363	8.02155
18	14.99203	14.35336	13.75351	12.65930	11.68959	10.82760	10.05909	9.37189	8.75563	8.20141
19	15.67846	14.97889	14.32380	13.13394	12.08532	11.15812	10.33560	9.60360	8.95011	8.36492
20	16.35143	15.58916	14.87747	13.59033	12.46221	11.46992	10.59401	9.81815	9.12855	8.51356
21	17.01121	16.18455	15.41502	14.02916	12.82115	11.76408	10.83553	10.01680	9.29224	8.64869
22	17.65805	16.76541	15.93692	14.45112	13.16300	12.04158	11.06124	10.20074	9.44243	8.77154
23	18.29220	17.33211	16.44361	14.85684	13.48857	12.30338	11.27219	10.37106	9.58021	8.88322
24	18.91393	17.88499	16.93554	15.24696	13.79864	12.55036	11.46933	10.52876	9.70661	8.98474
25	19.52346	18.42438	17.41315	15.62208	14.09394	12.78336	11.65358	10.67478	9.82258	9.07704

기 간/이자율 (n) (r)	11%	12%	14%	15%	16%	18%	20%	22%	24%	25%
1	.90090	.89286	.87719	.86957	.86207	.84746	.83333	.81967	.80645	.80000
2	1.71252	1.69005	1.64666	1.62571	1.60523	1.56564	1.52778	1.49153	1.45682	1.44000
3	2.44371	2.40183	2.32163	2.28323	2.24589	2.17427	2.10648	2.04224	1.98130	1.95200
4	3.10245	3.03735	2.91371	2.85498	2.79818	2.69006	2.58873	2.49364	2.40428	2.36160
5	3.69590	3.60478	3.43308	3.35216	3.27429	3.12717	2.99061	2.86364	2.74538	2.68928
6	4.23054	4.11141	3.88867	3.78448	3.68474	3.49760	3.32551	3.16692	3.02047	2.95142
7	4.71220	4.56376	4.28830	4.16042	4.03857	3.81153	3.60459	3.41551	3.24232	3.16114
8	5.14612	4.96764	4.63886	4.48732	4.34359	4.07757	3.83716	3.61927	3.42122	3.32891
9	5.53705	5.32825	4.94637	4.77158	4.60654	4.30302	4.03097	3.78628	3.56550	3.46313
10	5.88923	5.65022	5.21612	5.01877	4.83323	4.49409	4.19247	3.92318	3.68186	3.57050
11	6.20652	5.93770	5.45273	5.23371	5.02864	4.65601	4.32706	4.03540	3.77569	3.65640
12	6.49236	6.19437	5.66029	5.42062	5.19711	4.79322	4.43922	4.12737	3.85136	3.72512
13	6.74987	6.42355	5.84236	5.58315	5.34233	4.90951	4.53268	4.20277	3.91239	3.78010
14	6.98187	6.62817	6.00207	5.72448	5.46753	5.00806	4.61057	4.26456	3.96160	3.82408
15	7.19087	6.81086	6.14217	5.84737	5.57546	5.09158	4.67547	4.31522	4.00129	3.85926
16	7.37916	6.97399	6.26506	5.95423	5.66850	5.16235	4.72956	4.35673	4.03330	3.88741
17	7.54879	7.11963	6.37286	6.04716	5.74870	5.22233	4.77463	4.39077	4.05911	3.90993
18	7.70162	7.24967	6.46742	6.12797	5.81785	5.27316	4.81219	4.41866	4.07993	3.92794
19	7.83929	7.36578	6.55037	6.19823	5.87746	5.31624	4.84350	4.44152	4.09672	3.94235
20	7.96333	7.46944	6.62313	6.25933	5.92884	5.35275	4.86958	4.46027	4.11026	3.95388
21	8.07507	7.56200	6.68696	6.31246	5.97314	5.38368	4.89132	4.47563	4.12117	3.96311
22	8.17574	7.64465	6.74294	6.35866	6.01133	5.40990	4.90943	4.48822	4.12998	3.97049
23	8.26643	7.71843	6.79206	6.39884	6.04425	5.43212	4.92453	4.49854	4.13708	3.97639
24	8.34814	7.78432	6.83514	6.43377	6.07263	5.45095	4.93710	4.50700	4.14281	3.98111
25	8.42174	7.84314	6.87293	6.46415	6.09709	5.46691	4.94759	4.51393	4.14742	3.98489

【부표 5】 표준정규분포표(0에서 Z까지의 누적확률)

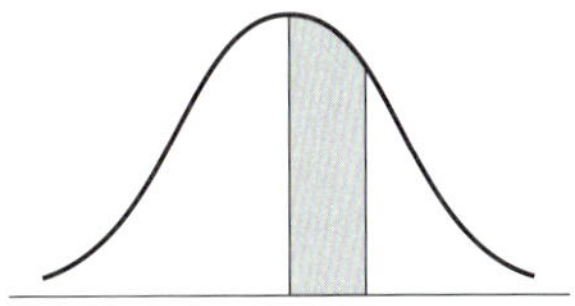

0 Z

Z	.00	.01	.02	.03	.04	.05	.06	.07	.08	.09
0.0	.0000	.0040	.0080	.0120	.0160	.0199	.0239	.0279	.0319	.0359
0.1	.0398	.0438	.0478	.0517	.0557	.0596	.0636	.0675	.0714	.0753
0.2	.0793	.0832	.0871	.0910	.0948	.0987	.1026	.1064	.1103	.1141
0.3	.1179	.1217	.1255	.1293	.1331	.1368	.1406	.1443	.1480	.1517
0.4	.1554	.1591	.1628	.1664	.1700	.1736	.1772	.1808	.1844	.1879
0.5	.1915	.1950	.1985	.2019	.2054	.2088	.2123	.2157	.2190	.2224
0.6	.2257	.2291	.2324	.2357	.2389	.2422	.2454	.2486	.2517	.2549
0.7	.2580	.2611	.2642	.2673	.2704	.2734	.2764	.2794	.2823	.2852
0.8	.2881	.2910	.2939	.2967	.2995	.3023	.3051	.3078	.3106	.3133
0.9	.3159	.3186	.3212	.3238	.3264	.3289	.3315	.3340	.3365	.3389
1.0	.3413	.3438	.3461	.3485	.3508	.3531	.3554	.3577	.3599	.3621
1.1	.3643	.3665	.3686	.3708	.3729	.3749	.3770	.3790	.3810	.3830
1.2	.3849	.3869	.3888	.3907	.3925	.3944	.3962	.3980	.3997	.4015
1.3	.4032	.4049	.4066	.4082	.4099	.4115	.4131	.4147	.4162	.4177
1.4	.4192	.4207	.4222	.4236	.4251	.4265	.4279	.4292	.4306	.4319
1.5	.4332	.4345	.4357	.4370	.4382	.4394	.4406	.4418	.4429	.4441
1.6	.4452	.4463	.4474	.4484	.4495	.4505	.4515	.4525	.4535	.4545
1.7	.4554	.4564	.4573	.4582	.4591	.4599	.4608	.4616	.4625	.4633
1.8	.4641	.4649	.4656	.4664	.4671	.4678	.4686	.4693	.4699	.4706
1.9	.4713	.4719	.4726	.4732	.4738	.4744	.4750	.4756	.4761	.4767
2.0	.4772	.4778	.4783	.4788	.4793	.4798	.4803	.4808	.4812	.4817
2.1	.4821	.4826	.4830	.4834	.4838	.4842	.4846	.4850	.4854	.4857
2.2	.4861	.4864	.4868	.4871	.4875	.4878	.4881	.4884	.4887	.4890
2.3	.4893	.4896	.4898	.4901	.4904	.4906	.4909	.4911	.4913	.4916
2.4	.4918	.4920	.4922	.4925	.4927	.4929	.4931	.4932	.4934	.4936
2.5	.4938	.4949	.4941	.4943	.4945	.4746	.4948	.4949	.4951	.4952
2.6	.4953	.4955	.4956	.4957	.4959	.4960	.4961	.4962	.4963	.4964
2.7	.4965	.4966	.4967	.4968	.4969	.4970	.4971	.4972	.4973	.4974
2.8	.4974	.4975	.4976	.4977	.4977	.4978	.4979	.4980	.4980	.4981
2.9	.4981	.4982	.4982	.4983	.4984	.4984	.4985	.4985	.4986	.4986
3.0	.4987	.4987	.4987	.4988	.4988	.4989	.4989	.4989	.4990	.4990
3.1	.4990	.4991	.4991	.4991	.4992	.4992	.4992	.4992	.4993	.4993
3.2	.4993	.4993	.4994	.4994	.4994	.4994	.4994	.4995	.4995	.4995
3.3	.4995	.4995	.4995	.4996	.4996	.4996	.4996	.4996	.4996	.4997
3.6	.4998	.4998	.4999	.4999	.4999	.4999	.4999	.4999	.4999	.4999
3.9	.5000									

저자 약력

한양대학교 공과대학 졸업(공학사)
한양대학교 대학원 졸업(공학석사)
미국 미주리대학교 대학원 졸업(경영학석사, 재무관리전공)
미국 미주리대학교 대학원 졸업(경영학박사, 재무관리전공)
동서증권, 동서경제연구소, 동서투자자문회사 근무
한세대학교 경영학과 교수
한양사이버대학교 경영학부 교수
미국 미주리대학교 교환교수(Visiting Scholar)
미국 남인디애나대학교 강의교수(Instructor)
재정경제부 금융발전심의위원회 위원
증권거래소 선물옵션위원회 위원
한국은행 금융안정포럼 위원
국민연금관리공단 국민연금연구원 자문위원
생산성논집 편집위원
한국환경경영학회 사무국장
한국금융연수원 초빙강사(CFA, FP, 증권분야 등)
한국공인회계사 시험 출제위원 및 책임출제위원

주요 저서 및 논문

The Long-Run Performance Following Securities Offerings
The Operating Performance Following Corporate Asset Sales
Relative Risk of IPO versus Non-IPO Firms
Accuracy Tests of American Put Valuation Models for Pharmaceutical Equity Options
Interrelationships among Capital Structure, Dividends, and Ownership
Agency Costs and Corporate Financial Policies A Simultaneous Equations Approach
Patterns of Institutional Common Stockholdings
Causes of Deviations from Purchasing Power Parity
주가, 이익, Tobin-Q를 이용한 신호가설의 검증
한국주식시장의 주가반응
증권투자 - 이론과 실제(동서경제연구소)
An Empirical Investigation of Corporate Pension Funding Policy 외 다수

Essential **재무관리** [제4판]

4판 1쇄 발행 2012년 6월 15일 **4판 3쇄 발행** 2019년 3월 15일
지은이 김용현 **펴낸이** 김우승 **펴낸곳** 한양대학교 출판부
주소 서울 성동구 왕십리로 222 **전화** 02.2220.1432-4 **팩스** 02.2220.1435
홈페이지 press.hanyang.ac.kr **이메일** presshy@hanyang.ac.kr
출판등록 제4-7호(1972.2.29) **인쇄** 네오프린텍

값 29,000원

ISBN 978.89.7218.414.0 (93320)